2025 대비 최신판

민사 기록의 脈

윤동환, 공태용 저

해커스변호사

2025대비 민사 기록의 맥 머리말

뒤돌아 보니 20대에 시작한 민법 강의가 년수로 벌써 20년째에 접어들고 있습니다. 모든 학원강사님들의 공통된 고민이겠지만, '**어떻게 하면 효과적이고 제대로 된 공부를 시켜 빠른 시간안에 합격시킬 수 있을까**'에서 출발한 産苦의 결과물이 '민사기록의 맥'입니다.

수년간 기록관련한 자료만 정리하고 있다가 민사집행법 등 교재를 집필하면서 '민사기록의 맥'을 함께 집필하게 되어 근 3년여 만에 빛을 발하게 되었습니다. 무엇보다 '광장'로펌 등 실무에서 오랫동안 변호사 업무를 하셨던 공태용 변호사님이 없었다면 결코 이렇게 알찬 책이 나올 수 없었을 것입니다.

본서는 ① 1회에서 13회에 걸친 변호사시험 기록형 시험과 10여년에 걸친 법전협 모의고사 기록형 기출을 중심으로 ② 2023년 최신 사법연수원 민사재판실무 및 요건사실론을 반영하였습니다. ③ 기본적인 판례소개는 민법의 맥, 민사소송법의 맥, 상법의 맥에서 서술된 방식을 택하되, 기록형에 맞게 재구성하였으며 선택형, 사례형, 기록형 기출표기를 해두어 기록형 공부가 동시에 선택형, 사례형 공부도 될 수 있게 정리하고 서술하였습니다. 일종의 기출문제집과 기록형 이론서의 결합이라고 할 수 있습니다. **특히 개정판에서는 제10절 민사집행법 쟁점을 대폭 보완하였습니다.**

■■ 본서의 특징은 다음과 같습니다.

Ⅰ. 실제 기출 중심의 청구취지 기재례

'기출중심'의 가장 정확한 청구취지 기재례를 꼭 필요한 만큼 소개함으로써 '오류없이' '효과적'으로 청구취지 기재례를 연습할 수 있도록 서술하였습니다.

Ⅱ. 기록형에 꼭 필요한 청구원인 관련 중요판례 소개

최신 사법연수원 교재를 반영하여 민법의 맥, 민사소송법의 맥, 상법의 맥에서 기록형과 관련한 중요판례를 압축 서술하여 실제 기록형 답안지에 효과적으로 서술할 수 있도록 소개하였습니다.

Ⅲ. 2023년 사법연수원 요건사실론, 민사재판실무 등 연수원 교재 반영 및 역대 기출 총 정리

Ⅳ. 날개를 활용한 코멘트, 주의사항, 객관식 기출 연습까지

Ⅴ. 기출문제집, 요건사실론, 기록형 이론서를 한 권에

2024년 3월
저자 윤동환, 공태용

脈 민사법 기록형 분석 및 전략

1. 전반적인 소장 작성 요령

기록은 가공되지 않은 법적 분쟁의 사실관계를 그대로 보여주고 있다고 보시면 됩니다. 따라서 평소에 법률교과 서나 판례로 공부를 하다 시험장에서 막상 이렇게 가공되지 않은 기록을 마주치면 (실무에서의 기록은 비법률적 인 사실관계로 가득 차 있습니다) 얼마간은 이 모든 사실관계를 법적으로 구성하는 시간을 어느 정도 소비하여 야 될 것입니다. **소장을 작성하는 것은 이러한 가공되지 않은 사실관계 중 법적인 의미가 있는 사실관계를 추출하고 이를 법적인 논리로 가공하여 청구취지와 청구원인으로 표현하는 과정**입니다. 따라서 청구취지만 보면 그러한 법적인 논리 가 거의 대부분 드러나게 되어있고, 판례 및 다수설에 부합하는지 아닌지를 판단할 수 있습니다.

따라서 사실관계를 가공하고 소장의 틀을 만들어가는 과정은 꼭 필수적인 과정이며, 이는 시험에 앞서 수많은 기록을 풀어봄으로서 숙련되어야 하는 과정입니다. 따라서 각자에게 맞는 방식이 있겠지만, 한 가지 추천해드리 고 싶은 방법은 사실관계를 나누고 쪼개어 보는 것입니다. 흔히들 법률관계를 '분석'해보라고 합니다.

분석(分析)에서의 첫음절인 '분'은 '나눌 분(分)'을 사용하는데, 이는 분석이라는 과정이 나누고 쪼개는 과정에서 시작되기 때문일 것입니다. 기록을 읽고 난 후 각각의 요소별로 나누어서 생각해보시기 바랍니다. 피고별로, 부 동산별로 등 등 어떠한 기준으로 나누든 상관없습니다. 이와 같은 사고방식으로 기록이나 사례풀이를 연습하면 필요한 법률요건을 빠짐없이 검토하게 되고 답안을 전개하기가 훨씬 수월해지며 장기적으로는 법적 사고력이 한 결 깊어짐을 느끼게 될 것입니다.

이를 위해서는 기록을 속독 및 정독하면서 메모를 해야 하지만, 소장 작성에 관하여는 메모법에 관한 특별한 매 뉴얼은 없습니다. 다만 메모지에 기록을 읽으면서 당사자 간의 계약 관계나 청구권원을 기록해 놓는 것은 전체 적인 맥락을 살피고, 특히, 채권자대위권이나 채권자취소권과 같은 2명 이상의 당사자가 연관되는 법률관계의 경 우 그 요건을 따져보는 데 유용할 것입니다.

2. 공부방법론

(1) 의뢰인의 말을 의심하면서 볼 것

이것은 의뢰인이 전달하는 사실관계를 의심하라는 의미는 아닙니다. [소장 작성 요령]에도 나와 있듯 의뢰인이 이야기한 사실관계는 진실한 것으로 간주합니다. 다만, 그것을 바탕으로 법적인 논리를 재구성하는 것은 법률가 인 변호사의 몫입니다. 따라서 의뢰인이 법적인 구제수단에 대하여 그럴 듯한 말을 한다고 하여 그것을 그대로 인정해주면 안됩니다. 소멸시효나 제척기간에 걸리지는 않는지, 각하 사유에 해당하지는 않는지 항상 염두해 두 면서 의뢰인의 말을 살펴보시기 바랍니다.

(2) 쓸데없는 문장은 없습니다.

기록이 두껍다고 해서 대충대충 읽어서는 안 됩니다. 하나하나의 문장을 바탕으로 요건사실이 이루어지고 그것 이 결론을 달리하기 때문입니다. 기록에 나온 한 문장에서 출제자의 의도를 파악할 수 있는 결정적인 단서를 발 견할 수도 있고, 전혀 생각치도 못한 쟁점이 발견될 수도 있습니다. 또한 두 개 이상의 비슷한 사실관계가 나온 다면 둘 사이에 차이점을 발견하여 결론이 달라지는 경우도 많으니 유의하시기 바랍니다.

(3) **실체법적 지식의 입체적 이해**

단순히 법리를 안다고 해서 기록형 문제가 풀리는 것은 아닙니다. 자신이 아는 민사법 지식이 기록에서는 어떠한 방식으로 현출되는지, 판례에서 이야기하는 일반론이 사건에서 어떠한 방식으로 구체화되는지를 중점적으로 눈여겨보시기 바랍니다. 사해행위취소소송이나, 변제, 상계 등은 판례의 추상적인 법리와 기록간의 괴리가 가장 크게 느껴지는 중요 쟁점들이고 기록형에서 출제하기 쉬운 부분들입니다. 즉, 이러한 쟁점들은 판례의 법리를 안다고 하여서 구체적인 사건해결이 쉽게 이루어지는 영역은 아니라고 할 것입니다. 기록을 풀어보면서 이러한 부분들을 구체적으로 이해해 나가시기 바랍니다.

(4) **실전연습과 메모법 개발**

변시에서 민사법 기록형 문제를 대비하는 가장 중요한 요령은 형식적인 부분에서 일단 많은 연습이 되어 실제 시험장에서는 실체법적인 문제에 집중할 수 있는 시간을 최대한 확보하는 것이라 할 것입니다. 그렇지 않으면 지금과 같은 '속도전'에서 살아남을 수 없습니다. 그리고 덧붙이자면 기록에 산개해있는 각종 요건사실들을 자기만의 방식으로 적절히 재구성할 수 있는 메모법을 나름대로 개발하는 것이 중요합니다. 문제의 난이도가 올라갈수록, 정확한 청구원인을 작성하고 싶을수록 메모의 중요성은 더해갈 것입니다.

목 차

제1편 민법총칙

제2편 분쟁유형별 청구취지

제3편 청구원인

제4편 역대 기록형 기출판례

제5편 역대 기출 청구취지 및 요건사실

제 1 편

소장의 작성

• 제1장 소장의 기재방법

제1장 소장의 기재방법

Ⅰ. 소장 작성의 기초

① 소장은 **한글로** 작성하되 쉽고 간명하게 표현하고, 뜻을 정확하게 전달하기 위하여 필요한 경우에는 괄호 안에 한자 그 밖의 외국어를 넣어 쓸 수 있으며, 특별한 사유가 있는 경우를 제외하고는 가로로 쓴다.

② 숫자는 청구취지에서는 아라비아 숫자로 쓰며, 청구원인에서는 아라비아숫자로 쓰되, '10,000,000,000 원'과 같이 숫자가 너무 길어서 빨리 파악하기가 어려운 경우에는 '100억 원'이라고 써도 된다.

③ 외국인의 이름, 외국어의 지명 또는 외국어로 표기할 수밖에 없는 단어도 일단 한글로 그 외국어의 음을 기재한 다음 괄호 안에 외국문자(때로는 한자)를 병기한다. 다만 "km", "㎡", "kg", "%" 등 각종 단위부호를 나타낼 때에는 부호 그대로 표기한다.

④ 날짜의 표기는 숫자로 하되, '연', '월', '일'의 글자는 생략하고 그 자리에 온점을 찍어 표시하며 시·분의 글자는 생략하고 그 사이에 쌍점을 찍어 구분한다(예 : 2021. 03. 12. 18:00). 다만 특별한 사유로 인하여 다른 방법으로 표시할 필요가 있는 경우에는 그러하지 아니하다.

⑤ 주소 등의 표시

　㉠ '주소'라는 명칭 자체는 기재하지 않고, 그대로 주소만을 기재한다.

　㉡ '특별시', '광역시', '도(道)'의 경우 해당 글자를 제외한 지명만을 기재한다.

　예) '서울', '부산', '경기', '인천'으로 기재 : 서울특별시 강서구 (×) → 서울 강서구 (○) / 부산광역시 금정구 (×) → 부산 금정구 (○)

　㉢ '시(市)'는 '도(道)'의 부분을 제외하고 기재한다.

　예) 경기도 성남시 분당구 (×) → 성남시 분당구 (○) / 경기도 부천시 소사구 (×) → 부천시 소사구 (○)

　㉣ '군(君)'의 경우 '도(道)'의 표시를 하되 '도'라는 글자는 제외한다. '읍(邑), 면(面)'인 경우 소속 시(市), 군(君)의 이름을 함께 기재한다.

　예) 강원도 횡성군 횡성읍 (×) → 강원 횡성군 횡성읍 (○)

　㉤ 번지에는 '번지'를 생략하고 가지번호는 '-(하이픈)'으로 표시한다(예컨대 24 - 303). 지번에 이어 통·반의 기재가 필요한 때에는 24 - 303(10통 1반)의 방식으로 괄호 안에 적는 것이 좋으며, "(1/2)"와 같은 방식으로 기재하지 않는다.

　㉥ 원칙적으로 도로명 주소를 기재하며, 필요한 경우에 괄호 안에 지번주소를 병기한다. 공시송달시에는 "최후주소 ○○○"과 같이 기재한다.

　㉦ 아파트 표시는 한글로 "○○○ 아파트"라고 기재하고, 동·호수의 표시는 "가동 301호" 또는 "101동 1006호"의 방식으로 기재한다.

실무에서와 달리, 기록형 시험에서는 청구취지 기재시 절대로 숫자를 한글로 표기하지 않는다(다만, 청구원인에서는 가능하다).

"○○○ apt" 또는 "○○○ @"로 기재하지 않는다.

Ⅱ. 형식적 기재사항

1. 소 장

(1) 표 제

　표제로는 소장이라고 하며, 소장의 경우 '소장', '반소장', '재심소장'이라 기재하며, 기타 서면에는(예를 들어 '답변서', '준비서면' 등) 당해 서면의 표제를 기재한다.

(2) 당사자

1) 자연인

① 원·피고가 누구인지 특정할 수 있을 정도로 기재하여야 한다.

② 당사자가 자연인인 경우 주민등록번호를 기재하지 않는 것이 원칙이다. 종전에는 등기나 공유물분할판결서에도 주민등록번호를 기재해왔으나, 최근 '재판서 양식에 관한 예규'(제9조 제1항 제3호 및 제2항·2018. 3. 26. 시행)의 변경으로 '등록'의 의사표시를 명하는 판결을 구하는 경우와 '가사사건'의 경우를 제외하고는 주민등록번호 기재를 생략하도록 하고 있다(다만, 출제확률은 낮다). 따라서 성명과 주소만을 기재하면 되고 동명이인이 있는 때에는 생년월일이나 한자성명을 기재한다.

③ 동일한 당사자의 지위가 여러 명인 경우, 성명(혹은 법인명) 앞에 아라비아 숫자를 붙인다. 다만 주소가 다른 경우에는 이름 앞에 아라비아 숫자를 붙여 별도로 표시한 후 주소를 기재하고, 주소가 동일한 경우에는 아라비아 숫자를 붙여 별도로 표시한 후 맨 마지막에 '원고들 주소'라고 기재한다.

④ 당사자가 소송무능력자인 경우 법정대리인을 기재하여야 하므로(민소법 제249조) 당사자가 미성년자인 경우 친권자인 부모를, 피성년·피한정후견인일 때에는 후견인을 함께 기재하여야 한다.

⑤ 파산관재인, 유언집행자, 상속재산관리인, 선정당사자, 회생채무자의 관리인 등의 제3자 소송담담의 경우 실체법에서는 법정대리인이나 절차법에서는 소송담당자에 해당하고 소송상의 직접 당사자가 되므로 **제3자 법정소송담당임을 표시한다.** 다만 이들 외에 대부분의 '법정소송담당'의 경우(예를 들면 채권자대위소송(민법 제404조), 추심금청구소송(민사집행법 제238조), 질권을 행사하는 질권자(민법 제353조), 주주대표소송(상법 제403조) 등의 경위에는 법정소송담당관계를 표시하지 않는다.

※ **예 시**
　○ 원고　　김서민
　　　　　　서울 관악구 청룡로1길 15, 230-42
　　　　　　미성년자이므로 법정대리인 친권자 부 김성수, 모 박유민

　○ 원고　　왕서율
　　　　　　서울 관악구 청룡로1길 15, 230-42
　　　　　　피성년후견인이므로 법정대리인 성년후견인 최측근
　　　　　　서울 중구 을지로 2가 10

> ※ 예 시
>
> ○ 원고 1. 이기자
>   2. 이기면
>   원고들 주소   서울 관악구 청룡로1길 15, 230-42
>
>
> ○ 피고 1. 박병남
>   서울 강남구 삼성동 475
>   2. 최정북
>   서울 서초구 반포동 423(2회 변시)
>
>
> ○ 원고   파산채무자 김갑동의 파산관재인 이을남
>
>
> ○ 원고   망 김갑동의 유언집행자 김갑서
>
>
> ○ 원고   망 깁갑동의 상속재산관리인 김갑서

2) 법 인

① ㉠ 법인명⇒ ㉡ 주소⇒ ㉢ 대표자의 순으로 기재한다. 법인등기부등본 또는 법인 등기사항증명서에 적힌 법인의 명칭 및 주소로 기재한다. 다만 국가나 지방자치단체는 주소를 기재하지 않는다.

② 법인등기부등본 또는 법인 등기사항증명서가 첨부되어 있지 않다면 기록상의 법인의 명칭과 주소를 쓴다. 다만, **법인등기부등본상의 기재대로 기재해야 하고 이와 다르게 기재해서는 안된다.** 가령 제1회 변호사시험의 경우 등기부등본이 주어지지 않았다. 따라서 이런 경우 법인 명의의 문서가 주어지므로 해당 문서를 보고 기재하면 된다.

③ 대표자의 표시는 관련 법률의 규정을 참고하여 법인을 대표할 권한이 있는 명칭을 기재한다(ex : 주식회사의 경우 '대표이사 ○○○'). 그러나 대표할 권한이 있는지 불명확한 경우(ex : '사장', '회장', '이사장')에는 '대표자 사장 ○○○', '대표자 회장 ○○○', '대표자 이사장 ○○○'과 같이 기재한다. 한편 비법인사단의 경우(민소법 제52조)에도 동일하게 기재한다.

④ 당사자가 국가나 지자체인 경우 행정청(ex : 경기도 교육청)이 아닌 행정주체(ex : 경기도)가 당사자가 된다. 이 경우에 주소를 기재하지 않으며 대표자의 자격과 성명만을 기재하면 된다.

제1회 변호사시험의 경우 '채무확인서'를 보고 작성할 수 있었다
☞ 피고가 '주식회사 신한은행'이었던 사안

※ **예 시**
ㅇ 피고　1. 동방석유주식회사
　　　　　서울 마포구 공덕2길 233 동방빌딩 1320호
　　　　　대표이사 서동국
　　　　2. 삼진전자주식회사
　　　　　서울 강서구 공항로 123
　　　　　대표이사 이정진(5회 변시)

ㅇ 원고　　풍산조씨 신사공파 종중
　　　　　용인시 구성동 774
　　　　　대표자 회장 조일제(4회 변시)

※ **예 시**
ㅇ 피고　대한민국
　　　　법률상 대표자 법무부장관 ㅇㅇㅇ

ㅇ 피고　서울특별시
　　　　대표자 시장 ㅇㅇㅇ

ㅇ 피고　경기도
　　　　대표자 교육감 ㅇㅇㅇ

ㅇ 피고　주식회사 대천
　　　　서울 동작구 사당로 52, 502호(사당동, 대천빌딩)
　　　　대표이사 윤우상(6회 변시)

ㅇ 피고　주식회사 이글골프
　　　　수원시 영통구 원천로 27, 704호 (원천동, 원천빌딩)
　　　　대표이사 나도연(7회 변시)

---

3) 소송대리인의 표시

① 소송대리인은 개인법률사무소·합동법률사무소 또는 법무법인이다. 소송대리인이 개인법률사무소 또는 합동법률사무소(개인변호사)인 경우에는 '**소송대리인 변호사 ㅇㅇㅇ**'이라고 기재한다. 반면 소송대리인이 법무법인인 경우에는 '**소송대리인 법무법인 ㅇㅇㅇ**'을 기재한 후 '**담당변호사 ㅇㅇㅇ**'이라고 기재하고 그 다음 줄에 주소를 기재하며, 그 다다음 줄에는 전화, 팩스, 전자우편을 차례로 기재한다.

② 원고가 다수이나 소송대리인이 동일한 경우에는 원고들의 성명 및 주소를 각각 기재한 후 '**원고들 소송대리인 변호사 ㅇㅇㅇ**'으로 표시한다.

※ 예 시
  ○ 원고 1. 김기림
          서울 서초구 반포대로 100
       2. 이경기
          서울 강남구 테헤란로 7, 801호(역삼동, 대승빌딩)
          원고들 소송대리인 변호사 전부승
          서울 서초구 반포대로 86, 201호(서초동, 신원빌딩)
          전화 532-3000, 팩스 532-3001, 이메일 jbs7212@hanmail.com

  ○ 원고 1. 김기림
          서울 서초구 반포대로 100
       2. 이경기
          서울 강남구 테헤란로 7, 801호(역삼동, 대승빌딩)
          원고들 소송대리인 법무법인 전승
          담당변호사 전승수
          서울 서초구 반포대로 86, 201호(서초동, 신원빌딩)
          전화 532-3000, 팩스 532-3001, 이메일 jss7212@hanmail.com

(3) 사건의 표시(등청)

사건명은 'OO 청구의 소'를 부기하고 간결하고 정확하게 표시해야 한다. 수 개의 청구가 병합되어 청구가 여러 개라면 주된 청구 하나를 선택하여 사건명으로 하고 그 뒤에 'OO 등 청구의 소'라고 기재한다.

예를 들어, '소유권이전등기 등 청구의 소, 소유권이전등기 말소등기 등 청구의 소, 부당이득반환 등 청구의 소' 등의 형식으로 기재한다.

(4) 청구취지

청구취지는 소의 '결론' 부분에 해당하므로 **무색투명하게 기재한다.** 총 175점 중 70~80점 이상이 배점된다(자세한 내용은 제2편 청구취지를 참조).

(5) 청구원인(주/시/방/목/내/행)

청구원인은 소송물인 권리관계의 발생원인에 해당하는 사실관계를 의미한다. 즉, 원고의 청구를 이유 있게 하기 위해 필요한 사실관계이자 소의 '본론'에 해당하는 부분이다. 청구원인은 '주체·시기·상대방·목적·내용·행위'의 순으로 기재한다. 대략적인 순서는 다음과 같다.

1) 목차

피고별로 나누는 것이 바람직하고, 해당 청구취지를 "**피고 ~에 대한 ~청구**"로 기재한 목차를 기재한다.

2) 요건사실

위 청구취지의 정확한 '요건사실'을 기준으로 해당 사실관계를 간략하게 기재한다.

3) 소결

가장 비중이 많은 '이행청구'의 경우, 해당 '피고'를 주어로 하여, "**~할 의무가 있습니다.**"로 소결을 작성한다. 청구취지 문장과 거의 같으나 '**지연손해금**'과 같은 유색한 표현이 들어가는 점과 위와 같은 존댓말 어미로 마무리한다는 점에서 구별된다.

4) 항변

피고의 항변 중 이유 있는 것은 미리 반영하여 위 소결을 작성할 수 있다. 가령 동시이행항변권이 존재한다면 미리 반영하여 상환으로 이행할 의무가 있다고 작성한다. 다만 상계와 같이 계산이 복잡한 경우에는 먼저 별도 항목으로 계산과정을 모두 기재한 후 소결을 쓴다. 그리고 이 경우 처음 소결을 쓰면서 "일응" 그러하다고 기재한 후 상계 항변을 반영하여 최종 소결을 기재하거나 처음부터 계산을 먼저 한 후에 소결을 한번만 쓰는 방법도 가능하다(자세한 내용은 청구원인 파트를 참조).

5) 재항변

피고의 예상 항변 등을 고려하여 반박을 작성한다. 즉, 항변이 주장 자체로 이유 없게 되는 법리를 기재하거나 원고의 재항변을 기재하여 탄핵하는 것이다. 고정된 형식이 없으므로 반박 논거는 판례의 핵심 법리를 간략하게 기재한다.

6) 결 론

모든 항목들의 각 소결을 쓴 후 최종적으로 결론을 기재한다.

(6) 입증방법

원고의 경우에는 '갑 제1호증 매매계약서', 피고의 경우에는 '을 제1호증 등기부등본', 독립당사자참가의 경우에는 '병 제1호증 채권양도양수계약서' 라고 각각 기재한다(변호사시험에서는 일반적으로 입증방법의 기재를 생략한다).

(7) 첨부서류

소 제기시에 법원은 소장 부본을 각 피고들에게 송달하여야 한다(민소법 제255조). 따라서 피고의 수에 상응하는 소장 부본을 첨부하여 제출한다. 첨부서류에는 입증방법으로 제출하는 서류의 명칭과 제출하는 통수(피고의 수에 1을 더한 수의 사본을 함께 첨부)를 기재한다.

법인의 경우에는 '법인등기부등본' 이 서류로 제출된다. 한편, 소송대리권을 증명하기 위하여 '소송위임장' 을 제출하여야 하며 법무법인의 경우 '담당변호사 지정서' 를 함께 첨부한다.

(8) 작성연월일 및 작성자의 기명날인 또는 서명

소장의 말미에 소를 제기하는 "연, 월, 일"을 기재 한 후 행을 바꾸어 "원고 소송대리인 변호사 ○○○"이라고 기재한다.

※ (7),(8)의 예시

<u>1. 위 각 입증방법 각 2통</u>

2. 소장부본 1통

3. 소송위임장 1통

4. 담당변호사 지정서 1통

5. 법인등기부등본 1통

6. 송달료납부서 1통

<u>2020. 03. 12</u>

원고 소송대리인

변호사 김갑동

---

(9) 관할법원

당해 소송의 관할법원을 찾아 기재하여야 하는데 기록 자료 중 '각급 법원의 설치와 관할구역에 관한 법률 제4조 [별표3]'이 주어지므로 '관할법원'을 찾아 기재하면 된다. 그리고 법원명을 기재할 때는 법원명 뒤에 반드시 **"귀중"**이라는 단어를 덧붙여 **"○○지방법원 귀중"**이라고 기재한다. 변호사시험에서는 관련재판적(민소법 제25조)이 있는 것을 전제하고 출제하는 경우가 대부분이므로 공동피고 중 1명의 보통재판적(민소법 제2조 내지 제6조)에 해당하는 법원을 기재하면 된다. 그러나 제6·7회 변호사시험에서는 전속관할이 출제되었고(주주대표소송, 주주총회결의취소·무효확인· 부존재확인의 소, 합병무효의 소, 회사설립무효의 소, 신주발행무효의 소, 정기금판결 변경의 소, 재심의 소 등), 제9회 변호사시험에서는 **"공통의 관할"**을 전제로 한 전속적 합의관할이 출제되기도 하였다.

2. 기록작성시 주의사항(누락하기 쉬운 6가지 주의사항)

① **[작성요령]** 소 제기일, 지연손해금 청구 여부, 부동산 표기의 [별지목록], 진정명의회복을 원인으로 한 소유권이전등기의 청구 금지 등 특이사항을 확인한다.

② **[상담일지]** '의뢰인의 희망사항'을 먼저 검토하여 문제가 되는 쟁점이나 청구유형을 파악(건물철거, 대지인도 등)하고, '상담내용'을 검토하면서 개략적인 사실관계 및 청구취지의 틀을 잡는다.

③ **[형식적 기재사항]** 당사자, 소송대리인, 사건명, 청구취지, 청구원인, 작성일, 대리인, 관할법원을 미리 답안지에 작성해놓고 빠뜨리지 않게 주의한다. 특히 사건명을 많이 놓치는 경우가 있으니 주의해야 한다.

④ **[청구취지]** 수인의 채권·채무관계가 나오는 경우, 채권자들과 채무자들의 관계를 정확히 밝혀주어야 한다. 예를 들어, 채무의 성질(연대, 부진정연대)에 따라 '각/연대하여/공동하여'를 붙이는 것을 잊지 말아야 한다. 마지막으로, 소송비용/가집행은 누락하기 쉬운 청구취지이므로 형식적 기재사항을 미리 답안지에 작성할 경우, '소송비용은 피고들이 부담한다.', '제0항은 가집행할 수 있다.', '라는 판결을 구합니다.'라는 문구도 같이 작성해둔다.

⑤ **[청구원인]** 사실관계를 요건사실에 맞추어 설시하는 것이 필요하나, 요건사실에 맞춘 구성이 곤란한 경우 핵심 사실관계를 시간 순으로 작성하는 것도 하나의 방법이 될 수 있다(사실관계에 배점이 있다). 요건사실에 맞춘 사실관계정리 후 각 청구원인의 마지막엔 늘 '따라서 피고는 원고에게 ~~할 의무가 있습니다.'라는 '법률효과'를 언급해주어야 한다. 예를 들어 양수금청구의 요건사실인 '채. 양. 통승'에 맞춘 사실관계 작성 후, '따라서 피고 甲은 원고에게 양수금 0원 및 이에 대한 이자/지연손해금(구체적으로 얼마)을 지급할 의무가 있습니다.'라고 청구의 결론을 내주어야 한다.

⑥ **[상대방의 항변]** 상대방의 항변 자체는 간단하게 한 줄처리 한다(사례형 답안에서 쟁점의 정리와 같이). 그에 대한 반박을 자세하게 설시해주는 것이 핵심이다. 예를 들어 '피고 甲은 채권의 이중양도 법리에 따라 원고는 양수금의 일부(얼마)만을 청구할 수 있다고 주장할 것으로 예상됩니다. 그러나 判例에 따르면 (반박의 내용)이므로, 피고의 주장은 타당하지 않습니다.'

3. 반소장·답변서·준비서면

반소장(2012.10. 법전협 모의고사), 답변서(제3회 변호사시험, 2013.8. 법전협 모의고사), 준비서면(2011.7. 법전협 모의고사, 2012.10. 법전협 모의고사)이 각각 변호사시험과 법전협 모의고사에 출제된 바 있다.

(1) 반소장

① 반소장에는 '반소장'이라는 표제를 붙인다. 반소는 본소 계속 중에 제기하는 소이므로 본소의 사건번호와 사건명을 당사자 표시 안에 밝혀주어야 한다. ⅰ) 사건, ⅱ) 사건번호, ⅲ) 사건명의 순으로 기재한다.

② **"원고(반소피고)"**, "피고(반소원고)"와 같이 기재한다. '청구취지'를 기재할 때는 반드시 기재시마다 괄호 안의 표시를 병기하여야 하나, '청구원인'을 기재할 때는 "원고(반소피고, 이하 '반소피고'라 합니다)"와 같은 식으로 처음에만 기재한 후 생략할 수 있다. 기타의 작성방법은 일반적인 소장의 작성방법(가령, '사건의 표시', '반소 청구취지', '반소 청구원인' 등)과 동일하다.

③ 당사자를 표시한 후 "위 사건에 관하여 피고(반소원고)의 소송대리인은 다음과 같이 반소를 제기합니다."의 문구를 기재한다.

④ 입증방법, 첨부서류, 작성연월일 및 작성자의 기명날인 또는 서명 순으로 기재한다(소장과 동일하다).

⑤ 본소의 소송계속으로 이미 담담 재판부가 정해져 있으므로, 관할법원을 기재할 때 **재판부까지** 함께 기재한다.

> "본소원고(반소피고)"로 기재하지 않는다"본소원고(반소피고)"로 기재하지 않는다

(2) 답변서

① 답변서에는 사건번호와 수소법원의 재판부명을 기재한다(당사자의 주소는 소장에 적혀 있으므로 기재하지 않는다).

② 청구취지와 청구원인은 각각 **'청구취지에 대한 답변'**, **'청구원인에 대한 답변'**이라고 기재한다. 답변서의 청구취지는 '이 사건 소를 각하한다.' 또는 '원고의 청구를 기각한다.'라고 기재한다.

③ 소장과는 반대로 "소송비용은 원고가 부담한다."고 기재한다.

④ 답변서의 내용은 '본안 전 항변'과 '본안에 대한 답변'이 있다. 본안 전 항변에는 소송요건에 대한 내용을 기재한다(예를 들어 제척기간의 도과, 소의이익이 흠결된 경우, 당사자 적격유무 등)

(3) 준비서면

준비서면은 2011.7. 법전협 모의시험, 2012.10 법전협 모의고사에 출제된 바 있다. 준비서면 역시 이미 사건이 진행 중이므로 '사건번호와 사건명'을 표시하고 '수소법원의 재판부명'을 기재하여야 한다.

※ **반소장 예시**(12년 3차)

반 소 장

사　　　　　건　2012가합1920　건물철거 등

피고(반소원고)　최천운

　　　　　　　　서울 서대문구 창천동 122 럭키아파트 107동 503호

　　　　　　　　소송대리인 법무법인 사람세상

　　　　　　　　담당변호사　이길만

원고(반소피고)　장준식

　　　　　　　　서울 양천구 목2동 신시가지아파트 102동 708호

"본소원고(반소피고)"로　기재하지 않음에 유의한다

위 사건에 관하여 피고(반소원고)의 소송대리인은 다음과 같이 반소를 제기합니다.
소유권이전등기 청구의 소

반소 청구취지

반소 청구원인

첨 부 서 류

1. 반소장 부본　1부
2. 공시지가 확인원　1부

　　　　　　　　　　　　2012.　10.　5.

　　　　　　　　　　　피고(반소원고)의 소송대리인 법무법인 사람세상

　　　　　　　　　　　　　담당변호사　이길만

서울서부지방법원　제12 민사부 귀중

재판부까지 함께 기재해야 한다.

※ **답변서 예시**(13년 2차)

답 변 서

사　　건　　2013가합34567 임대차보증금반환 등
원　　고　　박양수
피　　고　　1. 김건주
　　　　　　2. 이양도
피고들 소송대리인 법무법인 사람과사람 담당변호사 이방어
의정부시 가능동 555 소극빌딩 888호
전화 031-666-8888, 이메일 shieldlee@coolmail.com

위 사건에 관하여 피고들의 소송대리인은 다음과 같이 답변합니다.

청구취지에 대한 답변

청구원인에 대한 답변

증 거 방 법
(생　　략)

첨 부 서 류
(생　　략)

2013.　8.　14.

피고들의 소송대리인 법무법인 사람과사람
담당변호사 이　방　어 (인)

재판부까지 함께 기재해야 한다

서울중앙지방법원　제10민사부　귀 중

※ **준비서면 예시**(11년 1차)

준 비 서 면

사　　건　　2011가합2733 토지인도 등

원　　고　　김근호

피　　고　　1. 이정모

　　　　　　2. 박준경

위 사건에 관하여 피고들의 소송대리인은 아래와 같이 변론을 준비합니다.

증 거 방 법

(생략)

첨 부 서 류

(생략)

2011. 6. 15.

피고들의 소송대리인

변호사 최 선 만

서울서부지방법원 민사 제12부 귀중

제 **2** 편

분쟁유형별 청구취지

제1장   청구취지의 개관

민사기록형 시험의 총점인 175점 중 '청구취지'에 평균적으로 70~80점 이상이 배점되고, 또한 청구취지의 경우 한 글자에 따라 문장전체의 의미가 달라질 수도 있으므로(예를 들어 청구취지를 작성시 '각'의 사용이 그러하다) **청구취지의 형식을 그대로 암기하여 간단·명료하고 무색·투명하게 기재하여야 한다**(가령 금전청구시 금전의 성질(매매대금인지 지연손해금인지 등)을 기재하지 않는다).

청구취지의 기재는 주된 청구취지를 서술한 후 소송비용과 가집행에 대한 내용을 기재한다(소·가). 한편, 기록의 일반적인 검토 순서는 다음과 같다. 먼저, '상담일지' 및 '첨부서류'를 분석하고, 다음으로 기본적인 사실관계를 읽어가며 법률적 관점에서 간략하게 자신만의 방식으로 메모를 한다. 그리고 기록의 작성요령에서 전부승소를 목적으로 '소장'을 기재하라고 요구하므로, 반드시 패소하는 부분이 없도록 기재한다.

제2장   이행의 소

제1절 일반론

Ⅰ. 서 설

이행의 소에서는 자기에게 이행청구권이 있음을 주장하는 자가 원고적격을 가지며, 그로부터 이행의무자로 주장된 자가 피고적격을 갖는다. 원고를 청구권자가 아니라 청구권을 주장하는 자로 보는 형식적 당사자개념에 의하므로 주장 자체로 판단한다. 이행청구는 크게 금전지급청구, 인도·철거·퇴거청구, 등기청구, 채권양도통지청구 등으로 나뉜다. 변호사시험 민사기록형의 경우 이행청구의 비중이 가장 높고, 작성요령상 '전부승소'를 염두하여 청구취지를 기재하라는 것이 통상적이므로 **"피고는 원고에게 00를(목적) 00하라(행위)"(피·원·목·행)**라는 기본형식을 암기하여야 한다. 앞서 살핀 대로, 청구취지는 주된 청구를 먼저 작성하고 소송비용부담이나 가집행선고 등의 부수적 청구를 나중에 작성하며, 간단명료하고 무색투명하게 기재하여야 한다.

Ⅱ. 소송비용의 부담 및 가집행선고

1. 내 용

① 가집행선고는 '재산권의 이행청구에 관한 미확정의 종국판결'에 집행력을 부여하는 형성적 재판이므로 ㉠ 확인판결, ㉡ 형성판결(공유물분할판결, 사해행위취소청구), ㉢ 의사의 진술을 명하는 판결(이전등기·말소등기 청구, 부동산등기법 제57조 또는 제59조의 승낙의 의사표시를 구하는 청구, 채권양도 통지청구, 토지거래허가신청 등), ㉣ 이행기가 판결확정 이후에 도래함이 명백한 판결(사해행위취소소송에서의 가액배상청구) 등의 경우에는 가집행선고가 허용되지 않는다. 그러나 동시이행관계나 선이행관계는 가집행 선고가 가능하다.

② 원고가 승소하길 원하는 주된 청구를 모두 기재한 후에, "소송 비용은 피고가 부담한다." 및 "00은 가집행 할 수 있다."라는 기재를 반드시 써줘야 한다. 소송비용부담 및 가집행 청구에도 배점이 되어 있기 때문이다. 그리고 소송비용부담의 기재 후에 가집행 청구를 작성한다(소·가).

> 제213조 (가집행의 선고) ① **재산권의 청구**에 관한 판결은 가집행(假執行)의 선고를 붙이지 아니할 상당한 이유가 없는 한 직권으로 담보를 제공하거나, 제공하지 아니하고 **가집행을 할 수 있다는 것을 선고하여야** 한다. 다만, 어음금·수표금 청구에 관한 판결에는 담보를 제공하게 하지 아니하고 가집행의 선고를 하여야 한다. ② 법원은 직권으로 또는 당사자의 신청에 따라 채권전액을 담보로 제공하고 가집행을 면제받을 수 있다는 것을 선고할 수 있다. ③ 제1항 및 제2항의 선고는 판결주문에 적어야 한다.

2. 요 건

(1) 재산권의 청구에 관한 이행판결일 것

가집행선고를 하기 위해서는 재산권상의 청구에 관한 판결이어야 한다. 재산권상의 청구에 관한 판결이어야 하므로 이혼 청구 등 비재산권의 청구에는 가집행선고를 할 수 없고, 재산권상의 청구라 하더라도 판결이 확정된 경우에만 집행력이 발생하는 경우에는 가집행선고를 할 수 없다. 예를 들어 **의사표시를 명하는 판결**(민집법 제263조 제1항, 민법 제389조의 2항)인 **등기청구**(이전등기·말소등기 청구, 부동산등기법 제57조 또는 제59조의 승낙의 의사표시를 구하는 **청구**), 채권양도 통지청구, 토지거래허가신청, **실체법상 법률관계를 변동시키는 형성판결인 공유물분할판결**(민법 제268조), 사해행위취소청구(민법 제406조), 비재산권과 관련된 이혼청구, 인지청구 및 **확인청구** 등에는 가집행선고를 할 수 없다.

(2) 종국판결일 것

종국판결이어야 하므로 중간판결에는 가집행선고를 할 수 없고, 종국판결이어도 집행력이 있어야 하므로 확인판결에는 가집행선고를 할 수 없다.

(3) 가집행선고를 붙이지 아니할 상당한 이유가 없을 것

가집행 선고제도의 입법취지는 승소자의 조속한 집행의 이익과 패소자의 상소에 의한 이익의 조화를 꾀하는 데 있으므로 건물철거집행 등 집행이 완료되면 나중에 판결이 취소되더라도 건물 신축 등 회복이 용이하지 않은 경우에는 가집행선고를 할 수 없다.

3. 기재 방식

'재산권 청구'의 뒤에 "00은 가집행할 수 있다"라고 기재한다(동시이행관계나 선이행관계는 가집행 선고가 가능하다).

▌예 시(9회 변시)

3. 피고 최민우, 이종문은, 피고 최민우가 원고로부터 185,000,000원에서 2020. 1. 1.부터 별지 목록 2 기재 부동산의 인도완료일까지 월 5,000,000원의 비율로 계산한 돈을 지급받음과 동시에 원고에게 위 부동산을 각 인도하라.

4. 피고 남현수는 원고로부터 별지 목록 3 기재 토지에 관한 수원지방법원 성남지원 하남등기소 2018. 2. 15. 접수 제4927호로 마친 소유권이전등기의 말소등기절차를 이행받음과 동시에 원고에게 850,000,000원 및 이에 대하여 이 사건 소장 부본 송달일부터 다 갚는 날까지 연 5%의 비율로 계산한 돈을 지급하라.

5. 피고 남현수와 피고 김상훈은 연대하여 원고에게 5,000,000원 및 이에 대한 2016. 8. 1.부터 이 사건 소장 부본 송달일까지는 연 10%의, 그 다음날부터 다 갚는 날까지는 연 12%의 각 비율로 계산한 돈을 지급하라.

6. 피고 김상훈은 원고에게 100,000,000원 및 이에 대하여 2016. 10. 8.부터 2017. 1. 7.까지는 연 3%의, 그 다음날부터 이 사건 소장부본 송달일까지는 연 5%의, 그 다음날부터 다 갚는 날까지는 연 12%의 각 비율로 계산한 돈을 지급하라.

7. 소송비용은 피고들이 부담한다.

8. 제3항, 제4항, 제5항, 제6항은 각 가집행할 수 있다.

라는 판결을 구합니다.

> 소송비용과 가집행 선고는 세트로 기억한다(소·가).
>
> 금전청구이므로 가집행 선고를 붙일 수 있다.

Ⅲ. 청구취지 기재시 '각'의 이용법

청구취지는 간단명료하고 무색투명하게 기재하여야 하므로 중복서술은 원칙적으로 금지된다. 따라서 하나의 청구취지 중에서 중복되는 부분이 있다면 중복부분에 '각'이라는 표현을 덧붙여 기재한다. '각'은 중첩관계를 표시하는 말이 아니라, 독립적인 관계를 나타내는 말이다. 예를 들어 "(두명의) 피고들은 각 1억 원을 지급하라"는 것은 각각 1억 원, 즉 합하여 2억 원을 지급하라는 것이고, 반면 '연대하여', '공동하여'라는 표현은 채무를 이행하는 형태만 다를 뿐 합하여 1억 원을 지급하라는 것이다.

■ **예 시(1억 원을 이자율 연 10%, 변제기를 2020. 3. 4.로 하여 대여한 경우)**

피고는 원고에게 100,000,000원 및 이에 대한 2020. 3. 5.부터 이 사건 소장 부본 송달일까지는 연 10%의, 그 다음날부터 다 갚는 날까지는 연 12%의 각 비율로 계산한 돈을 지급하라.

> 원고의 청구를 원래의 형태로 적는다면 "피고는 원고에게 100,000,000원 및 이에 대한 2020. 3. 5.부터 이 사건 소장 부본 송달일까지는 연 10%의 비율로 계산한 돈을 지급하고, 그 다음날부터 다 갚는 날까지는 연 12%의 비율로 계산한 돈을 지급하라."가 될 것이다.
>
> 이럴 경우 '비율로 계산한 돈을 지급하라'라는 말이 **중복되므로 그 앞에 '각'을 붙여** 해결하는 것이다.

제2절 금전지급청구

Ⅰ. 기본형

"피고는 원고에게 (얼마)를 지급하라."이다. 금액의 숫자는 반드시 '아라비아숫자'로만 기재해야 하고, 금전채권의 성질(예컨대 매매대금, 대여금 등)을 기재하면 안된다. 한편 상환이행청구 등의 동시이행을 명하는 청구취지에서는 "원고로부터 00을 지급(인도)받음과 동시에" 다음에 "원고에게"라는 문구를 기재한다.

> **"원고에게"**를 누락하지 않도록 주의해야 한다.

> ※**예 시**(9회 변시)
>
> "피고 남현수는 원고로부터 별지 목록 3 기재 토지에 관한 수원지방법원 성남지원 하남등기소 2018. 2. 15. 접수 제4927호로 마친 소유권이전등기의 말소등기절차를 이행받음과 동시에 **원고에게** 850,000,000원 및 이에 대한 이 사건 소장 부본 송달일부터 다 갚는 날까지 연 5%의 비율로 계산한 돈을 지급하라."

Ⅱ. 장래이행 청구

변론종결시를 기준으로 하여 이행기가 장래에 도래하는 이행청구권을 주장하는 소이다(제251조). 채무자의 '임의이행의 거부에 대비'하기 위한 것이고, '강제집행의 곤란에 대비'하기 위한 것이 아니므로 집행곤란의 사유가 있으면 가압류나 가처분의 사유가 될 뿐이다.

1. 장래의 부당이득반환청구, 장래의 손해배상청구

"채무의 이행기가 장래에 도래할 예정이고 그때까지 채무불이행 사유가 계속 존속할 것이 변론종결 당시에 확정적으로 예정되어 있다면, 장래의 이행을 명하는 판결을 할 수 있다"(대판 2018.7.26. 2018다227551). **[9회 기록형]**

■ 점유로 인한 장래부당이득반환청구

㉠ **[불법점유의 경우 : 피고의 점유종료일, 원고가 인도 받은 날이 기준]** ⅰ) 判例는 국가 또는 시가 타인 소유의 토지를 도로부지로 점유·사용하면서도 이에 대한 임료 상당의 부당이득금의 반환을 거부하는 사안에서, '시가 토지를 매수할 때까지'(대판 1991.10.8. 91다17139), '**1990.6.10.까지**'(대판 1987.9.22. 86다카2151)라는 장래의 기간을 한정한 청구는 그 시기 이전에 피고(국가 또는 시)가 이 사건 토지를 수용하거나 도로폐쇄조치를 하여 점유사용을 그칠 수도 있고 원고가 위 토지를 계속하여 소유하지 못할 수도 있기 때문에 의무불이행 상태가 장래의 이행기까지 존속하는 것이 변론종결 당시 확정적으로 예정할 수 없으므로 부적법하다고 하나, '피고의 점유종료일 또는 원고의 소유권상실일까지'(대판 1994.9.30. 94다32085)를 장래의 기간으로 한정한 청구는 적법하다고 하였다.

ⅱ) 같은 이유에서 사인간의 무단점유의 경우 判例는 임대차종료 후 임차인 甲이 임차 건물에서 퇴거하면서 임대인 乙이 아닌 제3자 丙에게 건물의 열쇠를 건네주어 건물을 점유·사용케 하였다면, 乙의 손해는 '건물을 인도받을 때'까지 계속해서 발생할 것이 확정적으로 예정되어 있다고 보았다(대판 2018.7.26. 2018다227551).

[판례해설] 위 2018다227551판결은 불법점유의 경우 '점유 자체'가 부당이득이 되므로 불법점유시부터 변론종결시까지의 부분은 현재이행의 소, 변론종결시부터 인도시까지는 장래이행의 소에 해당하는 바, 특히 장래이행의 소의 적법여부와 관련하여 (사인간의 무단점유의 경우) '목적물을 인도할 때'까지 점유할 것이 분명하고, 이러한 부당이득채무 불이행 상태가 변론종결일 이후부터 인도하는 날까지 변론종결시에 확정적으로 예상할 수 있는 경우에 해당한다고 볼 수 있다고 본 것이다.

ⅲ) 한편, 최근에는 '원고의 소유권 상실일까지'라는 기재는 확정된 이행판결의 집행력에 영향을 미칠 수 없는 무의미한 기재라고 하여 이행판결의 주문 표시로서 바람직하지 않다고 판시하였다(대판 2019.2.18 2015다244432).

[판례해설] 종래 재판 실무에서는 장래의 부당이득금의 계속적·반복적 지급을 명하는 판결의 주문에 '원고의 소유권 상실일까지'라는 표시가 광범위하게 사용되었다. 그러나 '원고의 소유권 상실일까지'라는 기재는 집행문 부여기관, 집행문 부여 명령권자, 집행기관의 조사·판단에 맡길 수 없고, 수소법원이 판단해야 할 사항인 소유권 변동 여부를 수소법원이 아닌 다른 기관의 판단에 맡기는 형태의 주문이다. 또한 '원고의 소유권 상실일'은 장래의 부당이득반환의무의 '임의 이행' 여부와는 직접적인 관련이 없으므로, 이를 기재하지 않더라도 장래의 이행을 명하는 판결에 관한 법리에 어긋나지 않으므로 최근판례의 태도가 타당하다(위 2015다244432 판결요지).

㉡ **[적법점유의 경우 : 피고의 사용·수익 종료일이 기준]** 判例는 "토지임차인이 토지임대인에게 토지를 인도하지 아니하더라도 원심이 이행을 명한 '인도하는 날' 이전에 토지의 사용·수익을 종료할 수도 있기 때문에 의무불이행사유가 '인도하는 날까지' 존속한다는 것을 변론종결 당시에 확정적으로 예정할 수 없는 경우에 해당한다 할 것이어서 그 때까지 이행할 것을 명하는 판결을 할 수 없다"(대판 2002.6.14. 2000다37517)고 하였다(7회 선택형).

[판례해설] 이는 토지임차인인 피고의 점유가 동시이행항변권 또는 유치권의 행사에 따른 것이어서 적법한 것이기는 하나 동시이행의 항변권이나 유치권이 있다고 해서 사용·수익권이 인정되는 것은 아니므로 부당이득을 명한 사례이다. 다만 判例는 부당이득반환에 있어서 이득이라 함은 '실질적 이익'을 가리키는 것(대판 1984.5.15, 84다카108)이라고 하므로 '인도하는 날' 이전에 '사용·수익을 종료'한다면 '실

요약하면, 종전 판례는 지방자치단체의 무단점유로 인한 장래 부당이득반환청구의 경우 점유종료일 또는 소유권상실일 모두를 종기로 해야 적법하고, 그 중 하나만을 종기로 청구시 부적법하다는 입장이었으나, 최근 판례는 '원고의 소유권 상실일까지'라는 기재는 이행판결의 주문표시로서 바람직하지 않다고 한다.

질적인 이익'이 없어 토지임차인의 부당이득반환 채무불이행 상태가 변론종결일 이후부터 인도하는 날까지 변론종결시에 확정적으로 예상할 수 있는 경우에 해당한다고 할 수 없다고 본 것이다.

■ 〈국가 또는 시 등 지자체의 불법점유의 경우 소유권자의 손해배상 또는 부당이득반환 청구〉

"피고는 원고에게 2012. 7. 1.부터 별지 목록 기재 토지에 관한 도로폐쇄로 인한 **점유종료일까지** 월 10,000,000원의 비율로 계산한 돈을 지급하라."

■ 〈사인간의 불법점유에 따른 손해배상 또는 부당이득반환청구〉(18년 1차)

2. 피고 박상호는 원고에게

가. 별지 목록 기재 4 건물을 철거하고, 별지 목록 기재 3 토지를 인도하고,

나. 2018. 4. 17.부터 위 **토지의 인도 완료일**까지 월 5,000,000원의 비율로 계산한 돈을 지급하라.

단, 변호사시험 기록형 채점기준에서 이 부분을 특별히 감점 사유로 판단하지 않는 것으로 보이므로 "인도 완료일까지"로 기재해도 무방할 것으로 판단된다.

■ 〈사인간의 적법점유에 따른 부당이득반환청구〉(18년 2차)

2. 피고 김지현은 원고에게, 이 사건 소장 부본 송달일부터 서울 광진구 광장동 578 대 160㎡ 중 별지 도면 1 표시 ㄱ, ㄴ, ㅁ, ㄱ의 각 점을 차례로 연결한 선내 (가) 부분 13㎡에 대한 **사용·수익을 종료할 때까지** 월 1,300,000원의 비율로 계산한 돈을 지급하라.

Ⅲ. 이자 및 지연손해금 청구

1. 기본형

"피고는 원고에게 (원금) 및 이에 대하여 (기산일)부터 다 갚는 날까지 (이율)로 계산한 돈을 지급하라."

원금을 청구하면서 이자를 함께 청구하는 경우 원금청구의 기본형에서 원금의 뒤에 '및 이에 대하여', '~부터 ~까지', '이율'을 차례로 추가하여 적는다. 이 때, '이에 대하여'라는 표현을 통하여 이자임을 나타내고, 이자 또는 지연손해금의 기산일은 '특정일자'나 '소장 부본 송달일'로 기재하며, 특별한 사정이 없는 한 최종일은 '다 갚는 날까지'로 기재한다. 이자나 지연손해금의 표현은 '~에 관한'이 아닌 '~에 대하여'이라고 기재하고, 역시 원금과 동일하게 **부대청구** 채권의 성질을 적지 않는다.

한편, 이자 약정이 없는 경우에도 법정이자가 규정되어 있는 경우[예를 들면, 상인(상법 제55조 1항) 또는 계약해제시 금전을 반환하는 경우(제548조 2항), 악의의 수익자의 반환범위(제748조 제2항) 등]에는 법정이자를 함께 청구하여야 한다('작성요령'에서 의뢰인에게 가장 유리한 내용으로 소장을 작성하도록 요구하고 있다).

✳ 이자제한법(07년 신규제정, 개정법 21.7.7.시행)

금전대차에 관한 계약상의 최고이자율은 연 **25%**를 초과하지 아니하는 범위 안에서 대통령령으로 정하는데(제2조 1항), 그에 따라 연 **20%**를 최고이자율로 정하였다(2021년 7월 7일부터 시행). 이 최고 한도를 초과하는 부분은 무효로 한다(제2조 3항). 따라서 이러한 제한초과의 이자를 자동채권으로 하여 상계를 하더라도 그 효력이 없고(대판 1963.11.21. 63다429), 그 초과이자를 기초로 하여 준소비 대차계약 또는 경개계약을 체결하더라도 그 효력이 없다(대판 2015.1.15. 2014다223506).

2. 이율이 기간별로 다른 경우 - 금전채무 불이행에 관한 특칙

(1) 원칙

금전채무불이행에 의한 손해배상액은 실제 손해액이 얼마인가에 관계없이, 법정이율(민법에 정한 연 5%, 상법에 정한 연 6%, 소송촉진 등에 관한 특례법에 정한 연 12%)에 의해 정해진다(제397조 1항 본문). "금전채무에 관하여 아예 이자약정이 없어서 이자청구를 전혀 할 수 없는 경우에도 채무자의 이행지체로 인한 지연손해금은 법정이율에 의하여 청구할 수 있다"(대판 2009.12.24, 2009다).

(2) 예외

1) 약정이율(약정이자)이 있는 경우

① **[법정이율보다 높은 약정이율이 있는 경우]** 금전채무에 대해서 약정이율(약정이자)을 정한 것이 있는 때에는 그 약정이율이 법령의 제한에 위반되지 않는 한 채무불이행시에 지연배상금 산정의 기준이 된다(제397조 1항 단서). 즉, 변제기가 경과하여 채무불이행이 성립한 이후에는 약정이자의 이율은 지연배상금(지연이자) 산정을 위한 이율로 적용된다.

② **[법정이율보다 낮은 약정이율이 있는 경우]** 判例는 '약정이율'이 법정이율보다 낮은 경우에는 '지연손해금'은 약정이율이 아니라 법정이율에 의하여 정해야 한다고 명백히 밝히고 있다(대판 2009.12.24, 2009다85342). 이러한 법리는 계약해제시 반환할 금전에 가산할 이자(제548조 2항)에 관하여도 적용된다(대판 2013.4.26. 2011다50509).

2) 법률에 특별한 규정이 있는 경우(민법 제685조·제705조·제958조)

3) 지연손해금 약정이 있는 경우

약정이율이 채무불이행시의 지연배상금 산정의 기준으로 적용되는 것은 별도의 지연손해금 약정이 없는 때에 한하므로, 당사자간에 금전채무불이행에 대비하여 손해배상액 산정을 위한 이율(지연손해금률) 등을 정한 때에는 그러한 약정에 따르며(예를 들어 민법 제398조의 손해배상액의 예정), '약정이율'(약정이자)에 의할 것이 아니다. 따라서 이러한 지연손해금 약정이 법정이율보다 낮더라도 약정에 따른 지연손해금률이 적용된다(대판 2013.4.26. 2011다50509).

(3) 소송촉진 등에 관한 특례법

1) 2019.6.1.부터 연 12%

채권자가 금전채무의 이행을 구하는 '소'를 제기하여 그 전부 또는 일부의 이행을 명하는 판결을 선고할 경우, 금전채무이행으로 인한 손해배상액 산정의 기준이 되는 법정이율은 그 금전채무의 이행을 구하는 '소장부본이 채무자에게 송달된 다음 날'로부터 '연 12%'로 규정하고 있다.

> 소송촉진 등에 관한 특례법 제3조 제1항 본문의 법정이율에 관한 규정 (2019.6.1.시행)
>
> '소송촉진 등에 관한 특례법' 제3조 제1항 본문에 따른 법정이율은 연 100분의 12로 한다.
>
> 부칙 〈2019.5.21 제29768호〉
>
> 제1조(시행일) 이 영은 2019년 6월 1일부터 시행한다.
>
> 제2조(경과조치) ①항 이 영 시행 당시 법원에 계속 중인 사건으로서 제1심의 변론이 종결된 사건에 대한 법정이율은 이 영의 개정규정에도 불구하고 종전의 규정에 따른다. ②항 이 영 시행 당시 법원에 계속 중인 사건으로서 제1심의 변론이 종결되지 아니한 사건에 대한 법정이율은 2019년 5월 31일까지 발생한 분에 대해서는 종전의 규정에 따르고, 2019년 6월 1일 이후 발생하는 분에 대해서는 이 영의 개정규정에 따른다.

甲이 2010. 5. 1. 乙에게 X 부동산에 관하여 소유권이전등기를 마쳐주고 X 부동산을 인도하였으나 乙이 잔대금을 지급하지 못하자, 甲과 乙이 위 잔대금을 차용금으로 하고 이자율은 연 4%로 약정한 경우, 차용금의 변제기가 도과하면, 甲은 乙의 이행지체로 인한 지연손해금을 법정이율에 따라 乙에게 청구할 수 있다(2회,8회 선택형).(O)

매매계약의 당사자 사이에 계약해제로 인한 원상회복의무로서 반환할 매매대금에 가산할 이자를 약정하였고 그 약정이율이 법정이율보다 낮은 경우, 위 매매대금 반환의무의 이행지체로 인한 지연손해금에 관하여도 위 약정이율이 적용되어야 한다(6회 선택형).(×)

[정리] 소촉법상의 법정이율은
· 2015.9.30까지는 연 20%,
· 2015.10.1.부터 2019.5.31.까지는 연 15%,
· 2019.6.1.부터는 연 12%이다.

2) 이혼으로 인한 재산분할로서 금전채무(소극)

"이혼으로 인한 재산분할청구권(제839조의2·제843조)은 협의 또는 심판에 의하여 비로소 그 구체적 내용이 정해지게 되므로, 당사자가 이혼이 성립하기 전에 이혼소송과 병합하여 재산분할의 청구를 하는 경우, 판결이 확정된 다음날(이혼성립 다음날이 아님)부터 이행지체책임(연 5%의 법정이율)을 지게 되고, 소송촉진 등에 관한 특례법 제3조 1항 단서에 의해 동법 소정의 법정이율은 적용되지 않는다"(대판 2014.9.4. 2012므1656)

> 당사자가 이혼 성립 후에 재산분할을 청구하고 법원이 재산분할로서 금전의 지급을 명하는 판결이나 심판을 하는 경우, 분할의무자는 그 금전지급의무에 관하여 이혼 성립 다음날부터 이행지체책임을 진다(9회 선택형).(×)

3) 사해행위 취소에 따른 가액배상채무(소극)

판결확정 전에는 지체책임이 발생하지 않고, 따라서 판결확정일까지의 지연손해금은 인정되지 않는다. 그리고 "가액배상의무는 사해행위의 취소를 명하는 판결이 확정된 때에 비로소 발생하므로 그 판결이 확정된 다음날부터 이행지체 책임을 지게 되고, 따라서 소촉법의 이율은 적용되지 않고 민법의 법정이율이 적용된다"(대판 2009.1.15. 2007다61618).

■ **1억 원을 이자율을 약정하지 않고 변제일을 2020.3.4.로 하여 상거래상 대여한 경우**

1. 피고는 원고에게 100,000,000원 및 이에 대한 2020. 3. 5.부터 이 사건 소장 부본 송달일까지는 연 6%의, 그 다음날부터 다 갚는 날까지는 연 12%의 각 비율로 계산한 돈을 지급하라.

> 이자약정이 없는 경우에도 상인 간 영업에 관한 금전대여의 경우에는 연 6%의 이자를 청구할 수 있으므로 이자청구를 한 경우이다(상법 제55조 제1항).

■ **원고가 2009.1.5. 피고에게 2억 원을 이자 연 6%, 변제기 2010.1.4.로 정하여 대여한 경우**
(17년 2차)

1. 피고 양재호는 원고에게 200,000,000원 및 이에 대한 2009. 1. 5.부터 이 사건 소장 부본 송달일까지는 연 6%의, 그 다음날부터 다 갚는 날까지는 연 15%의 각 비율로 계산한 돈을 지급하라.

> 청구당시의 소촉법 이율인 연 15%가 적용된 경우이다.

■ **1억 원을 2020.3.4. 이자율 연 2%, 지연이자 연 3%, 변제기를 2021.3.3. 로 대여한 경우**

피고는 원고에게 100,000,000원 및 이에 대한 2020. 3. 4.부터 2021. 3. 3. 까지는 연 2%의, 2021. 3. 4.부터 이 사건 소장 부본 송달일까지는 연 3%의, 그 다음날부터 다 갚는 날까지는 연 12%의 각 비율로 계산한 돈을 지급하라.

> 법정이율보다 낮은 지연이자 약정이율이 있으므로 그에 따라 3%로 청구한 경우이다.

(4) 원상회복의무

> 제548조 (해제의 효과, 원상회복의무) ① 당사자 일방이 계약을 해제한 때에는 각 당사자는 그 상대방에 대하여 원상회복의 의무가 있다. 그러나 제3자의 권리를 해하지 못한다. ② 전항의 경우에 반환할 금전에는 그 받은 날로부터 이자를 가하여야 한다.

1) 의 의

계약이 해제된 경우 해제의 소급효로 인해 계약의 당사자는 원상회복의무로서 자신이 수령한 것을 이익의 현존 여부, 선·악을 불문하고 '받은 급부 전체'를 상대방에게 반환하여야 하고(제548조 1항), 이러한 원상회복의무에 관한 제548조 1항은 일반부당이득반환의 범위에 관한 제748조의 특칙이다(대판 1998.12.23, 98다43175).

2) 반환범위

가) 원칙적 원물반환, 예외적 가액반환

수령한 원물을 반환하는 것이 원칙이나, 원물반환이 불가능한 때에는 예외적으로 그 가격(가액)을 반환하여야 한다(대판 1990.3.9, 88다카131866). **[가액산정의 기준시점]**과 관련하여 判例는 "매도인으로부터 매매 목적물의 소유권을 이전받은 매수인이 매도인의 계약해제 이전에 제3자에게 목적물을 처분하여 계약해제에 따른 원물반환이 불가능하게 된 경우(제3자가 민법 제548조 1항 단서에 의해 소유권을 취득한 사안), '계약해제 당시'가 아니라 <u>'원상회복의무가 이행불능이 된 당시'</u>(대판 1998.5.12, 96다47913), 즉 처분 당시의 목적물의 대가 (또는 그 시가 상당액) 및 이에 대하여 그 이득일부터의 법정이자를 가산한 금액이 된다"고 한다(대판 2013.12.12. 2013다14675 : 9회 선택형).

나) 과실 및 사용이익의 반환

계약이 해제된 경우 원상회복의무로서 '금전'을 반환하는 경우 금전을 수령한 자는 그 '수령한 날'(해제한 날이 아님)부터 이자를 가산하여 반환하여야 한다(제548조 2항). 이는 수령한 금전으로부터 실제로 이자를 수취하였는가와 무관하게 인정된다.

> **[구체적 예]** 甲과 乙은 甲소유 X토지에 대한 매매계약을 1억원에 체결한 바, 乙은 계약금 1천만 원과 중도금 4천만 원은 약속한 날짜에 제대로 지급하여 특약에 따라 중도금 지급기일부터 乙이 X토지를 사용하고 있었다. 그러나 甲의 X토지에 관한 등기서류 교부와 동시에 지급하기로 한 잔금 5천만 원에 대한 지급을 乙이 지체함으로써 甲은 적법하게 乙과의 매매계약을 이행지체를 이유로 해제하였다.
>
> ☞ 判例에 따르면 계약해제시 원상회복의무(제549조) 뿐만 아니라 손해배상의무 사이(제551조)에도 동시이행관계에 있으므로(대판 1992.4.28, 91다29972 : 8회 선택형), 상대방으로부터 이행의 제공(원상회복)을 받으면서 자기의 채무(원상회복)를 이행하지 않는 경우에 이행지체가 된다. 즉, 당사자 쌍방이 모두 변제의 제공을 하지 않고서 이행기를 경과한 때에는, 그 이후 쌍방의 채무는 기한의 정함이 없는 채무로서 동시이행의 관계에 있게 되며, 당사자 중 일방이 자기의 채무이행을 제공하고 상대방에 대하여 그 채무의 이행을 최고함으로써 비로소 상대방은 이행지체에 놓이게 된다(제387조 2항)(대판 1980.8.26, 80다1037).

① **[이자의 성격]** "제548조 제2항은 원상회복의 범위에 속하는 것이며 <u>일종의 부당이득반환의 성질을</u> 가지는 것이고 반환의무의 이행지체로 인한 것이 아니므로, 부동산 매매계약이 해제된 경우 매도인이 반환하여야 할 매매대금에 대하여는 그 받은 날로부터 민법 소정의 법정이율인 연 5푼의 비율에 의한 법정이자를 부가하여 지급하여야 한다"(대판 2000.6.9, 2000다9123 : 6회,9회,11회 선택형).

② **[원상회복의무가 이행지체에 빠진 경우]** 해제로 인한 원상회복의무는 '이행기의 정함이 없는 채무'이므로 그 반환청구를 받은 때부터(그 다음날) 이행지체가 성립하는데, "원상회복의무가 이행지체에 빠진 이후의 기간에 대해서는 부당이득반환의무로서의 이자가 아니라 반환채무에 대한 지연손해금이 발생하게 되므로 거기에는 지연손해금률이 적용되어야 한다. 그 지연손해금률에 관하여도 당사자 사이에 별도의 약정이 있으면 그에 따라야 할 것이고, 설사 그것이 법정이율보다 낮다 하더라도 마찬가지이다"(대판 2013.4.26. 2011다50509).

> **[구체적 예]** 만약 위 사안에서 甲과 乙 사이에 계약해제시에 반환할 금전에 가산할 이자에 관하여 연 1%의 약정이율과 월 0.1%(연 1.2%)의 지연이율이 있었다면, 乙이 X토지에 관한 원상회복(손해배상 포함)을 이행하며 甲에게 최고하는 경우 甲은 계약금 및 중도금의 원상회복에 대해 乙의 원상회복 전까지는 연 1%의 약정이율을, 원상회복 이후부터는 월 0.1%의 비율에 의한 지연이자를 지급해야 한다.

③ **[계약해제시 반환할 금전에 가산할 이자에 관하여 당사자 사이에 약정이 있는 경우]** "계약해제시 반환할 금전에 가산할 이자에 관하여 당사자 사이에 약정이 있는 경우에는 특별한 사정이 없는 한 이행지체로 인한 지연손해금도 그 약정이율에 의하기로 하였다고 보는 것이 당사자의 의사에 부합한다. 다만 그 약정이율이 법정이율보다 낮은 경우에는 약정이율에 의하지 아니하고 법정이율에 의한 지연손해금을 청구할 수 있다고 봄이 타당하다"(대판 2013.4.26. 2011다50509).

[**구체적 예**] 만약 위 사안에서 甲과 乙 사이에 계약해제시에 반환할 금전에 가산할 이자에 관하여 월 0.4%(연 4.8%)의 약정이율만이 있었다면, 乙이 X토지에 관한 원상회복(손해배상 포함)을 이행하며 甲에게 최고하는 경우 甲은 계약금 및 중도금의 원상회복에 대해 乙의 원상회복 전까지는 월 0.4%의 약정이율을, 원상회복 이후부터는 연 5%의 비율에 의한 지연이자를 지급해야 한다.

④ [**계약해제로 인한 금전반환의무와 소송촉진 등에 관한 특례법 제3조 1항의 적용여부**]

소송촉진 등에 관한 특례법 제3조 1항은 금전채무의 전부 또는 일부의 이행을 명하는 판결을 선고할 경우에 있어서 '금전채무불이행으로 인한 손해배상액 산정의 기준이 되는 법정이율에 관한 특별규정'이다. ⅰ) 따라서 원상회복을 구하는 소송에서 원고가 승소하였더라도 원고와 피고의 원상회복의무가 동시이행관계에 있는 경우에는 피고의 금전반환의무가 이행지체에 있는 것이 아니므로 민법 제548조 2항에 의하여 그 받은 날로부터 민법이 정한 법정이율은 연 5%의 비율에 의한 법정이자를 부가할 수는 있지만, '금전채무불이행'으로 인한 손해배상액 산정의 특별규정인 소송촉진 등에 관한 특례법은 적용되지 않는다(대판 2003.7.22. 2001다76298).

ⅱ) 그러나 원상회복의무에 있어 동시이행관계가 부정되는 경우(예를 들어 계약을 해제하는 임차인은 임차목적물을 인도받은 바 없어 임차목적물 반환의무를 부담하지 않고 임대인만 보증금반환의무를 부담함)에는 해제에 따른 원상회복으로서 금전의 반환을 구하는 소송이 제기된 경우 반환의무의 지체가 성립하므로 이 경우에는 소송촉진 등에 관한 특례법이 적용된다(대판 2003.7.22. 2001다76298).[1]

[17년 3차 사실관계]
① 원고(매수인)는 피고(매도인) 김민호와 2017. 3. 25. 피고 김민호 소유의 부동산 매매계약을 체결
② 계약금은 5,000만 원으로 하고 원고는 계약당일(2017. 3. 25) 1,000만 원을 지급(채무불이행에 대비하여 계약금을 손해배상액의 예정으로 하기로 함, 특약상 지연이자는 10% 약정)
③ 원고가 계약금 잔금 4,000만 원을 지급하려 하였으나 피고의 계좌폐쇄로 원고가 공탁(결국 계약금 전부 지급, 계약금 불성립→위약금약정 영향X)
④ 피고의 이행기전 이행거절로 원고가 2017. 4. 25. 해제의 의사표시. 2017. 4. 27. 의사표시의 도달로 매매계약의 해제

■ 〈**10억 원의 아파트를 피고가 원고에게 매도하기로 약정하고, 원고가 2017.3.25. 계약금 중 일부인 1천만 원을 지급하고, 계약금(5천만 원으로 약정)을 손해배상금으로 하는 특약을 한 경우**〉(17년 3차)

3. 피고 김민호는 원고에게 60,000,000원 및 그 중 10,000,000원에 대하여는 2017. 3. 25.부터 이 사건 소장 부본 송달일까지는 연 5%의, 50,000,000원에 대하여 2017. 4. 27.부터 이 사건 소장 부본 송달일까지는 연 10%의, **각** 그 다음날부터 다 갚는 날까지는 연 15%의 **각** 비율로 계산한 돈을 지급하라.

Ⅳ. 수개의 대여금채권

1. 복수의 대여금채권, 각 채권의 이행기가 다른 경우

> "피고는 원고에게 (청구총액) 및 그 중 (일부)에 대하여는 (이행기)부터, (일부)에 대하여는 (이행기)부터 각 다 갚는 날까지 (이율)비율로 계산한 돈을 지급하라."

소구하는 원금의 총액을 적시한 뒤, 그 뒤에 "**및 그 중**"을 덧붙여 금액의 일부마다 변제기(이행기)를 특정하여 각각 기재한다. 이 경우 "다 갚는 날까지 (일율)비율로 계산한 돈을 지급하라."라는 문구가 중복되므로 다 갚는 날까지 앞에 '각'을 삽입하여 중복되지 않게 기재한다. 다만 약정이율이 소촉법 상의 이율보다 낮은 경우에는 '각'의 위치를 주의하여 기재해야 한다.

---

1) 여기서 법정이자와 지연손해금을 중복하여 청구할 수 있는가의 문제가 제기될 수 있는데, 법정이자와 지연손해금은 경제적 목적이 동일하므로 중복하여 청구할 수 없다. 즉 소장부본송달 다음 날부터 법정이자 연 5%와 소촉법 소정의 지연손해금 연 12%를 합한 17%를 청구할 수는 없다. 선택적으로만 청구가 가능하다

▌ 원고가 피고에게 2020. 3. 1. 4,000만 원을 연 15%의 이율로 대여하고, 2020. 4. 1. 3,000만 원을 동이율로 각각 대여하고 변제기가 모두 도래한 경우

1. 피고는 원고에게 70,000,000원 및 그 중 40,000,000원에 대하여는 2020. 3. 1.부터, 30,000,000원에 대하여는 2020. 4. 1.부터 **각** 다 갚는 날까지 연 15%의 비율로 계산한 돈을 지급하라.

▌ 위 예시에서 약정이율이 소촉법상의 이율을 초과하지 않는 경우(약정이율 연 6%)

1. 피고는 원고에게 70,000,000원 및 그 중 40,000,000원에 대하여는 2020. 3. 1.부터, 30,000,000원에 대하여는 2020. 4. 1.부터 **각** 이 사건 소장부본 송달일까지는 연 6%의, 그 다음날부터 다 갚는 날까지는 연 12%의 **각** 비율로 계산한 돈을 지급하라.

2. 복수의 대여금채권, 각 채권의 이행기 및 이율이 다른 경우

각 대여금채권의 이행기 및 이율이 모두 다른 경우이므로 이때에는 처음으로 공통되는 부분 앞에 '각'을 삽입하여 기재한다.

▌ 원고가 피고에게 2020. 3. 1. 4,000만 원을 연 5%의 이율로 대여하고, 2020. 4. 1. 3,000만 원을 연 10%의 이율로 각각 대여하고 변제기가 모두 도래한 경우

1. 피고는 원고에게 70,000,000원 및 그 중 40,000,000원에 대하여는 2020. 3. 1.부터 이 사건 소장부본 송달일까지는 연 5%의, 30,000,000원에 대하여는 2020. 4. 1.부터 이 사건 소장부본 송달일까지는 연 10%의, **각** 그 다음날부터 다 갚는 날까지 연 12%의 **각** 비율로 계산한 돈을 지급하라.

Ⅴ. 상환이행청구

> "피고는 원고로부터 ~을 (지급·이행·인도 등) 받음과 동시에 원고에게 (금원)를 지급하라."

민사기록형 시험의 경우 피고 등의 '항변'을 예상하여 소장을 작성하여야 하고, 또한 전부승소를 염두하여 작성하여야 하므로 피고의 유치권이나 동시이행항변권 등 피고의 항변권이 인정되는 경우라면 일부라도 패소하지 않도록 청구취지를 처음부터 '상환이행청구'의 방식으로 기재하여야 한다.

▌ 임대차계약이 종료된 경우(8회 변시)

5. 피고 임차희는 원고로부터 298,000,000원에서 2018. 5. 1.부터 별지 목록 4. 기재 건물의 인도완료일까지 **월 1,000,000원의 비율로 계산한 돈을 공제한 나머지** 돈을 지급받음과 동시에 원고에게 위 건물을 인도하라.

☞ 동시이행항변권이나 유치권과 같은 인도거절권능은 점유를 정당화시켜줄 뿐 점유에 따른 사용이익의 보유를 정당화시켜주지는 않으므로 점유·사용에 따른 부당이득은 성립한다('실질적 이득론'에 따라서 건물을 사용·수익하고 있었던 사안).

약정이율이 소촉법상의 이율을 초과하는 경우이므로 약정이율이 적용된 것이다.

복수의 대여금 채권의 이행기가 다른 경우이므로 각 채권별로 이행기를 특정하여 각각 기재해야 한다.

"계약무효의 경우 각 당사자가 상대방에 대하여 부담하는 반환의무는 성질상 부당이득반환의무로서 악의의 수익자는 그 받은 이익에 법정이자를 붙여 반환하여야 하므로(제748조 제2항), 매매계약이 무효로 되는 때에는 매도인이 악의의 수익자인 경우 특별한 사정이 없는 한 매도인은 반환할 매매대금에 대하여 민법이 정한 연 5%의 법정이율에 의한 이자를 붙여 반환하여야 한다. 그리고 위와 같은 법정이자의 지급은 부당이득반환의 성질을 가지는 것이지 반환의무의 이행지체로 인한 손해배상이 아니므로, 매도인의 매매대금 반환의무와 매수인의 소유권이전등기 말소등기절차 이행의무가 동시이행의 관계에 있는지 여부와는 관계가 없다"(대판 2017.3.9. 2016다47478)(10회 선택형) [9회 기록형]

■ 동기의 착오로 매매계약이 취소된 경우(9회 변시)

4. 피고 남현수는 원고로부터 별지 목록 3 기재 토지에 관한 수원지방법원 성남지원 하남등기소 2018. 2. 15. 접수 제4927호로 마친 소유권이전등기의 말소등기절차를 이행받음과 동시에 원고에게 850,000,000원 및 이에 대하여 이 사건 소장 부본 송달일부터 다 갚는 날까지 연 5%의 비율로 계산한 돈을 지급하라.

■ 원고(매수인)이 매매 잔대금을 미지급한 경우(17년 2차)

4. 피고 박명진은 원고로부터 200,000,000원을 지급받음과 동시에 원고에게 별지 목록 기재 3 토지에 관하여 2017. 1. 8. 매매를 원인으로 한 소유권이전등기절차를 이행하라.

■ 피고가 정당한 '유치권' 항변을 한 경우

1. 피고는 원고로부터 50,000,000원 및 이에 대한 2020. 9. 17.부터 다 갚는 날까지 연 12%의 비율로 계산한 돈을 지급받음과 동시에 원고에게 별지 목록 기재 건물을 인도하라.

☞ 유치권이 인정되는 경우에도 상환이행판결을 하여야 하므로, 청구취지를 작성할 때 상환이행청구를 하여야 하고, 유치권의 행사가 정당하다고 하여 원고와 피고의 급부가 서로 동시이행의 관계가 있는 것은 아니므로 지체책임이 발생한다.

전세권이 소멸한 때에 전세권자의 목적물인도 및 전세권설정등기말소의무와 전세권설정자의 전세금반환의무는 동시이행의 관계에 있다(제317조)(1회 선택형)

■ 전세계약이 종료된 경우

1. 피고는 원고로부터 별지 목록 기재 건물에 관하여 서울동부지방법원 2015. 4. 7. 접수 제5950호로 마친 전세권설정등기의 말소등기절차의 이행 및 위 건물을 인도받음과 동시에 원고에게 100,000,000원을 지급하라.

VI. 복수의 당사자가 있는 경우

1. 다수의 피고들 사이에 중첩관계가 없는 경우

피고들 사이에 중첩관계가 없는 경우 반드시 '각'을 기재해야 한다('각'을 누락할 경우 분할채무로 취급되기 때문이다).

■ 피고 甲, 乙, 丙의 원고 A에 대한 금전채무(연 12% 이자약정)

원고에게, 피고 甲은 30,000,000원, 피고 乙은 50,000,000원, 피고 丙은 20,000,000원 및 위 **각** 돈에 대한 2020. 3. 17.부터 다 갚는 날까지 연 12%의 비율에 의한 돈을 지급하라.

2. 다수의 피고들 사이에 중첩관계가 있는 경우

(1) 연대채무, 연대보증

'연대하여'라는 문구를 부가하며, ① 사용대차 또는 임대차에서 발생하는 채무에서 공동차주 또는 공동임차인의 연대채무(제616조, 제654조), ② 수인이 그 1인 또는 전원에게 상행위가 되는 행위로 인하여 채무를 부담한 때의 연대책임(상법 제57조 1항), ③ 일상가사로 인한 채무에 대한 부부의 연대책임(제832조, 다만 이는 부부공동체의 성질에 기인하는 것이라는 점에서 연대채무에 관한 제413조이하의 규정이 그대로 적용되기는 어렵다), ④ 연대보증 등이 이에 해당한다.

(2) 불가분채무, 부진정연대채무, 주채무자와 단순보증인의 보증채무

'공동하여'라는 문구를 부가한다.

1) 불가분채무

수인이 공동으로 법률상 원인 없이 타인의 재산을 사용한 경우의 부당이득반환채무, 공동임대인의 임대차보증금반환의무, 공동상속인의 건물철거의무 등이 불가분채무에 해당한다.

2) 부진정연대채무

① **[계약에 수반하여 발생하는 채무]** ⅰ) 임무를 해태한 이사의 연대책임(제65조), ⅱ) 점유매개관계에 의한 직접점유자와 간접점유자가 있는 경우 그 물건에 대한 점유·사용으로 인한 부당이득의 반환의무(대판 2012.9.27. 2011다76747), ⅲ) 설계용역계약상의 채무불이행으로 인한 손해배상채무와 공사도급계약상의 채무불이행으로 인한 손해배상채무(대판 2015.2.26. 2012다89320)

② **[계약상 채무와 불법행위로 인한 손해배상채무의 경합]** 타인의 주택을 소실케 한 경우에 실화자의 불법행위에 의한 손해배상의무와 보험회사의 보험금지급의무

③ **[채무불이행책임과 불법행위책임의 경합]** 이행보조자의 고의·과실로 인하여 목적물이 멸실·훼손된 경우 채무자의 채무불이행으로 인한 손해배상채무와 이행보조자의 불법행위(제3자의 채권침해)로 인한 손해배상채무(대판 2008.1.18. 2005다65579).

④ **[불법행위로 인한 손해배상채무의 경합]** ⅰ) 법인의 불법행위책임과 대표기관 개인의 배상책임(제35조 1항), ⅱ) 법인의 목적범위 외의 행위로 타인에게 손해를 가한 경우의 대표기관 등의 책임(제35조 2항), ⅲ) 피용자의 불법행위로 인한 배상의무와 사용자(및 대리감독자)의 배상의무(제750조, 제756조), ⅳ) 책임무능력자의 불법행위에 대한 감독의무자와 대리감독자의 배상의무(제755조), ⅴ) 공동불법행위자의 배상의무(제760조) 등이 부진정연대채무에 해당한다.

3) 주채무자와 단순보증인의 보증채무

주채무자와 단순보증인 1인의 각 채무 등도 '공동하여'라는 문구를 부가한다.

(3) 합동채무

'합동하여'라는 문구를 부가하며, 수인의 어음·수표채무자의 채무(어음법 제47조, 수표법 제42조) 등이 이에 해당한다.

★ 핵심정리

① 다수의 피고들 사이에 중첩관계가 없는 경우 반드시 '각'을 기재해야 한다('각'을 누락할 경우 분할채무로 취급되기 때문이다). ② 다수의 피고들 사이에 중첩관계가 있는 경우 ㉠ 연대채무, 연대보증의 경우 '연대하여'라는 문구를 부가하며, ㉡ 불가분채무, 부진정연대채무, 주채무자와 단순보증인의 보증채무의 경우 '공동하여'라는 문구를 부가하고, ㉢ 수인의 어음·수표채무자의 채무는 '합동하여'라는 문구를 부가한다.

공동이행 방식의 공동수급체의 구성원들이 상인인 경우 구성원들은 연대하여 도급인에게 하자보수를 이행할 의무가 있다(6회 선택형).(O)

① 공동불법행위자 중 1인에 대하여 구상의무를 부담하는 다른 공동불법행위자가 수인인 경우에는 특별한 사정이 없는 이상 그들의 구상권자에 대한 채무는 각자의 부담부분에 따른 '분할채무'로 본다(대판 2002.9.27, 2002다15917 : 5회,9회 선택형). 따라서 각자의 내부적 부담부분의 범위 내에서만 구상의무를 부담한다.
② 그러나 구상권자인 공동불법행위자측에 과실이 없는 경우(운전자에게 과실이 없는 경우에도 자배법상 운행자책임이 성립할 수 있다), 즉 내부적인 부담 부분이 전혀 없는 경우에는 이와 달리 그에 대한 수인의 구상의무 사이의 관계를 '부진정연대관계'로 봄이 상당하다고 한다(대판 2005.10.13, 2003다24147 : 2회,6회,7회,8회 선택형).

다수의 피고들 사이에 중첩관계가 있는 경우에 채무의 성질에 따라 '공동하여', '연대하여', '합동하여'라는 문구를 부가함에 유의한다.

❋ **다수의 원고가 피고 1인에게 청구하는 경우**(약정이자 6% 및 소촉법 적용시)

"피고는 원고 甲에게 30,000,000원, 원고 乙에게 60,000,000원 및 위 **각** 돈에 대한 2020. 2. 1.부터 이 사건 소장 부본 송달일까지는 연 6%의, 그 다음날부터 다 갚는 날까지는 연 12%의 각 비율로 계산한 돈을 지급하라.

❋ **공동채무자들 사이에 중첩관계가 있는 경우의 기본형**

피고들은 공동하여 원고에게 10,000,000원을 지급하라. (불가분채무, 부진정연대채무 등)

피고들은 연대하여 원고에게 10,000,000원을 지급하라. (연대채무, 연대보증채무 등)

피고들은 합동하여 원고에게 10,000,000원을 지급하라. (합동채무)

❋ **수인의 피고 사이에 기간이 다른 경우**(구체적 사실관계는 대여금반환청구 소멸시효항변의 예시부분 참고)(16년 1차)

피고 이산, 김병철은 **연대하여** 원고에게 100,000,000원 및 이에 대하여 피고 이산은 2011. 12. 10.부터, 피고 김병철은 2012. 5. 10.부터 **각** 다 갚는 날까지 월 2%의 비율로 계산한 돈을 지급하라.

❋ **수인의 피고 사이에 채무 일부에 대해서만 중첩관계가 성립하는 경우**

예시 1. 사안은 소제기가 2019. 8. 8. 이고 약정지연손해금율이 월 1%인 사안이었다.

'각 이에 대하여 2009. 8. 1.부터 다 갚는 날까지 월 1%(또는 연 12%)의 비율로 계산한 돈을 지급하라.'고 기재하여도 무방하다.

예시 1. 주채무자 김명부가 사망하고 공동상속인 구미옥(처)과 김이손(손자)이 있는 경우로서, 김동부는 연대보증인이다(19년 2차)

"원고에게, 피고 김동부는 50,000,000원, 피고 김동부와 연대하여 위 돈 중 피고 구미옥은 30,000,000원, 피고 김이손은 20,000,000원과 각 이에 대하여 2009. 8. 1.부터 이 사건 소장부본 송달일까지는 월 1%의, 그 다음날부터 다 갚는 날까지는 연 12%의 각 비율로 계산한 돈을 지급하라."

예시 2. 주채무자는 피고 이차웅이며, 원고로부터 1차 및 2차로 각각 금전을 차용하고, 1차 차용금에 대해서는 박철진, 주식회사 넥스트가, 2차 차용금에 대해서는 정정보가 각각 주채무와 동일한 내용으로 연대보증계약을 체결한 사안(1차 차용금 1억, 이자 월 2%약정, 2차 차용금 5,000만 원, 30%의 지연손해금 약정) ☞ 당시에는 이자제한법상 유효한 약정임을 전제(13년 1차)

1. 원고에게,
(1) 피고 이차웅은 163,000,000 원 및 그 중 100,000,000원에 대하여는 2012. 10. 10.부터 다 갚는 날까지 월 2%의, 50,000,000원에 대하여는 2012. 11. 20.부터 다 갚는 날까지 연 30%의 각 비율로 계산한 돈을,
(2) 피고 박철진, 주식회사 넥스트는 피고 이차웅과 연대하여 위 (1)항 기재 돈 중 112,000,000원 및 그 중 100,000,000원에 대한 2012. 10. 10.부터 다 갚는 날까지 월 2%의 비율로 계산한 돈을,
(3) 피고 정정보는 피고 이차웅과 연대하여 위 (1)항 기재 돈 중 51,000,000원 및 그 중 50,000,000원에 대한 2012. 11. 20.부터 다 갚는 날까지 연 30%의 비율로 계산한 돈을, 각 지급하라.

예시 3. 피고 최미선의 채무가 일상 가사에 관한 채무로서 피고 김이동이 일부에 대하여 연대책임이 있는 경우(13년 3차)

1. 원고 이화순에게,
가. 피고 최미선은 25,000,000원 및 이에 대하여 2012. 7. 1.부터 이 사건 소장부본 송달일까지는 월 1%, 그 다음날부터 다 갚는 날까지는 연 20%의 각 비율로 계산한 돈을 지급하고,
나. 피고 김이동은 피고 최미선과 연대하여 위 가.항 기재 돈 중 10,000,000원 및 이에 대하여 2012. 7. 1.부터 이 사건 소장부본 송달일까지는 월 1%의, 그 다음날부터 다 갚는 날까지는 연 20%의 각 비율로 계산한 돈을 지급하라.

제3절 인도 · 철거 · 퇴거 청구

Ⅰ. 특정물의 인도 청구

> "피고는 원고에게 ~를 인도하라."

1. 토지인도

> 1. 피고는 원고에게 서울 노원구 상계동 75 대 100㎡를 인도하라.

토지인도청구를 할 때는 먼저 부동산을 특정해야 하는데, 반드시 **"소재지번+지목+면적"**의 순으로 기재한다. 지번의 기재는 주소와 동일하며, 지목의 경우 첨부되는 등기부 또는 토지대장상의 표시를 그대로 기재하면 되나(예를 들어 임야, 잡종지, 전, 답, 과수원 등), 그 중 대지(垈地)의 경우에만 '대'라고 표시하고, 면적은 한글이 아닌 '㎡'인 단위기호를 사용하여 표시한다.

한편, 토지대장과 등기부등본의 현황이 일치하지 않는 경우에는 **'토지대장'**을 기준으로 표기하고 괄호를 덧붙여 등기부등본의 표시를 병기한다.

등기사항전부증명서(말소사항 포함) - 토지(16년 3차)

[토지] 서울 노원구 상계동 75 　　　　　　　　　　고유번호 1143-1972-211335

【 표　제　부 】		(토지의 표시)			
표시번호	접　수	소재지번	지　목	면　적	등기원인 및 기타사항
1 (전 2)	1988년 4월 1일	서울 노원구 상계동 75	대	100㎡	
					부동산등기법　제177조의6 제1항의　규정에　의하여 2000년 3월 22일 전산이기

2. 건물인도

"지번(도로명주소) + 지상 + 건물내역(구조-층수-용도-면적)"의 순으로 기재한다. 지번의 경우 **'지상'**을 반드시 기재해야 하고, 지목은 쓰지 않음이 원칙이다. 다만, 토지의 인도와 건물의 철거를 함께 청구하는 경우에는 지목과 면적도 반드시 기재한다.

> 1. 피고는 원고에게 서울 서초구 방배동 100 지상 벽돌조 기와지붕 2층 영업시설 1층 150㎡, 2층 150㎡를 인도하라.

(1) 건물의 경우

등기사항전부증명서(말소사항 포함) - 건물(13년 3차)

[건물] 서울특별시 서초구 방배동 100 　　　　　　　　　　고유번호
****-****-******

토지의 인도를 청구하는 사안이므로, **"소재지번+지목+면적"**의 순서대로 대입하여 기재하면 된다.

건물의 인도 또는 철거를 구하는 경우에 등기기록상의 표시와 현황이 다르면 현황에 따라 표시하고 등기기록상 표시를 괄호 안에 병기한다. 한편 토지의 인도를 구하는 경우에 등기기록상의 표시와 토지대장의 표시가 다르면 토지대장에 따라 표시하고 등기기록상 표시를 괄호 안에 병기한다. 왜냐하면 토지의 경우에는 토지의 경계와 면적을 표시하고 있는 토지대장이 절대적으로 중요한 현황의 기준이 되므로 별도로 현황에 관한 표시를 할 필요가 없고, 나아가 현황이 대장과 다소 달라도 인도의무의 집행에 지장을 주지 않는 반면, 건물의 경우에는 건축물대장이 행정편의상 작성된 장부에 불과하여 토지대장에 버금가는 추정력이 없으며 건물철거 집행시 현황과의 동일성이 매우 중요하므로 현황을 기준으로 청구취지(주문)에 표시한다.

건물의 인도를 청구하는 사안이므로, **"소재지번(도로명주소)+지상+건물내역(구조-층수-용도-면적)"**의 순서대로 대입하여 기재하면 된다.

【표 제 부】	(건물의 표시)			
표시번호	접 수	소재지번	건물내역	등기원인 및 기타사항
1	2003년7월13일	서울 서초구 방배동 100	벽돌조 기와지붕 2층 영업시설 1층 150㎡ 2층 150㎡	

(2) 집합건물의 경우

첨부된 등기부를 보며 그대로 옮겨 적으면 된다. 집합건물의 경우에는 문제에서 별지를 활용하라는 경우가 대부분이나 별지를 만들어야 하는 경우에 대비하여 형식을 익혀두어야 한다. 별지를 활용하는 경우라면 "1동의 건물의 표시-대지권의 목적인 토지의 표시-전유부분의 건물의 표시-대지권의 표시"의 순으로 기재하고, 맨 끝에 '끝.'을 반드시 기재해야 한다.

등기사항전부증명서(말소사항 포함) - 집합건물(18년 3차)

[집합건물] 서울특별시 송파구 문정동 10-30 문정빌딩 제1층 제103호　　　　　　　고유번호 1109-2012-129835

【 표 제 부 】		(1동의 건물의 표시)		
표시번호	접 수	소재지번, 건물명칭및 번호	건물내역	등기원인 및 기타사항
1	2012년 6월 22일	서울특별시 송파구 문정동 10-30 문정빌딩 [도로명주소] 서울특별시 송파구 서남로6길 25 문정빌딩	철근콘크리트구조 슬래브지붕 3층 근린생활시설 및 사무실 1층 근린생활시설 300㎡ 2층 근린생활시설 300㎡ 3층 사무실 200㎡	도면편철장 제5책 제922장

(대지권의 목적인 토지의 표시)

표시번호	소재지번	지 목	면 적	등기원인 및 기타사항
1	서울특별시 송파구 문정동 10-30	대	600㎡	2012년 6월 22일

【 표 제 부 】		(전유부분의 건물의 표시)		
표시번호	접 수	건물번호	건물내역	등기원인 및 기타사항
1	2012년 6월 22일	제1층 103호	철근콘크리트구 조 100㎡	도면편철장 제5책 제922장

(대지권의 표시)

표시번호	대지권 종류	대지권 비율	등기원인 및 기타사항
1	소유권 대지권	1,200분의 100	2012년 6월 22일 대지권

▌예 시 : 별지작성예시

부동산 목록

1동의 건물의 표시

서울특별시 송파구 문정동 10-30 문정빌딩(송파구 서남로6길 25 문정빌딩) 철근콘크리트구조 슬래브지붕 3층 근린생활시설 및 사무실

1층 근린생활시설 300㎡

2층 근린생활시설 300㎡

3층 사무실 200㎡

대지권의 목적인 토지의 표시

서울특별시 송파구 문정동 10-30 대 600㎡

전유부분의 건물의 표시

제1층 103호 철근콘크리트구조 100㎡

대지권의 표시

소유권 대지권 1,200분의 100.

끝.

> '끝.'을 반드시 기재해야 함에 유의한다.

3. 별지를 이용한 청구

(1) 별지목록

'작성요령'에서 특정하여 알려주므로 그에 따라 작성하면 된다.

> 변호사 시험에서는 이와 같이 작성된 별지목록을 따로 제시해 주므로 예시와 같이 부동산을 바로 특정하여 청구취지와 청구원인을 작성하면 된다.

▌예 시(4회 변시)

1. 피고 조영만은 원고에게,

   가. 별지목록 제2. 기재 건물에 관하여 서울중앙지방법원 2014. 12. 20. 자 소유권보존등기의 말소등기 절차를 이행하고,

   나. 위 가.항 기재 건물에 관한 건축허가의 건축주 명의를 원고 명의로 변경하는 절차를 이행하고,

   다. 별지목록 제3. 기재 부동산 중 2/5 지분에 관하여 2014. 10. 15. 양도약정을 원인으로 한 소유권이전등기절차를 이행하라.

   > 소유권이전등기를 구하는 경우이므로 **원인관계**를 반드시 적시하여야 한다.

2. 피고 한상수는 원고에게, 위 1.의 가.항 기재 소유권보존등기의 말소등기에 대하여 승낙의 의사표시를 하라.

   > 등기부상 이해관계 있는 제3자가 존재하는 경우이다(부동산등기법 제57조 1항).

3. 피고 손철민은, 피고 조영만에게 별지목록 제3. 기재 부동산 중 2/5 지분에 관하여, 피고 이예림에게 같은 부동산 중 3/5 지분에 관하여 각 서울중앙지방법원 2013. 7. 20. 접수 제3573호로 경료된 소유권이전등기의 말소등기절차를 각 이행하고,

4. 피고 장그래는 피고 조영만으로부터 별지 목록 제4. 기재 건물 중 3층 300m² 를 인도받음과 동시에 원고에게 198,000,000원을 지급하라.

(2) 별지도면

부동산의 일부만을 특정할 때는 별지도면에 꼭지점을 표시하는 방식으로 시작점과 끝나는 점이 일치하게 특정하여 기재해야 한다. "(~토지) 중 별지 도면 표시 1, 2, 3, 4, 5, 1의 각 점을 순차로 연결한 선내의 (건물현황 및 면적)"라는 표현이 전형적이므로 암기해야 한다. 현재까지 별지도면을 만들어 작성하라는 문제는 출제된 바 없고, 앞으로도 시험시간의 제약상 출제되기는 쉽지 않으므로 기록에 제시된 별지도면을 이용하는 방법을 익히고 위에서 암기한 표현을 기재하면 된다.

▌예 시 1(15년 1차)

3. 원고에게,

가. 피고 정지연은

(1) 별지 목록 제2기재 토지 지상 별지 도면 표시 1, 2, 3, 4, 1의 각 점을 순차 연결한 선내 (가)부분 경량철골조 샌드위치패널지붕 점포 80㎡를 철거하고, 별지 목록 제2기재 토지를 인도하고,

(2) 2014. 5. 1.부터 위 토지의 인도 완료일까지 월 500,000원의 비율로 계산한 금원을 지급하고,

나. 피고 장영낙은 위 가.(1)항 기재 점포에서 퇴거하라.

> 별지 도면 표시의 시작하는 점과 끝나는 점이 일치해야 한다 (1, 2, 3, 4, 1)

▌예 시 2(18년 2차)

1. 피고 김지현은 원고에게,

가. 904,500,000 원 및 그 중 900,000,000 원에 대하여 2016. 11. 16.부터 이 사건 소장 부본 송달일까지 연 5%의, 그 다음날부터 다 갚는 날까지 연 15%의 각 비율로 계산한 돈을 지급하고,

나. 이 사건 소장 부본 송달일부터 서울 광진구 광장동 578 대 160㎡ 중 별지 도면 1 표시 ㄱ, ㄴ, ㅁ, ㄱ의 각 점을 차례로 연결한 선내 (가) 부분 13㎡에 대한 사용·수익을 종료할 때까지 월 130만 원의 비율로 계산한 돈을 지급하라.

> 반드시 아라비아 숫자일 필요는 없으나 반드시 시작하는 점과 끝나는 점은 일치해야 한다.

▌예 시 3(19년 2차)

3. 피고 장도인은 원고에게 서울 서초구 내곡동 181 대 500㎡ 중 별지 측량성과도 표시 1, 2, 3, 4, 1의 각 점을 순차로 연결한 선내 (가)부분 10㎡에 관하여 2015. 5. 31. 취득시효완성을 원인으로 한 소유권이전등기절차를 이행하라.

Ⅱ. 건물철거 및 퇴거청구

> 1. 원고에게 피고 甲은 별지 목록 기재1 건물에서 퇴거하고, 피고 乙은 위 건물을 철거하고, 별지 목록 기재2 토지를 인도하라.

인도·철거·퇴거청구의 첫 번째 요건사실인 '원고의 소유'는 등기의 추정력으로 인해 입증책임이 전환되므로 대부분 문제가 되지 않으나 두 번째 요건인 '피고의 점유 사실'의 경우 피고를 잘못 특정하면 형식적 기재사항 뿐만 아니라 청구취지도 틀리게 되어 답안에 매우 좋지 않은 영향을 미치므로 피고특정에 유의해야 한다. 특히, 토지의 점유자와 건물의 점유자를 잘 구별해서 알아둬야 한다.

1. 건물철거

① 지상건물 소유자는 지상건물의 소유를 통하여 당연히 그 부지인 대지를 점유하는 것으로 간주되므로, 원고는 피고가 지상건물을 소유한 사실만 증명하면 피고의 대지 점유사실까지 증명하는 것이 된다(대판 1993.10.26, 93다2483 등). ② 주의할 것은, 지상건물의 소유자가 아닌 **미등기 건물의 매수인**도 건물철거에 따른 피고적격이 있다는 점이다(대판 1986.12.23, 86다카1751).

2. 건물퇴거

지상건물 소유자 이외의 자가 지상건물을 점유하고 있는 때에는 지상건물에 대한 점유·사용으로 인하여 대지인 토지의 소유권이 '방해' 되고 있는 것이므로 토지소유자는 '방해배제청구' 로서 건물점유자에 대하여 그 건물로부터의 퇴거를 청구할 수 있다(소송물은 토지소유권에 기한 방해배제청구권).

즉 이 경우 지상건물의 소유자만이 대지를 '점유' 하는 것이므로 지상건물의 소유자 이외의 지상건물의 점유자에 대해서는 대지의 인도를 청구할 수 없고(제213조) 건물로부터의 퇴거만 청구할 수 있으며(제214조), 반대로 지상건물의 소유자에 대하여는 그가 그 건물을 직접 점유하고 있다 하더라도 토지 소유자로서는 그 건물의 철거와 그 대지부분의 인도를 청구할 수 있을 뿐, 그 건물에서 퇴거할 것을 청구할 수 없다(대판 1999.7.9, 98다57457,57464).

■ 예시 1(18년 1차)

2. 피고 박상호는 원고에게

가. 별지 목록 기재 4 건물을 철거하고, 별지 목록 기재 3 토지를 인도하고,

나. 2018. 4. 17.부터 위 토지의 인도 완료일까지 월 5,000,000 원의 비율로 계산한 돈을 지급하라.

3. 피고 한지민은 원고에게 별지 목록 기재 4 건물에서 퇴거하라.

■ 예시 2(7회 변시)

4. 피고 이청준은,

가. 피고 권창균에게 별지목록 2 기재 건물 1층 120m² 를 인도하고,

나. 피고 김정우에게 별지목록 3 기재 건물을 철거하라.

★ 핵심정리

判例는 ① '건물소유자와 건물의 미등기 매수인' 은 ⅰ) 대지인도·건물철거(미등기 매수인만 피고적격)와 ⅱ) 대지에 대한 사용이익의 부당이득반환청구의 상대방(**부진정연대채무**)으로 인정하나, ⅲ) 건물퇴거청구의 상대방으로는 인정하지 않는다(철거청구에 퇴거청구가 포함). ② 그러나 건물임차인과 같이 '건물소유자 아닌 건물의 직접점유자' 는 ⅰ) 대지인도·건물철거와 ⅱ) 대지에 대한 사용이익의 부당이득반환청구의 상대방(건물소유자가 부담)으로 인정하지 않으나, ⅲ) 건물퇴거청구의 상대방으로는 인정한다.

타인 소유의 토지 위에 불법으로 건물을 신축하여 소유하고 있는 자로부터 건물을 매수하여 점유·사용하고 있으나 소유권이전등기를 경료받지 못한 자는 법률상 소유자가 아니므로, 토지소유자는 그를 상대로 건물의 철거를 구할 수 없다.(4회 선택형).(×) 이 경우 건물을 매도하고 퇴거한 매도인(미등기건물 사례임)은 철거청구의 상대방이 될 수 없다고 하며(대판 1987.11.24, 87다카257,258), 아울러 미등기건물을 '관리'하고 있는 자도 철거청구의 상대방이 될 수 없다고 한다(대판 2003.1.24, 2002다61521).

"비율에 의한 금전"으로 표현하기도 하나, 가장 최신의 표현을 기재하는 것이 좋다.

변호사시험의 경우 대부분인 병합청구이다. 따라서 청구취지 기재시 공통되는 부분을 찾아 기재하는 연습을 해야한다(예시의 경우 '피고 이청준'이 공통되는 부분).

제4절 등기청구

Ⅰ. 소유권이전등기청구

> 1. 피고는 원고에게 (부동산)에 관하여 (취득원인 : 매매, 증여, 명의신탁해지, 취득시효 등)을 원인으로 한 소유권이전등기절차를 이행하라.

부동산의 표시는 앞에서 전술한 인도 및 철거청구와 동일하다. 한편, 소유권이전등기청구의 경우에는 소유권이전등기를 구하는 원인관계를 반드시 적시하여야 한다. 그리고 의사의 진술을 명하는 판결을 구하는 것이므로 가집행 선고를 청구할 수 없다.

금전지급청구, 인도청구, 철거청구가 각각 "지급하라", "인도하라", "철거하라"인 반면, 등기청구는 "등기하라"가 아님을 유의해야 한다. 즉, 등기청구의 경우 "~**부동산에 관하여**"("~부동산에 대하여"가 아니다), "**등기절차를 이행하라**"("등기하라"가 아니다)임을 기억해야 한다.

■ 원고의 채권자대위권에 기한 순차대위청구 + 소유권이전등기청구권 가압류결정 해제조건부 청구(19년 1차)

4. 서울 강서구 마곡동 900-1 대 350㎡에 관하여,

가. 피고 최고수는 피고 김상범에게, 피고 김상범과 소외 복만희 사이의 2018. 7. 23.자 서울남부지방법원 2018카단2416 소유권이전등기청구권 가압류결정에 의한 집행이 해제되면, 2017. 3. 2. 매매를 원인으로 한 소유권이전등기절차를 이행하고,

나. 피고 김상범은 원고에게, 2018. 3. 25. 매매를 원인으로 한 소유권이전등기절차를 이행하라.

☞ 매매원인을 기재할 때는 '2018. 7. 23'과 같이 기재하지만, 가압류 결정을 기재할 때는 '2018. 7. 23. 자'와 같이 '자'를 써야함에 유의해야 한다.

의사의 진술을 명하는 판결이므로 가집행 선고를 청구할 수 없다.

☞ 가압류·가처분된 소유권이전등기청구권에 대한 이행청구(대판 1992.11.10. 92다4680)도 소의 이익이 있다. 다만, 대법원은 "소유권이전등기청구권에 대한 압류나 가압류가 있더라도 채무자는 제3채무자를 상대로 그 이행을 구하는 소송을 제기할 수 있고 법원은 가압류가 되어 있음을 이유로 이를 배척할 수는 없는 것이지만, 소유권이전등기를 명하는 판결(민법 제389조 2항)은 의사의 진술을 명하는 판결로서 이것이 확정되면 채무자는 일방적으로 이전등기를 신청할 수 있고 제3채무자는 이를 저지할 방법이 없게 되므로(소유권이전등기를 명하는 판결의 경우 별도의 집행단계가 존재하지 않고, 집행공탁의 공탁물은 금전에 한정되기 때문에 제3채무자는 채무를 면할 방법이 없다 : 저자주) 위와 같이 볼 수는 없고 이와 같은 경우에는 '가압류의 해제'를 조건으로 하지 않는 한 법원은 이를 인용하여서는 안된다"(대판 1999.2.9. 98다42615 ; 대판 1992.11.10. 전합92다4680 등)(8회 선택형)고 판시하고 있다(원고일부승소).

■ 상환이행청구(17년 2차)

4. 피고 박명진은 원고로부터 200,000,000원을 지급받음과 동시에 원고에게 별지 목록 기재 3 토지에 관하여 2017. 1. 8. 매매를 원인으로 한 소유권이전등기절차를 이행하라.

■ 가압류집행 해제조건부 청구(소유권이전등기청구권에 가압류가 되어 있는 경우)(15년 1차)

위의 19년 1차 예시와 동일하다.
다만, 변론주의원칙상 제3채무자가 소유권이전등기청구권이 가압류된 사실을 주장하는 등의 사정이 있어야 위와 같은 해제조건부 인용 판결이 가능하다(대판 1999.6.11. 98다22963).

2. 피고 김유지는 원고로부터 89,000,000원을 지급받음과 동시에 원고에게 별지 목록 제1기재 토지에 관하여 원고와 소외 이현진 사이의 수원지방법원 2014. 12. 10.자 2014카합2341호 소유권이전등기청구권 가압류결정에 의한 집행이 해제되면 2014. 3. 31. 매매를 원인으로 한 소유권이전등기절차를 이행하라. ☞ 앞에서 언급했듯이 '자'에 유의한다.

■ 공동상속인에 대한 청구(8회 변시)

가. 피고 박영희는 3/5 지분에 관하여, 피고 이정숙은 2/5 지분에 관하여 **각** 별지 목록 2 기재 건물을 철거하고,

나. 별지 목록 1 기재 토지 중, 피고 박영희는 3/5 지분에 관하여, 피고 이정숙은 2/5 지분에 관하여 **각** 2016. 12. 1. 매매를 원인으로 한 소유권이전등기절차를 이행하고,

다. 피고 박영희, 이정숙은 **각** 위 나.항 기재 토지를 인도하라.

■ 가등기에 기한 본등기청구

2. 피고는 원고에게 별지목록 기재 부동산에 관하여 의정부지방법원 고양등기소 2019. 8. 28. 접수 제6552호로 마친 가등기에 기하여 2020. 04. 13. 매매를 원인으로 한 소유권이전등기절차를 이행하라.

判例는 '불가분채무'인 건물철거의무(대판 1980.6.24, 80다756)를 공동상속한 경우에, 상속인들은 각자 자기 지분의 범위 안에서 목적물 전체에 대한 의무를 부담한다고 하여 '가분채무'와 마찬가지로 처리한다. 따라서 이 경우에는 불가분채무임을 이유로 '공동하여'라고 표시하지 않고 '각'이라고 표시한다.

II. (근)저당권설정등기청구

■ 예 시(17년 3차)

1. 피고 주식회사 거상은 원고에게 별지 목록 기재 각 부동산에 관하여 2016. 12. 18. 근저당권설정계약을 원인으로 한 채권최고액 200,000,000원, 채무자 이정호[주소: 서울 성북구 보문로 168(삼선동)]의 근저당권설정등기절차를 이행하라.

※ 기재형식

☞ 저당권설정등기 청구시 : 저당권설정계약 + 채권액 + 채무자(주소만을 기재) + 변제기 + 이자

☞ 근저당권설정등기 청구시 : 근저당권설정계약 + 채권최고액 + 채무자(주소만을 기재)를 기재한다.

　★ 주소 등을 반드시 기재하여 당사자 아닌 '제3자'를 특정해야 하는 경우는 ① 저당권설정등기를 구할 때 채무자(주소), ② 채권양도 통지를 구할 때 채무자(주소), ③ 대위소송에서 채무자(주민등록번호, 주소), ④ 유치권항변으로 상환이행판결을 구할 때 채무자(주소) 등이 있다. 다만 채권자취소권에서 채무자는 당사자가 아니나 주소 등으로 특정될 필요가 없다(상대적 무효설)

저당권·지상권·전세권 등의 등기설정청구는 변호사시험에 출제된 적은 없다. 다만 법전협 모의고사에는 출제된 바 있으므로 기재형식을 익혀두어야 한다.

III. 말소등기청구

※ 청구취지 기재시 등기원인 기재 여부

청구의 유형	등기원인기재 여부
이전등기청구	O
원인무효등기의 말소등기청구(무효, 취소, 해제 등)	×
후발적 실효사유에 의한 말소등기 청구(해지, 변제 등)	O
선이행판결(피담보채무 변제 조건 저당권설정등기말소 등)	×

1. 소유권에 기한 소유권이전등기·(근)저당권설정등기 말소청구

(1) 청구취지

> 1. 피고는 원고에게 (부동산)에 관하여 (00법원 등기소-날짜-접수번호)로 마친 소유권이전등기(근저당권설정등기)의 말소등기절차를 이행하라.

말소등기청구에서 다소 문제가 되는 것은 '후발적 실효'에 의한 소유권이전등기청구의 말소 청구시 후발적 실효사유를 기재하느냐인데, 후발적 실효에 의한 사유를 기재하는 예외는 '근저당권말소청구'에만 있다는 견해가 있으나 '소유권이전등기말소청구'에도 후발적 실효사유의 예외를 인정하는 것이 타당하다고 판단되므로 후자의 견해에 따라 서술한다.

가령 "피고는 원고에게 별지목록 기재 부동산에 관하여 2008. 1. 3. 매매를 원인으로 한 OO등기소 2008. 1. 20. 접수 제2251호로 마친 소유권이전등기의 말소절차를 이행하라"고 적지 않는다.

의정부지방법원 고양등기소 2019.8.28. 접수 제6552호로 마친"는 등기소가 있는 경우이므로 등기소를 기재한다.
그러나 "서울중앙지방법원 등기국 2014.12.1. 접수 제15780호로 마친 소유권이전등기의 말소등기절차를 이행하고"는 등기국이므로 기재하지 않는다.

처음부터 원인무효의 등기의 말소를 청구하는 경우 <mark>등기원인을 기재하지 않음</mark>에 유의해야 한다. 그러나, 후발적 실효사유가 존재하는 말소등기청구는 소멸사유를 청구취지에 기재해야 한다. 이 점에서 말소등기청구는 소유권이전등기청구와 다르다.

한편, 대상 부동산을 특정해야 하는 인도·철거청구나 퇴거 청구와 같이 말소해야 할 등기도 특정해주어야 한다. 따라서 등기부상의 기재는 〈법원⇒접수일자⇒접수번호⇒등기의 종류〉의 순으로 기재하고, 소유권이전등기이므로 '갑구'를 찾아 쓰면 된다(소유권 이외의 권리에 관한 사항은 '을구'를 참고한다). 그리고 법원을 쓸 때 표시에 '법원만' 있는 경우에는 법원만을 기재하고, <mark>'지원'이나 '등기소'</mark> 있는 경우에는 법원명에 이어서 지원이나 등기소까지 반드시 기재해야 하나, 등기국이나 등기과는 기재하지 않는다.

(2) 소송물

부동산소유자가 타인 명의로 마쳐진 소유권이전등기가 원인무효임을 주장하며 그 말소를 구할 경우 그 소송물은 '소유권이전등기의 말소등기청구권'으로, 이는 소유권에 기한 방해배제청구권으로서의 성격을 갖는다. 이 경우 소송물의 동일성 식별표준이 되는 청구원인, 즉 **말소등기청구권의 발생원인**은 당해 '등기원인의 무효'에 국한되는 것이고, 등기원인의 무효를 뒷받침하는 개개의 사유(예를 들어 무권대리, 불공정한 법률행위 등)는 독립된 공격방어방법에 불과하여 별개의 청구원인을 구성하는 것이 아니다(대판 1993.6.29, 93다11050).

(3) 등기상 이해관계 있는 제3자의 승낙의 의사표시

1) 소송물

부동산 등기법상 권리의 변경등기, 경정등기(동법 제52조 5호), 말소등기(동법 제57조), 회복등기(동법 제59조)를 신청하는 경우 등기상 이해관계 있는 제3자가 있을 때에는 그 제3자의 승낙을 있어야 한다. 동조에서 말하는 '등기상 이해관계 있는 제3자'란, 말소등기를 함으로써 손해를 입을 우려가 있는 등기상의 권리자로서 그 손해를 입을 우려가 있다는 것이 등기부 기재에 의해 형식적으로 인정되는 자이고, 제3자가 승낙의무를 부담하는지 여부는 말소등기권리자에 대해 승낙을 하여야 할 실체법상 의무가 있는지 여부에 의해 결정된다(대판 2007.4.27, 2005다43753).

★ (주의) 근저당권설정등기가 터 잡고 있는 소유권이전등기가 원인무효인 경우 근저당권자는 이론상 소유권이전등기의 말소에 등기상 이해관계 있는 제3자이므로 승낙을 구할 수도 있으나, 실무에서는 직접 근저당권설정등기의 말소를 구하는 것이 굳어졌다. 이 점이 오로지 승낙을 구할 수밖에 없는 가압류등기명의자와의 차이점이다.

2) 청구취지

> 1. 원고에게, 피고 甲은 별지목록 기재 부동산에 관하여 OO등기소 2007. 3 .20.접수 제1234호로 마친 소유권이전등기의 말소등기절차를 이행하고, 피고 乙은 위 소유권이전등기의 말소등기에 대하여 승낙의 의사표시를 하라('승낙하라' 등으로 표시하지 않음을 유의).

대상토지를 기재할 때는 '~관하여'라고 쓴다. '~대하여'라고 쓰지 않도록 유의해야 한다.

■ **예 시**(17년 1차)

3. 피고 김병철에게 제1항 기재 토지에 관하여,

가. 피고 강상우는 서울중앙지방법원 2014. 12. 1. 접수 제15780호로 마친 소유권이전등기의 말소등기절차를 이행하고,

나. 피고 정우철은 위 말소등기에 대하여 승낙의 의사표시를 하라.

(4) 원인무효에 의한 말소청구

등기원인이 처음부터 부존재, 무효인 경우 또는 취소나 해제 등에 의하여 계약의 효력이 소급적으로 소멸하는 경우 등과 같이 등기가 원인무효에 해당하는 경우에는 말소등기의 원인을 기재할 필요가 없다. 즉, "…등기의 말소등기절차를 이행하라"의 형식으로 기재한다.

(5) 후발적 실효사유에 의한 말소청구

피담보채무의 변제나 근저당권설정계약 해지 등의 근저당권설정등기 말소청구를 하는 경우와 양도담보 목적 소유권이전등기를 말소청구 하는 경우 등과 같이 **후발적 실효사유**(예를 들어 변제, 해지 등)로 말소등기를 구하는 경우에는 말소등기의 원인을 기재한다. 즉, "…등기에 대하여 …를 원인으로 한 말소등기절차를 이행하라"의 형식으로 기재한다.

다만, '변제' 등을 원인으로 한 선이행청구를 조건으로 말소를 구하는 경우에는 근저당권의 소멸일자를 특정할 수 없으므로 말소등기의 원인을 기재하지 않는다.

■ 말소등기청구(원인무효의 사유)

1. 피고는 원고 이대발에게 별지 목록 제1항 기재 부동산에 관하여 서울서부지방법원 은평등기소 2011. 7. 3. 접수 제12131호로 마친 근저당권설정등기의 말소등기절차를 이행하라.(14년 3차)

2. 피고 이주상은 원고에게, 서울 마포구 동교동 190-1 대 60㎡에 관하여 서울서부지방법원 서부등기소 2012. 5. 1. 접수 제8950호로 마친 근저당권설정등기의 말소등기절차를 이행하라.(18년 2차)

■ 말소등기청구(후발적 실효사유)

1. 피고 주식회사 나라은행은 피고 박준병에게 위 건물에 관하여 수원지방법원 성남지원 분당등기소 2010. 2. 9. 접수 제9537호로 마친 저당권설정등기에 대하여 2016. 2. 9. **변제를 원인으로 한 말소등기절차를 이행하라.**

2. 피고 주식회사 나라은행은 피고 박준병에게 위 건물에 관하여 수원지방법원 성남지원 분당등기소 2010. 2. 9. 접수 제9537호로 마친 근저당권설정등기에 대하여 2016. 2. 9. **소멸시효 완성을 원인으로 한 말소등기절차를 이행하라.**(16년 2차)

> 견해대립이 존재하는 부분이다. 소멸시효에 의한 말소청구도 결국 소급하여 소멸하므로 '원시적 사유'로 청구취지에 소멸원인을 기재하지 않는다는 입장이 있으나(현재실무), 소멸시효를 후발적 실효원인으로 보고 소멸원인을 기재하는 것이 타당하다고 판단된다(채점기준표 참고).

■ '변제'를 선이행조건으로 한 말소등기 청구(17년 1차)

1. 피고 주식회사 우리은행은 피고 최성규로부터 4,000,000원 및 이에 대한 2012. 11. 28.부터 다 갚는 날까지 월 1%의 비율에 의한 금원을 지급받은 다음, 원고 정상민에게, 별지 목록 제1 기재 부동산에 관하여, 서울중앙지방법원 2011. 4. 28. 접수 제5217호로 마친 근저당권설정등기의 말소등기절차를 이행하라.(15년 3차)

2. 피고 박수길은 원고로부터 86,000,000원 및 이에 대한 2014. 9. 1.부터 다 갚는 날까지 월 2%의 비율로 계산한 돈을 지급받은 다음 피고 김병철에게(또는 원고에게) 제1항 기재 토지에 관하여 서울중앙지방법원 2011. 5. 1. 접수 제13259호로 마친 근저당권설정등기의 말소등기절차를 이행하라.

☞ 채권자대위권을 행사한 경우이고 이행의 상대방이 별다른 의미를 갖지 못하는 경우이므로 채권자인 '원고에게'라고 기재해도 무방하다

☞ 근저당설정등기의 말소를 구해야 하며 근저당권이전등기의 말소를 구하는 소는 부적법하다(대판 2003.4.11. 2003다5016).

> 상담카드에서 원고가 근저당권의 피담보채무를 우선 변제하고 추후 구상권을 행사할 예정이라고 하였으므로 '원고로부터'라고 기재한다. 이와 같은 상담내용이 없었다면 피고 김상군을 기재해야 한다(사안은 김상군이 사망하였으므로 그의 상속인을 기재한 것이다).

2. 순차말소등기청구, 진정명의회복을 원인으로 한 소유권이전등기청구, 대위말소청구

(1) 순차로 경료된 등기들의 말소를 청구하는 소송(소의이익 : 긍정)

순차로 경료된 등기들의 말소를 청구하는 소송은 통상공동소송이며, 후순위 등기에 대한 말소청구가 패소 확정됨으로써 그 전순위 등기의 말소등기 실행이 결과적으로 불가능하게 되더라도, 그 전순위 등기의 말소를 구할 소의 이익이 없다고는 할 수 없다(대판 2008.6.12. 2007다36445 ; 대판 2017.9.12. 2015다242849).

(2) 진정명의회복을 원인으로 한 소유권이전등기청구(허용여부 : 적극)

"이미 자기 앞으로 소유권을 표상하는 등기가 되어 있었거나 법률에 의하여 소유권을 취득한 자가 진정한 등기명의를 회복하기 위한 방법으로는 현재의 등기명의인을 상대로 그 등기의 말소를 구하는 외에 진정한 등기명의의 회복을 원인으로 한 소유권이전등기 절차의 이행을 직접 구하는 것도 허용되어야 할 것이다"(대판 1980.11.27, 전합89다카12398).

(3) 대위말소청구(대위행사시 직접청구 : 긍정)

'등기말소청구권'을 대위행사하는 경우와 같이 이행의 상대방이 별다른 의미를 갖지 못하는 경우에는 채권자에게 이행할 것을 청구할 수도 있다(대판 1962.1.11, 4294민상195 등)(청구취지에서 '제3채무자는 채권자에게 이행하라'라고 기재한다).

■ 순차로 말소를 청구하는 경우

1. 원고에게, 별지 목록 기재 부동산에 관하여,

　가. 피고 고진한은 서울중앙지방법원 2017. 4. 1. 접수 제6789호로 마친 소유권이전등기의,

　나. 피고 고상우는 서울중앙지방법원 2017. 8. 1. 접수 제6790호로 마친 소유권이전등기의,
　각 말소등기절차를 이행하라.

■ 대위권에 기한 말소청구(12년 2차)

2. 피고 남지인은 피고 정인형에게(또는 원고에게) 제1항 기재 토지에 관하여 광주지방법원 2011. 6. 30. 접수 제4566호로 마친 소유권이전등기의, 제1항 기재 건물에 관하여 같은 날 같은 법원 접수 제4567호로 마친 소유권이전등기의 각 말소등기절차를 이행하라.

■ 토지의 일부에만 말소사유가 있는 경우(18년 2차)

1. 피고 우상환은 원고에게 서울 종로구 청계천로 85 철근콘크리트조 슬래브지붕 근린생활시설 300㎡ 중 별지 도면 2 표시 ㄱ, ㄴ, ㄷ, ㄹ, ㄱ의 각 점을 순차로 연결한 선내 ㉮ 부분 27㎡에 관하여 의정부지방법원 고양등기소 2001. 8. 28. 접수 제6552호로 마친 소유권이전등기의 말소등기절차를 이행하라.

■ 진정명의회복을 원인으로 한 소유권이전등기청구

1. 피고는 원고에게 별지 목록 기재 부동산에 관하여 **진정명의회복을 원인으로 한** 소유권이전등기절차를 이행하라.

甲은 X 토지를 사정(査定)받은 자의 유일한 상속인이지만 X 토지의 소유자로 등기된 적은 없었다. X 토지에 관하여 乙 명의로 허위의 소유권보존등기가 마쳐져 있고, 그 이후 이 등기에 터잡아 丙 및 丁 앞으로 순차 소유권이전등기가 마쳐져 있다. 이 경우 甲은 자기 명의로 등기를 마친 적이 없으므로 丁을 상대로 진정명의회복을 원인으로 한 소유권이전등기청구를 할 수 없다(5회 선택형).(×)

☞ 甲은 자기 명의로 등기된 적은 없었으나 법률의 규정(제187조)에 의해 등기 없이도 소유권을 취득한 자이므로 현재의 소유권자에 해당하며, 丁은 현재의 등기명의인이므로, 甲은 丁을 상대로 진정명의회복을 원인으로 하는 소유권이전등기청구권을 행사 할 수 있다.

3. 말소회복등기청구

말소회복등기청구의 피고적격은 '**말소 당시의 소유자**'이며(대판 1969.3.18. 68다1617 : 5회,7회 선택형), 말소가 된 등기를 회복하는 것이므로 청구취지에 **접수번호를 두 번 기재**해야 한다.

▌예 시

1. 피고는 원고에게 별지 목록 기재 부동산에 관하여 의정부지방법원 고양등기소 2020. 3. 5. 접수 제000호로 말소등기된 같은 법원 같은 등기소 2019. 11. 18. 접수 000호로 마친 근저당권설정등기의 회복등기절차를 이행하라.

Ⅳ. 기타 의사의 진술을 명하는 청구

▌근저당권이전의 부기등기

1. 피고는 원고에게 별지 목록 기재 부동산에 관하여 서울중앙지방법원 2014. 12. 1. 접수 제15780호로 등기한 근저당권에 대하여 2016. 10. 31. 확정채권양도를 원인으로 한 근저당권이전등기절차를 이행하라. ☞ 동일하게 아래와 같이 기재해도 무방하다

1. 피고는 원고에게 별지 목록 기재 부동산에 관하여 서울중앙지방법원 2014. 12. 1. 접수 제15780호로 마친 근저당권에 대하여 2016. 10. 31. 확정채권양도를 원인으로 한 근저당권이전등기절차를 이행하라.

▌전세권설정등기

1. 피고는 원고에게 별지 목록 기재 부동산에 관하여 2020. 12. 20. 전세권설정계약을 원인으로 한 전세금 300,000,000원, 존속기간 2022. 12. 19.까지의 전세권설정등기절차를 이행하라.

▌채권양도통지 청구(18년 3차)

4. 피고 주식회사 돈아돈호는 원고 주식회사 신선육에게,

가. 별지 2 목록 제1항 기재 보험사고와 관련하여 같은 목록 제2항 기재 채권을 원고 주식회사 신선육에게 양도한다는 취지의 의사표시를 하고,

나. 소외 주식회사 영경화재보험(주소 : 서울 종로구 돈화문로12가길 34, 대표이사 : 박일원)에게 위 **채권을 양도하였다는 취지의 통지를 하라.**

채무자는 소송당사자가 아니면 주소로 특정하는 점과 '누구에게'가 두 번(원고와 채무자)사용된다는 점을 주의한다.

▌명의개서 청구

1. 피고는 원고에게 피고가 발행한 보통주식 50,000주(1주 액면금액 5,000원)에 관하여 원고 명의로 주주명부상의 명의개서절차를 이행하라.

V. 동시이행청구, 장래이행청구, 선이행청구

▌동시이행청구

1. 피고는 원고로부터 100,000,000원에서 2019. 10. 1.부터 별지 목록 기재 건물의 인도 완료일까지 월 1,400,000원의 비율에 의한 금액을 공제한 나머지 돈을 지급받음과 동시에 원고에게 위 건물을 인도하라.

2. 피고 최림은 원고로부터 50,000,000원을 지급받음과 동시에 원고에게 별지 목록 기재 건물을 인도하라.(16년 1차)

2. 피고 최미정은 소외 안승규가 피고 김용갑으로부터 99,000,000원에서 2016. 3. 1.부터 위 건물의 인도 완료일까지 월 1,000,000원의 비율로 계산한 돈을 공제한 나머지 돈을 지급받음과 동시에 피고 김용갑에게 위 건물을 인도하라.(16년 2차)

▌장래이행청구

1. 피고는 원고에게 2020. 2. 15.부터 별지 목록 기재 건물의 인도 완료일까지 월 1,500,000원의 비율로 계산한 돈을 지급하라.

▌선이행 청구

2. 피고는 원고 김태평에게,

가. 원고 김태평으로부터 34,000,000원 및 이에 대한 2013. 6. 1.부터 다 갚는 날까지 월 1%의 비율로 계산한 금원을 지급받은 다음, 별지 목록 제2항 기재 부동산에 관하여 서울동부지방법원 강동등기소 2010. 6. 3. 접수 제15111호로 마친 근저당권설정등기의 말소등기절차를 이행하고,

나. 400,000,000원 및 그 중 100,000,000원에 대하여는 2013. 5. 20.부터, 300,000,000원에 대하여는 2013. 6. 15.부터 각 다 갚는 날까지 연 5%의 비율로 계산한 돈을 지급하라.(14년 3차)

2. 피고 김유지는 원고로부터 89,000,000원을 지급받음과 동시에 원고에게 별지 목록 제1항 기재 토지에 관하여 원고와 소외 이현진 사이의 수원지방법원 2014. 12. 10.자 2014카합2341호 소유권이전등기청구권 가압류결정에 의한 집행이 해제되면 2014. 3. 31. 매매를 원인으로 한 소유권이전등기절차를 이행하라.(15년 1차)

제3장 확인의 소

> 1. 원고와 피고 사이에(원고의 피고에 대한) ~을 확인한다.

1. 서 설

확인의 소에 있어서 청구취지의 기본형은 "~을 확인한다."이다. 따라서 금전지급청구나, 인도청구 등의 이행청구와 혼동하여 **"확인하라"**로 기재하면 안 된다. 확인의 소의 경우 이미 제5회·제7회·제9회 변호사시험 기록형에 기출되었고, 선결적 법률관계에 기판력을 미치기 하기 위해서는 확인의 소의 역할이 중요하므로 청구취지 및 리딩판례들을 반드시 숙지하고 있어야 한다. 또한 18·19년에 소멸시효 중단을 위한 '새로운 방식의 확인소송'에 대한 중요한 전원합의체판결 및 그에 대한 새로운 청구취지 형식도 나왔으므로 함께 암기해두어야 한다(제10회 변호사시험 사례형에 출제되었으므로 기록형 시험에 유력하다).

2. 확인의 소의 요건사실

확인의 대상은 무제한이므로 남소를 방지하는 차원에서 소의 이익이 특히 중요한 의미를 갖는데, 구체적으로는 ⅰ) 대상적격, ⅱ) 즉시확정의 이익을 요건으로 한다.

즉, ⅰ) **대상적격**으로 '권리·법률관계'를 대상으로 하는 바, 이는 자기의 권리이며 현재 법률관계의 확인을 구하는 것이어야 한다. ⅱ) 그리고 **즉시확정이 이익**으로 "확인의 이익은 원고의 권리 또는 법률상 지위에 현존하는 불안, 위험이 있고 그 불안, 위험을 제거함에는 확인판결을 받는 것이 가장 유효적절한 수단일 때에만 인정된다"(대판 1991.12.10. 91다14420).

3. 대상적격 [법, 자, 현]

(1) 법률성 - '권리·법률관계'를 대상으로 할 것

① **[소송법상 법률관계**(원칙적 적극)**]** 소송법상 법률관계에 대해서도 확인의 소의 대상이 될 수 있다. 다만 소송법상의 법률관계인 경매절차 자체의 무효확인은 허용하지 않는다(대판 1993.6.29. 92다43821).

② **[사실관계 존부의 다툼**(원칙적 소극)**]** 단순한 사실관계 존부의 다툼은 소송의 대상이 되지 않는 것이 원칙이다. 예외적으로 증서진부확인의 소는 사실관계의 확인이지만 허용된다(민소법 제250조).

(2) 자기성

① **[원 칙]** 원칙적으로 자기의 권리를 확인하는 것이어야 한다.

② **[예 외]** 다만 제3자 사이의 권리관계의 확인이라 하더라도 당사자의 권리관계의 불안이나 위험을 제거할 수 있는 유효·적절한 수단이 되는 경우에는 예외적으로 확인의 이익이 있다(대판 1997.6.10. 96다25449)(9회 선택형). 예컨대 ㉠ 제1매수인은 매도인을 대위하여 등기를 경료한 제2매수인을 상대로 소유권자가 매도인이라는 내용의 확인의 소를 제기할 수 있으며(대판 1976.4.27. 73다1306), ㉡ 채권자는 채무자를 대위하여 제3채무자를 상대로 채무자의 권리를 확인하는 소를 제기할 수 있고(대판 1993.3.9. 92다56575), ㉢ 저당권자는 경매절차에서 신의칙에 반하는 유치권을 배제하기 위해 그 부존재 확인의 소를 제기할 수 있다(대판 2011.12.22. 2011다84298)(4회 선택형).

채무자의 채무초과가 임박한 상태에서 채권자가 이미 채무자 소유의 목적물에 저당권이 설정되어 있음을 알면서 자기 채권의 우선적 만족을 위하여 채무자와 통모하여 유치권을 성립시킨 후, 저당권자가 경매절차에서 그 유치권을 배제하기 위하여 유치권자를 상대로 그 부존재의 확인을 구하는 소를 제기한 경우 소의 이익이 인정된다(4회 선택형).(O)

(3) 현재성

① **[원 칙]** 원칙적으로 과거의 법률관계의 존부확인은 청구할 수 없다. 따라서 근저당권이 말소된 후에 근저당권의 피담보채무 부존재확인청구(대판 2013.8.23. 2012다17585)(9회 선택형)는 과거의 법률관계의 확인청구에 지나지 않아 부적법하다.

② **[예 외]** ㉠ 다만, 현재 법률관계의 확인을 구하는 취지로 선해할 수 있는 경우에는 즉시확정의 이익이 있다(대판 1993.7.27. 92다40587). 가령 判例는 계약관련 소송과 관련하여 매매계약의 무효확인을 구하거나(대판 1965.2.4. 64다1492), 계약 해제의 확인을 구하는 소(대판 1982.10.26. 81다108)는 현재 그 계약에 기한 채권 채무가 존재하지 아니함을 확인하는 취지라고 선해할 수 있다고 한다. 또한 회사의 소송과 관련해서도 법률상 부존재로 볼 수 밖에 없는 총회결의에 대하여는 결의무효 확인을 청구하여도 부존재확인의 의미로 무효확인을 청구하는 취지로(대판 1983.3.22. 전합82다카1810)선해한다(6회 선택형). ㉡ 한편, 신분관계·사단관계처럼 포괄적 법률관계의 경우에 과거의 것이라도 일체 분쟁의 직접적·획일적 해결에 유효적절한 수단이 되는 때에는 그 확인을 구하는 것이 허용된다. 가령 判例는 "협의이혼으로 혼인관계가 해소된 경우에도 과거의 혼인관계의 무효확인을 구할 정당한 법률상 이익이 있다"(대판 1978.7.11. 78므7)(4회,8회 선택형)고 판시하였다.

4. 확인의 이익 [법, 현, 유적] [6회 사례형, 3회·5회·7회·9회 기록형]

"확인의 이익은 원고의 권리 또는 법률상 지위에 현존하는 불안, 위험이 있고 그 불안, 위험을 제거함에는 확인판결을 받는 것이 가장 유효적절한 수단일 때에만 인정된다"(대판 1991.12.10. 91다14420).

(1) 권리 또는 법률상 지위에 불안

근저당권자는 경매절차에서 유치권 신고를 한 사람을 상대로 그 사람이 경매절차에서 유치권을 내세워 대항할 수 있는 범위를 초과하는 유치권의 부존재확인을 구할 법률상 이익이 있다.(8회 선택형).(O)

① **[인정]** 判例는 저가낙찰로 인해 경매를 신청한 근저당권자의 배당액이 줄어들거나 경매목적물 가액과 비교하여 거액의 유치권 신고로 매각 자체가 불가능하게 될 위험은 경매절차에서 근저당권자의 법률상 지위를 불안정하게 하므로 근저당권자는 유치권의 부존재 확인을 구할 법률상 이익이 있다(대판 2016.3.10. 2013다99409)고 한다. [6회 사례형, 9회 기록형]

② **[부정]** 그러나 判例는 ㉠ 담보지상권의 피담보채무의 범위를 구하는 확인 청구(대판 2017.10.31. 2015다65042) 및 ㉡ 주식회사 주주의 회사의 재산관계에 대한 확인 청구(대판 1979.2.13. 78다1117)에서는 확인의 이익을 부정하였다.

(2) 현존하는 위험·불안

1) 의 의

피고가 원고의 권리 또는 법률관계를 부인하거나 양립하지 않는 주장을 하는 경우(적극적 확인의 소) 또는 피고가 존재하지 않는 권리를 있다고 주장하는 경우(소극적 확인의 소)는 현존하는 불안이 있다고 할 것이다.

2) 현존하는 위험·불안을 인정한 예

㉠ **[적극적 확인의 소]** 判例는 하나의 채권에 관하여 2인 이상이 서로 채권자라고 주장하고 있는 경우, 스스로 채권자라고 주장하는 어느 한쪽이 상대방에 대하여 그 채권이 자기에게 속한다는 채권의 귀속에 관한 확인을 구할 이익을 긍정하였다(대판 1988.9.27. 87다카2269).

㉡ **[소극적 확인의 소]** 判例는 보험계약 해지 후 피보험자가 여전히 자기 아닌 제3자가 보험금청구권을 가진다고 주장하는 경우, 보험자가 그를 상대로 보험금채무 부존재 확인을 구할 이익을 긍정하였다(대판 1996.3.22. 94다51536).

2) 국가를 상대로 한 소유권확인의 소 [3회 기록형]

① **[원칙 : 부정]** 미등기 건물의 경우(대판 1995.5.12. 94다20464), 이미 제3자 앞으로 등기가 경료된 경우(대판 1995.9.15. 94다27649), 등기부상 명의인의 기재가 실제와 일치하지 아니하더라도 인격의 동일성이 인정되는 경우(대판 2016.10.27. 2015다230815), 토지·임야대장상의 소유자로 등록된 자가 있는 경우(대판 2010.11.11. 2010다45944)에는 국가를 상대로 한 소유권확인의 이익이 없다.

② **[예외 : 소의 이익 인정]** 국가를 상대로 한 토지소유권확인청구라 하더라도 그 토지가 미등기이고 토지대장이나 임야대장상에 등록명의자가 없거나 등록명의자가 누구인지 알 수 없을 때와 그 밖에 국가가 등기 또는 등록명의자인 제3자의 소유를 부인하면서 계속 국가 소유를 주장하는 등에 한하여 확인의 이익을 인정한다(대판 2010.11.11. 2010다45944).

(3) 불안제거에 유효적절한 수단(확인의 소의 보충성)

1) 적극적 확인이 가능하면 소극적 확인을 구할 것이 아니다.

① **[채무부존재확인의 소]** 判例는 채권자라고 주장하는 甲, 乙 중 甲이 乙을 상대로 채무자 丙의 乙에 대한 채무가 부존재한다는 확인의 소를 제기하는 경우 설령 위 소에서 승소하더라도 甲에게 채권이 존재한다는 판결의 내용이 아니고 그 판결의 효력이 丙에게 미치는 것은 아니므로 확인의 이익이 없다고 하였다(대판 2004.3.12. 2003다49092).

② **[소유권부존재확인의 소]** 判例는 토지의 일부에 대한 소유권의 귀속에 관하여 다툼이 있는 경우에도 적극적으로 그 부분에 대한 자기의 소유권확인을 구하지 아니하고 소극적으로 상대방 소유권의 부존재 확인을 구하는 경우 확인의 이익이 없다는 입장이다(대판 2016.5.24. 2012다87898).

2) 확인의 소의 이행의 소에 대한 보충성

① **[원 칙]** 이행의 소를 제기할 수 있는데도 이행청구권 자체의 존재확인의 소를 제기하는 것은 허용되지 않는다. 근본적인 해결책이 되지 못하기 때문이다. 判例도 미등기 건물의 매수인이 매도인에게 소유권이전등기의무의 이행을 소구하지 아니한 채 그 건물에 대한 사용·수익·처분권의 확인을 구한 사안에서는 소의 이익이 없다고 판시하였고(대판 2008.7.10. 2005다41153), 원래 회사 주주로 기재되어 있던 자가 제3자의 주식매매계약서 등 위조에 의해 타인에게 명의개서가 마쳐졌다는 이유로 회사를 상대로 명의개서절차이행을 구하지 않고 주주권 확인을 구할 경우, 확인의 이익이 인정되지 않는다고 보았으나(대판 2019.5.16 2016다240338), <u>근저당권자는</u> 물상보증인에 대하여 채무이행을 청구할 수 없기 때문에 피담보채권의 존부에 관한 확인의 이익이 있다고 보았다(대판 2004.3.25. 2002다20742).

② **[예 외]** ㉠ 시효중단의 필요가 있는 경우 또는 목적물이 압류된 경우, ㉡ 현재 손해액수의 불분명, ㉢ 확인판결이 나면 피고의 임의이행을 기대할 수 있을 때(예컨대, 피고가 국가 또는 공공단체인 경우), ㉣ 선결적 법률관계의 확인은 예외적으로 확인의 이익이 있다(선결적 법률관계의 확인은 이행의 소를 제기하여도 선결적 법률관계에 대하여는 기판력이 생기지 않기 때문이다).

[관련판례] ✱ 시효중단의 필요성이 있는 경우(예외적으로 소의 이익 긍정)
"i) 확정판결의 기판력에 의하여 당사자는 확정판결과 동일한 소송물에 기하여 신소를 제기할 수 없는 것이 원칙이나, 시효중단 등 특별한 사정이 있는 경우에는 예외적으로 신소가 허용된다. ii) 그러나 이러한 경우에도 신소의 판결이 전소의 승소확정판결의 내용에 저촉되어서는 안 되므로, 후소 법원으로서는 그 확정된 권리를 주장할 수 있는 모든 요건이 구비되어 있는지에 관하여 다시 심리할 수 없다. iii) 다만 전소의 변론종결 후에 새로 발생한 변제, 상계, 면제 등과 같은 채권소멸사유는 후소의 심리대상이 되어 채무자인 피고는 후소 절차에서 위와 같은 사유를 들어 항변할 수 있으나, iv) 법률이나 판례의 변경은 전소 변론종결 후에 발생한 새로운 사유에 해당한다고 할 수 없다"(대판 2019.8.29. 2019다215272). [10회 사례형]

[관련판례] ＊ 소멸시효 중단을 위한 후소로서 기존의 '이행소송' 외에 이른바 '새로운 방식의 확인소송'을 허용할 것인지 여부(긍정)

대법원은 최근 전원합의체 판결을 통해 확정판결이 있는 청구권의 소멸시효 중단을 위한 후소로서 전소와 같은 내용의 이행소송 외에 전소 판결로 확정된 채권의 시효를 중단시키기 위한 조치, 즉 '재판상의 청구(후소의 제기)'가 있다는 점에 대하여만 확인을 구하는 형태의 '새로운 방식의 확인소송'이 허용되고, 채권자는 두 가지 형태의 소송 중 자신의 상황과 필요에 보다 적합한 것을 선택하여 제기할 수 있다고 판결하였다(대판 2018.10.18 전합2015다232316).

[판례해설] 종래 시효중단을 위한 이행소송은 채권자가 실제로 의도하지도 않은 청구권의 존부에 관한 실체 심리를 진행하게 됨으로써 채권자와 채무자의 법률적 지위마저 불안정하게 되는 문제점이 있었다. 이번 판결은 '기존 이행소송' 외에 보다 간이한 방식의 '새로운 방식의 확인소송'도 허용된다고 함으로써 이러한 문제점을 해결할 수 있는 방법을 제시하였다는 점에서 의의가 있다.

③ **[예외의 예외]** 근저당권설정자가 근저당권설정계약에 기한 피담보채무가 존재하지 아니함의 확인을 구하는 채무부존재확인의 청구는 확인의 이익이 없다(대판 2000.4.11. 2000다5640).

[판례검토] 위 判例에 대해 피담보채무의 부존재확인의 소는 말소청구권의 선결적 법률관계로서 분쟁의 종국적 해결을 위하여 적법하게 처리해야 한다는 반대견해가 있으나(다수설), 채무존부는 당사자의 주된 관심사가 아니므로 확인의 이익이 없다고 보는 判例가 타당하다(김홍엽).

5. 증서진부확인의 소

> 제250조 (증서의 진정여부를 확인하는 소) 확인의 소는 법률관계를 증명하는 서면이 진정한지 아닌지를 확정하기 위하여서도 제기할 수 있다.

법률관계를 증명하는 서면(처분문서)이 진정한지 아닌지 확정하기 위한 소로써 민사소송법이 예외적으로 사실관계의 확인을 구하는 소를 허용하는 경우이다(제250조). 증서의 진정 여부를 확인하는 소의 대상이 되는 서면은 직접 법률관계를 증명하는 서면에 한한다.

6. 예 시

■ 소멸시효 중단을 위한 후소로서 '이행소송' 이외에 '새로운 방식의 확인소송'

1. 원고와 피고 강상국 사이에서, 원고와 피고 강상국 사이의 청주지방법원 2011. 1. 20. 선고 2008가단24455 대여금 사건의 판결로 확정된 채권의 소멸시효 중단을 위한 재판상 청구가 있음을 확인한다.

■ 채무부존재확인

2. 원고와 피고 김미옥 사이에서 2011. 12. 1.자 50,000,000원의 차용금 채무는 부존재함을 확인한다.(14년 2차)

5. 원고와 피고 김정우 사이에서, 원고의 피고 김정우에 대한,

가. 2016. 4. 10.자 소비대차계약에 기한 채무는 100,000,000원 및 이에 대한 2017. 4. 10.부터 다 갚는 날까지 월 1%의 비율에 의한 금원을 초과하여서는 존재하지 아니하고,

나. 2016. 10. 10.자 소비대차계약에 기한 채무는 8,000,000원 및 이에 대한 2017. 4. 10.부터 다 갚는 날까지 월 1%의 비율에 의한 금원을 초과하여서는 존재하지 아니함을 각 확인한다.(7회 변시)

동일하게 아래와 같이 기재해도 무방하다

1. 원고와 피고 강상국 사이에서, 원고와 피고 강상국 사이의 청주지방법원 2011. 1. 20. 선고 2008가단24455 대여금 사건의 판결에 기한 채권의 소멸시효 중단을 위하여 이 사건 소의 제기가 있었음을 확인한다.

▋ 적극적 확인청구

3. 원고와 피고 대한민국 사이에서 안산시 단원구 신길동 245 답 800㎡가 피고 박영수의 소유임을 확인한다.(14년 2차)

1. 원고와 피고 최병철 사이에서, 서울 강남구 역삼로 59 두꺼비 빌딩 1층 210㎡에 관하여 원고에게, 원고와 피고 사이의 2013. 1. 4. 자 임대차계약의 의한 임대차보증금 100,000,000원, 차임 월 2,000,000원, 기간 2016. 1. 9.부터 2018. 1. 8로 된 임차권이 존재함을 확인한다.(5회 변시)

▋ 적극적 확인청구 + 소극적 확인청구

2. 원고와 피고 공상국 사이에서,

가. 서울 마포구 성산동 750 잡종지 240㎡가 원고의 소유임을 확인하고,

나. 위 가.항 기재 토지 지상 시멘트블록조 슬레이트지붕 단층 창고 126㎡에 관한 원고의 철거의무는 존재하지 아니함을 확인한다.(5회 변시)

▋ 유치권부존재확인

7. 원고와 피고 최민우 사이에서, 별지 목록 4 기재 건물에 관하여 피고 최민우의 유치권이 존재하지 아니함을 확인한다.(9회 변시)

▋ 증서진부확인청구

1. 원고를 매도인, 피고를 매수인으로 하여 2020. 7. 1.자로 작성된 별지 사본과 같은 매매계약서는 진정하게 성립된 것이 아님을 확인한다.

▋ 기타 확인청구

1. 피고의 2020. 2. 11. 임시주주총회에서 이사 김형수를 이사에서 해임하고 황철기를 이사로 선임한 결의는 각 존재하지 아니함을 확인한다.

1. 피고의 2020. 5. 20. 이사회에서 김수현을 피고의 대표이사로 선임한 결의는 무효임을 확인한다.

사안은 원고가 채권자대위권을 행사한 경우로, 판례는 국가를 상대로 한 토지소유권확인청구라 하더라도 그 토지가 미등기이고 토지대장이나 임야대장상에 등록명의자가 없거나 등록명의자가 누구인지 알 수 없을 때와 그 밖에 국가가 등기 또는 등록명의자인 제3자의 소유를 부인하면서 계속 국가 소유를 주장하는 등에 한하여 확인의 이익을 인정한다(대판 2010.11.11. 2010다45944).

사안에서 원고는 선순위근저당권자인바, 판례는 "저가낙찰로 인해 경매를 신청한 근저당권자의 배당액이 줄어들거나 경매 목적물 가액과 비교하여 거액의 유치권 신고로 매각 자체가 불가능하게 될 위험은 경매절차에서 근저당권자의 법률상 지위를 불안정하게 하는 것"(대판 2016.3.10. 2013다99409)이므로 유치권부존재확인의 소의 '자기성' 및 '즉시확정의 이익'이 있다고 한다.

| 제4장 | 형성의 소 |

1. 서 설

'형성의 소'란 판결에 의한 법률관계의 변동을 요구하는 소이다. 형성권 중 해제권, 취소권, 상계권 등 실체법상 형성권은 당사자의 일방적 의사표시에 의해서 권리를 변동시킬 수 있으나, 형성소권은 법원의 판결을 받아야 권리를 변동시킬 수 있다. 형성소권을 실현시키는 소가 형성의 소이다. 형성의 소에는 공유물분할청구의 소, 토지경계확정청구의 소, 사해행위취소소송 등이 있다. 다만 변호사시험에서는 '사해행위취소소송'의 출제가능성이 가장 높으므로 이를 중심으로 살펴본다.

2. 종 류

(1) 실체법상의 형성의 소

'실체법상의 형성의 소'란 회사관계소송(회사설립무효·취소의 소 등), 가사소송(혼인 무효·취소소송), 항고소송(행정처분의 취소를 구하는 소) 등 실체법상의 법률관계의 변동을 구하는 소를 말한다.

(2) 소송법상의 형성의 소

'소송법상의 형성의 소'란 재심의 소(제451조), 준재심의 소(제461조), 정기금판결에 대한 변경의 소(제252조), 제권판결에 대한 불복의 소(제490조), 청구이의의 소(민집법 제44조), 집행문 부여에 대한 이의의 소(민집법 제45조), 제3자 이의의 소(민집법 제48조), 배당이의의 소(민집법 제154조) 등 소송법상 법률관계의 변동을 목적으로 하는 소를 말한다.

(3) 형식적 형성의 소('6. 형식적 형성의 소' 참조)

3. 특 징

창설적 효과를 목적으로 한다는 점에서 이미 있는 법률관계의 확정 및 실현을 목적으로 하는 이행의 소나 확인의 소와는 구별된다. 법규정으로 허용하는 경우에만 인정되며(형성의 소의 법정주의), 형성판결의 대세효 때문에 제소권자와 제소기간을 정해놓은 경우가 많다.

4. 확정판결의 효력 : 기판력 + 형성력

청구인용판결이 확정되면 형성소권의 존재에 대해 기판력이 생기고, 당해 법률관계를 생성·변경·소멸시키는 형성력이 생긴다(판결자체로 집행이 되므로 집행력은 불요). 청구기각판결이 확정되면 형성소권의 부존재에 대해 기판력이 생긴다(형성소권의 부존재를 확정하는 확인판결에 불과).

5. 사해행위취소소송

(1) 청구취지

사해행위취소의 청구취지는 일반적으로 '수익자와 채무자 사이에 목적물에 관하여 언제 체결된 채무자와 수익자의 법률행위를 취소한다.' 또는 '얼마의 범위 내에서 취소한다.'가 될 것이다. 그리고 이는 다시 원물반환의 경우와 가액반환의 경우 청구취지를 달리한다. 한편, 사해행위취소소송에서 채무자는 상대적 무효설에 따라 피고적격이 없으므로 '소외'로 표시하고, 취소할 법률행위를 특정해 주어야 한다. 예를 들어 취소되는 법률행위가 매매계약인 경우 목적물(부동산 등), 사해행위일자, 사해행위를 구체적으로 기재해야 한다. 이상을 종합하면 아래와 같이 기재한다.

---

* **원물반환의 경우**

"1. 피고와 소외 甲 사이에 별지 목록 기재 부동산(목적물)에 관하여 2020. 5. 1.(일자) 체결된 매매계약(채무자와 수익자의 법률행위)을 **취소한다.**

2. 피고는 소외 甲에게 별지 목록 기재 부동산에 관하여 서울중앙지방법원 2020. 5. 1. 접수 제12579호로 마친 소유권이전등기의 말소등기절차를 이행하라"고 기재하는 반면,

* **가액반환의 경우**

"1. 피고와 소외 이형수 사이에 별지 목록 기재 부동산에 관하여 2020. 5. 15. 체결된 매매계약을 100,000,000원의 한도 내에서 **취소한다.**

2. 피고는 원고에게 100,000,000원 및 이에 대한 이 판결 확정일 다음날부터 다 갚는 날까지 연 5%의 비율로 계산한 **돈을 지급하라**"고 기재한다.

---

(2) 법적성질

현행법상 채권자취소권은 채무자의 사해행위를 '취소'하고 아울러 채무자의 일반재산으로부터 일탈된 재산의 '원상회복'을 구하는 권리이다(절충설 또는 병합설). 따라서 '취소'는 '형성의 소'의 성질을, '원상회복'은 '이행의 소'의 성질을 갖는다.

(3) **적법요건**(피, 제, 대)…흠결시 소각하

① '상대적 무효설'에 따르면 악의인 수익자 혹은 전득자만이 피고가 되며(피고적격), 채무자는 피고적격이 없다. ② 채권자가 취소원인을 안 날로부터 1년, 법률행위 있은 날로부터 5년 내에 제기하여야 하고(제406조 2항 : 제소기간). ③ 채무자와 수익자 사이의 법률행위만이 취소의 대상이 된다(대상적격).

(4) **본안요건**(보, 사, 사)…흠결시 청구기각

채권자취소권의 요건으로서 ① 객관적 요건으로는 ⅰ) (금전)채권이 사해행위 이전에 발생하여야 하고(피보전채권), ⅱ) 채권자를 해하는 재산권을 목적으로 하는 법률행위가 있어야 하며(사해행위), ② 주관적 요건으로는 채무자 및 수익자(또는 전득자)의 사해의사가 있어야 한다(제406조).

(5) 취소권행사의 효과

1) 원상회복의 방법

원칙적으로 원물반환, 예외적 가액반환(① 원물반환이 불가능하거나, ② 현저히 곤란한 경우)

2) 취소의 범위

원칙적으로 사해행위당시 채권자의 채권액, 예외적 전부취소가능(① 다른 채권자가 배당요구를 할 것이 명백한 사정이 있는 경우, ② 목적물이 불가분인 경우)

(6) 예 시

■ 원물반환의 경우

2. 별지 1 목록 제2항 기재 부동산에 관하여,

　가. 피고 손상제와 피고 고진한 사이의 2016. 11. 11. 체결된 매매계약을 취소한다.

　나. 피고 손상제에게,

피고 손상제는 채무자로서 원래 사해행위 취소소송의 피고가 되지 아니하나, 청구취지 제1항 부동산에 대한 청구의 상대방으로서 본 사건에서는 피고의 지위에 있으므로 '피고 손상제'라는 표현을 사용한다.

형성판결이 이행판결로 오해되지 않도록 '취소하고,'로 기재하지 아니하고 문장을 마친다.

'마쳐진' 또는 '경료된'이라고 기재하여도 무방하다.

> 1) 피고 고진한은 서울중앙지방법원 2017. 4. 1. 접수 제6789호로 마친 소유권이전등기의,
>
> 2) 피고 고상우는 서울중앙지방법원 2017. 4. 1. 접수 제6790호로 마친 소유권이전청구권가등기의,
>
> 각 말소등기절차를 이행하라.(18년 3차)
>
> 4. 가. 원고와 피고 윤미영 사이에서, 피고 정철수와 소외 정선구 사이에 별지 목록 3 기재 토지에 관하여 2018. 3. 14. 체결된 매매계약을 취소한다.
>
> 나. 피고 윤미영은 원고에게 가.항 기재 토지에 관하여 서울중앙지방법원 중부등기소 2018. 3. 14. 접수 제1034호로 마친 소유권이전청구권가등기의 말소등기절차를 이행하라.(8회 변시)

"가액배상의무는 사해행위의 취소를 명하는 판결이 확정된 때에 비로소 발생하므로 그 **'판결이 확정된 다음날'**부터 이행지체 책임을 지게 되고, 따라서 소송촉진 등에 관한 특례법 소정의 이율은 적용되지 않고 민법 소정의 법정이율이 적용된다"(대판 2009.1.15. 2007다61618). 그리고 사해행위청구에서 가액배상의 청구는 사해행위취소의 효과발생을 전제로 하는 이행청구로 그 이행기의 도래가 판결확정 이후임이 명백하여 확정 전에는 집행할 수 없으므로 가집행의 선고를 붙이지 않는다.

▌ 가액반환의 경우

> 2. 가. 피고 김관수와 피고 박재훈 사이에 별지 목록 기재 부동산에 관하여 2010. 4. 20. 체결된 매매계약은 72,000,000원의 한도 내에서 이를 취소한다.
>
> 나. 피고 박재훈은 원고에게 7,000,000원 및 이에 대한 이 사건 판결 확정일 다음날부터 다 갚는 날까지 연 5%의 비율로 계산한 돈을 지급하라.(14년 1차)
>
> 3. 가. 피고 박복한과 피고 박복녀 사이에 별지 부동산의 표시 제3항 기재 아파트에 관하여 2018. 7. 14. 체결된 매매계약을 260,000,000원의 한도 내에서 취소한다.
>
> 나. 피고 박복녀는 원고에게 260,000,000원 및 이에 대하여 이 판결 확정일 다음날부터 다 갚는 날까지 연 5%의 비율로 계산한 돈을 지급하라.(19년 3차)

사해행위 취소의 상대적 효력 때문에 여러 명의 공동피고가 있는 경우 원고와 사해행위취소의 피고 사이에서만 취소한다는 점을 명확하게 하기 위해 '~와 ~사이에서'를 기재하는 것이 일반적이다. 이는 그 뒤에 사해행위를 특정하기 위해 당사자를 기재한 '~와 ~사이에'의 표현과 구별할 필요가 있다

▌ 채권양도가 사행행위인 경우

> 3. 가. 피고 이대철과 피고 이양순 사이에 소외 박정삼에 대한 2019. 4. 30.자 정산금채권에 관하여 2020. 1.8. 체결된 채권양도약정을 취소한다.
>
> 나. 피고 이양순은 소외 박정삼[주소: 서울 관악구 관악로38길 13(봉천동)]에게 위 **채권양도약정이 취소되었다는 통지를 하라.**(20년 3차)

가액반환의 경우 '2억원의 한도에서'라는 한도표현을 기재하는 것이 보통이나, 이 사건과 같이 시가 전액에 관하여 기재하는 경우에는 기재할 필요가 없다.

▌ 피고가 여럿인 경우

> 3. 가. 원고들과 피고 박이순 사이에서, 서울 은평구 대조로 120 문화아파트 211동 203호에 관하여 피고 박이채와 피고 박이순 사이에 2011. 4. 9. 체결된 매매계약을 (200,000,000원의 한도내에서) 취소한다.
>
> 나. 피고 박이순은 원고들에게 **각** 200,000,000원 및 이에 대한 이 판결 확정일 다음날부터 다 갚는 날까지 연 5%의 비율로 계산한 돈을 지급하라.(3회 변시)
>
> ☞ 매매목적물을 특정하기 위하여는 아파트의 (1동 건물의 표시), (대지권의 목적인 토지의 표시), (전유부분 건물의 표시), (대지권의 표시)를 모두 기재하는 것이 원칙이다. 예시의 경우 편의상 위와 같이 간략하게 기재한 것이다

취소채권자가 수인인 경우 각 채권자의 **피보전채권 범위내에서 각각에게 취소한도액 전액**의 지급을 명한다. 따라서 그 합계가 취소한도액을 초과하여도 무방하다.

> 1. 원고와 피고 수익자, 전득자 사이에서, 피고 수익자와 소외 채무자 사이에 별지 목록 기재 부동산에 관하여 2020. 5. 3. 체결된 매매계약을 취소한다.
>
> 2. 채무자에게, 별지 목록 기재 부동산에 관하여,
>
> 가. 피고 전득자는 서울중앙지방법원 2020. 7. 8. 접수 제456호로 마친 소유권이전등기의,

나. 피고 수익자는 같은 법원 2020. 5. 8. 접수 123호로 마친 소유권이전등기의,

각 말소등기절차를 이행하라.

6. 형식적 형성의 소 및 기타 형성청구

'형식적 형성의 소'란 형식적으로는 소송사건이지만 실질적으로는 비송사건에 해당하는 형성의 소를 말한다. 공유물분할의 소(민법 제269조 1항), 토지경계확정의 소(判例), 父를 정하는 소(민법 제845조), 법정지상권의 지료결정의 소(민법 제366조) 등이 구체적 예이다.

▌공유물분할(현물분할, 대금분할)

1. 별지 목록 기재 토지를, 별지 도면 표시 1, 2, 3, 4, 1의 각 점을 차례로 연결한 선내 (가)부분 300㎡는 원고의 소유로, 같은 도면 표시 2, 5, 6, 3, 2의 각 점을 차례로 연결한 선내 (나)부분 200㎡는 피고의 소유로 **분할한다.**

1. 별지 목록 기재 부동산을 경매에 부쳐 그 대금에서 경매비용을 공제한 나머지 금액을 원고에게 10분 7, 피고에게 10분의 3의 **각** 비율로 분배한다. (또는 원고, 피고에게 각 1/2의 비율로 분배한다.)

> 민법 제269조(분할의 방법) ① 분할의 방법에 관하여 협의가 성립되지 아니한 때에는 공유자는 법원에 그 분할을 청구할 수 있다. ② 현물로 분할할 수 없거나 분할로 인하여 현저히 그 가액이 감손될 염려가 있는 때에는 법원은 물건의 경매를 명할 수 있다.

▌임시주주총회결의 취소

1. 피고의 2020. 6. 25. 임시주주총회에서 이사 김성실을 이사에서 해임하고 황만연을 이사로 선임한 결의를 각 취소한다.

▌이혼청구

1. 원고와 피고는 이혼한다.

▌청구이의의 소(민사집행법 제44조)

1. 피고의 원고에 대한 서울중앙지방법원 2020. 5. 10. 선고 2019가합432087 판결에 기초한 강제집행을 불허한다.

1. 피고의 원고에 대한 서울중앙지방법원 2020. 5. 10. 선고 2019가합432087 판결에 기초한 강제집행은 100,000,000원을 초과하는 부분에 한하여 이를 불허한다.

> 민사집행법 제44조(청구에 관한 이의의 소) ① 채무자가 판결에 따라 확정된 청구에 관하여 이의하려면 제1심 판결법원에 청구에 관한 이의의 소를 제기하여야 한다. ② 제1항의 이의는 그 이유가 변론이 종결된 뒤(변론 없이 한 판결의 경우에는 판결이 선고된 뒤)에 생긴 것이어야 한다.

▌배당이의의 소 제기에 따른 배당액 경정 청구

1. 피고와 소외 이형수 사이에 별지 목록 기재 부동산에 관하여 2019. 1. 13. 체결된 근저당권설정계약을 취소한다.

2. 서울중앙지방법원 2019타경32569호 부동산강제경매사건에 관하여 위 법원이 2019. 12. 2. 작성한 배당표 중 원고에 대한 배당액 30,000,000원을 70,000,000원으로, 피고에 대한 배당액 40,000,000원을 0원으로 각 경정한다.

제5장	회사 소송 관련 청구취지 등

Ⅰ. 주주대표소송

1. 청구취지(상법 제403조)

피고 이차만은 피고 주식회사 대천에게 200,000,000원 및 이에 대하여 2014. 10. 5.부터 이 사건 소장 부본 송달일까지는 연 5%의, 그 다음날부터 다 갚는 날까지 연 15%의 각 비율에 의한 금원을 지급하라(6회 변시).

2. 청구원인(요건사실)

ⅰ) 발행주식 총수의 1/100 이상의 주식을 가진 주주가 원고로서, ⅱ) 이사, 감사 또는 이사 감사였던 자를 피고로 하여, ⅲ) 서면으로 감사에게 소제기를 청구하고 감사가 청구를 받은 날로부터 30일 이내에 소를 제기하지 아니한 사실, ⅳ) 이사, 감사 또는 이사 감사였던 자의 임무해태로 회사에 손해가 발생한 사실을 주장·입증하여야 한다.

3. 예상되는 항변

경영판단법칙(이하 예시 참조)

■ **예 시(주주대표소송+경영판단법칙)**(6회 변시)

청구취지

2. 피고 이차만은 피고 주식회사 대천에게 200,000,000원 및 이에 대한 2014. 10. 5.부터 이 사건 소장 부본 송달일까지는 연 5%의, 그 다음날부터 다 갚는 날까지 연 15%의 각 비율에 의한 금원을 지급 하라.

청구원인

1. 원고의 피고 이차만에 대한 청구

다. 주주대표소송에 기한 손해배상청구

(1) 당사자적격

가) 주주대표소송은 발행주식 총수의 1/100 이상의 주식을 가진 주주가 원고가 되어, 이사, 감사 또는 이사 감사였던 자를 피고로 하여 제기할 수 있습니다(상법 제403조 제1항).

나) 원고는 피고 주식회사 대천의 설립 당시 당사 주식 400주를 인수한 자로서 현재까지 그 주식을 보유하고 있어 발행주식 총수인 20,000주 중 2/100(400주÷20,000주)를 가진 주주로서 원고적격 이 있으며, 피고 이차만은 현재 대표이사직을 사임하였으나, 과거에 이사였던 자로 피고적격이 있습니다.

(2) 청구의 근거

가) 주주대표소송을 제기하기 위해서는 주주는 먼저 서면으로 감사에게 소제기를 청구하고 감사가 청구를 받은 날로부터 30일 이내에 소를 제기하지 아니하는 경우 회사를 위하여 대표소송을 제 기할 수 있습니다(상법 제403조 제2항, 제3항).

피고 이차만의 피고 주식회사 대천에 대한 손해배상채무는 이행기의 정함이 없는 채무로서 이행최고시에는 이 사건 소장부본 송달시부터 지연손해금을 청구할 수 있다는 이유에서 "소장부본송달일부터 다 갚는 날까지 연 15%의 비율에 의한 금원을 지급하라"고 기재해야 한다는 견해도 있으나, 피고의 채무는 불법행위책임이므로 성립과 동시에 채권자의 청구 없이도 당연히 이행지체가 된다는 判例(74다1393)에 따르면 불법행위성립 당일부터 청구하는 것이 옳다고 생각된다.

피고 이차만의 피고 주식회사 대천에 대한 손해배상금 2억원은 **불법행위로 인한 손해배상채무**이므로 손해배상채무는 그 성립과 동시에(그 당일부터) 채권자의 청구 없이도 **당연히 이행지체가 된다**(대판 1975.5.27. 74다1393 : 2회 선택형)

나) 원고는 2016. 12. 1. 피고 주식회사 대천 및 소외 감사 장기용에게 소제기 요청서를 보내어, 위 소제기 요청서가 2016. 12. 3. 피고 주식회사 대천 및 소외 감사 장기용에게 도달하였습니다.

다) 한편, 소외 감사 장기용은 위 소제기 요청을 받은 날로부터 30일이 경과하였음이 역수상 명백한 현재까지도 소를 제기하지 않고 있습니다.

(3) 피고의 예상주장에 대한 반박

가) 대표이사직 사임 주장

피고는 대표이사직을 사임함으로써 회사의 손해에 대한 책임을 다하였다고 주장할 것으로 예상되나, 퇴임한 이사도 주주대표소송의 피고적격이 있으므로 피고의 위 주장은 타당하지 않습니다.

나) 경영판단이라는 주장

① 피고는 경영상 판단으로 손해가 발생하였으므로 면책대상이라는 주장을 할 것으로 예상되나, 회사의 이사는 거래에 관하여 필요한 정보를 충분히 수집·조사하고 검토하는 절차를 거친 다음 이를 근거로 회사의 최대 이익에 부합한다고 합리적으로 신뢰하고 신의성실에 따라 경영상의 판단을 내려야 하고, 그 내용이 현저히 불합리하지 아니하여 이사로서 통상 선택할 수 있는 범위 안에 있는 것이어야 합니다. 따라서, 단순히 회사의 영업에 이익이 될 것이라는 일반적·추상적인 기대하에 일방적으로 임무를 수행하여 회사에 손해를 입게 한 경우에는 필요한 정보를 충분히 수집·조사하고 검토하는 절차를 거친 다음 이를 근거로 회사의 최대 이익에 부합한다고 합리적으로 신뢰하고 신의성실의 원칙에 따라 경영상의 판단을 내린 것이라고 볼 수 없습니다(대판 2011.10.13. 2009다80521등).

② 피고 이차만은 회사의 내규에 1억원 이상 외상거래시 금융기관의 신용장이나 담보설정을 받아야 한다고 규정되어 있는 사실을 알았음에도 무담보 형식이라도 물품을 판매하는 것이 더 중요하고 시급하다고 경솔히 판단하였고, 필요한 정보를 충분히 수집하고 검토하는 절차를 거치지 않았는바, 위 경영판단의 법칙의 적용요건을 갖추지 못하였으므로 피고의 위 주장은 부당합니다.

(4) 소 결

따라서, 원고는 상법 제403조 제1항에 의하여 피고 주식회사 대천을 위하여 주주대표소송을 제기하는 바, 피고 이차만은 피고 주식회사 대천에게 손해배상금 200,000,000원 및 이에 대한 2014. 10. 5.부터 이 사건 소장 부본 송달일까지는 연5%의, 그 다음날부터 다 갚는 날까지 연 15%의 각 비율에 의한 지연손해금을 지급할 의무가 있습니다.

> 제3자 소송담당이므로 '회사를 위하여'라는 문구를 반드시 기재해야 한다. 대위소송에서 '보전하기 위하여', 공유관계소송에서 '보존행위로써'도 마찬가지이다.

Ⅱ. 기타 청구취지

▌예시

① 1. 피고의 2020. 2. 11. 임시주주총회에서 이사 김형수를 이사에서 해임하고 황철기를 이사로 선임한 결의는 각 존재하지 아니함을 확인한다.

② 1. 피고의 2020. 2. 11. 임시주주총회에서 이사 김형수를 이사에서 해임하고 황철기를 이사로 선임한 결의를 각 취소한다.

③ 1. 피고의 2020. 2. 11. 임시주주총회에서 이사 김형수를 이사에서 해임하고 황철기를 이사로 선임한 결의는 각 무효임을 확인한다.

④ **신주발행무효청구**

1. 피고가 2020. 5. 20.에 한 액면 5,000원의 보통주식 10,000주의 발행을 무효로 한다.

⑤ **주주권확인 및 명의개서청구**

1. 원고가 별지 목록 기재 주식의 주주임을 확인한다.

2. 피고는 원고에게 별지 목록 기재 주식에 관하여 원고 명의로 명의개서절차를 이행하라.

※ 별지 기재 사항 :

발행회사: **** 주식회사, 주식의 종류: 보통주, 권면액: 1주당 5,000원, 주주명: ***,

주식수: 10,000주, 끝.

⑥ **주주대표소송**

1. 피고는 소외 민사기록 주식회사에게 300,000,000원 및 이에 대하여 이 사건 소장 부본 송달일의 다음날부터 다 갚는 날까지 연 12%의 비율에 의한 금원을 지급하라.

⑦ **주식매수청구**

1. 신청인이 매수를 청구한 민사기록 주식회사 발행의 기명식 보통주식 10,000주(액면가 5,000원)의 매수가액을 1주당 금 8,000원으로 정한다.

⑧ **합병무효의 소**

1. 피고(존속회사)와 소외 **** 주식회사[해산시의 본점소재지: 서울 서초구 반포대로 86, 201호(서초동, 신원빌딩)] 사이에 2020. 3. 4. 행해진 합병은 이를 무효로 한다.

⑨ 1. 소외 **** 주식회사[해산시의 본점소재지: 서울 서초구 반포대로 86, 201호(서초동, 신원빌딩)]와 소외 #### 주식회사(해산시의 본점소재지: 서울 강남구 언주로 726) 사이에 피고를 신설회사로 하는 2020. 3. 7. 행해진 분할 및 분할합병은 이를 무효로 한다.

⑩ 1. 피신청인 이형수는 이사선임결의취소청구사건의 본안판결 확정시까지 피신청인 주식회사 영광운수의 이사 겸 대표이사, 피신청인 김형우는 위 피신청인 회사의 이사의 직무를 각각 집행해서는 아니 된다.

2. 위 기간 중 이사 겸 대표이사의 직무를 수행하기 위하여 변호사 전부승[주소: 서울 서초구 반포대로 86, 201호(서초동, 신원빌딩), 송달장소: 서울 서초구 반포대로 86, 201호(서초동, 신원빌딩), 전화: 02-540-4478, 팩스: 02-540-7789)], 이사의 직무를 수행하기 위하여 변호사 전승우(주소: 서울 강남구 언주로 726, 송달장소 : 서울 강남구 언주로 726, 전화: 02-354-9876, 팩스: 02-354-9877)를 각각 직무대행자로 선임한다.

⑪ **고지의무위반을 이유로 한 보험계약 해지의 경우**

1. 원고와 피고 사이에 체결된 2020. 3. 15.자 화재보험계약[증권번호 300에이(A) 3478290]에 의한 원고의 피고에 대한 채무는 존재하지 아니함을 확인한다.

⑫ **약속어음의 발행인과 배서인에 대한 어음금 청구**

1. 피고들은 합동하여 원고에게 금 100,000,000원 및 이에 대하여 2020. 3. 27.부터 이 사건 소장 부본 송달일까지는 연 5%의, 그 다음날부터 다 갚는 날까지는 연 12%의 각 비율로 계산한 돈을 지급하라.

제 3 편

청구원인

제1장 | 요건사실 총설

Ⅰ. 청구원인

1. 의 의

청구원인이란 원고의 청구를 근거짓는 소송물, 즉 심판의 대상으로 권리의 성립요건(권리근거규정의 요건)에 해당하는 것을 말하며, 이는 청구를 이유 있게 하기 위해 필요한 사실관계로서 원고가 주장·증명책임을 진다. 따라서 피고의 경우에는 항변사실에 대응한다.

2. 기재방식 [주,시,방,목,내,행]

(1) 순 서

① 주체 ② 시기, ③ 상대방, ④ 목적, ⑤ 내용, ⑥ 행위의 순서대로 기재한다.

(2) 특 징

청구취지에서와는 달리 목적물의 특정을 위한 서술이 가능하다. 가령 돈을 지급하라는 청구에서도 그 돈이 '임대차보증금' 또는 '매매대금', '대여금'이라고 특정하여 서술하는 것이 가능하다. 한편, 청구취지에서는 숫자를 표현할 때 반드시 아라비아 숫자로 기재해야 하지만, 청구원인에서는 숫자 뒤에 금액의 단위를 붙여 표현이 가능하다(예를 들어, 1억 원, 1,000만 원, 1천만 원 등).

(3) 예 시

소외 박철홍은 2009. 9. 1. 대학교 선배인 피고 이재석에게 3억 원을 이자 월 1%, 변제기 2010. 8. 31.로 정하여 대여하였고, 피고 김관수는 같은 날 위 차용금채무를 연대보증하였습니다.(14년 1차)

Ⅱ. 요건사실

1. 의 의

> 실체법에서는 법률효과의 발생요건을 규정하고 있는데, 이러한 발생요건을 강학상 '법률요건 또는 구성요건'이라 한다.

권리의 발생, 장애, 소멸 등의 각 법률효과가 긍정되는지 여부는 그 **발생요건에 해당하는 구체적 사실**의 유무에 달려 있는바, 이러한 사실을 요건사실이라 한다. 이는 통상 실무에서 간접사실과 대비하여 사용되는 주요사실과 같은 개념이다[2](즉, 간접사실과의 관계가 문제된 경우에는 요건사실이라는 용어 대신 주요사실이라는 용어를 사용한다).

이러한 '요건사실론'은 일정한 법률효과(권리의 발생·변경·소멸)를 발생시키는 법률요건을 확정한 뒤에 그에 상응하는 사실에 관한 주장·증명책임의 소재와 당사자가 제출하여야 하는 공격방어방법의 배열(청구원인·항변·재항변 등)을 명확히 함을 목적으로 한다.

---

2) 그러나 민사법학에서는, 일반적으로 실체법의 조문의 법률요건(=구성요건)에 기재되어 있는 유형적 사실이 요건사실이고, 이같이 요건사실에 해당하는 구체적 사실이 주요사실이라고 설명하기도 한다. 즉, 요건사실은 '법적 개념'이며, 주요사실은 '사실적 개념'이라고 본다. 예를 들어 매매계약에서 민법 제563조가 정하는 요건사실은 '재산권이전의 약속'과 '대금지급의 약속'이라는 사실이지만, 주요사실은 '매도인은 O년 O월 O일 매수인에게 무엇을 대금 O원에 매도하였다'라는 사실이다. 주요사실은 이른바, 6하 원칙을 분명하게 한 구체적 사실이다(전병서, 요건사실 중심 분쟁유형별 민사법(3판), p.10)

2. 요건사실의 종류

(1) 권리근거(발생)사실 : 요건발생사실

권리 또는 법률관계의 발생을 이유 있게 하는 사실을 말한다. 실체법의 규정형식을 기준으로 본문 또는 원칙적 규정은 권리근거규정이고, 단서 또는 예외적 규정은 권리방해규정이 된다.

(2) 권리장애사실 · 권리행사저지사실 · 권리소멸사실 : 요건저지사실

1) 권리장애사실

권리근거규정의 법률효과의 발생을 방해하는 규정의 요건사실을 말한다. 공서양속위반(제103조), 불공정법률행위(제104조), 강행법규위반(제105조), 통정허위표시(제108조) 등이 있다.

2) 권리행사저지사실

권리근거규정의 법률효과인 권리가 발생한 다음에 그 권리의 행사를 저지 또는 배제하는 규정의 요건사실을 말한다. 동시이행의 항변권(제536조), 유치권에 기한 항변(제320조), 기한유예의 항변, 최고·검색의 항변권(제437조) 등이 있다.

3) 권리소멸사실

권리근거규정의 법률효과인 권리가 발생한 다음에 이를 소멸, 종료시키는 규정의 요건사실을 말한다. 변제, 대물변제, 공탁, 상계 등 채권소멸원인, 소멸시효완성, 해제, 취소, 제3자에의 권리양도 등이 있다.

3. 요건사실과 간접사실

(1) 요건사실(주요사실)

권리의 발생, 소멸 등 법률효과의 존부 판단에 직접 필요한 사실을 말한다. 법원은 당사자가 주장한 사실관계를 토대로 판단하게 된다.

(2) 간접사실

주요사실의 경위, 내력 등에 관한 사실, 주요사실의 존부를 추인하게 하는 사실을 말한다. 간접사실은 당사자의 주장 유무나 주장내용에 무관하게 법원이 증거에 의하여 자유로이 인정할 수 있다.

(3) 주요사실과 간접사실 구별의 효과

① 간접사실은 당사자 주장 없이도 법원은 증거로 인정이 가능하다. 즉 변론주의가 적용되지 않는다. ② 간접사실의 자백은 법원도 당사자도 구속하지 않으므로 법원은 자백사실과 다른 사실을 인정할 수 있고, 당사자는 상대방의 원용 유무에 불구하고 자유롭게 철회할 수 있다. ③ 유일한 증거가 주요사실일 때에는 증거조사를 거부할 수 없지만 간접사실일 때에는 가능하다. ④ 상고이유나 재심사유인 판단누락(민소법 제451조 1항 9호)이 되는 사실은 주요사실에 한하고, 간접사실이나 보조사실은 법원이 판단하지 않아도 판단누락이 아니다. ⑤ 변론주의가 지배하는 민사소송에서는 요건사실은 당사자가 주장한 것에 한하고, 만일 주장이 없다면 그 사실이 증거로 인정된다 하여도 법원으로서는 그 사실을 인정하여 당해 법률효과의 판단의 기초로 삼을 수 없다.

Ⅲ. 증명책임

1. 주장책임

'변론주의'가 지배하는 민사소송에서는 당사자가 주장한 '요건사실'에 한정하여 그 법률효과의 발생 여부를 판단하고, 만일 어떤 요건사실에 대한 주장이 없다면, 그 요건사실이 증거로 인정된다고 하더라도 법원으로서는 그 요건사실을 인정하여 해당 법률효과의 판단의 기초로 삼을 수 없다. 이와 같이 어떤 법률효과의 요건사실이 변론에 나타나지 않은 결과, 이에 기한 유리한 법률효과가 인정되지 않는 당사자의 불이익을 '주장책임'이라고 한다. 이러한 주장책임의 분배는 '통상' 증명책임의 분배에 따른다.

2. 증명책임(입증책임)

'증명책임'이란 변론에 제시된 요건사실이 불분명(증거에 의해 존재하는 것으로도 존재하지 않는 것으로도 확정할 수 없는)하게 됨으로써 당해 법률효과가 발생하지 않는 불이익 내지 위험을 말한다. 증명책임은 이것의 분배기준에 따라 '주장책임'이 정해지므로 당사자의 소송활동의 지표가 되고 나아가 법원의 소송지휘권의 지침 기능을 한다.

3. 증명책임의 분배

(1) 의 의

각각의 법률효과를 규정하고 있는 실체법의 규정은 그 법률효과가 다른 법률효과와의 관계에서 어떠한 작용을 하는가 하는 관점에서 위에서 살펴본 바와 같이 4가지(권리근거규정, 권리장애규정·권리행사저지규정·권리소멸규정)로 분류되는데, 각 당사자는 그 법률효과가 자기에게 유리한 규정의 요건사실에 대하여 증명책임을 진다(법률요건분류설의 입장).

즉, 통설·判例는 증명책임의 분배에 있어서 **법률요건분류설(규범설)**에 따라 각 당사자는 자기에게 유리한 법규의 요건사실의 존부에 대해 증명책임을 지는 것으로 분배시키고 있다. 따라서, ① 본안의 요증사실의 존부와 관련해서는 권리의 존재를 주장하는 자가 권리근거규정의 요건사실에 대한 주장·증명책임을 지고, 그 존재를 다투는 상대방은 반대규정(권리장애규정, 권리멸각규정, 권리저지규정)의 요건사실에 대한 증명책임을 지게 된다. ② 소송요건의 존부는 본안판결을 받는 것 자체가 원고에게 이익이므로 원고에게 증명책임이 있다.

(2) 증명책임분배는 요건사실과 표리일체

예를 들어 매매대금청구소송에서 매매대금지급청구권의 발생을 주장하는 원고는 청구원인으로 매매계약체결사실(권리근거사실)을 증명하여야 하고, 피고는 그 매매계약이 통정허위표시로서 무효라거나(권리장애사실), 그 대금을 이미 지급하였다거나(권리소멸사실), 이행기가 도래하지 않았다(권리행사저지사실) 등의 사실에 대하여 증명책임을 부담한다. 따라서 **일반적으로 권리근거사실의 증명책임은 원고에게 있고, 권리장애사실·권리행사저지사실·권리소멸사실의 증명책임은 피고에게 있다.** 아울러 소극적 확인소송도 법률요건분류설이 적용된다. 다만 통상의 경우와 달리 증명책임이 그 역으로 바뀌게 되어 채무자인 원고가 권리의 장애·멸각·저지사실 즉 항변사실에 대해, 피고가 권리근거규정의 요건사실에 대하여 증명책임을 지게 된다.

본문과 단서로 되어 있는 조문에서는 단서에서 제외되는 사실에 대하여 본문에서 인정된 법률효과를 다투는 자에게 증명책임이 있다. 그리고 명문을 결여하고 있는 경우나 명문은 있어도 해석상 명문에 없는 요건이 부가되어 있는 경우에 있어서도 문제가 되는 사실이 법률효과의 발생을 기초 지우는 사실인가, 그 발생의 장애를 기초 지우는 사실인가에 의하여 증명책임의 소재가 정하여진다.

Ⅳ. 공격방어방법의 배열

1. 의 의

원고가 자기의 청구를 이유있게 하기 위하여 제출하는 재판자료를 '공격방법'이라고 하고, 반대로 피고가 원고의 청구를 배척하기 위하여 제출하는 재판자료를 '방어방법'이라고 한다.

2. 청구원인

청구원인이란 원고의 청구를 근거짓는 소송물, 즉 심판의 대상으로 권리의 성립요건(권리근거규정의 요건)에 해당하는 것을 말한다. 원고가 주장·증명책임을 진다.

3. 부 인

원고가 주장하는 요건사실의 존재를 부정하는 내용의 사실상의 주장을 말한다. 이에 대한 증명책임은 부인하는 자의 상대방이 부담한다. 피고가 원고의 주장사실과 양립 불가능한 별도의 사실을 들어 부인할 경우 피고는 이 사실에 대하여 증명책임이 없고 원고가 자기의 주장사실에 대하여 증명책임을 진다.

4. 항 변

상대방이 주장하는 요건사실(권리근거사실) 자체는 인정한 다음, 이와 반대효과를 생기게 하는 양립 가능한 별개의 요건사실, 즉 권리장애사실·권리행사저지사실·권리소멸사실을 주장함으로써 상대방의 주장을 배척하게 하려는 공격방어방법을 말한다. 이에 대한 증명책임은 항변하는 자가(주로 피고) 부담한다.

5. 재항변(재재항변)

재항변(재재항변)은 원칙적으로 청구원인, 항변의 경우에 준하여 취급하면 된다. 재항변(재재항변)은 상대방이 '항변(재항변)'으로 주장하는 요건사실 자체는 인정한 다음, 이와 반대효과를 생기게 하는 별개의 요건사실을 주장함으로써 주장을 배척하게 하려는 공격방어방법을 말한다. 증명책임은 항변에 준하여 재항변(재재항변)을 주장하는 자가 부담한다.

공격방법		방어방법
청구원인	⇨	청구원인사실의 부인
항변사실의 부인	⬅	항 변
재항변	⇨	재재항변

제2장 | 분쟁유형별 요건사실

제1절 매매계약에 기한 청구(민법 제568조)

I. 매매대금청구

1. 매매대금만을 청구하는 경우의 요건사실

> "매매계약체결사실"

민법 제568조(매매의 효력) ① 매도인은 매수인에 대하여 매매의 목적이 된 권리를 이전하여야 하며 매수인은 매도인에게 그 대금을 지급하여야 한다. ② 전항의 쌍방의무는 특별한 약정이나 관습이 없으면 동시에 이행하여야 한다.

매매를 원인으로 한 대금지급청구의 요건사실은 '매매계약을 체결한 사실'이다(제568조). 대금지급청구의 경우 매매계약 체결만으로 매도인의 대금지급청구권이 발생하므로, 매매계약의 체결사실만 주장·증명하면 된다.

매매계약의 특정을 위해서는 ① 쌍방 당사자, ② 계약일시, ③ 목적물, ④ 매매대금의 4가지 사항을 적시하여야 한다. 예를 들어 매매대금을 청구하는 경우 주·시·방·목·내·행의 순서에 따라 "원고는(주체) 2020. 10. 27.(일시) 피고에게(상대방), 이 사건 부동산을(목적물), 1,000,000,000원에 매도하였습니다(내용 및 행위)"라고 기재한다.

한편, 민법상 타인권리매매(제569조)가 허용된다는 점에서 목적물의 소유권이 매도인에게 귀속되었다는 사실 및 대금지급기한에 관한 합의와 도래 사실은 요건사실이 아니므로 이를 청구원인으로 주장할 필요가 없다(이 점이 목적물의 반환시기에 관한 합의를 본질적 요소로 하는 '대차형 계약'과 다르다).

2. 매매대금 및 지연손해금을 함께 청구하는 경우의 요건사실

> ① 매매계약의 체결 + ② 소유권이전의무의 이행 또는 이행의 제공 + ③ 대금지급기한의 도래 + ④ 목적물의 인도 +⑤ 손해의 발생 및 범위

(1) 매매계약의 체결(전술한 것과 동일)

(2) 소유권이전의무의 이행 또는 이행의 제공(존재효, 당연효)

매도인이 매매계약의 체결사실을 주장·입증하면 동시에 매도인에게 소유권이전의무 있음을 주장하는 것이 되고(이른바 공격방법의 불가피한 불이익진술에 해당), 동시이행의 항변권이 존재하는 것만으로 이행지체 저지효가 발생하므로, 매도인인 원고가 매매대금에 대한 지연손해금을 청구하기 위해서는 반대채무를 이행 또는 이행제공하였다는 사실까지 아울러 주장·증명하여야 한다.

따라서 동산매매의 경우에는 목적물 인도 자체가 소유권이전의무 이행이므로 목적물 인도사실을, 부동산인 경우에는 소유권이전에 필요한 등기서류를 제공한 사실을 입증하여야 하고 매매목적물에 가압류등기, (근)저당권설정등기 등의 부담이 존재하는 경우에는 소유권이전 관련 서류뿐만 아니라 이들 등기의 말소에 필요한 서류까지 제공한 사실을 주장·증명하여야 한다. 다만, 이행의 제공은 계속되어야 하고(계속적 이행제공설), 부동산의 경우 **이행제공의 정도**와 관련해서는 "이행장소에 소유권이전등기 서류 및 열쇠 등을 '준비'하여 두고 매수인에게 그 뜻을 통

지하고 신의칙상 요구되는 상당한 시간 간격을 두고 거듭 수령을 최고(구두제공)하면 된다"(대판 2001.5.8. 2000다6053).

(3) 대금지급기한의 도래

① 대금지급기한이 확정기한이라면 확정기한에 관한 약정사실만 주장·증명하면 되고 확정기한의 도과 여부는 법원에 현저한 사실이므로 별도의 주장·입증은 필요치 않다.

② 불확정기한이란면 불확정기한에 관한 약정사실, 불확정기한이 도래한 사실 및 매수인이 도래를 안 사실까지 주장·입증하여야 한다.

③ 기한의 정함없는 경우에는 이행청구를 받은 때로부터 지체책임을 지므로 기한의 정함 없이 매도한 사실과 매도인이 매매대금의 지급을 이행 청구한 사실을 주장·입증하여야 한다

(4) 목적물 인도(이행지체로 인한 손해배상책임과의 관계)

> **제587조 (과실의 귀속, 대금의 이자)** 매매계약 있은 후에도 인도하지 아니한 목적물로부터 생긴 과실은 매도인에게 속한다. 매수인은 목적물의 인도를 받은 날로부터 대금의 이자를 지급하여야 한다. 그러나 대금의 지급에 대하여 기한이 있는 때에는 그러하지 아니하다.

매도인의 소유권이전의무 및 인도의무는 특별한 약정이나 관습이 없으면 매수인의 대금지급의무와 동시이행의 관계에 있는바(제568조 2항 참조), **제587조는 '이행지체로 인한 손해배상책임'과도 관련이 있다.**

1) 매도인의 인도지체 책임

매수인이 매매대금을 완납하지 않은 상태에서 매도인의 매매목적물의 '**인도지체**'를 이유로 손해배상을 청구할 수 없다(대판 2004.4.23, 2004다8210 : 1회 선택형).

> 매매목적물이 인도되지 않고 대금도 완제되지 아니한 경우, 매수인의 대금지급의무의 이행기가 지났더라도 매도인은 매매대금에 대한 지연손해금의 지급을 청구할 수 없다(1회 선택형).(O)

2) 매수인의 대금지급지체 책임

매도인이 매매목적물을 매수인에게 인도하지 않은 채 매수인을 상대로 '매매대금의 이자상당액'(지연이자)의 손해배상청구를 할 수 없고(대판 1995.6.30, 95다14190). 마찬가지로 매수인의 대금지급채무가 이행지체에 빠진 경우에도 매도인은 인도하기 전까지는 그 목적물에서 생기는 과실을 수취할 수 있고 목적물의 관리·보존의 비용도 자기가 부담하여야 하며, 그에 대응하여 매수인도 매매대금의 이자 상당액의 손해배상을 지급할 필요가 없다(대판 1981.5.26, 80다211 : 1회 선택형).

다만 "매수인의 대금 지급의무와 매도인의 근저당권설정등기 말소의무가 동시이행관계에 있는 등으로 매수인이 대금 지급을 거절할 정당한 사유가 있는 경우에는 매매목적물을 미리 인도받았다 하더라도 제587조에 의한 이자를 지급할 의무는 없다"(대판 2018.9.28. 2016다246800).

(5) 손해의 발생 및 범위

① 손해의 발생 및 그 범위는 원고가 주장·증명하여야 할 사실이나, 금전채무의 불이행의 경우에는 그 손해배상액은 법정이율 또는 약정이율에 의하므로(제397조 1항), 대주로서의 특약이 없더라도 연 5%의 민사법정이율에 의한 지연손해금을 구할 수 있고, 이를 초과하는 약정이율의 약정이 있는 경우에는 이를 증명함으로써 약정이율에 의한 지연손해금을 구할 수 있다.

② 상사법정이율인 연 6%의 지연손해금을 주장하는 경우에는 매매대금채무가 '상행위'로 발생한 사실을 주장·증명하여야 하는데(상법 제54조), '**상인**'의 행위는 영업을 위한 것으로 추정되고(상법 제47조 2항), 상인이 영업을 위하여 하는 행위는 상행위로 보므로(상법 제47조 제1항), 결국 계약 당사자 일방이 '상인'이라는 사실을 주장·증명하면 상사법정이율을 적용하여 청구할 수 있다.

> **[관련판례]** "상인은 상행위에서 생기는 권리·의무의 주체로서 상행위를 하는 것이고, 영업을 위한 행위가 보조적 상행위로서 상법의 적용을 받기 위해서는 행위를 하는 자 스스로 상인 자격을 취득하는 것을 당연한 전제로 한다. 회사가 상법에 의해 상인으로 의제된다고 하더라도 회사의 기관인 대표이사 개인이 상인이 되는 것은 아니다. 대표이사 개인이 회사의 운영 자금으로 사용하려고 돈을 빌리거나 투자를 받더라도 그것만으로 상행위에 해당하는 것은 아니다. 또한 상인이 영업과 상관없이 개인 자격에서 돈을 투자하는 행위는 상인의 기존 영업을 위한 보조적 상행위로 볼 수 없다"(대판 2018.4.24. 2017다205127).(19년2차)

[정리] 소촉법상의 법정이율은
· 2015.9.30까지는 연 20%,
· 2015.10.1.부터 2019.5.31.까지는 연 15%,
· 2019.6.1.부터는 연 12%이다.

청구취지에서 "(소장 부본 송달일)그 다음날부터 다 갚는 날까지"라고 기재하는 이유이다.

③ 소송촉진 등에 관한 특례법 : **2019.6.1.부터 연 12%**(지연이자 약정부분은 청구취지 금전지급 청구부분 참고)
금전채무에 관하여 이행지체에 대비한 지연손해금 비율을 약정한 경우(대판 2000.7.28, 99다38637)에 손해배상액을 예정한 것으로 본다. 금전채무불이행에 의한 손해배상은 원칙적으로 법정이율에 의해 산정되는데, 그 이율이 너무 적어서 채무자가 금전채무의 이행을 지연하는 사례가 많아 이를 방지하고자 소송촉진 등에 관한 특례법이 특칙을 마련하고 있다(동법 제1조 참조). 즉 채권자가 금전채무의 이행을 구하는 '소'를 제기하여 그 전부 또는 일부의 이행을 명하는 판결을 선고할 경우, 금전채무이행으로 인한 손해배상액 산정의 기준이 되는 법정이율은 그 **금전채무의 이행을 구하는 '소장이 채무자에게 송달된 다음 날'** 로부터 '**연 12%**'로 규정하고 있다.

Ⅱ. 소유권이전등기청구

1. 본계약의 체결

> "매매계약체결사실"

대금지급청구와 동일하게 매매를 원인으로 한 소유권이전등기청구의 요건사실은 '매매계약을 체결한 사실'이다(제568조). 소유권이전등기청구의 경우 매매계약 체결만으로 매수인의 소유권이전등기청구권이 발생하므로, 매매계약의 체결사실만 주장·증명하면 되며, 매수인이 대금을 지급(동시이행 항변)하였다거나 목적물이 매도인 소유라는 사실을 주장·증명할 필요는 없다.

2. 매매예약의 체결

> ⅰ) 매매예약 체결사실, ⅱ) 매매예약완결권 행사사실을 주장·입증하여야 한다.

■ 수인이 공동매수인으로서 매매예약을 체결한 경우의 법률관계　　대판 2012.2.16, 전합2010다82530

① **[사실관계]** 甲이 乙에게 돈을 대여하면서 담보 목적으로 乙 소유의 부동산 지분에 관하여 乙의 다른 채권자 A와 공동명의로 매매예약을 체결하고 각자의 채권액 비율에 따라 지분을 특정하여 가등기를 마쳤다. 이 때 甲이 단독으로 담보목적물 중 자신의 지분에 관하여 매매예약완결권을 행사하여 자신의 지분에 관하여 가등기에 기한 본등기절차의 이행을 청구할 수 있는가?

② **[판례의 태도]** 과거判例는 "복수의 채권자 甲과 A는 예약완결권을 준공유하는 관계에 있고 복수채권자가 매매예약 완결권을 행사하는 경우는 매매예약 완결권의 처분행위라 할 것이므로, 매매예약의 의사표시 자체는 복수채권자 전원이 행사하여야 하며(제278조, 제264조 참조), 채권자가 채무자에 대하여 예약이 완결된 매매목적물의 소유권이전의 본등기를 구하는 소는 필요적 공동소송으로서 복수채권자 전원이 제기하여야 할 것이다"라고 하였으나(대판 1984.6.12, 83다카2282), 변경된 判例에 따르면 "수인의 채권자가 각기 채권을 담보하기 위하여 채무자와 채무자 소유의 부동산에 관하여 수인의 채권자를 공동매수인으로 하는 1개의 매매예약을 체결하고 그에 따라 수인의 채권자 공동명의로 그 부동산에 가등기를 마친 경우, 수인의 채권자가 공동으로 매매예약완결권을 가지는 관계인지(제278조, 제264조 참조) 아니면 채권자 각자의 지분별로 별개의 독립적인 매매예약완결권을 가지는 관계인지(제278조, 제263조 참조)는 '매매예약의 내용'에 따라야 하고, 매매예약에서 그러한 내용을 명시적으로 정하지 않은 경우에는…(중략)… 종합적으로 고려하여 판단하여야 한다"(대판 2012.2.16, 전합2010다82530 : 4회,6회 선택형)고 한다.

공동명의로 담보가등기를 마친 수인의 채권자가 각자의 지분별로 별개의 독립적인 매매예약완결권을 가지는 경우, 채권자 중 1인은 단독으로 자신의 지분에 관하여 「가등기담보 등에 관한 법률」이 정한 청산절차를 이행한 후 소유권이전의 본등기절차이행청구를 할 수 있다.(4회 선택형).(O)

③ **[사안의 해결]** 甲이 乙에게 돈을 대여하면서 담보 목적으로 乙 소유의 부동산 지분에 관하여 乙의 다른 채권자 A와 공동명의로 매매예약을 체결하고 각자의 채권액 비율에 따라 지분을 특정하여 가

등기를 마쳤다면 채권자가 각자의 지분별로 별개의 독립적인 매매예약완결권을 갖는 것으로 볼 수 있으므로, 甲이 단독으로 담보목적물 중 자신의 지분에 관하여 매매예약완결권을 행사할 수 있고, 이에 따라 단독으로 자신의 지분에 관하여 가등기에 기한 본등기절차의 이행을 구할 수 있다(同 判 例).[3]

3. 예 시

■ 매매대금 및 지연손해금 청구(18년 2차)

1. 피고 김지현에 대한 매매대금 청구

가. 부동산매매계약의 체결 및 잔금의 청구

원고는 2015. 11. 2. 피고 김지현에게 서울 마포구 연남동 390-69 대 200㎡(이하 '연남동 토지')를 10억 원에 매도하였습니다. 매매대금 중 계약금 1억 원은 계약 당일 지급받고, 잔금 9억 원은 2016. 11. 15.에 지급받기로 하였습니다. 그리고 계약금을 지급받은 후에 소유권이전등기에 필요한 모든 서류를 교부하기로 하고, 잔금 9억 원에 대하여 소유권이전등기를 마친 다음날부터 잔금 지급약정일까지 연 5%의 비율로 계산한 돈을 지급받기로 약정하였습니다.

원고는 계약 당일 피고 김지현으로부터 계약금 1억 원을 받았고, 2015. 11. 15. 피고 김지현에게 연남동 토지에 관하여 서울서부지방법원 서대문등기소 2015. 11. 15. 접수 제15500호로 소유권이전등기를 하여 주었습니다.

그러므로 피고 김지현은 원고에게 매매잔대금 9억 원과 이에 대한 약정금 450만 원(= 9억 원 × 0.05)을 합한 9억 450만 원 및 그 중 9억 원에 대하여 잔금 지급기일 다음날인 2016. 11. 16.부터 이 사건 소장 부본 송달일까지는 민법이 정한 연 5%의, 그 다음날부터 다 갚는 날까지는 소송촉진 등에 관한 특례법이 정한 연 15%의 각 비율로 계산한 지연손해금을 지급할 의무가 있습니다.

청구취지 형태

1. 피고 김지현은 원고에게 945,000,000원 및 그 중 900,000,000원에 대한 2016. 11. 16부터 이 사건 소장 부본 송달일까지는 연 5%의, 그 다음날부터 다 갚는 날까지는 연 15%의 각 비율로 계산한 돈을 지급하라.

■ 물품대금 및 지연손해금 청구(15년 1차)

1. 피고 황정익, 김유지, 장영낙에 대한 물품대금 등 청구

가. 가구공급계약 등의 체결

가구 도매업을 하고 있는 원고는 2011. 1. 10. 피고 황정익에게 사무용 의자(모델명 DK-1000P) 500개를 개당 20만 원씩 총대금 1억 원에 매도하면서, 위 사무용 의자를 2011. 1. 31. 인도하고, 2011. 2. 28. 위 대금을 지급받기로 하되, 미지급시 월 1%의 비율에 의한 지연손해금을 지급받기로 약정하였습니다.

그리고 소외 망 김소망과 피고 장영낙은 위 계약 당시 피고 황정익의 위 물품대금채무를 연대보증

청구취지 형태

1. 피고 황정익, 김유지, 장영낙은 연대하여 원고에게 80,000,000원 및 이에 대하여 2011. 3. 1.부터 이 사건 소장부본 송달일까지는 월 1%, 그 다음날부터 다 갚는 날까지는 연 20%의 각 비율로 계산한 돈을 지급하라.

---

3) **[판례평석]** 매매예약은 그 목적에 따라 그 유형이 나뉜다. 대체로 보면, ① 순수한 매매의 예약으로서, 어느 부동산을 수인이 장차 공동으로 사용·수익할 것을 목적으로 그 매수를 예약하는 유형이다. ② 채권담보의 목적으로 매매의 예약을 하고 그 청구권을 보전하기 위해 가등기를 하는 유형으로서, 매매예약은 주로 이러한 방식으로 이용된다. 그리고 채권자가 수인인 경우에는 채권액에 비례하여 가등기에 관한 지분등기를 하는 것이 보통이다. 여기서 종전 판례가 전개한 법리는 위 ①의 유형에 맞는 것이고 ②의 유형에는 맞지 않는 것이다. 즉 ①의 유형에서는 수인의 예약권리자가 서로 긴밀한 유대관계를 가지고 있고 또한 목적물의 사용수익을 목적으로 하는 만큼 목적부동산 전체에 관하여 매매가 성립되지 않으면 그 목적을 달성하기가 어려울 것이나, ②의 유형에서는 채권자간에 연대나 불가분의 관계가 없는 이상 각 채권자는 자기 채권의 만족을 받는 데 그 목적이 있을 뿐이어서 각자의 지분별로 예약완결의 의사표시와 그에 따라 가등기에 기한 본등기청구를 하면 족한 것이다. 즉 여기서는 담보의 법리가 적용될 것이지, 매매예약의 준공유 및 공유물의 처분행위의 법리가 적용되어야 할 이유가 없다. 본 사안은 매매예약의 유형 중 위 ②에 관한 것이므로 이것은 전술한 대로 타당하다(양승태, "공동명의로 가등기한 수인의 매매예약자의 법률관계", 민사판례연구 제7집, p.18 ; 김준호, 21판(민법강의), p.1546).

하였습니다. 한편 망 김소망은 2014. 1. 31. 사망하여 상속인으로는 그 처인 이미래와 부(父)인 피고 김유지가 있었으나, 2014. 3. 13. 서울가정법원 2014느단72호로 이미래의 상속포기신청이 수리되어 부(父)인 피고 김유지가 망 김소망을 단독상속하였습니다.

원고는 피고 황정익에게 위 약정대로 2011. 1. 31.에 위 사무용 의자 500개를 모두 인도하였는데, 피고 황정익은 2011. 2. 28. 원고에게 위 가구대금 중 2,000만 원만을 변제하였으므로, 원고는 피고 황정익과 연대보증인인 망 김소망의 상속인인 피고 김유지, 연대보증인인 피고 장영낙을 상대로 나머지 매매대금 또는 연대보증금 8,000만 원과 이에 대한 지연손해금을 청구하는 바입니다.

청구취지에는 금원의 성질에 대하여 기술할 수 없으나, 청구원인에는 금원의 성질에 대하여 기술하여야 함에 유의한다.

■ 매매를 원인으로 한 소유권이전등기청구(17년 2차)

4. 피고 박명진에 대한 소유권이전등기청구

가. 매매계약의 체결

원고는 2017. 1. 8. 피고 박명진과 사이에 별지 목록 기재 3 토지를 300,000,000원에 매수하되, 계약 당일 계약금으로 100,000,000원을, 2017. 3. 31. 잔금 200,000,000원을 각 지급하기로 하는 매매계약을 체결하고, 계약 당일 계약금 100,000,000원을 지급하였습니다.

따라서 피고 박명진은 원고에게 위 토지에 관하여 위 매매를 원인으로 한 소유권이전등기절차를 이행할 의무가 있습니다.

☞ 예시와 같이 ① 주체, ② 시기, ③ 상대방, ④ 목적, ⑤ 내용, ⑥ 행위(주,시,방,목,내,행)와 같이 전형적인 형식으로 연습을 해야 한다.

청구취지 형태
4. 피고 박명진은 원고로부터 200,000,000원을 지급받음과 동시에 원고에게 별지 목록 기재 3 토지에 관하여 2017. 1. 8. 매매를 원인으로 한 소유권이전등기절차를 이행하라.

민법 제587조에 의하면, "매매계약 있은 후에도 인도하지 아니한 목적물로부터 생긴 과실은 매도인에게 속하고, 매수인은 목적물의 인도를 받은 날로부터 대금의 이자를 지급하여야 한다."라고 규정하고 있는 바, 이는 매매당사자 사이의 형평을 꾀하기 위하여 매매목적물이 인도되지 아니하더라도 매수인이 대금을 완제한 때에는 그 시점 이후의 과실은 매수인에게 귀속되지만, 매매목적물이 인도되지 아니하고 또한 매수인이 대금을 완제하지 아니한 때에는 매도인의 이행지체가 있더라도 과실은 매도인에게 귀속되는 것이므로 매수인은 인도의무의 지체로 인한 손해배상금의 지급을 구할 수 없다(대판 2004.4.23. 2004다8210 : 1회 선택형).
따라서 원고가 피고 박명진에게 잔금을 지급하지 않은 이상 원고는 피고 박명진에게 토지 인도의무 지체로 인한 손해배상을 청구할 수 없다.

■ 매매를 원인으로 한 소유권이전등기청구(원고의 대위청구)(19년 1차)

나. 피고 김상범, 최고수에 대한 청구

(1) 피고 김상범에 대한 소유권이전등기청구

원고는 2018. 3. 15. 피고 김상범으로부터 서울 강서구 마곡동 900-1 대 350㎡를 1억 원에 매수하는 매매계약을 체결하면서, 위 매매대금채권과 원고의 피고 김상범에 대한 위 손해배상금 채권 중 1억 원을 상계하기로 약정하였습니다. 따라서 피고 김상범은 원고에게 이 사건 토지에 관하여 2018. 3. 25. 매매를 원인으로 한 소유권이전등기절차를 이행할 의무가 있습니다.

(2) 피고 최고수에 대한 소유권이전등기청구

피고 김상범은 2017. 3. 2. 피고 최고수와 사이에 피고 최고수 소유의 서울 강서구 마곡동 900-1 대 350㎡을 매매대금 1억 원에 매수하면서, 계약금은 1,500만 원으로 하여 계약 당일에 지급하고, 1차 중도금 1,500만 원은 2017. 3. 14., 2차 중도금 2,000만 원은 2017. 5. 28.에 각 지급하며, 잔금 5,000만 원은 2017. 6. 29. 소유권이전등기에 필요한 모든 서류를 교부받음과 동시에 지급하기로 약정하였습니다. 피고 김상범은 계약 당일 계약금을 지급하였고, 2017. 3. 6. 피고 최고수에게 중도금 합계 3,500만 원을 수령할 것을 최고하였으나 피고 최고수가 그 수령을 거부하여 서울중앙지방법원 2017년 금제219호로 공탁하였습니다. 또한 피고 김상범은 2017. 6. 20. 피고 최고수에게 잔금 5,000만 원을 수령할 것을 최고하였으나 피고 최고수가 그 수령을 거부하여 서울중앙지방법원 2017년 금제510호로 공탁하였습니다. 이로써 피고 김상범은 피고 최고수에게 매매대금 전액을 지급하였습니다.

한편 피고 김상범의 채권자인 소외 복만희는 피고 김상범에 대한 1,200만 원의 대여금채권을 피보전채권으로 하여, 2018. 7. 23. 서울남부지방법원 2018카단2416호로 피고 김상범의 피고 최고수에 대한 매매계약에 기한 서울 강서구 마곡동 900-1 대 350㎡에 관한 소유권이전등기청구권을 가압류하여, 그 결정이 2018. 7. 26. 피고 김상범 및 피고 최고수에게 각 도달되었습니다. 따라서 피고 최고수는 피고 김상범에게 피고 김상범과 복만희 사이의 2018. 7. 23.자 서울남부지방법원 2018카단 2416 소유권이전등기청구권 가압류결정에 의한 집행이 해제되면, 2017. 3. 2. 매매를 원인으로 한 소유권이전등기절차를 이행할 의무가 있습니다.

그런데 피고 김상범은 피고 최고수에 대한 권리를 행사하지 않고 있는바, 원고의 피고 김상범에 대한 소유권이전등기청구권을 보전하기 위하여, 피고 김상범의 피고 최고수에 대한 소유권이전등기청구권을 대위행사하는 바입니다.

4. 피고의 항변 등(가능한 공격방어방법)

(1) 이행지체를 이유로 한 계약해제의 항변

1) 서 설

원고가 피고에게 (매매)계약에 따른 의무이행을 청구할 때 피고(채권자)가 원고(채무자)의 이행지체를 이유로 한 (매매)계약의 해제를 항변으로 주장할 경우에는 ⅰ) 원고가 채무의 이행을 지체한 사실, ⅱ) 원고에게 상당한 기간을 정하여 이행을 최고한 사실, ⅲ) 원고가 상당기간 내에 이행 또는 이행의 제공을 하지 않은 사실, ⅳ) 해제의 의사표시를 한 사실을 주장·증명하여야 한다(제544조). 이에 대하여 해제의 효과를 다투는 상대방은 자신의 귀책사유(고의, 과실)의 부존재에 대한 주장·증명책임을 진다(대판 1984.11.24, 80다177).

즉, 예를 들어 해제의 효과를 다투는 원고로서는 채무불이행에 대하여 귀책사유가 없다는 '재항변'을 할 수 있다. 그런데 **채권의 가압류**는 제3채무자에 대하여 채무자에게 지급하는 것을 금지하는데 그칠 뿐 채무 그 자체를 면하게 하는 것이 아니고, 가압류가 있다 하여도 그 채권의 이행기가 도래한 때에는 제3채무자는 그 지체책임을 면할 수 없으므로 **유효한 '재항변'이 되지 않는다**(대판 1994.12.13, 93다951).

2) 요건사실

가) 채무자가 채무의 이행을 지체한 사실

해제권의 발생은 채무불이행의 일종인 이행지체의 효과이므로, 이행지체의 요건을 충족해야 한다. 즉 이행지체가 성립하기 위해서는 ⅰ) 채무가 이행기에 있고, ⅱ) 그 이행이 가능함에도 불구하고 이행을 지체할 것, ⅲ) 채무자의 귀책사유가 있을 것, ⅳ) 위법할 것을 요한다.

a. 이행기의 종류에 따른 요건사실

① **[확정기한의 경우]** ⅰ) 확정기한의 약정사실 및 그 기한의 도래사실(주장·입증 불요), ⅱ) 원고가 자기 채무를 이행 또는 이행의 제공을 하지 않은 사실, ⅲ) 피고에게 원고의 채무와 동시이행관계에 있는 채무가 있는 경우에는 피고가 자기채무를 이행 또는 이행제공을 한 사실을 주장·입증하여야 한다.

② **[불확정기한의 경우]** ⅰ) 불확정기한의 약정사실, ⅱ) 기한의 확정 및 확정된 기한의 도래사실, ⅲ) 원고가 기한의 도래를 안 사실, ⅳ) 원고가 자기 채무를 이행 또는 이행의 제공을 하지 않은 사실, ⅴ) 피고에게 원고의 채무와 동시이행관계에 있는 채무가 있는 경우에는 피고가 자기 채무를 이행 또는 이행제공을 한 사실을 주장·입증하여야 한다.

③ **[기한의 정함이 없는 경우]** ⅰ) 원고에게 채무의 이행을 청구한 사실, ⅱ) 원고가 자기 채무를 이행 또는 이행의 제공을 하지 않은 사실, ⅲ) 피고에게 원고의 채무와 동시이행관계에 있는 채무가 있는 경우에는 피고가 자기채무를 이행 또는 이행제공을 한 사실을 주장·입증하여야 한다.

b. 채무자가 동시이행의 항변권을 가지는 경우

判例는 동시이행관계인 경우 해제권을 취득하기 위한 이행의 제공(즉 해제권의 발생요건으로 상대방을 이행지체에 빠지게 하기 위한 이행의 제공)은 한 번의 제공으로 족하고 계속적 제공을 할 필요는 없다고 한다. 다만 "상대방의 행위를 필요로 할 때에는 언제든지 현실로 이행을 할 수 있는 준비를 완료하고 그 뜻을 상대방에게 통지하여 그 수령을 최고하여야만 상대방으로 하여금 이행지체에 빠지게 할 수 있고, 단순히 이행의 준비태세를 갖추고 있는 것만으로는 부족하다"(대판 1987.1.20. 85다카2197 등). 즉, 이 경우 이행의 제공은 원칙적으로 완전한 것이어야 한다. 다만 매수인이 잔대금의 지급 준비가 되어 있지 아니하여 등기서류의 수령 준비를 하지 않은 경우 등에는 매도인도 그에 상응한 이행의 준비를 하면 족하다고 한다(대판 2012.11.29. 2012다65867).

나) 채무자에게 상당한 기간을 정하여 이행을 최고한 사실

a. 최고의 의미

채권자가 채무자에 대하여 채무의 이행을 촉구하는 것을 뜻하며, 제387조 2항의 '이행의 청구'와 같은 의미로 이해된다(통설). 따라서 기한이 정하여져 있지 않은 채무에 있어서 채무자를 지체에 빠뜨리기 위하여 이행청구를 한 경우에 해제를 위하여 다시 최고를 할 필요는 없다. 소정의 기간 내에 이행이 없으면 계약은 당연히 해제된다는 뜻을 표시하는 것도 상관없다.

b. 상당한 기간의 지정

채권자가 정한 기간이 '상당한 기간'보다 짧은 경우에도 최고는 유효하며, 다만 '상당한 기간'이 경과한 뒤에 해제권이 생긴다고 새겨야 한다(대판 1979.9.25. 79다1135). 마찬가지로 상당기간을 정하지 않고서 최고를 한 경우에도 상당한 기간이 경과하면 해제권이 발생한다(대판 1990.3.27. 89다카14110 : 5회 선택형).

c. 해제권 행사요건으로서 상당한 기간 내에 이행제공 정도

통설 및 判例는 쌍무계약의 경우 채권자 또한 최고기간 동안 '자신의 반대채무를 이행할 준비'를 하고 있어야 한다고 한다(대판 1982.6.22. 81다카1283,1284).

d. 최고가 필요하지 않은 경우

① 정기행위의 경우(제545조), ② 채무자가 미리 이행하지 아니할 의사를 표시한 경우(제544조 단서), ③ 당사자가 최고를 하지 않고도 해제할 수 있다는 특약을 한 경우에는 이행지체 후 상당한 기간의 최고 없이 해제권이 즉시 발생한다.

다) 채무자가 상당기간 내에 이행 또는 이행의 제공을 하지 않은 사실

최고기간이 지나도록 채무자가 이행을 하지 않으면 해제권이 발생하지만, 최고를 요하지 않는 경우에는 이행지체가 있으면 곧바로 해제권이 발생한다. 그러나 해제권이 발생할 뿐이고, 그에 의하여 당연히 계약이 해소되는 것은 아니므로, 해제권을 행사하기 전에 채무자가 이행 또는 이행제공을 하면(지체로 인하여 손해가 생긴 경우에는 그 손해도 아울러 배상하면서) 해제권은 소멸한다.

라) 채권자가 해제의 의사표시를 한 사실

3) (재)항변 사유

해제의 효과를 다투는 상대방은 자신의 귀책사유(고의, 과실)의 부존재에 대한 주장·증명책임을 진다(대판 1984.11.24. 80다177). 즉, 예를 들어 해제의 효과를 다투는 **채무자로서는 채무불이행에 대하여 귀책사유가 없다는 '(재)항변'**을 할 수 있다. 그런데 **채권의 가압류**는 제3채무자에 대하여 채무자에게 지급하는 것을 금지하는데 그칠 뿐 채무 그 자체를 면하게 하는 것이 아니고, 가압류가 있다 하여도 그 채권의 이행기가 도래한 때에는 제3채무자는 그 지체책임을 면할 수 없으므로 유효한 '(재)항변'이 되지 않는다(대판 1994.12.13. 93다951).

4) 예 시(8회 변시)

1. 피고 박영희, 이정숙에 대한 청구

가. 원고와 소외망 이을수 사이의 매매계약 체결

(1) 원고는 2016. 12. 1. 망 이을수로부터 별지 목록 1 기재 토지를 대금 9억 2천만 원에 매수하고 2017. 4. 1.까지 대금 전액을 지급하였습니다.

(2) 위 매매계약 당시 특약으로 매도인은 잔금 지급 시까지 당시 위 토지 지상에 건축돼 있던 별지 목록 2 기재 건물을 철거하고 위 부동산의 등기부상에 존재하던 피고 이을수 명의의 근저당권을 말소하여 주기로 약정하였습니다.

나. 이을수의 사망과 피고 박영희, 이정숙의 상속

이을수가 2017. 6. 30. 사망함에 따라 망인의 처인 피고 박영희와 딸인 피고 이정숙이 상속하였는바, 상속분은 각각 3/5, 2/5입니다.

다. 예상 주장에 대한 반박

(1) 피고 박영희, 이정숙은, 그들이 등기에 필요한 서류를 이행제공하고 수령을 최고했음에도 불구하고 원고가 그 수령을 지체했고 이에 위 피고들이 위 매매계약을 적법하게 해제했다고 주장할 것으로 예상됩니다.

(2) 그러나 위 피고들이 매매대금을 모두 지급받았음에도 매매대금채무와 동시이행관계에 있는 근저당권말소의무와 건물철거의무를 이행하지 않고 있는 이상 원고가 이를 지적하면서 등기 소요 서류를 수령하지 않았다고 하더라도 위 피고들에게 해제권이 발생하지 않습니다.

라. 소 결

그러므로 (1) 피고 박영희는 3/5 지분에 관하여, 피고 이정숙은 2/5 지분에 관하여 각 위 건물을 철거하고, (2) 위 토지 중, 피고 박영희는 3/5 지분에 관하여, 피고 이정숙은 2/5 지분에 관하여 각 2016. 12. 1. 매매를 원인으로 한 소유권이전등기절차를 이행하고, 위 토지를 인도할 의무가 있습니다.

(2) 이행불능을 이유로 한 계약해제의 항변

1) 후발적 불능을 이유로 한 해제

원고가 피고에게 (매매)계약에 따른 의무이행을 청구할 때 피고가 원고의 이행불능을 이유로 한 (매매)계약의 해제를 항변으로 주장할 경우에는 ⅰ) 원고의 채무이행이 불가능한 사실, ⅱ) 해제의 의사표시를 한 사실을 주장·증명하여야 한다(제546조). 여기서 '채무자의 귀책사유 없음'이 해제의 항변에 대한 '재항변'이 되고, '이행불능이 이행지체 중에 생긴 사실'은 피고가 주장·증명하여야 할 '재재항변'이다(제392조 참고).

해제권 발생의 요건은 채무불이행으로서의 이행불능의 성립으로 충분하고, 보통의 이행지체에서와 달리 최고는 필요하지 않다. 그리고 채무자의 채무가 상대방의 채무와 동시이행관계에 있다고 하더라도 그 이행의 제공을 할 필요도 없다(대판 2003.1.24, 2000다228503.참고). 일부불능의 경우에는 전술한 일부지체의 경우와 동일한 법리에 의한다.

2) 원시적 불능을 이유로 한 해제

① 원시적·객관적·전부불능의 경우 법률행위는 무효이므로(통설, 제535조 1항 참조), 만일 그 계약이 유효임을 믿고 교부한 급부가 있다면 이는 부당이득으로 반환청구를 할 수 있다(제741조). 또한

청구취지 형태

1. 원고에게,

가. 피고 박영희는 3/5 지분에 관하여, 피고 이정숙은 2/5 지분에 관하여 각 별지 목록 2 기재 건물을 철거하고,

나. 별지 목록 1 기재 토지 중, 피고 박영희는 3/5 지분에 관하여, 피고 이정숙은 2/5 지분에 관하여 각 2016. 12. 1. 매매를 원인으로 한 소유권이전등기절차를 이행하고, 위 토지를 인도하라.

이에 대하여 65다2455 판결을 근거로 불가분채무 해당한다고 하여 '공동하여' 인도할 것을 명해야 한다는 견해도 있다.

채권자지체로 인한 해제권 발생에 대하여 채권자의 수령거절로 인해 채권자지체가 성립하더라도 채무자에게 계약해제권이 발생하지 않는다고 하여 항변을 배척하는 것도 가능하다('**법정책임설**'에 따른 결론)

채무자가 그 불능을 알았거나 알 수 있었을 때에는 상대방이 계약을 유효로 믿었기 때문에 받은 손해(신뢰이익)를 배상하여야 한다(제535조 1항).

② 원시적·주관적 불능의 경우에는 법률행위는 유효하게 성립하고, 다만 채무자는 그 권리를 취득하여 이전할 의무를 질뿐이다(제569조). 이 때 채무자가 권리를 취득하여 이전할 수 없을 경우, 전부가 타인의 권리일 경우에는 제570조에 의하여, 일부가 타인의 권리일 경우에는 제572조에 의하여 담보책임을 부담하게 된다.

(3) 이행거절을 이유로 한 계약해제의 항변

이행거절을 이유로 계약을 해제하기 위해서는 ⅰ) 명백하고 종국적인 거절의 의사표시, ⅱ) (의사표시 철회 전) 해제의 의사표시를 한 사실을 주장·입증해야 한다.

이행거절의 경우 이행하지 않을 것이 명백하므로 그 이행을 요구하는 것은 무의미하다. 따라서 ① '이행기 전 이행거절'의 경우 이행기의 도래여부와 관계없이 '신의칙상 최고 없이도' 계약을 해제할 수 있으며(대판 2005. 8. 19, 2004다53173 : 7회 선택형)(이러한 점이 이행지체의 계약해제와 관련한 '제544조 본문'과 구별된다), ② '이행기 후 이행거절'의 경우, 즉 당사자 쌍방의 채무가 그 이행기를 모두 도과한 후 일방의 이행거절이 있으면 '신의칙상 자기 채무의 이행제공이나 최고 없이도' 계약을 해제할 수 있다(대판 2011. 2. 10. 2010다77385). 여기서 '자기 채무의 이행제공이나 최고 없이'란 상대방을 이행지체에 빠뜨릴필요가 없다는 것으로 구체적으로 쌍무계약에 있어 상대방의 동시이행의 항변권을 깨뜨리기 위해 자기 채무의 이행제공을 할 필요가 없다는 뜻이다(대판 1993. 6. 25, 93다11821 참고)(이러한 점이 이행지체의 계약해제와 관련한 '제544조 단서'와 구별된다). **[6회 기록형]**

그러나 이행거절이 아닌 한 단순히 채무불이행이 예상되는 것만으로는 이행기의 도래 전에는 계약해제를 할 수 없다(대판 1982. 12. 14, 82다카861).

(4) 해제조건 및 실권특약

1) 정지조건부 해제(해제권자가 해제의 의사표시에 붙인 조건)

채권자가 정지조건부 해제를 주장하기 위해서는 ⅰ) 채무자의 채무이행을 최고한 사실, ⅱ) 최고 당시 최고기간 내에 채무자의 채무가 이행되지 않을 것을 정지조건으로 하는 해제의 의사표시를 한 사실, ⅲ) 채무자가 최고기간 내에 자신의 채무를 이행하지 아니한 사실, ⅳ) 채권자에게 채무자의 채무와 동시이행관계에 있는 자신의 채무가 있으면 이를 이행하였거나 그 이행의 제공을 한 사실을 주장·증명하면 된다.

2) 실권조항에 의한 해제(당사자합의에 의한 계약의 일종)

判例는 원칙적으로 실권조항을 해제조건이 아닌 '해제권 유보', 즉 '약정해제권'을 정한 것으로 본다. 따라서 예를 들어 '잔대금지급' 자동해제특약에 의한 해제의 요건사실은 ⅰ) 매수인이 이행기가 도과하도록 잔대금지급의무를 이행하지 않은 사실, ⅱ) 자동해제특약을 한 사실, ⅲ) 동시이행관계에 있는 매도인의 반대의무 이행 또는 이행의 제공을 한 사실이다. 반면 判例는 '중도금지급' 자동해제특약에 의한 해제의 경우는 매도인이 ⅰ) 매수인의 중도금미지급 사실과 ⅱ) 자동해제특약 사실만 주장·증명하면 된다고 한다.

(5) 약정해제권(특히 계약금)의 항변

약정해제권 중 계약금을 이유로 해제를 하려면 ⅰ) (매매)계약체결시 계약금을 교부한 사실, ⅱ) 계약해제의 목적으로 계약금 배액을 현실제공한 사실(매도인의 경우) 또는 계약금 반환청구권 포기의 의사표시를 한 사실(매수인의 경우), ⅲ) (매매)계약 해제의 의사표시를 한 사실을 주장·증명하면 된다(제565조).

이에 대해 약정해제의 효력을 다투는 원고로서는 계약금을 해약금으로 하지 않기로 약정한 사실, 또는 당사자 일방이 해제의 의사표시가 있기 전에 이행에 착수한 사실 등을 주장하며 '재항변'할 수 있다. 이행기의 약정이 있더라도 당사자가 이행기 전에는 착수하지 아니하기로 하는 특약을 하는 등의 특별한 사정이 없는 한 이행기 전에도 이행에 착수할 수 있으므로, 이행기 전에 착수하였다는 사실은 이행착수의 재항변에 대한 유효한 '재재항변'이 될 수 없다.

1) 계약금을 이유로 한 해제의 요건사실

계약금에 기한 해제권을 행사하기 위해서는 i) 계약금이 전부 교부되어야 하고(대판 2008.3.13, 2007다73611), ii) 제565조의 해약권을 배제하는 다른 약정이 없어야 하며(대판 2009.4.23, 2008다50615), iii) 당사자 일방이 이행에 착수할 때까지 iv) 교부자는 계약금을 포기하고 수령자는 그 배액을 상환하여 매매계약을 해제할 수 있다(제565조 1항). 이하에서는 요건사실을 중심으로 살펴보도록 하겠다.

가) 계약체결시 계약금을 교부한 사실

a. 계약금이 교부된 경우

계약금이 교부된 때에는 민법은 당사자 간에 다른 약정이 없는 한, 당사자의 일방이 이행에 착수할 때까지 교부자는 이를 포기하고 수령자는 그 배액을 상환하여 계약을 해제할 수 있는 '약정해제권'을 보유한 것으로 추정한다(제565조 1항).

b. 계약금이 위약금의 성질을 갖는 경우

계약금이 '위약시 계약금 몰수, 배액 상환이라는 특약'에 의해 위약금으로 인정되는 경우, 判例는 이 특약을 제565조 1항의 '다른 약정'에 해당하여 해약금의 성질을 배제하는 것이 아니라, 위약금과 해약금이 병존하는 것으로 보았다(대판 1992.5.12, 91다2151).

c. 계약금이 일부만 지급된 경우 [5회 사례형]

계약금계약은 요물계약으로 금전 기타 유가물의 교부를 요건으로 하므로, 단지 계약금을 지급하기로 약정만 한 단계에서는 아직 계약금으로서의 효력, 즉 제565조 규정에 의해 계약해제를 할 수 있는 권리는 발생하지 않는다. 따라서 교부자가 계약금의 잔금 또는 전부를 지급하지 아니하는 한 계약금계약은 성립하지 아니하므로 당사자가 임의로 주계약을 해제할 수는 없다(대판 2008.3.13, 2007다73611 : 8회 선택형). 또한 "계약금의 일부만 지급된 경우 매도인(수령자)이 매매계약을 해제할 수 있다고 하더라도 해약금의 기준이 되는 금원은 '실제 교부받은 계약금'이 아니라 '약정 계약금'이다"(대판 2015.4.23. 2014다231378).

나) 계약해제의 목적으로 계약금 배액을 현실제공한 사실(매도인의 경우) 또는 계약금 반환청구권 포기의 의사표시를 한 사실(매수인의 경우) [6회 사례형]

'교부자'가 해제의 의사표시를 하는 경우에는 당연히 계약금 포기의 효력이 생기지만, '수령자'가 해제의 의사표시를 하는 경우에는 반드시 계약금을 '현실로 제공'하여야 한다(대판 1966.7.5, 66다736). 이 경우 상대방이 이를 수령하지 않는다고 하여 공탁까지 할 필요는 없다(대판 1981.10.27, 80다2784).

다) 해제의 의사표시를 한 사실

2) (재)항변 사유

가) 계약금을 해약금으로 하지 않기로 약정한 사실

나) 당사자 일방이 해제의 의사표시가 있기 전에 이행에 착수한 사실

甲은 2021. 1. 7. 본인 소유의 X토지를 乙에게 1억 원에 매도하는 매매계약을 체결하였는데, 계약금 1,000만 원 중 300만 원은 계약 당일 지급받았고, 나머지 계약금 700만 원은 2021. 1. 11. 중도금 2,000만 원은 2021. 3. 7. 각 지급받으며, 잔금 7,000만 원은 2021. 6. 7. 소유권이전등기에 필요한 서류를 乙에게 교부함과 동시에 지급받기로 약정하였다. 이 경우 甲은 2021. 1. 8. 乙에게 계약해제의 의사표시를 함과 동시에 600만 원을 지급함으로써 매매계약을 해제할 수 있다(10회 선택형).(×)

a. 당사자 일방

判例는 "제565조 1항의 '당사자의 일방'은, 매매 쌍방 중 어느 일방을 지칭하는 것이고 '상대방'으로 국한되지 않는다(대판 2000.2.11, 99다62074)고 하여 스스로 이미 이행에 착수한 당사자 역시 계약을 해제하지 못한다고 한다.

b. 이행에 착수할 때까지

이행에 착수한다는 것은 객관적으로 외부에서 인식할 수 있는 정도로 채무의 이행행위의 일부를 하거나 또는 이행을 하기 위하여 필요한 전제행위를 하는 경우를 말한다.

① 判例는 **중도금의 제공**은 급부의 일부를 실현하는 것으로서 이행의 착수에 해당한다고 하나(대판 1993.7.27, 93다11968), ② 매도인이 매수인에 대하여 매매계약의 이행을 최고하고 매매잔대금의 지급을 구하는 소를 제기한 것만으로는 이행에 착수하였다고 볼 수 없다고 한다(대판 2008.10.23, 2007다72274,72281) [6회 사례형]

c. 이행기 전 이행의 착수

① **[원칙적 가능]** 判例는 이행기의 약정이 있는 경우라 하더라도 당사자가 채무의 이행기 전에는 착수하지 아니하기로 하는 특약을 하는 등 '특별한 사정이 없는 한' 이행기 전에 이행에 착수할 수 있다(대판 2006.2.10, 2004다11599)고 한다.

② **[예외적 불가능]** 여기서 **특별한 사정**이란 예컨대 중도금지급기일이 매도인을 위하여서도 기한의 이익이 있는 때를 말한다. 즉, "매도인이 매수인에게 계약을 해제하겠다는 의사표시를 하고 일정한 기한까지 해약금의 수령을 최고하였다면, 중도금 등 지급기일은 매도인을 위하여서도 기한의 이익이 있는 것이므로 매수인은 매도인의 의사에 반하여 이행할 수 없다"(대판 1997.6.27, 97다9369 ; 92다31323)고 한다.

(6) 하자담보책임에 의한 계약해제

하자담보책임을 이유로 계약을 해제하기 위해서는 ⅰ) 매매계약 당시 목적물에 하자가 있는 사실, ⅱ) 하자로 인하여 계약의 목적을 달성할 수 없는 사실, ⅲ) 해제의 의사표시를 한 사실(그 통지가 원고에게 도달한 사실)을 주장·입증하여야 한다(제580조, 제581조).

이에 대하여 원고는 재항변으로서 매수인인 피고가 하자 있는 것을 알았거나 과실로 인하여 알지 못한 사실을 주장할 수 있다. 다만 제척기간의 도과사실(제582조)은 직권조사사항이므로 원고의 제척기간 도과사실의 주장은 법원의 직권발동을 촉구하는 것에 불과하다.

(7) 변제의 항변(자세한 내용은 대여금청구 part 참고)

1) 변제항변

피고(채무자)가 항변사유로서 변제를 주장하기 위해서는 ⅰ) 피고 또는 제3자가 원고(채권자)에게 채무의 내용에 따른 이행을 한 것, ⅱ) 위 이행이 그 채무에 대하여 이루어진 것을 주장·증명하면 된다.

2) 변제충당의 재항변 및 재재항변

① 이에 대해 원고는 ⅰ) 피고가 원고에 대하여 이와 별개의 동종의 채무를 부담하고 있는 사실, ⅱ) 피고가 지급한 급부가 총 채무를 소멸시키기에 부족한 사실, ⅲ) 피고가 제공한 급부의 전부 또는 일부가 합의충당, 지정충당, 법정충당 등의 방식에 의하여 다른 채무에 충당된 사실을 주장하며 변제충당의 '재항변'을 할 수 있다.

② 그럴 경우 피고로서는 원고가 주장하는 동종 채무의 발생원인이 무효사유에 해당하여 그 채무가 아예 발생하지 않았다는 사실(권리장애사유), 급부 이전에 이미 변제하여 소멸한 사실(권리소멸사유) 등을 주장하며 '재재항변'을 할 수 있다.

ⅰ), ⅱ)의 요건사실이 증명되면 일단 변제충당의 문제로 들어가게 되는데, 민법 제477조에서 규정하고 있는 안분비례에 의한 법정충당 이상으로 자신에게 유리한 변제충당의 효과를 주장하기 위해서는 그에 해당하는 사실을 주장·증명할 책임을 부담한다(대판 1994.2.22, 93다49338).

(8) 조건과 기한

> ① 정지조건의 경우 '정지조건의 약정사실'을 주장·증명하면 된다. 이에 대하여 '정지조건의 성취사실'은 재항변이 된다. ② 해제조건의 경우 ⅰ) 해제조건의 약정사실, ⅱ) 해제조건의 성취사실을 주장·증명하면 된다. ③ 기한의 경우 '이행기의 약정이 있는 사실'을 주장·증명하면 된다. 이에 대하여 '이행기의 도래사실'은 재항변이 된다.

1) 조건과 불확정기한의 구별

장래의 일정한 사실의 발생 여부가 불확실한 경우가 '조건'이고, 발생이 확실한 경우가 '기한'이다. 그러나 '불확정기한'은 조건과 구별하는 것이 쉽지 않으므로 법률행위의 해석에 의하여 결정한다. 判例에 따르면 "㉠ 부관이 붙은 법률행위에 있어서 부관에 표시된 사실이 발생하지 않으면 채무를 이행하지 아니하여도 된다고 보는 것이 상당한 경우에는 '조건'으로 보아야 하고, ㉡ 표시된 사실이 발생한 때에는 물론이고 반대로 발생하지 아니하는 것이 확정된 때에도 그 채무를 이행하여야 한다고 보는 것이 상당한 경우에는 표시된 사실의 발생여부가 확정되는 것을 '불확정기한'으로 정한 것으로 보아야 한다. 따라서 이미 부담하고 있는 채무의 변제에 관하여 일정한 사실이 부관으로 붙여진 경우에는 특별한 사정이 없는 한 그것은 변제기를 유예한 것으로서 그 사실이 발생한 때 또는 발생하지 아니하는 것으로 확정된 때에 기한이 도래한다"(대판 2003.8.19, 2003다24215)고 한다.

判例는 이 경우(불확정기한) "사실이 발생하는 때는 물론이고 사실의 발생이 불가능한 것으로 확정되지는 않았더라도 합리적인 기간 내에 사실이 발생하지 않는 때에도 채무의 이행기한은 도래한다"(대판 2018.4.24. 2017다205127)고 본다.

2) 증명책임

법률행위가 조건의 성취시 그 효력이 발생하는 정지조건부 법률행위에 해당한다는 사실은, 즉 조건의 '존재' 사실은 그 법률행위로 인한 법률효과의 발생을 저지하는 사유로서, 그 법률효과의 발생을 다투는 자에게 그 입증책임이 있다(대판 1993.9.28., 93다20832). 이에 대해 그 조건이 '성취'되었다는 사실은 그 효력을 주장하는 자에게 그 입증책임이 있다(대판 1983.4.12. 81다카692 ; 대판1984.9.25, 84다카967).

> 법률행위에 조건이 붙어 있는지 여부에 대한 증명책임은 그 조건의 존재를 주장하는 자에게 있다. (4회 선택형).(O)

(9) 동시이행의 항변

> ⅰ) 동일한 쌍무계약에 의한 대가적 채무가 존재할 것, ⅱ) 적어도 상대방의 채무가 변제기에 있을 것, ⅲ) 동시이행항변 의사표시 사실이다. 다만, 이미 청구원인단계에서 매매계약의 체결사실이 인정되어 있는 상황이라면 그 사실을 항변권자가 별도로 주장할 필요는 없고(공격방법의 불가피한 불이익진술). 동시이행 항변권을 행사한다는 의사만 표시하면 족하다.

① **[동일한 계약상의 의무]** 동시이행은 원칙적으로 동일한 쌍무계약에서 발생한 의무에서 인정되고, 본래의 계약상의 의무가 아니라 별도의 특약에 의한 의무는 원칙적으로 동시이행이 아니다. 가령 "공사도급계약상 도급인의 지체상금채권과 수급인의 공사대금채권은 특별한 사정이 없는 한 동시이행의 관계에 있다고 할 수 없다"(대판 2015.8.27. 2013다81224,81231).

다만 하나의 계약에서 특약한 것을 함께 이행할 필요가 있는 때에는 동시이행관계에 있다. 가령 "부동산 매매계약에 있어 매수인이 부가가치세를 부담하기로 약정한 경우, 부가가치세를 포함한 매매대금 전부와 부동산의 소유권이전등기의무가 동시이행의 관계에 있다"(대판 2006.2.24, 2005다 58656).

② 서로 이행의 상대방을 달리하는 경우에는 동시이행의 항변권은 인정되지 않는다. 가령, "근저당권실 행을 위한 경매가 무효로 되어 채권자(=근저당권자)가 채무자를 대위하여 낙찰자에 대한 소유권 이전등기 말소청구권을 행사하는 경우, 낙찰자가 부담하는 소유권이전등기말소의무는 채무자 에 대한 것인 반면, 낙찰자의 배당금 반환청구권은 실제 배당금을 수령한 채권자에 대한 채권 이므로, 양자는 동시이행의 관계에 있지 않다"(대판 2006.9.22, 2006다24049).

③ **[상환성**(대가적 의무가 있을 것)] 부동산의 매매에서 매도인은 권리이전의무를 매수인은 대금지급 의무를 진다(제568조 1항). 이와 관련하여 *判例*는 매도인의 '소유권이전등기의무 및 인도의무'와 매수인의 '잔대금 지급의무'는 동시이행의 관계에 있는 것이 원칙이라고 한다(대판 1991.9.10, 91 다6368). 또한 매매목적 부동산에 지상권이 설정되어 있고 가압류등기가 되어 있는 경우 매도인 은 그와 같은 등기를 말소하여야 한다(대판 1991.9.10, 91다6368 등). 같은 취지에서, **말소되지 않은 근저당권등기가 남아 있는 부동산을 매매하는 경우, 매도인의 소유권이전등기의무에는 근저당권설정 등기말소의무도 포함된다**(대판 1979.11.13, 79다1562 : 1회 선택형). **[8회 기록형]**

④ **[동일성의 유지]** 동시이행관계는 쌍무계약의 당사자 사이에 한하여 인정되는 것은 아니며, 채권 이 양도되거나 채무가 인수되더라도 동일성이 인정되는 한 동시이행관계는 존속한다. 마찬가 지로 '**전부명령**'에 의해 (임차보증금반환청구)채권이 타인에게 이전된 때에도 동시이행관계는 유 지되며(대판 1989.10.27, 89다카4298), 채권이 '**압류**'된 때에도 마찬가지이다(대판 2001.3.9, 2000다73490).

⑤ **[선이행의무의 이행지체 중 상대방 채무의 변제기가 도래한 경우]** 동시이행 항변권의 성립 여부 는 이행청구가 행하여진 때를 표준으로 하면 족하므로, 매수인이 선이행하여야 할 중도금 지급 을 하지 아니한 채 잔대금지급기일을 경과한 경우에는 매수인의 ⅰ) 중도금 및 ⅱ) 이에 대한 **지급일 다음날부터 잔대금지급일까지의 지연손해금과 ⅲ) 잔대금의 지급채무**는 매도인의 소유권 이전등기의무와 '**특별한 사정**'이 없는 한 동시이행관계에 있다. 따라서 매수인은 잔금지급일 이 후부터는 중도금을 지급하지 아니한 데 따른 이행지체의 책임을 부담하지 않는다(대판 1991.3.27, 90다19930 : 1회,3회 선택형). **[3회 사례형]**

⑥ **[상대방의 반대채무가 '가분적'이고 채무자의 채무도 '가분적'인 경우]** ㉠ **[도급]** 도급인의 수급 인에 대한 보수지급의무(100)와 수급인의 도급인에 대한 하자보수에 갈음하는 손해배상의무(30) 는 동시이행관계에 있는데(제667조 3항), 도급인은 그에 상응하는 범위(30)에서만 보수의 지급을 거절할 수 있다(대판 1990.5.22, 90다카230) ㉡ **[임대차]** 마찬가지로 임대차에서 임대인의 (사용·수익 에 필요한 상태로의) 목적물의 제공과 임차인의 차임 지급은 대가적 관계에 있는데(제618조), 수선 의무 있는 임대인이 수선을 하지 않는 때에는(제623조 참조) 임차인은 그에 상응하는 범위에서만 차임의 지급을 거절할 수 있다(대판 1989.6.13, 88다카13332)

⑦ **[근저당권이 설정된 매매]** *判例*는 저당권과 같은 담보권을 주장하는 자가 있는 경우 대금거절 의 항변(제588조) 및 동시이행의 항변(제536조) 모두를 인정한다. 즉, 근저당권이 설정되어 있 는 부동산 매매계약의 경우 매도인의 소유권이전의무 외에 근저당권말소의무도 매수인의 대금 지급와 동시이행관계에 있는데(대판 1991.11.26. 91다23103 : 8회 선택형), 이 경우 매수인은 근저당권 설정등기가 말소되지 않았음을 이유로 매매대금 전액의 지급을 거절할 수 있는 것은 아니고, 매수인이 근저당권의 피담보채무액을 확인하여 이를 알고 있는 경우에는 확인된 피담보채무액, 그렇 지 않은 경우에는 근저당권의 채권최고액에 상당하는 금액에 한하여 그 지급을 거절할 수 있다(대판 1996.5.10, 96다6554).

근저당권설정등기가 마쳐진 부동산의 매매계약에 있어서, 매도인의 소유권이전의무 외 에 근저당권설정등기 말소의 무도매수인의 잔대금지급의무 와 동시이행관계에 있다(1회 선택형).(O)

부동산매매계약상 매수인이 약 정된 중도금지급기일인 2010. 4. 1. 중도금 1억 원의 지급을 지체한 후 계약이 해제되지 않 은 상태에서 잔대금 2억 원의 지급기일인 2010. 10. 1. 매수인 이 3억 원을 이행제공하였다면, 매수인은 매도인에게 소유권이 전등기를 청구하기 위한 자신 의 의무를 다 했다고 할 수 있 다(1회 선택형).(O)

⑧ **[수령지체]** 수령지체자가 동시이행의 항변권을 행사할 수 있는지 여부와 관련하여 ⅰ) 判例는 "동시이행의 항변권을 소멸시키려면 한번 이행의 제공이 있었다는 사실만으로는 불충분하고 이행의 제공이 계속되어야 한다"고 보아 **계속적 이행제공설**의 입장이다(대판 1993.8.24, 92다56490 등). ⅱ) 다만 **이행제공의 정도**와 관련해서는 "이행장소에 소유권이전등기 서류 및 열쇠 등을 '준비'하여 두고 매수인에게 그 뜻을 통지하고 신의칙상 요구되는 상당한 시간 간격을 두고 거듭 수령을 최고(구두제공)하면 된다"(대판 2001.5.8. 2000다6053).

Ⅲ. 대리의 법률관계

1. 의 의

원고가 채무자의 대리인에게 대여하였다고 주장하는 경우 사안에 따라 유권대리, 표현대리, 무권대리 추인 등의 주장이 제기될 수 있는바, 이들 청구는 소송물은 동일하나 별개의 공격방법에 해당하고, 대개는 위 순서에 따라 주장의 당부가 판단된다.

> 대리인에 의하여 매매계약이 체결된 경우에도 매매계약에 기한 청구에 해당하므로 대리의 법률관계도 여기서 살펴본다.

2. 상대방이 본인을 피고로 한 경우

(1) 유권대리

1) 본인에게 책임을 묻기 위한 요건사실

유권대리의 요건사실은 ⅰ) 원고와 대리인이 계약을 체결한 사실(법률행위의 존재), ⅱ) 그 때 대리인이 본인(피고)을 위하여 하는 것을 나타낸 것(현명), ⅲ) 본인(피고)이 대리인에게 위 계약체결에 대한 대리권을 수여한 것(대리권의 발생원인사실)이다.

2) 예상되는 항변

① 대리권남용의 항변, ② 무효, 취소 등의 항변, 그러나 무권대리(대리권을 수여한 적이 없다, 자기계약·쌍방대리금지 위반, 공동대리 위반)라는 주장은 항변이 아닌 부인에 해당한다.

> 예를 들면 다음과 같다.
> ⅰ) 원고 A는 2010.10.1. 소외 乙에게 10,000,000원을 이자 연 5%, 변제기 2010. 12. 31.로 정하여 대여하였다.
> ⅱ) 乙은 위 ⅰ)때, 피고 甲을 위하여 하는 것을 나타냈다.
> ⅲ) 피고 甲은 乙에게, ⅰ)에 앞서, ⅰ)의 대리권을 수여하였다.
> ⅳ) 따라서 원고 A는 피고 甲에게, 위 소비대차계약에 기해 ……원의 지급을 구한다.

(2) 표현대리

1) 제125조의 표현대리

가) 요건사실(표, 내, 상)

ⅰ) 대리권 수여의 표시, ⅱ) 표시된 대리권의 범위 내에서 한 행위, ⅲ) 표시의 통지를 받은 상대방과의 대리행위

나) 예상되는 항변

① 대리권 없음을 상대방이 알거나 알 수 있었던 사실(제125조 단서 ; 判例), ② 대리권남용의 항변

2) 제126조의 표현대리

가) 요건사실(기, 넘, 정)

ⅰ) 기본대리권의 존재, ⅱ) 권한을 넘은 표현대리행위의 존재, ⅲ) 상대방의 정당한 이유가 있을 것

나) 예상되는 항변

대리권남용의 항변

3) 제129조의 표현대리

가) 요건사실(소, 내, 선)

ⅰ) 존재하였던 대리권의 소멸, ⅱ) 대리인이 권한 내의 행위를 할 것, ⅲ) 상대방의 선의·무과실(判例)

나) 예상되는 항변

대리권남용의 항변

3. 상대방이 대리인을 피고로 한 경우

(1) 제135조 무권대리인의 책임의 요건사실

상대방이 무권대리인에게 제135조에 따른 계약이행의 책임을 묻고자 한다면, 그 청구원인(요건사실)은 ⅰ) 원고와 대리인(피고)이 계약을 체결한 사실(법률행위의 존재), ⅱ) 그 때 대리인(피고)이 본인을 위하여 하는 것을 나타낸 것(현명), ⅲ) 원고가 이행을 선택하는 의사표시를 한 것이다.

(2) 예상되는 항변

이에 대해 피고는 ⅰ) 대리권의 수여, ⅱ) 추인, ⅲ) 대리권 없는 것에 대하여 악의 또는 과실 있는 선의, ⅳ) 제한능력의 항변을 할 수 있다.

예를 들면 다음과 같다.

ⅰ) 원고 A는 2010. 10. 1. 피고 乙에게 10,000,000원을 이자 연 5%, 변제기 2010. 12. 31.로 정하여 대여하였다.

ⅱ) 피고 乙은 위 ⅰ)때, 甲을 위하여 하는 것을 나타냈다.

ⅲ) 따라서 원고 A는 피고 乙에게, 무권대리인에 대한 이행청구로 위 소비대차계약에 기해 ……원의 지급을 구한다.

4. 상대방이 본인과 대리인 쌍방을 피고로 하는 경우

상대방이 본인과 대리인 쌍방을 피고로 소를 제기한 때에는, 공동소송인 가운데 일부에 대한 청구가 다른 공동소송인에 대한 청구와 '법률상 양립할 수 없는 경우'에 해당하여 주관적 예비적 병합의 형태가 될 것이다(민사소송법 제70조).

즉 대리권 수여라는 동일한 사실의 존부를 전제로 하여 서로 모순되는 법률효과가 문제되는 경우로, 이러한 소송형태에 의해 상대방은 본인과의 관계에서는 대리권 수여가 인정되지 않고, 대리인과의 관계에서는 대리권 수여가 인정되는 사태가 생기는 것을 방지할 수 있다. 일반적으로 주위적 피고에 대한 청구취지는 '피고 甲은 원고에게 …하라.'는 형태가 될 것이고 예비적 피고에 대한 청구취지는 '피고 乙은 원고에게 …하라.'는 형태가 될 것이다.

5. 기 타

원고는 무권대리, 피고는 표현대리 내지 무권대리의 추인을 주장하는 경우가 있을 수 있다. 즉 원고 소유의 부동산에 관하여 소외인의 무권대리 행위에 의한 절차상 부적법한 피고 명의의 소유권이전등기가 경료되었는데, 이에 대하여 피고가 표현대리의 성립 또는 무권대리의 추인을 항변으로 주장할 수 있다(반면 피고가 유권대리를 주장하는 것은 항변이 아니라 부인에 불과한데 등기의 추정력 때문이다).

Ⅳ. 특수한 매매의 경우(농지매매·토지거래허가구역 내에서의 토지매매·법인의 기본재산 처분)

① 구 농지개혁법상 농지매매의 요건사실은 ⅰ) 매매계약 체결사실, ⅱ) 소재기 관서 증명을 받은 사실이나 현행 농지법상 농지매매의 요건사실은 '매매계약 체결사실'만 있으면 됩니다. ② 토지거래허가구역 내에서의 토지매매에 따른 요건사실은 '매매계약 체결사실'이다. 무허가에 따른 '유동적 무효사유'는 항변사항이다. ③ 법인의 기본재산 처분에 따른 요건사실은 ⅰ) 매매계약 체결사실, ⅱ) 주무관청의 허가사실(민법 제43조, 제45조 3항 참조)이다.

제2절 대여금반환청구

▌대여금반환청구 소송

Ⅰ. 소송물

대여금의 반환을 구하는 청구의 소송물은 '소비대차계약에 기한 대여금반환청구권'이다. 대여금반환청구 소송에서는 ① 대여원금과 함께 ② 이자 ③ 지연손해금이 함께 청구되는 경우가 많은데, 이들은 같은 금전 지급청구라도 ①은 소비대차계약에 기한 대여금반환청구권, ②는 이자계약에 기한 이자지급청구권, ③은 이행지체로 인한 손해배상청구권이 각 소송물로서 법적 성질을 달리하는 별개의 청구이다.

Ⅱ. 청구취지

1. 대여원금의 청구

피고는 원고에게 10,000,000원을 지급하라.

2. 대여원금청구 + 부대청구(이자)

피고는 원고에게 10,000,000원 및 이에 대한 2009. 1. 30.부터 다 갚는 날까지 연 20%의 비율에 의한 금원을 지급하라.

3. 대여원금청구 + 부대청구(지연손해금)

피고는 원고에게 10,000,000원 및 이에 대한 2009. 1. 30.부터 이 사건 소장부본 송달일까지는 (민법 제379조의 민사법정이율인)연 5%의, 그 다음날부터 완제일까지는 (소송촉진 등에 관한 특례법 제3조 1항에서 정한)연 12%의 각 비율에 의한 금원을 지급하라. 여기서 변론종결일 이후부터 '다 갚는 날까지'에 해당하는 부분은 그 성질이 장래이행청구에 해당한다. 원본채권의 존재가 인정되고 변론종결 당시까지 이를 변제하지 않은 이상, 그에 대한 지연손해금에 대하여는 '미리 청구할 필요'(민소법 제251조)가 인정되어 적법한 것으로 보는데, 실무상 이 부분과 변론종결 전에 발생한 청구 부분을 구분하지 않고 적는다.

Ⅲ. 청구원인

1. 대여금반환청구

대여금반환청구의 요건사실은 ⅰ) 금전소비대차계약(변제기 포함)을 체결한 사실, ⅱ) 금전을 교부한 사실, ⅲ) 변제기가 도래한 사실이다.

2. 이자청구(부대청구)

이자청구의 요건사실은 ⅰ) 원본채권의 발생원인사실, ⅱ) 이자약정을 한 사실, ⅲ) 금전을 교부한 사실 및 시기이다.

3. 지연손해금청구(부대청구)

지연손해금청구의 요건사실은 ⅰ) 원본채권의 발생원인사실, ⅱ) 반환시기 및 그 도과(변제기가 경과한 사실), ⅲ) 손해의 발생과 그 범위(액수)이다.

Ⅳ. 예상되는 항변(가능한 공격방어방법)

1. 권리장애항변(권리불발생항변)

예를 들어 의사무능력, 반사회질서 위반행위, 통정허위표시, 원시적 이행불능 등을 들 수 있다.

소비대차계약은 대차형 계약이기 때문에 '반환시기의 약정'(변제기의 합의)은 필수불가결한 요소이다.
차용자가 대여자의 주장과 다른 반환시기의 약정을 주장하는 것은 항변이 아니라, 적극부인에 해당한다.

소비대차계약은 무이자가 원칙이므로 ⅱ)가 청구원인으로 필요하다. 한편 이자지급의 합의가 있더라도 그 약정이율의 주장·증명이 없는 때에는 이율은 민법 제379조에 의하여 연 5%가 된다. 그리고 이자지급의 합의가 없더라도, 상인 사이의 금전소비대차는 물론 상인이 그 영업에 관하여 상인이 아닌 자에게 금전을 대여한 경우에도 당연히 법정이자를 청구할 수 있으므로(상법 제55조 1항) 소비대차계약 당시, 이를 주장·증명하여 상사법정이율인 연 6%의 이자를 청구할 수 있다(상법 제54조).

2. 권리소멸항변(권리멸각항변)

예를 들어 변제, 변제공탁, 변제충당, 상계, 면제, 경개, 소멸시효의 완성, 해제조건의 성취 등을 들 수 있다.

3. 권리저지항변

예를 들어 최고·검색의 항변권, 동시이행의 항변권, 유치권 등을 들 수 있다.

I. 서 설

변호사시험 민사기록형의 경우 일반적으로 대여금 반환청구 만을 하는 경우는 없고, 원금과 이자 및 지연손해금을 함께 병합 청구하는 것이 일반적이다(원금, 이자, 지연손해금은 각각이 별개의 소송물이기 때문에 병합청구가 되는 것이다).

대여금청구의 경우에도 '주·시·방·목·내·행'의 순서에 따라 대주(주체), 대여일자(일시), 차주(상대방), 대여금액(목적물), 변제기 및 이자약정 등의 대여사실(내용과 행위)을 차례로 기재한다. 이자의 경우 보통 이자약정을 한 경우에만 청구할 수 있으나, 이자약정이 없는 경우에도 상인 간 영업에 관한 금전대여의 경우에는 연 6%의 이자를 청구할 수 있으므로 주의해야 한다(상법 제55조 제1항). 기산점과 이율의 경우 약정이자는 '당일부터', 지연손해금은 '이행기의 다음날'부터, 지연손해금의 이율은 지연이율이 있으면 이에 의하고, 지연이율은 없고 법정이율보다 높은 약정이율이 있으면 이에 의하고, 지연이율도 없고 법정이율보다 높은 약정이율도 없으면, 법정이율에 의한다. 이하에서 구체적으로 살펴본다.

> **[이율과 기산점 정리]**
> · 대여한 날 ~ 변제기 → '약정이율'
> · 변제기 다음날 ~ 소장 부본 송달일까지 → 약정이율 또는 법정이율
> · 소장 부본 송달일 다음날 ~ 다 갚는 날까지 → 소촉법상 연 12%의 지연손해금을 청구하는 것이 일반적이다(예외도 있음에 유의한다).

II. 대여금반환청구

소비대차계약은 대차형 계약이기 때문에 매매계약과 달리 '반환시기의 약정'(변제기의 합의)은 필수불가결한 요소이다(반환시기에 대한 확정기한, 불확정기한, 기한의 정함이 없는 경우에 대해서는 '제1절 매매계약에 기한 청구'를 참고). 따라서 반환시기가 확정기한인 경우 그 도래 여부가 법원에 현저하므로 그 도래사실에 관하여 별도의 주장·증명을 하지 않아도 무방하나, 불확정기한일 경우 그 기한을 정하는 사실이 발생한 것을 주장·증명하여야 한다. 기한의 정함이 없는 경우에는 민법 제387조 2항이 아니라 그 특칙인 민법 제603조 2항(최고+상당한 기간)에 의한다. 따라서 원고는 최고사실과 상당한 기간이 도과한 사실을 주장·증명하여야 한다.

III. 이자청구

이자는 원본을 전제로 하는 것이므로(원본채권에 대한 부종성) 청구원인으로 i) 원본채권의 발생 원인사실이 필요하고, 소비대차계약은 무이자가 원칙이므로 ii) 이자약정을 한 사실이 청구원인으로 필요하다. 한편 이자지급의 합의가 있더라도 그 약정이율의 주장·증명이 없는 때에는 이율은 민법 제379조에 의하여 연 5%가 된다.

그리고 이자지급의 합의가 없더라도, 상인 사이의 금전소비대차는 물론 상인이 그 영업에 관하여 상인이 아닌 자에게 금전을 대여한 경우에도 당연히 법정이자를 청구할 수 있으므로(상법 제55조 1항) 소비대차계약 당시, 이를 주장·증명하여 상사법정이율인 연 6%의 이자를 청구할 수 있다(상법 제54조).

한편, 이자있는 소비대차는 차주가 목적물의 인도를 받은 때로부터 이자를 계산하여야 하며, 차주가 그 책임 있는 사유로 수령을 지체할 때에는 대주가 이행을 제공한 때로부터 이자를 계산하여야 한다(제600조). 따라서 iii) 금전을 교부한 사실 및 그 시기를 주장·증명하여야 한다.

Ⅳ. 지연손해금청구

① 지연손해금도 원본을 전제로 하는 것이므로(원본채권에 대한 부종성) 청구원인으로 ⅰ) 원본채권의 발생원인사실이 필요하고, 채무자의 이행지체에 기한 것이므로 ⅱ) 반환시기 및 그 도과(변제기가 경과한 사실) 사실이 청구원인으로 필요하다.

② 이와 관련하여 민법 제387조에 규정이 있으나, 기한의 정함이 없는 경우에는 민법 제387조 2항이 아니라 그 특칙인 민법 제603조 2항(최고+상당한 기간)에 의한다. 따라서 원고는 최고사실과 상당한 기간이 도과한 사실을 주장·증명하여야 한다. 반환시기의 정함이 없는 소비대차에서 원금의 반환만을 구할 경우와 달리 지연손해금의 지급을 구할 경우 최고사실과 상당기간의 도과 사실을 대주가 주장·증명하여야 하는 이유는 채무자의 이행지체사실이 지연손해금지급청구권의 근거사실로서 대주가 주장·증명하여야 하는데, 차주가 최고의 항변권을 보유하고 있는 동안에는 이행지체에 빠지지 않으므로(이 점에서는 동시이행항변권의 존재효과와 유사하다) 대주로서는 이 항변권을 소멸시키기 위한 사실을 주장·증명하여야 하기 때문이다. 그런데 최고는 소장 송달로도 가능하고, 통상 소장 송달일로부터 상당한 기간이 경과하게 되는 판결선고 다음날을 기산일로 잡아 지연손해금을 청구하고 있을 경우에는 '최고+상당기간 경과'가 현저한 사실이 되므로 이에 대한 별도의 주장·증명은 필요하지 아니하다.

③ 한편 손해의 발생 및 그 범위는 원고가 주장·증명하여야 할 사실이나, 금전채무의 불이행의 경우에는 그 손해배상액은 법정이율 또는 약정이율에 의하므로(제397조 1항), 대주로서의 특약이 없더라도 연 5%의 민사법정이율에 의한 지연손해금을 구할 수 있고, 이를 초과하는 약정이율의 약정이 있는 경우에는 이를 증명함으로써 약정이율에 의한 지연손해금을 구할 수 있다.

Ⅴ. 예 시

■ 대여금+이자+지연손해금 청구, 연대보증 청구(16년 1차)

1. 피고 이산, 김병철에 대한 대여금청구

가. 소비대차계약의 체결

원고는 2011. 5. 10. 피고 이산에게 1억 원을 이자 월 2%(매월 9일 지급), 변제기 2012. 5. 9.로 정하여 대여하였고, 소외 김상수는 같은 날 위 채무를 연대보증하였습니다. 그러나 피고 이산이나 김상수는 2011. 5. 10.부터 2011. 12. 9.까지 7개월 분 이자를 지급하였을 뿐 그 이후에 발생한 이자, 지연손해금 및 원금을 변제하지 않고 있습니다.

한편, 김상수는 2015. 7. 10. 아들 김병구, 김병철을 남기고 사망하였고, 김병구는 2015. 7. 15. 적법하게 상속을 포기하여, 김병철이 위 채무를 단독으로 상속하게 되었습니다. 따라서 피고 이산, 김병철은 연대하여 원고에게 위 대여금의 원리금 및 지연손해금을 변제할 의무가 있습니다.

■ 대여금+이자+지연손해금 청구(주채무자 양재호, 연대보증인 대한 주식회사)(17년 2차)

1. 피고 양재호에 대한 대여금 청구

원고는 2009. 1. 5. 피고 양재호에게 200,000,000원을 이자 연 6%, 변제기 2010. 1. 4.로 정하여 대여하였습니다.

따라서 피고 양재호는 원고에게 대여금 200,000,000원 및 이에 대하여 2009. 1. 5.부터 이 사건 소장 부본 송달일까지는 약정이율인 연 6%의, 그 다음날부터 다 갚는 날까지는 소송촉진 등에 관한 특례법에서 정한 연 15%의 각 비율에 의한 이자 내지 지연손해금을 지급할 의무가 있습니다.

청구취지 형태

3. 피고 이산, 김병철은 연대하여 원고에게 100,000,000원 및 이에 대하여 피고 이산은 2011. 12. 10.부터, 피고 김병철은 2012. 5. 10.부터 각 다 갚는 날까지 월 2%의 비율로 계산한 돈을 지급하라.

변제기가 다른 이유는 주채무자인 피고 이산이 소멸시효기간이 완성된 이자부분에 대한 시효이익을 포기하였는데, 주채무자의 항변포기는 보증인에게 효력이 없기 때문이다(제433조 2항).

청구취지 형태

1. 피고 양재호는 원고에게 200,000,000원 및 이에 대한 2009. 1. 5.부터 이 사건 소장 부본 송달일까지는 연 6%의, 그 다음날부터 다 갚는 날까지는 연 15%의 각 비율로 계산한 돈을 지급하라.

피고 양재호(주채무자)에 대한 어음채권에 기한 판결이 2010. 6. 20. 확정되었는바, 이에 따라 대한 주식회사(연대보증인)에 대한 소멸시효도 중단되었으나(제440조). 주채무자에 대한 소멸시효 기간이 연장되었다고 하여 보증인에 대한 소멸시효 기간이 연장되는 것이 아니므로(대판 2006.8.24. 2004다26287,26294) 판결확정일 다음날부터 대한 주식회사에 대한 보증금채권의 시효가 진행되는데, 그 소멸시효기간이 5년이므로 원고의 보증인에 대한 채권은 시효로 소멸하였다.

☞ 변론주의 원칙상 피고 양재호의 소멸시효항변이 없으므로 지분적 이자채권을 포함하여 전액 청구를 해야한다.

Ⅵ. 예상되는 항변 등(가능한 공격방어방법)

1. 변제공탁

(1) 의 의

채무자가 금전 기타의 재산의 급부를 목적으로 하는 채무를 부담하는 경우에 채권자가 변제를 받지 아니하거나 받을 수 없는 때 또는 채무자가 과실 없이 채권자를 알 수 없는 때 채무자가 채권자를 위하여 변제의 목적물을 공탁하여 그 채무를 면할 수 있는 제도(제487조)이다.

(2) 요건사실

변제공탁의 요건사실은 ⅰ) 공탁원인사실(수령거절, 채권자가 변제를 수령할 수 없는 것, 채무자가 채권자를 확지할 수 없는 것), ⅱ) 채무자가 변제를 위해 공탁을 한 것, ⅲ) 공탁이 채무의 본지에 따른 것(주로 일부공탁의 문제)이다.

1) 공탁원인의 존재

가) 채권자가 변제를 받지 아니하는 경우(수령거절)

변제자가 '적법한 변제제공'을 하였는데도 채권자가 이를 수령하지 않을 때에는 '채권자의 귀책사유를 묻지 않고' 변제자는 변제공탁을 할 수 있다. 다만 채권자의 태도로 보아 채무자가 설사 채무의 이행제공을 하였더라도 그 수령을 거절하였을 것이 명백한 경우(영구적 불수령=이행거절)에는 채무자는 이행의 제공을 하지 않고 바로 '변제공탁' 할 수 있다(대판 1994.8.26, 93다42276). 그러나 判例는 채권자가 미리 수령을 확고하게 거절한 경우에는 채무자는 구두제공조차 하지 않더라도 채무불이행책임을 면하나(제460조·제461조), 대가위험을 상대방에게 이전시키기 위해서는(제538조 1항 후문) 채무자의 변제제공(현실제공이나 구두제공)이 필요하다고 한다(대판 2004.3.12, 2001다79013).

나) 채권자가 변제를 받을 수 없는 경우(수령불능)

일반적으로 상술한 수령거절과 동일한 법리가 적용된다. 다만, 채권이 (가)압류되었으나 압류의 경합이 없는 경우에 민사집행법은 채권 가압류의 경우에도 권리공탁(집행공탁)할 수 있도록 하고 있다(민사집행법 제291조, 제248조 1항).

다) 변제자가 과실 없이 채권자를 알 수 없는 경우일 것

객관적으로 채권자 또는 변제수령권자가 존재하고 있으나, 채무자가 선량한 관리자의 주의를 다하여도 채권자가 누구인지 알 수 없는 경우를 말한다(대판 2005.5.26, 2003다12311).

2) 변제공탁의 내용

공탁은 채무의 이행지가 공탁소로 바뀐 것 이외에는 아무런 변동이 없다. 따라서 변제자는 본래의 채무의 내용대로 공탁을 하여야 한다.

가) 일부공탁의 경우

"변제공탁이 유효하려면 채무 전부에 대한 변제의 제공 및 채무 전액에 대한 공탁이 있어야 하고, 채무 전액이 아닌 일부에 대한 공탁은 그 부족액이 아주 근소하다는 등의 특별한 사정이 있는 경우를 제외하고는 채권자가 이를 수락하지 않는 한 그 공탁 부분에 관하여서도 채무소멸의 효과가 발생하지 않는다"(대판 1998.10.13. 98다17046 : 5회 선택형).

甲과 乙은 공동으로 丙에게 특수한 인쇄기계의 제작을 대금 3억 원에 도급하였다. 그 계약에서 도급대금은 완성된 인쇄기계의 인도와 동시에 지급하기로 약정하고 그 지급에 관하여 甲과 乙이 연대채무를 부담하기로 하였다.

甲·乙은 인쇄기계가 완성되기 전부터 丙에게 근거 없이 도급대금을 지급할 수 없다는 취지의 확고한 이행거절의사를 표시하였다. 인쇄기계가 완성된 후 丙이 甲·乙에게 대금청구 및 인쇄기계 수령을 최고하기 전에 甲, 乙, 丙의 과실 없이 위 인쇄기계가 멸실되었다. 이 경우 丙은 甲·乙에게 도급대금을 청구할 수 있다.(3회 선택형).(×)

☞ 사안에서 채무자인 丙은 아직 대금청구 및 인쇄기계 수령을 최고하지 않았으므로 변제제공을 하지 않은 것이고 이는 判例(위 2001다79013판결)의 태도에 따를 때 채권자 甲과 乙이 제538조상의 수령지체에 빠진 것이라 볼 수 없다. 그러므로 원칙으로 돌아가 제537조가 적용되어 채무자가 대가위험을 부담하므로 채무자 丙은 인쇄기계의 인도의무를 면하는 대신 그 대금지급청구권도 상실한다. 따라서 丙은 甲과 乙에게 도급대금을 청구할 수 없다.

그러나 채권자가 공탁금을 채권의 일부에 충당한다는 유보의 의사표시를 하고 이를 수령한 때에는 그 공탁금은 채권의 일부의 변제에 충당되고, 그 경우 유보의 의사표시는 반드시 명시적으로 하여야 하는 것은 아니다(대판 2009.10.29, 2008다51359 : 7회 선택형).

나) 조건부 공탁의 경우

채무자가 채권자에 대하여 동시이행의 항변권을 가지는 때에는 채권자의 반대급부의 제공을 공탁물 수령의 조건으로 할 수 있으나(제491조 참조), 그 채권에 붙일 수 없는 조건을 붙여서 한 공탁은 채권자가 승낙하지 않는 한 조건뿐만 아니라 공탁 자체가 무효가 된다(대판 1970.9.22, 70다1061). 예컨대, "채무담보를 위하여 근저당권설정등기, 가등기 등이 경료되어 있는 경우 그 채무의 변제의무는 그 등기의 말소의무보다 선행되는 것이며, 채무의 변제와 그 등기말소절차의 이행을 교환적으로 구할 수 없으므로, 그 등기의 각 말소등기절차이행에 소요되는 일체의 서류를 교부할 것을 반대급부로 하여 한 변제공탁은 채무의 본지에 따른 것이라 할 수 없다"(대판 1991.4.12, 90다9872 : 7회 선택형).

(3) 예시

■ 일부공탁의 경우(13년 1차)

(3) 변제공탁의 항변

피고 이차웅은 2012. 11. 9. 제1채권 중 잔여채권이 9,000만 원이라고 주장하면서 원고를 피공탁자로 하여 위 금원과 이에 대한 2012. 10. 10.부터 2012. 11. 9.까지의 이자180만 원(9000만 원 × 2% × 1개월)을 합한 9,180만 원을 서울중앙지방법원 2012년금제191919호로 변제공탁함으로써 제1채권의 잔존채무 전액이 소멸되었다고 주장할 것으로 예상됩니다.

그러나 변제공탁이 유효하려면 채무 전부에 대한 변제의 제공 및 채무 전액에 대한 공탁이 있어야 할 것인데, 위 피고가 제1채권에 대하여 원고에게 변제하여야 할 원리금 채무는 총 1억 1,400만 원(원금 1억 원 및 이에 대한 2009. 12. 10.부터 2010. 6. 9.까지 6개월분 이자 1,200만 원과 2012. 10. 10.부터 2012. 11. 9.까지의 지연손해금 200만 원의 합계액)이 남아 있고, 위 피고는 그 전액을 공탁하지 않았습니다. 이와 같이 채무 전액이 아닌 일부에 대한 공탁은 그 부족액이 아주 근소하다는 등의 특별한 사정이 있는 경우를 제외하고는 채권자가 이를 수락하지 않는 한 그 공탁 부분에 관하여서도 채무소멸의 효과가 발생하지 않는다고 할 것이어서(대판 2008.7.10, 2008다10051 등) 위 공탁은 효력이 없습니다.

■ 일부공탁(18년 1차)

나. 피고 김학연, 김학철의 예상되는 주장에 대하여

(1) 변제공탁의 항변

피고 김학연, 김학철은 주채무자인 최서진이 2017. 11. 3. 원고를 피공탁자로 하여 3200만 원을 서울중앙지방법원 2017년금제7116호로 변제공탁함으로써 위 차용원리금이 위 범위 내에서 소멸하였다고 주장할 것으로 예상됩니다.

그러나 변제공탁이 유효하려면 채무 전부에 대한 변제의 제공과 채무 전액에 대한 공탁이 있어야 할 것이고 채무 전액이 아닌 일부에 대한 공탁은 특별한 사정이 없는 한 효력이 없으므로, 최서진이 변제 제공을 하지도 않았고 일부 공탁만 하였을 뿐이므로 위 변제공탁은 변제의 효력이 없습니다.

☞ 소외 이소현의 판결금 채무에 대해 피고들이 보증계약을 체결하고, 소외 이소현이 원고에게 위 판결금채권을 양도하였고 피고들이 변제공탁의 항변을 하였으나 일부공탁으로서 공탁의 효력이 발생하지 않은 사안.

채무 전액이 아닌 일부에 대한 변제공탁은 그 부분에 관하여서도 효력이 생기지 않으나, 채권자가 공탁금을 채권의 일부에 충당한다는 유보의 의사표시를 하고 이를 수령한 때에는 그 공탁금은 채권의 일부의 변제에 충당되고, 그 경우 유보의 의사표시는 반드시 명시적으로 하여야 한다(7회 선택형).(×)

대여금 청구에 대하여 변제공탁의 항변을 하였으나, 채무 전액이 아닌 일부공탁으로서 공탁의 효력이 발생하지 않은 사안.

원고와 피고가 부동산 매매계약을 체결하면서 계약금 약정을 하였고 원고는 계약금 1,000만 원은 계약당일 지급하였고, 계약금 잔액인 4,000만 원은 피고의 수령거절을 이유로 변제공탁 하였으나, 피고도 계약금 1천만 원 배액인 2천만 원을 공탁하고 매매계약의 해제를 주장한 사안에서 원고가 피고의 이행거절을 이유로 해제권을 행사하여 매매계약의 해제를 인정한 사안

"계약금의 일부만 지급된 경우 매도인(수령자)이 매매계약을 해제할 수 있다고 하더라도 해약금의 기준이 되는 금원은 '실제 교부받은 계약금'이 아니라 '약정 계약금'이다"(대판 2015.4.23. 2014다231378 : 10회 선택형).
따라서 피고의 변제공탁은 유요하지 않다.

■ **공탁으로 인한 계약해제**(17년 3차)

(2) 피고 김민호의 이행거절을 이유로 한 해제

원고는 2017. 3. 26. 위 계좌로 4,000만 원을 송금하려고 하였으나, 피고 김민호가 매각 대금에 대해 불만을 가지고 위 계좌를 폐쇄함으로써 송금에 실패하였습니다. 원고는 2017. 3. 27. 나머지 계약금 4,000만 원을 피고 김민호의 수령 거절을 이유로 변제 공탁하였습니다.

피고 김민호는 2017. 3. 27. 지급받은 일부 계약금의 배액 2,000만 원을 변제공탁하면서 계약금약정에 따라 이 사건 매매를 해제하겠다는 의사를 표시하였고, 매매대금을 20억 원으로 올리지 아니하면 계약의 이행에 응할 수 없다고 말하기도 하였으며, 피고 김민호는 잔금 지급기일인 2017. 4. 24.에 약정된 중개사무소에 나타나지도 아니하였고, 더 이상 전화도 받지 아니하였습니다.

이와 같은 피고의 태도는 명백하게 계약의 이행을 거절하려는 의사를 표시한 경우에 해당하는바, 원고는 2017. 4. 25. 피고 김민호에게 피고 김민호의 이행거절을 이유로 매매계약을 해제하는 내용의 통고서를 발송하였고, 통고서가 2017. 4. 27. 피고 김민호에게 도달함으로써 이 사건 매매계약은 해제되었습니다.

2. 면 제

(1) 요건사실

ⅰ) 채무면제권자, ⅱ) 채무면제의 의사표시 한 사실을 주장·입증하여야 한다. 한편, 제3자에 의한 채무면제의 효력을 주장하기 위해서는 제3자가 채권자로부터 채권처분의 권한을 위임받는 등의 특별사정까지 증명하여야 한다.

(2) 면제가 특히 문제되는 경우

면제는 공동불법행위 등의 부진정연대채무관계 또는 연대보증 등의 상대효가 있는 경우에 특히 문제된다.

1) 부진정연대채무에서 상대적 효력을 가지는 사유

연대채무에서 절대적 효력이 있는 것, 즉 면제(제419조 참조, 대판 2006.1.27. 2005다19378 : 2회,5회,8회 선택형)·소멸시효의 완성(제421조 참조, 대판 2010.12.23. 2010다52225 : 2회,4회 선택형)·소멸시효의 중단(대판 2011.4.4. 2010다91866 : 9회 선택형) 등은 부진정연대채무에서는 상대적 효력이 있을 뿐이다. 그리고 이러한 부진정연대채무자 상호 간의 상대적 효력 사유로는 다른 부진정연대채무자의 구상금청구에 대한 유효한 항변이 될 수 없다.

2) 연대채무자 중 1인에 대한 채무 일부면제의 효력 [10회 기록형]

일부면제의 효력에 관하여 判例는 "민법 제419조는 "어느 연대채무자에 대한 채무면제는 그 채무자의 부담부분에 한하여 다른 연대채무자의 이익을 위하여 효력이 있다."라고 정하여 면제의 절대적 효력을 인정한다. 이는 당사자들 사이에 구상의 순환을 피하여 구상에 관한 법률관계를 간략히 하려는 데 취지가 있는바, 채권자가 연대채무자 중 1인에 대하여 채무를 일부 면제하는 경우에도 그와 같은 취지는 존중되어야 한다. 따라서 연대채무자 중 1인에 대한 채무의 일부 면제에 상대적 효력만 있다고 볼 특별한 사정이 없는 한 일부 면제의 경우에도 면제된 부담부분에 한하여 면제의 절대적 효력이 인정된다고 보아야 한다.

구체적으로 ㉠ 연대채무자 중 1인이 채무 일부를 면제받는 경우에 그 연대채무자가 지급해야 할 잔존 채무액이 부담부분을 초과하는 경우에는 그 연대채무자의 부담부분이 감소한 것은 아니므로 다른 연대채무자의 채무에도 영향을 주지 않아 다른 연대채무자는 채무 전액을 부담하여

야 한다. ㉡ 반대로 일부 면제에 의한 피면제자의 잔존 채무액이 부담부분보다 적은 경우에는 차액(부담부분 - 잔존 채무액)만큼 피면제자의 부담부분이 감소하였으므로, 차액의 범위에서 면제의 절대적 효력이 발생하여 다른 연대채무자의 채무도 차액만큼 감소한다"(대판 2019.8.14. 2019다216435)고 판시하였다. 즉, 자신의 부담부분보다 많은 금액을 변제한 채무자에 대하여 잔여 채무를 면제하였을 경우 그 면제는 나머지 연대채무자들의 채무에도 영향을 미치지 않지만, 자신의 부담부분보다 적은 금액을 변제한 채무자에 대하여 잔여 채무를 면제하였을 경우 그 면제는 나머지 연대채무자들의 채무에도 영향을 미치게 된다.

> **[구체적 예]** 예컨대 乙, 丙이 甲에 대하여 1,000만원의 연대채무를 부담하고 있는데(부담부분은 균등), 乙로부터 300만 원을 지급받은 甲이 나머지 700만 원을 면제한 경우, 判例에 따르면, 일부변제 후 잔존 채무와 피면제자의 부담부분을 비교하여 후자가 전자를 초과하는 경우에만 그 차액만큼 절대효가 발생(즉, 피면제자의 부담부분이 감소하고, 그만큼 다른 연대채무자의 채무액이 감소)한다는 입장이다. 즉, 700만 원의 일부면제 후의 잔액(300만 원)이 乙의 부담부분(500만 원)보다 작기 때문에 그 차액(200만 원)만큼 乙의 부담부분이 감소하고(결국 乙의 부담부분 300만 원), 丙도 200만 원만큼 공동면책된다. 결국 丙은 잔존 채무 500만 원[=1,000만 원-200만 원(절대효)-300만 원(乙의 변제금액)]을 甲에게 이행하여야 한다.

(3) 예 시

■ 연대채무자 중 1인에 대한 채무 일부면제의 효력(10회 변시)

3. 피고들의 예상되는 주장과 반박

가. 피고 최영만의 면제 주장

피고 최영만은 원고가 피고 박계호에게 한 채무 면제의 효력이 자신에게 미친다고 주장할 것으로 예상됩니다.

그러나, 판례는 연대채무의 1인에 대한 면제의 효력은 그 연대채무자가 지급해야 할 잔존 채무액이 부담부분을 초과하는 경우에는 그 연대채무자의 부담부분이 감소한 것은 아니므로 다른 연대채무자의 채무에도 영향을 주지 않아 다른 연대채무자는 채무 전액을 부담하여야 하고 반대로 일부 면제에 의한 피면제자의 잔존 채무액이 부담부분보다 적은 경우에는 차액(부담부분 - 잔존 채무액)만큼 피면제자의 부담부분이 감소하였으므로, 차액의 범위에서 면제의 절대적 효력이 발생하여 다른 연대채무자의 채무도 차액만큼 감소하는 것으로 봅니다(대판 2019.8.14. 2019다216435).

판례에 의하면 피고 최영만의 채무는 피고 박계호의 부담부분을 넘는 부분만 소멸하게 되므로 피고 박계호의 부담부분인 5,000만 원을 초과하는 2,000만 원 부분에 대해서만 소멸하게 됩니다. 따라서 피고 최영만의 주장은 이유 없습니다.

> 제10회 변호사시험에서는 원고가 피고들과 물품공급계약을 체결하고 물품을 인도하였는데, 피고들이 물품대금을 지급하지 않았고, 후에 원고가 피고들(연대채무)중 1인에게 채무면제를 하여준 사안이 출제되었다.

3. 변제와 변제충당

■ 변제와 변제충당 항변구조

Ⅰ. 변제항변

피고(채무자)가 항변사유로서 변제를 주장하기 위해서는 ⅰ) 피고 또는 제3자가 원고(채권자)에게 채무의 내용에 따른 이행을 한 것, ⅱ) 위 이행이 그 채무에 대하여 이루어진 것을 주장·증명하면 된다.

Ⅱ. 변제충당의 재항변 및 재재항변

① 이에 대해 원고는 ⅰ) 피고가 원고에 대하여 이와 별개의 동종의 채무를 부담하고 있는 사실, ⅱ) 피고가 지급한 급부가 총 채무를 소멸시키기에 부족한 사실, ⅲ) 피고가 제공한 급부의 전부 또는 일부가 합의

충당, 지정충당, 법정충당 등의 방식에 의하여 다른 채무에 충당된 사실을 주장하며 변제충당의 '**재항변**'을 할 수 있다. ② 그럴 경우 피고로서는 원고가 주장하는 동종 채무의 발생원인이 무효사유에 해당하여 그 채무가 아예 발생하지 않았다는 사실(권리장애사유), 급부 이전에 이미 변제하여 소멸한 사실(권리소멸사유) 등을 주장하며 '**재재항변**'을 할 수 있다.

i), ii)의 요건사실이 증명되면 일단 변제충당의 문제로 들어가게 되는데, 민법 제477조에서 규정하고 있는 안분비례에 의한 법정충당 이상으로 자신에게 유리한 변제충당의 효과를 주장하기 위해서는 그 에 해당하는 사실을 주장·증명할 책임을 부담한다(대판 1994.2.22, 93다49338).

(1) 변제충당의 개념

'변제충당'이란 ① 동일한 채권자에 대하여 같은 종류를 목적으로 한 '수개의 채무'(예컨대 수개의 독립된 금전채무)를 지는 경우(제476조 1항), 또는 ② '1개의 채무의 변제에 수개의 급여'(예컨대 임대차에서 수개월 분의 차임)를 해야 할 경우(제478조)에 변제의 제공이 그 채무 전부를 소멸하게 하지 못하는 때에, 그 중 어느 채무의 변제에 충당할 것인가를 정하는 것이다.

(2) 변제충당 순서 일반

변제충당의 순서는 ① 일차적으로 당사자 사이의 자유로운 합의에 의하여 정할 수 있으나(합의충당), ② 당사자 사이의 계약이 없는 경우에는 당사자 일방의 지정에 의하여(지정충당 : 제476조), ③ 그리고 당사자 일방의 지정도 없는 경우에는 법정충당(제477조)에 의하여 결정되는 것이 원칙이다.

(3) 변제충당의 적용범위

1) 변제 이외의 채무소멸원인

변제충당은 변제뿐 아니라 공탁, 상계 등 그 밖의 채무소멸원인에도 마찬가지로 적용된다. 특히 상계와 관련해서는 명문의 규정이 있다(상계충당 : 제499조).

2) 강제집행·담보권실행경매

강제경매(대판 199.7.23, 90다18678) 또는 담보권실행경매(대판 1996.5.10, 95다55504)에서는 채권자, 채무자 외에 다수의 이해관계인이 있을 수 있기 때문에 획일적으로 가장 공평·타당한 충당방법인 제477조의 규정에 의한 법정변제충당의 방법에 따라 충당을 하여야 한다.

(4) 합의충당(계약에 의한 충당)

담보권 실행을 위한 경매에서 배당된 배당금이 담보권자가 가지는 수개의 피담보채권 전부를 소멸시키기에 부족한 경우, 「민법」 제476조에 의한 지정변제충당은 허용될 수 없으나, 채권자와 채무자 사이에 변제충당에 관한 합의가 있다면 그 합의에 따른 변제충당은 허용된다(9회 선택형).(×)

민법은 계약에 의한 변제충당에 관해 정하고 있지는 않지만, 변제자와 변제수령자 사이의 계약에 의해 충당방법을 정하는 때에는 그 방법이 어떤 것이든 유효하다. 따라서 계약에 의한 충당은 제479조(비용·이자·원본에 대한 변제충당의 순서), 제476조(지정변제충당) 및 제477조(법정변제충당)에 우선하여 적용된다(대판 1999.11.26, 98다27517 등 : 8회 선택형). 다만 앞서 검토한 바와 같이 경매에 의한 매각대금의 변제충당의 경우에는 합의충당이 제한된다.

그리고 채권자와 채무자의 '합의'로 변제가 채권자에 대한 모든 채무를 소멸시키기에 부족한 때에는 채권자가 적당하다고 인정하는 순서와 방법에 의하여 충당하기로 한 것이라면, 채권자가 그 약정에 터 잡아 스스로 적당하다고 인정하는 순서와 방법에 좇아 변제충당을 한 이상 변제자에 대한 의사표시와 관계없이 충당의 효력이 있다(대판 2012.4.13. 2010다1180 : 7회,9회 선택형). 한편 이러한 약정이 있는데도, 채무자가 변제를 하면서 약정과 달리 특정 채무의 변제에 충당한다고 지정하더라도, 그에 대해 채권자가 동의하지 않는 한, 그 지정은 효력이 없어 채무자가 지정한 채무가 변제되어 소멸하는 것은 아니다(대판 1999.11.26, 98다27517 : 2회,8회 선택형).

(5) 지정충당(일방행위에 의한 충당)

1) 지정권자

① [**1차적 지정권자**] 1차적 지정권자는 '변제자'이다. 즉 변제자는 변제를 할 때 변제수령자에 대한 의사표시로 변제에 충당할 채무를 지정할 수 있다(제476조 1항 및 3항, 제478조). 변제자의 충당지정에 대하여는 변제수령자의 동의는 필요하지 않으며, 수령자가 변제자의 지정에 대하여 이의를 제출하지도 못한다. ② [**2차적 지정권자**] 변제자가 지정권을 행사하지 않은 때에는 2차적으로 '변제받는 자'가 그 당시(변제제공 수령 후 지체없이) 변제자에 대한 의사표시로써 변제의 충당을 할 수 있다(제476조 2항 본문 및 3항, 제478조). 그러나 변제자가 즉시 이의를 한 때에는 변제수령자의 지정은 효력을 잃고(제476조 2항 단서), 법정충당의 방법에 따라 변제충당이 이루어진다.

2) 지정충당의 제한

가) 비용, 이자 및 원본

채무자가 1개 또는 수개의 채무의 비용 및 이자를 지급할 경우에 변제자가 그 전부를 소멸하게 하지 못한 급여를 한 때에는 비용이나 이자가 이행기에 있는지 여부를 묻지 않고(대판 1967.10.6, 67다1587 참고), (총)**비용**, (총)**이자**(지연이자도 포함된다), (총)**원본의 순서로 변제에 충당하여야 한다**(제479조 1항)(2회,8회 선택형). [**7회 기록형**] 따라서 변제자 일방의 지정충당이 있더라도 이는 인정되지 않고(대판 1990.11.9, 90다카7262 : 5회,6회,9회 선택형), 그 지정은 민법 제479조 제1항에 반하여 채권자에 대하여 효력이 없으므로, 채권자는 그 수령을 거절할 수 있다(대판 2005.8.19. 2003다22042 : 6회 선택형).

물론 당사자 쌍방이 제479조와 다른 특별한 합의를 하거나 또는 당사자의 일방적인 지정에 대하여 상대방이 지체없이 이의를 제기하지 아니함으로써 **묵시적인 합의(충당)**가 이루어졌다고 보여지는 경우에는 그렇지 않다(대판 2002.5.10, 2002다12871·12888 : 6회,9회 선택형).

나) 비용 상호간, 이자 상호간, 원본 상호간

비용 상호간, 이자 상호간, 원본 상호간에는 제477조의 법정변제충당의 규정이 적용된다(제479조 2항). 또한 비용 상호간, 이자 상호간, 원본 상호 간에는 지정의 효력이 미친다고 봄이 타당하다(제479조 2항 참조).

(6) 법정충당

1) 법정충당의 요건

변제자에 의한 지정도 변제수령자에 의한 지정도 없는 경우 또는 변제수령자가 지정하였으나 변제자가 즉시 이의를 제기한 경우에 그리고 비용, 이자 및 원본 사이에서는 법정순서에 따라 변제에 충당된다(제477조, 제479조 2항). 법정충당 순서는 변제자의 이익을 고려하여 규정된 것이며, 이때 법정변제충당의 순서는 채무자의 '변제제공 당시'를 기준으로 정하여야 한다(대판 2015.11.26. 2014다71712).

2) 충당순서

가) 이행기가 도래한 채무(제477조 1호)

채무 중에 이행기가 도래한 것과 도래하지 않은 것이 있으면 먼저 이행기가 도래한 채무의 변제에 충당한다(제477조 1호). 이행기 도래 여부는 이행기의 유예가 있는 채무에 대하여는 유예기까지 이행기가 도래하지 않은 것과 같게 보아야 한다(대판 1999.8.24. 99다22281,22298 : 2회 선택형).

나) 변제이익이 많은 채무(제477조 2호)

채무의 전부의 이행기가 도래하였거나 또는 도래하지 않은 때에는 먼저 채무자에게 변제이익이 많은 채무의 변제에 충당한다(제477조 2호). '변제이익'의 판단에 관한 判例를 살펴보자면 다음과 같다.

① [**이자 유무 내지 이율에 차이가 있는 경우**] 이자부채무가 무이자채무보다[이자의 약정 있는 금전채무가 이자의 약정 없는 약속어음금채무보다 변제이익이 많다(대판 1971.11.23, 71다1560)] **고이율의 채무가 저이율의 채무보다 변제이익이 많다.** [8회 기록형]

② [**주채무자가 보증채무 혹은 연대채무를 같이 부담하고 있는 경우**] 변제자가 타인의 채무에 대한 '보증인으로서 부담하는 보증채무'(연대보증채무도 포함)는 주채무에 부종하기 때문에 '변제자 자신의 채무'에 비하여 변제이익이 적고, '연대채무'는 '단순채무'에 비하여 채권자로부터 바로 전액청구를 받을 가능성이 낮기 때문에 변제이익이 적다(대판 1999.7.9. 98다55543 ; 대판 2002.7.12, 99다68652 : 9회 선택형). 따라서 '변제자 자신의 주채무에 우선충당'되어야 한다.

③ [**주채무자의 수개의 채무 사이에 인적·물적 담보에 차이가 있는 경우**]

㉠ '**주채무자가 변제할 때**' 보증인이 있는 채무와 보증인이 없는 채무 사이에는 변제 이익의 차이가 없고, 마찬가지로 '주채무자가 변제할 때' 물상보증인이 제공한 물적 담보가 있는 채무와 그러한 담보가 없는 채무 사이에도 **변제이익의 점에서 차이가 없다**(대판 2014.4.30. 2013다8250 : 4회, 6회 선택형). [7회 기록형] 왜냐하면 (물상)보증인이 있는 채무도 구상의무의 존재로 인해 결국 자기의 채무이기 때문이다. 따라서 (주)채무자가 변제한 금원은 이행기가 먼저 도래한 채무부터 (법정변제)충당하여야 한다(제477조 3호)(대판 1999.8.24., 99다26481 : 4회 선택형).

㉡ 반면에 '**주채무자가 아닌 자가 변제할 때**' 인적·물적 담보가 있는 채무에 우선적으로 변제충당해야 한다. 왜냐하면 채무자 아닌 제3자가 변제하는 경우에는 '변제자대위'에 의해 채권자가 갖고 있던 인적·물적 담보가 이전되는 이익이 있기 때문이다. 判例도 '주채무자 이외의 자가 변제자'인 경우에는 변제자가 발행 또는 배서한 어음에 의하여 담보되는 채무가 다른 채무보다 변제이익이 많다고 한다(대판 1999.8.24, 99다22281,22298 : 4회,6회 선택형)

다) 이행기가 먼저 도래하거나 도래할 채무(제477조 3호)

채무자에 대해 변제이익이 같으면 이행기가 먼저 도래한 채무나 또는 먼저 도래할 채무의 변제에 충당한다(제477조 3호).

라) 이행기가 동시에 도래하고 변제이익이 같은 경우(제477조 4호)

이상의 기준에 의해 변제충당의 선후가 정해지지 않을 경우 각 채무는 그 채무액에 비례하여 충당한다(제477조 4호).

(7) 예 시

■ 변제충당(19년 2차)

1. 피고 김동부, 구미옥, 김이손에 대한 청구

가. 소비대차계약의 체결 및 변제충당

원고는 소외 망 김명부에게 2008. 5. 1. 8,000만 원을 변제기 2009. 4. 30. 이자 월 0.5%, 지연손해금율로 월 1%로 정하여 대여하였고(이하 '5. 1.자 대여금'이라 합니다), 2008. 7. 1. 역시 8,000만 원을 변제기 2009. 6. 30. 이자 월 0.5%, 지연손해금율로 월 1%로 정하여 대여하였으며(이하 '7. 1.자 대여금'이라 합니다), 피고 김동부는 위 2008. 7. 1.자 대여금채무에 대하여 같은 날 연대보증하였습니다.

[왼쪽 여백]

변제자가 주채무자인 경우로서 다른 조건이 동일하다면, 제3자가 발행 또는 배서한 어음에 의하여 담보되는 채무가 그렇지 않은 채무보다 변제이익이 더 많다(4회 선택형).(×)

☞ '주채무자가 변제자'인 경우에는, 담보로 제3자가 발행 또는 배서한 약속어음이 교부된 채무와 다른 채무 사이에 변제이익에서 차이가 없으나, 담보로 주채무자 자신이 발행 또는 배서한 어음으로 교부된 채무는 다른 채무보다 변제이익이 많다(대판 1999.8.24, 99다22281,22298).

원고가 소외 망 김명부에게 금전을 대여하였고, 이에 대하여 피고 김동부가 연대보증하였는데, 김명부의 사망으로 상속이 개시되고 직계비속인 소외 김유남의 상속포기로 처인 구미옥과 손자녀인 김일손과 김이손이 각각 채무를 상속하였으나, 김일손에 대한 채무는 시효로 소멸하였고, 피고들의 채무만 남고 피고들이 변제충당의 항변을 한 사안.

김명부는 위 각 대여금채무의 변제기까지의 이자를 모두 지급하였고, 2009. 7. 31. 9,320만 원을 원고에게 지급하였는데, 위 돈은 모든 채무를 변제하기에 부족하므로 변제충당의 방법에 따라야 합니다. 따라서 먼저 민법 제479조 제1항 및 민법 제477조 제3호에 따라 송금받은 날까지의 5. 1.자 대여금의 지연손해금 240만 원(=8,000만 원 × 1% × 3개월)과 7. 1.자 대여금의 지연손해금 80만 원(=8,000만 원 × 1% × 1개월) 합계 320만 원에 우선 충당되고, 나머지 9,000만 원 중 8,000만 원은 이행기가 먼저 도래한 5. 1.자 대여금의 원금 8,000만 원에 먼저 충당한 다음, 나머지 1,000만 원이 7. 1.자 대여금의 원금 8,000만 원에 충당되어야 하므로, 결국 7. 1.자 대여금 7,000만 원과 이에 대한 지연손해금이 남습니다.

나. 상속

김명부는 2013. 8. 1. 사망하였는데, 유족으로는 배우자 피고 구미옥, 유일한 자녀 김유남, 손자녀 김일손, 피고 김이손을 두었고, 김유남은 2013. 10. 5. 상속의 포기를 신고하여 2013. 10. 25. 법원이 신고를 수리하였습니다. 따라서 피고 구미옥은 망 김명부의 배우자로서 3/7, 피고 김이손은 망 김명부의 손자녀로서 2/7의 비율로 위 채무를 상속하였는바, 피고 구미옥은 위 7,000만 원의 채무 중 3,000만 원, 피고 김이손은 2,000만 원을 각각 상속하게 되었습니다.

다. 예상되는 주장에 대한 반박

(1) 피고 김동부의 변제 충당 주장

위 피고는 김명부의 각 채무 중 연대보증인이 있는 7. 1.자 대여금이 채무자인 김명부에게 변제의 이익이 더 크므로, 앞서 본 송금액이 7. 1.자 대여금에 우선 충당되어야 한다고 주장할 것으로 예상됩니다.

민법 제477조 제2, 3호에 따르면, 이행기가 먼저 도래한 채무가 있더라도 이에 우선하여 채무자에게 변제이익이 많은 채무의 변제에 충당하여야 하는 것은 맞지만, 변제자가 주채무자인 경우, 보증인이 있는 채무와 보증인이 없는 채무 사이에 전자가 후자에 비하여 변제이익이 더 많다고 볼 근거는 전혀 없으므로 양자는 변제이익의 점에서 차이가 없다고 보아야 합니다(대판 1997.7.25. 96다52649). 따라서 위 송금액이 7. 1.자 대여금에 우선충당될 수 없고, 민법 제477조 제3호에 따라 이행기가 먼저 도래한 5. 1.자 대여금에 우선충당되어야 합니다.

(2) 피고 구미옥, 김이손의 지정 충당 주장

위 피고들은 김명부가 위 돈을 송금하면서 원본채무에 우선충당하도록 지정하였으므로, 지연손해금의 충당에 우선하여 원본에 변제충당해야 한다고 주장할 것으로 예상됩니다.

그러나 비용, 이자, 원본에 대한 변제충당에 있어서는 민법 제479조에 그 충당 순서가 법정되어 있고 지정 변제충당에 관한 같은 법 제476조는 준용되지 않으므로 당사자 사이에 특별한 합의가 없는 한 비용, 이자, 원본의 순서로 충당하여야 하고, 채무자는 물론 채권자라고 할지라도 위 법정 순서와 다르게 일방적으로 충당의 순서를 지정할 수는 없습니다.

따라서 망 김명부가 원본에 충당하도록 지정하였다는 사실이 인정된다고 하더라도 지연손해금에 우선하여 원본에 충당할 수는 없습니다.

라. 소결

따라서 원고에게, 위 대여금 7,000만 원 중 일부로서 각 상속분에 따라 피고 구미옥은 3,000만 원, 피고 김이손은 2,000만 원, 피고 김동부는 연대보증인으로서 피고 구미옥, 김이손과 연대하여 위 대여금 합계액 5,000만 원과 각 이에 대하여 일부 변제된 다음날인 2009. 8. 1.부터 이 사건 소장부본 송달일까지는 약정에 따른 월 1%의, 그 다음날부터 갚는 날까지는 소송촉진 등에 관한 특례법이 정한 연 12%의 각 비율로 계산한 지연손해금을 지급할 의무가 있습니다.

判例는 "상속을 포기한 자는 상속개시된 때부터 상속인이 아니었던 것과 같은 지위에 놓이게 되므로, 피상속인의 배우자와 자녀 중 자녀 전부가 상속을 포기한 경우에는 배우자와 피상속인의 손자녀 또는 직계존속이 공동으로 상속인이 되고, 피상속인의 손자녀와 직계존속이 존재하지 아니하면 배우자가 단독으로 상속인이 된다"(대판 2015.5.14. 2013다48852)고 하여 **공동상속설**의 입장이다.

甲남(56세)은 2018.8.6. 사망하였고, 유족으로 배우자 乙녀와 자녀 丙, 丁이 있었으며, 부(父) 戊가 생존해 있었고, 모(母)는 이전에 사망하였다. 위 가족들은 모두 甲의 사망을 당일 알았다. 丙과 丁은 한 달이 지난 2018.9.27. 법원에 甲남에 대한 상속포기 신고를 하여 그 신고가 2018.9.30. 수리되었다. 丙은 미혼으로 자녀가 없었으나, 丁은 2016.6.12. 丁2와 혼인하여 2017.6.1. 출산하여 쌍둥이 자녀인 丁3과 丁4를 두었다. 이 경우 피상속인의 직계비속 丙, 丁은 전부 상속을 포기하였으므로, 피상속인의 배우자 乙녀가 甲남의 재산을 단독으로 상속하는 것이 아니라, 乙과 丁의 직계비속인 丁3과 丁4가 공동상속하게 된다.

보증의 대상 중 피고 김일손에 대한 2000만 원 부분이 시효로 소멸하였으므로, 부종성에 따라 보증인에 대한 2000만 원 부분도 같이 소멸하므로, 5,000만 원만 청구하여야 한다.

▌ 지정충당의 항변(20년 2차)

3. 피고 양혁진, 김정자에 대한 청구

가. 소비대차와 상속

(1) 원고는 2013. 6. 20. 망 홍서현(이하 '망인'이라고만 한다)에게 영업자금을 위하여 금 100,000,000원을, 변제기 2014. 5. 19., 이자 월 1%로 정하여 대여하였고, 주식회사 대원은 같은 날 원고에게 위 차용금채무를 연대보증하였습니다.

(2) 한편, 망인은 2019. 7. 3. 남편 피고 양혁진, 아들 양진세, 양진수를 남기고 사망하였고, 양진세, 양진수에게는 자녀가 없으며, 양진세, 양진수는 서울가정법원 2019느단2341호로 적법하게 상속을 포기하였습니다. 한편, 홍서현의 부(父)인 홍덕만은 사망하고, 모(母)인 피고 김정자만 살아있습니다.
피상속인의 자녀 전부가 상속을 포기한 경우에는 배우자와 손자녀 또는 배우자와 직계존속이 공동으로 상속인이 되므로, 피고 양혁진, 김정자는 망인의 차용금채무를 공동으로 상속하였습니다(대판 2015.5.14. 2013다48852).

(3) 따라서 특별한 사정이 없는 한 피고 양혁진, 김정자는 원고에게 그 상속분에 따라 위 차용원리금을 지급할 의무가 있습니다.

나. 피고 양혁진, 김정자의 변제충당 주장과 채무의 소멸 범위

피고 양혁진, 김정자는, 망인이 2019. 6. 19. 원고에게 원금으로 82,000,000 원을 변제하였다고 주장할 것으로 보입니다.
그러나 망인이 남아 있는 차용금 채무의 원본 및 지연손해금 전부를 소멸시키지 못하는 위 변제금을 지급할 당시 원고와 망인 사이에 민법 제479조와 다른 순서로 충당하기로 하는 합의가 없었으므로, 민법 제479조 제1항의 순서와 달리 원본의 변제에 충당하기로 지정하였다 할지라도 그 지정은 효력이 없습니다. 결국 민법 제479조 제1항이 정한 순서에 따라 위 변제금은 원고의 위 차용금에 대한 월 1%의 약정이율에 의한 이자 및 변제기 다음날인 2014. 5. 20.부터 위 변제금 지급일인 2019. 6. 19.까지 월 1%의 약정이율에 의한 지연손해금 합계 72,000,000원(= 100,000,000원 × 1% × 72개월)에 먼저 충당되고, 그 나머지 10,000,000원(= 82,000,000원 - 72,000,000원)이 원본에 충당되어 위 차용금 채무는 위 범위 내에서 소멸하였습니다.

다. 소결

따라서 원고에게 피고 양혁진은 금 54,000,000원[= 90,000,000원(= 100,000,000원 - 10,000,000원) × 상속분 3/5], 피고 김정자는 금 36,000,000원[= 90,000,000원(=100,000,000원 - 10,000,000원) × 상속분 2/5] 및 위 각 금원에 대하여 변제충당일 다음날인 2019. 6. 20.부터 다 갚는 날까지 월 1%의 비율에 의한 지연손해금을 지급할 의무가 있습니다.

☞ 원고가 소외 망 홍서현에게 금전을 대여하였고, 홍서현이 사망하여 피고 양혁진, 김정자가 위 채무를 상속하였고, 원고들이 차용금 일부를 변제한 경우로서 변제충당이 문제된 사안이다. 법전협 모의고사에서 전형적으로 문제되는 소비대차, 상속, 연대보증, 소멸시효, 변제충당의 문제이다. 위 예시들의 패턴을 반복하다 보면 문제를 읽고 빠르게 쟁점을 찾고 문제를 해결할 수 있다.

▌ 변제충당 후 잔존채무의 선이행을 조건으로 하는 근저당권설정등기 대위말소청구(17년 1차)

2. 피고 박수길에 대한 청구

가. 근저당권 설정 및 이전

김상군은 2011. 5. 1. 소외 이동현으로부터 자신이 운영하는 '제일스포츠' 사업자금 명목으로

200,000,000원을 변제기 2012. 4. 30., 이자 월 1%(매월 말일 지급, 변제기 이후 지연손해금 월 2%)로 정하여 차용하였습니다.

김상군은 위 차용 당일 이동현에게 위 채무 담보 목적으로 이 사건 토지에 관하여 청구취지 제2항 기재와 같이 채권최고액 300,000,000원의 근저당권설정등기를 마쳐 주었습니다. 그 후 이동현은 2013. 12. 30. 피고 박수길에게 김상군에 대한 위 차용원리금 채권을 모두 양도하여 그 채권양도통지서가 2014. 1. 2. 김상군에게 도달하였고, 2013. 12. 30. 피고 박수길에게 이 사건 토지에 관하여 근저당권이전의 부기등기를 마쳐 주었습니다.

나. 변제의 충당 및 피담보채무의 확정

김상군은 2014. 8. 31. 피고 박수길에게 위 차용금의 변제 명목으로 250,000,000원을 지급하였습니다. 그런데 위 금액은 위 차용금 채무의 이자, 지연손해금 및 원본 전부를 소멸시키지 못하는 것이었고, 그 충당에 관하여 합의나 지정이 없었습니다.

위 금액은 민법 제479조 제1항에 의하여 비용, 이자, 원본 순서로 충당되어야 할 것인데, ① **차용금의 이자** 24,000,000원[200,000,000원×월 1%×12개월(2011. 5. 1. ~ 2012. 4. 30.)] 및 지연손해금 112,000,000원[200,000,000원×월 2%×28개월(2012. 5. 1. ~ 2014. 8. 31.)] 합계 136,000,000원에 우선충당되고, ② 나머지 114,000,000원(250,000,000원-136,000,000원)은 원본에 충당되었습니다.

결국 위 근저당권의 피담보채무는 원본 86,000,000원(200,000,000원-114,000,000원)과 이에 대한 위 변제일 다음날인 2014. 9. 1.부터 다 갚는 날까지 월 2%의 비율로 계산한 약정지연손해금만 남았습니다.

다. 소 결

근저당권자인 피고 박수길이 그 피담보채무의 액수에 대하여 다투고 있는 이상 원고로서는 근저당권설정등기의 말소등기절차의 이행을 미리 청구할 필요가 있습니다. 따라서 피고 박수길은 원고로부터 위 차용금 잔액 86,000,000원 및 이에 대한 위 변제일 다음날인 2014. 9. 1.부터 다 갚는 날까지 월 2%의 비율로 계산한 약정지연손해금을 지급받은 다음 피고 김병철에게 이 사건 토지에 관하여 청구취지 제2항 기재 근저당권설정등기의 말소등기절차를 이행할 의무가 있습니다.

☞ 이 사안에서 근저당권의 피담보채무의 이자채권은 민법 제163조 제1호의 3년의 소멸시효가 적용되나, 채무승인과 일부변제로써 채무를 다시 승인하여 시효가 두 차례 중단되었다.

■ **잔존채무의 선이행을 조건으로 한 근저당권설정등기 말소청구의 대위행사**(2회 변시)

2. 피고 최정북에 대한 청구

(1) 근저당권설정계약 및 근저당권설정등기 경료

피고회사는 2010. 8. 23. 피고 최정북으로부터 금 5,000만 원을 이자 월 4%, 변제기 2012. 8. 22.로 정하여 차용하고, 이를 담보하기 위하여 피고 최정북에게 이 사건 건물에 채권최고액 6,500만 원으로 된 근저당권을 설정하여 주기로 하는 내용의 근저당권설정계약을 체결하고, 같은 달 25. 그와 같은 근저당권을 설정하여 주었습니다.

(2) 변제충당에 따른 잔존 피담보채무

피고회사는 위 채무의 변제조로 피고 최정북에게 2011. 2. 22. 금 3,750만원을, 2012. 2. 22.에 금 2000만 원을 각 지급하였습니다. 위 변제금은 법률의 규정에 따라 이자 및 지연손해금에 먼저 충당되고 나머지는 원금에 충당됩니다. 그런데 이자제한법 제2조 제1항, 이자제한법 제2조 제1항의 최고이자율에 관한 규정에 의하면 금전대차의 최고이율은 연 30%를 넘지 못하므로, 2011. 2. 22.에 지급한 3,750만 원은 2010. 8. 23.부터 2011. 2. 22.까지의 6개월간의 연 30% 비율에 의한 이자 750

[관련판례] 근저당권 이전의 부기등기는 기존의 주등기인 근저당권설정등기에 종속되어 주등기와 일체를 이루는 것으로서 기존의 근저당권설정등기에 의한 권리의 승계를 등기부상 명시하는 것일 뿐 그 등기에 의하여 새로운 권리가 생기는 것이 아니므로, 근저당권설정자 또는 그로부터 소유권을 이전받은 제3취득자는 피담보채무가 소멸된 경우 또는 근저당권설정등기가 당초부터 원인무효인 경우 등에 근저당권의 현재의 명의인인 '양수인'을 상대로 '주등기'인 근저당권설정등기의 말소를 구할 수 있다(대판 2003.4.11. 2003다5016 : 8회 선택형)

역시 원고의 채권자대위권의 행사로서 대위청구이며, 채무자가 제3채무자에게 변제를 하였으나 일부변제로서 변제충당 후에 잔존채무의 선이행을 조건으로 한 근저당권설정등기의 말소청구를 한 사안

청구취지 형태

2. 피고 최정북은 피고 을서 주식회사로부터 6,000,000원 및 이에 대한 2012. 2. 23.부터 다 갚는 날까지 연 30%의 비율로 계산한 금원을 지급받은 다음, 피고 을서 주식회사에게 위 제1.가.의 (1)항 기재 건물에 관하여 서울중앙지방법원 2010. 8. 25. 접수 제17543호로 마친 근저당권설정등기의 말소등기절차를 이행하라.

만 원(5,000만 원 x 연 30% x 6/12)에 먼저 충당되고 나머지 금 3,000만 원은 원금에 충당되어 원금은 2,000만원이 남았고, 2012. 2. 22.에 지급한 금 2000만 원은 2011. 2. 23.부터 2012. 2. 22.까지 1년간의 연 30%의 비율에 의한 이자600만 원(2000만 원 × 연 30% × 1년)에 먼저 충당되고 나머지 1,400만 원은 원금에 충당되어 결국 위 차용금채무는 원금 600만 원과 그에 대한 이자 및 지연손해금만 남게 되었습니다.

(3) 미리 청구할 필요

그런데 피고 최정북은 월 4%의 이자와 지연손해금을 지급하여 줄 것을 주장하면서 만약 피고회사가 이를 지급하지 아니하면 위 근저당권설정등기를 말소하여 주지 아니할 태세를 보이고 있으므로 피고회사로서는 피고 최정북을 상대로, 피고 최정북은 위 남은 원리금의 지급을 받은 다음, 위 근저당권설정등기의 말소를 미리 청구할 필요가 있습니다.

(4) 채권자대위권의 행사

한편 원고 송무중은 피고회사에 대하여 앞서 본 바와 같이 이 사건 건물에 관한 소유권이전등기청구권이 있고, 이 사건 건물에 관하여 제한물권의 등기가 없는 완전한 등기명의를 취득하기 위하여 피고회사를 대위하여 소를 제기할 보전의 필요성이 있습니다.

(5) 소 결

그러므로 피고 최정북은 피고회사로부터 대여금 600만 원 및 이에 대한 위 지연손해금 지급일 다음 날인 2012. 2. 22.부터 완제일까지 약정이율 중 이자제한법의 제한이율의 범위내인 연 30%의 비율에 의한 지연손해금을 지급받은 다음, 피고 을서 주식회사에게 이 사건 건물에 관하여 청구취지 제2항 기재의 근저당권설정등기의 말소등기절차를 이행할 의무가 있습니다. 원고 송무중은 피고회사를 대위하여 이를 청구하는 바입니다.

4. 소멸시효

■ 의무자의 소멸시효 완성의 항변

I. 의무자의 소멸시효 완성의 항변

예를 들어 대여금채권의 시효소멸을 주장하기 위해서는 ⅰ) 대주가 특정시점에서 당해 권리를 행사할 수 있었던 사실(기산점), ⅱ) 그때로부터 소멸시효기간이 도과한 사실(시효기간)을 주장·증명하면 족하고, 원용권자가 상대방에게 시효원용의 의사표시를 한 사실을 증명할 필요는 없다. 다만, 시효소멸의 이익을 받을 자가 실제 소송에 있어서 그 이익을 받겠다는 항변을 하지 않는 이상 그 의사에 반하여 재판할 수 없음은 변론주의 원칙상 당연하다(대판 1979.2.13, 78다2157).

1. 권리를 행사할 수 있음에도 불행사할 것(기산점)

특정시점에서 당해 권리를 행사할 수 있었던 사실은 소멸시효의 기산점에 관한 사실로서 '주요사실'이므로 '당사자'가 주장하지 않은 때를 기산점으로 하여 소멸시효의 완성을 인정하게 되면 변론주의 원칙에 위배된다(대판 1995.8.25, 94다35886 : 1회·2회 선택형).

2. 권리불행사의 상태가 일정기간 계속될 것(시효기간)

민법 제162조 내지 제165조는 각종 채권의 소멸시효에 관하여 규정하고 있는데, 문제된 채권의 소멸시효기간에 관한 근거사실은 당사자가 주장·증명하여야 하는 것이지만, 어떤 시효기간의 적용을 받는가에 관한 당사자의 주장은 '법률상의 견해'에 불과하므로 법원은 이에 구속되지 않는다(대판 1997.9.13, 77다832 ; 대판 2006.11.10, 2005다35516 : 1회 선택형).

Ⅱ. 권리자의 소멸시효 관련 재항변 등(중, 포, 남)

1. 시효중단(제168조 각호)

시효소멸의 항변에 대하여 원고는 제168조 소정의 사유를 들어 '시효중단'의 재항변을 할 수 있다. 그리고 원고의 이러한 시효중단의 재항변에 대하여 피고는 제170조 내지 제176조에서 규정하고 있는 시효중단의 효력이 없는 경우에 관한 사실을 주장하며 '재재항변'을 할 수 있다. 대표적으로 의무자는 소송의 각하, 기각 또는 취하된 사실(재판상의 청구의 시효중단 효력상실사유 : 제170조 1항), 압류·가압류·가처분이 권리자의 청구에 의하여 또는 법률의 규정에 따르지 아니함으로 인하여 취소된 사실(제175조), 승인이 '관리능력'이나 '관리권한'이 없는 자에 의한 것(제177조)임을 이유로 재재항변을 할 수 있다.

2. 소멸시효의 이익포기(제184조 1항의 반대해석)

시효소멸의 항변에 대하여 원고는 채무자가 '소멸시효의 이익을 포기'하였음을 주장할 수 있다. 시효이익의 포기는 시효완성의 사실을 알면서 하는 것이어야 하는데, 判例에 의하면 예를 들어 시효완성 후에 채무를 승인한 때에는 시효완성을 사실을 알고 그 이익을 포기한 것이라고 추정할 수 있다고 하므로, 시효완성 후 채무승인한 사실을 주장하면서 시효이익포기의 재항변을 할 경우에는 채무자가 당시 시효완성사실을 알고 있었던 사실을 별도로 증명할 필요는 없다.

3. 소멸시효의 남용(제2조 2항)

최후의 재항변사유로서 원고는 채무자가 '소멸시효완성의 남용'을 하고 있다고 주장할 수 있다. 다만, 소멸시효의 남용은 소멸시효 제도에 대한 예외적인 제한에 그쳐야 하므로 "채권자는 그러한 사정이 있는 때부터 '시효정지'의 경우에 준해 단기간 내에 권리를 행사하여야만 채무자의 소멸시효의 항변을 저지할 수 있다"(대판 2013.5.16. 전합2012다202819). 따라서 권리자의 소멸시효 남용의 재항변에 대해 의무자는 시효정지기간(6개월)의 경과사실로써 재재항변을 할 수 있다.

(1) 소멸시효완성의 요건사실

> ⅰ) 대주가 특정시점에서 권리를 행사할 수 있었던 사실(기산점), ⅱ) 그때로부터 소멸시효기간이 도과한 사실(기간)

(2) 기산점(권리를 행사할 수 있음에도 불행사할 것)

소멸시효는 '권리를 행사할 수 있는 때'로부터 진행한다(제166조 1항). 이 때 '권리를 행사할 수 있는 때'란 권리를 행사하는 데 있어 '법률상의 장애'가 없음을 말한다(이행기의 미도래·정지조건의 불성취 등). 따라서 '사실상의 장애', 즉 권리자의 개인적 사정이나 권리자가 권리의 존재를 모르거나, 모르는데 과실이 없다고 하여도 이러한 사유는 시효의 진행을 막지 못한다(대판 2006.4.27. 2006다1381). 사실상의 장애를 인정하게 되면 소멸시효의 기산점이 불명확하게 되어 법적 안정성의 면에서 문제가 있기 때문이다(대판 1984.12.26. 전합84누572).

1) 각종 권리에서 기산점

가) 기한을 정한 채권

① '확정기한부 채권'은 그 기한이 도래한 때부터 소멸시효가 진행한다. ② '불확정기한부 채권'은 기한이 객관적으로 도래한 때이며, 채권자가 기한의 도래를 알았는지 여부, 그에 대한 과실유무는 묻지 않는다.[4] ③ 기한이 있는 채권의 이행기가 도래한 후 채권자와 채무자가 기한

---

4) [비교] 한편, '불확정기한부 채무'는 채무자가 기한이 도래함을 안 때로부터(구체적으로는 그 다음날부터) 지체책임이 있다(제387조 1항 2문). 채권자의 최고가 있으면 채무자가 기한의 도래를 알지 못하더라도 그 최고를 받은 때로부터(구체적으로는 그 다음날부터) 지체책임이 있다.

을 유예하기로 합의한 경우, 소멸시효는 변경된 이행기가 도래한 때로부터 진행하고, 이와 같은 기한 유예의 합의는 묵시적으로도 가능하다(대판 2017.4.13. 2016다274904).

나) 기한을 정하지 않은 채권

기한을 정하지 않은 채권은 그 채권 성립(발생)시부터 시효가 진행한다. 그러나 최고 후 상당한 기간이 경과한 후에 청구할 수 있는 채권(제603조 2항)은 최고를 할 수 있는 때로부터 상당기간이 경과한 때 시효가 진행한다.

다) 정지조건부 채권

조건이 성취된 때로부터 시효가 진행한다(제147조)(9회 선택형).

라) 부작위를 목적으로 하는 채권

부작위 의무를 위반한 때로부터 진행한다(제166조 2항).

2) 채무불이행으로 인한 손해배상청구권

채무불이행으로 인한 손해배상채권(제394조)은 **본래의 채권**과 **'동일성'**을 가지므로 채무불이행으로 인한 손해배상청구권의 시효기간은 원채권의 시효기간에 따르고(대판 2010.9.9. 2010다28031), 본래의 채권이 시효로 소멸한 때에는 손해배상채권도 함께 소멸한다(대판 2018.2.28. 2016다45779). 문제는 그 기산점인데, 손해배상청구권은 채무불이행시에 비로소 발생한 것인 만큼 채무불이행시부터 소멸시효가 진행한다(대판 1990.11.9, 90다카22513).

3) 불법행위로 인한 손해배상청구권

불법행위로 인한 손해배상청구권에 관해서는 피해자측이 '그 손해 및 가해자를 안 날'로부터 또는 '불법행위를 한 날'로부터 시효가 진행된다(제766조).

4) 기 타

① 부당이득반환청구권은 부당이득의 날로부터(무효인 경우 급부시부터 부당이득반환청구권의 소멸시효가 진행한다 ; 대판 2005.1.27, 2004다50143), ② **동시이행의 항변권**이 붙어 있는 채권의 경우에는 이행기 도래 후에 반대급부를 제공하면 언제라도 권리를 행사할 수 있으므로 이행기부터 진행한다(대판 1991.3.22. 90다9797),

(3) 시효기간(권리불행사의 상태가 일정기간 계속될 것)

1) 일반채권 및 상사채권

① 보통 채권의 소멸시효기간은 10년이다(제162조 1항). ② 그러나 **상행위로 생긴 채권의 소멸시효기간은 5년이다**(상법 제64조 본문). 다만, 다른 법령에 5년보다 단기의 시효의 규정이 있는 때에는 그 규정에 의한다(상법 제64조 단서). 이는 당사자 일방에 대하여만 상행위에 해당하는 행위로 인한 채권에도 적용되고(대판 2006.4.27, 2006다1381), 상인이 영업을 위하여 하는 보조적 상행위도 적용된다(대판 2000.8.22, 2000다19922). 예컨대 여관을 경영하던 甲이 여관을 신축하기 위하여 친구 乙로부터 돈을 빌린 경우 이 대여금채권은 상사채권에 해당하여 5년의 소멸시효에 걸린다.

2) 3년의 단기소멸시효(제163조)

가) 이자·부양료·급료·사용료 그 밖의 1년 이내의 기간으로 정한 금전 또는 물건의 지급을 목적으로 한 채권(제163조 1호)

'1년 이내의 기간으로 정한 채권'이란 1년 이내의 정기로 지급되는 채권(정기급부 채권, 대표적으로 월차임채권)을 의미하는 것이지 변제기가 1년 이내인 채권을 말하는 것이 아니다. 따라서 이자채권이더라도 1년 이내의 정기로 지급하기로 한 것이 아니면 3년의 시효에 걸리지 않는다(대판

[좌측 여백 메모]

금전채무의 이행지체로 인하여 발생하는 지연이자채권은 제163조 제1호가 규정한 '1년 이내의 기간으로 정한 채권'에 해당하여 3년의 단기소멸시효에 걸린다(7회 선택형).(×)

확정기한부 채권은 반대채권과 동시이행관계에 있는 경우에도 그 기한이 도래한 때부터 소멸시효가 진행된다(4회 선택형).(○)

1996.9.20, 96다25302). 또 1년 이내의 정기로 이자를 받기로 한 경우에도, 그 원본채무의 연체가 있는 경우의 그 지연배상금은 손해배상금이지 이자가 아니므로 본조의 적용이 없고 원본채권의 소멸시효기간과 같다고 보아야 한다(대판 1989.2.28, 88다카214 : 7회 선택형).

나) 도급받은 자 등의 공사에 관한 채권(제163조 3호)

이는 수급인이 도급인에 대하여 갖는 공사에 관한 채권을 말하는 것으로(대판 1963.4.18. 63다92 : 4회 선택형), 공사대금채권(수급인의 보수청구권)뿐만 아니라 그 공사에 부수되는 채권, 예를 들어 수급인의 비용상환청구권, 수급인의 제666조의 저당권설정청구권(대판 2016.10.27. 2014다211978), 도급인의 공사협력의무(대판 2010.11.25, 2010다56685)도 포함된다.

다) 생산자·상인이 판매한 생산물 및 상품의 대가(제163조 6호) [9회 사례형]

전기·도시가스요금 등이 이에 해당한다. 이러한 채권은 본래 상행위로 인한 것이어서 5년의 소멸시효가 적용되어야 하나(상법 제64조 본문), 본호의 3년의 소멸시효는 상법 제64조 단서의 '다른 법령에 이보다 단기의 시효의 규정이 있는 때'에 해당하여 본호가 우선하여 적용되는 것이다.

3) 판결 등에 의해 확정된 채권

가) 단기의 소멸시효에 해당한 것

판결에 의하여 확정된 채권은 '단기의 소멸시효에 해당한 것'이라도 그 소멸시효는 10년으로 한다(제165조 1항).

나) 주채무의 소멸시효기간의 연장이 보증채무에 대하여도 미치는지 여부

判例는 연장부정설의 입장인바, 보증채무가 주채무에 부종한다 하더라도 양자는 별개의 채무이고, 제440조의 의미는 '보증채무의 부종성'에 기인한 것이라기보다는 '채권자보호를 위한 특별규정'(대판 1986.11.25, 86다카1569)이기 때문이라고 한다.

(4) 주장 · 증명책임

소멸시효로 인하여 이익을 받을 자가 시효소멸의 항변을 하면, 소멸시효의 완성을 저지하려는 자가 시효중단의 재항변을 하여야 한다.

(5) 소멸시효중단 사유

민법은 소멸시효의 중단사유로 ① 청구, ② 압류 또는 가압류·가처분, ③ 승인을 들고 있고(제168조), '청구'에 해당하는 것으로 다시 재판상의 청구(제170조)·파산절차참가(제171조)·지급명령(제172조)·화해를 위한 소환(제173조)·임의출석(제173조)·최고(제174조)의 6가지를 들고 있다.

[권리자의 재항변 사유] 소멸시효의 중단 ▼

I. 청구

1. 재판상 청구(제170조)

> 제170조 (재판상의 청구와 시효중단) ① 재판상의 청구는 소송의 각하, 기각 또는 취하의 경우에는 시효중단의 효력이 없다. ② 전항의 경우에 6월내에 재판상의 청구, 파산절차참가, 압류 또는 가압류, 가처분을 한 때에는 시효는 최초의 재판상청구로 인하여 중단된 것으로 본다.

[비교판례]
① **[주채무의 시효연장이 제3취득자, 물상보증인에게 미치는 영향]** 채권에 관하여 소멸시효가 중단되거나 소멸시효기간이 제165조에 따라 연장되더라도 그 효과가 그대로 미친다(대판 2009.9.24, 2009다39530 : 2회,9회 선택형).

② **[주채무의 시효연장 후 보증계약을 체결한 경우]** "보증채무는 주채무와는 별개의 독립한 채무이므로 보증채무와 주채무의 소멸시효기간은 채무의 성질에 따라 각각 별개로 정해진다. 그리고 주채무의 소멸시효기간이 10년으로 연장된 상태에서 주채무를 보증한 경우, 성질에 따라 보증인에 대한 채권이 민사채권인 경우에는 10년, 상사채권인 경우에는 5년의 소멸시효기간이 적용된다"(대판 2014.6.12. 2011다76105).

甲은 1985. 5.경 A 토지(300㎡)와 그 지상 주택을 소유자로부터 매수하여 자신의 명의로 등기하였다. 그런데 그 주택은 A 토지에 인접한 乙 소유의 B 토지(200㎡) 중 X 부분(15㎡)을 침범하여 건축되어 있었는바, 甲은 그 침범사실을 모르고 그 주택에서 거주하다가 1995. 3. 5. 사망하였다. 甲의 유일한 상속인인 丙이 위 주택과 A 토지를 상속하고 X 부분 토지에 대한 점유도 승계하였다. 丙이 2004. 3.경 乙을 상대로 취득시효완성을 원인으로 한 소유권이전등기청구소송을 제기하였다가 乙이 응소하여 적극적으로 丙의 주장을 다투자, 2004. 10.경 소를 취하한 후 다시 2007. 3.경 동일한 취지의 소송을 제기한 경우, 丙은 승소할 수 없다(1회 선택형).(×)

☞ 소멸시효의 중단에 관한 규정은 전2조의 소유권취득기간에 준용한다(제247조 2항). 따라서 丙이 취득시효가 완성(2005. 5.)되기 전에 제기한 소에 대해 소유권자 乙이 응소하였으나 丙은 소를 취하한 후 6개월이 지난 2007. 3.경 소송을 다시 제기하였고, 이는 취득시효가 완성된 후이므로 취득시효 중단사유는 없다. 따라서 丙은 취득시효완성을 원인으로 한 소유권이전등기청구소송에서 승소할 수 있다.

(1) 개 념

재판상 청구란 자기의 권리를 재판상 주장하는 것을 말한다. 민사소송이기만 하면, 그것이 본소이든 반소이든, 이행·형성·확인의 소이든, 재심의 소(대판 1996.9.24, 96다11334)이든 이를 묻지 않는다. 그 밖에 권리자가 이행의 소를 대신하여 재판기관의 공권적인 법률판단을 구하는 '지급명령의 신청'도 포함된다(대판 2011.11.10, 2011다54686 ; 제172조의 '지급명령'과 구별할 것).

(2) 응소가 재판상 청구에 포함되는지 여부

判例는 응소행위로서 상대방의 청구를 적극적으로 다투면서 자신의 권리를 주장하는 것은 ⅰ) 자신이 권리 위에 잠자는 자가 아님을 표명한 것이고, ⅱ) (권리불행사라는) 계속된 사실상태와 상용할 수 없는 다른 사정이 발생한 때로 보아야 할 것임을 이유로 긍정설의 입장이다(대판 1993.12.21, 전합92다47861).

1) 요 건(채, 주, 승)

채권자가 ⅰ) 채무자가 제기한 소송에서, ⅱ) 응소하여 적극적으로 권리를 주장하여, ⅲ) 승소한 경우는 제170조 1항의 '재판상 청구'에 해당하여 소멸시효가 중단된다.

가) 채무자가 제기한 소송일 것

채무자가 제기한 소송에서 채권자가 응소하여 적극적으로 자신의 권리를 주장하는 경우이어야 한다. 따라서 담보물의 제3취득자나 물상보증인 등 시효를 원용할 수 있는 지위에 있으나 직접 의무를 부담하지 아니하는 자가 제기한 소송에서의 응소행위는 권리자의 의무자에 대한 재판상 청구에 준하는 행위에 해당한다고 볼 수 없다(대판 2007.1.11, 2006다33364 등 : 3회· 5회· 9회 선택형).

나) 응소하여 적극적으로 권리를 주장할 것

判例는 채무자(점유자)가 제기한 소송에서 채권자(소유자)가 응소한 경우에도 적극적으로 자신의 권리(소유권)를 주장하지 않고 다른 주장을 하여 채무자의 청구가 기각된 경우에는 (소유권에 관한) 권리행사가 있다고 볼 수 없어 (취득)시효가 중단되지 아니한다고 한다(대판 1997.12.12, 97다30288).

다) 승소할 것 : 원고패소판결

2) 효 과

① 응소한 자(피고)가 승소한 경우 '판결이 확정된 때'로부터 새롭게 소멸시효가 진행되며(제178조 2항), 단기의 소멸시효에 해당되는 채권은 10년으로 연장된다(제165조 1항). ② 원고가 제기한 소가 각하 또는 취하된 경우 제170조 2항을 유추하여 6월 내에 다른 강력한 시효중단조치를 취하면 응소시에 소급하여 시효중단의 효력이 발생한다(대판 2010.8.26, 2008다42416,42423 : 사안은 피고의 응소 후 원고의 소가 각하되었으나 6개월 내에 피고가 원고에게 반소를 제기한 사안이다).

3) 주장책임

判例에 따르면 '변론주의' 원칙상 시효중단의 효과를 원하는 피고로서는 소송에서 응소행위로써 시효가 중단되었다고 주장해야 한다고 한다. 즉 시효중단사실은 주장이 필요한 '주요사실'이다. 따라서 피고의 응소행위가 있었다는 사정만으로 당연히 시효중단의 효력이 발생한다고 할 수는 없다(대판 1997.2.28, 96다26190). 다만 이러한 시효중단의 주장은 반드시 응소시에 할 필요는 없고 소멸시효기간이 만료된 후라도 사실심 변론종결 전에는 언제든지 할 수 있다(대판 2010.8.26, 2008다42416,42423 : 9회 선택형).

(3) 시효중단의 (물적) 범위

재판상 청구에 의한 시효중단의 범위에 관해, 통설·判例는 소송물 그 자체에 국한하지 않고 재판상 청구를 통해 권리를 행사한 것으로 볼 수 있는 경우에까지 이를 확대한다(권리행사설).

1) 기본적 법률관계에 관한 청구와 그에 포함되는 권리

① 기본적 법률관계에 관한 확인청구의 소의 제기는 그 법률관계로부터 생기는 개개의 권리에 대한 소멸시효의 중단사유가 된다. 예컨대, 파면처분무효확인의 소(또는 고용관계존재확인의 소)는 파면 후의 임금채권에 대한 재판상 청구에 해당하여 시효중단의 효력이 있다(대판 1978.4.11, 77다2509). 반대로 소유권의 취득시효를 중단시키는 재판상 청구에는 소유권확인청구는 물론, 소유권의 존재를 전제로 하는 다른 권리주장도 포함한다(소유물반환청구·등기말소청구·손해배상청구 등)(대판 1979.7.10, 79다569).

② 그러나, **저당권이 설정되어 있더라도 저당권의 피담보채권이 시효중단되는 것은 아니다.** 마찬가지로 채권자가 담보목적의 가등기를 취득한 후 그 목적토지를 인도받아 점유하더라도 담보가등기의 피담보채권의 소멸시효가 중단되는 것은 아니다(대판 2007.3.15, 2006다12701). 다만, 근저당권설정등기청구권의 행사는 그 피담보채권이 될 금전채권의 실현을 목적으로 하는 것으로 근저당권설정등기청구의 소에는 그 피담보채권에 관한 주장이 당연히 포함되어 있으므로, 근저당권설정등기청구의 소의 제기는 그 피담보채권의 재판상의 청구에 해당한다(대판 2004.2.13, 2002다7213).

2) 원인채권과 어음(수표)금채권의 청구

가) 원인채권의 행사로 어음채권에 대한 시효가 중단되는지 여부(소극)

"원인채권의 지급을 확보하기 위한 방법으로 어음이 수수된 경우에 원인채권과 어음채권은 별개로서 채권자는 그 선택에 따라 권리를 행사할 수 있고, 원인채권에 기하여 청구를 한 것만으로는 어음채권 그 자체를 행사한 것으로 볼 수 없어 어음채권의 소멸시효를 중단시키지 못한다"(대판 1967.4.25, 67다75 ; 대판 1994.12.2, 93다59922).

나) 어음채권의 행사로 원인채권의 시효가 중단되는지 여부(적극)

"채권자가 어음채권에 기하여 청구를 하는 반대의 경우에는 원인채권의 소멸시효를 중단시키는 효력이 있고, 이러한 법리는 어음채권을 피보전권리로 하여 채무자의 재산을 가압류함으로써 그 권리를 행사한 경우에도 마찬가지로 적용된다"(대판 1961.11.9, 4293민상748 ; 대판 1999.6.11, 99다16378).

다) 어음채권의 행사로 원인채권의 시효가 중단되는지 여부(적극) [2회 기록형, 3회 사례형]

"원인채권의 지급을 확보하기 위한 방법으로 어음이 수수된 경우, 이러한 어음은 경제적으로 동일한 급부를 위하여 원인채권의 지급수단으로 수수된 것으로서 그 어음채권의 행사는 원인채권을 실현하기 위한 것일 뿐만 아니라, 원인채권의 소멸시효는 어음금청구소송에서 채무자의 인적항변사유에 해당하는 관계로 채권자가 어음채권의 소멸시효를 중단하여 두어도 채무자의 인적항변에 따라 그 권리를 실현할 수 없게 되는 불합리한 결과가 발생하게 되므로, **채권자가 어음채권에 기하여 청구를 하는 반대의 경우에는 원인채권의 소멸시효를 중단시키는 효력이 있고,** 이러한 법리는 어음채권을 피보전권리로 하여 채무자의 재산을 가압류함으로써 그 권리를 행사한 경우에도 마찬가지로 적용된다"(대판 1961.11.9, 4293민상748 ; 대판 1999.6.11, 99다16378).

라) 만기가 기재된 백지 약속어음의 소지인이 그 백지 부분을 보충하지 않고 어음금을 청구한 경우

"만기는 기재되어 있으나 지급지, 지급을 받을 자 등과 같은 어음요건이 백지인 약속어음의 소지인이 그 백지 부분을 보충하지 않은 상태에서 어음금을 청구하는 경우 어음상의 청구권에 관한 소멸시효는 중단된다"(대판 2010.5.20. 전합2009다48312). **[3회 사례형]**

[비교판례] "담보가등기를 경료한 부동산을 인도받아 점유하더라도 담보가등기의 피담보채권의 소멸시효가 중단되는 것은 아니지만, 채무의 일부를 변제하는 경우에는 채무 전부에 관하여 시효중단의 효력이 발생하는 것이므로(제168조 3호), 채무자가 채권자에게 담보가등기를 경료하고 부동산을 인도하여 준 다음 피담보채권에 대한 이자 또는 지연손해금의 지급에 갈음하여 채권자로 하여금 부동산을 사용수익할 수 있도록 한 경우라면, 채권자가 부동산을 사용수익하는 동안에는 채무자가 계속하여 이자 또는 지연손해금을 채권자에게 변제하고 있는 것으로 볼 수 있으므로 피담보채권의 소멸시효가 중단된다고 보아야 한다"(대판 2009.11.12, 2009다51028 : 6회,7회 선택형).

선물용 시계 제조업자인 甲은 시계 도매업자인 乙에게 고급 여성 손목시계 200개를 1억 원에 매도하는 내용의 매매계약을 체결하였다. 甲은 위 매매계약 체결 당일 매매대금의 지급을 확보하기 위하여 乙로부터 액면금 1억 원의 약속어음을 발행받아 수령하였고, 乙은 추가로 丙에게 부탁하여 丙은 같은 날 위 매매대금채무를 연대보증하였다. 甲은 위 매매목적물을 모두 乙에게 인도하였으나 乙과 丙은 변제기가 지나도록 대금을 지급하지 않고 있다. 이 경우 甲이 乙을 상대로 매매대금청구의 소를 제기하면 위 약속어음채권의 소멸시효는 중단된다(10회 선택형).(×)

3) 일부청구

일부의 청구(특히 일부를 특정하고 일부청구임을 명시하여 청구한 경우)는 나머지 부분에 대한 시효중단의 효력이 없다는 것이 判例의 기본적인 입장이다(대판 1967.5.23, 67다529). 그러나 일부에 대한 청구라도 채권 전부에 관하여 판결을 구하는 것으로 해석되는 경우에는 그 전부에 대해 시효중단의 효력이 발생한다(대판 1992.4.10. 91다43695).

4) 채권자대위청구

① **[피대위채권]** 채권자가 채무자를 대위하여 피대위채권을 대위행사한 경우(제404조), 채권자대위권 행사의 효과는 채무자에게 귀속되는 것이므로 채권자대위소송의 제기로 인한 소멸시효의 중단의 효과 역시 채무자에게 생긴다(대판 2011.10.13. 2010다80930). 즉 피대위채권이 시효중단됨은 물론이다.

② **[피보전채권]** 한편 피보전채권의 경우 채권자대위권행사의 사실을 채권자가 채무자에게 통지한 때에는 채무자는 자기의 권리를 처분하지 못하는바(제405조 2항), 이는 곧 압류의 효과가 생기는 것과 마찬가지이기 때문에 압류에 의한 시효중단 또는 적어도 최고로서의 효력은 인정하여야 한다.

③ **[대위채권자가 피대위채권을 양수한 경우]** 그리고 원고가 채권자대위권에 기해 청구를 하다가 당해 피대위채권 자체를 양수하여 양수금청구로 소를 변경한 사안에서, 判例는 이는 청구원인의 교환적 변경으로서 채권자대위권에 기한 구 청구는 취하된 것으로 보아야 하나, 양소의 소송물이 동일한 점, 시효중단의 효력은 특정승계인에게도 미치는 점(제169조), 원고를 '권리 위에 잠자는 자'로 볼 수 없는 점 등에 비추어 볼 때, 당초의 채권자대위소송으로 인한 시효중단의 효력이 소멸하지 않는다고 한다(대판 2010.6.24. 2010다17284 : 3회,10회 선택형).

5) 채권자취소소송

채권자취소 소송의 경우 상대적 무효설의 입장에 따르면 채무자는 피고적격이 없다고 할 것이므로 채권자취소소송에 의하여 피보전채권에 대하여는 소멸시효가 중단되지 않는다.

(4) 재판상 청구에 의한 시효중단의 효과

① 재판상 청구에 의한 시효중단의 효과는 소를 제기한 때, 즉 소장을 법원에 제출한 때에 발생한다(민사소송법 제265조 · 제248조). ② 그러나 재판상의 청구가 있더라도 소의 각하·기각 또는 취하가 있으면 시효중단의 효력이 없다(제170조 1항). 다만 그 동안 계속해서 최고한 것으로 볼 수 있기 때문에(이른바 재판상의 최고) 이 경우 6개월 내에 재판상의 청구·파산절차참가·압류·가압류·가처분을 한 때에는, 시효는 최초의 재판상 청구로 인하여 중단된 것으로 본다(제170조 2항).

① **[추심채무자의 제3채무자에 대한 소취하 이후 6개월 내에 추심채권자가 추심의 소를 제기한 경우]** "ⅰ) 채무자의 제3채무자에 대한 금전채권에 대하여 압류 및 추심명령이 있더라도, 이는 추심채권자에게 피압류채권을 추심할 권능만을 부여하는 것이고, 이로 인하여 채무자가 제3채무자에게 가지는 채권이 추심채권자에게 이전되거나 귀속되는 것은 아니다(따라서 추심채권자는 제169조 소정의 '승계인'에 해당한다고 볼 수는 없다). 따라서 채무자가 제3채무자를 상대로 금전채권의 이행을 구하는 소를 제기한 후 채권자가 위 금전채권에 대하여 압류 및 추심명령을 받아 제3채무자를 상대로 추심의 소를 제기한 경우, 채무자가 권리주체의 지위에서 한 시효중단의 효력은 집행법원의 수권에 따라 피압류채권에 대한 추심권능을 부여받아 일종의 추심기관으로서 그 채권을 추심하는 추심채권자에게도 미친다. ⅱ) 그러므로 민법 제170조에 따라 채무자가 제3채무자를 상대로 제기한 금전채권의 이행소송이 압류 및 추심명령으로 인한 당사자적격의 상실로 각하되더라도, 위 이행소송의 계속 중에 피압류채권에 대하여 채무자에 갈음하여 당사자적격을 취득한 추

심채권자가 위 각하판결이 확정된 날로부터 6개월 내에 제3채무자를 상대로 추심의 소를 제기하였다면, 채무자가 제기한 재판상 청구로 인하여 발생한 시효중단의 효력은 추심채권자의 추심소송에서도 그대로 유지된다"(대판 2019.7.25. 2019다212945).

② **[사망한 자를 피고로 하여 제기된 소(소극)]** 이미 사망한 자를 피고로 하여 제기된 소에 대해서 법원이 이를 간과하고 판결을 하여 결국 무효인 판결인 경우에는 민법 제170조 2항이 적용되지 않는다(대판 2014.2.27. 2013다94312).

③ **[채권자대위소송에서 피보전권리의 부존재를 이유로 각하된 경우(적극)]** 채권자대위의 소가 피보전권리의 부존재를 이유로 각하된 경우에도 그때부터 6월 이내에 채무자가 제3채무자를 상대로 피대위권리에 관한 재판상 청구 등을 하면 시효는 최초의 재판상 청구로 인하여 중단되는지와 관련하여 이 경우 최초의 재판상 청구는 당초부터 무권리자에 의한 청구이므로 제170조가 적용되지 않는다고 해석할 여지가 있다. 그러나 대법원은 채권자대위권 행사의 효과는 채무자에게 귀속되는 것이므로 채권자대위소송의 제기로 인한 소멸시효 중단의 효과 역시 채무자에게 생긴다는 이유를 들어 제170조의 적용을 긍정하고 있다(대판 2011.10.13. 2010다80930).

1) 효과가 미치는 범위

이러한 효과는 당사자 외에 승계인에게도 인정된다(제169조 참조).

가) 채권양도의 대항요건을 갖추지 못한 상태에서 '채권양도인'이 채무자를 상대로 소를 제기한 경우
이 경우 시효중단이 되는데 "그 소송 중에 채무자가 채권양도의 효력을 인정하는 등의 사정으로 인하여 채권양도인의 청구가 기각된 경우 시효중단의 효력이 없어지나, 이 경우에도 채권양수인이 그로부터 6월 내에 채무자를 상대로 재판상의 청구 등을 하면 **채권양도인이 최초의 재판상 청구를 한 때부터 시효가 중단된다**"(제169조, 제170조 2항)(대판 2009.2.12. 2008두20109 : 3회, 9회 선택형). **[5회 사례형]**

나) 채권양도의 대항요건을 갖추지 못한 상태에서 '채권양수인'이 채무자를 상대로 소를 제기한 경우
채권양수인이 소멸시효기간이 경과하기 전에 채무자를 상대로 소를 제기하였는데, 채권양도사실의 채무자에 대한 통지는 소멸시효기간이 경과한 후에 이루어진 경우, 위 채권의 소멸시효가 중단되는지 여부가 문제되는바, 判例는 "채권양도에 의하여 채권은 그 동일성을 잃지 않고 양도인으로부터 양수인에게 이전되며, 이러한 법리는 채권양도의 대항요건을 갖추지 못하였다고 하더라도 마찬가지인 점 등에서 비록 '대항요건을 갖추지 못하여' 채무자에게 대항하지 못한다고 하더라도 '채권의 양수인'이 채무자를 상대로 재판상의 청구를 하였다면 이는 소멸시효 중단사유인 재판상의 청구에 해당한다"(대판 2005.11.10. 2005다41818 : 4회,9회 선택형)고 한다.

> 채권양도의 대항요건을 갖추지 못한 상태에서 채권의 양수인이 채무자를 상대로 양수금의 지급을 재판상 청구하는 경우, 그 양수금채권의 소멸시효는 중단되지 않는다(4회,9회 선택형).(×)

다) 승계인의 소송인수(민사소송법 제82조)와 시효중단 [9회 사례형]
"소송목적인 권리를 양도한 원고는 법원이 소송인수 결정을 한 후 피고의 승낙을 받아 소송에서 탈퇴할 수 있는데(민사소송법 제82조 제3항, 제80조), 그 후 법원이 인수참가인의 청구의 당부에 관하여 심리한 결과 인수참가인의 청구를 기각하거나 소를 각하하는 판결을 선고하여 그 판결이 확정된 경우에는 원고가 제기한 최초의 재판상 청구로 인한 시효중단의 효력은 소멸한다. 다만 소송탈퇴는 소취하와는 그 성질이 다르며, 탈퇴 후 잔존하는 소송에서 내린 판결은 탈퇴자에 대하여도 그 효력이 미친다(민사소송법 제82조 제3항, 제80조 단서). 이에 비추어 보면 인수참가인의 소송목적 양수 효력이 부정되어 인수참가인에 대한 청구기각 또는 소각하 판결이 확정된 날부터 6개월 내에 탈퇴한 원고가 다시 탈퇴 전과 같은 재판상의 청구 등을 한 때에는, 탈퇴 전에 원고가 제기한 재판상의 청구로 인하여 발생한 시효중단의 효력은 그대로 유지된다고 봄이 타당하다"(대판 2017.7.18. 2016다35789).

2. 최고(제174조)

(1) 일반적인 최고

① "민법 제174조가 시효중단 사유로 규정하고 있는 **최고를 여러 번 거듭하다가 재판상 청구 등을 한 경우**에 시효중단의 효력은 항상 최초의 최고 시에 발생하는 것이 아니라 **재판상 청구 등을 한 시점을 기준**으로 하여 이로부터 소급하여 6월 이내에 한 최고 시에 발생한다"(대판 2019.3.14. 2018두56435).

② 채무이행을 최고받은 채무자가 그 이행의무의 존부 등에 대하여 조사해 볼 필요가 있다는 이유로 채권자에 대해 그 이행의 유예를 구한 경우에는, 채권자가 그 회답을 받을 때까지는 **최고의 효력이 계속**된다고 보아야 하고, 따라서 제174조 소정의 6개월의 기간은 채권자가 채무자로부터 회답을 받은 때로부터 기산된다(대판 1995.5.12. 94다24336 등 : 1회 선택형).

(2) 최고로서 경매신청, 압류 또는 가압류

① 채권자가 연대채무자 1인의 소유 부동산에 대하여 **경매신청**을 한 경우에 이는 **최고로서의 효력이 있다.** 한편 이 최고는 다른 연대채무자에게도 효력이 있으므로(제416조), 채권자가 6개월 내에 '다른 연대채무자'를 상대로 재판상 청구 등을 한 때에는 그 '다른 연대채무자'에 대한 채권의 소멸시효가 중단되지만, 이로 인하여 중단된 시효는 위 경매절차가 종료된 때가 아니라 재판이 확정된 때부터 새로 진행된다. 그리고 연대채무자 1인의 소유 부동산이 경매개시결정에 따라 **압류된 경우, '다른 연대채무자'에게는 시효중단의 효력이 없다**(제169조 참조)(대판 2001.8.21. 2001다22840 : 4회,7회 선택형).

② 채권자가 채무자의 제3채무자에 대한 채권을 압류 또는 가압류한 경우 채권자의 채무자에 대한 채권은 압류에 따른 시효중단의 효력이 확정적으로 발생하나, 이와 달리 **압류의 대상인 채무자의 제3채무자에 대한 채권은 확정적 시효중단이 되는 것은 아니고** 다만 채권자가 채무자의 제3채무자에 대한 채권에 관한 압류 및 추심명령을 받아 그 결정이 제3채무자에게 송달이 되었다면 채무자의 제3채무자에 대한 채권은 '최고'로서의 효력에 의해 시효중단이 된다(대판 2003.5.13. 2003다16238 : 9회 선택형).

(3) 최고로서 소송고지

소송고지는 소송 계속 중에 그 소송에 참가할 이해관계가 있는 제3자에 대해 소송계속 사실을 통지하는 것으로서, 재판은 피고지자에게도 그 효력이 미친다(민사소송법 제84조 내지 제86조, 제77조). 최고로서 소송고지와 관련하여 判例는 "㉠ 소송고지의 요건이 갖추어진 경우에 그 소송고지서에 고지자가 피고지자에 대하여 채무의 이행을 청구하는 의사가 표명되어 있으면 **제174조 소정의 최고로서의 효력이 인정**된다. ㉡ 소송고지에 의한 최고는 보통의 최고와는 달리 법원의 행위를 통하여 이루어지는 것이므로, 만일 법원이 소송고지서의 송달사무를 우연한 사정으로 지체하는 바람에 소송고지서의 송달 전에 시효가 완성된다면 고지자가 예상치 못한 불이익을 입게 되는 점을 고려하면, 민사소송법 제265조를 유추적용하여 **당사자가 소송고지서를 법원에 제출한 때에 시효중단의 효력이 발생**한다. ㉢ 당해 소송이 계속 중인 동안은 최고에 의하여 권리를 행사하고 있는 상태가 지속되고 있는 것으로서, 민법 제174조에 규정된 6개월의 기간은 당해 소송이 **종료된 때로부터 기산하여야 한다**"(즉, 소송고지서를 제출한 때가 아니라, 그 재판이 확정된 때로부터 6개월 내에 재판상 청구 등을 하면 시효중단의 효력이 유지된다)(대판 2015.5.14. 2014다16494 ; 대판 2009.7.9. 2009다14340)고 판시하고 있다(3회 선택형).

Ⅱ. 압류, 가압류 또는 가처분(제175조, 제176조)

1. 의 의 [3회 · 5회 · 8회 사례형]

소멸시효는 압류, 가압류 또는 가처분으로 인하여 중단되는바(제168조 2호), 判例에 따르면 이러한 가압류 등은 '집행'이 되는 것을 전제로 민사소송법 제265조(재판상 청구의 경우 소제기시 시효중단)를 유추적용하여 재판상 청구의 '소제기'와 유사하게 '집행을 신청한 때'에 소급하여 시효중단의 효력이 발생한다고 한다(대판 2017.4.7. 2016다35451 : 9회 선택형).

2. 요 건(집, 유, 취, 리)

가압류 등으로 시효가 중단되기 위해서는 i) 가압류 등이 집행될 것, ii) 유효할 것, iii) 취소되지 않을 것, iv) 시효이익을 받을 자에게 할 것을 요한다.

(1) 가압류 등이 집행될 것

집행의 신청이 있었어도 채무자의 주소불명 등으로 '집행에 착수하지 못한 때'에는 시효중단의 효과가 소급적으로 소멸된다(대판 2010.10.14, 2010다53273). **[8회 사례형]** 그리고, '집행에 착수한 이상'(압류할 물건 등이 없어서) 집행불능상태가 된 경우에도 집행을 신청한 때 시효중단의 효력은 인정된다(대판 2001.7.27, 2001두3365). 또한 이 경우에는 '집행절차가 종료된 때'부터 시효가 새로이 진행된다[(대판 2011.5.13, 2011다10044 ; 이와 비교하여 실제로 집행이 된 경우는 가압류집행보전의 효력이 존속하는 동안은 시효중단의 효력이 계속된다(대판 2000.4.25, 2000다11102 등)].

(2) 가압류 등이 유효할 것

가압류 등은 유효한 것이어야 하므로, 이미 사망한 자를 피신청인으로 한 가압류신청에 따른 가압류결정(당연 무효의 가압류)은 이에 해당하지 않는다(대판 2006.8.24, 2004다26287).

(3) 가압류 등이 취소되지 않을 것

압류, 가압류 및 가처분이 ① 권리자의 청구에 의하여 또는 ② 법률의 규정에 따르지 않음으로 인하여 취소된 경우에는 시효중단의 효력이 소급적으로 소멸한다(제175조).

① '권리자의 청구에 의하여 취소된 경우'라 함은 채권자에게 권리행사의 의사가 없음을 객관적으로 표명하는 행위를 말한다. 예를 들어 ㉠ **[경매신청취하, 집행취소]** '경매신청을 취하'하는 경우 압류로 인한 소멸시효 중단의 효력이 소급적으로 소멸한다(민사집행법 제93조 1항). 이는 가압류 등을 명한 결정 자체가 취소된 경우뿐만 아니라 그 **집행만이 취소된 경우**에도 적용된다(대판 2010.10.14, 2010다53273). **[3회 사례형]** ㉡ **[압류명령과 추심명령의 동시신청시]** 추심권의 포기만으로는 압류로 인한 소멸시효 중단의 효력은 상실되지 아니하고 압류명령의 신청을 취하하면 비로소 소멸시효 중단의 효력이 소급하여 상실된다(대판 2014.11.13. 2010다63591)

② '법률의 규정에 따르지 아니함으로 인하여 취소된 경우'라 함은 처음부터 적법한 권리행사가 있었다고 볼 수 없는 경우를 의미하므로 "법률의 규정에 따른 적법한 가압류가 있었으나 제소기간의 도과(채무자의 제소명령신청에 의하여 채권자가 법원으로부터 제소명령을 받게 되면 일정한 기간 내에 본안소송을 제기하여야 한다)로 인하여 가압류가 취소된 경우 소멸시효 중단의 효력은 소멸하지 않는다(대판 2011.1.13, 2010다88019 : 8회 선택형).

(4) 가압류 등이 시효이익을 받을 자에게 할 것

시효완성의 이익을 받을 자(채무자)가 아니라 제3자(물상보증인 또는 저당부동산의 제3취득자 등)에 대해 압류 등을 한 경우에는, 그 자(채무자)에 대하여 통지한 때에 시효중단의 효력이 발생한다(제176조).

3. 효 과

(1) 시효중단 효과의 발생시기 및 새로운 시효진행 시기

앞서 검토한 바와 같이 압류, 가압류 또는 가처분이 '집행되면' 그 '집행을 신청한 때'에 소급하여 시효중단의 효력이 발생하고, '집행절차종료시'로부터 다시 시효가 진행된다. 만약, 집행채권의 소멸시효가 채무자의 채권에 대한 압류로 중단된 후, 그 '피압류채권이 기본계약관계의 해지·실효 또는 소멸시효 완성 등으로 소멸'하면 시효중단사유가 종료한 것으로 보아야하고, 집행채권의 소멸시효는 그때부터 다시 진행한다(대판 2017.4.28. 2016다239840 : 8회 선택형).

> **[관련판례]** "채무자가 아닌 제3자가 채무자의 동산을 점유하고 있는 경우, 동산에 관한 인도청구권을 가압류 하는 방법으로 가압류집행을 할 수 있고, 이 경우 가압류 효력의 발생시기는 '가압류명령이 제3자에게 송달된 때'이나, 가압류로 인한 소멸시효 중단의 효력은 '가압류 신청시'에 소급하여 발생한다"(대판 2017.4.7. 2016다35451 : 9회 선택형). **[8회 사례형]**

(2) 시효중단의 효과가 지속되는 기간

특히 '가압류'의 경우가 문제되는바, 判例는 ㉠ 가압류에 의한 시효중단의 효력은 가압류의 집행보전의 효력이 존속하는 동안은 '계속'(가압류등기가 말소되지 않고 남아 있는 동안)되는 것이고(계속설 : 대판 2000.4.25, 2000다11102 ; 대판 2013.11.14. 2013다18622). **[3회 기록형]**, ㉡ 가압류의 피보전채권에 관하여 본안의 승소판결이 확정되었다고 하더라도 가압류에 의한 시효중단의 효력이 이에 흡수되어 소멸된다고 할 수는 없다고 한다(비흡수설 : 대판 2000.4.25, 2000다11102).

Ⅲ. 승 인(제177조)

1. 의 의

승인은 시효이익을 받을 당사자인 채무자가 소멸시효의 완성으로 권리를 상실하게 될 자에 대하여 그 권리가 존재함을 인식하고 있다는 뜻을 표시하는 '관념의 통지'를 말한다(의사표시인 시효이익의 포기사유로서의 시효 완성 후의 승인과 구별).

2. 요 건

(1) 승인을 할 수 있는 자

① 승인을 할 수 있는 자는 시효이익을 받을 채무자 또는 그 대리인이다. 따라서 '면책적 채무인수'는 시효중단사유 중 승인에 해당하나, '이행인수인'이 채권자에 대하여 채무자의 채무를 승인하더라도 시효중단 사유가 되는 채무승인의 효력은 발생하지 않는다(대판 2016.10.27, 2015다239744 : 8회 선택형).
② 그리고 승인은 단지 권리의 존재를 인정하는 것에 불과하기 때문에 상대방의 권리에 관한 처분의 능력이나 권한 있음을 요하지 아니한다(제177조).

(2) 승인의 방법

승인에는 특별한 방식을 필요로 하지 않으며 '묵시적 승인'도 가능하다.
① **[긍정]** 判例(대판 1980.5.13, 78다1790등)는 ⅰ) 채무자가 이자를 지급하거나, 일부변제를 하고(채무전부에 관한 시효중단), 담보를 제공하는 것은 묵시적 승인을 한 것으로 본다(대판 1996.1.23, 95다39854 : 물론 담보가 설정되어 있다고 해서 시효중단의 효과가 계속되는 것은 아니다). ⅱ) 또한 채무자가 기한의 유예를 요청하는 것, 채무를 인수하는 것, 그리고 상계의 의사표시를 하는 것은 수동채권에 관한 한 승인을 한 것이라고 볼 것이다.

② **[부정]** 그러나 취득시효와 관련하여(제247조 2항 참조) 점유자가 소송계속 중 분쟁해결을 위한 방편으로 소유자에게 토지를 매수하겠다고 제안한 것만으로는 소유권의 승인으로 볼 수 없다(대판 1981.7.14, 81다64).

(3) 승인의 시기

승인은 소멸시효의 진행이 개시된 이후에만 가능하고, 그 이전에 승인을 하더라도 시효가 중단되지는 않는다. 또한 현존하지 아니하는 장래의 채권을 미리 승인하는 것은 채무자가 그 권리의 존재를 인식하고서 한 것이라고 볼 수 없어 허용되지 않는다(대판 2001.11.9, 2001다52568). 한편 승인은 시효완성 전에 하는 것이고, **시효완성 후의 승인은 소멸시효이익의 포기**(제184조 1항)로 다루어진다.

▶ [쟁점 끝] ─────────────────────

(6) 소멸시효완성의 효과

1) 시적 범위(소급효)

소멸시효는 그 기산일에 소급하여 소멸한다(제167조). 따라서 소멸시효로 채무를 면하게 되는 자는 기산일 이후의 이자 등을 지급할 의무가 없다. 다만 시효로 소멸하는 채권이 그 소멸시효가 완성하기 전에 상계할 수 있었던 것이라면 채권자는 상계할 수 있다(제495조). 이는 (매도인이나 수급인의 담보책임을 기초로 한 손해배상채권의) **제척기간이 지났으나, 제척기간이 지나기 전 상대방의 채권과 상계할 수 있었던 경우에도 마찬가지이다**(대판 2019.3.14. 2018다255648 : 9회 선택형)

> 매도인이나 수급인의 담보책임을 기초로 한 손해배상채권의 제척기간이 지났으나 제척기간이 지나기 전 상대방의 채권과 상계할 수 있었던 경우, 매수인이나 도급인은 '소멸시효완성된 채권에 의한 상계'를 규정한 「민법」제495조를 유추적용하여 위 손해배상채권을 자동채권으로 상대방의 채권과 상계할 수 없다(9회 선택형).(×)

2) 물적 범위(종된 권리도 소멸)

주된 권리의 소멸시효가 완성한 때에는 종속된 권리에 그 효력이 미친다(제183조). 본조의 실제적 의의는 주된 권리는 소멸시효가 완성하였으나 종된 권리는 아직 완성하지 않은 경우에 나타난다.

① **[원본채권과 이자채권**(적극)**]** 예컨대, 원본채권이 시효로 소멸하면 이자채권의 시효기간이 남아 있다고 하더라도 시효로 소멸한다는 점이다. 다만 判例는 하나의 금전채권의 원금 중 일부가 변제된 후 나머지 원금에 대하여 소멸시효가 완성된 경우, 소멸시효 완성의 효력은 소멸시효가 완성된 원금 부분으로부터 그 완성 전에 발생한 이자(또는 지연손해금)에는 미치나, 변제로 소멸한 원금 부분으로부터 그 변제 전에 발생한 이자(또는 지연손해금)에는 미치지 않는다고 한다(대판 2008.3.14, 2006다2940 : 8회 선택형).

> 이자 또는 지연손해금 채권은 원본채권과 별개의 채권이기는 하나 원본의 존재를 전제로 그에 대응하여 발생하는 권리이므로, 원본채권의 소멸시효 완성의 효력은 그 시효완성 전에 이미 발생한 이자 및 지연손해금 채권에도 미친다(8회 선택형).(○)

② **[본래채권과 손해배상채권**(적극)**]** "채무불이행으로 인한 손해배상채권은 본래의 채권이 확장된 것이거나 본래의 채권의 내용이 변경된 것이므로 본래의 채권과 동일성을 가진다. 따라서 **본래의 채권이 시효로 소멸한 때에는 손해배상채권도 함께 소멸한다**"(대판 2018.2.28. 2016다45779)

③ **[피담보채권과 저당권**(적극)**]** 저당권에 관해서는 별도의 규정이 있어, 저당권으로 담보한 채권이 시효의 완성 기타 사유로 인하여 소멸한 때에는 저당권도 소멸한다(제369조).

④ **[손해배상청구권과 구상권**(소극)**]** 判例는 공동불법행위자의 구상권은 피해자의 손해배상청구권에 종된 권리가 아니라고 하여 시효소멸을 인정하지 않았다(대판 1997.12.23, 97다42830 : 4회,6회,7회,9회 선택형).

> 공동불법행위자 중 1인의 손해배상채무가 시효로 소멸한 후에 다른 공동불법행위자 1인이 피해자에게 자기의 부담부분을 넘는 손해를 배상하였을 경우, 그 공동불법행위자는 손해배상채무가 시효로 소멸한 다른 공동불법행위자에게 구상권을 행사할 수 있다(2회,6회,9회 선택형).(○)

3) 인적 범위(소멸시효 완성을 주장할 수 있는 자의 범위)

判例는 소멸시효의 완성을 원용할 수 있는 자는 권리의 소멸에 의하여 직접 이익을 받는 자에 한정된다고 한다(대판 1995.7.11, 95다12446).

가) 직접수익자에 해당하는 경우

判例는 ① 채무자 뿐만 아니라 ② **물상보증인**(대판 2004.1.16, 2003다30890 : 1회 선택형), ③ **담보물의 제3취득자**(대판 1995.7.11, 95다12446 : 5회,7회 선택형)는 채권자에 대하여 물적 유한책임을 지고 있어 그 피담보채권의 소멸에 의해 직접 이익을 받는 관계에 있으므로 소멸시효의 완성을 주장할 수 있다고 한다(즉 피담보채무의 부존재 또는 소멸을 이유로 저당권설정등기의 말소를 청구할 수 있다). [**9회 기록형**]. ④ 그리고 사해행위취소소송의 상대방이 된 '**사해행위의 수익자**'는, 피보전채권의 소멸에 의해 직접 이익을 받는 자에 해당한다고 한다(대판 2007.11.29, 2007다54849 : 4회,7회 선택형). [**9회 사례형**]

나) 직접수익자에 해당하지 않는 경우

a. 채무자에 대한 일반채권자

判例는 '채무자에 대한 일반채권자'는 자기의 채권을 보전하기 위하여 필요한 한도 내에서 채무자를 대위하여 소멸시효 주장을 할 수 있을 뿐 **채권자의 지위에서 독자적으로** (다른 채권자의 채무자에 대한 채권에 대해) 소멸시효의 완성을 주장할 수 없다고 한다(대판 1997.12.26, 97다22676 : 6회 선택형). 이러한 判例에 따르면 대위 원용이 허용되나, ㉠ 채무자가 시효이익을 '적극적으로' 포기한 때에는 '채무자에 대한 일반채권자'는 '다른 채권자의 채무자에 대한 채권'에 대해 소멸시효를 원용할 수 없게 된다. ② 그러나 소멸시효가 완성된 채무를 피담보채무로 하는 근저당권이 실행되어 채무자 소유의 부동산이 경락되고 대금이 배당되어 채무의 '일부 변제'에 충당될 때까지 채무자가 이의를 제기하지 아니한 경우 채무자가 시효의 이익을 '묵시적으로' 포기한 것으로 볼 수 있기는 하나, 다만 이때 '채무자의 다른 채권자가 이의를 제기'하고 채무자를 대위하여 소멸시효 완성의 주장을 원용하는 경우에는 判例는 시효의 이익을 묵시적으로 포기한 것으로 볼 수 없다고 한다(대판 2017.7.11. 2014다32458).

b. 채권자대위권의 행사에서 제3채무자

判例는 '채권자대위권의 행사에서 제3채무자'는 채무자가 채권자에 대하여 가지는 항변으로 대항할 수 없을 뿐더러 시효이익을 직접 받는 자에도 해당하지 않는다는 이유로 채권자의 채권이 시효로 소멸하였다고 주장할 수 없다고 한다(대판 1998.12.8, 97다31472 : 1회,9회 선택형). 다만 채무자가 이미 소멸시효를 원용한 경우에는 피보전채권이 소멸하게 되므로 제3채무자가 그 '효과'를 원용하여 피보전채권의 부존재를 주장하는 것은 허용된다(대판 2008.1.31, 2007다64471).

(7) 소멸시효이익의 포기…권리자의 재항변사유

소멸시효가 완성된 후에 그 이익을 포기하는 것은 허용된다(제184조 1항의 반대해석).

1) 요 건

소멸시효완성 후의 포기는 ⅰ) 처분능력과 처분권한을 갖춘 자가 ⅱ) 시효완성 사실을 알고, ⅲ) 권리를 잃을 자에게 '시효이익을 포기하는 의사표시'로 할 수 있다.

가) 포기자

시효이익의 포기는 '처분행위'이므로 처분능력과 처분권한이 있어야 한다.

나) 상내방

소멸시효의 완성으로 권리를 잃을 지위에 있는 자에게 하여야 한다.

다) 방 식

포기는 명시적이든 묵시적이든 상관이 없다. 判例에 따르면 소멸시효완성 후의 ① 변제기한의 유예요청(대판 1965.12.28, 65다2133), ② 채무의 승인, ③ 일부변제(묵시적 채무의 승인) 등이 이에 해당한다. 특히 '시효완성 후 채무승인'이 문제되는바, 시효이익의 포기에는 '효과의사'가 필요하므로, '관념의 통지'로 효과의사가 필요하지 않는 시효중단사유로서의 승인과 다르며, 따라서 채무승인만으로 언제나 시효이익의 포기가 되는 것은 아니다.

예를 들어 "소송에서의 상계항변은 소송상의 공격방어방법으로 피고의 금전지급의무가 인정되는 경우 자동채권으로 상계를 한다는 예비적 항변의 성격을 갖는데, 따라서 **상계항변이 먼저** 이루어지고 그 후 대여금채권의 소멸을 주장하는 소멸시효항변이 있었던 경우에는, 상계항변 당시 채무자인 피고에게 수동채권인 대여금채권의 시효이익을 포기하려는 효과의사가 있었다고 단정할 수 없다"(대판 2013.2.28. 2011다21556 ; 2013.7.25. 2011다56187,56194 : 6회 선택형)고 한다.

> ✳ **소멸시효가 완성된 채무의 일부변제**
> 判例는 채무의 일부를 변제하는 경우도 그 채무 전부에 대한 시효이익을 포기한 것으로 본다.
> ㉠ **[계속적 거래에서 발생한 수개의 채무 중 일부변제]** 判例는 "동일 당사자 간에 계속적인 거래로 인하여 같은 종류를 목적으로 하는 수개의 채무 중 채무자가 어느 채무를 특정하지 않고 그 일부의 변제를 한 때에도 잔존채무에 대해 시효이익을 포기한 것으로 보지만, 그 채무가 별개로 성립되어 독립성을 갖고 있는 경우에는 일률적으로 그렇게만 해석할 수는 없다"고 한다(8회 선택형).
> ㉡ **[이자채무의 시효소멸과 일부변제]** 判例에 따르면 "원금채무는 소멸시효가 완성되지 않았으나 이자채무의 소멸시효가 완성된 상태에서 채무자가 채무를 일부 변제한 경우, 원금채무를 승인하고 이자채무의 시효이익을 포기한 것으로 추정되므로, 채무자의 변제가 채무 전체를 소멸시키지 못하고 당사자가 변제에 충당할 채무를 지정하지 아니한 때에는 제479조, 제477조에 따른 법정변제충당의 순서에 따라 충당되어야 한다"(대판 2013.5.23. 2013다12464 : 8회 선택형)고 한다.
> 따라서 다른 사정이 없다면 일부변제한 것으로는 원본에 앞서 이자에 먼저 충당하며, 이행기가 도래한 이자 중에는 이행기가 먼저 도래한 순서에 따라 충당될 것이어서(제477조 3호 참조) 결국 먼저 시효로 소멸한 이자에 우선충당하게 될 것이다.

라) 시효완성 사실을 알고서 포기할 것

시효이익의 포기는 의사표시이므로 시효완성의 사실을 알고서 하여야 한다. 다만 判例는 시효완성 후에 시효이익을 포기하는 듯한 행위가 있으면 **시효완성사실에 대한 악의를 추정한다.**

2) 효 과

가) 시적 범위

포기의 효과는 그 의사표시가 상대방에게 도달하는 때에 발생하며, 시효이익을 포기하면 소멸시효의 완성을 주장하지 못하고, 포기한 때부터 시효가 새로 진행한다(대판 2009.7.9, 2009다14340).

나) 인적 범위

a. 원칙 : 시효이익 포기의 상대효 [5회 사례형, 9회 기록형]

포기의 효과는 상대적이어서 포기할 수 있는 자가 다수인 경우에 1인의 포기는 다른 사람에게 영향을 미치지 않는다. 判例도 직접 이익을 받는 자의 시효원용권은 채무자의 시효원용권에 기초한 것이 아닌 독자적인 것이라고 하여 채무자의 시효이익의 포기는 다른 직접수익자의 시효원용권에 영향을 미치지 않는다고 한다(대판 1995.7.11. 95다12446). 따라서 주채무자의 소멸시효이익의 포기는 보증인(대판 1991.1.29. 89다카1114 : 7회 선택형), 저당부동산의 제3취득자, 물상보증인(대판 2018.11.9. 2018다38782), 연대보증인(**제433조 2항**)(대판 1995.7.11. 95다12446 : 2회,6회,7회 선택형) 등에 영향을 미치지 않는다.

채무자가 소멸시효 완성의 항변을 하기 전에 상계항변을 먼저 한 경우, 채무자는 시효완성으로 인한 법적 이익을 받지 않겠다는 의사를 표시한 것으로 보아야 한다(5회,6회 선택형).(×)

원금채무에 관하여는 소멸시효가 완성되지 아니하였으나 이자채무에 관하여는 소멸시효가 완성된 상태에서 채무자가 채무를 일부 변제한 때에는 액수에 관하여 다툼이 없는 한 원금채무에 관하여 묵시적으로 승인하는 한편 이자채무에 관하여 시효완성의 사실을 알고 그 이익을 포기한 것으로 추정된다(8회 선택형).(O)

甲은 乙에게 1,000만 원의 채무를 지고 있고, 이에 대해 甲의 부탁을 받은 丙이 연대보증하였다. 이 경우 甲이 1,000만 원의 채무에 대한 소멸시효기간이 경과한 후 시효의 이익을 포기한 경우, 丙은 소멸시효를 원용하여 자신의 연대보증채무의 소멸을 주장할 수 없다(1회,2회,5회,7회 선택형).(×)

甲은 乙로부터 금전을 차용하면서 丙에게 부탁하여 자신의 乙에 대한 채무에 대하여 연대보증을 서게 하였다. 甲이 자신의 채무에 대한 소멸시효기간이 경과한 후 시효의 이익을 포기한 경우, 丙은 甲의 채무의 시효소멸을 원용하여 자신의 연대보증채무의 소멸을 주장할 수 없다.(6회 선택형).(×)

금전채무가 시효소멸한 후 채무자가 미지급이자를 담보하기 위해 자신이 소유한 부동산에 근저당권을 설정해줌으로써 시효이익을 포기한 경우, 그 후 채무자로부터 그 부동산을 매수한 양수인은 채무자가 한 시효이익 포기의 효력을 부정할 수 있다.(6회 선택형).(×)

b. 예외 : 시효이익 포기의 상대효 제한법리

判例는 시효이익을 이미 포기한 자와의 법률관계를 통하여 비로소 시효이익을 원용할 이해관계를 형성한 자(판례사안은 피담보채권의 소멸시효가 완성된 후 채무자가 저당권을 설정한 후 이를 취득한 담보물의 제3취득자)는 이미 이루어진 시효이익 포기의 효력을 부정할 수는 없다고 한다(아래 2015다200227판결).

> [사실관계] A는 1992년 B로부터 5천만원을 차용하면서 그 담보로 A 소유 부동산에 대해 B 앞으로 제1근저당권을 설정해 주었다. 그 후 (이 채권의 소멸시효기간 10년이 지난 때인) 2004년에 A는 위 차용금채무의 이자를 3천만 원으로 확정하고, 이를 담보하기 위해 위 부동산에 대해 B 앞으로 제2근저당권을 설정해 주었다. 2013년에 C는 A로부터 위 부동산을 매수하여 소유권을 취득한 후, B를 상대로 근저당권의 피담보채권이 소멸시효로 인해 소멸하였다는 것을 이유로 제1, 제2근저당권의 말소를 청구한 것이다. 이에 대해 判例는 A가 B 앞으로 제2근저당권을 설정해 준 것은 소멸시효의 이익을 포기한 것으로 볼 수 있는데, 이 효력은 C에게도 미쳐 C는 독자적으로 소멸시효를 주장할 수 없는 것으로 보았다(대판 2015.6.11. 2015다200227 : 6회 선택형).

다) 물적 범위

判例는 채무자가 채무 중 일부를 변제하면 전부에 대하여 시효이익을 포기한 것으로 본다. 그렇지만 (가분)채무 일부에 대한 소멸시효 이익의 포기가 불가능한 것은 아니다(대판 2012.5.10. 2011다109500).

(8) 소멸시효의 남용…권리자의 재항변사유

判例는 "채무자의 소멸시효에 기한 항변권의 행사도 우리 민법의 대원칙인 신의성실의 원칙과 권리남용금지의 원칙의 지배를 받는 것이어서, '특별한 사정'이 있는 경우에는 채무자가 소멸시효의 완성을 주장하는 것이 신의성실의 원칙에 반하여 권리남용으로서 허용될 수 없다"(대판 2002.10.25, 2002다32332)고 한다.

(9) 예시

청구취지 형태
1. 피고 정인형은 원고로부터 100,000,000원을 지급받음과 동시에, 원고에게 광주 북구 일곡동 300 대 333㎡ 및 그 지상 목조 기와지붕 단층 주택 123㎡에 관하여 2000. 6. 30. 매매를 원인으로 한 각 소유권이전등기절차를 이행하라.

■ 소유권이전등기청구권 소멸시효 완성의 항변(12년 2차)

1. 피고 정인형에 대한 청구

가. 부동산매매계약의 체결

원고는 2000. 6. 30. 피고 정인형과의 사이에서 원고가 피고 정인형으로부터 청구취지 기재 토지와 그 지상 건물을 2억 원에 매수하는 내용의 부동산매매계약을 체결하면서 계약금 1억 원은 계약 당일에, 잔금 1억 원은 1년 후인 2001. 6. 30.까지 소유권이전등기에 필요한 서류의 교부와 동시에 각 지급하기로 하였습니다.

약정대로 원고는 계약 당일 위 피고에게 계약금 1억 원을 지급하였고, 위 피고도 원고에게 계약 당일 위 토지와 건물을 인도하여 원고는 그 때부터 현재까지 그곳에 거주해 오고 있습니다.

따라서 위 피고는 원고로부터 위 잔금 1억 원을 지급받음과 동시에, 원고에게 위 부동산들에 관하여 위 매매를 원인으로 한 각 소유권이전등기절차를 이행할 의무가 있습니다.

나. 예상되는 항변

(1) 소유권이전등기청구권의 소멸시효 완성 여부

위 피고는 그의 소유권이전등기의무가 소멸시효 완성으로 소멸되었다고 항변할지 모릅니다.

그러나 부동산매매계약을 원인으로 하여 발생하는 소유권이전등기청구권은 채권으로서 그 이행기로부터 10년이 경과되면 소멸하는 것이 원칙이기는 하지만(제162조 제1항), 목적물을 인도받아 사용 수익하고 있는 매수인은 '권리 위에 잠자는 자'로 볼 수 없고 매도인의 잔존 명의를 보호하기보다는 매수인의 사용 수익 상태를 더 보호하여야 할 것이므로 그러한 매수인의 권리는 성질상 소멸시효에 걸리지 않습니다(대판 1976.11.6. 전합76다148).

그런데 원고는 계약 당일 위 목적물을 인도받아 현재까지 사용수익하고 있으므로 원고의 위 소유권이전등기청구권은 소멸시효에 걸리지 않습니다. 따라서 위 피고가 위와 같은 항변을 하더라도 이는 부당합니다.

▌채권자대위권 행사시 제3채무자의 피보전채권 소멸시효완성의 항변(12년 2차)

2. 피고 남지인에 대한 청구

가. 채권자대위권에 기한 소유권이전등기의 말소청구

(1) 피보전채권 및 피대위권리

앞서 본 바와 같이 원고는 피고 정인형에 대하여 위 부동산들에 관하여 매매계약을 원인으로 한 소유권이전등기청구권을 가지고 있습니다.

한편 피고 남지인은 피고 정인형 소유의 위 부동산들에 관하여 청구취지 기재와 같이 그의 명의로 각 소유권이전등기를 마쳤습니다. 그러나 피고 정인형이 직접 피고 남지인과 매매계약을 체결한 적이 없을 뿐더러 가사 정일남이 피고 정인형을 대리하여 매매계약을 체결하였다 하더라도 정일남에게는 피고 정인형을 대리할 적법한 권한이 없었으므로 위 각 소유권이전등기는 적법한 원인 없이 이루어진 것이므로 무효입니다. 이에 따라 피고 정인형은 소유권에 기한 방해제거청구권으로서 피고 남지인에 대하여 위 각 등기의 말소를 청구할 권리가 있습니다(제214조).

(2) 채권자대위권의 행사

그런데 피고 정인형은 피고 남지인에 대하여 위 권리를 행사하지 않고 있으므로, 앞서 본 바와 같이 피고 정인형에 대하여 2000. 6. 30. 매매를 원인으로 하는 소유권이전등기청구권을 가지고 있는 원고로서는 위 소유권이전등기청구권을 보전하기 위하여 피고 정인형을 대위하여 피고 남지인을 상대로 그 명의의 위 소유권이전등기의 말소를 구하고자 합니다.

나. 예상되는 항변

(1) 피보전채권의 소멸시효항변(본안전 항변)

피고 남지인은 원고의 피고 정인형에 대한 소유권이전등기청구권이 소멸시효 완성으로 소멸되었으므로 원고의 피고 남지인에 대한 소는 채권자대위소송의 피보전채권의 부존재로 부적법하다고 주장할지 모릅니다.

그러나 판례는 원칙적으로 채권자대위권을 행사하는 청구에 있어서, 제3채무자는 채무자가 채권자에 대하여 가지는 항변으로 대항할 수 없다고 합니다.(대판 2008.1.31. 2007다64471).

따라서, 이미 앞서 본 바와 같이 원고의 피고 정인형에 대한 위 등기청구권은 소멸시효에 걸리지 않습니다. 따라서 피고 남지인이 위와 같은 주장을 하더라도 이는 부당합니다.

▌금전소비대차계약의 체결 + 연대보증 + 가압류에 의한 시효중단(13년 1차)

1. 피고 이차웅, 박철진, 주식회사 넥스트, 정정보에 대한 청구

가. 금전소비대차계약의 체결

원고는 2009. 10. 10. 피고 이차웅에게 1억 원을 이자 월 2%(매월 9일 지급), 변제기 2010. 10. 9.로 정하여 대여하였는데, 위 대여 당시 피고 박철진과 피고 주식회사 넥스트는 원고에 대하여 피고 이차웅의 위 채무를 연대보증 하였습니다(이하 '제1채권' 이라 합니다).

청구취지 형태

2. 피고 남지인은 피고 정인형에게 제1항 기재 토지에 관하여 2011. 6. 30. 광주지방법원 접수 제4566호로 마친 소유권이전등기의, 제1항 기재 건물에 관하여 같은 날 같은 법원 접수 제4567호로 마친 소유권이전등기의 각 말소등기절차를 이행하라.

'원고에게'라고 기재하여도 무방하다. 즉, 말소등기청구 등의 경우와 같이 이행의 상대방이 별다른 의미를 갖지 못하는 경우 채권자인 원고에게 직접 이행할 것을 청구하는 것이 허용된다(대판 1995.4.14. 94다58148).

그리고 동일하게,

2. 피고 남지인은 피고 정인형에게 제1항 기재 토지 및 제1항 기재 건물에 관하여 진정명의회복을 원인으로 한 각 소유권이전등기절차를 이행하라."기재도 가능하다.

判例는 '채권자대위권의 행사에서 제3채무자'는 채무자가 채권자에 대하여 가지는 항변으로 대항할 수 없을 뿐더러 시효이익을 직접 받는 자에도 해당하지 않는다는 이유로 채권자의 채권이 시효로 소멸하였다고 주장할 수 없다고 한다(대판 1998.12.8. 97다31472 : 1회,9회,10회 선택형). 다만 채무자가 이미 소멸시효를 원용한 경우에는 피보전채권이 소멸하게 되므로 제3채무자가 그 '효과'를 원용하여 피보전채권의 부존재를 주장하는 것은 허용된다(대판 2008.1.31. 2007다64471). [10회 사례형]

한편, 원고는 2011. 9. 20. 피고 이차웅에게 5,000만 원을 대여하면서 이자 월 2%로 하되, 처음 1년 간은 위 약정이율에 의한 이자만을 매월 19일 지급하고, 2012. 10. 19.부터는 매월 19일에 원금 500 만 원씩 분할하여 이자와 함께 상환하며, 만약 위 원리금의 지급을 1회라도 연체할 때에는 즉시 잔여 원금 전부에 대하여 기한의 이익을 상실하고 연 30%의 비율에 의한 지연손해금을 가산하여 지급하기로 약정하였고, 위 대여 당시 피고 정정보는 원고에 대하여 피고 이차웅의 위 채무를 연대보증 하였습니다(이하 '제2채권'이라 합니다).

나. 피고 이차웅의 이행지체

제1채권에 대하여 2009. 10. 10.부터 2009. 12. 9.까지의 이자 및 2010. 6. 10.부터 2012. 10. 9.까지의 이자 또는 지연손해금을 모두 지급하였습니다. 그러나 피고 이차웅은 2009. 12. 10.부터 2010. 6. 9.까지 6개월분 이자와 2012. 10. 10. 이후의 지연손해금 및 위 원금 1억 원을 지급하지 않고 있습니다.

또한 제2채권에 대하여도 2012. 10. 19.까지의 이자만을 지급하고 위와 같이 분할하여 지급하기로 한 원금 및 2012. 10. 20. 이후의 이자 또는 지연손해금을 지급하지 않았습니다. 이에 원고는 2012. 11. 16. 피고 이차웅에게 위 약정에 의한 기한이익을 상실하였으니 잔여 원리금 전부와 연 30%의 비율에 의한 지연손해금을 지급할 것을 내용증명우편으로 통지하였고 위 통지는 2012. 11. 19. 피고 이차웅에게 도달되었습니다.

한편, 판례의 입장에 따라 위 기한이익 상실의 특약은 특별한 사정이 없는 이상 형성권적 기한이익 상실의 특약으로 보고 있으므로, 원고의 잔여 원리금 전액을 구하는 의사표시가 피고 이차웅에게 도달한 2012. 11. 19. 기한이익 상실의 효력이 발생하였습니다.

다. 피고들의 채무액수

(1) 제1채권과 관련하여, 차용인인 피고 이차웅과 그 연대보증인인 피고 박철진, 주식회사 넥스트가 원고에게 지급하여야 할 금액은 제1채권의 원금 1억 원과 이에 대한 2009. 12. 10.부터 2010. 6. 9.까지 6개월분 이자 1,200만 원(1억 원 × 2% × 6개월)을 합한 1억 1,200만 원 및 그 중 1억 원에 대한 2012. 10. 10. 이후 월 2%의 비율에 의한 지연손해금이 됩니다.

(2) 제2채권과 관련하여, 차용인인 피고 이차웅과 그 연대보증인인 피고 정정보가 원고에게 지급하여야 할 금액은 제2채권의 원금 5,000만 원과 이에 대한 2012. 10. 20.부터 2012. 11. 19.까지 1개월분 이자 100만 원(5,000만 원 × 2% × 1개월)을 합한 5,100만 원 및 그 중 5,000만 원에 대한 2012. 11. 20. 이후 연 30%의 비율에 의한 지연손해금이 됩니다.

라. 예상되는 항변

피고 이차웅은 제1채권에 대한 2009. 12. 10.부터 2010. 6. 9.까지 6개월분 이자를 변제하였다고 주장하면서, 설령 그러한 주장을 증명하지 못하더라도 이자채권에 대한 단기소멸시효를 규정하고 있는 민법 제163조에 따라 위 6개월분 이자채권에 대한 소멸시효가 이미 완성되었다고 주장할 것으로 예상됩니다.

그러나, 위 피고가 위 6개월분 이자를 지급하였음을 증명할 자료도 제출하지 않으면서 스스로 그 증거가 없음을 자인하는 태도로 미루어 볼 때 위 피고가 위 6개월분 이자를 변제하지 않은 사실은 분명합니다.

또한, 원고는 위 이자채권의 소멸시효가 완성되기 전인 2011. 6. 8. 서울중앙지방법원 2011카합 12495호로 제1채권 원금 1억 원 및 이에 대한 2009. 12. 10.부터 2010. 6. 9.까지 월 2%의 비율에 의한 이자채권을 청구채권으로 하여 위 피고 소유의 부동산에 대하여 가압류결정을 받고 가압류기입등기가 마쳐졌습니다.

따라서 위 가압류에 의하여 위 이자채권의 소멸시효 진행은 중단되었습니다.

기한이익 상실의 특약이 정지조건부 기한이익 상실의 특약과 형성권적 기한이익 상실의 특약 중 어느 것에 해당하느냐는 당사자의 의사해석의 문제이지만 일반적으로 기한이익 상실의 특약이 채권자를 위하여 둔 것인 점에 비추어 명백히 정지조건부 기한이익 상실의 특약이라고 볼 만한 특별한 사정이 없는 이상 **형성권적 기한이익 상실의 특약으로 추정**하는 것이 타당하다(대판 2002.9.4. 2002다28340 : 7회,8회 선택형)

형성권적 기한이익 상실의 특약으로 추정되므로, 통지가 도달한 2012. 11. 19.에 기한이익 상실의 효력이 발생하였다

■ **피고들의 채무 상행위로 인한 연대채무+연대채무자 중 1인의 시효완성 전 채무승인**
(13년 3차)

3. 원고 이화순의 청구

가. 매매계약의 체결

정육점을 경영하는 원고 이화순은 2009. 5. 10. 음식점을 공동으로 운영하는 피고들에게 소갈비 3,000만 상당을 공급하였고, 2011. 9. 26. 피고 최미선에게 주택의 월세의 지급을 위해 1,000만 원 계불입금 지급을 위해 1,000만 원 합계 2,000만 원을 대여하면서 위 소갈비대금 3,000만 원을 포함한 합계 5,000만 원에 대한 변제기를 2012. 6. 30.로 정하고 월 1%의 지연손해금을 가산하여 지급받기로 약정하였습니다. 다만 위 대여금 중 계불입금 지급을 위하여 대여한 1,000만 원의 상환채무는 2013. 6. 3. 면제하여 주었으므로 청구하지 않기로 합니다.

나. 연대책임

소갈비대금 3,000만 원의 지급채무는 피고들에게 상행위가 되는 행위로 인하여 부담한 채무이므로 상법 제57조 1항에 따라 피고들이 연대하여 변제할 책임이 있습니다. 한편, 피고 최미선이 2011. 9. 26. 원고 이화순으로부터 월세 지급을 위하여 차용한 1,000만 원의 상환채무는 피고 최미선이 일상 가사에 관하여 제3자와 법률행위를 함으로써 발생한 채무이므로 민법 제832조에 다라 배우자인 피고 김이동도 피고 최미선과 연대하여 변제할 책임이 있습니다.

다. 예상되는 항변

피고들은 2009. 5. 10.자 소갈비대금채무의 소멸시효가 완성되었다고 주장할 것으로 예상됩니다.

① 원고 이화순이 2009. 5. 10. 소갈비를 공급하고 취득한 3,000만 원의 채권은 상인이 판매한 상품의 대가로서 민법 제163조 제6호에 따라 소멸시효 기간이 3년이고, 이 사건의 소제기일 현재 위 3년의 소멸시효기간이 도과한 사실은 인정합니다. ② 그러나, 피고 최미선은 소멸시효기간이 도과하기 전인 2011. 9. 26. 원고 이화순에게 위 소갈비대금 3,000만 원을 포함한 5,000만 원의 지급을 약속함으로써 그 소갈비대금채무를 승인하였으므로 피고 최미선에 대하여는 소멸시효가 중단되었습니다.

다만 민법 제421조는 "어느 연대채무자에 대하여 소멸시효가 완성한 때에는 그 부담부분에 한하여 다른 연대채무자도 의무를 면한다."고 규정하고, 제424조는 "연대채무자의 부담부분은 균등한 것으로 추정한다."고 규정하는바, 연대채무자 중 1인인 피고 김이동에 대한 채권은 이미 소멸시효가 완성되었고, 피고 김이동의 부담부분은 1,500만 원(3,000만 원 X 1/2)으로 추정되므로, 결국 피고 최미선은 피고 김이동의 부담부분에 범위 내에서 그 채무를 면하게 되고 따라서 이를 제외한 나머지 1,500만 원(3,000만 원 - 1,500만 원)의 채무를 부담하여야 합니다.

라. 소 결

따라서 원고 이화순에게, 피고 최미선은 2,500만 원(월세 지급을 위한 대여금 1,000만 원 + 소갈비대금 1,500만 원) 및 이에 대하여 위 변제기 다음날인 2012. 7. 1.부터 이 사건 소장부본 송달일까지는 약정 지연손해금율인 월 1%, 그 다음날부터 다 갚는 날까지는 소송촉진 등에 관한 특례법에 정한 연 20%의 각 비율로 계산한 지연손해금을 지급할 의무가 있고, 피고 김이동은 피고 최미선과 연대하여 위 금원 중 월세 지급을 위한 대여금 1,000만 원 및 이에 대하여 위 2012. 7. 1.부터 이 사건 소장부본 송달일까지는 위 월 1%, 그 다음날부터 다 갚는 날까지는 위 연 20%의 각 비율로 계산한 지연손해금을 지급할 의무가 있습니다.

청구취지 형태

2. 원고 이화순에게,

가. 피고 최미선은 25,000,000 원 및 이에 대하여 2012. 7. 1.부터 이 사건 소장 부본 송달일까지는 월 1%, 그 다음날부터 다 갚는 날까지는 연 20%의 각 비율로 계산한 돈을 지급하고,

나. 피고 김이동은 피고 최미선과 연대하여 위 가항 기재 금원 중 10,000,000원 및 이에 대하여 2012. 7. 1. 부터 이 사건 소장 부본 송달일까지는 월 1%, 그 다음날부터 다 갚는 날까지는 연 20%의 각 비율로 계산한 돈을 지급하라.

원고는 소외 박철홍에게 대여금 채권을 가진 채권자로서 제3채무자인 피고 송준하에게 근저당권설정등기 말소를 구하였는데, 피고가 소멸시효 중단의 항변을 한 사안

청구취지 형태
3. 피고 송준하는 소외 박철홍에게 고양시 일산동구 장항동 610 대 567㎡에 관하여 의정부지방법원 고양등기소 2001. 8. 28. 접수 제6552호로 마친 근저당권설정등기의 말소등기절차를 이행하라.

근저당권 이전의 부기등기는 기존의 주등기인 근저당권설정등기에 종속되어 주등기와 일체를 이루는 것으로서 기존의 근저당권설정등기에 의한 권리의 승계를 등기부상 명시하는 것일 뿐 그 등기에 의하여 새로운 권리가 생기는 것이 아니므로, 근저당권설정자 또는 그로부터 소유권을 이전받은 제3취득자는 피담보채무가 소멸된 경우 또는 근저당권설정등기가 당초부터 원인무효인 경우 등에 근저당권의 현재의 명의인인 '양수인'을 상대로 '주등기'인 근저당권설정등기의 말소를 구할 수 있다(대판 2003.4.11. 2003다5016 : 8회 선택형) [8회 기록형]

피고의 권리주장이 소의 각하나 취하 등에 의해 전혀 판단되지 않은 경우에는 제170조 2항을 유추하여 6월 내에 다른 강력한 시효중단조치를 취하면 응소시에 소급하여 시효중단의 효력이 발생한다(대판 2010.8.26, 2008다42416,42423

■ 채권자대위권의 행사와 소의 취하, 재판상 청구 등의 소멸시효 중단(14년 1차)

3. 피고 송준하에 대한 청구

가. 소비대차계약 체결 및 근저당권설정등기 말소청구

박철홍은 2001. 8. 25. 소외 권상주로부터 4억 원을 이자 약정 없이 변제기 2002. 8. 24.로 정하여 차용하였고, 이 차용금채무를 담보하기 위하여 권상주에게 고양시 일산동구 장항동 610 대 567㎡(이하 '이 사건 토지'라 한다)에 관하여 의정부지방법원 고양등기소 2001. 8. 28. 접수 제6552호로 채권최고액 5억 원의 근저당권설정등기를 마쳐 주었습니다.

이후 권상주는 2013. 4. 26. 피고 송준하에게 박철홍에 대한 근저당권부채권을 양도하고 같은 등기소 접수 제3664호로 근저당권이전의 부기등기를 마쳐 주었습니다.

그런데 박철홍은 2003. 1.경까지 권상주에게 위 차용금채무 전액을 변제하였으므로 더 이상 이 사건 피담보채무는 존재하지 않는다고 할 것입니다.

설사 그렇지 않고 피담보채권이 일부 남아 있다 하더라도 소외 권상주는 위 차용금채무의 변제일(혹은 채무가 일부 변제된 것이라면 최종 변제가 이루어진 2003. 1.경)로부터 10년 이상 그 권리를 행사하지 않았으므로 이 사건 피담보채권은 소멸시효기간의 경과로 소멸되었다고 할 것입니다.

따라서 이 사건 근저당권을 이전받은 피고 송준하는 그 피담보채권의 소멸을 이유로 그 근저당권설정등기를 말소할 의무가 있습니다.

나. 채권자대위권의 행사

원고는 위에서 본 바와 같이 박철홍에 대하여 대여금채권을 가지고 있고(피보전채권), 소외 박철홍은 현재 이 사건 토지를 제외하고는 원고에 대한 채무를 변제할 자력(책임재산)이 없음에도(무자력) 피고 송준하를 상대로 아무런 권리행사를 하지 않고있으며(권리불행사), 소외 박철홍은 피고 권상주에 대하여 근저당권설정등기의 말소를 청구할 권리가 있습니다(피대위권리). 따라서 원고는 박철홍을 대위하여 피고 송준하에게 의정부지방법원 고양등기소 2001. 8. 28. 접수 제6552호로 마친 근저당권설정등기의 말소등기절차의 이행을 구합니다.

다. 예상되는 항변

(1) 이에 대하여 피고 송준하는 자신은 근저당권을 양도 받은 자에 불과하여 원고는 소외 권상주를 상대로 소송을 제기하여 문제를 해결하면 된다고 주장할지 모릅니다. 그러나 근저당권 양도로 인한 근저당권이전의 부기등기가 이루어진 경우 주등기인 근저당권설정등기의 말소를 구하되 양도인이 아닌 양수인을 상대로 그 말소를 구하여야 합니다.

(2) 또한 피고 송준하는 2010. 3.경 박철홍이 권상주를 상대로 제기한 채무부존재확인소송에 적극 응소하여 그 권리를 주장하였으므로 그 무렵 피담보채권의 소멸시효가 중단되었다고 주장할지 모릅니다. 그러나 박철홍은 2010. 3.경 권상주를 상대로 채무부존재확인소송을 제기하였다가 곧바로 그 소를 취하하였는바, 비록 채무자가 제기한 소송에 권리자가 피고로 응소하여 그 권리를 주장하였다 하더라도 채무자가 그 소를 취하한 경우에는 다시 6개월 내에 재판상 청구 등 다른 시효중단조치를 취하지 않으면 시효중단의 효력은 발생하지 않습니다.

(3) 나아가 피고 송준하는 권상주가 2013. 4.경 **박철홍에 대한 채권을 양도**하였는데 이러한 행위가 권리자로서의 채권을 행사한 것이라고 주장할지도 모릅니다. 그러나 2013. 4.경은 피담보채권의 변제일로부터 10년의 소멸시효 기간이 경과한 시점일 뿐만 아니라, 설사 채권양도 통지에 대해 최고로서의 효력은 인정할 수 있다 하더라도 그로부터 다시 6개월 내에 재판상 청구 등 다른 시효중단조치를 취한 적도 없으므로 시효중단의 효력은 발생하지 않습니다.

☞ 전원합의체 판결에 따르면 하자담보책임에 따른 손해배상청구권과 관련하여 채권양도의 통지는 양도인이

채권이 양도되었다는 사실을 채무자에게 알리는 것에 그치는 행위이므로, 그것만으로 제척기간 준수에 필요한 권리의 재판외 행사에 해당한다고 할 수 없다고 한다(대판 2012.3.22, 전합 2010다28840 : 7회 선택형).

■ 가압류의 시효중단효+주채무에 대한 시효중단의 효력이 보증채무에 미치는 효력(15년 1차)

1. 피고 황정익, 김유지, 장영낙에 대한 물품대금 등 청구

가. 가구공급계약 등의 체결

가구 도매업을 하고 있는 원고는 2011. 1. 10. 피고 황정익에게 사무용 의자(모델명 DK-1000P) 500개를 개당 20만 원씩 총매매대금 1억 원에 매도하면서, 위 사무용 의자를 2011. 1. 31. 인도하고, 2011. 2. 28. 위 대금을 지급받기로 하되, 미지급시 월 1%의 비율에 의한 지연손해금을 지급받기로 약정하였습니다. 소외 망 김소망과 피고 장영낙은 위 계약 당시 피고 황정익의 위 물품대금채무를 연대보증하였습니다. 한편 망 김소망은 2014. 1. 31. 사망하여 상속인으로는 그 처인 이미래와 부(父)인 피고 김유지가 있었으나, 2014. 3. 13. 서울가정법원 2014느단72호로 이미래의 상속포기신청이 수리되어 부(父)인 피고 김유지가 망 김소망을 단독상속하였습니다.

그리고 원고는 피고 황정익에게 위 약정대로 2011. 1. 31.에 위 사무용 의자 500개를 모두 인도하였는데, 피고 황정익은 2011. 2. 28. 원고에게 위 가구대금 중 2,000만 원만을 변제하였으므로, 원고는 피고 황정익과 연대보증인인 피고 김유지와 피고 장영낙을 상대로 나머지 가구대금 또는 연대보증금 8,000만 원과 이에 대한 지연손해금을 청구할 수 있습니다.

나. 예상되는 항변

위 피고들은 위 물품대금채권 중 위와 같이 변제로 소멸한 부분을 제외한 나머지 부분이 시효로 소멸하였다고 주장할 지도 모릅니다. 그런데 원고가 가구 도매업체를 운영하면서 피고 황정익에게 위 사무용 의자를 매도하였으므로, 위 물품대금채권은 상인이 판매한 상품의 대가에 해당하여 그 소멸시효기간은 민법 제163조 제6호에 따라 3년이라 할 것인데, 위 대금의 변제기가 2011. 2. 28.이고 그로부터 이미 3년이 경과되었기는 하지만, 원고는 위 소멸시효기간 만료 전인 2013. 12. 10. 위 물품대금채권을 청구채권으로 하여 피고 황정익 소유의 수원시 권선구 세류동 5 잡종지 300㎡에 관하여 수원지방법원 2013카합1826호로 부동산가압류신청을 하여 같은 날 그 결정을 받아 집행하였으므로, 이로써 피고 황정익에 대한 위 물품대금채권의 소멸시효는 중단되었고, 주채무자에 대한 소멸시효 중단은 연대보증인에게도 그 효력이 있습니다.

■ 연대채무 및 연대채무자 중 1인의 시효이익의 포기 및 지연손해금 청구(16년 1차)

1. 피고 이산, 김병철에 대한 차용금청구

가. 소비대차계약체결

원고는 2011. 5. 10. 피고 이산에게 1억 원을 이자 월 2%(매월 9일 지급), 변제기 2012. 5. 9.로 정하여 대여하였고, 김상수는 같은 날 위 채무를 연대보증하였습니다. 그러나 피고 이산이나 김상수는 2011. 5. 10.부터 2011. 12. 9.까지 7개월 분 이자를 지급하였을 뿐 그 이후에 발생한 이자, 지연손해금 및 원금을 변제하지 않고 있습니다.

한편, 김상수는 2015. 7. 10. 아들 김병구, 김병철을 남기고 사망하였고, 김병구는 2015. 7. 15. 적법하게 상속을 포기하였습니다.

따라서 피고 이산, 김병철은 연대하여 원고에게 위 차용원리금을 변제할 의무가 있습니다.

나. 예상되는 항변

(1) 이자채권의 소멸시효기간은 3년이므로, 원고는 2011. 12. 10.부터 변제기인 2012. 5. 9.까지 발생한

청구취지 형태

1. 피고 황정익, 김유지, 장영낙은 연대하여 원고에게 80,000,000원 및 이에 대하여 2011. 3. 1.부터 이 사건 소장 부본 송달일까지는 월 1%, 그 다음날부터 다 갚는 날까지는 연 20%의 각 비율로 계산한 돈을 지급하라.

청구취지 형태

1. 피고 이산, 김병철은 연대하여 원고에게 100,000,000원 및 이에 대하여 피고 이산은 2011. 12. 10.부터, 피고 김병철은 2012. 5. 10.부터 각 다 갚는 날까지 월 2%의 비율로 계산한 돈을 지급하라.

지연손해금은 손해배상금이지 이자가 아니므로 원본채권의 소멸시효기간과 같다고 보아야 한다(대판 1989.2.28, 88다카214 : 7회 선택형).

이자채권은 피고 김병철에 대하여는 청구하지 않겠습니다. 피고 이산은 2015. 7. 27. 위 차용원리금 전부를 변제하겠다고 약속함으로써 이 부분에 대한 시효이익을 포기하였기 때문에 피고 이산에 대해서는 이 부분도 청구합니다.

(2) 그러나 변제기 후의 지연손해금 채권은 손해배상금이지 이자가 아니므로 3년의 단기소멸시효가 적용되지 않으며 상사시효가 적용되는 경우에는 5년, 그 외의 경우에는 10년의 소멸시효에 해당합니다. 유통업에 종사하던 피고 이산이 사업자금 마련을 위하여 원고로부터 위 돈을 차용하였으므로, 그 지연손해금 채권의 소멸시효기간은 5년이고, 아직 그 기간이 경과되지 않았음은 명백합니다.

다. 소결

따라서 피고 이산, 김병철은 연대하여 원고에게 차용금 1억 원 및 이에 대하여 피고 이산은 2011. 12. 10.부터, 피고 김병철은 2012. 5. 10.부터 각 다 갚는 날까지 약정이율인 월 2%의 비율에 의한 이자 내지 지연손해금을 지급할 의무가 있습니다.

■ 양수금 청구 및 지연손해금 채무의 법적성질 및 시효기간 + 보증채무의 독립성(주채무가 단기소멸시효로서 확정판결에 기하여 10년으로 연장된 경우)(15년 2차)

청구취지 형태
2. 피고 박병원, 장연무는 연대하여 원고에게 48,000,000원 및 이에 대하여 2015. 2. 1.부터 이 사건 소장 부본 송달일까지는 월 1%의, 그 다음날부터 다 갚는 날까지는 연 20%의 각 비율로 계산한 돈을 지급하라.

2. 피고 박병원, 장연무에 대한 양수금 청구

가. 채권양도 및 통지

이을동은 2010. 2. 1. 등산용의류 판매업을 운영하는 피고 박병원에게 사업체 운영자금 명목으로 5,000만 원을, 이자는 월 1%(매월 말일 지급), 변제기 2012. 1. 31.로 정하여 대여하였고, 피고 장연무는 같은 날 피고 박병원의 이을동에 대한 위 채무에 대하여 연대보증하였습니다.

월단위로 지급하기로 되어 있는 위 대여금에 대한 이자채권은 민법 제163조 제1호가 정하는 1년 이내의 기간으로 정한 채권으로서 3년의 단기 소멸시효에 해당한다 할 것이므로, 이 사건 대여원금에 대한 2011. 2. 1.부터 2012. 1. 31.까지의 이자는 이 사건 소제기일에 이미 소멸시효가 완성되었으므로 청구범위에서 제외하였다.

그러나 피고 박병원은 이을동에게 2011. 1. 31.까지의 이자만 지급하고 원금과 나머지 이자 및 지연손해금을 지급하지 아니하였습니다.

원고는 2015. 2. 28. 이을동으로부터 위 대여원리금 및 지연손해금 채권을 양도받았습니다. 이을동은 같은 날 피고 박병원에게 채권양도 통지서를 발송하여 2015. 3. 2. 그 통지서가 도달되었습니다.

나. 소 결

그러므로, 피고 박병원, 장연무는 연대하여 원고에게 5,000만 원 및 이에 대한 2012. 2. 1.부터 다 갚는 날까지의 지연손해금을 지급할 의무가 있습니다.

다. 예상되는 항변

(1) 소멸시효 완성의 항변

원본채무의 연체가 있는 경우의 그 지연배상금은 손해배상금이지 이자가 아니므로 본조의 적용이 없고 원본채권의 소멸시효기간과 같다고 보아야 한다(대판 1989.2.28, 88다카214 : 7회 선택형).

이에 대하여 피고 박병원, 장연무는 지연손해금이 3년의 단기 소멸시효에 걸리는 채권임을 전제로, 양수금 지급청구일인 2015. 3. 31.로부터 역산하여 3년이 도과한 2012. 3. 31. 이전의 지연손해금 채권도 소멸시효가 완성되었다고 주장할 수 있습니다.

그러나 변제기 후에 지급하는 지연손해금은 금전채무의 이행을 지체함으로 인한 손해배상금이지 이자가 아니고, 또 민법 제163조 제1호가 정하는 1년 이내의 기간으로 정한 채권도 아니라고 할 것이므로 단기소멸시효가 적용되지 않습니다. 한편, 금전채무에 대한 변제기 후의 지연손해금 채권의 소멸시효기간은 원본채권의 소멸시효기간과 같아야 합니다. 이 사건에서 원고가 양수받은 채권은 이을동이 상인인 피고 박병원의 영업을 위하여 대여한 채권으로서 상법 제64조에 의하여 소멸시효기간이 5년이 되고, 위 대여금에 대한 지연손해금 채권 역시 상사채권으로서 5년의 소멸시효가 적용된다 할 것이므로, 시효로 소멸할 이유가 없습니다.

(2) 채권양도의 통지를 못받았는다는 주장

피고 장연무는 이을동으로부터 채권양도의 통지를 받지 못하였으므로 그 책임을 부담할 수 없다고 주장할 수 있습니다.

그러나 채권양도에 있어서 주채무자에 대하여 대항요건을 갖추면 연대보증인에 대하여도 그 효력이 미친다고 할 것이므로, 주채무자인 피고 박병원에게 적법하게 채권이 양도된 이상 연대보증인인 피고 장연무에 대하여 따로 채권양도 통지를 하지 않더라도 그 채권양도의 효력을 주장할 수 있는 것입니다.

(3) 피고 박병원, 장연무의 상계항변

위 피고들은, 피고 박병원이 주장수를 상대로 서울북부지방법원에 물품대금 청구소송을 제기하여 2006. 10. 31. '주장수는 박병원에게 3,000만 원 및 이에 대한 2006. 8. 1.부터 다 갚는 날까지 연 20%의 비율로 계산한 돈을 지급하라'는 내용의 승소판결을 받아 위 판결이 확정되었는데, 이을동이 박병원을 위하여 위 판결금 채무를 연대보증하였다는 이유로 피고 박병원이 이을동에 대하여 가지는 위 연대보증금 채권을 자동채권으로 하여 상계한다는 의사표시를 하여 원고가 이를 수령하였으므로, 원고의 피고 박병원에 대한 채권은 위 채권과 대등액의 범위에서 소멸하였다고 주장할 수 있습니다.

그러나 위 피고들의 주장에 의하더라도 이을동은, 상인인 피고 박병원에 대한 주장수의 판결금 채무에 대하여 연대보증한 것임을 알 수 있습니다. 보증채무는 주채무와는 별개의 독립한 채무이므로 보증채무와 주채무의 소멸시효기간은 그 채무의 성질에 따라 각각 별개로 정해진다 할 것입니다. 비록 민법 제163조 각 호의 단기소멸시효에 해당하는 주채무에 대한 판결이 확정되어 그 소멸시효 기간이 10년으로 연장되었고, 그 후 보증인이 그 채무를 보증하였다 하더라도, 특별한 사정이 없는 한 그 보증채무에 대하여는 그 성질에 따라 보증인에 대한 채권이 민사채권인 경우에는 10년, 상사채권인 경우에는 5년의 소멸시효기간이 적용된다 할 것입니다. 한편, 상인인 당사자 일방이 한 행위는 상행위로 추정되므로, 상인의 행위로 인한 채권은 상법 제64조에서 정한 5년의 소멸시효 기간이 적용되는 상사채권에 해당합니다.

따라서 이을동의 피고 박병원에 대한 이 사건 연대보증금채무는 상사채무에 해당하여 판결금 채무인 주채무와는 달리 그 소멸시효 기간은 5년이라 할 것입니다. 이 사건의 경우 이을동은 2006. 11. 30. 피고 박병원과 사이에 연대보증 약정을 하였고, 위 피고들은 그로부터 5년이 경과한 2015. 5. 13.에야 비로소 상계의 의사표시를 하여 원고에게 도달하였으나, 위 상계 의사표시 당시 피고 박병원의 이을동에 대한 위 채권은 이미 시효로 소멸하였다 할 것입니다. 더 나아가 주된 권리인 연대보증금 채권이 시효로 소멸하면 시효소멸의 효과는 종속된 권리에도 효력이 미치므로(민법 제183조), 지연손해금 채권 역시 시효로 소멸하게 된다 할 것입니다. 결국, 위 피고들은 위 채권으로 상계를 주장할 수는 없습니다.

■ 주채무의 소멸시효기간이 10년으로 연장된 상태에서 주채무를 보증+주채무자에 대한 시효중단과 보증인에 대한 효력(18년 1차)

3. 피고 김학연, 김학철에 대한 청구

가. 소비대차 및 채권 양도

대부업을 하고 있는 이소현은 2009. 1. 5. 최서진에게 1억 원을 이자 연 6%, 변제기 2010. 1. 3.로 정하여 대여하였고, **최서진**이 위 차용금을 변제하지 않자 2011. 11. 20. 소를 제기하여 2012. 3. 14. 서울남부지방법원 2011가단23751호로 '피고(최서진)는 원고(이소현)에게 1억 원 및 이에 대한 2010. 1. 4.부터 2012. 1. 3.까지는 연 6%의, 그 다음 날부터 다 갚는 날까지는 연 20%의 각 비율에 의한

(측면 주석)

보증채무는 주채무에 대한 부종성 또는 수반성이 있어서 주채무자에 대한 채권이 이전되면 당사자 사이에 별도의 특약이 없는 한 보증인에 대한 채권도 함께 이전하고, 이 경우 채권양도의 대항요건도 주채권의 이전에 관하여 구비하면 족하고, **별도로 보증채권에 관하여 대항요건을 갖출 필요는 없다**(대판 2002.9.10, 2002다21509 : 3회,4회,8회 선택형).

"보증채무는 주채무와는 별개의 독립한 채무이므로 보증채무와 주채무의 소멸시효기간은 채무의 성질에 따라 각각 별개로 정해진다. 그리고 주채무자에 대한 확정판결에 의하여 민법 제163조 각 호의 단기소멸시효에 해당하는 주채무의 소멸시효기간이 10년으로 연장된 상태에서 주채무를 보증한 경우, 특별한 사정이 없는 한 보증채무에 대하여는 제163조 각 호의 단기소멸시효가 적용될 여지가 없고, 성질에 따라 보증인에 대한 채권이 민사채권인 경우에는 10년, 상사채권인 경우에는 5년의 소멸시효기간이 적용된다"(대판 2014.6.12. 2011다76105).

청구취지 형태
4. 피고 정중동은 원고에게 56,000,000 원 및 이에 대하여 2015. 3. 1.부터 다 갚는 날까지 연 20%의 비율로 계산한 돈을 지급하라.

돈을 지급하라'는 판결이 선고되어 위 판결은 2012. 4. 2. 확정되었습니다.

피고 김학연, 김학철은 2013. 6. 4. 이소현에게 최서진의 위 차용금채무를 보증하였습니다.

이소현은 2017. 4. 3. 원고에게 위 채권을 양도하고 같은 날 최서진에게 통지를 하여 그 통지가 2017. 4. 9. 도달하였습니다.

따라서 특별한 사정이 없는 한, 피고 김학연, 김학철은 상법 제57조 제2항에 의하여 최서진과 연대하여 원고에게 위 차용원리금을 지급할 의무가 있습니다.

나. 피고들의 예상되는 항변

피고 김학연, 김학철은 원고의 채권이 시효로 소멸하였다고 주장할 것으로 예상됩니다.

주채무자에 대한 확정판결에 의하여 주채무의 소멸시효기간이 10년으로 연장된 상태에서 주채무를 보증한 경우, 특별한 사정이 없는 한 보증채무에 대하여는 성질에 따라 보증인에 대한 채권이 민사채권인 경우에는 10년, 상사채권인 경우에는 5년의 소멸시효기간이 적용됩니다(대판 2014.6.12. 2011다76105). 위 피고들은 대부업을 하고 있는 이소현과 연대보증계약을 체결한 것이므로 원고의 위 피고들에 대한 채권은 5년의 소멸시효기간이 적용됩니다. 그런데 주채무자에 대한 시효중단은 보증인에게도 효력이 미치는바(민법 제440조), 주채무자인 최서진이 2017. 11. 3. 원고를 위하여 3,200만 원을 공탁하였고 2017. 11. 8. 원고에게 채무변제의사를 명확히 함으로써 채무를 승인하였고 이로써 위 피고들에 대하여도 소멸시효가 중단되었습니다. 따라서 원고의 위 피고들에 대한 채권은 시효로 소멸하지 않았다고 할 것입니다.

☞ 피고 김학연, 김학철은 상법 제57조 제2항에 따라 연대보증인이다. 한편, 최서진은 변론종결 후의 승계인에 해당하고 따라서 최서진에 대한 청구는 확정판결의 기판력에 저촉되므로 동일한 후소를 제기할 수 없다. 또한 최서진이 이미 채무를 인정하고 있고(채무승인에 해당), 소멸시효의 완성이 임박한 상황이 아니므로 원고가 확정판결과 동일한 소를 제기할 소의 이익이 있다고 보기 어렵다.

■ 상사시효 적용 여부 및 주채무에 대한 시효중단이 보증채무게 미치는 효력(19년 2차)

1. 피고 김동부, 구미옥, 김이손에 대한 청구

가. 소비대차계약의 체결 및 변제충당

(1) 대여 및 연대보증

원고는 김명부에게 2008. 5. 1. 8,000만 원을 변제기 2009. 4. 30. 이자율 월 0.5%, 지연손해금률 월 1%로 정하여 대여하였습니다(이하 '5. 1.자 대여금'이라 합니다). 또한 2008. 7. 1. 8,000만 원을 변제기 2009. 6. 30. 이자율 월 0.5%, 지연손해금률 월 1%로 정하여 대여하였고(이하 '7. 1.자 대여금'이라 합니다), 피고 김동부는 위 2008. 7. 1.자 대여금채무에 대하여 같은 날 연대보증하였습니다.

(2) 변제충당

김명부는 위 각 대여금채무의 변제기까지의 이자를 모두 지급하였고, 2009. 7. 31. 9,320만 원을 원고에게 지급하였는데, 변제한 금액이 모든 채무를 변제하기에 부족하므로 변제충당의 방법에 따라야 합니다.

먼저 민법 제479조 제1항에 따라 비용, 이자, 원본의 순서로 변제충당하여야 하고 민법 제477조 제3호에 따라 변제기가 먼저 도래한 채권에 먼저 충당해야 합니다.

이에 따르면 변제한 날까지의 5. 1.자 대여금의 지연손해금 240만 원(=8,000만 원 × 1% × 3개월)과 7. 1.자 대여금의 지연손해금 80만 원(=8,000만 원 × 1% × 1개월) 합계 320만 원에 우선 충당되고, 나머지 9,000만 원 중 8,000만 원은 이행기가 먼저 도래한 5. 1.자 대여금의 원금 8,000만 원에 먼저 충당한 다음, 나머지 1,000만 원이 7. 1.자 대여금의 원금 8,000만 원에 충당되어야 하므로,

결국 7. 1.자 대여금 7,000만 원과 이에 대한 지연손해금이 남습니다.

(3) 잔존채무의 상속

한편 김명부는 2013. 8. 1. 사망하였는데, 유족으로는 배우자 피고 구미옥, 유일한 자녀 김유남, 손자녀 김일손, 피고 김이손을 두었고, 김유남은 2013. 10. 5. 상속의 포기를 신고하였고, 2013. 10. 25. 관할 법원에 의해 수리되었으므로, 피고 구미옥은 망 김명부의 배우자로서 3/7, 피고 김이손은 망 김명부의 손자녀로서 2/7의 비율로 위 채무를 상속하였고, 따라서 피고 구미옥은 위 7,000만 원의 채무 중 3,000만 원, 피고 김이손은 2,000만 원을 각 상속하였습니다.

(4) 소결

따라서 원고에게, 위 대여금 7,000만 원 중 일부로서 각 상속분에 따라 피고 구미옥은 3,000만 원, 피고 김이손은 2,000만 원, 피고 김동부는 연대보증인으로서 피고 구미옥, 김이손과 연대하여 위 대여금 합계액 5,000만 원과 각 이에 대하여 일부 변제된 다음날인 2009. 8. 1.부터 이 사건 소장부본 송달일까지는 약정에 따른 월 1%의, 그 다음날부터 갚는 날까지는 소송촉진 등에 관한 특례법이 정한 연 12%의 각 비율로 계산한 지연손해금을 지급할 의무가 있습니다.

나. 예상되는 피고들의 항변

(1) 피고 김동부, 구미옥, 김이손의 시효소멸 주장

가) 피고 구미옥, 김이손의 소멸시효 주장에 대하여

위 피고들은 위 채무는 김명부가 회사의 대표이사로서 회사에 자금을 투자하기 위해서 차용한 것이므로 이는 상행위에 해당하여 상법상 시효기간 5년이 적용되고, 일부 변제한 2009. 7. 31.부터 5년이 지나 위 각 채무가 시효로 소멸하였다고 주장할 것으로 예상되고, 상법이 적용되지 않는다면, 민법이 정한 10년의 시효기간의 경과로 소멸하였다고 주장할 것으로 예상됩니다.

상인은 상행위에서 생기는 권리·의무의 주체로서 상행위를 하는 것이고, 영업을 위한 행위가 보조적 상행위로서 상법의 적용을 받기 위해서는 행위를 하는 자 스스로 상인 자격을 취득하는 것을 당연한 전제로 합니다. 회사가 상법에 의해 상인으로 의제된다고 하더라도 회사의 기관인 대표이사 개인이 상인이 되는 것은 아니고, 대표이사 개인이 회사의 운영 자금으로 사용하려고 돈을 빌리거나 투자를 받더라도 그것만으로 상행위에 해당하는 것은 아니며, 상인이 영업과 상관없이 개인 자격에서 돈을 투자하는 행위는 상인의 기존 영업을 위한 보조적 상행위로 볼 수 없습니다(대판 2018.4.24. 2017다205127).

따라서 김명부가 상인으로 의제되는 주식회사의 대표이사로서 회사의 운영자금으로 사용하려고 돈을 빌리고 이를 회사에 투자하였더라도 이를 상행위에 해당한다고 볼 수 없습니다. 따라서 위 채무는 상사소멸시효기간이 적용되지 아니합니다.

또한, 민법의 규정에 따라 시효가 소멸되어야 한다는 주장에 대해서는, 앞서와 같이 일부 변제된 2009. 7. 31.로부터 10년이 도과하기 전 피고 김동부, 구미옥, 김이손을 상대로 위 대여금의 지급을 촉구하는 내용의 2019. 6. 29. 통보서가 위 피고들에게 각 2019. 7. 3. 도달하였고, 그로부터 6개월이 지나기 전인 2019. 8. 8. 이 사건 소를 제기하였으므로, 민법 제168조, 제174조에 따라 시효가 중단되었습니다.

나) 피고 김동부의 소멸시효 주장에 대하여

피고 김동부는 피보증채무인 대여금 채권은 그 변제기인 2009. 6. 30.로부터 상법이 정한 5년의 기간이 경과하였거나, 민법이 정한 10년의 기간이 경과하여 시효로 소멸하였고, 보증채무는 피보증채무와는 별도의 채무이므로, 피보증채무에 대한 시효중단 사유가 있더라도 보증채무에는 영향을 미치지 아니한다고 주장할 것으로 예상됩니다.

피고 김일손은 2,000만 원의 채무를 상속받으나 피고 김일손에 대한 최고가 변제일 부터 10년이 도과된 다음에 도달함으로서 김일손에 대한 채권이 시효로 소멸하였으므로 김일손에 대한 채권은 청구할 수 없다.

피고 김일손에 대한 2000만 원 부분이 시효로 소멸하였으므로, 부종성에 따라 보증인에 대한 2,000만 원 부분도 같이 소멸한다. 따라서 피고 김동부에게 5,000만 원만 청구하여야 한다.

당해 기록에서 가압류는 함정이므로 가압류로 인해 시효중단되었다고 기재해서는 안된다. 왜냐하면 判例는 사망한 사람을 피신청인으로 한 가압류신청은 부적법하고 그 신청에 따른 가압류결정이 내려졌다고 하여도 그 결정은 당연 무효로서 그 효력이 상속인에게 미치지 않으며, 이러한 당연 무효의 가압류는 민법 제168조 제1호에 정한 소멸시효의 중단사유에 해당하지 않는다(대판 2006.8.24. 2004다26287)고 보기 때문이다.

먼저 피보증채무인 대여금 채권에 대해서 상법이 적용되지 아니하고 민법이 적용되어야 한다는 점은 앞서 주장한 바와 같습니다.

그리고 민법 제440조에 따르면, 주채무자에 대한 시효의 중단은 보증인에 대하여 그 효력이 있습니다. 그런데 김명부가 2009. 7. 31. 9,320만 원을 일부 변제하였으므로 이는 채무의 승인에 해당되어 시효가 중단되었고, 그 시효 중단의 효력은 보증인인 피고 김동부에게도 미치는 것이어서 위 피고의 보증채무 역시 시효가 중단되어야 합니다.

■ 불법행위와 소멸시효 (20년 1차)

3. 피고 강상민에 대한 손해배상청구

가. 불법행위에 기한 손해배상청구권의 발생

피고 강상민은 2013. 10. 30. 원고 소유의 자동차를 손괴하였고, 원고는 이로 인하여 위 자동차 수리비 800만원 상당의 손해를 입었습니다.

따라서 피고 강상민은 원고에게 불법행위를 원인으로 한 손해배상금 800만원 및 이에 대하여 불법행위일인 2013. 10. 30.부터 이 사건 소장부본 송달일까지는 민법에서 정한 연 5%, 그 다음날부터 다 갚는 날까지는 소송촉진 등에 관한 특례법에서 정한 연 12%의 각 비율로 계산한 지연손해금을 지급할 의무가 있습니다.

나. 예상되는 항변

(1) 불법행위 단기 소멸시효 도과 주장

피고 강상민은 원고가 주장하는 자동차 손괴일인 2013. 10. 30.로부터 3년이 경과하여 민법 제766조 제1항에 따라 원고의 피고 강상민에 대한 손해배상채권이 시효로 소멸하였다고 주장할 수도 있습니다.

그러나 불법행위로 인한 손해배상청구권의 단기소멸시효 기산점이 되는 민법 제766조 제1항 소정의 '손해 및 가해자를 안 날'이란 손해의 발생, 위법한 가해행위의 존재, 가해행위와 손해의 발생과의 사이에 상당인과관계가 있다는 사실 등 불법행위의 요건사실에 대하여 현실적이고도 구체적으로 인식하였을 때를 의미하고, 피해자 등이 언제 불법행위의 요건사실을 현실적이고도 구체적으로 인식한 것으로 볼 것인지는 개별적 사건에 있어서의 여러 객관적 사정을 참작하고 손해배상청구가 사실상 가능하게 된 상황을 고려하여 합리적으로 인정하여야 합니다(대판 2014.6.12. 2011다76105 ; 대판 2009.10.15. 2008다88832 등).

경찰이 2013년경 피고 강상민에 대하여 증거 불충분을 이유로 혐의 없음 의견으로 검찰에 송치한 사정, 이를 이유로 전소 판결에서 원고의 손해배상채권을 자동채권으로 한 상계항변이 받아들여지지 않은 사정 등을 고려하면, 피고 강상민에 대하여 유죄판결이 확정된 2019. 6.경, 적어도 원고가 결정적 증거를 확보한 2018. 6.경 또는 수사기관에서 피고 강상민을 기소한 2018. 11.경에야 손해 및 가해자를 알았다고 할 수 있으므로, 원고가 그때로부터 3년이 도과하기 전에 이 사건 소를 제기한 이상 소멸시효는 중단되었습니다.

따라서 피고 강상민의 시효 소멸 주장은 타당하지 않습니다.

■ 주채무와 보증채무의 시효완성 (20년 1차)

4. 피고 정중동에 대한 청구

가. 연대보증계약 체결

전소 판결로 원고의 피고 강상민에 대한 물품대금 4,640만 원과 이에 대한 지연손해금 채권이

청구취지 형태

3. 피고 강상민은 원고에게 8,000,000원 및 이에 대하여 2013. 10. 30.부터 이 사건 소장부본 송달일까지는 연 5%, 그 다음날부터 다 갚는 날까지는 연 12%의 각 비율로 계산한 돈을 지급하라.

불법행위로 인한 손해배상채무이므로 손해배상채무는 그 성립과 동시에(그 당일부터) 채권자의 청구 없이도 당연히 이행지체가 됨에 유의해야 한다.

청구취지 형태

4. 피고 김학연, 김학철은 소외 최서진과 연대하여 원고에게 100,000,000원 및 이에 대한 2010. 1. 4.부터 2012. 1. 3.까지는 연 6%의, 그 다음 날부터 다 갚는 날까지는 연 20%의 각 비율로 계산한 돈을 지급하라.

2014. 4. 1. 확정되었습니다.

또한 피고 강상민은 2015. 2. 1. 전소 판결에 따른 채무원리금 5,600만 원을 2015. 2. 28.까지 지급하고, 이를 지체할 경우 연 20%의 비율로 계산한 지연손해금을 가산하여 지급할 것을 약정하였고, 피고 정중동은 같은 날 연대보증인으로서 지불각서에 기명날인하여 위 채무를 연대보증하였습니다.

따라서 피고 정중동은 연대보증인으로서 원고에게 5,600만 원 및 이에 대하여 변제기 다음날인 2015. 3. 1.부터 다 갚는 날까지 약정이율인 연 20%의 비율로 계산한 지연손해금을 지급할 의무가 있습니다.

나. 예상되는 항변

(1) 주채무 시효 소멸 주장

피고 정중동은, 피고 강상민의 채무가 물품의 공급과 관련된 물품대금채무로 민법 제163조 6호에 따라 3년의 단기소멸시효가 적용되는데 3년이 경과하여 주채무가 이미 시효 소멸하였고, 보증채무의 부종성에 따라 피고 정중동의 보증채무도 소멸하였다고 주장할 수도 있습니다.

그러나 민법 제165조에 따르면 판결에 의하여 확정된 채권은 단기의 소멸시효에 해당한 것이라도 그 소멸시효는 10년으로 되는데, 피고 강상민의 원고에 대한 채무는 전소 판결로 확정된 것이므로 10년이 도과되어야 소멸합니다. 한편 피고 강상민은 2015. 2. 1. 원고에게 지불각서를 교부하며 채무를 승인하였으므로, 소멸시효는 같은 날 중단되었고, 그 날로부터 아직 10년이 도과되지 않은 것은 역수상 명백합니다(대판 2014.6.12 2011다76105).

따라서 피고 정중동의 주채무 시효 소멸 주장은 타당하지 않습니다.

(2) 보증채무 시효 소멸 주장

또한 피고 정중동은 자신의 연대보증채무도 물품대금을 연대보증한 것으로서 3년의 소멸시효가 적용되고 설령 5년의 소멸시효가 적용된다고 하더라도 이미 시효기간을 도과하여 소멸하였다고 주장할 수도 있습니다.

그러나 보증채무는 주채무와는 별개의 독립한 채무이므로 보증채무와 주채무의 소멸시효기간은 채무의 성질에 따라 각각 별개로 정해집니다. 상인이 상품을 판매한 대금채권에 대하여 연대보증을 받은 행위는 특별한 사정이 없는 한 상행위에 해당합니다.

장난감 제조업을 하는 원고가 장난감을 판매한 대금채권에 대하여 피고 정중동으로부터 연대보증을 받은 행위는 특별한 사정이 없는 한 상행위에 해당하므로, 위 연대보증채권은 상사채권으로서 그 소멸시효기간은 5년이라고 할 것입니다(대판 2014.6.12. 2011다76105). 또한 원고가 발송한 내용증명우편이 연대보증일인 2015. 2. 1.로부터 5년이 경과하기 전인 2020. 1. 27. 피고 정중동에게 도달하여 최고의 효력이 발생하였고, 원고가 이로부터 6개월 내인 2020. 7. 2. 이 사건 소 제기하였으므로, 2020. 1. 27. 소멸시효의 진행이 중단되어 시효가 완성되지 않았습니다.

따라서 피고 정중동의 보증채무 시효 소멸 주장 역시 타당하지 않습니다.

■ 압류 및 추심명령과 소멸시효 중단(20년 3차)

1. 피고 김재삼에 대한 청구

가. 추심금 청구

소외 원재우는 한서스포츠라는 상호로 스포츠용품 판매점을 운영하고 있고, 피고 김재삼은 서초피트니스 센터라는 상호로 체육관을 운영하고 있습니다.

소외 원재우는 2017. 7. 16. 피고 김재삼과 사이에 '스포츠기구인 러닝머신, 워킹머신 100점을 대금 3억 원에 매도하되, 2017. 7. 20. 위 스포츠기구를 인도하고, 2017. 8. 15. 그 대금을 지급 받기로 약

청구취지 형태

1. 피고 김재삼은 원고에게 200,000,000원 및 이에 대하여 2020. 8. 22.부터 이 사건 소장 부본 송달일까지 연 6%, 그 다음날부터 다 갚는 날까지 연 12%의 각 비율로 계산한 돈을 지급하라.

정(위 대금 채권을 '이 사건 물품대금 채권'이라 합니다)하였습니다. 원재우는 2017. 7. 20. 피고 김재삼에게 위 약정대로 스포츠기구 100점을 인도하였습니다.

원고는 원재우에 대한 서울중앙지방법원 2018가합3456호 대여금 청구사건의 확정판결을 집행권원으로 2020. 6. 26. 채무자를 원재우, 제3채무자를 피고 김재삼으로 하여 이 사건 물품대금 채권 중 2억 원에 대한 채권압류 및 추심명령을 받았고, 그 명령이 2020. 6. 30. 피고 김재삼에게 송달되었습니다.

(4) 따라서 피고 김재삼은 원고에게 추심금 2억 원 및 이에 대한 지연손해금을 지급할 의무가 있습니다.

나. 피고 김재삼의 예상되는 주장에 대한 검토

(1) 소멸시효 완성 주장

피고 김재삼은 이 사건 물품대금 채권의 이행기로부터 이미 3년이 경과하여 그 소멸시효가 완성되었다고 주장할 수 있습니다.

이 사건 물품대금 채권의 이행기가 2017. 8. 15.이므로 위 이행기로부터 3년이 경과하였으나, 원고가 이 사건 물품대금 채권에 관하여 압류 및 추심명령을 받아 그 결정이 2020. 6. 30. 피고 김재삼에게 송달되었고, 위 압류 및 추심명령의 송달은 이 사건 물품대금 채권에 관하여 시효 완성 전의 최고로서의 효력이 있습니다(대판 2003.5.13. 2003다16238). 따라서 원고가 그로부터 6개월이 경과하기 전에 이 사건 소를 제기한 이상 위 채권의 소멸시효 진행은 적법하게 중단되었습니다.

(2) 집행채권의 소멸 주장

피고 김재삼은 원재우가 원고의 압류 및 추심명령의 집행권원인 서울중앙지방법원 2018가합3456 대여금 사건의 채무를 모두 변제하여 집행채권이 소멸하였다고 주장할지 모릅니다.

그러나 집행채권의 부존재나 소멸은 집행채무자가 청구이의의 소에서 주장할 사유이지 추심금의 소에서 제3채무자가 이를 항변으로 주장하여 집행채무의 변제를 거절할 수 없습니다(대판 1994.11.11. 94다34012).

> 이 사건 물품대금 채권은 상인이 판매한 상품의 대가이므로 그 소멸시효 기간은 상법 제64조 단서, 민법 제163조 제6호에 의하여 3년이다.

5. 상 계

> **※ 상계(상계충당)항변의 사례풀이 구조**
>
> 1. 상계가 허용되는 채권인지 파악('수동채권'과 관련한 제496조, 제498조와 '자동채권'과 관련한 항변권 부착 여부, 쌍방 상대방의 동일성 등) 한다.
> 2. 상계가 허용되는 채권이라면 '상계적상일' 찾은 후 상계적상일까지의 자동채권과 수동채권의 금액을 확정한다.
> 3. 마지막으로 금액이 적은 채권을 금액이 큰 채권의 이자, 원본 순으로 충당하여 남은 금액을 계산한다(상계충당).

▮ 상계의 항변 및 재항변

Ⅰ. 피고의 상계항변

상계의 요건사실은 ⅰ) 자동채권의 발생원인사실, ⅱ) 자동채권과 수동채권이 상계적상에 있는 사실, ⅲ) 수동채권(청구채권)에 대하여 피고가 원고에게 상계의 의사표시를 한 사실이다. 상계는 소급효가 있으므로(제493조 2항) 상계가 있으면 상계적상이 생긴 시점 이후는 수동채권에 대한 이자 및 지연손해금은 발생되지 않는다. 결국 상계의 항변은 수동채권의 원본에 대한 항변이 될 뿐 아니라 상계적상이 생긴 이후의 이자 및 지연손해금에 대한 항변도 된다.

Ⅱ. 원고의 재항변

① 채무가 성질상 상계가 허용되지 않는다는 주장(제492조 1항 단서 : 예를 들어 동시이행항변권이 붙은 채권의 상계금지, 사해행위 취소에 따른 가액반환채권을 수동채권으로 하는 상계금지), ② 상계금지특약이 있었다는 사실(제492조 2항 본문), ③ 상계의 의사표시에 조건 또는 기한이 붙어 있다는 것(제493조 1항 후문), ④ 자동채권의 시효소멸사실, ⑤ 상계권의 남용 사실 등은 상계의 항변에 대한 재항변이 된다.

Ⅲ. 피고의 재재항변

① 상계금지특약에 대한 재재항변(제492조 2항 단서 : 상계금지특약으로써 선의의 제3자에게는 대항하지 못한다), ② 자동채권 시효소멸에 대한 재재항변(제495조 : 소멸시효가 완성된 채권이 그 완성전에 상계할 수 있었던 것이면 그 채권자는 상계할 수 있다)

(1) 상계적상(상계의 요건 ; 대, 동, 변, 허, 현)

상계가 유효하기 위해서는 양 채권이 상계적상에 있어야 하는바, ⅰ) 채권이 대립하고 있을 것, ⅱ) 대립하는 채권이 동일한 종류일 것, ⅲ) 적어도 자동채권의 변제기가 도래할 것, ⅳ) 상계가 허용되지 않는 채권이 아닐 것을 요한다. ⅴ) 이러한 상계적상은 원칙적으로 상계의 의사표시가 행하여지는 당시에 현존하여야 한다(제492조).

1) 채권이 대립하고 있을 것

가) 자동채권

자동채권은 상계자(채무자)가 피상계자(채권자)에 대해 가지는 채권이어야 한다. 그러나 이 원칙에는 예외도 존재한다(제418조 2항, 제434조, 제451조 2항, 제426조 1항, 제445조 1항, 제495조).

나) 수동채권

수동채권은 피상계자(채권자)가 상계자(채무자)에 대해 가지는 채권이어야 한다. 判例는 "수동채권으로 될 수 있는 채권은 상대방이 상계자에 대하여 가지는 채권이어야 하고, 상대방이 제3자에 대하여 가지는 채권과는 상계할 수 없다고 보아야 한다. 그렇지 않고 만약 상대방이 제3자에 대하여 가지는 채권을 수동채권으로 하여 상계할 수 있다고 한다면, 이는 상계의 당사자가 아닌 상대방과 제3자 사이의 채권채무관계에서 상대방이 제3자에게서 채무의 본지에 따른 현실급부를 받을 이익을 침해하게 될 뿐 아니라, 상대방의 채권자들 사이에서 상계자만 독점적인 만족을 얻게 되는 불합리한 결과를 초래하게 되므로, 상계의 담보적 기능과 관련하여 법적으로 보호받을 수 있는 당사자의 합리적 기대가 이러한 경우에까지 미친다고 볼 수는 없다"(대판 2011.4.28, 2010다 101394 : 1회,8회 선택형)고 한다.

2) 대립하는 채권이 동일한 종류일 것

3) 적어도 자동채권의 변제기가 도래할 것

자동채권은 반드시 이행기에 있어야 한다. 그러나 수동채권은 채무자가 기한의 이익을 포기할 수 있으므로(제153조 2항), 이행기 도래 전이라도 이를 포기하고 상계할 수 있다(5회 선택형).

[사실관계] "원고는 근저당권에 기한 임의경매절차에서 A소유의 아파트를 매각 받아 매각대금을 완납함으로써 그 소유권을 취득하였다. 피고는 원래 위 아파트의 '후순위' 임차인이었는데, 그 임차권이 매각으로 소멸하였음에도 임대인 A에 대한 유익비상환청구권에 기한 유치권을 주장하며 원고가 위 아파트의 소유권을 취득한 이후에도 위 아파트를 계속 점유·사용하였다. 이에 원고가 피고를 상대로 소유권에 기하여 위 아파트의 인도를 청구하자, 피고는 위 유치권 항변을 하였고, 이에 대하여 원고는 다시 피고에 대한 부당이득반환채권으로 피고의 A에 대한 유익비상환청구권과 상계한다고 주장하였다.

[관련판례] "임대인은 임대차계약 존속 중 기한의 이익을 포기하고 임대차보증금반환채권을 수동채권으로 하여 상계할 수 있고, 임대차 존속 중 임대인이 상계의 의사표시를 한 경우 임대차보증금반환채무에 관한 '기한의 이익'을 포기한 것으로 볼 수 있다"(대판 2017.3.15, 2015다252501)

甲은 공인중개사인 乙의 중개보조원으로 일하면서 고객인 丙의 인감증명서와 도장을 업무상 자신이 보유하고 있음을 기화로 허위의 임대차계약을 체결하였고, 이를 통해 6,000만 원을 취득하여 丙에게 동액 상당의 손해를 입혔는데, 乙은 甲의 불법행위에 가담하지 않았다. 丙은 甲과 乙에 대해서 각각 일반불법행위책임과 사용자책임을 근거로 6,000만 원의 손해배상을 청구하였다. 이에 대하여 피해자 丙에게도 주의의무를 다하지 않은 과실이 인정되었고 과실비율은 50%였다. 이 경우 乙은 丙에 대하여 가지는 별도의 물품대금채권 2,000만 원으로 丙의 위 손해배상채권을 상계할 수 있다(8회 선택형).(×)
☞ 乙은 고의가 없다고 할지라도, 피용자 甲의 고의의 불법행위로 인하여 乙은 사용자 책임을 부담하므로 제496조에 의하여 자신의 물품대금채권과 상계를 할 수 없다.

B채권(부당이득금채권) : 乙은 2012. 1. 1.부터 2012. 12. 31.까지 사이에 권원 없음을 알면서도 甲의 의사에 반하여 甲소유인 X 아파트를 무단으로 점유하면서 사용하였다. 이로 인한 차임 상당 부당이득금은 2,000만 원이다.
D채권(양수금채권) : 丙은 2012. 10. 1. 甲에게 2,000만 원을 변제기 2013. 2. 5.로 정하여 대여하였다. 乙은 2012. 12. 1. 丙으로부터 이 채권을 양수하였고, 丙이 양도통지를 보내어 그 통지가 2012. 12. 11 甲에게 도달하였다.
이 경우 乙은 2014. 1. 2. 甲에게 D 채권을 자동채권으로 B 채권을 수동채권으로 하여 상계의사표시를 하였다. 상계는 인정된다.(3회 선택형).(×)
☞ 사안에서 B채권은 부당이득의 원인이 고의의 불법행위이므로, 乙이 B채권을 수동채권으로 하는 의사표시는 제496조의 유추적용에 의해 허용되지 않는다.

4) 상계가 허용되지 않는 채권이 아닐 것

가) 당사자의 의사표시에 의한 상계금지(제492조 2항 본문)

나) 채무의 성질에 의한 상계금지(제492조 1항 단서)

자동채권에 항변권이 붙어 있는 경우에는 상계가 금지된다. 상계를 허용하면 상대방은 이유 없이 항변권을 상실하기 때문이다. 그러나 수동채권에 항변권이 붙어 있는 경우에는 채무자가 이를 포기하고 상계하는 것은 무방하다.

① **[동시이행항변권]** 동시이행의 항변권이 붙어 있는 채권은 이를 '자동채권'으로 하여 상계하지 못한다(대판 2002.8.23. 2002다25242 : 1회 선택형). 다만 자동채권과 수동채권이 서로 동시이행관계에 있는 경우에는 '양 채무를 현실적으로 이행하여야 할 필요성이 없는 한' 동시이행의 항변권이 붙어 있는 채권을 자동채권으로 하는 상계도 허용된다(대판 2006.7.28. 2004다54633). 그래서 **금전채무 상호 간에 동시이행관계가 있는 경우에는 일반적으로 상계가 허용되며, 判例는 도급인이 손해배상청구권을 자동채권으로 하고 그와 동시이행관계에 있는 수급인의 공사대금채권**(제667조 3항)**을 수동채권으로 하여 상계할 수 있음을 전제로 한다**(대판 1996.7.12. 96다7250,7267).

② **[담보제공청구권]** 수탁보증인이 주채무자에 대하여 가지는 제442조의 사전구상권에는 제443조의 담보제공청구권이 항변권으로 부착되어 있는 만큼 이를 '자동채권'으로 하는 상계는 원칙적으로 허용될 수 없다(대판 2019.2.14. 2017다274703). ① 다만 제443조는 임의규정으로서 주채무자가 사전에 담보제공청구권의 항변권을 포기한 경우에는 보증인은 사전구상권을 자동채권으로 하여 주채무자에 대한 채무와 상계할 수 있으며(대판 2004.5.28. 2001다81245 : 8회 선택형). ② 채권압류명령을 받은 제3채무자이자 보증채무인 사람이 압류 이후 보증채무를 변제함으로써 담보제공청구의 항변권을 소멸시킨 다음, 압류채무자에 대하여 압류 이전에 취득한 사전구상권으로 일정한 요건[5]하에 피압류채권과 상계할 수 있다(대판 2019.2.14. 2017다274703).

다) 법률의 규정에 의한 상계금지

a. 고의에 의한 불법행위채권을 수동채권으로 하는 상계의 금지(제496조)

> 제496조 (불법행위채권을 수동채권으로 하는 상계의 금지) 채무가 고의의 불법행위로 인한 것인 때에는 그 채무자는 상계로 채권자에게 대항하지 못한다.

피해자가 손해배상채권을 '자동채권'으로 하여 상계하는 것은 무방하다(5회 선택형).

① 본조를 중과실의 불법행위에 의한 손해배상채무에까지 유추 또는 확대적용하지 않는다(대판 1994.8.12. 93다52808 : 8회 선택형).

② 피용자의 고의의 불법행위로 인해 사용자책임이 성립하는 경우, 사용자는 상계할 수 없다(대판 2006.10.26. 2004다63019 : 1회,8회,9회 선택형).

③ '부당이득'의 원인이 고의의 불법행위였다면 부당이득의 경우에도 제496조를 유추적용한다(대판 2002.1.25. 2001다52506 : 3회 선택형). 아울러 고의에 의한 행위가 불법행위를 구성함과 동시에 채무불이행을 구성하는 경우에도 제496조가 유추적용되어, 상계로 채권자에게 대항할 수 없다(대판 2017.2.15. 2014다19776,19783).

---

5) "다만 제3채무자가 압류채무자에 대한 사전구상권을 가지고 있는 경우에 상계로써 압류채권자에게 대항하기 위해서는, ㉠ 압류의 효력 발생 당시 사전구상권에 부착된 담보제공청구의 항변권이 소멸하여 사전구상권과 피압류채권이 상계적상에 있거나, ㉡ 압류 당시 여전히 사전구상권에 담보제공청구의 항변권이 부착되어 있는 경우에는 제3채무자의 면책행위 등으로 인해 위 항변권을 소멸시켜 사전구상권을 통한 상계가 가능하게 된 때가 피압류채권의 변제기보다 먼저 도래하여야 한다"

b. 지급금지채권(압류 또는 가압류된 채권)을 수동채권으로 하는 상계

> 제498조 (지급금지채권을 수동채권으로 하는 상계의 금지) 지급을 금지하는 명령을 받은 제3채무자는 그 후에 취득한 채권에 의한 상계로 그 명령을 신청한 채권자에게 대항하지 못한다.

① [(가)압류의 효력발생 前 '취득'한 자동채권으로 제3채무자의 (가)압류채권자에 대한 상계항변]
압류 또는 가압류의 효력이 발생하기 전에 제3채무자가 채무자에 대해 채권을 가지고 있은 때에는 상계할 수 있다(제498조의 반대해석). 다만 判例는 "㉠ 압류의 효력 발생 당시에 대립하는 양 채권이 상계적상에 있거나, ㉡ 그 당시에 제3채무자가 채무자에 대해 갖는 자동채권의 변제기가 아직 도래하지 않았더라도 압류채권자가 그 이행을 청구할 수 있는 때, 즉 피압류채권인 수동채권의 변제기가 도래한 때에 자동채권의 변제기가 동시에 도래하거나 또는 그 전에 도래한 때에는 제3채무자의 상계에 관한 기대는 보호되어야 한다는 점에서 상계할 수 있다"(대판 2012.2.16. 전합2011다45521 : 3회,4회,5회,9회 선택형)고 한다.

② [(가)압류의 효력발생 後 '취득'한 자동채권으로 제3채무자의 (가)압류채권자에 대한 상계항변]
그러나 判例는 그 채권이 (가)압류의 효력발생[(가)압류 명령이 제3채무자에게 송달된 때] 이후에 발생한 것이더라도 그 기초가 되는 원인이 가압류 이전에 이미 성립하여 존재하고 있는 경우에는, 본조 소정의 '가압류 이후에 취득한 채권'에 해당하지 않아 상계할 수 있다고 한다(대판 2001.3.27. 2000다43819 : 8회 선택형). 즉 동시이행관계에 있는 반대채권의 성립이 압류명령 송달 후라고 하더라도 이 경우에는 상계가 허용된다. [9회 사례형]

5) 상계적상의 현존

상계의 대상인 채권은 현존하여야 한다. 따라서 쌍방의 채권이 존재하여 상계적상에 있었는데, 그 중 하나의 채무가 소멸하거나 존재하지 않는 경우에는(그것이 수동채권이건 자동채권이건) 이를 기초로 한 상계는 할 수 없으나(대판 1979.8.28. 79다1077), 소멸시효가 완성된 채권이라도 그 소멸시효 완성 전에 상계할 수 있었던 것이면 그 채권자는 소멸시효 완성 후에도 상계할 수 있다(제495조).

(2) 상계의 방법

1) 일방적 의사표시

상계에는 의사표시가 필요하다(대판 2000.9.8. 99다6524). 상계적상이 존재하고 상계자가 상대방에게 상계의 의사표시를 하였을 때 상계의 효과가 발생한다. 따라서 상계는 단독행위이다(제492조 1항). 아울러 判例에 따르면 피고의 소송상 상계항변에 대하여 원고가 소송상 상계의 재항변을 하는 것은 허용되지 않는다고 한다(대판 2014.6.12. 2013다95964).

■ 채권의 일부양도의 경우, 채무자의 양도인에 대한 채권을 자동채권으로 하는 상계의 방법

사실관계 │ 甲건설은 乙교회에 대해 공사잔대금채권 6억원이 있고, 乙은 위 공사의 하자로 인해 甲에 대해 1억원의 손해배상채권이 있는데, 甲은 乙에 대한 위 채권 중 3억원의 채권을 丙에게 양도하고 甲이 통지하였다. 여기서 乙이 甲에 대한 1억원의 채권을 가지고 상계하는 경우, 먼저 甲에 대해 상계하여야 하는가? 또 丙에 대해 상계할 때에는 그 비율(즉, 3억원 × 1억/ 6억= 5,000만원)에 따라 상계할 수 있는가?

판례의 태도 │ "채권의 일부양도가 이루어지면 특별한 사정이 없는 한 각 분할된 부분에 대하여 독립한 분할채권이 성립하므로, 그 채권에 대하여 양도인에 대한 반대채권으로 상계하고자 하는 채무자로서는 양도인을 비롯한 각 분할채권자 중 어느 누구도 상계의 상대방으로 지정하여 상계할 수 있고, 그러한 채무자의 상계 의사표시를 수령한 분할채권자는 제3자에 대한 대항요건을 갖춘 양수인이라 하더라도 양도인

[관련판례] 이러한 법리는 채권압류명령을 받은 제3채무자이자 보증채무자가 압류 이후 보증채무를 변제함으로써 담보제공청구의 항변권(제443조)을 소멸시킨 다음, 압류 채권자에 대하여 압류 이전에 취득한 사전구상권으로 피압류채권과 상계하려는 경우에도 적용된다(대판 2019.2.14. 2017다274703).

피고의 소송상 상계 항변에 대하여 원고가 다시 피고의 자동채권을 소멸시키기 위하여 소송상 상계 재항변을 하는 것은 특별한 사정이 없는 한 허용되지 않는다(5회,6회 선택형).(O)

또는 다른 양수인에 귀속된 부분에 대하여 먼저 상계되어야 한다거나 각 분할채권액의 채권 총액에 대한 비율에 따라 상계되어야 한다는 이의를 할 수 없다"(대판 2002.2.8, 2000다50596 : 1회,4회 선택형).

　사안의 해결 ｜ 判例는 위와 같은 이유로 乙은 甲에 대한 1억원의 채권 전부를 丙이 乙에 대해 가지는 양수금채권(3억원)과 상계할 수 있는 것으로 보았다.

2) 조건이나 기한의 불허

상계는 단독행위이므로, '조건'을 붙이는 것은 상대방의 지위를 불안하게 하기 때문에 허용되지 않는다. 한편 상계는 소급효를 갖기 때문에(제493조 2항), 그 도래한 때부터 효력이 생기는 '기한'(제152조)은 이를 붙이지 못한다(제493조 1항 2문).

(3) 상계의 효과

1) 양 채권이 대등액에서 소멸

상계에 의해 당사자 雙方의 채권은 그 대등액에서 소멸한다(제493조 2항). 상계자에게 상계적상에 있는 수동채권이 수개이고 자동채권으로 그 수개의 수동채권을 모두 소멸시킬 수 없는 경우에는 변제의 충당에 관한 규정이 준용된다(상계충당, 제499조).

2) 상계의 소급효

① 상계의 의사표시가 있으면 '각 채무가 상계할 수 있는 때'에 소멸한 것으로 본다(제493조 2항). 따라서 상계적상 이후에는 이자는 발생하지 않고 이행지체도 발생하지 않는다. 다만 상계에 소급효가 인정되더라도 상계표시 전에 이미 실현된 사실(변제, 해제 등)을 뒤엎을 수는 없다.

② 자동채권과 수동채권의 변제기가 모두 도래한 후에 상계의 의사표시를 한 경우에 상계적상일은 양 채권의 변제기가 모두 도래한 때이다(그 이전에 이미 이행기가 도래한 채무에 대해서는 상계적상시까지 지체책임이 발생한다). 따라서 상계적상 시점 이전에 수동채권의 변제기가 이미 도래하여 지체가 발생한 경우에는, 상계적상 시점까지의 수동채권의 약정이자 및 지연손해금을 계산한 다음 자동채권으로써 먼저 수동채권의 약정이자 및 지연손해금을 소각하고 잔액을 가지고 원본을 소각하여야 한다(대판 2005.7.8. 2005다8125).

(4) 상계권 행사와 기판력

피고가 상계항변을 제출하였을 경우에 자동채권의 존부에 대하여 비록 판결 이유 중에서 판단하게 되지만 상계로써 대항한 액수의 한도내에서는 기판력이 생긴다(민사소송법 제216조 2항).

상계항변에 대한 기판력은 어디까지나 자동채권의 존부에 관하여 실질적으로 판단을 한 경우에 한하며, ① 상계항변의 각하(민사소송법 제149조), ② 성질상 상계가 허용되지 않거나, ③ 상계 부적상을 이유로 배척된 경우에는 포함되지 않는다. 또 자동채권의 존부에 대해서는 상계로써 대항한 액수에 한하여 기판력이 생긴다. ④ 判例는 상계 주장에 관한 판단에 기판력이 생기는 것은 수동채권이 소송물로서 심판되는 소구채권이거나 그와 실질적으로 동일한 경우, 즉 원고가 상계를 주장하면서 청구이의의 소를 제기하는 경우에 한한다. 따라서 피고가 어느 채권을 동시이행항변으로 주장한 경우에 이를 배척하기 위한 원고의 상계항변(재항변)에 관한 판단에는 기판력이 생기지 않는다(대판 2005.7.22. 2004다17207).

(5) 상계항변과 중복소송

현재 계속중인 소송에서 상계항변으로 주장한 채권을 갖고 별도의 소 또는 반소로서 청구하거나 그 역의 경우 判例는 중복소제기 금지원칙에 반하지 않는다고 한다(대판 2001.4.27, 2000다4050).

[좌측 방주]

매수인 甲과 매도인 乙이 2015. 10. 10. X 부동산에 대해 매매계약을 체결한 후, 甲은 乙을 상대로 위 매매계약에 기하여 X 부동산에 관한 소유권이전등기청구의 소를 제기하였다. 이 소송에서 乙은 동시이행 항변으로 甲으로부터 5,000만 원의 지급을 받으면 이전등기를 하겠다고 주장하였지만, 법원은 "乙은 甲으로부터 3,000만 원을 지급받음과 동시에 甲에게 X 부동산에 관하여 2015. 10. 10. 매매를 원인으로 한 소유권이전등기절차를 이행하라."는 판결을 선고하였다. 위 소송에서 甲은 乙에 대한 2,000만 원의 대여금채권을 자동채권으로 하여 乙이 동시이행 항변으로 주장한 채권에 대해 상계 재항변을 하였고, 법원이 판결이유 중에 상계 재항변을 받아들여 동시이행 항변을 배척하는 판단을 하였다면, 2,000만 원의 대여금채권이 존재한다는 판단에도 기판력이 발생한다.(5회 선택형).(×)

계속 중인 전소의 소구채권으로 그 소의 상대방이 청구하는 후소에서 하는 상계항변은 허용된다(1회,3회,4회,5회,8회 선택형).(○)

■ 상계충당(14년 1차)

1. 피고 이재석, 김관수에 대한 청구

가. 소비대차계약의 체결 및 채권양도

소외 박철홍은 2009. 9. 1. 대학교 선배인 피고 이재석에게 3억 원을 이자 월 1%, 변제기 2010. 8. 31.로 정하여 대여하였고, 피고 김관수는 같은 날 위 차용금채무를 연대보증하였습니다.

원고는 2010. 9. 5. 박철홍과 사이에 위 2009. 9. 1.자 채권을 양도받기로 하는 계약을 체결하였고, 박철홍은 같은 날 주채무자인 피고 이재석에게 채권양도통지를 하여 2010. 9. 7. 피고 이재석은 이를 수령하였습니다.

그러므로 특별한 사정이 없는 한 피고 이재석과 피고 김관수는 연대하여 원고에게 위 대여금 3억 원 및 이에 대한 지연손해금을 지급할 의무가 있습니다.

나. 피고 이재석의 상계항변

그런데 박철홍은 2010. 3. 1. 피고 이재석에게, 서울 영등포구 영등포동 312 소재 건물 신축공사와 관련한 정산금 1억 원을 2010. 6. 30.까지 지급하되, 위 지급기일에 지급하지 아니하는 경우 월 1%의 비율에 의한 지연손해금을 가산하여 지급하기로 약정하였는데, 피고 이재석은 2014. 5. 2. 위 정산채권을 자동채권으로 하여 **양수금채권과 상계한다**는 의사표시가 담긴 내용증명을 발송하여 원고가 이를 수령하였습니다.

따라서 피고 이재석의 박철홍에 대한 위 정산금채권의 변제기는 2010. 6. 30.이고, 박철홍의 피고 이재석에 대한 대여금 채권의 변제기인 2010. 8. 31.이 도래함으로써 박철홍과 피고 이재석의 양 채권은 같은 날 상계적상에 있었다 할 것인바, 이로써 위 상계적상일까지의 위 정산금채권 1억 원 및 이에 대한 지연손해금 200만 원(1억 원 × 1% × 2개월) 합계 1억 200만 원은 위 양수금채권의 2009. 9. 1.부터 위 상계적상일(2010. 8. 31.)까지의 이자 3,600만 원(3억 원 × 1% × 12개월) 및 원금 중 6,600만 원과 대등액의 범위에서 순차로 소멸되었다고 할 것입니다. 결국 원고의 위 양수금채권은 2억 3,400만 원(3억 원 - 6,600만 원)과 이에 대한 위 상계적상일 다음날인 2010. 9. 1. 이후의 지연손해금이 남아 있는 것입니다.

☞ '승낙'의 경우와 관련하여 判例는 "채권양도에 있어서 채무자가 양도인에게 이의를 보류하지 아니하고 승낙을 하였다는 사정이 없거나 또는 이의를 보류하지 아니하고 승낙을 하였더라도 양수인이 악의 또는 중과실의 경우에 해당하는 한, 채무자의 승낙 당시까지 양도인에 대하여 생긴 사유로써 양수인에게 대항할 수 있다고 할 것인데, 승낙 당시 이미 상계를 할 수 있는 원인이 있었던 경우에는 아직 상계적상에 있지 아니하였다 하더라도 그 후에 상계적상이 생기면 채무자는 양수인에 대하여 상계로 대항할 수 있다"(대판 1999.8.20, 99다18039)고 한다. [1회·4회 사례형]

■ 고의의 불법행위에 의한 손해배상채권을 <u>수동채권+사용자의 상계제한</u>(14년 2차)

6. 손해배상책임의 범위

가. 원고의 손해액

앞에서 본 바와 같이 피고 박영수가 횡령한 금액이 100,000,000원이므로 위 피고들은 각자 원고에게 100,000,000원 및 이에 대한 지연손해금을 지급할 책임이 있다 할 것입니다.

나. 책임의 제한

(1) 피고 김미옥은 위 매매계약과 관련하여 원고에게도 과실이 있으므로 이를 참작하여야 한다고 주장하고 있는 점에 비추어 보면, 위 피고들은 소송에서도 같은 주장을 할 것으로 예상되므로 이에 관하여 보겠습니다.

청구취지 형태

1. 피고 이재석, 김관수는 연대하여 원고에게 234,000,000원 및 이에 대하여 2010. 9. 1.부터 이 사건 소장 부본 송달일까지는 월 1%, 그 다음날부터 다 갚는 날까지는 연 20%의 각 비율로 계산한 돈을 지급하라.

청구취지 형태

1. 원고에게,
   가. 피고 박영수는 90,000,000원 및 이에 대하여 이 사건 소장 부본 송달 다음날부터 다 갚는 날까지 연 20%의 비율로 계산한 돈을 지급하고,
   나. 피고 한국공인중개사협회, 김미옥은 피고 박영수와 공동하여 위 가.항 기재 금원 중 75,000,000원 및 이에 대하여 이 사건 소장 부본 송달 다음날부터 다 갚는 날까지 연 20%의 비율로 계산한 돈을 지급하라.

☞ 피고들의 책임과 관련하여 피고 박영수는 고의의 불법행위를 저지른 자이고, 피고 김미옥은 피고 박영수의 사용자이며, 피고 협회는 공제계약에 따라 피고 김미옥의 불법행위로 인한 손해에 대해 책임을 부담한다. 즉, 피고들의 각 책임은 부진정연대채무의 관계에 있다. 한편, 부진정연대책임의 관계에 있는 채무자들 중 다액채무자의 일부변제에 대해 대법원은 2018년 전원합의체 판결을 통해 '외측설'로 통일하였는바, 절대로 과실비율설에 따라 결론을 작성하지 않도록 유의해야 한다.

많은 손해액을 배상할 의무가 있는 자가 손해액의 일부를 변제한 경우, 최근에는 전원합의체 판결을 통해 '외측설'(단독부담부분이 먼저 소멸하고 변제액 중 남은 부분이 있는 경우 그만큼 공동부담부분도 소멸한다는 견해)로 입장을 통일하였다. 즉, "금액이 다른 채무가 서로 부진정연대 관계에 있을 때 다액채무자가 일부 변제를 하는 경우 변제로 인하여 먼저 소멸하는 부분은 당사자의 의사와 채무 전액의 지급을 확실히 확보하려는 부진정연대채무 제도의 취지에 비추어 볼 때 다액채무자가 단독으로 채무를 부담하는 부분으로 보아야 한다"(대판 2018.3.22. 전합 2012다74236 : 8회 선택형)라고 판시하였다.

(2) 피고 박영수의 경우

대법원은, 피해자의 부주의를 이용하여 고의로 불법행위를 저지른 자가 바로 그 피해자의 부주의를 이유로 자신의 책임을 감하여 달라는 주장이 허용되지 않는 이유는 그와 같은 고의적 불법행위가 영득행위에 해당하는 경우 과실상계와 같은 책임의 제한을 인정하게 되면 가해자로 하여금 불법행위로 인한 이익을 최종적으로 보유하게 하여 공평의 이념이나 신의칙에 반하는 결과를 가져오기 때문이라고 판시하고 있습니다(대판 2007.10.25. 2006다16758, 2006다16765)

따라서 피고 박영수에 대한 청구와 관련하여 원고의 책임을 제한할 필요가 없습니다.

(3) 피고 김미옥 및 피고 협회의 경우

대법원은 중개보조원이 업무상 행위로 거래당사자인 피해자에게 고의로 불법행위를 저지른 경우라 하더라도 그 중개보조원을 고용하였을 뿐 이러한 불법행위에 가담하지 아니한 중개업자에게 책임을 묻고 있는 피해자에게 과실이 있다면, 법원은 과실상계의 법리에 좇아 손해배상의 책임 및 그 금액을 정함에 있어 이를 참작하여야 한다고 판시하고 있습니다(대판 2008.6.12. 2008다22276).

이 사건의 경우에 있어서, 원고 역시 황경한과 직접 매매계약을 체결하지 아니한 상태에서 매도인인 황경한의 의사도 제대로 확인하지 아니한 채 위 매매계약의 계약금이 매매대금에 비추어 통상적인 경우보다 과다함에도 불구하고 위 계약금을 피고 박영수의 요청에 따라 피고 김미옥의 계좌로 직접 송금한 점 등을 고려하면, 사고발생과 관련하여 원고에게도 다소간의 과실이 있었다고 보여집니다.

따라서 이러한 원고의 과실 또한 이 사건 손해의 발생 및 확대의 한 원인이 되었다고 할 것이나 위와 같은 사정을 참작하면 원고의 과실은 25%에 불과하므로, 적어도 피고 김미옥 및 피고 협회는 원고의 손해액 중 75%에 대하여는 책임을 부담하여야 합니다.

다. 피고 박영수가 변제한 금액의 공제

(1) 위 피고들은 피고 박영수가 원고에게 10,000,000원을 변제하였으므로 이는 위 피고들이 배상할 손해액에서 공제되어야 한다고 소송에서 주장할 것으로 예상됩니다.

(2) 원고도 피고 박영수로부터 2014. 3. 1. 10,000,000원을 변제받은 사실은 인정합니다.

(3) 그러나 금액이 다른 채무가 서로 부진정연대 관계에 있을 때 다액채무자가 일부 변제를 하는 경우 변제로 인하여 먼저 소멸하는 부분은 다액채무자가 단독으로 채무를 부담하는 부분으로 보아야 합니다 (대판 2018.3.22. 전합 2012다74236).

(4) 그런데 이 사건의 경우 고의의 불법행위자인 피고 박영수와 피고 박영수의 불법행위에 대하여 사용자책임을 지는 피고 김미옥은 피해자인 원고에 대하여 과실비율이 다르다는 점은 앞에서 본 바와 같으므로, 결국 피고 김미옥 및 피고 협회는 피고 박영수와 배상할 손해액이 달라지게 되어 피고 박영수는 100,000,000원, 피고 김미옥 및 피고 협회는 각자 75,000,000원(=100,000,000원 × 75%)의 손해배상책임이 있습니다.

(5) 결국 앞서 본 법리에 비추어 보면, 위와 같이 많은 손해액을 배상할 의무가 있는 피고 박영수가 그 손해액의 일부로서 10,000,000원을 변제하였으므로, 적은 범위의 손해액을 배상할 의무가 있는 피고 김미옥 및 피고 협회의 채무는 박영수의 일부변제로 소멸하지 않습니다(피고 박영수의 단독부담부분이 25,000,000원을 초과하지 않았다).

따라서 피고 박영수는 90,000,000원, 피고 김미옥, 피고 협회는 각자 75,000,000원 및 각 이에 대한 지연손해금을 배상하여야 합니다.

라. 피고 김미옥의 차용금 채권으로 상계할 수 있는지 여부

(1) 위 피고들은 또 피고 김미옥의 원고에 대한 차용금 채권으로 원고의 위 피고들에 대한 손해배상채

권과 상계하겠다고 주장하고 있고, 소송에서도 같은 주장을 할 것으로 예상되므로 이에 관하여 보겠습니다.

(2) 원고가 피고 김미옥으로부터 2011. 6. 1. 300,000,000원을, 2011. 12. 1. 50,000,000원을 차용한 것은 맞습니다. 그러나 민법 제496조는 고의의 불법행위에 의한 손해배상채권을 수동채권으로 하여 상계하는 것을 금지하고 있으므로 피고 김미옥이 원고에 대한 차용금 채권을 자동채권으로 하여 수동채권인 원고의 손해배상채권과 상계하는 것은 허용될 수 없습니다(특히 위 50,000,000원의 차용금 채무는 뒤에서 보는 바와 같이 존재하지도 않습니다).

(3) 나아가 피고 김미옥은 피용자의 고의의 불법행위로 인하여 사용자책임을 부담하는 사용자의 경우에는 민법 제496조의 적용이 배제되어야 한다고 주장할 수 있습니다.

그러나 민법 제756조에 의한 사용자의 손해배상책임은 피용자의 배상책임에 대한 대체적 책임이고, 같은 조 제1항에서 사용자가 피용자의 선임 및 그 사무감독에 상당한 주의를 한 때 또는 상당한 주의를 하여도 손해가 있을 경우에는 책임을 면할 수 있도록 규정함으로써 사용자책임에서 사용자의 과실은 직접의 가해행위가 아닌 피용자의 선임·감독에 관련된 것으로 해석되는 점에 비추어 볼 때, 피용자의 고의의 불법행위로 인하여 사용자책임이 성립하는 경우에 민법 제496조의 적용을 배제하여야 할 이유가 없으므로 사용자책임이 성립하는 경우 사용자는 자신이 고의의 불법행위가 아니라는 이유로 민법 제496조의 적용을 면할 수는 없다고 할 것입니다(대판 2006.10.26. 2004다63019).

따라서 피고 김미옥은 원고에 대한 차용금 채권을 가지고 상계를 주장할 수 없습니다.

7. 소결

그렇다면, 원고에게, 피고 박영수는 90,000,000원 및 이에 대한 이 사건 소장 부본 송달 다음날부터 다 갚는 날까지 소송촉진 등에 관한 특례법이 정한 연 20%의 비율에 의한 지연손해금을 지급할 의무가 있고, 피고 김미옥, 피고 협회는 각자 위 90,000,000원 중 75,000,000원 및 이에 대하여 이 사건 소장 부본 송달 다음날부터 다 갚는 날까지 소송촉진 등에 관한 특례법이 정한 연 20%의 비율에 의한 지연손해금을 지급할 의무가 있습니다.

■ 자동채권에 항변권이 부착되어 있는 경우의 상계+ 상계충당(15년 1차)

1. 피고 황정익, 김유지, 장영낙에 대한 물품대금 등 청구

가. 가구공급계약 등의 체결

가구 도매업을 하고 있는 원고는 2011. 1. 10. 피고 황정익에게 사무용 의자(모델명 DK-1000P) 500개를 개당 20만 원씩 총대금 1억 원에 매도하면서, 위 사무용 의자를 2011. 1. 31. 인도하고, 2011. 2. 28. 위 대금을 지급받기로 하되, 미지급시 월 1%의 비율에 의한 지연손해금을 지급받기로 약정하였습니다. 소외 망 김소망과 피고 장영낙은 위 계약 당시 피고 황정익의 위 물품대금채무를 연대보증하였습니다. 한편 망 김소망은 2014. 1. 31. 사망하여 상속인으로는 그 처인 이미래와 부(父)인 피고 김유지가 있었으나, 2014. 3. 13. 서울가정법원 2014느단72호로 이미래의 상속포기신청이 수리되어 부(父)인 피고 김유지가 망 김소망을 단독상속하였습니다.

원고는 피고 황정익에게 위 약정대로 2011. 1. 31.에 위 사무용 의자 500개를 모두 인도하였는데, 피고 황정익은 2011. 2. 28. 원고에게 위 가구대금 중 2,000만 원만을 변제하였으므로, 원고는 피고 황정익과 연대보증인인 망 김소망의 상속인인 피고 김유지, 연대보증인인 피고 장영낙을 상대로 나머지 가구대금 또는 연대보증금 8,000만 원과 이에 대한 지연손해금을 청구하는 바입니다.

부진정연대채무의 전반적인 법리를 전부 물어보고 있다(최근 전합인 '외측설', '과실상계', '상계'). 문제 해결을 위해서는 반드시 관련 법리를 모두 숙지하고 있어야 한다.

다음을 암기하도록 하자
· 고의의 불법행위를 저지른 피용자는 과실상계 주장 ×
· 고의 불법행위를 저지른 자를 고용한자는 과실상계 주장 ○
· 고의 불법행위를 저지른 자를 고용한자는 상계주장 ×

청구취지 형태
1. 피고 황정익, 김유지, 장영낙은 연대하여 원고에게 80,000,000원 및 이에 대하여 2011. 3. 1.부터 이 사건 소장부본 송달일까지는 월 1%, 그 다음날부터 다 갚는 날까지는 연 20%의 각 비율로 계산한 금원을 지급하라.

동시이행의 항변권이 붙어 있는 채권은 이를 '자동채권'으로 하여 상계하지 못한다. 이를 허용하면 상대방은 이유 없이 동시이행의 항변권을 잃기 때문이다(대판 2002.8.23. 2002다 25242 : 1회 선택형). 따라서 수동채권은 가능하다.

나. 상계 주장

피고 황정익은 2011. 5. 1. 원고로부터 서울 성북구 돈암동 590 지상 창고를 임대차보증금 2,000만원, 임대기간 2013. 4. 30.까지로 하여 임차한 후, 같은 날 원고에게 위 임대차보증금을 지급하였는데, 2015. 1. 30. 위 임대차보증금반환채권을 자동채권으로 하여 위 물품대금채권과 상계한다는 의사표시가 담긴 통고서를 발송하여 원고가 2015. 1. 31. 이를 수령하였습니다.

그런데 자동채권에 동시이행항변권이 붙어 있는 때에는 상대방의 항변권 상실을 초래하여 성질상 상계가 허용되지 아니하는바, 위 임대차계약은 2013. 4. 30. 이후 묵시적으로 갱신되어 기한의 정함이 없는 임대차로 되었다가 원고가 2014. 4. 30. 해지 통고를 하여 같은 날 피고 황정익에게 위 통고서가 도달된 후 6개월이 경과한 2014. 10. 31. 위 임대차계약이 종료되었다고 할 것이나, 피고 황정익의 원고에 대한 위 임대차보증금반환채권과 원고의 위 피고에 대한 위 창고에 대한 인도청구권은 동시이행관계에 있는바, 자동채권인 위 임대차보증금반환채권에 동시이행항변권이 붙어 있는 경우이므로 위 피고는 위 임대차보증금반환채권으로써 상계할 수 없다 할 것입니다.

2. 피고 김유지에 대한 소유권이전등기청구

가. 매매계약의 체결

원고는 2014. 3. 31. 피고 김유지로부터 별지 목록 제1항 기재 토지(이하 '이 사건 1토지'라고 합니다)을 대금 2억3000만 원에 매수하면서 계약금 3000만 원은 계약 당일 지급하고, 중도금 1억 원은 2014. 4. 30., 잔금 1억 원은 2014. 5. 31. 각 지급하되, 그 지급을 연체하는 경우에는 월 2%의 비율에 의한 지연손해금을 지급하기로 하고, 매도인은 잔금 수령과 동시에 매수인에게 이 사건 1토지에 관한 소유권이전등기에 필요한 모든 서류를 교부하고, 이 사건 1토지를 인도하기로 약정하였습니다. 이에 원고는 위 매매계약에 따라 위 피고에 대하여 이 사건 1토지에 관한 소유권이전등기절차의 이행을 구하고자 합니다.

라. 예상되는 항변

(1) 동시이행의 항변

피고 김유지는, 원고와 피고 김유지가 잔금 지급과 동시에 소유권이전등기를 마쳐주고, 대금지급을 연체할 경우 월 2%의 비율에 의한 지연손해금을 지급하기로 약정하였는데, 피고 김유지는 현재까지도 원고로부터 매매대금 중 잔금 1억 원을 지급받지 못하였고, 따라서 위 1억 원 및 이에 대하여 지급기일 다음날인 2014. 6. 1.부터 다 갚는 날까지 월 2%의 비율에 의한 지연손해금을 지급받기까지 원고의 이 사건 소유권이전등기청구에 응할 수 없다는 취지의 통고서를 보내 원고가 이를 수령하였는바, 위와 같은 내용의 동시이행 주장을 할 것으로 예상됩니다.

위 매매계약 당시 피고 김유지가 원고로부터 잔금 1억 원은 2014. 5. 31.에 지급받기로 약정하였고, 원고가 위 잔금의 지급을 지체한 때에는 그 지급기일 다음날부터 월 2%의 비율에 의한 지연손해금을 지급하고, 피고 김유지는 원고로부터 위 잔금을 지급받음과 동시에 원고에게 이 사건 1토지를 인도하고, 이 사건 1토지에 관한 소유권이전등기절차를 이행하기로 약정하였는바, 원고의 위 잔금 지급의무는 피고 김유지의 이 사건 1토지의 인도 및 소유권이전등기절차 이행의무와 서로 동시이행관계에 있으므로, 피고 김유지는 원고의 위 잔금 1억 원의 지급의무의 이행과 상환으로 이 사건 1토지에 관한 소유권이전등기절차를 이행할 의무가 있다는 점은 인정합니다. 그러나, 매수인 원고는 매도인인 위 피고로부터 목적물의 인도 및 이전등기절차를 이행받거나 그에 대한 이행제공을 받아야 비로소 잔금 지급의무의 이행지체로 인한 지연손해금을 지급할 의무가 있는바, 위 피고가 원고의 위 반환의무와 동시이행관계에 있는 자신의 채무인 이 사건 1토지의 인도 및 그에 관한 소유권이전등기절차의 이행 또는 그에 관한 이행제공을 한 바 없으므로, 지연손해금 부분에 관하여는 동시이행관계에 있지 않다고 할 것입니다.

(2) 원고의 상계 재항변

이에 대하여 원고는 이 사건 소장부본의 송달로써 원고의 피고 김유지에 대한 2013. 8. 1.자 대여원리금채권으로 피고 김유지의 위 잔금채권과 상계하는 바입니다.

원고는 2013. 8. 1. 피고 김유지에게 1,000만 원을 이자 월 1%, 변제기 2014. 5. 31.로 정하여 대여하여 원고는 피고 김유지에 대하여 대여금 1,000만 원 및 이에 대한 2013. 8. 1.부터 이자 또는 지연손해금 채권이 있고, 위 잔금채권의 변제기가 2014. 5. 31.이므로, 원고의 대여원리금채권과 위 피고의 잔금 채권은 2014. 5. 31.에 모두 변제기가 도래하여 상계적상에 있었다 할 것이므로, 결국 위 피고의 위 잔금채권은 원고의 위 대여원리금 1,100만 원(1,000만 원 + 1,000만 원 × 0.01 × 10개월)과 대등액의 범위에서 소멸하여 위 피고의 위 잔금채권은 8,900만 원(1억 원 − 1,100만 원)이 남게 됩니다.

> 2013. 8. 1.부터 2014. 5. 31까지의 이자부분

바. 소 결

따라서 피고 김유지는 원고로부터 8,900만 원을 지급받음과 동시에 원고에게 이 사건 1토지에 관하여 원고와 소외 이현진 사이의 위 소유권이전등기청구권 가압류결정에 의한 집행이 해제되면 2014. 3. 31. 매매를 원인으로 한 소유권이전등기절차를 이행할 의무가 있고, 피고 김유지가 위 등기의무의 존재에 관하여 다투고 있으므로 원고가 이를 미리 청구할 필요도 있습니다.

■ 상계충당(16년 3차)

청구취지 형태

3. 피고 장지현에 대한 청구

가. 소비대차계약의 체결 및 채권양도

소외 이송호는 2015. 5. 1. 피고 장지현에게 100,000,000원을 이자 월 2%, 변제기 2016. 4. 30.로 정하여 대여하였고, 2016. 4. 3. 원고에게 위 채권을 양도하고, 같은 날 피고 장지현에게 이를 통지하였습니다. 위 통지는 2016. 4. 9. 피고 장지현에게 도달하였습니다. 따라서 특별한 사정이 없는 한, 피고 장지현은 일응 원고에게 위 대여금의 원금과 이자 및 지연손해금은 지급할 의무가 있습니다.

> 3. 피고 장지현은 원고에게 96,000,000원 및 이에 대하여 2016. 6. 1.부터 다 갚는 날까지 월 2%의 비율로 계산한 금원을 지급하라.

나. 예상되는 항변

(1) 채권의 이중양도의 항변

피고 장지현은, 이송호가 다른 채권자인 강신호에게 위 대여금채권 중 50,000,000원을 양도하였으므로 원고는 이 부분 청구를 할 수 없다고 주장할 것으로 보입니다.

그러나 채권이 이중으로 양도된 경우의 양수인 상호간의 우열은 통지 또는 승낙에 붙여진 확정일자의 선후에 의하여 결정할 것이 아니라, 채권양도에 대한 채무자의 인식의 선후에 의하여 결정하여야 합니다(대판 1994.4.26. 전합93다24223). 원고에게 채권을 양도하였다는 취지의 통지는 2016. 4. 9. 피고 장지현에게 도달하였고, 강신호에게 채권을 양도하였다는 취지의 통지는 2016. 4. 10. 피고 장지현에게 도달하였으므로, 피고 장지현은 강신호에 대하여 채권양도가 이루어졌음을 이유로 원고의 청구를 거절할 수 없습니다.

> 判例는 채권양수인과 동일채권에 대하여 가압류명령을 집행한 자 사이의 우열은 확정일자 있는 채권양도통지와 가압류결정정본의 제3채무자(채권양도의 경우 채무자)에 대한 도달의 선후에 의하여 결정하여야 한다고 보아 도달시를 기준으로 우열을 결정한다(대판 1994.4.26, 전합93다24223 : 1회,9회 선택형).

(2) 상계의 항변

피고 장지현은 2016. 2. 1. 이송호와 사이에 '피고 장지현 소유의 HQ 프린터(모델명 : cd2203) 15대를 1대당 2,000,000원 합계 30,000,000원에 이송호에게 매도하되, 이송호는 그 대금을 2016. 5. 31.까지 지급하고 이를 위반한 경우에는 그 다음날부터 다 갚는 날까지 월 2%의 비율에 의한 지연손해금을 지급하기'로 약정하고, 2016. 5. 31. 위 매매계약에 따라 이송호에게 위 프린터 15대를 전부 인도하였습니다.

피고 장지현은 위 대금채권을 자동채권으로 하여 원고의 위 대여원리금채권과 서로 대등액에서 상계한다는 의사표시를 하였고, 그 의사표시가 2016. 8. 27. 원고에게 도달되었습니다. 이로써 위 각 채권이 모두 변제기에 도달한 상계적상일인 2016. 5. 31.에 원고의 위 대여원리금채권 126,000,000 원[= 100,000,000원 + 2015. 5. 1.부터 상계적상일인 2016. 5. 31.까지 발생한 이자인 26,000,000원 (100,000,000원 × 13개월 × 월 2%)]은 피고 장지현의 대금채권 30,000,000원과 대등액의 범위에서 소멸하였습니다. 그런데 피고 장지현의 채권액이 원고의 채권을 전부 소멸시킬 수 없으므로 법정변제충당의 법리에 따라 원고의 대여원리금 중 위 상계적상일까지의 이자와 지연손해금 합계 26,000,000원과 원금 중 4,000,000원은 위 상계적상일에 소급하여 피고 장지현의 위 대금채권과 대등액의 범위에서 순차로 소멸하였습니다.

라. 소 결

따라서 피고는 원고에게 양수금 96,000,000원(= 100,000,000원 - 4,000,000원) 및 이에 대한 위 상계적상일 다음날인 2016. 6. 1.부터 다 갚는 날까지 약정이율인 월 2%의 비율에 의한 지연손해금을 지급할 의무가 있습니다.

청구취지 형태
4. 피고 김학연, 김학철은 소외 최서진과 연대하여 원고에게 100,000,000원 및 이에 대하여 2010. 1. 4.부터 2012. 1. 3.까지는 연 6%의, 그 다음 날부터 다 갚는 날까지는 연 20%의 각 비율로 계산한 금원을 지급하라.

■ **채권양도와 상계(자동채권이 양도통지 이후에 발생하여 상계가 불가한 사안)**(18년1차)

3. 피고 김학연, 김학철에 대한 청구

가. 소비대차계약의 체결 및 채권양도

대부업을 하고 있는 이소현은 2009. 1. 5. 최서진에게 1억 원을 이자 연 6%, 변제기 2010. 1. 3.로 정하여 대여하였고, 최서진이 위 차용금을 변제하지 않자 2011. 11. 20. 소를 제기하여 2012. 3. 14. 서울남부지방법원 2011가단23751호로 '피고(최서진)는 원고(이소현)에게 1억 원 및 이에 대한 2010. 1. 4.부터 2012. 1. 3.까지는 연 6%의, 그 다음 날부터 다 갚는 날까지는 연 20%의 각 비율에 의한 돈을 지급하라'는 판결이 선고되어 위 판결은 2012. 4. 2. 확정되었습니다.

피고 김학연, 김학철은 2013. 6. 4. 이소현에게 최서진의 위 차용금채무를 보증하였습니다.

이소현은 2017. 4. 3. 원고에게 위 채권을 양도하고 같은 날 최서진에게 통지를 하여 그 통지가 2017. 4. 9. 도달하였습니다.

따라서 피고 김학연, 김학철은 상법 제57조 제2항에 의하여 최서진과 연대하여 원고에게 위 차용원리금을 지급할 의무가 있습니다.

나. 예상되는 항변

피고 김학연, 김학철은 최서진이 이소현에 대하여 가지는 차량매매대금채권을 자동채권으로 하여 원고의 위 대여원리금채권과 상계하겠다고 주장할지 모릅니다.

그러나 채권양도에 의하여 채권은 그 동일성을 유지하면서 양수인에게 이전되고, 채무자는 양도통지를 받은 때까지 양도인에 대하여 생긴 사유로써 양수인에게 대항할 수 있지만 양도통지 이후에 발생한 사유로 양수인에게 대항할 수 없습니다(민법 제451조 제2항). 최서진이 이소현에 대하여 가지는 차량매매대금채권은 2017. 4. 10.자 차량매매계약에 의하여 채권양도 통지 이후에 발생한 것이므로, 피고 김학연, 김학철은 위 채권으로 상계를 주장할 수 없습니다.

다. 소 결

따라서 피고 김학연, 김학철은 최서진과 연대하여 원고에게 차용금 1억 원 및 이에 대한 2010. 1. 4. 부터 2012. 1. 3.까지는 연 6%의, 그 다음 날부터 다 갚는 날까지는 연 20%의 각 비율에 의한 금원을 지급할 의무가 있습니다.

4. 결론

이상과 같은 이유로 원고는 청구취지와 같은 판결을 구합니다.

■ 압류 및 전부명령 전에 취득한 채권을 자동채권으로 한 상계 및 상계충당(19년 3차)

2. 피고 임대철, 나임차에 대한 청구

가. 피고 임대철에 대한 전부금 청구 및 피고 나임차에 대한 창고 인도 청구

(1) 피고 나임차는 2016. 10. 7. 피고 임대철로부터 피고 임대철 소유의 별지 부동산의 표시 제2항 기재 건물 중 1층 창고 3,100㎡를 임대차보증금 2억 2,000만 원에 임차(임대차기간 2016. 10. 7.부터 2018. 10. 6.까지)하여 그날 위 창고를 인도받으면서 피고 임대철에게 위 임대차보증금을 지급하고, 위 창고를 점유, 사용하고 있는데, 이미 임대차기간이 만료되었습니다.

(2) 원고는 2016. 2. 1. 피고 나임차의 처인 부인애에게 2억 원을 변제기 2017. 7. 1.로 정하여 빌려주었는데, 부인애가 그 돈을 갚지 못하였습니다. 이에 피고 나임차는 2017. 8.경 원고와 부인애의 채무 2억 원을 면책적으로 인수하기로 약정하고, 위 약정금의 지급을 위하여 2017. 8. 21. 원고에게 액면금 2억 원, 지급기일 2018. 2. 21.로 된 약속어음을 발행하였으며, 같은 날 공증인가 나성합동법률사무소 증서 2017년 제4401호로 피고 나임차가 위 어음금의 지급을 지체할 때에는 즉시 강제집행을 받을 것을 인낙하는 취지의 기재가 있는 위 어음에 대한 공정증서가 작성되었습니다.

(3) 피고 나임차는 위 약속어음의 지급기일인 2018. 2. 21.까지 약속어음금을 지급하지 아니하였습니다. 이에 원고는 위 돈을 지급받기 위하여 위 약속어음공정증서에 기하여 서울중앙지방법원 2018타채20155호로 피고 나임차가 피고 임대철에 대하여 가지는 위 임대차보증금 반환채권 중 2억 원에 대하여 채권압류 및 전부명령 신청을 하여 2018. 9. 6. 채권압류 및 전부명령을 받았고, 그 결정정본은 2018. 9. 12. 채무자인 피고 나임차와 제3채무자인 피고 임대철에게 송달되었으며, 2018. 9. 20. 그 결정이 확정되었습니다. 따라서 피고 임대철은 원고에게 위 전부금 2억 원을 지급할 의무가 있습니다.

(4) 한편, 피고 임대철과 피고 나임차 사이의 창고 임대차계약은 기간만료로 이미 종료되었으므로, 임대인인 피고 임대철은 피고 나임차에 대하여 임대차목적물인 위 창고에 대한 인도청구권이 있습니다. 그런데 피고 나임차가 현재 위 창고를 인도하지 않고 계속 점유, 사용하고 있으므로, 피고 임대철에 대한 전부금 채권자인 원고로서는 위 전부금 채권의 보전을 위하여 피고 임대철을 대위하여 피고 나임차에 대하여 위 창고의 인도를 구합니다.

나. 상계항변

원고의 전부금 지급을 독촉하는 통고서에 대하여, 피고 임대철은 피고 나임차에 대한 손해배상채권으로 상계하겠다는 내용증명을 보내왔는데, 채권압류명령을 송달받은 제3채무자는 송달 전에 발생한 압류채무자에 대한 자동채권에 의한 상계로 압류채권자에게 대항할 수 있으므로, 임대차보증금에서 상계로 소멸된 나머지 금액의 지급만을 구하도록 하겠습니다.

즉 피고 임대철은 피고 나임차로부터 손해배상금 5,000만 원 및 이에 대하여 지연손해금 기산일인 2017. 2. 7.부터 상계적상일인 임대차종료일 2018. 10. 6.까지 월 1%의 비율로 계산한 지연손해금 1,000만 원(= 5,000만 원 × 월 1% × 20개월) 합계 6,000만 원을 수령할 채권이 있고, 피고 임대철의 상계의사표시에 따라 피고 나임차의 피고 임대철에 대한 임대차보증금반환채권은 위 금액과 대등액의 범위에서 소멸하였으므로, 피고 임대철이 반환하여야 할 임대차보증금은 1억 6,000만 원(= 2억 2,000만 원 - 6,000만 원)이 됩니다.

청구취지 형태

2. 피고 나임차는 피고 임대철에게 별지 부동산의 표시 제2항 기재 건물 중 1층 창고 3,100㎡를 인도하라.

3. 피고 임대철은 피고 나임차로부터 청구취지 제2항 기재 창고를 인도받음과 동시에 원고에게 1억 6,000만 원을 지급하라.

압류명령 송달 전에 이미 취득한 채무자에 대한 채권인 경우에도 양 채권이 상계적상에 있거나 자동채권이 변제기에 달하여 있지 않은 경우에는 그것이 수동채권의 변제기와 동시에 또는 그보다 먼저 변제기에 도달하는 경우에만 상계할 수 있다(대판 1987.7.7, 86다카2762 ; 대판 2012.2.16, 전합2011다45521)

다. 소결

그렇다면 피고 나임차는 피고 임대철에게 위 창고를 인도할 의무가 있고, 피고 임대철은 피고 나임차로부터 위 창고를 인도받음과 동시에 원고에게 위 전부금 1억 6,000만 원을 지급할 의무가 있습니다.

▌상계항변으로 2개 이상의 자동채권을 주장한 경우의 기판력이 미치는 범위(20년1차)

3. 피고 강상민에 대한 손해배상 청구

가. 불법행위에 기한 손해배상채권의 발생

피고 강상민은 2013. 10. 30. 원고 소유의 자동차를 손괴하였고, 원고는 이로 인하여 위 자동차 수리비 800만원 상당의 손해를 입었습니다.

따라서 피고 강상민은 원고에게 불법행위를 원인으로 한 손해배상금 800만 원 및 이에 대하여 불법행위일인 2013. 10. 30.부터 이 사건 소장부본 송달일까지는 민법에서 정한 연 5%, 그 다음날부터 다 갚는 날까지는 소송촉진 등에 관한 특례법에서 정한 연 12%의 각 비율로 계산한 지연손해금을 지급할 의무가 있습니다.

나. 예상 가능한 피고 강상민의 주장

(1) 기판력에 배치된다는 주장

피고 강상민은, 원고가 구하는 손해배상채권이 이미 서울중앙지방법원 2014. 3. 17. 선고 2013가단266521(본소), 2014가단42412(반소) 판결(이하 '전소 판결')에서 상계 항변으로 주장되었다가 배척된 바 있으므로, 원고의 손해배상청구는 전소 판결의 기판력에 반하고, 법원은 이미 확정된 전소판결에서 인정된 사실과 모순된 판단을 할 수 없다고 주장할 수도 있습니다.

그러나 상계항변으로 2개 이상의 자동채권을 주장하였는데 법원이 그중 어느 하나의 자동채권의 존재를 인정하여 수동채권의 일부와 대등액에서 상계하는 판단을 하고, 나머지 자동채권들은 모두 부존재한다고 판단하여 그 부분 상계항변은 배척한 경우, 자동채권들이 부존재한다는 판단에 대하여 기판력이 발생하는 전체 범위는 상계를 마친 후의 수동채권의 잔액을 초과할 수 없습니다(대판 2018.8.30. 2016다46338, 46345).

따라서 전소 판결의 기판력은 전소 판결의 본소에서 인정된 부당이득금 채권 2,500만 원의 범위 내에서만 인정되고, 전소 중 자동채권의 존재가 인정된 물품대금 채권 7,000만 원이 위 인정된 수동채권의 범위를 초과하여 수동채권의 잔액이 없으므로 전소에서 상계항변이 배척된 원고의 위 손해배상 채권에는 기판력이 미치지 않습니다.

또한 민사재판에 있어서 이와 관련된 다른 민·형사사건 등의 확정판결에서 인정된 사실은 특별한 사정이 없는 한 유력한 증거자료가 되지만, 당해 민사재판에서 제출된 다른 증거내용에 비추어 관련 민·형사사건의 확정판결에서의 사실판단을 그대로 채용하기 어렵다고 인정될 경우에는 이를 배척할 수 있는바(대판 1997.3.14. 95다49370), 원고가 전소에서 제출할 수 없었던 새로운 증거인 블랙박스 영상과 목격자의 진술 등을 제출하였고, 위와 같은 새로운 증거를 근거로 피고 강상민에 대하여 유죄의 형사판결이 확정된 사정 등을 고려하면 피고 강상민의 불법행위를 넉넉히 인정할 수 있습니다.

(좌측 여백 메모)

동시이행관계에 있는 경우 전부금에 대한 지연손해금 청구는 불가하다.

청구취지 형태
3. 피고 강상민은 원고에게 8,000,000원 및 이에 대하여 2013. 10. 30.부터 이 사건 소장 부본 송달일까지는 연 5%의, 그 다음날부터 다 갚는 날까지는 연 12%의 각 비율로 계산한 돈을 지급하라.

피고가 상계항변으로 2개 이상의 반대채권을 주장하였는데 법원이 그중 어느 하나의 반대채권의 존재를 인정하여 수동채권의 일부와 대등액에서 상계하는 판단을 하고 나머지 반대채권들은 모두 부존재한다고 판단하여 그 부분 상계항변을 배척한 경우, 나머지 반대채권들이 부존재한다는 판단에 관하여 기판력이 발생하는 전체 범위가 '상계를 마친 후의 수동채권의 잔액'을 초과할 수는 없고 이러한 법리는 피고가 주장하는 2개 이상의 반대채권의 원리금 액수 합계가 법원이 인정하는 수동채권의 원리금 액수를 초과하는 경우에도 마찬가지이다(대판 2018.8.30. 2016다46338,46345)(10회 선택형).
이때 '상계를 마친 후의 수동채권의 잔액'은 수동채권 '원금'의 잔액만을 의미한다(同 判例).

■ 압류 및 추심명령이 있는 경우의 상계(변제기 선도래설)(20년 3차)

1. 피고 김재삼에 대한 청구

가. 추심금 청구

(1) 원재우는 한서스포츠라는 상호로 스포츠용품 판매점을 운영하고 있고, 피고 김재삼은 서초피트니스센터라는 상호로 체육관을 운영하고 있습니다.

(2) 원재우는 2017. 7. 16. 피고 김재삼과 사이에 '스포츠기구인 러닝머신, 워킹머신 100점을 대금 3억 원에 매도하되, 2017. 7. 20. 위 스포츠기구를 인도하고, 2017. 8. 15. 그 대금을 지급'받기로 약정(위 대금 채권을 '이 사건 물품대금 채권'이라 합니다)하였습니다. 원재우는 2017. 7. 20. 피고 김재삼에게 위 약정대로 스포츠기구 100점을 인도하였습니다.

(3) 원고는 원재우에 대한 서울중앙지방법원 2018가합3456호 대여금 청구사건의 확정판결을 집행권원으로 2020. 6. 26. 채무자를 원재우, 제3채무자를 피고 김재삼으로 하여 이 사건 물품대금 채권 중 2억 원에 대한 채권압류 및 추심명령을 받았고, 그 명령이 2020. 6. 30. 피고 김재삼에게 송달되었습니다.

(4) 따라서 피고 김재삼은 원고에게 추심금 2억 원 및 이에 대한 지연손해금을 지급할 의무가 있습니다.

나. 피고 김재삼의 예상되는 주장에 대한 검토

(1) 상계 주장

피고 김재삼은 원재우에게 2020. 5. 15. 대여한 1억 원의 대여금 채권과 이 사건 물품대금 채권을 상계했다고 주장할 수 있습니다.

그러나 제3채무자가 상계로써 압류채권자에게 대항하기 위하여는 압류의 효력 발생 당시에 대립하는 양 채권이 상계적상에 있거나, 그 당시 반대채권(자동채권)의 변제기가 도래하지 아니한 경우에는 자동채권의 변제기가 피압류채권(수동채권)의 변제기와 동시에 또는 그보다 먼저 도래하여야 합니다(대판 2012.2.16. 전합2011다45521).

앞에서 본 바와 같이 이 사건 물품대금 채권에 대한 원고의 압류 및 추심명령이 피고 김재삼에게 송달된 시기는 2020. 6. 30.이고, 이 사건 물품대금 채권의 변제기는 2017. 8. 15.인데 반하여 피고 김재삼이 자동채권으로 주장하는 위 대여금 채권의 변제기는 2020. 8. 15.입니다.

따라서 압류의 효력 발생 당시인 2020. 6. 30.에 피고 김재삼이 주장하는 자동채권의 변제기가 도래하지 않아 상계적상에 있지 않았을 뿐만 아니라, 위 자동채권의 변제기가 수동채권인 이 사건 물품대금 채권의 변제기보다 더 늦게 도래하므로, 피고 김재삼은 상계를 주장할 수 없습니다.

■ 피고의 상계항변이 인용된 경우(6회 변시)

나. 대여금청구

(1) 대여사실

가) 원고는 2010. 1. 5. 피고 이차만의 대리인인 피고 윤우상에게 회사 설립자금의 명목으로 100,00,000원을, 이자를 연 4%로 하되 원금상환시 일시불로 지급하기로 정하고, 변제기를 정함이 없이 대여하였습니다. 그런데, 현재까지 피고는 위 대여원리금을 전혀 지급하지 않고 있습니다.

나) 다만, 피고 이차만은 원고가 변제기한으로 최고한 2016. 1. 4.까지 위 대여원리금을 지급하지 않았는바, 위 변제기 다음 날부터는 지연손해금을 지급해야 할 것입니다. 금전채무불이행의 손해배상액

청구취지 형태

1. 피고 김재삼은 원고에게 200,000,000원 및 이에 대하여 2020. 8. 22.부터 이 사건 소장부본 송달일까지 연 6%, 그 다음날부터 다 갚는 날까지 연 12%의 각 비율로 계산한 돈을 지급하라.

判例는 "㉠ 압류의 효력 발생 당시에 대립하는 양 채권이 상계적상에 있거나, ㉡ 그 당시에 제3채무자가 채무자에 대해 갖는 자동채권의 변제기가 아직 도래하지 않았더라도 압류채권자가 그 이행을 청구할 수 있는 때, 즉 피압류채권인 수동채권의 변제기가 도래한 때에 자동채권의 변제기가 동시에 도래하거나 또는 그 전에 도래한 때에는 제3채무자의 상계에 관한 기대는 보호되어야 한다는 점에서 상계할 수 있다"(대판 2012.2.16. 전합2011다45521 ; 3회,4회,5회,9회 선택형)고 한다.

청구취지 형태

1. 피고 이차만은 원고에게,
   가. 서울 영등포구 문래동 299 대 300㎡ 중 2/7 지분에 관하여 진정명의회복을 원인으로 한 소유권이전등기절차를 이행하고,
   나. 83,000,000원 및 이에 대하여 2016. 1. 5.부터 이 사건 소장 부본 송달일까지는 연 5%의, 그 다음날부터 다 갚는 날까지는 연 15%의 각 비율로 계산한 돈을 지급하라.

의 약정이율이 법정이율보다 낮은 경우, 법정이율에 의하여 지연손해금을 정해야 합니다(대판 2009.12.24. 2009다85342). 피고 이차만의 위 대여원리금의 차용행위는 대표이사 개인이 차용행위를 한 것이므로 상행위가 아니어서 위 차용금채무를 상사채무로 볼 수 없으므로, 위 변제기 다음날부터의 지연손해금에 대해서는 연 5%의 법정이율을 적용하여 청구하겠습니다.

(2) 상계

가) 피고 이차만은 2015. 11. 15. 원고와 사이에 원고가 2015. 11. 4. 운전하던 승용차에 피고 이차만이 탑승하였다가 원고의 과실로 피고 이차만이 입은 손해에 관하여 '1. 원고는 피고 이차만에게 치료비 등 손해배상채무 일체의 변제로서 2015. 12. 4.까지 4,000만원을 지급한다. 원고가 위 돈을 위 지급기일까지 모두 지급하지 않으면, 그때까지의 미지급금에 대하여 위 지급기일 다음 날부터 월 2.5%의 지연손해금을 가산하여 지급한다. 2. 피고 이차만은 향후 본 합의사항 외에 위 교통사고와 관련하여 원고에게 일체의 민·형사상 책임을 묻지 않는다.' 라고 약정하였습니다.

나) 피고 이차만은 2016. 3. 9. 위 약정채권을 자동채권으로 하여 원고의 위 대여원리금채권과 서로 대등액에서 상계한다는 의사표시가 기재된 내용증명을 보내어, 그 내용증명이 2016.6.10. 원고에게 도달하였습니다.

다) 이로써 위 각 채권이 모두 변제기에 도달한 상계적상일인 2016. 1. 4.에 원고의 위 대여원리금 124,000,000원 [100,000,000원+2010. 1. 5.부터 상계적상일일인 2016. 1. 4.까지 발생한 이자인 24,000,000원(100,000,000원×6년×4%)]은 피고 이차만의 약정금채권의 원리금 41,000,000원 [40,000,000원 × 2015. 12. 4.부터 상계적상일인 2016. 1. 4.까지 발생한 이자인 1,000,000원 (40,000,000원 × 1개월×2.5%)]과 대등액의 범위에서 소멸하였습니다.

라) 그런데 피고 이차만의 채권액이 원고의 채권을 전부 소멸시킬 수 없으므로 법정변제충당의 법리에 따라 원고의 대여원리금 중 위 상계적상일까지의 이자와 지연손해금 합계 24,000,000원과 원금 중 17,000,000원은 위 상계적상일에 소급하여 피고 이차만의 위 약정금채권과 대등액의 범위에서 순차로 소멸하였습니다.

(3) 소 결

따라서, 피고 이차만은 원고에게 상계하고 남은 대여금 83,000,000원 및 이에 대한 상계적상일 다음날인 2016. 1. 5.부터 이 사건 소장부본 송달일까지는 상법이 정한 연 6%의, 그 다음날부터 다 갚는 날까지는 소송촉진 등에 관한 특례법이 정한 연 15%의 각 비율에 의한 지연손해금을 지급할 의무가 있습니다.

제3절 보증채무 이행청구

■ 보증채무 이행청구

Ⅰ. 소송물

보증채무의 이행을 구하는 소송에서의 소송물은 '보증채무이행청구권'이다. 보증인은 특약이 없는 한 주채무자의 이자 및 지연손해금지급채무까지 보증하는 것이므로(제429조 1항), 채권자가 원금 외에 이자 및 지연손해금의 지급을 청구하는 경우에도 단일한 보증계약에 기한 것인 이상 그 소송물은 그 보증계약으로부터 발생하는 하나의 보증채무이행청구권이라고 할 수 있다.

Ⅱ. 청구취지

일반적으로 청구취지는 "피고는 원고에게 2억 원 및 이에 대하여 2020. 3. 10.부터 이 사건 소장 부본 송달일까지는 연 5%의, 그 다음날부터 다 갚는 날까지는 연 12%의 각 비율에 의한 금원을 지급하라."는 형태가 될 것이다.[6] 한편, 주채무자에 대하여 대여금의 반환을 구하면서 이와 함께 (단순)보증인에게 보증채무의 이행을 구하는 소송유형의 경우에는 "**피고들은 공동하여 원고에게 …지급하라.**"와 같이 각 피고 사이의 중첩관계의 표시로 '공동하여'라는 문구를 사용한다(불가분채무나 부진정연대채무의 경우에도 마찬가지이다). 그러나 연대보증의 경우라면 "**피고들은 연대하여 원고에게 …지급하라.**"는 형태가 되어야 한다. 만약 "피고들은 원고에게 …지급하라."는 형태로 청구취지를 작성한다면, 민법 제408조의 분할채무의 원칙 때문에 청구금액을 피고들 별로 균분한 금액의 지급을 구하는 표시가 된다.

Ⅲ. 청구원인

보증채무의 이행을 청구하는 경우의 요건사실은 ⅰ) 주채무의 발생원인사실, ⅱ) 채권자와 보증인 사이에 주채무를 보증하는 취지의 보증계약이 체결한 사실(보증계약의 체결), ⅲ) 연대의 특약 그 밖에 보증을 연대보증으로 하는 사실이다. ⅰ)의 경우 보증채무는 주채무 없이는 존재할 수 없으므로(보증채무의 부종성) 우선 주채무의 발생원인사실이 주장·증명되어야 한다. ⅲ)의 경우 단순보증이 아닌 연대보증에 있어서는 ⅲ)의 사실을 원고가 주장·증명하여야 한다. 그러나 단순히 보증채무의 이행을 구하는 경우에는 피고의 최고·검색의 항변이 있는 경우에 비로소 원고는 이에 대한 '재항변'으로 해당 보증이 연대보증인 사실을 주장하면 된다.

Ⅳ. 예상되는 항변

1. 주채무와 관련된 항변

보증채무는 주채무에 부종하므로 주채무에 관한 공격방어방법은 보증채무에 관하여도 공격방어방법이 된다.

(1) 주채무의 소멸시효

주채무가 소멸시효 완성으로 소멸된 경우에는 보증채무도 부종성에 따라 당연히 소멸되므로, 보증인인 피고로서는 주채무의 시효소멸을 항변으로서 주장할 수 있다(제433조 1항). 한편, 보증채무에 대한 소멸시효가 중단되었다고 하더라도 이로써 주채무에 대한 소멸시효가 중단되는 것은 아니고, 주채무가 소멸시효 완성으로 소멸된 경우에는 보증채무도 그 채무 자체의 시효중단에 불구하고 부종

---

6) 이자약정이 <u>없는</u> 경우라도, 변제기 다음날부터 소장 부본 송달일까지는 (민법 제379조의 민사법정이율인) 연 5%의, 그 다음날부터 완제일까지는 (소송촉진 등에 관한 특례법 제3조 1항에서 정한) 연 12%의 각 비율에 의한 '<u>지연손해금</u>'을 구할 수 있다.

성에 따라 당연히 소멸된다(대판 2002.5.14, 2000다62476 : 1회,6회,8회 선택형). **[5회 사례형]** 따라서 채권자가 재항변으로 소멸시효의 중단을 주장하기 위해서는 주채무에 대한 시효중단을 주장하여야 하고(제440조), 보증채무자체에 대한 시효중단을 주장하는 것은 주채무의 시효소멸을 막을 수 없어 주장 자체로 이유 없는 것이 된다.

그리고 시효이익의 포기는 상대적 효력을 생기게 하는 것에 지나지 않으므로(제433조 2항), 주채무자가 시효이익을 포기한 것은 채권자의 재항변이 되지 않는다.

(2) 주채무자의 채권과 상계

보증인은 자신의 채권자에 대한 채권으로 상계할 수 있음은 물론, 주채무자의 채권자에 대한 채권으로도 상계할 수 있다(제434조).

2. 보증채무에 특유한 항변

(1) 최고·검색의 항변권

보증인은 i) 주채무자의 변제자력이 있는 사실과 ii) 그 집행이 용이한 사실을 증명하여 먼저 주채무자에게 청구할 것과 그 재산에 대하여 집행할 것을 항변할 수 있고(제437조), 이에 대하여 채권자로서는 주채무자에 대하여 이미 권리행사를 하였던 사실이나 당해 보증이 연대보증인 사실을 들어 '재항변'할 수 있다.

(2) 이행거절권

보증인은 주채무자가 채권자에 대하여 취소권 또는 해제권 등이 있는 동안은 이행거절권을 행사할 수 있는데(제435조), 위 최고·검색의 항변권이나 이행거절권은 모두 연기적 항변권으로 항변권자가 이를 행사하는 의사표시를 하여야만 법원이 고려하게 되는 '권리항변'[7]으로서의 성격을 가진다.

Ⅰ. 보증채무의 내용

1. 목적 및 형태상의 부종성

보증인의 부담이 주채무의 목적이나 형태보다 중한 때에는 주채무의 한도로 감축한다(제430조).

(1) 주채무의 변제기 연장

判例는 보증계약체결 후 채권자가 보증인의 승낙 없이 주채무자에게 '변제기를 연장'해 준 경우에 그것이 반드시 보증인의 책임을 가중하는 것은 아니므로 '원칙적'으로 보증인에게도 그 효력이 미치며(대판 1996.2.23, 95다49141 : 6회 선택형), 따라서 '채무가 특정되어 있는 확정채무'에 대한 물상보증인이나 연대보증인은 그 채무의 이행기가 연장되고 그가 거기에 동의한 바 없더라도 물상보증인으로서의 책임이나 연대보증인으로서의 채무에 영향을 받지 않는다고 한다(대판 2002.6.14. 2002다14853 : 2회 선택형).

(2) 임대차보증금반환채무의 보증

"보증인이 임대인의 임대차보증금반환채무를 보증한 후에 임대인과 임차인 간에 임대차계약과 관계없는 다른 채권으로써 연체차임을 상계하기로 약정하는 것은 보증인에 대하여는 그 효력을 주장할 수 없다"(대판 1999.3.26, 98다22918,22925).

---

7) 권리항변의 경우에는 권리발생의 기초가 되는 객관적 사실만이 아니라 권리를 행사한다는 취지의 당사자의 의사표시가 요구되므로 법원은 그 의사표시가 없는 한 권리항변사실에 관한 상대방의 불리한 주장이 있어도 이를 판결의 기초로 할 수 없으며, 이러한 점에서 주장공통의 원칙에 대한 예외로서의 의미를 갖는다. 유치권이나 동시이행의 항변권 등이 이에 속한다(사법연수원, 요건사실론(2012년판), p.44).

2. 보증채무의 범위

① 보증채무의 범위는 주채무에 대한 부종성을 토대로 보증계약에 의해 구체적으로 정해지지만, 계약에서 특별한 정함이 없는 경우 보증채무는 주채무 이외에 이자·위약금·손해배상(주채무의 불이행에 기한 것. 이와는 달리 보증채무의 이행지체로 인한 지연배상은 보증채무와 별도로 부담한다)·기타 주채무에 종속한 채무도 담보한다(제429조 1항). ② 그리고 보증인은 그 보증채무에 관한 위약금 기타 손해배상액을 예정할 수 있다(제429조 2항).

Ⅱ. 보증채무의 효력

1. 대외적 효력

(1) 채권자의 권리

채권자는 변제기가 도래하면 주채무자와 보증인에게 동시에 또는 순차로 채무의 이행을 청구할 수 있다.

(2) 보증인의 권리

1) 부종성에 기한 권리

가) 주채무자 항변권의 행사

보증인은 주채무자의 항변(예컨대 주채무의 부존재, 소멸, 소멸시효의 완성)으로 채권자에게 대항할 수 있다. 그리고 주채무자의 항변포기는 보증인에게 효력이 없다(제433조).

문제는 보증인이 자신의 보증채무에 관하여 시효의 이익을 포기하고 나서 주채무의 시효소멸을 이유로 보증채무의 소멸을 주장할 수 있는가 하는 점이다. 이에 관해 判例는 "주채무의 시효소멸에도 불구하고 보증채무를 이행하겠다는 의사를 표시한 경우 등과 같이 '부종성'을 부정하여야 할 다른 특별한 사정이 없는 한 보증인은 여전히 주채무의 시효소멸을 이유로 보증채무의 소멸을 주장할 수 있다고 보아야 한다"(대판 2012.7.12. 2010다51192 : 8회 선택형)고 한다. **[3회 사례형, 5회 기록형]**

나) 주채무자 상계권의 행사

보증인은 주채무자의 채권에 의한 상계로 채권자에게 대항할 수 있다(제434조)(1회,5회 선택형). 즉 보증인은 주채무자의 상계권을 직접 행사할 수 있다.

2) 보충성에 기한 권리

최고·검색의 항변권이 인정된다(제437조, 제438조). 실무상 보증은 거의 연대보증이기 때문에 이는 사실상 사문화되어 있다.

2. 주채무자 또는 보증인에게 생긴 사유의 효력

(1) 주채무자에게 생긴 사유의 효력

주채무자에게 생긴 사유는 보증채무의 부종성으로 인해 원칙적으로 보증인에게 그 효력이 미친다(절대효).

1) 주채무의 소멸

주채무가 소멸하면 소멸사유 여하를 불문하고 보증채무도 소멸한다(부종성).

2) 주채무에 대한 시효중단

주채무자에 대한 시효의 중단은 보증인에 대하여 그 효력이 있다(제440조). 다만 주채무에 관한

甲과 乙은 2018. 1.경 甲 소유의 건물을 신축하기로 하는 공사도급계약을 체결하여 乙은 공사를 완료한 후 건물을 甲에게 인도하였고, 甲은 그 건물에 관한 소유권보존등기를 마쳤다. 한편 丙은 위 도급계약시 甲의 乙에 대한 공사대금채무에 대하여 乙과 보증계약을 체결하였다. 이 경우 乙의 甲에 대한 공사대금채권의 소멸시효가 완성된 후 丙이 스스로 보증채무를 이행하였다면 다른 특별한 사정이 없는 한 丙은 乙의 공사대금채권의 소멸시효 완성의 효과를 주장할 수 없다(8회 선택형).(×)

☞ 判例에 따르면 소멸시효완성 후의 '변제'는 '묵시적 채무의 승인'으로 시효이익을 포기하는 것으로 '추정'하므로, 乙의 甲에 대한 공사대금채권의 소멸시효가 완성된 후(주채무가 시효가 완성되었으므로 부종성에 따라 보증채무도 시효가 완성되었다) 丙이 스스로 보증채무를 이행하였다면 이는 '보증채무'의 시효이익을 포기하는 것으로 추정된다.

그러나 보증인에게 생긴 사유는 주채무자에게 그 효력이 없고(상대적 효력), 위 2010다51192판결에 따르면 보증채무의 '부종성'을 부정해야 할 다른 특별한 사정이 없는 한 丙은 주채무의 시효소멸을 이유로 乙의 공사대금채권(보증채무)의 소멸시효 완성의 효과를 주장할 수 있다.

甲에 대한 乙의 1,000만 원의 금전채무에 대하여 丙과 丁이 연대보증인이 된 경우 乙이 甲에 대하여 채권을 가지고 있더라도 丙은 이 채권에 의한 상계를 가지고 甲에게 대항할 수 없다(1회 선택형).(×)

甲은 우유대리점을 경영하고 있다. 甲은 乙 우유회사와 우유를 공급받은 계약을 체결하면서 대금 지급을 지체하는 경우 연 12%의 비율에 의한 지연손해금을 지급하기로 약정하였다. 丙은 甲의 부탁을 받고 甲의 乙 회사에 대한 우유대금 지급채무를 담보하기 위하여 乙 회사의 1억 원을 한도로 하는 근보증계약을 체결하였다. 그 후 甲의 乙회사에 대한 우유대금 원금채무가 1억 원 이상이 연체되자 乙 회사는 甲과의 우유공급계약을 해지하였다.
甲의 우유대금채무에 관하여 소멸시효 완성이 2개월 남았을 때에 乙 회사는 甲에게 우유대금의 지급을 최고하였고, 이에 甲은 즉시 乙회사에 우유대금채무의 존재를 인정하는 내용의 답변서를 보냈다. 그로부터 1년 후 乙 회사가 丙을 상대로 보증채무의 이행을 구하는 소송을 제기하였고 이에 丙은 甲의 채무인정은 보증인에게는 효력이 없으므로 丙의 보증채무는 시효로 소멸하였다고 항변하였다. 乙 회사는 위 소송에서 승소할 수 없다(3회 선택형).(×)
☞ 채권자 乙이 시효완성 2개월 전에 주채무자 甲에게 최고한 후 1년 후 보증인 丙을 상대로 보증채무의 이행을 구하는 소를 제기한 것은 보증채무에 대한 시효중단사유가 되지 않으나(제174조 참조), 주채무자 甲이 시효완성 전 우유대금채무의 존재를 인정하는 내용의 답변서를 보낸 것은 시효중단 사유로서 '승인'에 해당하므로(제168조 3호), 이러한 주채무자에 대한 시효의 중단은 보증인에 대하여 효력이 있다(제440조). 따라서 채권자 乙은 보증인 丙을 상대로 한 보증채무 이행의 소에서 승소할 수 있다.

앞서 본 예시이므로 최고·검색의 항변 부분만 간단하게 살펴본다(소멸시효 part의 예시 참조).

시효기간 연장의 효과(제165조)까지 보증채무에 미치는 것은 아니다(대판 1986.11.25, 86다카1569).

3) 채권양도와 채무인수

① 채권자가 주채무자에 대한 채권을 양도하는 때에는 보증인의 동의를 요하지 않으며(대판 2001.10.26, 2001다61435), 채권자가 채권양도의 주채무자에게 통지하면 보증인에 대해서는 따로 통지하지 않더라도 보증인에게 대항할 수 있다(대판 1976.4.13, 75다1100). ② 주채무가 면책적으로 인수되면 보증인이 이에 동의하지 않는 한 보증채무는 소멸한다(제459조).

(2) 보증인에게 생긴 사유의 효력 [5회 사례형]

보증인에게 생긴 사유는 주채무자에게 그 효력이 없다(상대적 효력). 예컨대 "보증인에 대해 시효중단사유가 있더라도 주채무의 소멸시효가 중단되지는 않는다. 이 경우 주채무가 소멸시효 완성으로 소멸된 경우에는, 보증채무 자체의 시효중단에 불구하고 보증채무는 부종성에 따라 당연히 소멸한다"(대판 2002.5.14, 2000다62476 : 1회,6회 선택형). 다만 변제(대물변제·공탁·상계를 포함)처럼 채권을 만족시키는 사유는 주채무자에게도 그 효력이 미친다(절대적 효력).

■ 연대보증과 주채무자에 대한 시효중단 + 최고·검색의 항변(15년1차)

1. 피고 황정익, 김유지, 장영낙에 대한 물품대금 등 청구

가. 가구공급계약 등의 체결

가구 도매업을 하고 있는 원고는 2011. 1. 10. 피고 황정익에게 사무용 의자(모델명 DK-1000P) 500개를 개당 20만 원씩 총대금 1억 원에 매도하면서, 위 사무용 의자를 2011. 1. 31. 인도하고, 2011. 2. 28. 위 대금을 지급받기로 하되, 미지급시 월 1%의 비율에 의한 지연손해금을 지급받기로 약정하였습니다. 소외 망 김소망과 피고 장영낙은 위 계약 당시 피고 황정익의 위 물품대금채무를 연대보증하였습니다. 한편 망 김소망은 2014. 1. 31. 사망하여 상속인으로는 그 처인 이미래와 부(父)인 피고 김유지가 있었으나, 2014. 3. 13. 서울가정법원 2014느단72호로 이미래의 상속포기신청이 수리되어 부(父)인 피고 김유지가 망 김소망을 단독상속하였습니다.

원고는 피고 황정익에게 위 약정대로 2011. 1. 31.에 위 사무용 의자 500개를 모두 인도하였는데, 피고 황정익은 2011. 2. 28. 원고에게 위 가구대금 중 2,000만 원만을 변제하였으므로, 원고는 피고 황정익과 연대보증인인 망 김소망의 상속인 피고 김유지, 연대보증인인 피고 장영낙을 상대로 나머지 가구대금 또는 연대보증금 8,000만 원과 이에 대한 지연손해금을 청구하는 바입니다.

(......중략)

다. 최고·검색의 항변권 주장

피고 장영낙은, 주채무자인 피고 황정익에게 먼저 채무의 이행을 청구하고, 그 재산에 대하여 집행하여야 한다는 취지의 주장을 할 지도 모릅니다. 그러나 연대보증인은 주채무자와 연대하여 채무를 부담하는 것으로 보충성이 없으므로 연대보증인에게는 최고·검색의 항변권이 인정되지 않는다고 할 것입니다.

제4절 소유권에 기한
부동산인도 · 철거 · 퇴거청구

I. 소송물

소유권과 같은 물권에 기한 청구라도 이행소송에서는 이행청구권이 소송물이 되고, 물권 그 자체가 소송물이 되지는 않는다. 따라서 소유권에 기한 청구라도 '소유권' 그 자체가 소송물이 되는 것이 아니라, '소유권에 기한 물권적 청구권'이 소송물이 된다. 따라서 소유권에 기한 토지인도청구를 인용한 확정판결은 그 이유에서 소유권의 존재를 확인하고 있는 경우라도 소유권의 존부에 대하여 기판력이 생기지 않는다(민사소송법 제216조 1항).

구체적으로 소유권에 기한 부동산인도·철거·퇴거청구에 있어서 소송물은 **소유권에 기한 방해배제청구권**이 된다. 判例도 토지소유권에 기한 지상건물철거소송에 있어서의 소송물은 철거청구권 즉, 소유권에 기한 방배배제청구권이며 상대방이 철거를 구하는 지상건물의 소유자라던가 점유자라는 주장은 소송물과 관계없이 철거청구권의 행사를 이유 있게 하기 위한 공격방어방법에 불과하다고 한다(대판 1985.3.26, 84다카2001).

II. 부동산(토지)인도청구[8]

1. 청구취지

일반적으로 청구취지는 '피고는 원고에게 서울 관악구 신림동 231-24 대 500㎡를[9] 인도하라'는 판결을 구한다의 형태가 될 것이다. 목적물의 필지수가 많은 경우에는 별지 목록을 이용한다(예를 들면 '피고는 원고에게 별지 목록 기재 각 토지를 인도하라'). 관련 청구로 흔히 건물철거라든지 퇴거청구가 수반되고,[10] 부대청구로 임대료 상당의 손해금을 청구하는 경우도 있다.

2. 청구원인

소유권에 기한 부동산(토지)인도청구의 요건사실은 ⅰ) 원고의 목적물 소유, ⅱ) 피고의 목적물 점유이다(제213조 본문).

(1) 원고의 목적물 소유

원고가 목적물을 소유한 사실은 원시취득·승계취득, 법률규정에 의한 취득, 법률행위에 의한 취득 등의 소유권을 취득한 구체적 사실을 증명하거나, 부동산의 경우에는 소유권이전등기를 마친 사실을 증명함으로써 **등기의 추정력**을 이용하여 원고가 부동산의 소유권을 취득한 사실을 추정받을 수 있다. 이는 법률상 추정이므로 등기원인의 무효를 주장하며 원고의 소유사실을 다투는 것은 피고가 주장·증명하여야 할 항변사유에 해당한다.

(2) 피고의 목적물 점유

청구의 상대방은 '현재'의 점유자이며, 사실심 변론종결시를 기준으로 판단한다.

---

8) 이하의 청구취지 부분은 앞에서 언급한 부분이므로 생략해도 될 것 같습니다.

9) '대'(垈·집터)라고 표시해야 하고, '대지'라고 표시해서는 안된다(측량·수로조사 및 지적에 관한 법률 제67조 1항 참조).

10) 자기 소유 토지상에 타인이 건물을 소유하고 있는 경우 그 토지를 인도받기 위해서는 그 전제로 지상건물철거를 구해야 한다. 토지인도만의 청구도 인용되나, 건물철거 집행권원을 얻기 전에는 토지인도 집행이 불가능하기 때문이다.

Ⅲ. 건물철거 및 퇴거청구

1. 청구취지

일반적으로 청구취지는 '원고에게 피고 甲은 별지 제1목록 기재 건물에서 퇴거하고, 피고 乙은 위 건물을 철거하고, 별지 제2목록 기재 토지를 인도하라'는 판결을 구한다의 형태가 될 것이다.

2. 청구원인

(1) 건물철거 [7회 사례형]

소유권에 기한 건물철거청구의 요건사실은 ⅰ) 원고의 토지 소유, ⅱ) 피고의 지상건물 소유이다(제214조). ① 지상건물 소유자는 지상건물의 소유를 통하여 당연히 그 부지인 대지를 점유하는 것으로 간주되므로, 원고는 피고가 지상건물을 소유한 사실만 증명하면 피고의 대지 점유사실까지 증명하는 것이 된다(대판 1993.10.26, 93다2483 등). ② 주의할 것은, 지상건물의 소유자가 아닌 미등기 건물의 매수인도 건물철거에 따른 피고적격이 있다는 점이다(대판 1986.12.23, 86다카1751).

> 타인 소유의 토지 위에 불법으로 건물을 신축하여 소유하고 있는 자로부터 건물을 매수하여 점유·사용하고 있으나 소유권이전등기를 경료받지 못한 자는 법률상 소유자가 아니므로, 토지소유자는 그를 상대로 건물의 철거를 구할 수 없다.(4회 선택형).(×)

(2) 건물퇴거

소유권에 기한 건물퇴거청구의 요건사실은 ⅰ) 원고의 토지 소유, ⅱ) 피고의 건물 점유이다(제214조). 지상건물 소유자 이외의 자가 지상건물을 점유하고 있는 때에는 지상건물에 대한 점유·사용으로 인하여 대지인 토지의 소유권이 '방해'되고 있는 것이므로 토지소유자는 '방해배제청구'로서 건물점유자에 대하여 그 건물로부터의 퇴거를 청구할 수 있다(소송물은 토지소유권에 기한 방해배제청구권).

즉 이 경우 지상건물의 소유자만이 대지를 '점유'하는 것이므로 지상건물의 소유자 이외의 지상건물의 점유자에 대해서는 대지의 인도를 청구할 수 없고(제213조) 건물로부터의 퇴거만 청구할 수 있으며(제214조), 반대로 지상건물의 소유자에 대하여는 그가 그 건물을 직접 점유하고 있다 하더라도 토지 소유자로서는 그 건물의 철거와 그 대지부분의 인도를 청구할 수 있을 뿐, 그 건물에서 퇴거할 것을 청구할 수 없다(대판 1999.7.9, 98다57457,57464).

Ⅳ. 예상되는 항변

1. 정당한 점유권원의 존재

그러나 '점유할 권리'가 있는 자는 소유권자의 소유물반환청구에 대하여 반환을 거부할 권리가 있는바(제213조 단서), 이는 피고의 항변사유이다. 여기서 '점유할 권리'란 민법상 완전한 권리뿐만 아니라 점유를 정당화할 수 있는 모든 법적 지위를 포함한다. 여기에는 ① 물권적 권리로서 ⅰ) 법정지상권(제366조의 법정지상권, 관습법상 법정지상권), ⅱ) 지상권·전세권, ⅲ) 유치권, ⅳ) 과반수 지분, ② 채권적 권리로서 ⅰ) 미등기 매수인(대판 1988.4.25, 87다카1682), ⅱ) 점유시효취득자(이에 대하여 원고로서는 취득시효가 중단되었다거나 점유자가 시효이익을 포기하였다는 사실 등을 들어 재항변할 수 있다), ⅲ) 임차인, ③ 동시이행항변권, ④ 위 권리가 없을 경우 최후의 보충적 항변수단으로 신의칙(주로 권리남용, 실효의 원칙 등이 문제)을 들 수 있다. 반면 물권적 청구권을 행사하는 소유자에게 대항할 수 없는 채권적 권리는 이에 포함되지 않는다.

2. 구체적 검토

(1) 점유취득시효항변(취득시효 완성을 원인으로 한 소유권이전등기청구)

점유취득시효완성의 요건사실은 '20년간 소유의 의사로 평온, 공연하게 점유한 사실'이다(제245조 1항). 그러나 제197조 1항에 의해 당해 부동산을 '20년간 점유한 사실'만 주장·증명하면 된다. 피고는 점유기간의 기산점을 임의로 선택할 수 없고, 현실적으로 점유를 개시한 시점을 확정하여 그 때로부터 20년의 기간을 기산하여야 한다. 취득시효의 기산점에 대한 당사자의 주장에 법원도 구속되지 않고 소송자료에 의해 진정한 점유시기를 인정하는 '간접사실'이다(대판 1994.4.15, 93다60120). 이에 대하여 원고는 재항변으로서 ① 타주점유(악의의 무단점유), ② 취득시효 완성 후의 소유명의 변경(이중양도 법리), ③ 점유중단(민법 제198조에 의한 점유의 계속 추정은 법률상 추정이므로 그 사이 점유가 중단 또는 상실되었다는 사실은 상대방이 주장·증명책임을 지는 항변사유로 된다), ④ 시효중단(소멸시효의 중단에 관한 규정은 취득시효에 대하여도 적용된다. 제247조 2항), ⑤ 시효소멸(피고가 시효소멸을 주장하기 위해서는 점유자가 점유를 상실한 때로부터 10년의 소멸시효기간이 도과한 사실까지 주장·증명하여야 한다. 95다34866)의 항변을 할 수 있다.

(2) 법정지상권

> ## 관습법상 법정지상권 및 법정지상권 ▼

Ⅰ. 관습법상 법정지상권

1. 성립요건(처동, 매, 특)

ⅰ) 처분 당시 토지와 건물의 동일인의 소유에 속하였을 것, ⅱ) 매매 기타의 적법한 원인으로 소유자가 달라질 것, ⅲ) 당사자 사이에 건물을 철거한다는 특약 또는 토지의 점유·사용에 관하여 다른 약정이 없을 것을 요한다.

(1) 처분 당시 토지와 건물이 동일인의 소유에 속하였을 것

1) 건물의 존재

관습법상 법정지상권이 발생하는 시점인 '소유권 분리 당시'(처분 당시)에 지상에 건물이 존재하고 있어야 하는 것은 당연하고, 나아가 토지에 관한 '원인행위 당시'(예컨대 토지매매계약 당시)에도 지상에 건물이 존재하고 있었어야 한다(대판 1994.12.22. 94다41072,94다41089 등 참고). 이러한 건물은 건물로서의 요건을 갖추고 있는 이상 무허가건물이거나 미등기건물이거나를 가리지 않는다(대판 1988.4.12, 87다카2404).

가) 나대지에 관하여 매매계약이 체결된 경우(건물이 장차 철거될 것임을 예상하면서 건축한 경우)

"토지의 소유자가 건물을 건축할 당시 이미 토지를 타에 매도하여 소유권을 이전하여 줄 의무를 부담하고 있었다면 토지의 매수인이 그 건축행위를 승낙하지 않는 이상 그 건물은 장차 철거되어야 하는 운명에 처하게 될 것이고 토지소유자가 이를 예상하면서도 건물을 건축하였다면 그 건물을 위한 관습상의 법정지상권은 생기지 않는다고 보아야 할 것이다"(대판 1994.12.22. 94다41072,94다41089 : 당해 판례 사안은 건물철거의 특약이 있었던 것으로 해석되기도 한다). **[3회 기록형]**

나) 나대지에 관하여 가압류, 압류가 되거나 담보가등기가 된 경우(부정)

"원래 채권을 담보하기 위하여 나대지상에 가등기가 경료되었고, 그 뒤 대지소유자가 그 지상에 건물을 신축하였는데, 그 후 그 가등기에 기한 본등기가 경료되어 대지와 건물의 소유자가 달라진 경우 특별한 사정이 없는 한 건물을 위한 **관습상 법정지상권이 성립한다고 할 수 없다**"(대판 1994.11.22, 94다5458).

2) 소유자 동일성의 판단방법

가) 원인무효(부정)

"관습상의 법정지상권의 성립 요건인 해당 토지와 건물의 소유권의 동일인에의 귀속과 그 후의 각기 다른 사람에의 귀속은 **법의 보호를 받을 수 있는 권리변동으로 인한 것이어야 하므로**, 동일인에게 원인무효로 소유권이 귀속되었다가 뒤에 그 원인무효임이 밝혀져 그 등기가 말소됨으로써 그 건물과 토지의 소유자가 달라진 경우 관습상의 법정지상권은 인정되지 않는다"(대판 1999.3.26, 98다64189)

나) 미등기 건물양수인의 경우(부정)

"미등기 건물을 그 대지와 함께 양수한 사람이 그 대지에 관하여서만 소유권이전등기를 넘겨받고 건물에 대하여는 그 등기를 이전받지 못하고 있는 상태에서 그 대지가 경매되어 소유자가 달라지게 된 경우에는, 미등기 건물의 양수인은 미등기 건물을 처분할 수 있는 권리는 있을지언정 소유권은 가지고 있지 아니하므로 대지와 건물이 동일인의 소유에 속한 것이라고 볼 수 없어 법정지상권이 발생할 수 없다"(대판 1998.4.24, 98다4798).

다) 건물공유의 경우(긍정)

대지소유자가 그 지상건물을 타인과 함께 공유하면서 그 단독소유의 대지만을 건물철거의 조건 없이 타에 매도한 경우 '**건물공유자들 전부**'는 각기 건물을 위하여 대지 전부에 대하여 관습에 의한 법정지상권을 취득한다(대판 1977.7.26, 76다388). 이는 제366조의 법정지상권의 경우에도 동일하다(대판 2011.1.13, 2010다67159 : 8회 선택형).

라) 토지공유의 경우

예를 들어 甲과 乙이 공유하는 토지 위에 甲이 乙의 동의를 얻어 건물을 신축하여 소유하고 있는 경우

① **[공유토지가 분할된 경우]** ㉠ **협의에 의한 현물분할의 경우**(위 예에서 甲과 乙의 협의에 의해 乙이 토지를 단독소유하게 된 경우) 判例는 관습법상 법정지상권의 성립을 긍정한다(대판 1974.2.12, 73다353).

㉡ **재판에 의한 대금분할의 경우**(위 예에서 乙이 공유토지의 분할을 청구하여 丙이 경락을 받은 경우) 判例는 "토지공유자의 한 사람이 다른 공유자의 지분 과반수의 동의를 얻어 건물을 건축한 후 토지와 건물의 소유자가 달라진 경우 토지에 관하여 관습법상의 법정지상권이 성립되는 것으로 보게 되면 이는 토지공유자의 1인으로 하여금 자신의 지분을 제외한 다른 공유자의 지분에 대하여서까지 지상권설정의 처분행위를 허용하는 셈이 되어 부당하다"(대판 1993.4.13, 92다55756)고 하여 관습법상 법정지상권의 성립을 부정한다.

② **[지분양도의 경우]** ㉠ **건물소유자가 자신의 공유토지지분을 제3자에게 양도한 경우**(위 예에서 甲이 丙에게 공유토지 지분을 양도한 경우) 判例는 "토지공유자 중의 1인이 공유토지 위에 건물을 소유하고 있다가 토지지분만을 전매한 경우 법정지상권을 인정한다면 토지공유자 1인이 다른 공유자의 지분에까지 지상권을 설정하는 처분행위를 할 수 있음을 인정하는 셈이므로 법정지상권은 성립하지 않는다"(대판 1987.6.23, 86다카2188 ; 대판 1988.9.27, 87다카140)고 한다.

㉡ **건물소유자 아닌 자가 자신의 공유토지지분을 제3자에게 양도한 경우**(위 예에서 乙이 丙에게 공유토지 지분을 양도한 경우)에는 관습법상 법정지상권의 문제가 아니다. 乙이 양도한 지분에 관하여는 처음부터 대지와 건물의 소유자가 달랐기 때문이다.

마) (토지의) 구분소유적 공유의 경우(이하 대내관계와 관련한 판례)

① 구분소유적 공유관계에 있는 자가 자신의 특정 소유가 아닌 부분에 건물을 신축한 경우 그 건물부분은 처음부터 건물과 토지의 소유자가 서로 다른 경우에 해당되어 그 후 구분소유적 공유관계가 해소되어 다른 구분소유자의 단독소유로 된 경우 당해 건물소유자에게는 **관습법상의 법정지상권이 성립될 여지가 없다**(대판 1994.1.28, 93다49871 : 8회 선택형). ② 그러나 구분소유적 공유를 하는 토지 위의 자신의 특정 소유부분에 건물을 신축한 자가 그의 대지지분만을 다른 구분소유적 공유자에게 양도하거나 다른 구분소유자가 경락받은 경우 **관습법상의 법정지상권이 성립한다**(대판 1990.6.26, 89다카24094 : 8회 선택형).

바) (부실법이 적용되지 않는) 명의신탁의 경우

① 대내관계를 보면, 명의신탁된 토지상에 '**수탁자가 건물을 신축**'한 후 명의신탁이 해지되어 토지소유권이 신탁자에게 환원된 경우, 명의수탁자는 신탁자와의 대내적 관계에 있어서 그 토지가 자기의 소유에 속한다고 주장할 수 없으므로, 수탁자는 그 지상건물의 소유를 위한 관습법상의 법정지상권을 취득할 수 없다(대판 1986.5.27, 86다카62). ② 대외관계를 보면, 명의신탁된 토지상에 ⅰ) '**신탁자가 건물을 신축**'한 후 토지가 매도된 경우 명의신탁자는 수탁자 이외의 제3자에게 그 대지가 자기의 소유임을 주장하여 법정지상권을 취득할 수 없으나, ⅱ) '**수탁자가 건물을 신축**'한 후 매매 등에 의하여 소유자가 바뀌는 경우에는, 토지가 대외적으로는 수탁자 소유이므로 건물의 소유자는 법정지상권을 취득한다.

3) 소유자 동일성의 판단 기준시점

가) 원 칙

"관습법상의 법정지상권이 성립되기 위하여는 토지와 건물 중 어느 하나가 '**처분될 당시**'(소유권이 유효하게 변동될 당시)에 토지와 그 지상건물이 동일인의 소유에 속하였으면 족하고 원시적으로 동일인의 소유였을 필요는 없다"(대판 1995.07.28. 95다9075,9082)

나) 예 외···부동산 '강제경매'로 인해 토지와 건물의 소유자가 달라진 경우

① 대법원은 최근 전원합의체 판결을 통해 "부동산강제경매절차에서 목적물을 매수한 사람의 법적 지위는 다른 특별한 사정이 없는 한 그 절차상 '압류의 효력이 발생하는 때'를 기준으로 하여 정하여지므로, 강제경매의 목적이 된 토지 또는 그 지상 건물의 소유권이 강제경매로 인하여 그 절차상의 매수인에게 이전된 경우에 건물의 소유를 위한 관습상 법정지상권이 성립하는가 하는 문제에 있어서는 그 매수인이 소유권을 취득하는 매각대금의 완납시(과거 판례의 태도)가 아니라 그 압류의 효력이 발생하는 때를 기준으로 하여 토지와 그 지상 건물이 동일인에 속하였는지 여부가 판단되어야 한다. 한편 경매의 목적이 된 부동산에 대하여 가압류가 있고 그것이 본압류로 이행되어 경매절차가 진행된 경우에는 애초 가압류가 효력을 발생하는 때를 기준으로 토지와 그 지상 건물이 동일인에 속하였는지 여부를 판단할 것이다"(대판 2012.10.18. 전합2010다52140 : 5회 선택형)고 판시하고 있다.

② 判例는 토지 또는 그 지상 건물에 관하여 강제경매를 위한 (가)압류가 있기 이전에 저당권이 설정되어 있다가 그 후 '강제경매'로 인해 그 저당권이 소멸하는 경우(소멸주의)에는 제366조의 법정지상권이 아니라 관습상의 법정지상권이 문제되며, 이 때 토지와 그 지상 건물이 동일인 소유에 속하였는지는 그 '저당권 설정 당시'를 기준으로 판단한다고 한다(대판 2013.4.11. 2009다62059 : 3회 선택형). **[5회 기록형]**

'건물'에 대한 가압류 당시 토지의 소유자는 B, 건물의 소유자는 A이었으나, 이후 '토지와 건물'의 소유권이 모두 C에게 이전된 상태에서 강제경매에 의하여 건물의 소유권이 D에게 이전된 경우, **D에게 관습법상 법정지상권이 성립하는지와 관련하여 전합2010다52140에 따르면 D에게 관습법상 법정지상권은 성립되지 않는다.**
이 경우 건물에 관한 C명의의 소유권이전등기는 가압류의 처분금지효에 저촉되어 말소될 운명의 것이므로 가압류등기 시점이 아닌 매각시점을 기준으로 하더라도 소유자 동일성 요건은 충족되지 않는다.

(2) 매매 기타의 적법한 원인으로 소유자가 달라질 것

1) 소유자가 다르게 되는 원인

判例는 크게 두 가지로 나누고 있다. 즉, ① 당사자의 의사에 의하지 않고 소유자가 달라지는 경우로서, 강제경매[저당권에 기한 경매는 법정지상권(제366조)의 문제이다]·국세징수법에 의한 공매를 통한 경락의 경우와(대판 1970.9.29, 70다1454 등) ② 당사자의 의사에 의해 소유자가 달라지는 경우로서, 토지와 건물 중 어느 하나만을 매매·증여함으로써 소유자가 다르게 되는 경우(이때에는 토지 또는 건물에 대해 소유권이전등기를 하는 것을 전제로 한다)이다(대판 1962.4.18, 4294민상1103 등).

2) 형식적으로만 소유명의자를 달리하게 된 경우

① 判例는 대지와 그 지상의 미등기건물을 일괄하여 매수하고 대지에 대하여만 소유권이전등기를 마친 경우, 형식상으로는 미등기건물의 소유자와 대지의 소유자가 다르지만, "토지의 점유·사용에 관하여 당사자 사이에 약정이 있는 것으로 볼 수 있거나 토지 소유자가 건물의 처분권까지 함께 취득한 경우에는 관습상의 법정지상권을 인정할 까닭이 없다"할 것이어서 미등기건물의 소유자(건물 신축자)에게 관습상의 법정지상권은 성립하지 않는다고 한다(대판 2002.6.20. 전합2002다9660 : 2회,9회 선택형). **[6회 사례형]**

② "제406조의 채권자취소권의 행사로 인한 사해행위의 취소와 일탈재산의 원상회복은 채권자와 수익자 또는 전득자에 대한 관계에 있어서만 효력이 발생할 뿐이고 채무자가 직접 권리를 취득하는 것이 아니므로, 토지와 지상 건물이 함께 양도되었다가 채권자취소권의 행사에 따라 그 중 건물에 관하여만 양도가 취소되고 수익자와 전득자 명의의 소유권이전등기가 말소되었다고 하더라도, 이는 관습상 법정지상권의 성립요건인 '동일인의 소유에 속하고 있던 토지와 지상 건물이 매매 등으로 인하여 소유자가 다르게 된 경우'에 해당한다고 할 수 없다"(대판 2014.12.24. 2012다73158 : 5회,9회 선택형)

(3) 당사자 사이에 건물을 철거한다는 특약 또는 토지의 점유·사용에 관하여 다른 약정이 없을 것

判例는 토지와 건물 중 건물만을 양도하면서 따로 건물을 위해 대지에 대해 '임대차계약'을 체결한 경우에는, 그 대지에 성립하는 관습법상의 법정지상권을 포기한 것으로 본다(대판 1968.1.31, 67다2007).

(4) 등기요부

관습법상의 법정지상권은 '관습법'에 의하여 성립하는 것이므로 제187조에 의하여 등기를 요하지 않는다. 그러나 제3자에게 이 법정지상권을 전득시키려면 제187조 단서에 의하여 등기를 하여야 한다.

Ⅱ. 제366조 법정지상권

> **제366조 (법정지상권)** 저당물의 경매로 인하여 토지와 그 지상건물이 다른 소유자에 속한 경우에는 토지소유자는 건물소유자에 대하여 지상권을 설정한 것으로 본다. 그러나 지료는 당사자의 청구에 의하여 법원이 이를 정한다.

제366조 법정지상권은 강행규정이므로 저당권설정 당사자간의 특약으로 저당목적물인 토지에 대하여 법정지상권을 배제하는 약정을 하더라도 그 특약은 효력이 없다(대판 1988.10.25. 87다카1564). 반면에 '관습법상 법정지상권'은 특약(토지임대차계약 체결 등)으로 배제가 가능하다(대판 1992.10.27. 92다3984).

1. 성립요건(설건, 설동, 저, 경)

법정지상권이 성립하기 위해서는 ⅰ) 저당권설정 당시부터 건물이 존재할 것, ⅱ) 저당권이 설정될 당시 토지와 건물의 소유자가 동일할 것, ⅲ) 토지나 건물 중 적어도 어느 하나에 저당권이 설정될 것, ⅳ) 경매로 인해 건물과 토지에 대한 소유자가 분리될 것을 요한다(제366조).

(1) 저당권설정 당시부터 건물이 존재할 것

1) 저당권 설정 당시

토지에 관하여 저당권이 설정될 당시에 토지 위에 건물이 존재하여야 한다. 따라서 건물 없는 토지에 대하여 저당권이 설정된 후 건물을 건축하였는데 그 후 저당권실행으로 토지와 지상건물의 소유자를 달리한 경우 법정지상권의 성립은 부정된다(대결 1995.12.11, 95마1262).

2) 건물이 존재할 것 [1회 사례형]

이때 토지에 저당권이 설정될 당시 그 지상에 건물이 위 토지소유자에 의하여 건축 중이었고, 그것이 사회관념상 독립된 건물로 볼 수 있는 정도에 이르지 않았다 하더라도 건물의 규모, 종류가 외형상 예상할 수 있는 정도까지 건축이 진전되어 있는 경우에는, 저당권자는 완성될 건물을 예상할 수 있으므로 법정지상권을 인정하여도 불측의 손해를 입는 것이 아니며 사회경제적으로도 건물을 유지할 필요가 인정되기 때문에 법정지상권의 성립을 인정함이 상당하다고 해석된다(대판 1992.6.12, 92다7221 : 3회 선택형). 또한 이 경우 그 후 경매절차에서 매수인이 매각대금을 다낸 때까지 최소한의 기둥과 지붕 그리고 주벽이 이루어지는 등 독립된 부동산으로서 건물의 요건을 갖추면 법정지상권이 성립한다(대판 2004.6.11, 2004다13533 : 3회 선택형). 미등기, 무허가 건물이라도 법정지상권이 성립한다.

3) 저당권 '설정 후' 경매로 인한 매각대금 납부 전에 '건물 재신축 등'을 한 경우 법정지상권 성립 여부

가) 토지에 관하여만 '저당권'이 설정되어 있는 경우(적극)

"저당권 설정 당시의 건물을 그 후 개축·증축한 경우는 물론이고 그 건물이 멸실되거나 철거된 후 재건축·신축한 경우에도 법정지상권이 성립하며, 이 경우 신건물과 구건물 사이에 동일성이 있거나 소유자가 동일할 것을 요하는 것은 아니라 할 것이지만, 그 법정지상권의 내용인 존속기간·범위 등은 구건물을 기준으로 하여야 할 것이다"(대판 2001.3.13. 2000다48517,48524,4853).

나) 토지와 건물에 '공동저당권'이 설정되어 있는 경우

토지와 그 지상 건물에 공동저당권이 설정된 후 지상건물이 '증·개축된 경우'에는 당연히 법정지상권이 성립된다. 그러나 判例는 동일인의 소유에 속하는 토지 및 그 지상 건물에 관하여 공동저당권이 설정된 후 그 지상 건물이 철거되고 새로 건물이 '신축된 경우'에는 '그 신축건물에 토지와 동순위의 공동저당권이 설정되지 아니한 경우'에는 저당물의 경매로 인하여 토지와 신축건물이 서로 다른 소유자에게 속하게 되더라도 제366조의 법정지상권은 성립하지 않는다고 한다(대판 2003.12.18, 전합98다43601 : 전체가치고려설 : 9회 선택형).

(2) 저당권이 설정될 당시 토지와 건물의 소유자가 동일할 것

저당권을 설정할 당시에 토지와 건물이 동일한 소유자에게 속하고 있어야 한다.

① **[토지저당권 실행 전 건물이 양도된 경우(적극)]** 토지에 저당권을 설정할 당시 토지에 지상의 건물이 존재하고 있었고 그 양자가 동일 소유자에게 속하였다가 그 후 저당권의 실행 전에 건물이 제3자에게 양도된 경우 判例는 건물을 양수한 제3자는 제366조 소정의 법정지상권을 취득한다

(대판 1999.11.23, 99다52602)고 한다. 물론 이 경우 건물철거의 특약이 없었다면 건물소유를 위한 관습상의 법정지상권이 성립되겠지만, 그러한 용익권은 선순위저당권의 실행에 의한 매각으로 인하여 소멸되기 때문에 이러한 경우에도 제366조가 적용되어야 한다.

② **[토지의 구분소유적 공유자 중 1인의 지분경매**(적극)] 判例는 "공유로 등기된 토지의 소유관계가 구분소유적 공유관계에 있는 경우에는 공유자 중 1인이 소유하고 있는 건물과 그 대지는 다른 공유자와의 내부관계에 있어서는 그 공유자의 단독소유로 되었다 할 것이므로 건물을 소유하고 있는 공유자가 그 건물 또는 토지지분에 대하여 저당권을 설정하였다가 그 후 저당권의 실행으로 소유자가 달라지게 되면 건물 소유자는 그 건물의 소유를 위한 법정지상권을 취득하게 되며, 이는 구분소유적 공유관계에 있는 토지의 공유자들이 그 토지 위에 각자 독자적으로 별개의 건물을 소유하면서 그 토지 전체에 대하여 저당권을 설정하였다가 그 저당권의 실행으로 토지와 건물의 소유자가 달라지게 된 경우에도 마찬가지"(대판 2004.6.11. 2004다13533 : 7회 선택형)라고 한다. [3회 사례형]

(3) 경매로 인해 건물과 토지에 대한 소유자가 분리될 것

경매는 저당권 실행경매를 말한다. 강제경매의 경우에는 관습법상 법정지상권이 인정된다.

청구취지 형태
3. 피고 정지연은 원고에게,
  가. 별지 목록 제2기재 토지 지상 별지 도면 표시 1, 2, 3, 4, 1의 각 점을 순차로 연결한 선내 (가)부분 경량철골조 샌드위치패널지붕 점포 80㎡를 철거하고, 별지 목록 제2기재 토지를 인도하고,
  나. 2014. 5. 1.부터 위 토지의 인도 완료일까지 월 500,000원의 비율로 계산한 돈을 지급하라.
4. 피고 장영낙은 원고에게 위 3의 가항 기재 점포에서 퇴거하라.

■ 제366조 법정지상권 항변(설정당시 건물의 존재요건)(15년 1차)

3. 피고 정지연에 대한 건물철거, 토지인도, 부당이득반환청구, 피고 장영낙에 대한 퇴거청구

가. 원고의 토지 소유권 취득 및 피고들의 불법점유

원고는 서울중앙지방법원 2013타경29876호 부동산임의경매절차에서 별지 목록 제2항 기재 토지(이하 '이 사건 2토지'라고 합니다)에 대하여 2014. 4. 21. 소외 김수기와 각 2분의 1 지분에 관하여 매각허가결정을 받아 2014. 5. 1. 그 매각대금을 완납하였습니다.

피고 정지연은 2013. 6. 초순경 이 사건 2토지 위에 건축허가를 받지 아니하고 별지 도면 표시 1, 2, 3, 4, 1의 각 점을 순차 연결한 선내 (가)부분 경량철골조 샌드위치패널지붕 점포 80㎡(이하 '이 사건 점포'라고 합니다)의 신축공사를 개시하여 2013. 10.경 완공하였는데, 등기를 마치지 아니한 상태에서 2013. 11. 1. 피고 장영낙에게 이 사건 점포를 보증금 3,000만 원, 월 차임 100만 원, 임대기간 2년으로 정하여 임대하여 현재 피고 장영낙이 이를 점유하고 있고, 이 사건 점포가 신축된 이래 이 사건 2토지 전부가 이 사건 점포의 소재 및 그 사용에 필요한 대지로 이용되고 있습니다.

원고는 위와 같이 2014. 5. 1. 매각대금을 완납함으로써 이 사건 2토지 중 2분의 1 지분에 관한 소유권을 취득하였고(민사집행법 제135조 및 제268조), 피고 정지연은 이 사건 점포에 관한 원시취득자로서 이 사건 점포나 그 대지에 대한 현실적인 점유 여부에 상관없이 그 대지인 이 사건 2토지를 점유·사용하고 있다 할 것이고, 또한 이로써 이 사건 2토지에 대한 사용이익을 얻고 이로 인하여 원고에게 같은 금액 상당의 손해를 가하고 있다 할 것이며, 피고 장영낙은 이 사건 점포를 점유함으로써 원고의 이 사건 2토지 소유권 행사를 방해하고 있다 할 것입니다.

따라서 특별한 사정이 없는 한 공유자인 원고에게, 피고 장영낙은 이 사건 점포에서 퇴거하고, 피고 정지연은 이 사건 점포를 철거하고, 이 사건 2토지를 인도하며, 원고가 이 사건 2토지 중 2분의 1 지분에 대한 소유권을 취득한 때부터 이 사건 2토지 중 2분의 1 지분에 대한 사용이익 상당을 부당이득으로 반환할 의무가 있습니다.

다. 예상되는 항변

피고 정지연은, 그 소유이던 이 사건 2토지에 저당권이 설정될 당시 저당권자인 소외 한신구가 토지 소유자인 위 피고가 향후 위 토지 위에 건물을 신축하는 데에 동의하여 주었고, 그에 따라 위 피

고가 위 토지 위에 건물을 신축하였으므로 위 피고는 법정지상권으로써 원고에게 대항할 수 있다고 주장할 지도 모릅니다.

그러나 **민법 제366조에서 정한 법정지상권**의 성립에 있어서 지상건물은 건물로서의 요소를 갖추고 있는 이상 그것이 무허가 건물이거나 미등기 건물이라 하여도 법정지상권 성립에 아무런 지장이 없으므로, 법정지상권의 취득 여부에 관하여 건물이 무허가인지 미등기인지가 문제되는 것은 아니지만, 민법 제366조의 법정지상권은 저당권 설정 당시부터 저당권의 목적이 되는 토지 위에 건물이 존재할 경우에 한하여 인정되며, 토지에 관하여 저당권이 설정될 당시 그 지상에 토지소유자에 의한 건물의 건축이 개시되기 이전이었다면, 건물이 없는 토지에 관하여 저당권이 설정될 당시 저당권자가 토지소유자에 의한 건물의 건축에 동의하였다고 하더라도 그러한 사정은 주관적 사항이고 공시할 수도 없는 것이어서 토지를 낙찰받는 제3자로서는 알 수 없는 것이므로 그와 같은 사정을 들어 법정지상권의 성립을 인정한다면 토지 소유권을 취득하려는 제3자의 법적 안정성을 해하는 등 법률관계가 매우 불명확하게 되므로 법정지상권이 성립되지 않는다고 할 것입니다.

☞ 토지에 관하여 저당권이 설정될 당시에 토지 위에 건물이 존재하여야 한다. 따라서 건물 없는 토지에 대하여 저당권이 설정된 후 건물을 건축하였는데 그 후 저당권실행으로 토지와 지상건물의 소유자를 달리한 경우 법정지상권의 성립은 부정된다(대결 1995.12.11, 95마1262). 이를 인정한다면 토지의 담보가치를 나대지의 교환가치로 평가하여 취득한 저당권자에게 불측의 손해를 줄 수 있기 때문이다. 또한 이 경우 근저당권자가 건물의 건축에 동의한 경우라도 그러한 사정은 공시할 수 없어 법률관계를 불명확하게 하므로 법정지상권이 성립되지 않는다고 한다(대판 2003.9.5, 2003다26051).

■ 관습법상 법정지상권의 동일인 소유의 판단시기(16년 3차)

1. 피고 박철, 한상호, 송슬기에 대한 청구

가. 피고 박철, 한상호의 건물철거의무, 토지인도의무와 부당이득반환의무

(1) 원고는 2015. 2. 3. 별지 목록 기재 1 토지에 관하여 소유권이전등기를 마친 소유자이고, 피고 박철, 한상호는 수원지방법원 2015타경14542호 강제경매절차에서 별지 목록 기재 2 건물(이하 '이 사건 건물'이라고만 합니다)을 낙찰받아 2016. 2. 8. 매각대금을 완납하여 각 2분의 1 지분을 취득한 공유자입니다.

(2) 위 토지 전부가 이 사건 건물의 부지로 사용되고 있으므로, 위 피고들은 위 토지에 관한 사용이익을 얻고 이로 인하여 원고에게 같은 금액 상당의 손해를 가하고 있다 할 것입니다.

(3) 따라서 원고에게, 위 피고들은 각 2분의 1 지분에 관하여 이 사건 건물을 철거하고, 위 토지를 인도할 의무가 있습니다. 또한, 위 피고들은 공동하여 원고에게 위 토지에 관한 사용이익 상당을 부당이득으로 반환할 의무가 있고, 위 피고들의 위 토지 점유는 앞으로도 계속될 것으로 예상되므로 이를 미리 청구할 필요도 있습니다.

나. 피고 박철, 한상호의 예상되는 항변

(1) 위 피고들은 이 사건 건물을 낙찰받을 당시 별지 목록 기재 1 토지와 이 사건 건물을 모두 원고가 소유하고 있었음을 이유로 관습상 법정지상권이 성립한다고 항변할 것으로 예상됩니다.

그러나 강제경매의 목적이 된 토지 또는 그 지상 건물의 소유권이 강제경매로 인하여 그 절차상의 매수인에게 이전된 경우에 건물의 소유를 위한 관습상 법정지상권이 성립하는가 하는 문제에 있어서는 그 매수인이 소유권을 취득하는 매각대금의 완납시가 아니라 압류의 효력이 발생하는 때를 기준으로 하여 토지와 그 지상 건물이 동일인에 속하였는지가 판단되어야 합니다. 특히 강제경매개시결정 이전에 가압류가 있는 경우에는, 그 가압류가 강제경매개시결정으로 인하여 본압류로 이행되어

청구취지 형태

1. 원고에게,
가. 피고 박철, 한상호는 각 2분의 1 지분에 관하여 별지 목록 기재 2 건물을 철거하고, 별지 목록 기재 1 토지를 인도하고,
나. 피고 박철, 한상호는 공동하여 2016. 2. 8.부터 위 토지의 인도 완료일까지 월 2,000,000원의 비율로 계산한 돈을 지급하고,
다. 피고 송슬기는 별지 목록 기재 2 건물에서 퇴거하라.

강제경매의 경락인인 피고들의 소유권취득일은 매각대금 완납일이므로, 소유권취득일은 2016. 2. 8.이고 이때부터 부당이득반환의무가 발생한다.

판례는 "특별한 사정이 없는 한 건물 점유자는 건물의 소유명의자가 아닌 이상 건물의 부지를 점유하는 자로 볼 수 없다"고 하고 있다(대판2003.11.13. 2002다57935). 따라서 이 사건에서 건물의 단순한 점유자인 피고 송슬기에 대하여는 부당이득반환청구를 할 수 없다.

가압류집행이 본집행에 포섭됨으로써 당초부터 본집행이 있었던 것과 같은 효력이 있으므로, 애초 가압류가 효력을 발생하는 때를 기준으로 토지와 그 지상 건물이 동일인에 속하였는지 여부를 판단하여야 합니다(대판 2012.10.18. 전합2010다52140).

그런데 주식회사 강남이 이 사건 건물을 가압류하였고, 그 후 위 가압류가 본압류로 이행하였으므로, 위 가압류의 효력이 발생한 2013. 10. 20.을 기준으로 동일인이 위 토지와 건물을 소유하고 있었는지 판단하여야 할 것인데, 위 시점을 기준으로 위 토지는 이수창이, 이 사건 건물은 박태호가 각 소유하고 있었으므로 위 피고들에 대하여 법정지상권이 성립하지 않습니다.

☞ "부동산강제경매절차에서 목적물을 매수한 사람의 법적 지위는 다른 특별한 사정이 없는 한 그 절차상 '압류의 효력이 발생하는 때'를 기준으로 하여 정하여지므로, 강제경매의 목적이 된 토지 또는 그 지상 건물의 소유권이 강제경매로 인하여 그 절차상의 매수인에게 이전된 경우에 건물의 소유를 위한 관습상 법정지상권이 성립하는가 하는 문제에 있어서는 그 매수인이 소유권을 취득하는 매각대금의 완납시(과거 판례의 태도)가 아니라 그 압류의 효력이 발생하는 때를 기준으로 하여 토지와 그 지상 건물이 동일인에 속하였는지 여부가 판단되어야 한다. 한편 경매의 목적이 된 부동산에 대하여 가압류가 있고 그것이 본압류로 이행되어 경매절차가 진행된 경우에는 애초 가압류가 효력을 발생하는 때를 기준으로 토지와 그 지상 건물이 동일인에 속하였는지 여부를 판단할 것이다"(대판 2012.10.18. 전합2010다52140 : 5회 선택형)

■ 공동저당 건물의 재건축과 법정지상권(18년 1차)

2. 피고 박상호, 한지민에 대한 청구

가. 피고 박상호의 건물철거 및 토지인도의무와 부당이득반환의무

(1) 원고의 토지소유권 취득 및 피고 박상호의 토지점유

원고는 서울중앙지방법원 2017타경12825호로 개시된 임의경매절차에서 별지 목록 기재 3 토지를 매수하고 2018. 4. 17. 그 대금을 완납하여 소유권을 취득하였고, 피고 박상호는 2015. 4. 20.경 김태호와 공동으로 별지 목록 기재 4 건물을 신축한 다음, 2016. 5. 30. 김태호로부터 위 건물 중 나머지 1/2 지분을 대금 1억 5천만 원에 매수하였습니다. 그리고 위 토지 전부가 위 건물의 부지로 이용되고 있습니다.

따라서 피고 박상호는 이 사건 건물 중 1/2 지분에 관하여는 원시취득자로서, 나머지 1/2 지분에 관하여는 그 원시취득자인 김태호로부터 이를 양수하여 법률상 또는 사실상 처분할 수 있는 지위에 있는 자로서(대판 2003.11.13. 2002다57935 ; 1986.12.23. 86다카1751) 위 토지를 점유·사용하고 있다 할 것이고, 또한 이로써 위 토지에 대한 사용이익을 얻고 이로 인하여 원고에게 같은 금액 상당의 손해를 가하고 있다 할 것입니다.

그렇다면 특별한 사정이 없는 한 원고에게, ① 피고 박상호는 위 건물을 철거하고, 위 대지를 인도하며, ② 원고가 위 대지에 관하여 소유권을 취득한 때부터 위 토지의 인도 완료일까지 위 토지에 대한 사용이익 상당을 부당이득으로 반환할 의무가 있고, 피고 박상호가 위 대지를 점유하는 사정은 앞으로 계속될 것으로 예상되므로 이를 미리 청구할 필요도 있다 할 것입니다.

나. 피고 박상호의 법정지상권 성립의 항변

피고 박상호는 저당권 설정 당시 토지와 건물이 동일인의 소유였고, 그 후 임의경매로 인하여 토지와 건물의 소유자가 달라졌으므로 위 토지 상에 건물 소유를 위한 법정지상권이 성립한다고 주장할 것으로 예상됩니다. 그러나 동일인의 소유에 속하는 토지 및 그 지상 건물에 관하여 공동저당권이 설정된 후 그 지상 건물이 철거되고 새로 건물이 신축된 경우에는 그 신축건물의 소유자가 토지의 소유자와 동일하고 토지의 저당권자에게 신축건물에 관하여 토지의 저당권과 동일한 순위의 공동저당권을 설정해 주는 등 특별한 사정이 없는 한 저당물의 경매로 인하여 토지와 그 신축건물이 다른 소유자에 속하게 되더라도 그 신축건물을 위한 법정지상권은 성립하지 않습니다(대판 2003.12.18. 전합

청구취지 형태

2. 피고 박상호는 원고에게
  가. 별지 목록 기재 4 건물을 철거하고, 별지 목록 기재 3 토지를 인도하고,
  나. 2018. 4. 17.부터 위 토지의 인도 완료일까지 월 5,000,000원의 비율로 계산한 돈을 지급하라.
3. 피고 한지민은 원고에게 별지 목록 기재 4 건물에서 퇴거하라.

토지와 그 지상 건물에 공동저당권이 설정된 후 지상건물이 '증·개축된 경우'에는 당연히 법정지상권이 성립된다. 그러나 判例는 동일인의 소유에 속하는 토지 및 그 지상 건물에 관하여 공동저당권이 설정된 후 그 지상 건물이 철거되고 새로 건물이 '신축된 경우'에는 '그 신축건물에 토지와 동순위의 공동저당권이 설정되지 아니한 경우'에는 저당물의 경매로 인하여 토지와 신축건물이 서로 다른 소유자에게 속하게 되더라도 제366조의 법정지상권은 성립하지 않는다고 한다(대판 2003.12.18. 전합98다43601 : 전체가치고려설 : 9회 선택형).

98다43601).

김태호가 별지 목록 기재 3 토지와 그 지상에 있던 건물에 관하여 황상현 앞으로 공동저당권을 설정하여 준 후, 그 지상에 있던 건물이 철거되고 별지 목록 기재 4 건물이 신축되었으나, 위 신축건물에 관하여 황상현 앞으로 공동저당권이 설정되지는 않았습니다. 따라서 피고 박상호는 법정지상권을 주장할 수 없습니다.

■ 공유와 법정지상권(20년 2차)

2. 피고 차명호, 최구한에 대한 청구

가. 피고 차명호의 건물철거의무, 토지인도의무 및 부당이득반환의무

원고는 2019. 2. 3. 별지 목록 기재 2 토지(이하 '이 사건 토지'라고 합니다) 중 2분의 1 지분에 관하여 소유권이전등기를 마친 공유자이고, 피고 차명호는 2020. 2. 5. 별지 목록 기재 3 건물(이하 '이 사건 건물'이라고만 합니다)에 관하여 소유권이전등기를 마친 소유자입니다.

이 사건 토지 전부가 이 사건 건물의 부지로 사용되고 있으므로, 피고 차명호는 이 사건 토지에 관한 사용이익을 얻고 이로 인하여 원고에게 같은 금액 상당의 손해를 가하고 있다 할 것입니다.

(3) 따라서 원고는 공유물보존행위로서 피고 차명호에 대하여 이 사건 건물의 철거와 토지 인도를 구하는 바입니다. 또한, 피고 차명호는 원고에게 이 사건 토지에 관한 사용이익 상당을 부당이득으로 반환할 의무가 있고, 피고 차명호의 토지 점유는 앞으로도 계속될 것으로 예상되므로 이를 미리 청구할 필요도 있습니다.

나. 피고 차명호의 법정지상권 성립 주장에 관하여

피고 차명호는, 이 사건 토지의 공유자인 김상명이 다른 공유자인 원고의 동의를 받아 이 사건 건물을 건축하였고 이를 자신에게 매도하였는바 이는 매매에 의하여 토지와 건물의 소유자가 달라진 경우에 해당하여 법정지상권이 성립한다고 주장할지 모릅니다.

그러나 토지공유자 한 사람이 다른 공유자의 동의를 얻어 건물을 건축한 후 토지와 건물의 소유자가 달라진 경우 토지에 관하여 관습법상의 법정지상권이 성립되는 것으로 보게 되면 이는 토지공유자 1인으로 하여금 자신의 지분을 제외한 다른 공유자의 지분에 대하여서까지 지상권설정의 처분행위를 허용하는 셈이 되어 부당하므로 위와 같은 경우 법정지상권이 성립하지 않습니다(대판 2014.9.4. 2011다73038,73045).

▶ [쟁점 끝]

청구취지 형태

2. 피고 차명호는 원고에게

가. 별지 목록 기재 3 건물을 철거하고, 별지 목록 기재 2 토지를 인도하고,

나. 2020. 2. 5.부터 위 토지의 인도 완료일까지 월 3,000,000원의 비율로 계산한 돈을 지급하라.

3. 피고 최구한은 원고에게 별지 목록 기재 3 건물에서 퇴거하라.

공유물의 소수지분권자인 피고가 다른 공유자와 협의하지 않고 공유물의 전부 또는 일부를 독점적으로 점유하는 경우 소수지분권자인 원고가 피고를 상대로 **보존행위에 기하여 공유물의 인도를 청구할 수는 없다**고 보아야 한다(대판 2020.5.21. 전합2018다287522 : 10회 선택형)는 전합판결을 위 사안에 적용되지 않는다. 즉, 위 사안의 경우 원고와 소외 김상명이 토지를 공유한 것이고 피고 차명호는 단지 건물의 소유자여서 위 전합판례가 적용되는 사례가 아니므로 주의를 요한다.

(3) 유치권

> 유치권 ▼

I. 유치권의 성립요건

> 제320조 (유치권의 내용) ① 타인의 물건 또는 유가증권을 점유한 자는 그 물건이나 유가증권에 관하여 생긴 채권이 변제기에 있는 경우에는 변제를 받을 때까지 그 물건 또는 유가증권을 유치할 권리가 있다. ② 전항의 규정은 그 점유가 불법행위로 인한 경우에 적용하지 아니한다.

유치권은 i) 타인의 물건 또는 유가증권(목적물)을 ii) 적법하게 점유하고 있으며(재항변 사유), iii) 그 목적물에 관하여 생긴 채권(채권과 목적물과의 견련관계)이 iv) 변제기에 있을 때 v) 유치권 배제특약이 없는 경우(재항변 사유)에 성립한다(제320조)(변, 특, 타, 목, 적)

1. 유치권의 목적물

유치권의 목적이 될 수 있는 것은 '타인 소유'의 물건(동산·부동산) 또는 유가증권이다. 즉, "유치권은 타물권인 점에 비추어 볼 때 수급인의 재료와 노력으로 건축되었고 독립한 건물에 해당되는 기성부분은 수급인의 소유라 할 것이므로 수급인은 공사대금을 지급받을 때까지 이에 대하여 유치권을 가질 수 없다"(대판 1993.3.26, 91다14116).

2. 목적물을 적법하게 점유하고 있을 것…재항변 사유

(1) '점유의 계속'

① [간접점유의 경우] 유치권자의 점유는 직접점유이든 간접점유이든 이를 묻지 않는다. 다만 유치권은 목적물을 유치함으로써 채무자의 변제를 간접적으로 강제하는 것을 본체적 효력으로 하는 권리인 점 등에 비추어, 그 직접점유자가 채무자인 경우에는 유치권의 요건으로서의 점유에 해당하지 않는다(대판 2008.4.11, 2007다27236 : 4회 선택형). 즉, **채무자를 직접점유자로 하여 채권자가 간접점유하는 경우에는 유치권이 성립하지 않는다.**

② [점유의 상실] 점유는 계속되어야 한다. 유치권자가 목적물의 점유를 잃으면 유치권은 당연히 소멸한다(제328조).

(2) 적법한 점유

① [불법점유, 처음부터 점유의 권원이 없는 경우] 점유는 불법행위에 의하여 개시된 것이 아니어야 한다(제320조 2항)(다만, 불법점유자는 유치권을 주장할 수 없을 뿐 비용상환청구권 자체는 인정될 수 있다). 이는 점유의 취득이 점유의 침탈이나 사기·강박 등에 의한 경우뿐만 아니라 '채무자에게 대항할 수 있는 점유의 권원 없이 한 경우'도 포함된다(대판 1989.2.14. 87다카3073).

② [점유의 권원을 상실한 경우] "건물임차인이 임대차계약이 적법하게 해지된 후에도 계속 건물을 점유하고 그 건물에 필요비를 지출하더라도 그 필요비상환청구권에 관하여는 유치권이 성립하지 않는다"(대판 1967.1.24, 66다2144).

③ [권원 없음에 대한 악의, 중과실] 判例는 "점유물에 대한 필요비 및 유익비 상환청구권을 기초로 하는 유치권이 주장을 배척하려면 적어도 그 점유가 불법행위로 인하여 개시되었거나 점유자가 필요비 및 유익비를 지출할 당시 이를 점유할 권원이 없음을 알았거나 중대한 과실로 알지 못하였다고 인정할만한 사유에 대한 **상대방 당사자**(물건의 반환을 청구하는 자)의 **주장·입증**이 있어야 한

다"(대판 2011.12.13. 2009다5162 ; 대판 1966.6.7, 66다600,601참고 : 8회 선택형)고 보아 악의, 중과실이 있는
경우에는 유치권의 성립을 부정한다.

3. 채권과 목적물과의 견련관계

최근에 判例는 "유치권 제도 본래의 취지인 공평의 원칙에 특별히 반하지 않는 한 채권이 목적
물 자체로부터 발생한 경우는 물론이고 채권이 목적물의 반환청구권과 동일한 법률관계나 사
실관계로부터 발생한 경우도 포함한다"(대판 2007.9.7, 2005다16942)고 하여 광의설적인 입장을 밝혔
다. 그러나 실제 결과에 있어서 判例는 동시이행의 항변권에 대해서는 공평의 원칙을 근거로 '견련
성'의 의미를 완화하여 해석하는 반면, 유치권에 대해서는 이를 엄격하게 해석하고 있다.

1) 견련관계가 긍정되는 경우

가) 물건으로 인한 손해배상청구권(긍정)

나) 물건에 관한 비용상환청구권, 수급인의 공사대금채권 등

[수급인의 건물공사대금채권]과 관련하여 判例는 ① "주택건물의 신축공사를 한 수급인이 그
건물을 점유하고 있고 또 그 건물에 관하여 생긴 공사금채권이 있다면, 수급인은 그 채권을
변제받을 때까지 '건물'을 유치할 권리가 있다"(대판 1995.9.15, 95다16202,16219)고 하였다. ② 반면
"사회통념상 독립한 건물이라고 볼 수 없는 정착물을 토지에 설치한 상태에서 공사가 중단된
경우에 위 정착물은 토지의 부합물에 불과하고 또한 공사중단시까지 발생한 공사금채권은 토
지에 관하여 생긴 것이 아니므로 '토지'와 '건물' 모두에 대하여 유치권을 행사할 수도 없다"(대결
2008.5.30, 2007마98)고 하였다.

2) 견련관계가 부정되는 경우

가) 임차인의 보증금반환청구권 또는 권리금반환청구권과 임차목적물

判例는 이러한 청구권은 '소위 그 임대차 목적물에 관하여 생긴 채권'이라 할 수 없다고 하여
부정하였다(대판 1976.5.11, 75다1305 ; 대판 1994.10.14, 93다62119). [9회 기록형]

나) 매도인의 매매대금채권과 매매목적물(전득자의 매도인에 대한 인도 청구에 대하여)

"매도인이 부동산을 점유하고 있고 소유권을 이전받은 매수인에게서 매매대금 일부를 지급받
지 못하고 있다고 하여 매매대금채권을 피담보채권으로 매수인이나 그에게서 부동산 소유권을
취득한 제3자를 상대로 유치권을 주장할 수 없다"(대결 2012.1.12, 2011마2380 : 3회 선택형).

**다) 계약명의신탁에 있어 명의신탁자가 명의수탁자에 대하여 가지는 매매대금 상당의 부당이득반환청
구권과 당해 부동산**(대판 2009.3.26, 2008다34828) [2회 사례형]

判例는 "명의신탁자의 이와 같은 부당이득반환청구권은 부동산 자체로부터 발생한 채권이 아
닐 뿐만 아니라 소유권 등에 기한 부동산의 반환청구권과 동일한 법률관계나 사실관계로부터
발생한 채권이라고 보기도 어려우므로, 유치권 성립요건으로서의 목적물과 채권 사이의 견련
관계를 인정할 수 없다"고 한다(대판 2009.3.26, 2008다34828 : 1회,3회,6회 선택형).

4. 채권이 변제기에 있을 것

피담보채권의 변제기도래는 다른 담보물권에 있어서는 담보권실행의 요건에 불과하나 유치권
에 있어서는 성립요건이다. 따라서 채무자가 법원으로부터 기한을 허여 받은 경우에는 채권자
가 유치권을 잃게 된다(제203조 3항, 제626조 2항 단서 등).

[비교판례] 건축자재대금채권
으로 건물에 대한 유치권(대판
2012.1.26. 2011다96208 : 8회,9회
선택형) 및 간판 설치공사 대금
채권으로 건물에 대한 유치권
(대판 2013.10.24. 2011다44788 : 9
회 선택형)은 건물에 관하여 생긴
채권이 아니므로 인정되지 않는다.

甲이 乙에게 토지를 매도하고
매매대금을 다 지급받지 않은
상태에서 소유권이전등기를 마
쳐주었으나 토지를 계속 점유
하고 있다고 하더라도 甲은 그
매매대금채권을 피담보채권으
로 하여 乙로부터 토지를 매수
한 丁에게 유치권을 주장할 수
없다(3회 선택형).(O)

계약명의신탁약정을 맺고 명의
수탁자가 명의신탁약정에 관하
여 알지 못하는 소유자와 건물
매매계약을 체결한 뒤 수탁자
명의로 소유권이전등기를 마친
경우, 명의신탁자가 명의수탁
자에 대하여 가지는 매매대금
상당의 부당이득반환청구권은
당해 건물의 반환청구권과 동
일한 법률관계 또는 사실관계
로부터 발생한 채권에 해당하
지 않는다.(1회,3회,6회,9회 선택
형).(O)

5. 유치권배제의 특약이 없을 것…재항변 사유

유치권 규정은 임의규정이므로 당사자 사이에서 유치권 배제의 특약은 유효하다. 이러한 특약은 가령 '원상회복의 특약'이 있는 경우처럼 묵시적으로도 가능하다(대결 2011.5.13. 2010마1544 ; 대판 2012.9.27. 2012다37176).

Ⅱ. 유치권의 효력 : 유치권자의 권리

1. 목적물을 유치할 권리…유치권의 중심적 효력

유치권자는 채권 전액을 변제받을 때까지 목적물을 유치할 수 있다. 여기서 '유치'한다는 것은 목적물의 점유를 계속하면서 인도를 거절하는 것을 뜻한다.

① **[상대방]** 경매의 경우 민사집행법상 경락인은 유치권자에게 유치권으로 담보하는 채권을 '변제할 책임이 있다'고 규정되어 있으나(동법 제91조 5항) 이는 부동산상의 부담을 승계한다는 취지로서 인적 채무까지 인수한다는 취지는 아니므로, 유치권자는 경락인에 대하여 그 피담보채권의 변제가 있을 때까지 유치목적물인 부동산의 인도를 거절할 수 있을 뿐이고 그 **피담보채권의 변제를 청구할 수는 없다**(대판 1996.8.23. 95다8713)(4회 선택형).

② **[소송법적 효과]** 유치권행사의 소송법적 효과 상대방의 목적물 인도청구의 소(제213조 본문)에 대하여 유치권자가 유치권을 행사한 경우(제213조 단서), 유치권은 그 채권의 변제를 받을 때까지 목적물을 유치하는 것을 내용으로 하므로 원고 패소판결을 하여야 함이 원칙이나, 判例는 채무의 변제와 상환으로 물건을 인도하라는 뜻의 상환급부판결(원고의 일부승소판결)을 하고 있다(대판 1974.6.25. 73다1642).

③ **[사실상 최우선 담보물권성]** "저당권 등의 설정 후에 (민사)유치권을 취득한 자라 할지라도 그 저당권의 실행절차에서 목적물을 매수한 사람을 포함하여 목적물의 소유자 기타 권리자에 대하여 '대세적인 인도거절권능'을 행사할 수 있다(인수주의). 따라서 부동산유치권은 대부분의 경우에 '사실상 최우선순위의 담보권'으로서 작용하여, (민사)유치권자는 자신의 채권을 목적물의 교환가치로부터 일반채권자는 물론 저당권자 등에 대하여도 그 성립의 선후를 불문하여 우선적으로 자기 채권의 만족을 얻을 수 있다"(대판 2011.12.22. 2011다84298).

2. 유치물 사용권

유치권자는 소유자의 승낙 없이 유치물을 사용, 대여 또는 담보제공하지 못하는 것이 원칙이다(제324조 2항 본문). **[7회 기록형]** 다만 유치권자는 소유자의 승낙이 없더라도 '유치물의 보존에 필요한 사용'은 할 수 있다(제324조 2항 단서).

① **[보존에 필요한 사용 여부]** ㉠ 공사대금채권에 기하여 주택에 대해 유치권을 행사하는 자가 스스로 유치물인 주택에 거주하며 사용하는 것은 특별한 사정이 없는 한 유치물의 보존에 필요한 사용에 해당한다(대판 2009.9.24. 2009다40684 : 3회,8회 선택형). ㉡ 한편, 공사대금채권에 기하여 유치권을 행사하는 자가 제3자와의 사이에 유치물인 건물에 관하여 채권적 전세계약을 체결하여 전세금을 수령하는 것은 유치물의 보존에 필요한 범위를 넘는 것이라 할 것이다.

② **[사용이익에 대한 부당이득]** 민법은 유치권자에게 보존에 필요한 사용을 허용하고 있을 뿐 그에 따른 이익까지 보장하고 있지는 않기 때문에, 이 경우 유치권자가 보존에 필요한 범위 내의 사용이 적법하더라도 사용이익에 대해서는 부당이득이 성립한다(대판 1963.7.11. 63다235). 다만 이는 유치물에서 생긴 과실과 동일시하여 민법 제323조에 따라 '피담보채권'에서 공제되어야 한다(대판 2009.9.24. 2009다40684참고). 이러한 과실취득권(제323조)을 통해 유치권자는 사실상 우선변제권이

인정된다고 볼 수 있다[그 외 간이변제충당권도 이러한 우선변제적 기능을 한다(제322조 2항)](통설).

③ **[부당이득의 내용]** ㉠ 공사대금채권에 기하여 유치권자 스스로 유치물인 주택에 거주하며 사용하는 경우 부당이득 내용은 **차임에 상당한 이득**이 기준이 되며(대판 2009.9.24, 2009다40684 : 8회 선택형), ㉡ 유치권자가 목적물을 타인에게 전세를 주고 전세금을 받은 때에는 **전세금에 대한 법정이자 상당액**이 된다(대판 2009.12.24, 2009다32324). **[7회 기록형]**

Ⅲ. 유치권의 소멸

1. 압류의 (상대적) 처분금지효와 유치권의 관계 : 압류와의 경합

(1) 경매개시에 따른 압류의 효력이 발생하기 '전'에 그 목적물을 인도받아 유치권을 취득한 경우

압류의 효력이 발생하기 전에 유치권 성립에 필요한 요건을 모두 갖춘 경우에는 '유치권'은 소멸하지 않고 인수되는 것이 원칙이나(민사집행법 제91조 5항 ; 인수주의), '저당권'은 소멸한다(민사집행법 제91조 2항 ; 소제주의). 따라서 判例에 따르면 이미 저당권이 설정된 물건이라도 저당권실행의 경매개시되기 전에 목적물을 인도받아 취득한 경우, 유치권자는 경매의 매수인에게 대항할 수 있다고 한다(대판 2009.1.15, 2008다70763).

> **[관련판례]** ✻ **선순위저당권자의 후순위유치권 부존재확인의 소의 이익 [6회 사례형]**
> 判例는 "저가낙찰로 인해 경매를 신청한 근저당권자의 배당액이 줄어들거나 경매목적물 가액과 비교하여 거액의 유치권 신고로 매각 자체가 불가능하게 될 위험은 경매절차에서 근저당권자의 법률상 지위를 불안정하게 하는 것이므로 위 불안을 제거하는 근저당권자의 이익을 단순한 사실상·경제상의 이익이라고 볼 수는 없다. 따라서 근저당권자는 유치권 신고를 한 사람을 상대로 유치권 전부의 부존재뿐만 아니라 경매절차에서 유치권을 내세워 대항할 수 있는 범위를 초과하는 유치권의 부존재 확인을 구할 법률상 이익이 있다"(대판 2016.3.10. 2013다99409)(8회 선택형)고 판시하였다.

(2) 경매개시로 인한 압류의 효력 발생 '후'에 그 목적물을 인도받아 유치권을 취득한 경우

"채무자 소유의 건물 등 부동산에 강제경매개시결정의 기입등기가 경료되어 압류의 효력이 발생한 이후에 유치권을 취득하게 한 경우, 압류의 처분금지효에 저촉되므로 점유자로서는 위 유치권을 내세워 그 부동산에 관한 경매절차의 매수인에게 대항할 수 없다"(대판 2005.8.19, 2005다22688 : 3회,5회,6회 선택형).

> **[비교판례]** ✻ **가압류의 효력 발생 후에 그 목적물을 인도받아 유치권을 취득한 경우(유치권 인정)**
> 최근에 대법원은 "부동산에 가압류등기가 경료되어 있을 뿐 현실적인 매각절차가 이루어지지 않고 있는 상황 하에서는 채무자의 점유이전으로 인하여 제3자가 유치권을 취득하게 된다고 하더라도 이를 처분행위로 볼 수는 없다"(대판 2011.11.24, 2009다19246)(5회,8회,9회 선택형)라고 판시하여 이러한 유치권은 경매절차에서 매각으로 소멸하지 않고 매수인에게 인수된다고 판단하였다.

2. '선행하는 저당권'과의 경합

(1) 민사유치권의 경우(유치권 인정)

앞서 검토한 바와 같이 判例에 따르면 이미 저당권이 설정된 물건이라도 저당권실행의 경매개시 전에 목적물을 인도받아 취득한 경우, 유치권자는 경매의 매수인에게 대항할 수 있다고 한다. 즉, "경매로 인한 압류의 효력이 발생하기 전에 유치권을 취득한 경우에는 민사집행법 제91조 5항이 적용되고, 유치권 취득시기가 근저당권 설정 이후라거나 유치권 취득 전에 설정된 근저당권에 기하여 경매절차가 개시되었다고 하여 달리 볼 것은 아니다"(대판 2009.1.15, 2008다70763).

상인이 아닌 甲은 乙에게 甲 소유의 X 건물을 보수하는 공사를 도급하면서 공사기간은 2개월로 하고, 공사대금의 변제기는 공사완료 시로 약정하였다. 甲은 도급계약 당일 乙에게 보수공사를 위하여 X 건물을 인도하였다. 乙은 보수공사를 마쳤으나 공사대금을 받지 못하여 X 건물을 계속 점유하고 있다.

이 경우 X 건물에 관하여 도급계약 전에 제3자의 근저당권이 설정되었다가 보수공사가 완료된 후에 그 근저당권에 기한 경매개시결정의 기입등기가 마쳐져 압류의 효력이 발생한 경우 乙은 유치권을 주장하여 그 경매에서의 매수인에게 인도를 거절할 수 없다(3회,4회,5회 선택형).(×)

☞ 지문의 경우 甲은 상인이 아니므로 민사유치권이 적용되며, 저당권이 설정된 물건에 대해서도 유치권 성립은 가능하고, 보수공사가 완료됨으로써 유치권이 성립한 이상 그 후 압류의 효력이 발생하더라도 乙은 유치권을 주장하여 경매의 매수인에게 인도를 거절할 수 있다(저당권 설정→유치권 성립→압류=유치권 주장可)

甲 소유의 토지에 근저당권이 설정된 후에 甲이 위 토지에 관한 공사대금채권자 乙에게 위 토지의 점유를 이전함으로써 乙로 하여금 유치권을 취득하게 한 경우, 乙은 원칙적으로 위 유치권을 내세워 그 후 위 근저당권 실행을 위한 그 토지에 관한 경매절차의 매수인에게 대항할 수 있다(3회,4회,5회,6회 선택형).(○)

(2) 상사유치권의 경우(유치권 소멸) [7회 사례형]

判例는 선행하는 저당권이 있는 상황에서 나중에 '상사유치권'이 성립한 경우 민사집행법 제91조 5항(인수주의)의 적용을 부정한다. 즉, 상사유치권자는 선행저당권자 또는 선행저당권에 기한 임의경매절차에서 부동산을 매수한 매수인에게 대항할 수 없다(대판 2013.2.28. 2010다57350)(8회 선택형).

Ⅳ. 예 시

▌토지소유자의 청구에 대한 건물소유자의 유치권행사(16년 3차)

라. 피고 송슬기의 퇴거의무

원고는 앞서 본 바와 같이 별지 목록 기재 1 토지의 소유자이고, 피고 송슬기는 2016. 5. 1. 피고 박철, 한상호로부터 이 사건 건물을 임대차보증금 1억 원, 월 차임 200만 원, 임대차기간은 2016. 5. 1.부터 2018. 4. 30.까지로 정하여 임차하여 현재 이 사건 건물을 점유하고 있습니다.

따라서 피고 송슬기는 이 사건 건물을 점유함으로써 원고의 위 토지에 대한 소유권 행사를 방해하고 있으므로, 이 사건 건물에서 퇴거할 의무가 있습니다.

마. 피고 송슬기의 예상되는 항변

피고 송슬기는 이 사건 건물 단열공사를 위하여 2백만 원을 지출한 것을 원인으로 피고 박철, 한상호에 대하여 유치권을 행사할 수 있으므로, 원고의 청구에 응할 수 없다고 주장할 것으로 예상됩니다.

그러나 건물점유자가 건물의 소유자에 대하여 그 건물에 관한 유치권이 있다고 하더라도 그 건물의 존재와 점유가 토지소유자에게 불법행위가 되고 있다면 그 유치권으로 **토지소유자에게** 대항할 수 없습니다.

☞ 토지의 불법점유자로부터 건물공사를 도급받은 자가 건물을 신축하여 공사대금을 받기 위하여 점유하는 경우 수급인은 도급인에 대한 관계에서만 건물에 대해 적법점유일 뿐, 건물의 존재와 토지점유가 토지소유자에게 불법행위가 되므로 토지소유자에 대한 관계에서는 불법점유에 해당하여 토지소유자에게는 유치권으로 대항할 수 없다(대판 1989.2.14. 87다카3073).

▌저당권설정 후에 취득한 상사유치권(18년 3차)

1. 인도청구 및 부당이득반환청구

가. 원고의 부동산 소유 및 피고의 부동산 점유

원고 한제희는 이 사건 제3부동산에 관하여 서울중앙지방법원 2017타경1625호로 개시된 임의경매절차에서 위 부동산을 매각받아 2017. 8. 1. 그 매각대금을 납부한 소유자입니다. 피고 신상환은 2016. 10. 1.부터 이를 점유·사용하고 있습니다.

나. 피고의 부당이득

피고 신상환은 위 부동산을 점유·사용하면서도 원고 한제희에게 월차임 등을 전혀 지급하지 않음으로써 그 월차임 만큼의 이득을 얻고 있고 원고 한제희는 그 만큼의 손해를 보고 있습니다. 앞으로 임료감정을 통해서 적정 임료가 밝혀지면 그에 따라 청구취지를 변경할 예정이지만, 현재 인근 시세에 의하면, 이 사건 제3부동산의 보증금 없는 상태의 월차임은 150만 원 정도입니다.

다. 예상되는 항변

건물 퇴거는 토지 소유자의 소유권에 기한 방해배제청구권(민법 제214조)의 행사이며, 원고가 건물 소유자가 아니므로 건물 인도를 구할 수는 없음에 유의한다.

청구취지 형태
3. 피고 신상환은 원고 한제희에게,
가. 별지 1 목록 제3항 기재 부동산을 인도하고,
나. 2017. 8. 1.부터 위 가항 기재 부동산의 인도 완료일까지 월 1,500,000 원의 비율로 계산한 돈을 지급하라.

피고 신상환은 이 사건 제3부동산을 분양받은 다음 그 분양계약을 해제하고 전 소유자에 대하여 분양대금반환채권을 가지게 되었다는 이유로, 그 분양대금반환채권을 피담보채권으로 한 상법 제58조가 정한 유치권을 행사한다고 주장할지 모릅니다.

그러나 피고 신상환이 이 사건 제3부동산을 점유하기 이전인 2016. 6. 1.부터 원고 한제희를 근저당권자로 한 근저당권설정등기가 마쳐져 있었고, 그 근저당권에 기한 임의경매절차에서 원고 한제희가 이 사건 제3부동산의 소유권을 취득하였습니다. 피고 신상환 주장의 유치권은 그 주장에 따르더라도 분양계약 합의해제일인 2017. 3. 1.경에야 비로소 성립합니다. 따라서 피고 신상환은 선행저당권에 기한 임의경매절차에서 위 부동산을 취득한 매수인 원고 한제희에 대한 관계에서 상사유치권으로 대항할 수 없습니다(대판 2013.2.28. 2010다57350).

判例는 선행하는 저당권이 있는 상황에서 나중에 '상사유치권'이 성립한 경우 민사집행법 제91조 5항(인수주의)의 적용을 부정한다. 즉, 상사유치권자는 선행저당권자 또는 선행저당권에 기한 임의경매절차에서 부동산을 매수한 매수인에게 대항할 수 없다(대판 2013.2.28. 2010다57350)(8회 선택형). [7회 사례형]

라. 소결

그러므로 피고 신상환은 원고 한제희가 이 사건 제3부동산의 소유자가 된 날인 2017. 8. 1.부터 그 인도 완료일까지 월 150만 원의 비율로 계산한 돈 상당의 부당이득을 위 원고에게 반환할 의무가 있습니다.

■ 토지에 대한 건물의 유치권(20년 2차)

20년 2차 법정지상권 예시와 동일하므로 법정지상권 부분을 참조

라. 피고 최구한의 퇴거의무

원고는 앞서 본 바와 같이 이 사건 토지의 공유자이고, 피고 최구한은 2020. 4. 1. 피고 차명호로부터 이 사건 건물을 임대차보증금 5천만 원, 월 차임 2백만 원, 임대차기간은 2020. 4. 1.부터 2022. 3. 31.까지로 정하여 임차하여 현재 이 사건 건물을 점유하고 있습니다.

따라서 피고 최구한은 이 사건 건물을 점유함으로써 이 사건 토지에 대한 공유자들의 권리 행사를 방해하고 있으므로, 원고는 공유물보존행위로서 피고 최구한에 대하여 이 사건 건물에서 퇴거를 구하는 바입니다.

위의 예시에서와 동일하게 원고가 건물 소유자가 아니므로 건물 인도 청구를 구할 수 없음에 유의한다.

마. 피고 최구한의 예상되는 주장에 관하여

(1) 피고 최구한은 상가건물 임대차보호법에 의한 대항력을 갖추었으므로 퇴거할 의무가 없다고 주장할 것으로 보입니다. 그러나 상가건물 임대차보호법에 의한 대항력은 건물에 관한 것이고 토지를 목적으로 하는 것이 아니므로 이를 가지고 토지소유자에 대하여 대항할 수 없습니다(대판 2010.8.19. 2010다43801).

(2) 피고 최구한은 이 사건 건물 단열공사를 위하여 2백만 원을 지출한 것을 원인으로 피고 차명호에 대하여 유치권을 행사할 수 있으므로, 원고의 청구에 응할 수 없다고 주장할 것으로 예상됩니다. 그러나 건물점유자가 건물의 소유자에 대하여 그 건물에 관한 유치권이 있다고 하더라도 그 건물의 존재와 점유가 토지소유자에게 불법행위가 되고 있다면 그 유치권으로 토지소유자에게 대항할 수 없습니다(대판 1989.2.14. 87다카3073).

甲은 그 소유인 X 토지에 Y 건물을 소유하고 있다가 X 토지의 여유공간에 Z 건물을 신축하여 완공하였으나 소유권보존등기를 마치지 아니하였다. 甲은 X 토지와 2채의 건물을 모두 乙에게 매도하고 인도하였으며, X 토지와 Y 건물에 관하여 소유권이전등기를 마쳐주었다. 그 후 乙이 은행으로부터 자금을 차용하고 X 토지에 관하여 저당권을 설정하였다가 X 토지가 경매됨에 따라 X 토지의 소유자가 丙으로 변경되었다. 한편 乙은 Y, Z 건물 및 이에 부대하는 일체의 권리를 丁에게 매도하고 인도하면서 Y 건물에 관하여 소유권이전등기를 마쳐 주었다. Z 건물은 아직 미등기 상태이다. 이 경우 丙은 丁을 상대로 Y 건물의 철거를 청구할 수 있다(2회 선택형).(×)

▶ [쟁점 끝]

(4) 신의성실의 원칙과 권리남용

신의성실의 원칙은 **강행법규적 성질**을 가지므로 당사자의 주장이 없더라도 법원이 '**직권**'으로 그 위반 여부를 판단할 수 있다(대판 1995.12.22. 94다42129). 따라서 엄격한 의미에서 공격방어방법이라 할 수는 없으나, 실무에서는 독립한 공격방어방법으로 취급한다.

"지상권의 부담을 용인하고 그 설정등기절차를 이행할 의무있는 자가 그 권리자를 상대로 한 청구라 할 것이어서 '**신의성실의 원칙**' 상 허용될 수 없다"(대판 1985.4.9. 84다카1131,1132)

V. 부대청구

(1) 부당이득반환청구 또는 불법행위에 기한 손해배상청구

부대청구의 소송물을 소유권 침해의 불법행위에 기한 손해배상청구권으로 구성할 수도 있으나, 불법행위는 점유침해의 위법성이 필요하다는 점에서, 가령 상대방으로부터 유치권이나 동시이행의 항변권이 주장되는 경우에는 점유의 위법성이 조각되므로 이러한 때에는 부동산 점유에 의한 부당이득에 대하여 그 이득반환청구권으로 소송물을 구성하는 것이 유용하게 된다. 그 외에도 과실상계규정 적용여부(부당이득의 경우에는 과실상계 규정의 적용이 없다) 및 소멸시효(제162조 1항, 제766조) 등에서 일반적으로 부당이득반환청구권이 소유권자에게 유리하다.

한편, 대지의 불법점유로 인한 임료 상당의 손해배상청구소송은 대지의 임료에 상당하는 부당이득의 반환을 청구한 전소와는 청구원인이나 소송물이 다른 별개의 소로서 전소의 기판력에 저촉된다고 볼 수 없다(대판 1991.3.27, 91다650,667).

(2) 반환범위 및 종기

'통상' 점유사용으로 인한 부당이득액은 차임 상당액이므로 감정에 의하여 인정되는 차임 상당액의 반환을 구할 수 있다. 그리고 '통상' 부당이득반환은 불법점유개시시로부터 그 부동산의 인도 완료일까지의 손해금을 청구한다. 이 경우에 변론종결시로부터 인도 완료일까지의 부분은 장래의 이행을 청구하는 소송이 되므로 '미리 청구할 필요가 있어야' 하는 것이 요건이 되지만(민사소송법 제251조) 이미 발생한 부분에 대해서 이행이 없는 경우에는 통상 장래 발생할 부분에 대하여도 미리 청구할 필요가 있다고 본다.

제5절 부당이득반환청구

I. 요 건

부당이득이 성립하기 위해서는 i) 법률상 원인없이, ii) 타인의 재산 또는 노무로 인하여 이익을 얻고, iii) 그러한 이익으로 인하여 타인에게 손해를 가하고, iv) 이익과 손해 사이에 인과관계가 있을 것을 요한다(제741조).

이러한 부당이득이 성립하면, 수익자는 손실자에 대하여 부당하게 취득한 이익을 반환할 의무를 부담한다. 예를 들어 제741조가 **권리근거규정**임에 대하여, 제742조(비채변제), 제743조(기한 전의 변제), 제746조(불법원인급여) 등은 부당이득반환을 할 수 없는 경우를 규정하고 있는 권리장애 내지 소멸규정이다(**항변**). 한편, 제743조 단서, 제746조 단서는 위 예외규정으로 권리장애를 장애하는 규정(재항변)이 된다.

1. 법률상 원인이 없을 것

① 급부부당이득이란 당사자 일방의 재산증대가 상대방의 '출연행위'로 인한 경우의 부당이득을 말한다. ② 침해부당이득이란 수익자가 권원 없이 타인의 물건이나 권리로부터 이익을 얻는 것이 이에 해당한다.

判例는 급부부당이득의 경우에는 부당이득반환을 주장하는 사람에게 '법률상 원인이 없다는 점'에 대한 증명책임을 인정하고, 침해부당이득의 경우에는 부당이득반환 청구의 상대방에게 '이익을 보유할 정당한 권원이 있다는 점'에 대한 증명책임을 인정한다(대판 2018.1.24. 2017다37324).

甲 소유인 X 토지에 乙이 대여금채권을 담보하기 위하여 저당권을 가지고 있었다. 甲은 관련 서류를 위조하여 乙의 저당권설정등기를 말소한 후 丙에게 저당권을 설정하여 주었다. 甲은 丁에게 X 토지를 매도하고 소유권이전등기를 경료하여 주었다. 위 토지가 경매되어 丙이 배당받고 乙이 배당받지 못한 경우 乙은 자신이 선순위 배당권자였음을 주장하여 丙을 상대로 부당이득반환을 청구할 수 있다.(7회 선택형).(O)

2. 이익의 취득

이익은 '타인의 재산 또는 노무로 인하여' 얻은 재산적 이익을 말한다(제741조). "부당이득반환에 있어서 이득이라 함은 실질적 이익을 가리키는 것이므로, 법률상 원인 없이 건물을 점유하고 있다고 하여도 이를 사용·수익하지 못하였다면 실질적인 이익을 얻었다고 볼 수 없다"고 한다 (대판 1984.5.15, 84다카108 외 다수).

Ⅱ. 부대청구 및 예상되는 항변

1. 부대청구

부대청구로(물론 아래의 악의의 수익자의 이자의 반환과 손해의 배상도 부대청구라 할 수 있다), 지연손해금의 청구에 있어서, 부당이득에 기한 이득반환채무는, 법률상 발생하는 채무로, 기한의 정함이 없는 채무이므로(제387조 2항) 이행청구(최고)에 의하여 이행지체에 빠지고(대판 2008.2.1, 2007다8914 등), 그 다음날부터 지연손해금을 청구할 수 있다. 이는 채무불이행에 기한 손해배상청구권의 성질을 가진다.

2. 예상되는 항변

① 判例에 의하면 점유사용으로 인한 부당이득반환청구에 있어서는 수익자인 피고가 법률상 원인 있음을 항변으로 주장·증명하여야 한다. 그리고 선의의 점유자는 제201조 1항에 따라 과실수취권을 가지는바, 그런데 判例에 따르면 여기서 '선의'라 함은 과실수취권을 포함하는 권원이 있다고 오신하였을 뿐만 아니라, 오신할 만한 정당한 근거가 있는 경우를 말하므로(대판 1995.8.25, 94다27069), 피고가 선의의 점유자로서 제201조 1항에 의한 과실수취권이 있음을 항변하는 경우에 있어서는 권원에 대한 오신사실, 즉 선의는 제197조 1항에 의하여 추정되나, 그 오신에 대한 정당한 근거의 존재사실은 여전히 피고가 증명책임을 부담한다(대판 1979.11.27, 79다547).

② 피고가 선의의 점유자임을 주장하여 그 점유권원이 있다고 오신함에 대한 정당한 근거의 존재사실에 관한 증명까지 성공한 경우에는 그 사용이익을 반환할 의무가 부정되고, 이 때 원고는 피고가 점유개시 이후 어느 시점에서 악의로 전환되었음을 재항변 사유로 주장할 수 있다. 다만 선의의 점유자라도 '본권에 관한 소'[11]에서 패소한 때에는 그 소가 제기된 때부터 악의의 점유자로 간주되므로(제197조 2항), 청구원인단계에서 원고의 부당이득주장이 일응 이유 있는 경우에는 소 제기 이후부터의 부당이득부분에 관하여는 항변을 배척하여야 한다.

Ⅲ. 효 과

1. 부당이득반환채권의 발생

① "여러 사람이 공동으로 법률상 원인 없이 타인의 재산을 사용한 경우의 부당이득의 반환채무는 특별한 사정이 없는 한 불가분적 이득의 반환으로서 불가분채무이다"(대판 2001.12.11, 2000다13948 : 5회, 8회, 9회 선택형). ② "어떤 물건에 대하여 직접점유자와 간접점유자가 있는 경우, 그에 대한 점유·사용으로 인한 부당이득의 반환의무는 동일한 경제적 목적을 가진 채무로서 서로 중첩되는 부분에 관하여는 일방의 채무가 변제 등으로 소멸하면 타방의 채무도 소멸하는 이른바 부진정연대채무의 관계에 있다"(대판 2012.9.27, 2011다76747). **[6회 기록형]** ③ 부당이득금반환채권은 변제기의 정함이 없는 채권이므로, 성립함과 동시에 변제기에 도달하고(대판 2019.2.14,

---

11) '본권에 관한 소'에는 소유권에 기하여 점유물의 인도나 명도를 구하는 소송은 물론, 부당점유자를 상대로 점유로 인한 부당이득의 반환을 구하는 소송도 포함된다(대판 2002.11.22, 2001다6213).

甲, 乙, 丙이 각각 1/6, 1/6, 2/3 지분으로 X 토지를 공유하고 있다. 乙은 甲, 丙과 상의 없이 A와 B에게 X 토지 전체를 무상으로 사용하도록 허락하였다. A와 B는 위와 같은 사정을 알면서 X 토지 지상에 Y 창고를 건축하여 각 1/2 지분 비율로 공유하고 있다. C는 Y 창고를 A와 B로부터 임차하여 점유·사용하고 있다. X 토지의 차임 상당액은 월 120만 원이고 Y 창고의 차임 상당액은 월 180만 원이다. 甲이 단독으로 A를 상대로 부당이득 반환을 청구하는 경우 최대 월 10만 원의 비율에 의한 금원을 받을 수 있다. (5회 선택형). (×)

제2장 분쟁유형별 요건사실 **149**

2017다274703), **부당이득의 날**(채권이 발생한 때)**로부터**(무효인 경우 급부시부터 부당이득반환청구권의 소멸시효가 진행한다 ; 대판 2005.1.27, 2004다50143) 소멸시효가 진행한다(제166조 1항 참조). ④ 부당이득의 반환의무는 이행기한의 정함이 없는 채무이므로 그 채무자는 이행청구를 받은 때에 비로소 지체책임을 진다(제387조 2항)(대판 2008.2.1, 2007다8914). **[2회 기록형]**

2. 제201조 내지 제203조와의 관계

(1) 선의점유자

일반적으로 원물반환의 경우 '선의점유자의 과실수취권'과 관련하여 제201조 1항과 제748조 1항이 충돌하므로, 제201조 1항이 제748조 1항의 특칙으로 적용된다고 본다(대판 2003.11.14, 2001다61869).

(2) 악의점유자

그러나 원물반환의 경우에도 제748조의 적용을 전면적으로 배제하는 것은 아니다. 判例도 '악의점유자'의 경우 제201조 2항의 구체적 범위는 제748조 2항에 의해 정해진다고 하면서, 제201조 제2항이 민법 제748조 제2항의 특칙이라거나 우선적으로 적용되는 관계를 이루는 것은 아니라고 한다(대판 2003.11.14, 200161869 : 4회 선택형).

3. 부당이득의 반환방법

① 수익자는 그가 받은 '목적물 자체'를 반환(원물반환)하는 것이 원칙이다(제747조 1항 전문). ② 수익자가 그 받은 목적물을 반환할 수 없는 때에는 그 가액을 반환하여야 한다(제747조 1항).

4. 수익자의 반환범위

(1) 선의의 수익자

1) 선의수익자의 개념

'선의수익자'란 자기가 얻은 이익이 법률상 원인 없음을 알지 못하는 수익자를 말하는데, 그의 과실 유무는 문제되지 않는다. 수익자의 악의에 대해서는 손실자가 증명책임을 진다(제197조 1항 참조). 수익자의 선·악의는 수익시를 표준으로 판단되지만, 선의수익자가 제749조에 의하여 악의수익자로 간주될 수 있다.

2) 선의수익자의 반환범위

선의의 수익자는 '현존이익'의 범위에서 부당이득반환책임을 진다(제748조 1항). '현존이익'이란 수익으로서 받은 목적물 자체 또는 그 가액으로서 남아있는 것을 말한다.

가) 손실액과 이득액이 차이가 나는 경우

손실액이 이득액보다 적을 경우에는 손실액의 한도에서만 이득액을 반환할 의무가 있다(대판 1968.7.24, 68다905). 즉 **이득의 범위 내에서 그리고 상대방의 손실의 범위 내에서**(양자 가운데 적은 쪽을 기준) **반환하면 된다**(부당이득이 손해배상과 다른 점이다).

그러나 이득과 손실의 범위가 동일하다고 보아, 이득한 것과 동액의 손해를 상대방에게 준 것으로 보는 判例도 있다. 예를 들어 "타인 소유의 토지 위에 권한 없이 건물을 소유하고 있는 자(이는 건물 소유자가 미등기건물의 원시취득자로서 그 건물에 관하여 사실상의 처분권을 보유하게 된 양수인이 따로 존재하는 경우에도 다르지 않다)는 그 자체로써 특별한 사정이 없는 한 법률상 원인 없이 타인의 재산으로 인하여 토지의 차임에 상당하는 이익을 얻고 이로 인하여 타인에게 동액 상당의 손해를 주고 있다고 보아야 한다"(대판 1998.5.8, 98다2389)고 판시한 내용을 들 수 있다.

나) 증명책임

判例는 금전의 경우에는 이득의 현존을 추정하지만(대판 1987.8.18, 87다카768), 그 밖의 경우에는 이를 부정하면서 반환청구권자가 현존이익의 사실을 입증하여야 하는 것으로 본다(대판 1970.2.10, 69다2171).

(2) 악의의 수익자

1) 악의수익자의 개념 [5회 사례형]

'악의수익자'란 법률상 무원인을 야기하는 사정뿐만 아니라 그 법적 효과도 의식하면서 이득한 자를 말한다(대판 2010.1.28, 2009다24187,24194). 즉, 자신의 이익 보유가 법률상 원인 없는 것임을 인식하는 것을 말하고, 그 이익의 보유를 법률상 원인이 없는 것이 되도록 하는 사정, 즉 부당이득반환의무의 발생요건에 해당하는 사실이 있음을 인식하는 것만으로는 부족하다(대판 2018.4.12. 2017다229536). 가령 사기·강박 등에 기한 행위로 상대방으로부터 이득한 자는 악의수익자이나, 착오 때문에 취소된 경우 수익자는 그 취소 전에는 선의인 반면, 취소 후에는 악의라고 할 것이다(대판 1993.2.26, 92다48635).

2) 악의수익자의 반환범위

악의의 수익자는 그 받은 이익에 이자를 붙여 반환하고 손해가 있으면 이를 배상하여야 한다(제748조 2항)(이때의 '손해배상'은 부당이득이 아니라 불법행위책임으로서, 민법은 악의의 수익자에 대하여는 부당이득을 이유로 손해배상도 청구할 수 있는 특칙을 규정한 것이다). 수익자가 이익을 받은 후 법률상 원인 없음을 안 때에는 그때부터 악의의 수익자로서 이익반환의 책임이 있고, 선의의 수익자가 패소한 때에는 '그 소'를 제기한 때부터 악의의 수익자로 본다(제749조).

민법 제749조 2항에서의 '그 소'라 함은 부당이득을 이유로 그 반환을 구하는 소를 가리킨다는 점에서 민법 제197조 2항의 '본권에 관한 소'와 다르다(대판 1987.1.20, 86다카1372 : 2회 선택형). 즉, 제197조 2항의 '본권에 관한 소'에는 소유권에 기하여 점유물의 인도나 명도를 구하는 소송은 물론, 부당점유자를 상대로 점유로 인한 부당이득의 반환을 구하는 소송도 포함됨을 주의하여야 한다(대판 2002.11.22, 2001다6213).

Ⅳ. 특수부당이득

1. 불법원인급여

> **제746조(불법원인급여)** 불법의 원인으로 인하여 재산을 급여하거나 노무를 제공한 때에는 그 이익의 반환을 청구하지 못한다. 그러나 그 불법원인이 수익자에게만 있는 때에는 그러하지 아니하다.

(1) 요 건

불법원인급여에 해당하기 위해서는 ⅰ) '불법'한 ⅱ) '원인'에 기하여 ⅲ) '급여(종국적인 급부)'가 있을 것을 요한다(제746조).

1) 불 법

"제746조의 불법원인은 설사 법률(강행규정)의 금지함에 위반한 경우라 할지라도 그것이 선량한 풍속 기타 사회질서에 위반하지 않는 경우에는 이에 해당하지 않는다"고 판시하여 동일개념설의 입장이다(대판 1983.11.22, 83다430 : 2회 선택형).

甲소유의 X 토지를 무단 점유하고 있던 乙은 등기서류를 위조하여 X 토지에 관하여 자기 앞으로 소유권이전등기를 마쳤다. 乙은 2010. 10. 27. 자신이 X 토지의 소유자라고 거짓말하여 이에 속은 丙과 매매계약을 체결하고, 2010. 12. 27. 丙으로부터 매매대금 1억 원을 지급받은 다음 丙에게 X 토지에 관한 소유권이전등기를 마쳐주고 X 토지를 인도하였다. 뒤늦게 이와 같은 사실을 알게 된 甲은 2011. 9. 1. 丙을 상대로 X 토지에 관한 소유권이전등기의 말소를 구하는 소를 제기하여 2012. 3. 4. 승소 판결을 받았고, 그 판결은 丙의 항소포기로 확정되었다. 甲이 2012. 4. 2. 丙을 상대로 2010. 12. 27.부터 X 토지의 인도 완료일까지 그 사용으로 얻은 부당이득의 반환을 구하는 소를 제기한 경우, 丙은 2012. 4. 2.부터 악의의 점유자로 본다(2회 선택형).(×)

☞ 丙은 甲의 X토지에 관한 소유권이전등기의 말소를 구하는 소에서 패소하였으므로, '소가 제기된 때'인 2011. 9. 1.부터 악의의 점유자로 간주된다.

2) 급 여(급부)

여기서의 급부는 급부자의 자발적 의사에 의한 재산적 가치 있는 출연을 의미한다. 그리고 급부는 '종국적'인 것이어야 한다. 따라서 급부대상이 부동산인 경우에는 등기가 있어야 하고 동산인 경우에는 인도가 있어야 한다.

判例도 급부의 수령자가 이를 실현하려면 국가의 협력 내지 법의 보호를 기다려야 하는 경우는 제746조의 급부가 아니라고 보았다. ㉠ 즉, '도박채무의 담보로 부동산에 근저당권을 설정'한 경우, 수령자가 그 이익을 얻으려면 경매신청을 하여야 하는 별도의 조치를 요하는 점에서 그 급부는 종국적인 것이 아니어서 말소를 청구할 수 있다고 한다(대판 1995.8.11, 94다54108 : 5회 선택형). ㉡ 다만 '도박채무의 양도담보로 이전해 준 (가등기 후) 소유권이전등기'는 제746조의 불법원인급여에 해당하여 그 말소를 청구할 수 없다고 하였다(대판 1989.9.29, 89다카5994).

(2) 효 과

1) 원 칙

가) 이익반환의 불허

급부자는 수익자가 얻은 이익의 반환을 청구하지 못한다(제746조 본문).

나) 소유권에 기한 반환청구의 가부

① 判例는 소유권에 기한 물권적 반환청구권을 부정하였고, 그 '반사적 효과'로서 급여한 물건의 소유권은 급여를 받은 상대방에게 귀속하게 된다고 한다(대판 1979.11.13, 전합79다483 : 5회 선택형). ② 그러나 불법원인 급여를 받은 상대방도 제3자에게 소유권에 기한 물권적 청구권을 행사할 수 없다(대판 2016.3.24. 2015다11281).

다) 불법원인 급여자의 상대방에 대한 불법행위에 기한 손해배상청구 가부(소극)

判例는 불법행위에 기한 손해배상청구권을 부정한다(대판 2013.8.22. 2013다35412 : 5회 선택형).

2) 예외적으로 반환청구가 허용되는 경우

① 불법원인이 수익자에게만 있는 경우에는 예외적으로 급부한 것의 반환을 청구할 수 있다(제746조 단서)(5회 선택형). 제104조의 불공정한 법률행위가 이에 해당한다. ② 아울러 判例는 불법성비교론에 따라 수익자의 불법성이 급여자의 불법성보다 현저히 크다면 신의칙에 따라 제746조 본문의 적용을 배제하고, 급여자의 반환청구를 허용하여야 한다는 입장이다. 명의신탁과 관련하여 명의수탁자의 매도행위가 반사회질서 위반으로 무효로 된 경우, 判例는 매도인인 명의수탁자의 불법성이 매수인의 불법성보다 크다고 하여 매수인의 매매대금반환청구를 인용하였다(대판 1993.12.10, 93다12947).

V. 다수당사자 사이의 부당이득

1. 전용물소권(轉用物訴權)-(계, 일, 항) [4회 사례형]

"계약상의 급부가 계약의 상대방뿐만 아니라 제3자의 이익으로 된 경우에 급부를 한 계약당사자가 계약 상대방에 대하여 계약상의 반대급부를 청구할 수 있는 이외에 그 제3자에 대하여 직접 부당이득반환청구를 할 수 있다고 보면, ⅰ) 자기 책임 하에 체결된 계약에 따른 위험부담을 제3자에게 전가시키는 것이 되어 계약법의 기본원리에 반하는 결과를 초래할 뿐만 아니라, ⅱ) 채권자인 계약당사자가 채무자인 계약 상대방의 일반채권자에 비하여 우대 받는 결과가 되어 일반채권자의 이익을 해치게 되고, ⅲ) 수익자인 제3자가 계약 상대방에 대하여 가지는 항변권 등을 침해하게 되어 부당하므로, 위와 같은 경우 계약상의 급부를 한 계약당사자는 이익의 귀속

주체인 제3자에 대하여 직접 부당이득반환을 청구할 수는 없다"(대판 2002.8.23, 99다66564,66571 : 7회,8회,9회 선택형)고 판시하여 **전용물소권을 부정하는 입장**이다.

2. 횡령한 돈에 의한 변제 [7회 사례형]

대법원은 채무자(甲)가 피해자(A)로부터 횡령한 금전을 채권자(B)에 대한 채무변제에 사용한 경우, 채권자의 금전 취득이 피해자에 대한 관계에서 부당이득으로 되기 위하여 채권자의 악의·중과실이 필요하다고 보았다(대판 2003.6.13, 2003다8862 : 1회,3회,7회,9회 선택형).

3. 편취한 돈에 의한 변제

횡령한 돈에 의한 변제와 동일한 법리가 적용된다(대판 2008.3.13, 2006다53733,53740). 즉 채권자의 악의·중과실이 필요하다고 보았다.

4. 채권자의 지시 또는 부탁에 의하여 제3자에게 급부한 경우(지시삼각관계 또는 단축급부)

(1) '물건의 소유권'의 단축급부

예들 들어 甲이 乙에게 부동산을 매도하고 이어 乙이 丙에게 그 부동산을 미등기전매하였는데, 乙의 지시에 의하여 甲이 丙에게 직접 그 부동산에 관한 소유권이전등기를 마쳐 주었다. 이는 다시 甲과 乙 사이에 제3자를 위한 계약이 있고 丙은 단지 제3자로서 수익의 의사표시를 한 경우(제3자를 위한 계약형)와, 甲·乙·丙 3자 사이에 중간생략등기의 합의가 있는 경우(3자 합의형)로 나누어 볼 필요가 있다.

1) 제3자를 위한 계약형

특히 乙과 丙 사이의 매매계약(대가관계)이 무효인 경우라도 제3자를 위한 계약의 효력에는 영향이 없다. 따라서 丙 명의의 소유권이전등기는 유효하다(대판 2003.12.11, 2003다49771 : 8회 선택형). 그렇다면 乙은 丙을 상대로 부당이득을 원인으로 소유권이전등기를 청구하여야 한다.

2) 3자 합의형

甲에게서 丙으로 직접 소유권을 이전하기로 하는 3자 합의는 甲과 乙 사이의 매매계약 및 乙과 丙 사이의 매매계약이 각 유효할 것을 전제로 하고 있다. 따라서 둘 중 하나라도 무효가 되면 3자 합의 또한 무효라고 보아야 할 것이다(대판 1996.2.27, 95다38875 : 1회 선택형).

(2) '금전'의 단축급부

금전의 경우에는 점유가 있는 곳에 소유가 있는 것이 원칙이기 때문에 금전이 지급된 뒤 원인행위가 무효이거나 취소·해제되더라도 급여자에게 소유권이 회복되지 않고, 따라서 부당이득만이 문제된다.

예를 들어 乙과 丙 사이의 매매계약(기본관계)이 무효인 경우 判例는 "계약의 일방 당사자는 제3자를 상대로 법률상 원인 없이 급부를 수령하였다는 이유로 부당이득반환청구를 할 수 없다"(대판 2008.9.11, 2006다46278 ; 이는 전용물소권을 부정하는 것과 같은 이치이다)고 하여, 丙은 甲에게 직접 부당이득을 원인으로 그 매매대금의 반환을 청구할 수 없다고 하였다[이는 乙과 丙 사이의 매매계약(기본관계)이 해제된 경우에도 마찬가지이다(대판 2003.12.26, 2001다46730)].

甲은 이웃에 사는 乙이 해외여행을 간 사이에 폭우가 내려 乙의 담장이 무너지려는 것을 보고 건축업자인 丙과 위 담장이 무너지지 않도록 보강공사 도급계약을 체결하였고, 丙은 위 보강공사를 완료하였다. 이 경우 丙과 乙 사이에는 계약관계가 존재하지 않으므로 丙은 乙을 상대로 위 담장의 보강공사로 인하여 증가한 이득액에 대하여 부당이득반환청구를 할 수 있다(7회,8회 선택형).(×)
☞ 丙은 甲에게 도급계약에 따른 공사대금을 청구할 수 있을 뿐이다.

제3자를 위한 계약의 체결 원인이 된 요약자와 제3자 사이의 법률관계의 효력은 요약자와 낙약자 사이의 법률관계의 성립이나 효력에 영향을 미친다(8회 선택형).(×)

甲과 乙은 甲 소유의 X 부동산에 관하여 매매대금을 1억 원으로 하여 매매계약을 체결하였고, 그 후 乙과 丙은 X에 관하여 매매대금을 1억 2,000만 원으로 하여 매매계약을 체결하였다. 甲, 乙, 丙 사이의 중간생략등기의 합의에 따라 甲이 X에 관하여 직접 丙 앞으로 소유권이전등기를 마쳐주었는데, 그 후 甲과 乙 사이의 매매계약이 사기를 이유로 취소되었다면, 甲은 丙이 선의인지 여부와 관계없이 丙에 대하여 위 소유권이전등기의 말소를 청구할 수 있다(1회 선택형).(×)
☞ 丙이 선의인 경우 제110조 제3항(사기의 의사표시의 취소는 선의의 제3자에게 대항하지 못한다)의 제3자에 해당하므로 이 경우 甲은 丙에게 소유권이전등기의 말소를 청구할 수 없다.

제6절 각종 등기청구

Ⅰ. 소유권에 기한 소유권이전등기 말소청구

1. 소송물

부동산소유자가 타인 명의로 마쳐진 소유권이전등기가 원인무효임을 주장하며 그 말소를 구할 경우 그 소송물은 '소유권이전등기의 말소등기청구권'으로, 이는 소유권에 기한 방해배제청구권으로서의 성격을 갖는다.

이 경우 소송물의 동일성 식별표준이 되는 청구원인, 즉 말소등기청구권의 발생원인은 당해 '등기원인의 무효'에 국한되는 것이고, 등기원인의 무효를 뒷받침하는 개개의 사유(예를 들어 무권대리, 불공정한 법률행위 등)는 독립된 공격방어방법에 불과하여 별개의 청구원인을 구성하는 것이 아니다(대판 1993.6.29, 93다11050).

2. 청구취지

일반적으로 청구취지는 "피고는 원고에게 별지목록 기재 부동산에 관하여 OO등기소 2008. 1. 20.접수 제2251호로 마친 소유권이전등기의 말소절차를 이행하라."는 형태가 될 것이다. 주의할 것은 원칙적으로 등기원인까지는 기재하지 않는다는 점이다(예를 들어 피고는 원고에게 별지목록 기재 부동산에 관하여 2008. 1. 3. 매매를 원인으로 한 OO등기소 2008. 1. 20.접수 제2251호로 마친 소유권이전등기의 말소절차를 이행하라고 적지 않는다). 이 점에서 소유권이전등기청구와 다르다.

3. 청구원인

소유권에 기한 소유권이전등기 말소청구의 요건사실은 ⅰ) 원고의 소유, ⅱ) 피고의 소유권이전등기 경료, ⅲ) 등기의 원인무효이다(제214조).

ⅰ)과 관련하여 원고는 자신의 소유사실로서 이미 자기 앞으로 소유권을 표상하는 등기가 되어 있었거나 법률의 규정에 의하여 소유권을 취득한 사실을 증명해야 한다(대판 2003.5.13, 2002다48). ⅲ)과 관련하여 일단 피고 명의의 등기가 경료된 이상, 등기는 적법하게 이루어진 것으로 법률상 추정되므로 원인무효임을 이유로 등기의 말소를 구하는 원고는 그 반대사실, 즉 등기원인의 무효사실 또는 등기절차의 위법사실까지 주장·증명하여야 한다. 이 때 등기가 원인무효임은 ① 상대방과의 사이에 채권행위의 하자 또는, ② 물권행위의 하자 또는, ③ 등기의 하자를 증명하면 된다.

4. 예상되는 항변

(1) 등기부상 등기원인의 유효

피고는 원고가 주장하는 등기원인의 무효사실과 양립하는 별개의 사유를 들어 등기원인의 유효를 주장할 수 있다. 피고가 선의의 제3자로 보호되는 경우이거나(제108조 2항 등), 피고가 무권대리인 또는 무권리자로부터 매수한 것이라며 원고가 그 등기원인의 무효를 주장할 경우에 피고로서는 원고가 그 매매계약을 추인하였다고 항변할 수도 있다.

(2) 실체적 권리관계에 부합

실체관계와 부합한다는 항변은 당사자 사이에 사실상 물권변동이 생긴 것과 같은 상태에 있는 것을 말하는바, 判例는 ① 중간생략등기이며, 3자간의 합의가 있었다는 항변 또는 전소유명의자와 피고 사이에 중간생략등기의 합의가 없었더라도 관계 당사자들 사이에 매매계약이 체결되어 이행되는 등 적법한 원인행위가 성립하였다는 항변(대판 1980.2.12, 79다2104), ② 피고가 미등기부동산을 전전 매수하여 최종매수인으로서 소유권보존등기를 경료하였다는 항변(대판 1984.1.24, 83다카1152), ③ 등기부상 등기원인(예컨대, 매매)과 다른 실제 등기원인(예컨대 증여)이 있었다는 항변(대판 1980.7.22, 80다791), ④ 점유취득시효가 완성되었다는 항변(대판 1983.8.23, 83다카848 : 6회 선택형) 등을 들고 있다.

(3) 원고 명의 등기의 원인무효

원고가 부동산의 소유권에 기한 물권적 방해배제청구권 행사의 일환으로서 목적 부동산에 관하여 피고들 명의로 마쳐진 소유권이전등기의 말소를 구하려면 먼저 원고에게 그 말소를 청구할 수 있는 권원이 있음을 적극적으로 주장·입증하여야 하며, 만일 원고에게 그러한 권원이 있음이 인정되지 않는다면 설사 피고들 명의의 소유권이전등기가 말소되어야 할 무효의 등기라고 하더라도 원고의 청구를 인용할 수는 없다(대판 1990.5.8, 90다카1097 : 7회 선택형). 이러한 법리는 피고들 명의의 소유권이전등기가 원고 명의의 소유권이전등기로부터 전전하여 경료된 것으로서 선행하는 원고 명의의 소유권이전등기의 유효함을 전제로 하여야만 그 효력을 주장할 수 있는 경우라 하여 달리 볼 것은 아니다(대판 2005.9.28, 2004다50044).

(4) 원고의 후발적 소유권 상실

원고가 피고의 등기 이후에 후발적으로 당해 부동산에 대한 소유권을 상실한 경우 유효한 항변사유가 될 때가 있다. 예를 들어 피고로서는 자신의 등기가 원인무효라고 하더라도 그 이후의 최종 등기명의자가 '등기부취득시효의 항변'을 제출하여 법원에서 그것이 받아들여진 사실을 주장·증명하여 원고의 청구를 배척할 수 있다(대판 1995.3.3, 94다7348 : 5회 선택형).

(5) 등기상 이해관계 있는 제3자의 승낙의 의사표시

1) 소송물

등기의 말소를 신청하는 경우에 그 말소에 대하여 등기상 이해관계 있는 제3자가 있을 때에는 제3자의 승낙이 있어야 한다(부동산 등기법 제57조 1항). 동조에서 말하는 '등기상 이해관계 있는 제3자'란, 말소등기를 함으로써 손해를 입을 우려가 있는 등기상의 권리자로서 그 손해를 입을 우려가 있다는 것이 등기부 기재에 의해 형식적으로 인정되는 자이고, 제3자가 승낙의무를 부담하는지 여부는 말소등기권리자에 대해 승낙을 하여야 할 실체법상 의무가 있는지 여부에 의해 결정된다(대판 2007.4.27, 2005다43753).

예를 들어 원인무효인 소유권이전등기 명의인을 채무자로 한 가압류등기와 그에 터잡은 경매신청기입등기가 경료된 경우, 그 부동산의 소유자는 원인무효인 소유권이전등기의 말소를 위하여 이해관계 있는 제3자인 가압류채권자를 상대로 하여 원인무효 등기의 말소에 대한 승낙을 청구할 수 있고, 그 승낙이나 이에 갈음하는 재판이 있으면 등기공무원은 신청에 따른 원인무효 등기를 말소하면서 직권으로 가압류등기와 경매신청기입등기를 말소한다. 이렇게 등기상 이해관계 있는 제3자에 대하여 소유권이전등기가 말소된다는 점에 대하여 승낙의 의사표시를 구하는 소에 있어서 그 소송물은 '소유권에 기한 방해배제청구권으로서의 승낙청구권'이다. 제3자가 승낙하지 않으면 말소등기를 할 수 없어 그 태도가 소유권을 침해하게 되기 때문이다.

2) 청구취지

일반적으로 청구취지는 "원고에게, 피고 甲은 별지목록 기재 부동산에 관하여 ○○등기소 2007. 3. 20.접수 제1234호로 마친 소유권이전등기의 말소등기절차를 이행하고, 피고 乙은 위 소유권이전등기의 말소등기에 대하여 승낙의 의사표시를 하라."는 형태가 될 것이다.

Ⅱ. 진정명의회복을 원인으로 하는 소유권이전등기청구권

실체관계에 부합하지 않는 무효의 등기가 경료된 경우에 이를 진실한 권리관계에 합치시키는 한 방법으로서 말소등기 대신에 진정한 권리자 명의로의 이전등기를 청구할 수 있는 권리를 말한다. 주의할 점은 등기예규에서 '진정명의회복'으로 용어를 통일시켰다. 따라서 '진정등기 명의회복'이라는 표현은 바람직한 표현이 아니다.

1. 법적성질

제214조의 소유권에 기한 방해배제청구권으로서 물권적 청구권이다.

2. 인정여부

判例는 "이미 자기 앞으로 소유권을 표상하는 등기가 되어 있었거나 법률에 의하여 소유권을 취득한 자가 진정한 등기명의를 회복하기 위한 방법으로는 현재의 등기명의인을 상대로 그 등기의 말소를 구하는 외에 진정한 등기명의의 회복을 원인으로 한 소유권이전등기 절차의 이행을 직접 구하는 것도 허용되어야 할 것이다"(대판 1980.11.27, 전합89다카12398)고 하여 이를 허용하고 있다.

3. 요건사실

진정명의회복을 원인으로 하는 이전등기청구권을 행사하기 위해서는 제214조의 요건을 구비해야 한다. 즉 진정명의회복을 원인으로 한 소유권이전등기청구를 하기 위한 요건사실은 ⅰ) 원고의 소유, ⅱ) 피고의 소유권이전등기경료, ⅲ) 등기의 원인무효이다.

(1) 청구권자

청구권자는 채권자가 아닌 물권자 즉 현재의 소유권자이어야 한다. 이와 관련하여 判例도 역시 ① 이미 자기 앞으로 소유권을 표상하는 등기가 되어 있었거나(예를 들어 자신의 명의로 소유권등기를 한 후 타인에게 명의신탁을 하였으나 그 명의신탁이 부동산실명법 위반으로 무효인 경우(대판 2002.9.6, 2002다35157)], ⓛ 법률에 의하여 소유권을 취득한 자(예를 들어 분배농지의 상환완료에 의한 소유권 취득의 경우(대판 2009.7.9, 2008다56019,56026)]에 한하여 이전등기청구를 인정할 수 있다고 한다(대판 1980.11.27, 전합89다카12398).

(2) 상대방

상대방은 무효의 등기 등을 함으로써 소유권의 행사를 방해하는 현재의 등기명의인이다(대판 2017.12.5. 2015다240645).

4. 인정범위

(1) 무효등기를 제3자에게 대항할 수 없는 경우

甲과 乙사이의 소유권이전이 허위표시에 의해 이루어진 뒤 丙이 선의로 乙명의의 부동산에 '저당권설정등기'를 한 경우, 甲은 乙명의의 등기의 무효를 제108조 2항에 따라 丙에게 대항하지 못한다. 그러므로 甲이 乙을 상대로 소유권이전등기의 말소를 청구하여 승소하여도 등기상 이해관계를 갖는 丙의 승낙을 얻어야 말소가 이루어질 수 있는 것이어서(부동산등기법 제57조 1항), 丙이 그 승낙을 하지 않는 경우에는 乙명의의 소유권이전등기는 말소할 수 없게 된다. 이 경우 甲이 乙과의 법률행위가 허위표시로서 무효임을 이유로 乙을 상대로 진정명의회복을 원인으로 하여 소유권이전등기를 청구함으로써 丙의 저당권의 부담을 안은 채로 그 목적물을 회복할 수 있는 이점이 있다(그러나 丙이 소유권이전등기를 마친 경우라면, 甲은 소유자가 아니므로 이러한 청구는 할 수 없다). 이것은 계약이 해제되었지만 그 사이에 새로운 이해관계인이 생겨 그 자를 상대로 계약의 해제를 주장할 수 없는 경우에도 마찬가지로 적용된다(제548조 1항 단서 참고).

(2) 공유부동산에 대하여 단독명의의 소유권이전등기가 되어 있는 경우

현행 부동산 등기법상 일부지분의 말소등기가 허용되지 않기 때문에 다른 공유자 중 한 사람은 일부지분의 이전등기를 청구하여 간편하게 문제를 해결할 수 있다. 다만 判例는 일부지분의 말소등기를 명하고 그 집행은 '경정등기'를 통해 해결하고 있는바(대판 1995.5.9, 94다38403), **[4회 기록형]** 이를 실무상 '일부 말소등기로서의 경정등기'라고 한다(대판 2017.8.18. 2016다6309 : 9회 선택형). 그러나 이는 경정 전후의 등기의 동일성이 유지되지 않는 점에서 문제가 있다. 왜냐하면 원칙적으로 경정등기는 경전 전후의 등기의 동일성을 요하는 한계 내에서 행해져야 하기 때문이다.

(3) 무효등기에 기하여 등기가 순차로 경료된 경우

등기가 물권변동 과정을 반영해야 한다는 점에서는 중간등기명의자들 모두를 상대로 하여 말소등기를 청구해야 한다고 할 수도 있으나, 이렇게 되면 소송경제의 관점에서 진정한 소유자에게 지나치게 부담을 주므로 소유자는 최종 등기명의인을 상대로 직접 이전등기를 청구할 수 있다고 보아야 한다.

(4) 사해행위 취소에 따른 원상회복방법(원물반환)으로서 진정명의회복을 원인으로 한 소유권이전등기청구권

判例는 "채권자는 사해행위의 취소로 인한 원상회복 방법으로 수익자 명의의 등기의 말소를 구하는 대신 수익자를 상대로 채무자 앞으로 직접 소유권이전등기절차를 이행할 것을 구할 수도 있다"(대판 2000.2.25, 99다53704 : 8회 선택형)라고 하여 인정하고 있다.

5. 말소등기청구권과 동일한 소송물인지 여부

말소등기청구가 패소확정되어 말소등기청구를 할 수 없는 경우 이전등기청구를 할 수 있는지 문제된다. 이는 소송물이론과 기판력의 객관적 범위(민사소송법 제216조 1항)가 문제되는바, 判例는 전원합의체 판결을 통해 양자 모두 청구권의 '실체법상 근거가 민법 제214조'임을 근거로 소송물이 동일하므로 말소등기 소송의 기판력이 진정명의회복을 원인으로 하는 이전등기청구 소송에도 미친다(대판 2001.9.20, 전합99다37894)고 하였다.

Ⅲ. 말소회복등기청구 : 특히 저당권등기가 불법말소된 경우

1. 불법말소된 저당권설정등기의 효력(유효)

"등기는 물권의 효력발생요건이고 존속요건은 아니어서 등기가 원인 없이 말소된 경우에는 그 물권의 효력에 아무런 영향이 없고, 그 회복등기가 마쳐지기 전이라도 말소된 등기의 등기명의인은 적법한 권리자로 추정되며, 그 회복등기 신청절차에 의하여 말소된 등기를 회복할 수 있다. 따라서 부동산에 관한 저당권설정등기가 위조된 등기서류에 의하여 아무런 원인 없이 말소되었다고 하더라도 그 저당권은 여전히 유효하게 존속하므로 저당권자는 회복등기 신청절차에 의하여 말소된 등기를 회복할 수 있고, 회복등기 전이라도 말소된 등기의 명의인은 적법한 저당권자로 추정된다"(대판 1997.9.30, 95다39526 : 2회,5회 선택형).

2. 말소회복등기의 상대방(말소당시의 소유자)

判例는 말소회복등기의 상대방은 현재의 등기명의인이 아니라 '말소 당시의 소유자'라고 한다(대판 1969.3.18, 68다1617 : 5회,7회,9회 선택형).

[관련판례] "실체관계상 공유인 부동산에 관하여 단독소유로 소유권보존등기가 마쳐졌거나 단독소유인 부동산에 관하여 공유로 소유권보존등기가 마쳐진 경우에 소유권보존등기 중 진정한 권리자의 소유부분에 해당하는 일부 지분에 관한 등기명의인의 소유권보존등기는 무효이므로 이를 말소하고 그 부분에 관한 진정한 권리자의 소유권보존등기를 하여야 한다. 이 경우 진정한 권리자는 '소유권보존등기의 일부말소'를 소로써 구하고 법원은 그 지분에 한하여만 말소를 명할 수 있으나, 등기기술상 소유권보존등기의 일부말소는 허용되지 않으므로, 그 판결의 집행은 '단독소유를 공유로 또는 공유를 단독소유로 하는 경정등기의 방식'으로 이루어진다. 이와 같이 '일부말소 의미의 경정등기'는 등기절차 내에서만 허용될 뿐 소송절차에서는 일부말소를 구하는 외에 경정등기를 소로써 구하는 것은 허용될 수 없다"(대판 2017.8.18. 2016다6309).

3. 이해관계있는 제3자의 승낙

말소된 등기의 회복을 신청하는 경우에 등기상 이해관계 있는 제3자가 있을 때에는 그 제3자의 승낙이 있어야 하고(부동산등기법 제59조), 등기상 이해관계있는 제3자의 승낙을 받지 못한 말소회복등기는 그 제3자에 대한 관계에서는 무효이다(대판 2001.1.16, 2000다49473).

여기서 '등기상 이해관계 있는 제3자' 라 함은 등기 기재의 형식상 말소된 등기가 회복됨으로 인하여 손해를 입을 우려가 있는 제3자를 의미하고(대결 2002.2.27, 2000마7937), 물론 말소회복등기 절차에 있어서 등기상 이해관계 있는 제3자가 있어 그의 승낙이 필요한 경우라고 하더라도, 그 제3자가 등기권리자에 대한 관계에 있어 그 승낙을 하여야 할 '실체법상의 의무'가 있는 경우가 아니면, 그 승낙요구에 응하여야 할 이유가 없다(대판 2004.2.27. 2003다35567).

다만 말소등기가 원인 무효인 경우에는 원칙적으로 '등기의 공신력'이 인정되지 않기 때문에 등기상 이해관계 있는 제3자는 그의 선의, 악의를 묻지 아니하고 등기권리자의 회복등기절차에 필요한 승낙을 할 의무가 있다(대판 1997.9.30, 95다39526 : 2회,5회 선택형).

Ⅳ. 근저당권설정등기 말소등기청구

1. 소송물

① **[채권적 청구권]** 원래 근저당권설정계약에는 피담보채무가 확정되어 소멸하면 근저당권설정등기를 말소하여 주기로 하는 내용의 합의가 포함되어 있다고 볼 수 있으므로, '소유권에 기한 근저당권설정등기말소청구'와는 별개로 **근저당권설정자**는 위 계약에 기하여 근저당권설정등기의 말소를 구할 수 있다. 이 경우 소송물이 되는 말소등기청구권은 근저당권설정계약에 근거를 두는 '채권적 청구권'이므로, 종전소유자도 계약 당사자의 지위에서 근저당권설정등기의 말소를 구할 수 있다(대판 1994.1.25, 전합93다16338).

② **[물권적 청구권]** 근저당권설정자가 근저당권설정계약에 기하여 근저당권설정등기의 말소를 구하는 소의 소송물은 '채권적 말소등기청구권' 임에 비하여 소유자가 소유권에 기한 방해배제청구로서 근저당권설정등기의 말소를 구하는 소의 소송물은 '물권적 말소등기청구권' 이다. 따라서 소유권에 기한 방해배제청구권의 행사로서 말소등기청구를 한 전소의 확정판결의 기판력은 근저당권설정계약에 기한 원상회복으로 말소등기청구를 하는 후소에는 미치지 않는다(대판 1993.9.14, 92다1353 : 8회 선택형).

2. 청구취지

(1) 원인무효에 의한 말소청구

일반적으로 청구취지는 "피고는 원고에게 별지목록 기재 부동산에 관하여 OO등기소 2008. 1. 20.접수 제2251호로 마친 저당권설정등기의 말소등기절차를 이행하라."는 형태가 될 것이다. 주의할 것은 말소등기의 원인까지는 기재하지 않는다는 점이다

(2) 후발적 실효사유에 의한 말소청구(저당권의 피담보채무의 변제, 근저당권의 해지)

일반적으로 청구취지는 "피고는 원고에게 별지목록 기재 부동산에 관하여 OO등기소 2008.1.20.접수 제2251호로 마친 저당권설정등기에 대하여 **2010.11.8. 변제를 원인으로 한**(해지를 원인으로 한) 말소등기절차를 이행하라."는 형태가 될 것이다. 즉 청구취지에 말소등기의 원인 ('2010.11.8. 변제', '2010.11.8. 해지' 등)을 기재하여야 한다.

3. 청구원인

(1) 소유권에 기한 근저당권설정등기 말소청구

소유권에 기한 근저당권설정등기 말소청구의 요건사실은 ⅰ) 원고의 소유, ⅱ) 피고의 근저당권설정등기 경료, ⅲ) 근저당권의 소멸이다(제214조).

(2) 근저당권설정계약에 따른 근저당권설정등기 말소청구

근저당권설정계약에 따른 근저당권설정등기 말소청구의 요건사실은 ⅰ) 원고와 피고간의 근저당권설정계약 체결, ⅱ) 피고의 근저당권설정등기 경료, ⅲ) 근저당권의 소멸이다. 소유권에 기한 말소청구이든, 근저당권설정계약에 따른 말소청구이든 ⅲ)의 근저당권의 소멸원인으로는 변제, 상계, 공탁 등과 같이 피담보채무가 후발적으로 소멸한 경우뿐만 아니라, 피담보채무를 발생시키는 법률행위가 성립하지 않았거나 무효, 취소된 경우와 같이 원시적으로 발생하지 않는 경우도 포함한다(다만, 근저당권설정계약에 따른 근저당권설정등기 말소청구의 경우에는 전자의 사유가 일반적이다).

4. 예상되는 항변

(1) 피담보채무의 소멸

피담보채무 소멸의 효력을 다투는 피고의 주장이 원고의 주장과 양립가능할 경우에는 항변으로 된다. 예컨대, ① 원고가 변제를 주장함에 대하여 피고는 그 변제금이 원고의 다른 채무에 충당되었다고 항변할 수 있고(변제충당의 항변), ② 원고가 피고에 대한 채권으로 피담보채권과 대등액에서 상계하였다고 주장함에 대하여 피고는 원고의 채권에 동시이행항변권이 붙어 있는 사실을 주장하며 성질상 상계가 허용되지 아니한다고 항변할 수 있다(대판 1993.9.28, 92다55794 등). ③ 원고가 피담보채무의 시효소멸을 주장함에 대하여 피고는 소멸시효의 중단사유를 들어 항변할 수 있다.

(2) 등기유용의 합의

확정된 피담보채무가 이미 소멸하였더라도 피고는 원고와 피고간에 다시 무효인 등기를 유용하기로 합의한 사실을 항변으로 주장할 수 있다. 등기유용의 합의는 합의시까지 등기부상 이해관계 있는 제3자가 생기지 않는 경우에 한하여 유효한 것이나(대판 2002.12.6, 2001다2846), 이해관계 있는 제3자가 있더라도 제3자에 대한 관계에서만 유용합의를 이유로 근저당권설정등기의 유효를 주장할 수 없을 뿐이므로(대판 1998.3.24, 97다56242) 합의 당사자인 원고에 대하여는 등기유용의 합의사실만 주장·입증하면 원고의 말소청구에 대항할 수 있다.

5. 예 시

■ 변제충당 후 잔존채무의 선이행을 조건으로 한 근저당권설정등기 말소청구(17년 1차)

2. 피고 박수길에 대한 청구

가. 근저당권 설정 및 이전

김상군은 2011. 5. 1. 소외 이동현으로부터 자신이 운영하는 '제일스포츠' 사업자금 명목으로 200,000,000원을 변제기 2012. 4. 30., 이자 월 1%(매월 말일 지급, 변제기 이후 지연손해금 월 2%)로 정하여 차용하였습니다.

김상군은 위 차용 당일 이동현에게 위 채무 담보 목적으로 이 사건 토지에 관하여 청구취지 제2항 기재와 같이 채권최고액 300,000,000원의 근저당권설정등기를 마쳐 주었습니다.

그 후 이동현은 2013. 12. 30. 피고 박수길에게 김상군에 대한 위 차용원리금 채권을 모두 양도하여 그 채권양도통지서가 2014. 1. 2. 김상군에게 도달하였고, 2013. 12. 30. 피고 박수길에게 이 사건 토지에 관하여 근저당권이전의 부기등기를 마쳐 주었습니다.

……(중략)……

다. 소결

근저당권자인 피고 박수길이 그 피담보채무의 액수에 대하여 다투고 있는 이상 원고로서는 근저당권설정등기의 말소등기절차의 이행을 미리 청구할 필요가 있습니다. 따라서 피고 박수길은 원고로부터 위 차용금 잔액 86,000,000원 및 이에 대한 위 변제일 다음날인 2014. 9. 1.부터 다 갚는 날까지 월 2%의 비율로 계산한 약정지연손해금을 지급받은 다음 피고 김병철에게 이 사건 토지에 관하여 청구취지 제2항 기재 근저당권설정등기의 말소등기절차를 이행할 의무가 있습니다.

Ⅴ. 시효취득을 원인으로 한 소유권이전등기청구

■ 취득시효완성을 원인으로 한 소유권이전등기청구

Ⅰ. 소송물

소송물은 '점유취득시효 완성을 원인으로 한 소유권이전등기청구권'(채권적 청구권)의 존부이다. 소유권이전등기청구에서 예를 들어 매매와 시효취득 등과 같이 등기원인을 달리하는 경우에 그것은 단순한 공격방어방법의 차이에 불과한 것이 아니고, 등기원인별로 별개의 소송물로 인정된다(대판 1996.8.23, 94다49922). 예를 들어 등기청구권의 발생원인을 처음에는 매매로 하였다가 뒤에 취득시효의 완성을 선택적으로 추가하는 것은 단순한 공격방어방법의 차이가 아니라, 별개의 소송물을 추가시킨 것이므로 '소의 추가적 변경'에 해당한다(대판 1997.4.11, 96다50520).

Ⅱ. 청구취지

일반적으로 청구취지는 "피고는 원고에게 별지 목록 기재 부동산에 관하여 2012. 3. 18. 취득시효완성을 원인으로 한 소유권이전등기절차를 이행하라."는 형태가 될 것이다.

Ⅲ. 원고의 청구(청구원인)

점유취득시효완성을 원인으로 한 소유권이전등기청구권을 행사하기 위한 요건사실은 '20년간 소유의 의사로 평온, 공연하게 점유한 사실'이다(제245조 1항). 그러나 **제197조 1항에 의해 당해 부동산을 '20년간 점유한 사실'만 주장·증명하면 된다.** 원고는 점유기간의 기산점을 임의로 선택할 수 없고, 현실적으로 점유를 개시한 시점을 확정하여 그 때로부터 20년의 기간을 기산하여야 한다. 취득시효의 기산점에 대한 당사자의 주장에 법원도 구속되지 않고 소송자료에 의해 진정한 점유시기를 인정하는 '간접사실'이다(대판 1994.4.15, 93다60120 : 1회 선택형).

Ⅳ. 피고의 항변

① 타주점유(악의의 무단점유), ② 취득시효 완성 후의 소유명의 변경(이중양도 법리), ③ 점유중단(민법 제198조에 의한 점유의 계속 추정은 법률상 추정이므로 그 사이 점유가 중단 또는 상실되었다는 사실은 상대방이 주장·증명책임을 지는 항변사유로 된다), ④ 시효중단(소멸시효의 중단에 관한 규정은 취득시효에 대하여도 적용된다. 제247조 2항), ⑤ 시효소멸(피고가 시효소멸을 주장하기 위해서는 점유자가 점유를 상실한 때로부터 10년의 소멸시효기간이 도과한 사실까지 주장·증명하여야 한다. 95다34866)의 항변을 할 수 있다.

V. 원고의 재항변

① 피고가 타주점유의 증명에 성공하면, 원고로서는 그에 대한 '재항변'으로 자주점유로의 전환을 주장할 수 있다. ② 취득시효 완성 후 소유명의 변경에 대하여 원고로서는 제3자 명의의 소유권이전등기가 무효라는 등의 사유로 '재항변'할 수 있다.

I. 취득시효의 요건

1. 취득시효의 객체

(1) 자기소유 부동산

① 判例는 대내외적으로 모두 자기 소유이었던 기간 동안의 점유는 취득시효의 기초로서 점유에 해당하지 않는다(대판 1997.3.14, 96다55860)는 입장이다. ② 그러나 判例는 '유효한 명의신탁'에서 대내적으로는 자기소유이지만, 대외적으로는 타인 소유이었던 기간 동안의 점유는 점유취득시효의 기초로서의 점유에 해당한다고 본다(대판 2001.7.13, 2001다17572).

(2) 1필의 토지 일부(적극)

분필되지 않은 1필의 '토지의 일부'에 대해서도 判例는 "ⅰ) 1필의 토지의 일부 부분이 다른 부분과 구분되어 ⅱ) 시효취득자의 점유에 속한다는 것을 인식하기에 족한 객관적인 징표(건물의 외벽, 담장 등)가 계속하여 존재하는 경우에는 그 일부 부분에 대한 시효취득을 인정할 수 있다"(대판 1993.12.14, 93다5581)고 한다(구, 징, 계).

(3) 공유지분

① **[공유물의 전부점유]** 공유지분의 일부에 대한 시효취득도 가능하다. 그러나 **공유자는 '공유물 전부'를 점유하더라도 공유지분만을 시효취득한다**(공유자가 공유물의 일부만 점유한 경우는 등기부취득시효 참고). 지분의 범위 내에서만 자주점유이기 때문이다(대판 1975.6.24, 74다1877). 그리고 이때에는 일부만 점유하였다는 **객관적 징표가 존재할 필요가 없다**(대판 1975.6.24, 74다1877). **[6회 사례형]**

② **[공유건물을 일부점유한 경우 건물부지]** "건물 공유자 중 일부만이 당해 건물을 점유하고 있는 경우라도 그 '건물의 부지'는 건물 소유를 위하여 공유명의자 전원이 공동으로 이를 점유하고 있는 것으로 볼 것이며, 건물 공유자들이 건물부지의 공동점유로 인하여 건물부지에 대한 소유권을 시효취득하는 경우라면 그 취득시효 완성을 원인으로 한 소유권이전등기청구권은 '당해 건물의 공유지분비율과 같은 비율'(제263조 참조)로 건물 공유자들에게 귀속된다"(대판 2003.11.13, 2002다57935 : D-54.참고)고 한다.

2. 자주점유(소유의 의사)

(1) 자주점유의 판단

1) 판단기준

소유의 의사 유무를 판정하는 기준에 관하여는 점유취득의 원인이 된 객관적 사실, 즉 '권원의 객관적 성질'에 의하여 정해진다는 객관설이 判例이나(대판 2000.9.29, 99다50705등), **[5회 기록형]** '권원의 성질' 이외에 '점유와 관계된 모든 사정을 외형적·객관적으로 판단해야 한다'는 취지로 판시한 것도 있다(대판 1997.8.21, 전합95다28625).

2) 판단시점

소유의 의사는 점유개시 당시 존재하여야 하고 그것으로 족하기 때문에, 나중에 매도인에게 처분권이 없음을 알았더라도 자주점유의 성질이 변하지 않는다(대판 1996.5.28, 95다40328).

(2) 권원의 성질상 자주점유인 경우

1) 매 매

특별한 사정이 없는 한 매수인은 자주점유로 본다.

① **[매매계약이 무효인 경우]** 실제로 매매계약이 있었던 이상 그 계약이 무효라 하더라도 매수인은 원칙적으로 자주점유자이다(대판 1994.12.27, 94다25513). **[7회 사례형]** 그러나 매수인인 처음부터 '무효임을 알고서' 점유한 경우에는 소유의 의사로 점유한 것으로 볼 수 없다(대판 2000.6.9. 99다36778).

② **[타인의 권리를 매매한 경우]** 判例는 "매도인에게 처분권한이 없다는 것을 잘 알면서 이를 매수하였다는 등의 다른 특별한 사정이 입증되지 않는 한, 그 사실만으로 바로 그 매수인의 점유가 소유의 의사가 있는 점유라는 추정이 깨어지는 것이라고 할 수 없다"(대판 2000.3.16, 전합97다37661)고 한다.

③ **[오상권원의 경우]** 判例는 "매매대상 대지의 면적이 등기부상의 면적을 '상당히 초과'하는 경우에는 특별한 사정[그러한 특별한 사정이 있는 경우라면, 그 초과 부분에 관하여는 타인 권리의 매매가 성립한다(제569조)]이 없는 한, 그 초과 부분은 단순한 점용권의 매매로 보아야 하고 따라서 그 점유는 권원의 성질상 타주점유에 해당한다"(대판 1998.11.10, 98다32878 ; 2014.3.13. 2011다111459)고 한다.

④ **[경계침범의 경우]** 判例는 "침범 면적이 통상 있을 수 있는 시공상의 '착오' 정도를 넘어 상당한 정도에까지 이르는 경우에는 당해 건물의 건축주는 자신의 건물이 인접 토지를 침범하여 건축된다는 사실을 건축 당시에 알고 있었다고 보는 것이 상당하고, 따라서 그 침범으로 인한 인접 토지의 점유는 권원의 성질상 소유의 의사가 있는 점유라고 할 수 없다"(대판 2000.12.8. 2000다429771)고 한다.

2) 취득시효완성 후의 점유자

취득시효완성 후의 점유자는 특단의 사정이 없는 한 자주점유라고 할 것이다. 한편 判例는 취득시효완성 후 점유자가 권리자에 대해 매수를 시도한 사실이 있다 하더라도 그러한 사실만으로는 그 후부터는 물론 그 전의 점유가 타주점유였다고 단정할 수 없다고 한다(대판 1983.7.12, 전합82다708). 시효취득자는 분쟁을 용이하게 해결하기 위하여 그 부동산을 매수하려고 시도하는 경우가 많기 때문이다.

(3) 권원의 성질상 타주점유인 경우

매도인·지상권자·전세권자·질권자·임차인·명의수탁자의 점유는 원칙적으로 타주점유이다. 특히 공유자 1인이 공유토지 전부를 점유하는 경우 다른 공유자의 지분비율의 범위 내에서는 타주점유이다.

(4) 점유의 태양의 전환

1) 타주점유에서 자주점유로의 전환(원고의 재항변)

타주점유가 자주점유로 전환되려면 타주점유자가 ① '새로운 권원에 의하여 소유의 의사를 가지고 점유를 시작' 하거나, ② '자기에게 점유시킨 자(타주점유를 하게 한 자)에게 소유의 의사가 있음을 표시' 하여야 한다(통설·判例).

① 전자의 경우는 예컨대 임차인이 임차물을 매수하여 점유를 계속하는 경우이다. 그러나 상속의 경우 判例는 "상속에 의하여 점유권을 취득한 경우에는 상속인이 새로운 권원에 의하여 자기 고유의 점유를 시작하지 않는 한 피상속인의 점유를 떠나 자기만의 점유를 주장할 수 없다"(대판 1997.12.12. 97다40100)고 보아 이를 부정하고 있다.

② 후자의 경우는 예컨대 임차인이 임대인에 대하여 소유의 의사로 점유한다는 사실을 표시한 경우이다.

2) 자주점유에서 타주점유로의 전환

타주점유로부터 자주점유로의 전환에 준한다.

① 다만, 점유자가 매매나 시효취득을 원인으로 소유권이전등기를 청구하였다가 패소 확정된 경우에도, 점유자가 소유자에 대하여 어떤 의무가 있음이 확정되는 것은 아니므로 소제기시부터 악의의 점유자(제197조 2항)가 되는데 불과하고 타주점유로 전환되는 것은 아니다(대판 1981.3.24, 80다2226 : 제3회 선택형).

② 그러나 반대로 소유자가 점유자를 상대로 적극적으로 소유권을 주장하여 승소한 경우에는, 점유자의 토지에 대한 점유는 '소제기시부터' 악의의 점유자가 됨(제197조 2항)과 동시에 '패소판결 확정 후'부터는 타주점유로 전환된다(대판 2000.12.8, 2000다14934,14941).

(5) 자주점유의 추정과 번복

1) 자주점유의 추정

소유의 의사는 1차적으로 점유취득의 원인이 된 사실, 즉 '권원의 객관적 성질'에 의하여 정하고, 점유권원의 성질이 분명하지 아니한 때에는 2차적으로 제197조 1항에 의하여 소유의 의사로 점유한 것으로 추정한다(제197조 규정의 보충성).

2) 추정의 효과

제197조 1항에 의하여, 점유자의 점유가 타주점유임에 대한 주장·증명책임이 점유자의 상대방(즉, 타주점유임을 주장하는 자)에게 있다(대판 1997.8.21. 전합95다28625 ; 대판 2014.4.10. 2013다74080).

3) 추정의 번복(피고의 항변)

점유자가 스스로 매매 등과 같은 자주점유의 권원을 주장하였으나 이것이 인정되지 않은 경우에도 자주점유의 추정이 가능한지에 대해 判例는 '본래 자주점유의 입증책임이 점유자에게 있지 않다'는 것을 이유로 긍정하는 것이 일반적이나(대판 1983.7.12, 전합82다708 ; 대판 1999.9.17, 98다63018 등), '악의의 무단점유'의 경우 이를 부정하였다(대판 1997.8.21, 전합95다28625). **[1회 기록형]**

① **[악의의 무단점유의 경우]** "타인소유의 부동산을 무단점유한 경우, 특별한 사정이 없는 한 점유자는 타인의 소유권을 배척하고 점유할 의사를 갖고 있지 않다고 보아야 할 것이므로 이로써 소유의 의사가 있는 점유라는 추정은 깨어졌다"(대판 1997.8.21, 전합95다28625)

② **[부동산의 점유자가 현행 민법 시행 이후에 매매계약에 따라 점유를 승계받으면서 현재까지 등기를 경료하지 않은 경우]** 매수인이 오랫동안 소유권이전등기를 마치지 않은 사정만으로 경험칙상 소유의 의사가 없었던 것으로 볼 사정이 있는 것(소유자라면 당연히 취했을 것으로 보이는 행동을 하지 않은 것)으로 볼 수는 없으므로 자주점유의 추정이 깨어지지 않는다고 한다(대판 2000.3.16, 전합97다37661).

甲은 乙 명의로 소유권보존등기가 마쳐진 X토지를 乙로부터 매수하여 소유권이전등기를 마치지 아니한 채 20년 넘게 점유하고 있다. 甲이 그 점유기간이 20년이 되기 전에 乙을 상대로 X 토지에 관하여 매매를 원인으로 한 소유권이전등기를 구하는 소를 제기하였다가 패소판결을 받고 그 판결이 확정되었다고 하더라도, 현재 甲이 乙을 상대로 X 토지에 관하여 취득시효 완성을 원인으로 한 소유권이전등기를 구하는 소를 제기하면 승소할 수 있다(3회 선택형).(O)

乙은 1970. 1. A토지에 대한 소유명의자 甲으로부터 이를 매수하여 이전등기를 마치지 않은 상태로 파, 시금치 등을 재배하였고, 이후 그 지상에 B건물도 신축하여 보존등기를 마치지 않은 채 이를 점유·사용하여 왔다. 乙은 1990. 5. 丙에게 A토지와 B건물을 매도하였고, 丙도 이들 부동산 모두에 관해 등기를 마치지 않은 채 인도받아 점유·사용하여 오고 있다. 2000. 8. 甲의 상속인 丁이 A토지를 상속받아 2016. 2. A토지 위에 자신의 채권자 戊를 위해 저당권설정등기를 경료하였다. 이 경우 A토지의 매매는 등기를 수반하지 않았으므로, 부동산 물권 변동에 관하여 형식주의를 취하는 현행 민법 아래에서 丙의 A토지에 대한 점유는 타주점유로 보아야 한다(8회 선택형).(×)

☞ 丙은 매매를 원인으로 A토지를 점유하였으므로, 이는 권원의 객관적 성질상 자주점유에 해당하고 등기를 수반하지 아니하였다고 하여 자주점유의 추정이 깨어지는 것은 아니다.

3. 시효기간 및 기산점

(1) 20년

증명책임의 분배기준(법률요건 분류설)에 따라 점유자는 20년간 점유한 사실을 증명해야 하지만 (간접점유도 포함 : 대판 1995.2.10. 94다28468), ① 민법 제198조의 점유계속의 추정규정이 있기 때문에 **점유자**로서는 전후 양시점에 각 점유하고 있던 사실만 증명하면 된다. 따라서 추정규정은 **증명책임**을 완화시키는 것이며 추정되는 것은 증명하지 아니하여도 되는 불요증사실이 된다. ② 이에 대하여 **상대방(소유자)**으로서는 그 중간에 점유가 계속되지 않은 반대 사실을 적극적으로 증명함으로써 추정을 번복할 수 있는데, 추정규정으로 인하여 **증명책임**이 **전환**되는 것이며, 추정을 번복하기 위해 세우는 증거는 본증(반대사실의 증거)이고 반증이 아니다.

(2) 기산점

1) 원 칙

判例는 취득시효기간 만료 전과 만료 후를 나누어 그 법률관계를 다르게 판단한다. 이러한 원칙을 견지하고자 "시효기간 전·후에 등기명의자의 변동이 있는 경우에 당사자가 임의로 기산점을 정하지 못한다"(대판 1989.4.25, 88다카3618)고 판시하고 있다. 따라서 변론자료 등에 나타난 사실 등을 통해 법원이 최초의 자주점유 시기를 기산점으로 결정하게 된다. 즉, 判例는 "취득시효의 기산점은 법률효과의 판단에 관하여 직접 필요한 주요사실이 아니고 간접사실에 불과하여 법원으로서는 이에 관한 당사자의 주장에 구속되지 아니하고 소송자료에 의하여 진정한 점유의 시기를 인정하여야 하는 것"(대판 1994.4.15. 93다60120 : 1회 선택형)이라 하여 '간접사실'로 보고 있다.

2) 예 외

① 점유기간 중 소유자의 변동이 없는 경우 : 判例는 "취득시효기간 중 계속해서 등기명의자가 동일한 경우에는 전 점유자의 점유를 승계하여 자신의 점유기간을 통산하여 20년이 경과한 경우에 있어서도 전 점유자가 점유를 개시한 이후의 임의의 시점을 그 기산점으로 삼을 수 있다"(대판 1998.5.12, 97다8496,8502)고 한다.

② 취득시효 완성 후 소유자에 변동이 있어도 당초의 점유자가 계속 점유하고 있고 소유자가 변동된 시점을 새로운 기산점으로 삼아도 다시 취득시효의 점유기간이 완성되는 경우 : 判例는 "이 경우 시효취득을 주장하는 점유자는 소유권 변동시를 새로운 취득시효의 기산점으로 삼아 취득시효의 완성을 주장할 수 있다"(대판 1994.3.22, 전합93다46360)고 한다.

3) 점유의 승계

취득시효의 기초인 점유가 승계된 경우에, 점유자는 자기의 점유만을 주장하거나(점유의 분리), 자기의 점유와 전점유자의 점유를 아울러 주장할 수 있다(점유의 병합). 다만 전점유자의 점유를 아울러 주장하는 경우에는 그 하자도 승계한다(제199조).

Ⅱ. 점유취득시효완성의 효과

1. 등기청구권의 발생

부동산 점유취득시효가 완성되었더라도 등기를 이전받지 않는 한 시효권리자가 소유권을 취득할 수 없고, 다만 시효완성 당시의 소유자에 대하여 등기청구권을 가질 뿐이다(대판 2006.9.28. 2006다22074 · 2회 신택형)(제245조 1항).

2. 소멸시효에 걸리는지 여부(항변)

判例는 점유취득시효 완성을 원인으로 하는 소유권이전등기청구권을 채권적 청구권으로 보면서도, "ⅰ) 시효완성자의 목적물에 대한 점유가 계속되는 한 시효로 소멸하지 아니한다고 하며, ⅱ) 점유를 상실한 경우에는 그것을 시효이익의 포기로 볼 수 있는 것이 아닌 한, 그 상실한 때로부터 10년간 등기청구권을 행사하지 아니하면 소멸시효가 완성한다"(대판 1996.3.8, 95다34866 : 1회 선택형)고 한다.

3. 등기청구의 상대방

① [**원칙**] 취득시효 완성 당시의 진정한 소유자가 원칙적으로 등기청구의 상대방이다. 예를 들어 "취득시효가 완성된 후 점유자가 그 등기를 하기 전에 경료된 제3자 명의의 등기가 원인무효인 경우에는 점유자는 취득시효 완성 당시의 소유자를 대위하여 위 제3자 앞으로 경료된 원인무효인 등기의 말소를 구함과 아울러 위 소유자에게 취득시효 완성을 원인으로 한 소유권이전등기를 구할 수 있다"(대판 1993.9.14. 93다12268)

② [**예외**] 대법원은 점유취득시효 완성 당시의 소유권등기가 원인무효인 경우에 점유취득시효 완성자의 대위청구가 불가능한 특별한 사정이 있는 경우(예컨대, 현재 등기명의인의 등기가 확정판결에 기한 경우, 피대위인 법률상 소유자를 확인할 수 없는 경우 등)에는 예외적으로 원인무효의 등기명의자를 상대로 직접 소유권이전등기를 청구하는 것도 가능하다고 한다(대판 1999.7.9, 98다29575).

4. 등기청구권의 양도

"매매로 인한 소유권이전등기청구권의 양도는 통상의 채권양도와 달리 양도인의 채무자에 대한 통지만으로는 채무자에 대한 대항력이 생기지 않으며 반드시 채무자의 동의나 승낙을 받아야 대항력이 생긴다(대판 2001.10.9, 2000다51216). 그러나 취득시효완성으로 인한 소유권이전등기청구권은 취득시효완성으로 인한 소유권이전등기청구권의 양도의 경우에는 매매로 인한 소유권이전등기청구권에 관한 양도제한의 법리가 적용되지 않는다"(대판 2018.7.12. 2015다36167).

5. 소급효 및 소급효의 제한

> ■ **양도담보로 제공한 부동산을 시효취득한 경우의 효과**　　대판 2015.2.26. 2014다21649
>
> **사실관계** ┃甲은 X토지를 적법하게 매수하여 1993. 1. 20. 소유권이전등기를 경료하고 점유를 시작하였다. 이후 甲은 乙에게 1994. 1. 20. 6억 원을 빌리면서 당시 시가가 3억 원이었던 X토지에 대해 양도담보 약정을 맺고 등기명의를 乙에게 이전해주었다. 다만 甲은 2016년 현재까지 X토지를 계속 점유하였다.
>
> **판례에 따른 해결** ┃ ㉠ 判例에 따르면 대내외적으로 甲소유인 동안의 점유는 취득시효의 기초되는 점유라고 할 수 없다. 양도담보권자는 담보목적의 범위 내에서 X토지의 소유권을 신탁적으로 취득할 뿐이고(신탁적 소유권이전설),[12] 양도담보설정자인 甲이 실질적 소유자로서 소유의 의사로 위 토지들을 점유·사용해 왔다고 할 것이므로 대외적으로 乙소유인 동안의 점유(1994.1.20.부터)는 甲의 취득시효의 기초가 되는 점유가 될 수 있다. 따라서 일단 2014.1.20.되면 제245조 1항의 점유취득시효는 완성된다. ㉡ 判例에 따르면 甲은 스스로 설정해준 乙의 양도담보권을 인정하면서 X토지를 점유한 것이므로 양도담보권자 명의의 소유권이전등기의 말소를 구하거나, 이와 동일한 효과가 있는 자신 명의의 소유권이전등기 청구를 할 수 없다(대판 2015.2.26. 2014다21649). 다만, 乙의 차용금 채권은 10년의 소멸시효가 도과(제162조 1항, 제166조 1항, 제167조)하였으므로 甲은 乙의 대여금 채권이 소멸하였음을 이유로 乙 명의 등기의 말소를 구할 수는 있다.

甲은 1985. 5.경 A 토지(300㎡)와 그 지상 주택을 소유자로부터 매수하여 자신의 명의로 등기하였다. 그런데 그 주택은 A토지에 인접한 乙 소유의 B 토지(200㎡) 중 X 부분(15㎡)을 침범하여 건축되어 있었는바, 甲은 그 침범사실을 모르고 그 주택에서 거주하다가 1995. 3. 5. 사망하였다. 甲의 유일한 상속인인 丙이 위 주택과 A 토지를 상속하고 X 부분 토지에 대한 점유도 승계하였다. 2007. 2.경 B 토지에 관하여 乙의 아들 丁의 명의로 소유권이전등기가 경료되었다. 丁의 등기가 통정허위표시로 인한 등기인 경우, 丙은 丁을 상대로 점유취득시효완성을 원인으로 한 소유권이전등기청구소송을 제기한다면 승소할 수 있다(1회 선택형).(×)

☞ 따라서 丙은 통정허위표시에 의해 원인무효의 등기를 가지고 있는 丁에게 직접 취득시효 완성에 따른 소유권이전등기청구권을 행사할 수 없고, 진정한 소유자 乙을 대위하여 말소등기를 구함과 아울러 위 소유자 乙에게 취득시효 완성을 원인으로 한 소유권이전등기를 구할 수 있다.

乙은 1970. 1. A토지에 대한 소유명의자 甲으로부터 이를 매수하여 이전등기를 마치지 않은 상태로 파, 시금치 등을 재배하였고, 이후 그 지상에 B건물도 신축하여 보존등기를 마치지 않은 채 이를 점유·사용하여 왔다. 乙은 1990. 5. 丙에게 A토지와 B건물을 매도하였고, 丙도 이들 부동산 모두에 관해 등기를 마치지 않은 채 인도받아 점유·사용하여 오고 있다. 2000. 8. 甲의 상속인 丁이 A토지를 상속받아 2016. 2. A토지 위에 자신의 채권자 戊를 위해 저당권설정등기를 경료하였다.
丙이 A토지에 관해 점유취득시효의 완성을 이유로 丁을 상대로 소유권이전등기청구의 소를 제기하여 승소하더라도 특별한 사정이 없는 한 戊를 상대로 저당권말소등기를 청구하는 것은 허용되지 않는다 (8회 선택형). (O)
☞ 戊는 丙의 시효완성(2010. 5.) 후 등기 전 2016. 2. 저당권을 취득하였으므로, 丙은 취득시효의 완성을 이유로 戊에게 대항할 수 없다.

甲은 乙 소유의 X 토지를 25년 동안 점유해오고 있다. 甲이 乙을 상대로 취득시효 완성을 원인으로 한 소유권이전등기청구권을 행사하였다. 만약 丙이 甲으로부터 X를 양수하여 점유를 승계한 경우, 丙은 甲의 취득시효 완성의 효과를 주장하여 직접 자기에게 소유권이전등기를 해줄 것을 청구할 수 있다(1회 선택형). (×)

시효취득에 의한 권리취득의 효력은 '점유를 개시한 때'에 소급한다(제247조 1항). 그러나 '원소유자가 취득시효 완성 이후 그 등기가 있기 전'에 그 토지를 ⅰ) 제3자에게 처분하거나 ⅱ) 제한물권의 설정, ⅲ) 토지의 현상 변경 등 소유자로서의 권리를 행사한 경우 시효취득자로서는 원소유자의 적법한 권리행사로 인한 현상의 변경이나 제한물권의 설정 등이 이루어진 그 토지의 사실상 혹은 법률상 현상 그대로의 상태에서 등기에 의하여 그 소유권을 취득하게 된다(대판 2006.5.12, 2005다75910)고 한다.

Ⅲ. 점유취득시효 완성 후 등기 전의 법률관계

1. 점유취득시효 완성 전 소유자가 제3자에게 소유권을 이전한 경우

이때는 제3자 앞으로의 소유권등기 자체가 곧 취득시효의 중단을 가져오는 사유인 '청구' 등으로 평가되지는 않으므로(제247조 2항 참고), 이 경우에는 취득시효기간 완성 후에 점유자는 소유권을 취득한 제3자를 상대로 취득시효를 원인으로 하여 소유권이전등기를 청구할 수 있다(대판 1977.8.23, 77다785).

2. 점유취득시효 완성 후 등기 전에 점유자가 제3자에게 점유를 이전한 경우

判例는 "전 점유자의 점유를 승계한 자는 그 점유 자체와 하자만을 승계하는 것이지 그 점유로 인한 법률효과까지 승계하는 것은 아니므로……전 점유자의 취득시효 완성의 효과를 주장하여 직접 자기에게 소유권이전등기를 청구할 권원은 없다"(대판 1995.3.28, 전합93다47745 : 1회, 8회 선택형)라고 하여 전 점유자의 소유자에 대한 소유권이전등기청구권을 대위행사할 수 있을 뿐이라고 보고 있다(대위행사설, 직접청구부정설)

3. 점유취득시효 완성 후 등기 전에 소유자가 제3자에게 소유권을 이전한 경우

타인의 토지를 20년간 소유의 의사로 평온·공연하게 점유한 자는 등기를 함으로써 비로소 그 소유권을 취득하게 되므로 점유자가 원소유자에 대하여 점유로 인한 '취득시효기간이 만료되었음을 원인으로 소유권이전등기청구를 하는 등 그 권리행사를 하거나 원소유자가 취득시효완성 사실을 알고 점유자의 권리취득을 방해하려고 하는 등'의 특별한 사정이 없는 한 원소유자는 점유자 명의로 소유권이전등기가 마쳐지기까지는 소유자로서 그 토지에 관한 적법한 권리를 행사할 수 있다(대판 2006.5.12, 2005다75910).

(1) 취득시효 완성자가 새로운 소유자에게 취득시효로써 대항할 수 있는지 여부

시효완성 후 제3자가 등기를 갖춘 경우는 '이중양도의 법리'에 따라 제3자가 설령 악의라 하더라도 그 소유권이전등기가 당연무효가 아닌 한 제3자 명의의 등기가 통정허위표시, 반사회적 행위 등 무효인 법률행위에 터 잡은 경우에는 그 등기 또한 원인무효이기 때문에, 점유취득시효 완성자는 그 당시 소유자를 대위하여 위 제3자에게 그 등기의 말소를 구할 수 있다(대판 2002.3.15, 2001다77352,77369 등)], 종전소유자의 소유권이전등기의무가 이행불능으로 되어 점유취득시효 완성자는 그 제3자에 대하여 시효취득을 주장할 수 없다.

---

12) 가등기담보법 1조는 "이 법은 차용물의 반환에 관하여 차주가 차용물에 갈음하여 다른 재산권을 이전할 것을 예약함에 있어서 그 재산의 예약당시의 가액이 차용액 및 이에 붙인 이자의 합산액을 초과하는 경우와 이에 따른 담보계약과 그 담보의 목적으로 경료된 가등기 또는 소유권이전등기의 효력을 정함을 목적으로 한다"고 규정하고 있다.
   ☞ 사안의 경우 예약당시의 X토지의 가액이 3억이고, 차용액이 6억 원이므로 가등기담보법은 적용되지 않는다. 가등기담보법이 적용되지 않는 부동산 양도담보권이 설정된 경우에 대법원은 일관하여 대외적으로는 양도담보권자에게 그 소유권이 이전되지만, 대내적으로는 양도담보권자가 담보계약에 따른 권리만을 갖는다고 한다(대판 1996.6.28, 96다9218 : 신탁적 소유권이전설).

1) 제3자에 해당하는 자

㉠ 취득시효 완성 전에 매수하여 취득시효 완성 후에 등기를 마친 경우(대판 1997.4.11, 96다45917).

㉡ 취득시효 완성 전에 가등기를 하였다가 취득시효 완성 후 가등기에 기한 본등기를 마친 경우(대판 1992.9.25, 92다21258 : 물권변동의 시기는 가등기한 때가 아니라 본등기를 한 때이기 때문이다 : 3회, 9회 선택형).

㉢ 취득시효 완성 후 명의신탁 해지를 원인으로 명의수탁자에게서 명의신탁자에게 소유권이전등기가 마쳐진 경우(대판 1995.12.8, 95다38493).

㉣ 소유자로부터 부동산을 증여받았으나 소유권이전등기를 하지 않고 있던 중에 소유자가 사망하여 상속이 개시되고 그 후 취득시효가 완성된 경우, 증여를 원인으로 한 소유권이전등기를 마친 수증자는 제3자에 해당하나(취득시효 완성 후의 새로운 이해관계인에 해당), 이때 수증자가 상속인 중 한 사람인 경우 그 상속인이 가지고 있던 피상속인에 대한 증여를 원인으로 한 소유권이전등기청구권은 자기의 상속지분 범위 내에서는 상속에 의하여 혼동으로 소멸하므로(제507조 참조) 점유자에 대하여는 취득시효 기간이 경과된 때에 새로 취득시효 완성을 원인으로 한 소유권이전등기의무를 부담하게 된다고 한다(대판 2012.3.15. 2011다59445). 그렇다면 이 경우에는 결국 자기의 상속지분 범위 외에 대하여서만 제3자에 해당한다.

㉤ 취득시효 완성 후 공유물분할의 경우(대판 2009.12.10. 2006다55789,55791 : 공유물 분할은 공유자 상호간의 지분의 교환 또는 매매라고 볼 수 있기 때문이다).

㉥ 취득시효 완성 후 소유자의 공동상속인 중의 한 사람이 다른 상속인의 상속분을 양수한 경우(대판 1993.9.28. 93다22883).

2) 제3자에 해당하지 않는 자

判例가 제3자에 해당하지 않는다고 본 경우는 취득시효 완성 후 소유자의 변경이 없다고 본 경우로서 다음과 같다.

㉠ 취득시효 완성 후 상속한 경우(대판 1998.4.14, 97다44089)

㉡ 취득시효 완성 당시 미등기 소유자가 취득시효 완성 후 보존등기를 마친 경우(대판 2007.6.14. 2006다84423).

㉢ 명의수탁자가 취득시효 완성 후 명의신탁자에게서 목적물을 매수한 경우(대판 1989.10.27, 88다카23506).

㉣ 취득시효의 목적물에 가처분을 한 가처분채권자가 취득시효 완성 당시 그 부동산의 진정한 소유자인 경우(대판 2012.11.15. 2010다73475).

Ⅳ. 취득시효의 중단과 시효이익의 포기

1. 취득시효의 중단

소멸시효의 중단에 관한 규정은 취득시효의 중단에도 준용된다(제247조 2항). 예컨대 청구(제168조 1호)와 관련하여 소유물반환청구(제213조)뿐만 아니라 소유권 침해로 인한 부당이득반환청구(제741조)도 포함될 수 있고, 소유물의 반환을 최고한 뒤 점유자가 변경된 경우 최고로 인한 잠정적인 시효중단의 효과는 새로운 점유자에게 미친다(제169조).

그러나 "민법 제168조 제2호에서 정하는 '압류 또는 가압류'는 금전채권의 강제집행을 위한 수단이거나 그 보전수단에 불과하여 취득시효기간의 완성 전에 부동산에 압류 또는 가압류 조치가 이루어졌다고 하더라도 이로써 종래의 점유상태의 계속이 파괴되었다고는 할 수 없으므로 이는 취득시효의 중단사유가 될 수 없다"(대판 2019.4.3. 2018다296878).

甲은 乙 명의로 소유권보존등기가 마쳐진 X토지를 乙로부터 매수하여 소유권이전등기를 마치지 아니한 채 20년 넘게 점유하고 있다.甲의 점유기간이 20년이 되기 전에 X 토지에 관하여 매매예약을 원인으로 한 丙 명의의 소유권이전청구권가등기가 마쳐졌고, 그 점유기간이 20년이 지난 후에 위 가등기에 기한 丙명의의 본등기가 마쳐진 경우, 특별한 사정이 없는 한 甲은 丙에 대하여 X 토지에 관한 취득시효 완성을 주장할 수 없다(3회 선택형).(○)

"토지에 대한 점유로 인한 취득시효 완성 당시 미등기로 남아 있던 토지에 관하여 소유권을 가지고 있던 자가 취득시효 완성 후에 그 명의로 소유권보존등기를 마쳤다 하더라도 소유자에 변경이 있다고 볼 수 없으며, 그러한 등기 명의자로부터 상속을 원인으로 소유권이전등기를 마친 자가 있다 하여도 취득시효 완성을 주장할 수 있는 시점에서 역산하여 취득시효 기간이 경과되면 그에게 취득시효 완성을 주장할 수 있다"(대판 1998.4.14, 97다44089)

청구취지 형태
4. 피고 한명수는 원고에게,
가. 별지1 목록 기재 1 토지 지상의 별지2 도면 표시 1, 2, 3, 4, 1의 각 점을 차례로 연결한 선내 ㉮ 부분 영업소건물 20㎡를 철거하고,
나. 2018. 5. 12.부터 가항 기재 영업소건물 20㎡의 철거 완료일까지 월 500,000원의 비율로 계산한 돈을 지급하라.

기산점의 임의역산, 취득시효 완성 후 등기 전의 법률관계, 2020년 소수지분권자 전합판결 등 취득시효의 전반적인 쟁점들을 묻고 있다.

2. 취득시효이익의 포기

시효이익의 포기는 달리 특별한 사정이 없는 한 시효취득자가 취득시효완성 당시의 진정한 소유자에 대하여 하여야하고(대판 1994.12.23. 94다40734), 소멸시효이익의 포기에 관한 규정(제184조 1항)이 유추적용된다(대판 1995.2.24. 94다18195).

V. 예시

■ 항변으로서 취득시효를 주장한 경우(20년 3차)

3. 피고 한명수에 대한 청구

가. 피고 한명수의 건물철거의무 및 부당이득반환의무

원고는 별지1 목록 기재 1 토지("1 토지"라 합니다)의 소유자이고, 피고 한명수는 위 토지에 인접한 같은 기재 2 토지("2 토지"라 합니다) 및 그 지상 건물인 같은 기재 3 건물("이 사건 건물"이라 합니다)의 소유자입니다.

그런데 이 사건 건물의 일부가 1 토지 중 별지2 도면 표시 1, 2, 3, 4, 1의 각 점을 차례로 연결한 선내 ㉮ 부분 20㎡("이 사건 침범부분"이라 합니다)의 지상에 건축되어 이 사건 침범부분을 건물의 부지로 사용하고 있습니다(이 사건 건물 중 위 침범부분 지상에 존재하는 부분을 "이 사건 부분건물"이라 합니다).

따라서 이 사건 부분건물의 존재로 인하여 원고의 소유권이 방해받고 있으므로, 특별한 사정이 없는 한 피고 한명수는 원고에게 이 사건 부분건물을 철거하고, 이 사건 침범부분에 관한 사용이익 상당을 부당이득으로 반환할 의무가 있습니다. 나아가 이 사건 부분건물을 철거할 때까지 이 사건 침범부분에 관한 점유는 계속될 것이므로 이를 미리 청구할 필요도 있습니다.

나. 예상되는 항변

(1) 시효취득의 주장

피고 한명수는 20년간 이 사건 침범부분을 점유하였으므로 이를 시효취득하였다고 주장할지 모릅니다.

(2) 이 사건 부동산들의 소유권 및 점유 관계 변동

1 토지와 2 토지 및 이 사건 건물의 소유권 변동과정을 살펴보면 다음과 같습니다.

1 토지는 김전주의 소유였는데, 원고가 2018. 5. 12. 김전주로부터 이를 매수하고, 같은 날 그 명의로 소유권이전등기를 마쳤습니다.

2 토지는 최건주의 소유였는데, 최건주는 1992. 1. 28. 위 토지 지상에 이 사건 건물을 신축하고 소유권보존등기를 마쳤습니다.

피고 한명수는 최건주로부터 1999. 8. 11. 2 토지 및 이 사건 건물 중 각 1/2지분에 관하여 매매("1차 지분매수"라 합니다)를 원인으로 한 소유권이전등기를 마쳤고, 2002. 10. 17. 위 토지와 건물의 나머지 각 1/2 지분도 매수하여 같은 날 매매("2차 지분매수"라 합니다)를 원인으로 한 소유권이전등기를 마쳤습니다.

건물 공유자 중 일부만이 당해 건물을 점유하고 있는 경우라도 그 건물의 부지는 건물 소유를 위하여 공유명의자 전원이 공동으로 이를 점유하고 있는 것으로 볼 것이고, 건물 공유자들이 건물부지의 공동점유로 인하여 건물부지에 대한 소유권을 시효취득하는 경우라면 그 취득시효 완성을 원인으로 한 소유권이전등기청구권은 당해 건물의 공유지분비율과 같은 비율로 건물 공유자들에게 귀속된다고 할 것입니다(대판 2003.11.13. 2002다57935).

따라서 이 사건 침범부분에 대한 점유는 이 사건 부분건물에 대한 소유권의 변동에 따라, 최건주가 건물을 신축한 1992. 1. 28.부터 단독으로 점유를 시작하여, 1차 지분매수시부터는 최건주, 피고 한명수 두 사람이 공동점유하여 오다가, 2차 지분매수시부터 현재까지는 피고 한명수 단독으로 점유하고 있는 것으로 볼 수 있습니다.

피고 한명수는 이와 달리 1차 지분매수시부터 이 사건 건물 전부를 단독으로 점유, 사용하였으므로 건물의 부지도 자신이 단독으로 점유한 것이라고 주장할지도 모르나, 위 법리에서 보는 바와 같이 건물 부지에 대한 점유는 건물의 소유권에 따르므로 위와 같은 이유만으로는 자신의 단독 점유를 주장할 수 없습니다.

(3) 피고 한명수의 취득시효 주장 가능 부분

가) 1차 지분매수 부분

피고 한명수가 위 지분을 취득한 1999. 8. 11.부터 이 사건 부분건물의 공유자로서 이 사건 침범부분을 점유하기 시작하였다고 할 것이므로 그때로부터 20년이 경과하였고, 위 한명수의 점유는 소유의 의사로, 평온, 공연하게 한 것으로 추정되므로 점유취득시효가 완성되었다고 보입니다.

나) 2차 지분매수 부분

피고 한명수가 위 지분을 취득한 2002. 10. 17.부터 이 사건 소 제기일인 2020. 10. 19.까지 20년이 경과하지 않았음은 역수상 명백합니다.

이에 피고 한명수는 위 2차 지분의 이전 소유자인 최건주의 점유를 아울러 주장할 수 있다는 이유로 점유의 개시시기를 '2000년 초경'으로 삼을 수 있다는 주장을 할 수 있습니다. 그러나 점유가 순차로 승계된 경우에 취득시효의 완성을 주장하는 자는 자기의 점유만을 주장하거나 또는 자기의 점유와 전 점유자의 점유를 아울러 주장할 수 있는 선택권이 있는 것이나, 다만 그러한 경우에도 그 점유의 개시 시기를 전 점유자의 점유기간 중의 임의시점을 택하여 주장할 수는 없습니다(대판 1992. 12. 11. 선고 92다9968). 따라서 피고 한명수는 전 점유자인 최건주의 점유기간 중의 임의시점을 택하여 점유 개시시기로 주장할 수는 없습니다.

피고 한명수는 최건주의 점유 전부를 아울러 주장하여 그 개시시기를 최건주가 건물을 신축하여 최초 점유를 시작한 1992. 1. 28.로 주장하여 취득시효가 완성되었다는 주장을 할 수 있습니다. 그러나 점유자는 시효기간 만료 당시의 소유자에 대하여 시효취득을 원인으로 하는 소유권이전등기청구권을 가질 뿐, 시효기간 만료 후에 새로이 소유권을 취득한 제3자에 대하여는 시효취득으로 대항할 수 없습니다(대판 1998.4.10. 97다56495). 따라서 피고 한명수가 위 시기를 점유 개시시기로 삼을 경우 그때로부터 20년이 경과한 시점 이후인 2018. 5. 12. 원고가 1 토지에 대한 소유권이전등기를 마쳤으므로, 원고에 대하여는 취득시효 완성을 주장할 수 없습니다.

(4) 소결

결국 이 사건에서 피고 한명수가 점유취득시효를 주장할 수 있는 부분은 1차 지분매수를 통해 취득한 이 사건 침범부분 중 1/2 지분이라 할 것입니다.

다. 피고 한명수의 독점 사용으로 인한 공유물 방해 제거 청구

피고 한명수는 이 사건 침범부분의 1/2 지분에 대한 소유권을 시효취득하였으므로 이 사건 부분건물을 철거할 의무가 없다고 주장할 수 있습니다.

그러나 공유물의 소수지분권자가 다른 공유자와 협의 없이 공유물의 전부 또는 일부를 독점적으로 점유·사용하고 있는 경우 다른 소수지분권자는 공유물의 보존행위로서 그 인도를 청구할 수는 없다고 하더라도, 자신의 지분권에 기초하여 공유물에 대한 방해 상태를 제거하거나 공동 점유를 방해하는 행위의 금지 등을 청구할 수는 있습니다(대판 2020.5.21. 전합2018다287522).

判例는 취득시효기간 만료 전과 만료 후를 나누어 그 법률관계를 다르게 판단한다. 이러한 원칙을 견지하고자 "시효기간 전·후에 등기명의자의 변동이 있는 경우에 당사자가 임의로 기산점을 정하지 못한다"고 판시하고 있다.

시효완성 후 제3자가 등기를 갖춘 경우는 '이중양도의 법리'에 따라 제3자가 설령 악의라 하더라도 그 소유권이전등기가 **당연무효가 아닌 한** 종전소유자의 소유권이전등기의무가 이행불능으로 되어 점유취득시효 완성자는 그 제3자에 대하여 시효취득을 주장할 수 없다.

이 사건에서 피고 한명수가 이 사건 침범부분의 1/2 지분에 관하여 취득시효 완성을 원인으로 한 소유권을 취득할 수 있게 된다면, 위 부지는 장차 원고와 피고 한명수의 각 1/2 지분 비율에 의한 공유 토지가 될 것입니다.

따라서 피고 한명수로서는 나머지 지분을 보유하고 있는 원고와의 협의 없이는 이 사건 침범부분을 배타적으로 독점 사용할 수는 없다고 할 것이므로, 원고는 원고의 지분권에 기초하여 공유물의 방해 상태를 제거하기 위하여 이 사건 부분 건물의 철거를 구할 수 있습니다.

☞ 소수지분권자의 배타적 점유의 경우 다른 소수지분권자는 자신의 지분침해를 이유로 손해배상청구 또는 부당이득반환청구를 할 수 있다(대판 2001.12.11. 2000다13948). 다만 '다른 소수지분권자에게 공유물인도청구'를 인정할 것인지 문제되는바, 기존 判例는 '공유물의 보존행위'로서 공유물의 인도나 명도를 청구할 수 있다"고 한다(대판 1994.3.22. 전합93다9392,9408 : 1회·2회 선택형).

그러나 바뀐 전원합의체 판결에 따르면 "제265조 단서가 공유자 각자가 다른 공유자와 협의 없이 보존행위를 할 수 있게 한 것은 그것이 다른 공유자에게도 이익이 되기 때문인바, 소수지분권자가 다른 소수지분권에게 공유물 인도를 청구하는 것은 다른 소수지분권자가 가지고 있는 '지분의 비율에 따른 사용·수익권'까지 근거 없이 박탈하는 것으로 다른 공유자에게도 이익이 되는 보존행위라고 볼 수 없다"는 것을 이유로 부정하였다. 다만 자신의 지분권에 기초한 공유토지 위의 지상물 철거청구나 공동점유에 대한 방해금지 등의 '방해배제청구'(제214조)는 가능하다고 보았다(대판 2020.5.21. 전합2018다287522 : 10회 선택형) [6회 사례형]

청구취지 형태
2. 별지 목록 기재 3 토지에 관하여,
가. 피고 양재호는 원고에게 2014. 2. 1. 취득시효 완성을 원인으로 한 소유권이전등기절차를 이행하고,
나. 피고 최윤수는 피고 양재호에게 서울북부지방법원 북부등기소 2014. 4. 1. 접수 제11193호로 마친 근저당권설정등기에 대하여 2016. 7. 20. 확정채권 변제를 원인으로 한 말소등기절차를 이행하라.

▌취득시효를 원인으로 한 소유권이전등기청구(16년 3차)

2. 피고 양재호, 최윤수에 대한 청구

가. 피고 양재호의 취득시효를 원인으로 한 소유권이전등기의무

1) 이상진은 1994. 2. 1.부터 별지 목록 기재 3 토지를 점유하였고, 원고가 1997. 3. 1.부터 이상진의 점유를 승계하여 현재까지 점유하고 있습니다. 원고의 점유는 소유의 의사로 평온, 공연하게 점유한 것으로 추정됩니다. 따라서 취득시효 완성 당시의 위 토지의 소유자인 피고 양재호는 원고에게 2014. 2. 1. 취득시효 완성을 원인으로 한 소유권이전등기절차를 이행할 의무가 있습니다.

2) 원고가 위 토지를 매수하겠다고 제의하였다고 하더라도, 이는 소유자인 피고 양재호와의 분쟁을 간편히 해결하기 위하여 한 것일 뿐이므로 시효이익을 포기한 것이 아닙니다(대판 1992.9.1. 92다26543).

청구취지 형태
3. 피고 장도인은 원고에게 서울 서초구 내곡동 181 대 500㎡ 중 별지 측량성과도 표시 1, 2, 3, 4, 1의 각 점을 순차로 연결한 선내 (가)부분 10㎡에 관하여 2015. 5. 31. 취득시효완성을 원인으로 한 소유권이전등기절차를 이행하라.

▌취득시효 완성으로 인한 소유권이전등기청구권의 양도(19년 2차)

1. 피고 장도인에 대한 청구

가. 취득시효의 완성 및 소유권이전등기청구권의 양도

오양도는 황전주로부터 서울 서초구 내곡동 180 대 300㎡를 매수하여 1995. 5. 31. 위 토지를 인도받아 그때부터 위 토지 위에 주택을 신축하였습니다. 당시 토지를 인도받을 때 그곳에는 담장이 있었는데, 그 담장은 별지 측량성과도의 표시와 같이 인접한 서울 서초구 내곡동 181 대 500㎡(소유자 장도인, 서울 서초구 헌릉로 260(내곡동)) 중 일부를 침범하고 있었습니다. 오양도는 그 담장이 진정한 경계인 것으로 알고 토지의 인도시부터 20년 이상 별지 측량성과도의 1, 2, 3, 4, 1의 각 점을 순차 연결한 선내 (가) 10㎡ 인 '건물 침범 점유 부분'을 건물의 신축, 사용에 필수적인 부분으로서 점유하고 있었습니다.

오양도는 2018. 4. 1. 자신 소유의 위 대지와 주택을 원고에게 매도하면서 오양도의 피고 장도인에

대한 위 취득시효 완성을 원인으로 한 소유권이전등기청구권을 양도하였고, 오양도가 양도통지 권한을 원고에게 수여함에 따라 원고가 위 양도사실을 같은 날 피고 장도인에게 통지하였고, 위 통지는 2018. 4. 3. 피고 장도인에게 도달하였습니다.

따라서 오양도는 20년간 위 토지 부분을 점유하였고, 그 점유는 소유의 의사로, 평온 공연한 것으로 추정되므로, 해당부분 토지 소유자인 피고 장도인은 오양도에게 2015. 5. 31. 취득시효완성을 원인으로 한 소유권이전등기절차를 이행할 의무가 있고, 오양도가 위 채권을 원고에게 양도하였으므로, 피고 장도인은 원고에게 2015. 5. 31. 취득시효완성을 원인으로 한 소유권이전등기절차를 이행할 의무가 있습니다.

나. 예상되는 주장에 대한 반박

(1) 소멸시효의 이익 포기 주장

위 피고는 20년이 경과된 후인 2016. 8.경 오양도가 인접 토지를 매수하려고 제의하였으므로 시효이익을 포기하였다고 주장할 것으로 보입니다.

당시 오양도가 인접 토지의 매수를 제의한 것은 사실이나, 시효이익의 포기가 인정되려면 시효이익을 포기하려는 의사가 인정되어야 하는데, 혹시 있을 분쟁을 미연에 방지하기 위해서 얼마든지 매수를 제의할 수도 있는 것이므로, 점유로 인한 부동산 소유권의 취득기간이 경과한 뒤에 점유자가 소유자에게 그 부동산을 매수하자고 제의한 일이 있었다는 것만으로는 점유자가 위 부동산이 그 소유자의 소유임을 승인하여 시효의 이익을 포기하였다고는 보기 어렵습니다(대판 1992.9.1. 92다26543).

(2) 점유 상실로 소유권이전등기청구권의 소멸 주장

위 피고는 오양도가 원고에게 주택의 점유를 이전함으로써 점유를 상실했으므로 취득시효완성을 원인으로 한 소유권이전등기청구권이 소멸하였다고 주장할 것으로 예상됩니다.

그러나 원래 취득시효제도는 일정한 기간 점유를 계속한 자를 보호하여 그에게 실체법상의 권리를 부여하는 제도이므로, 부동산을 20년 간 소유의 의사로 평온·공연하게 점유한 자는 민법 제245조 제1항에 의하여 점유부동산에 관하여 소유자에 대한 소유권이전등기청구권을 취득하게 되며, 점유자가 취득시효기간의 만료로 일단 소유권이전등기청구권을 취득한 이상, 그 후 점유를 상실하였다고 하더라도 이를 시효이익의 포기로 볼 수 있는 경우가 아닌 한, 이미 취득한 소유권이전등기청구권은 소멸되지 아니합니다(대판 1995.3.28. 전합93다47745).

이 사건에 있어서도 오양도가 원고에게 점유를 이전한 것은 토지와 주택을 매각하였기 때문이고, 그것은 원고가 계속 점유할 수 있도록 하기 위한 것이어서 시효이익의 포기로 볼 수 없습니다. 따라서 이미 취득한 소유권이전등기청구권은 소멸되지 아니합니다.

(3) 소유권이전등기청구권의 양도통지 불가 주장

위 피고는 소유권이전등기청구권은 금전채권과 달리 채무자의 동의나 승낙이 없는 한, 양도통지의 방법으로 채무자에게 대항할 수 없다고 주장할 것으로 보입니다.

그러나 취득시효완성으로 인한 소유권이전등기청구권은 채권자와 채무자 사이에 아무런 계약관계나 신뢰관계가 없고, 그에 따라 채권자가 채무자에게 반대급부로 부담하여야 하는 의무도 없습니다. 따라서 취득시효완성으로 인한 소유권이전등기청구권의 양도의 경우에는 매매로 인한 소유권이전등기청구권에 관한 양도제한의 법리가 적용되지 아니하고, 청구권의 양도와 그 통지로 채무자에게 대항할 수 있습니다.

이 사건에서도 채무자인 장도인의 동의나 승낙이 없다고 하더라도, 앞서 본 바와 같이 적법하게 위 청구권을 양도하고 이를 채무자인 위 피고에게 통지하였으므로, 위 소유권이전등기청구권의 양도에 대한 대항요건을 갖추었습니다.

다. 소 결

따라서 피고의 주장은 모두 이유 없습니다.

☞ [관련판례]

① [매매로 인한 소유권이전등기청구권] 종전의 判例는 매매로 인한 소유권이전등기청구권을 채권적 청구권으로 보면서도 '3자 합의설'의 이론구성에 의거하여 그 양도성을 제한하여 왔는데(대판 1995.8.22, 95다15575), 최근 判例는 또 다른 논거로서 매매로 인한 소유권이전등기청구권은 그 '이행과정에 신뢰관계'가 따른다는 것을 이유로 (특별한 사정이 없는 이상 권리의 성질상 양도가 제한되어) 통상의 채권양도와 달리 채무자에 대한 통지만으로는 채무자에 대한 대항력이 생기지 않으며 반드시 채무자의 동의나 승낙을 받아야 대항력이 생긴다(대판 2001.10.9, 2000다51216 : 5회,8회,9회 선택형)고 판시하고 있다.

② [취득시효완성으로 인한 소유권이전등기청구권] 그러나 취득시효완성으로 인한 소유권이전등기청구권은 채권자와 채무자 사이에 아무런 계약관계나 신뢰관계가 없고, 그에 따라 채권자가 채무자에게 반대급부로 부담하여야 하는 의무도 없다. 따라서 判例는 이를 이유로 취득시효완성으로 인한 소유권이전등기청구권의 양도의 경우에는 매매로 인한 소유권이전등기청구권에 관한 양도제한의 법리가 적용되지 않는다(대판 2018.7.12. 2015다36167)고 한다.

■ 취득시효의 항변(타주점유인 경우)(5회 변시)

4. 피고 조한근에 대한 청구

가. 청구의 근거

(1) 원고의 토지 소유권 취득

원고는 피고 조한근 소유였던 청구취지 제4의 가.항 기재 토지에 대한 강제경매의 입찰에 참가하여 낙찰받았고 2010. 6. 10. 매각대금을 모두 납입함으로써 위 토지의 소유권을 취득하였습니다.

(2) 위 피고의 건물 소유 및 토지부분 점유

위 피고는 토지 지상에 청구취지 제4의 가.항 기재 건물을 소유하면서 그 부지인 토지부분(이하 부지부분이라고 합니다)을 점유하고 있습니다. 원고는 2015. 4. 8. 위 피고에게 위와 같은 점유사실을 알리고 철거를 요청하는 내용의 통지서를 보내었고 그 통지서는 같은 달 9. 위 피고에게 도달하였습니다. 위 부지부분의 차임은 2006. 이후 현재까지 월 70만 원 가량입니다.

(3) 건물철거, 토지부분인도 및 부당이득반환의무

그렇다면 위 피고는 원고에게 위 건물을 철거하고 그 부지부분을 인도하며, 위 통지를 수령함으로써 악의의 토지 점유자가 된 날인 2016. 1. 7.부터(민법 제197조 제2항) 위 부지부분인도 완료일까지 월 70만 원의 비율에 의한 차임 상당 부당이득금을 지급할 의무가 있습니다.

나. 위 피고의 예상주장에 대한 반박

(1) 부지부분에 취득시효가 완성되었다는 주장

위 피고는 위 건물을 1995. 5.말경 건축하였고 그때로부터 20년 동안 위 부지부분을 소유의 의사로 평온·공연하게 점유하여 옴으로써 점유취득시효가 완성되었다고 주장할 것으로 예상됩니다. 그러나 위 부지부분은 원고가 소유권을 취득한 2010. 6. 10.까지는 위 피고의 소유였으므로 그때까지는 취득시효가 진행하지 아니하므로 위 피고의 주장은 타당하지 아니합니다.

甲과 乙은 甲 소유의 X 부동산에 관하여 매매대금을 1억 원으로 하여 매매계약을 체결하였고, 그 후 乙과 丙은 X에 관하여 매매대금을 1억 2,000만 원으로 하여 매매계약을 체결하였다. 丙이 乙로부터 甲에 대한 소유권이전등기청구권을 양수하고 이 사실을 乙이 甲에게 통지하였다면, 丙은 甲에게 X에 관하여 직접 자기 앞으로 소유권이전등기를 해줄 것을 청구할 수 있다(1회 선택형).(×)

청구취지 형태

4. 피고 조한근은 원고에게,
가. 서울 마포구 성산동 320 대 450㎡ 지상 시멘트블록조 슬래브지붕 단층 화장실 12㎡[등기부상 표시: 같은 동 326 지상 시멘트블록조 슬래브지붕 단층 화장실 12㎡]을 철거하고 위 부분 대지를 인도하고,
나. 2016. 1. 7.부터 서울 마포구 성산동 320 대 450㎡의 인도 완료일까지 월 700,000원의 비율로 계산한 돈을 지급하라.

제7절 임대차계약에 기한 청구

Ⅰ. 청구원인

임대차보증금반환청구의 요건사실은 ⅰ) 임대차계약의 체결, ⅱ) 임대차보증금의 지급, ⅲ) 임대차의 종료이다.

1. 임대차계약의 체결

임대차계약이 체결된 사실에는 임차목적물, 차임이 구체적으로 특정되어야 한다. 대차형 계약이므로 반환시기의 합의는 단순한 법률행위의 부관에 그치는 것이 아니라, 계약의 필수불가결한 요소로 임대기간에 관한 사실까지도 주장·증명하여야 한다.

2. 임대차보증금의 지급

임대차계약에서 보증금을 지급하였다는 증명책임은 보증금의 반환을 구하는 임차인이 부담한다(대판 2005.1.13, 2004다19647).

3. 임대차의 종료

임대차종료를 원인으로 한 임대차보증금반환을 구하는 경우에는 기간만료(해지원인) 등을 밝혀야 한다.

4. 기타 요건

임차인이 임대인으로부터 목적물을 양수한 제3자에 대한 임대차보증금의 반환을 청구하기 위해서는 그가 임대인의 지위를 승계하였거나 보증금반환채무를 인수하였을 것이 요구되므로, 이에 대한 요건 사실, 즉 원고가 민법 또는 주택임대차보호법, 상가건물임대차보호법 소정의 대항력의 요건을 갖춘 사실까지 주장·증명하여야 한다. 한편, 임차인이 임대인에게 임대차목적물을 반환한 사실은 임대차 보증금반환청구의 요건사실에 포함되지 않는다.

Ⅱ. 예상되는 항변

1. 묵시의 갱신의 항변

기간만료로 종료되었다는 원고의 주장에 대하여, 임대인인 피고는 ⅰ) 원고가 종료 후에도 목적물을 계속 사용·수익하였고, ⅱ) 종료 후 상당한 기간 내에 이의를 제기하지 않았다는 '묵시적 갱신의 항변(제639조)'을 할 수 있다. 이 갱신된 임대차는 기간의 정함이 없는 임대차가 되므로, 임차인인 원고는 '재항변'으로 제635조에 따른 계약해지의 통고에 의한 임대차종료의 주장을 할 수 있다

2. 공제의 항변

임대인은 공제 대상 채권(임대차보증금에 의하여 담보되는 차임채권, 부당이득반환채권 및 손해배상채권 등)의 발생사실을 주장·증명하여 그 공제를 '항변'할 수 있고, 임차인은 공제 대상 채권의 소멸사실(변제 등)을 주장·증명하여 '재항변'할 수 있다(대판 1995.7.25, 95다14664 등).

(1) 계약존속 중의 연체차임

연체차임의 공제의 항변에 대하여, 차임지급사실은 원고(임차인)의 '재항변'이 된다.

(2) 임대차계약 종료 후의 부당이득

이 경우 공제의 항변이 인정되기 위해서, 피고(임대인)로서는 判例의 '실질적 이득론'(98다15545, 98

다6497 등)에 따라 원고(임차인)가 임차목적물을 점유하고 있다는 사실을 주장·증명하는 것만으로는 부족하고, 원고가 목적물을 본래의 용법대로 사용·수익하고 있는 사실까지 주장·증명하여야 한다.

(3) 목적물의 멸실 등에 따른 손해배상

이 경우 공제의 항변이 인정되기 위해서, 피고(임대인)로서는 ⅰ) 목적물의 멸실·훼손사실과 ⅱ) 그 손해액을 주장·증명하면 된다.

3. 동시이행의 항변

임대인의 보증금반환채무와 임차인의 목적물인도의무는 동시이행의 관계에 있는바, 피고(임대인)의 동시이행항변에 대하여 원고(임차인)는 피고에게 목적물을 인도하였거나 계속하여 그 이행의 제공을 한 사실을 '재항변'으로 주장할 수 있다.

Ⅰ. 임대차보증금반환청구

임대차보증금반환청구의 요건사실은 ⅰ) 임대차계약의 체결, ⅱ) 임대차보증금의 지급, ⅲ) 임대차의 종료이다.

1. 임대차계약의 체결

임대차는 당사자 일방이 상대방에게 목적물을 사용·수익하게 할 것을 약정하고 상대방이 이에 대하여 차임을 지급할 것을 약정함으로써 성립하는 것이고, 임대인이 그 목적물에 대한 소유권 기타 이를 임대할 권한이 없다고 하더라도 임대차계약은 유효하게 성립한다(대판 1996.9.6, 94다54641). 임대차계약이 체결된 사실에는 임차목적물, 차임이 구체적으로 특정되어야 한다. 대차형 계약이므로 반환시기의 합의는 단순한 법률행위의 부관에 그치는 것이 아니라, 계약의 필수불가결한 요소로 임대기간에 관한 사실까지도 주장·증명하여야 한다.

2. 임대차보증금의 지급

임대차계약에서 보증금을 지급하였다는 증명책임은 보증금의 반환을 구하는 임차인이 부담한다(대판 2005.1.13, 2004다19647).

3. 임대차의 종료

임대차종료를 원인으로 한 임대차보증금반환을 구하는 경우에는 기간만료(해지원인) 등을 밝혀야 한다. 임대차관계는 ① 존속기간의 만료, ② 해지의 통고, ③ 즉시해지, ④ 임대인의 사용·수익케 할 의무의 이행불능으로 인한 당연종료에 의해 종료된다.

(1) 존속기간의 만료

기간의 정함이 있는 경우 기간만료 사실은 법원에 현저한 사실로서 증명할 필요가 없으나, 기간의 정함이 없는 경우에는 임대인에게 계약 해지통고를 하여 그 의사표시가 임대인에게 도달한 사실 및 그때로부터 민법 제635조 제2항 소정의 일정한 기간이 도과한 사실까지 주장·입증하여야 한다.

(2) 해지의 통고

① 제635조, 제636조, 제637조, ② 주택임대차보호법 제6조의2, ③ 상가건물임대차보호법 제10조 5항)

(3) 즉시해지

1) 임차인의 해지

① 임대인이 임차인의 의사에 반하여 보존행위를 하는 경우(제625조), ② 목적물의 일부가 임차인의 과실 없이 멸실되어 그 나머지 부분만으로 임차의 목적을 달성할 수 없는 경우(제627조), ③ 대항력 있는 임대차에서 임차목적물의 소유자가 바뀐 경우

2) 임대인의 해지

① 임차인이 임대인의 동의 없이 제3자에게 임차권을 양도하거나 전대한 경우, ② 차임의 연체액이 2기의 차임액에 달하는 경우(제640조, 제641조)

(4) 임대인의 사용·수익케 할 의무의 이행불능으로 인한 당연종료

1) 임대인의 소유권상실과 임대차 계약의 종료 여부(원칙적 소극)

임대차계약상의 임대인의 의무는 목적물을 사용수익케 할 의무로서, 임대인이 소유권을 상실하였다는 이유만으로 그 의무가 이행불능이 되는 것은 아니나(대판 1994.5.10, 93다379770), 임차인이 진실한 소유자로부터 '목적물의 반환청구'나 '임료 내지 그 해당액의 지급요구'를 받는 등의 이유로 임대인이 임차인으로 하여금 사용·수익케 할 수가 없게 되었다면 임대인의 채무는 이행불능으로 된다(대판 1996.9.6, 94다54641). 이때 임대차는 임차인의 해지의 의사표시를 기다리지 않고 곧바로 종료된다.

2) 임대인의 수선의무 위반의 효과

① 임대차에서 목적물을 사용·수익하게 할 임대인의 의무(제623조)와 임차인의 차임 지급의무는 상호 대가관계에 있으므로, 임대인이 수선의무를 이행하지 않아 임차인이 목적물을 전혀 사용할 수 없을 경우에는 임차인은 차임 전부의 지급을 거절할 수 있으나, '목적물의 사용·수익이 부분적으로 지장이 있는 경우에는 그 한도 내에서 차임의 지급을 거절할 수 있을 뿐' 그 전부의 지급을 거절할 수는 없다(대판 1997.4.25, 96다44778 : 6회 선택형). 이는 임대인이 수선의무를 이행함으로써 목적물의 사용·수익에 지장이 초래된 경우에도 마찬가지이다(대판 2015.2.26. 2014다65724 : 6회 선택형). 민법 제627조 소정의 '일부멸실에 따른 차임의 감액청구'는 같은 취지에 속하는 것이다. ② 임차목적을 달성할 수 없는 때에는 임차인은 계약을 해제할 수 있다(제627조 유추적용).

4. 기타의 요건 : 임차목적물을 양수한 제3자에 대한 임대차보증금의 반환청구

위의 요건 외에도 원고가 대항력을 취득한 사실(민법 제621조, 제622조, 주임법 제3조 1항, 상임법 제3조 1항)을 주장·증명하여야 한다.

(1) 민법상 대항력의 취득

1) 임차권 등기

부동산임차인은 당사자 간에 반대 약정이 없으면 임대인에 대하여 그 임대차등기절차에 협력할 것을 청구할 수 있고, 부동산임대차를 등기한 때에는 그때부터 제3자에 대하여 효력이 생긴다(제621조). 이것은 임차인이 임차권을 제3자에게 주장할 수 있다는 뜻이다.

2) 건물소유를 목적으로 한 토지 임대차에서 임차인이 그 건물에 관하여 등기를 마친 경우

건물의 소유를 목적으로 한 토지임대차는 이를 등기하지 아니한 경우에도 임차인이 그 지상건물을 등기한 때에는 '제3자'(임차목적물의 양수인)에 대하여 임대차의 효력이 생긴다(제622조 1항). 그러나 위 규정은 토지의 '임대인'에 대한 관계에서 임차권의 양도에 관한 그의 동의가 없어도 임차권의 취득을 대항할 수 있다는 것까지 규정한 것은 아니다(대판 1996.2.27, 95다29345). 그리고 임차인이

그 지상건물을 등기하기 '前'에 제3자가 그 토지에 관하여 물권취득의 등기를 한 때에는, 임차인이 그 지상건물을 등기하더라도 그 제3자에 대하여 임대차의 효력이 생기지 않는다(대판 2003.2.28, 2000다65802,65819).

(2) 주택 임대차보호법상 대항력의 취득

1) 주택 임대차보호법의 적용범위

주택 임대차보호법은 주거용 건물의 전부 또는 일부에 관한 임대차에 관하여 적용되며(동법 제2조 1문), 주택 건물에 관하여 소유권보존등기가 이루어지지 않은 경우에도 마찬가지이다(대판 2007.6.21, 전합2004다26133 : 9회 선택형).

또한 그 임차주택의 일부가 주거 외의 목적으로 사용되는 경우에도 적용된다(동법 제2조 2문). 그러나 반대로 비주거용 건물의 일부를 주거의 목적으로 사용하는 경우에는 동법이 적용되지 않는다(대판 1996.3.12, 95다51953). 이 때 주거용 건물에 해당하는지 여부는 임대차목적물의 공부상의 표시(등기부, 건축물관리대장)만을 기준으로 할 것이 아니라 사실상 주거로 사용하는지 여부(그 실제용도)를 기준으로 결정한다(대판 1995.3.10, 94다52522).

주택에 대한 임대차가 아닌 '등기하지 아니한 전세계약'에 관하여도 동법은 준용된다(동법 제12조). 또한 判例는 주택 소유자는 아니더라도 주택에 관하여 적법하게 임대차 계약을 체결할 수 있는 권한을 가진 임대인과 임대차계약이 체결된 경우도 동법이 적용된다고 한다(대판 2012.7.26. 2012다45689 : 4회 선택형).

2) 대항력의 발생요건

적법한 임대차계약을 전제로 ⅰ) 주택의 인도와 ⅱ) 주민등록을 갖추어야 한다. 한편 임차인이 인도를 받은 이상, 그 후 전대를 한 경우에도 임차인은 간접점유를 하는 것이므로 인도의 상태는 유지된다. 그리고 전입신고를 하더라도 주민등록이 되기까지는 시간적 간격이 있으므로 주택임대차보호법은 그 보호의 공백을 메우기 위해 전입신고를 한 때에 주민등록이 된 것으로 본다(동법 제3조 1항 2문).

3) 대항력의 취득시기

임차인이 주택의 인도와 주민등록을 마친 때에는 그 '다음 날'부터 제3자에 대하여 효력이 생긴다(동법 3조 1항 1문). 즉 그 다음 날 오전 0시부터 대항력을 취득한다(대판 1999.5.25, 99다9981). 따라서 임차권의 대항력 요건으로서 주택의 인도 및 주민등록과 그 주택에 대한 제3자의 저당권등기가 같은 날 이루어진 경우에는 제3자의 저당권이 우선한다.

(3) 상가건물 임대차보호법상 대항력의 취득

임대차는 그 등기가 없는 경우에도 ⅰ) 임차인이 건물의 인도와 ⅱ) (부가가치세법 제5조, 소득세법 제168조 또는 법인세법 제111조에 따른) 사업자등록을 신청하면 그 다음날부터 제3자에 대하여 효력이 생긴다(동법 제3조 1항). 그리고 임차건물의 새로운 소유자는 종전 소유자의 임대인으로서의 지위를 승계한다(동법 제3조 2항).

(4) 대항력의 내용(임차목적물이 양도된 경우)

1) 양수인과 임차인 사이의 법률관계(임대차관계의 승계) [3회, 7회 사례형]

① **[임차건물의 양수인]** 주택 임대차보호법은 임차주택의 양수인 기타 임대할 권리를 승계한 자(상속·경매 등으로 임차물의 소유권을 취득한 자)는 '임대인의 지위'를 승계한 것으로 본다(동법 제3조 4항, 상가건물 임대차보호법 제3조 2항도 동일). 이 경우 임대차에 종된 계약인 보증금계약 등도 임대차관계에 수반하여 이전되어(제100조 2항 유추적용), 그 결과 判例에 따르면 양수인이 임대차보증금반

환채무를 '면책적으로 인수'(병존적 인수 아님)하고, 양도인은 임대차관계에서 탈퇴하여 임차인에 대한 임대차보증금반환채무를 면하게 된다고 한다(대판 1987.3.10. 86다카1114).

참고로 동법 제3조 4항은 대항력을 갖춘 일반적인 임차권을 취득한 양수인에게도 유추적용될 수 있다(통설). 그리고 **동 규정은 임차인 보호를 위한 '법정승계' 사유로** (임차목적물)양수인의 동의 등 당사자의 합의와 상관없이 인정된다.

② **[보증금반환채권이 가압류된 '후' 임차건물의 양수인]** 이러한 법리는 임차인의 임대차보증금반환채권이 가압류된 상태에서 임대주택이 양도된 경우에도 그대로 적용되므로 이 경우 양수인은 임대차보증금반환채무를 면책적으로 인수하게 되는데, 나아가 **채권가압류의 제3채무자의 지위까지 승계하는지** 문제된다. 이와 관련하여 判例는 "양수인은 채권가압류의 제3채무자의 지위도 승계하고, 가압류권자 또한 임대주택의 양도인이 아니라 양수인에 대하여만 위 가압류의 효력을 주장할 수 있다고 보아야 한다"고 판시하였다(대판 2013.1.17. 전합2011다49523).

2) 임차인의 승계거부권(이의권)

判例는 임대인이 임차보증금 5억원의 임대차를 양도한 사안에서, "임차인이 곧 이의를 제기함으로써 승계되는 임대차관계의 구속을 면할 수 있고, 임대인과의 임대차관계도 해지할 수 있다고 보아야 한다"(대결 1998.9.2, 98마100)고 한다.

5. 가능한 공격방어방법

(1) 묵시의 갱신(법정갱신 ; 제639조, 주택 임대차보호법 제6조, 상가건물 임대차보호법 제10조)

묵시의 갱신 조항은 강행규정으로 정하여져 있지 않으나(제652조 참조), 判例에 따르면 강행규정이다(대판 1964. 12.8, 64누62).

한편 判例는 임대차계약이 묵시적으로 갱신되었으므로 임대차계약이 종료되지 않았다는 항변(제451조 2항)에 대하여 "임차보증금반환채권이 양도(통지)된 이후에 이루어진 양 당사자 사이에 계약의 갱신 등에 관하여 (묵시적)합의가 있었다고 하여도 그 합의의 효과는 임차보증금반환채권의 양수인에 대하여는 미칠 수 없다"(대판 1989.4.25. 88다카4253,4260)고 한다.

(2) 공 제

1) 보증금의 법적 성질

"임대차 '종료 후' 에 임대인에게 '인도할 때' 체불임료 등 모든 피담보채무를 공제한 잔액이 있을 것을 조건으로 하여 그 잔액에 관한 임차인의 보증금반환청구권이 발생한다"(대판 1988.1.19, 87다카1315)고 하며, 보증금에서 채무 등을 공제하려면 임대인이 공제 주장을 하고, 다만 그 발생한 채권이 소멸하였는지(반대채권의 부존재)는 임차인이 주장·입증할 것이라고 한다(대판 1995.7.25, 95다14664 등).

2) 보증금의 효력

가) 담보적 효력

차임·손해배상금·소송비용(대판 2012.9.27. 2012다49490) 등 임차인이 '임차목적물을 인도할 때까지' 임대인에 대하여 부담하는 임대차에 관한 모든 채무를 담보한다. 임대차보증금액보다도 임차인의 채무액이 많은 경우에는 제477조에서 정하고 있는 법정충당순서에 따라야 한다(대판 2007.8.23, 2007다21856).

「주택임대차보호법」상 대항력을 갖춘 임차인의 임대차보증금반환채권이 가압류된 상태에서 임대주택이 양도된 경우, 양수인이 채권가압류의 제3채무자의 지위를 승계하는 것은 아니므로 가압류권자는 임대주택의 양수인이 아니라 양도인에 대하여 위 가압류의 효력을 주장하여야 한다.(6회,8회 선택형).(×)

임대인이 임대차보증금반환채권의 양도통지를 받은 후에는 임대인과 임차인 사이에 임대차계약의 갱신이나 계약기간 연장에 관하여 명시적 또는 묵시적 합의가 있더라도 그 합의의 효과는 임대차보증금반환채권의 양수인에 대하여는 미칠 수 없다.(4회,5회,8회 선택형).(O)

나) 차임 등을 보증금에서 공제할 수 있는지 여부(보증금의 담보적 효력의 범위)

a. 임차목적물 반환 전

① 충당 여부는 임대인의 자유이므로 보증금으로 연체차임 등에 충당하지 않고 차임을 청구할 수도 있다(대판 2005.5.12. 2005다459,466). 즉, 임대차계약 종료 전에는 연체차임이 공제 등의 별도의 의사표시 없이 임대차보증금에서 당연히 공제되는 것은 아니다(대판 2013.2.28. 2011다49608,49615).

② 그리고 임대차계약이 종료되었다 하더라도 목적물이 명도되지 않았다면 임차인은 임대차보증금이 있음을 이유로 연체차임의 지급을 거절할 수 없다(대판 2007.8.23, 2007다21856,21863).

b. 임대차계약의 종료에 따라 임차목적물 반환시

① 피담보채무액은 임대차관계의 종료 후 목적물이 반환될 때에 특별한 사정이 없는 한 별도의 의사표시 없이 임대차보증금에서 당연히 공제된다(대판 2007.8.23, 2007다21856,21863).

② 임차보증금이 전부명령에 의해 타인에게 이전된 때에도 임차인의 임대차상의 채무가 공제된다. 임차인의 채무는 보증금에서 공제되는 것이 처음부터 예정되어 있었기 때문이다(대판 1988.1.19, 87다카1315). 마찬가지로 차임채권에 관하여 압류 및 추심명령이 있는 경우에도 임대차 종료시까지 추심되지 않은 차임은 보증금에서 당연히 공제된다(대판 2004.12.23, 2004다56554 : 압류 추심명령이 피고 임차인에게 송달된 이후에 발생한 차임은 공제하지 못한다는 피고의 항변이 배척된 사례 : 8회 선택형). **[7회 사례형]**

다) 차임채권양도의 경우

"보증금이 수수된 임대차계약에서 차임채권이 양도되었다고 하더라도, 임차인은 임대차계약이 종료되어 목적물을 반환할 때까지 연체한 차임 상당액을 보증금에서 공제할 것을 주장할 수 있다"(대판 2015.3.26. 2013다77225 : 6회,8회 선택형).

라) 대항력을 갖춘 임차목적물양도의 경우 [7회 사례형]

① "대항력을 갖춘 임차인이 있는 상가건물의 양수인이 임대인의 지위를 승계하면(계약인수), 양수인은 임차인에게 임대보증금반환의무를 부담하고 임차인은 양수인에게 차임지급의무를 부담한다. 그러나 임차건물의 소유권이 이전되기 전에 '이미 발생한 연체 차임이나 관리비' 등은 별도의 채권양도절차가 없는 한 원칙적으로 양수인에게 이전되지 않고 구임대인만이 임차인에게 청구할 수 있다"(아래 2016다218874)

② "그러나 임차건물의 양수인이 건물 소유권을 취득한 후 임대차관계가 종료되어 임차인에게 임대차보증금을 반환해야 하는 경우에 임대인의 지위를 승계하기 전까지 발생한 연체차임이나 관리비 등이 있으면 이는 특별한 사정이 없는 한 임대차보증금에서 당연히 공제된다"(대판 2017.3.22. 2016다218874).

3) 주장·입증책임

임대인은 공제 대상 채권(임대차보증금에 의하여 담보되는 차임채권, 부당이득반환채권 및 손해배상채권 등)의 발생사실을 주장·증명하여 그 공제를 '항변'할 수 있고, 임차인은 공제 대상 채권의 소멸사실(변제 등)을 주장·증명하여 '재항변'할 수 있다(대판 1995.7.25, 95다14664 등).

가) 계약존속 중의 연체차임

연체차임의 공제의 항변에 대하여, 차임지급사실은 원고(임대인)의 '재항변'이 된다.

나) 임대차계약 종료 후의 부당이득

이 경우 공제의 항변이 인정되기 위해서, 피고(임대인)로서는 判例의 '실질적 이득론'(98다15545, 98다6497 등)에 따라 원고(임차인)가 임차목적물을 점유하고 있다는 사실을 주장·증명하는 것만으로는 부족하고, 원고가 목적물을 본래의 용법대로 사용·수익하고 있는 사실까지 주장·

증명하여야 한다.

① **[타인소유의 '건물'을 법률상 원인 없이 점유하고 있는 경우]** 判例는 "법률상 원인 없이 이득하였음을 이유로 하는 부당이득반환에 있어서 이득이라 함은, '실질적인 이익'을 가리키는 것이므로 법률상 원인 없이 건물을 점유하고 있더라도 이를 사용·수익하지 못하였다면 실질적인 이익을 얻었다고 볼 수 없다"(대판 1992.4.14, 91다45202,45219)고 판시하고 있다(실질적 이득론). **[4회 기록형]**

② **[타인소유의 '토지'를 법률상 원인 없이 점유하고 있는 경우]** 判例는 "타인 소유의 토지 위에 권한 없이 건물을 소유하고 있는 자는 그 자체로써 특별한 사정이 없는 한 법률상 원인 없이 타인의 재산으로 인하여 토지의 차임에 상당하는 이익을 얻고 이로 인하여 타인에게 동액 상당의 손해를 주고 있다고 보아야 한다"(대판 1998.5.8, 98다2389)고 판시하고 있다. 따라서 건물을 사용·수익하지 않더라도 '부지'에 관한 부당이득은 성립한다. 그리고 判例에 따르면 이는 건물의 소유자가 미등기건물의 원시취득자로서 그 건물에 관하여 '사실상의 처분권을 보유하게 된 양수인'이 따로 존재하는 경우에도 미등기건물의 원시취득자가 토지의 차임에 상당하는 부당이득을 얻고 있는 것이 된다(대판 2011.7.14, 2009다76522). **[5회 기록형]**

다) 목적물의 멸실 등에 따른 손해배상

이 경우 공제의 항변이 인정되기 위해서, 피고(임대인)로서는 ⅰ) 목적물의 멸실·훼손사실과 ⅱ) 그 손해액을 주장·증명하면 된다.

a. 임차인에게 증명책임이 있는 경우

임차인은 임차건물의 보존에 관하여 선량한 관리자의 주의의무를 다하여야 하고(제374조), 임차인의 임차물반환채무가 이행불능이 된 경우, 임차인이 그 이행불능으로 인한 손해배상책임을 면하려면 그 이행불능이 임차인의 귀책사유로 말미암은 것이 아님을 입증할 책임이 있다(대판 2006.1.13. 2005다51013,51020). 따라서 임차건물이 화재로 소훼된 경우에 있어서 그 화재의 발생원인이 불명인 때에도 임차인이 그 책임을 면하려면 그 임차건물의 보존에 관하여 선량한 관리자의 주의의무를 다하였음을 입증하여야 한다(대판 2001.1.19. 2000다57351 : 9회 선택형).

b. 임대인에게 증명책임이 있는 경우

① **[임대인의 지배관리 영역 내의 화재]** "임차건물이 '임대인의 지배관리 영역 내'에 있는 부분(주로 대규모 수선을 요하는 부분)의 화재로 소훼된 경우 임차인의 선관주의의무의 위반을 임대인이 입증하여야 임차인에게 손해배상책임을 지울 수 있다"(대판 2006.2.10. 2005다65623).

② **[임차 외 건물부분의 화재]** "임차 건물 부분에서 화재가 발생하여 임차 건물 부분이 아닌 건물 부분(이하 '임차 외 건물 부분'이라 한다)까지 불에 타 그로 인해 임대인에게 재산상 손해가 발생한 경우에는 '임차 외 건물 부분이 구조상 불가분의 일체를 이루는 관계에 있는 부분이라 하더라도', 그 부분에 발생한 손해에 대하여 임대인이 임차인을 상대로 채무불이행을 원인으로 하는 배상을 구하려면, ⅰ) 임차인이 보존·관리의무를 위반하여 화재가 발생한 원인을 제공하는 등 화재 발생과 관련된 '임차인의 계약상 의무 위반'이 있었고, ⅱ) 그러한 의무 위반과 임차 외 건물 부분의 손해 사이에 '상당인과관계'가 있으며, ⅲ) 임차 외 건물 부분의 손해가 의무 위반에 따라 민법 제393조에 의하여 배상하여야 할 '손해의 범위 내'에 있다는 점에 대하여 '임대인'이 주장·증명하여야 한다"(대판 2017.5.18. 전합2012다86895,86901: 8회,9회 선택형))

(3) 동시이행의 항변

임대인의 보증금반환채무와 임차인의 목적물인도의무는 동시이행의 관계에 있는바, 피고(임대인)의 동시이행항변에 대하여 원고(임차인)는 피고에게 목적물을 인도하였거나 계속하여 그 이행의 제공을 한 사실을 '재항변'으로 주장할 수 있다.

임차인이 임대인 소유 건물의 일부를 임차하여 사용·수익하던 중 임차건물 부분에서 화재가 발생하여 임차건물 부분이 아닌 건물 부분까지 불에 탄 경우에, 건물의 규모와 구조로 볼 때 건물 중 임차건물 부분과 그 밖의 부분이 상호 유지·존립함에 있어서 구조상 불가분의 일체를 이루는 관계에 있다면, 임차인은 임차건물의 보존에 관하여 선량한 관리자의 주의의무를 다하였음을 증명하지 못하는 이상 그 임차 외 건물 부분이 소훼되어 임대인이 입게 된 손해도 채무불이행으로 인한 손해로 배상할 의무가 있다(8회 선택형).(×)

甲과 乙은 甲 소유의 건물 중 1층에 대하여 임대차계약을 체결하였으나 乙이 임차하여 점유하고 있던 건물 1층에서 발생한 화재로 건물 1층뿐만 아니라 甲이 점유하고 있던 건물 2층도 전소되었다. 건물 1층에서 발생한 화재가 甲이 지배, 관리하는 영역에 존재하는 하자로 인하여 발생한 것으로 추단된다면, 특별한 사정이 없는 한 甲은 화재로 인한 목적물 반환의무의 이행불능으로 인한 손해배상책임을 乙에게 물을 수 없다(9회 선택형).(○)

■ **임대차목적물 반환청구**(임대인의 임차인에 대한 청구형 문제)

I. 청구원인

임대차목적물반환청구의 요건사실은 ⅰ) 임대차계약의 체결, ⅱ) 목적물의 인도, ⅲ) 임대차의 종료이다.

타인 소유의 물건에 대한 임대차계약도 유효하게 성립하므로 임대인은 목적물이 자신의 소유인 점을 주장·증명할 필요는 없다. 임대인이 임차인과 사이의 임대차 종료를 이유로 전차인에 대하여 직접 목적물의 반환을 청구하는 경우에는 그 청구원인 사실로서 ⅰ) 임대인이 임차인과 임대차계약을 체결한 사실, ⅱ) 임대인이 임차인에게 목적물을 인도한 사실, ⅲ) 임차인이 임대인의 동의를 얻어 전차인과 임대차 또는 사용대차계약을 체결한 사실, ⅳ) 임차인이 전차인에게 목적물을 인도한 사실, ⅴ) 임대차가 종료한 사실을 주장·증명하여야 한다(제630조 참조). 다만, 전차인의 권리를 임대인과 임차인의 의사만으로 해하는 것은 허용되지 아니하므로(제631조), 위 요건사실 중 ⅴ)의 임대차 종료 원인으로서 '합의해지'를 주장하는 것은 주장 자체로 이유가 없다.

II. 예상되는 항변

1. 매수청구권의 행사(이하 별도 설명)

① 피고는 건물임대차의 경우 부속물매수청구권(제646조), 토지임대차의 경우 지상물매수청구권(제643조, 제283조)을 행사하면서 동시이행의 항변을 할 수 있다. ② 이에 대해 원고는 부속물매수청구권과 지상물매수청구권의 포기특약의 '재항변'을 할 수 있다(매수청구권과 관련된 규정은 강행규정이나 포기특약의 내용이 임차인에게 불리하지 않은 것이라면 예외적으로 유효하다).

2. 유치권

① 피고는 필요비상환청구권(제626조 1항)이나, 유익비상환청구권(제626조 2항)을 행사하면서 유치권의 항변을 할 수 있다. ② 이에 대해 원고는 필요비상환청구권과 유익비상환청구권의 포기특약의 '재항변'을 할 수 있다(비용상환청구권과 관련된 규정은 임의규정이므로 포기특약이 원칙적으로 유효하다).

3. 동시이행의 항변

임차인인 피고는 임대차보증금의 반환과 동시이행의 항변을 주장할 수 있는데, 이 경우 피고는 임대차보증금 지급사실만 주장·증명하면 되고, 이에 대하여 원고인 임대인은 공제 대상 채권(임대차보증금에 의하여 담보되는 차임채권, 부당이득반환채권 및 손해배상채권 등)의 발생사실을 주장·증명하여 그 공제를 '재항변'할 수 있고, 피고인 임차인은 공제 대상 채권의 소멸사실(변제 등)을 주장·증명하여 '재재항변'할 수 있다

II. 임대차목적물반환청구

1. 청구원인

(1) 요건사실

임대차목적물반환청구의 요건사실은 ⅰ) 임대차계약의 체결, ⅱ) 목적물의 인도, ⅲ) 임대차의 종료이다.

(2) 내 용

1) 타인 소유의 물건에 대한 임대차계약

이러한 계약도 유효하게 성립하므로 임대인은 목적물이 자신의 소유인 점을 주장·증명할 필요는 없다.

2) 임대차의 종료

가) 차임연체와 임대인의 해지

건물 기타 공작물의 임대차에는 임차인의 차임 연체액이 2기의 차임액에 달하는 때에는 임대인은 계약을 해지할 수 있다(제640조). 차임지급의 연체는 연속될 것을 요하지 않으며, 임대인이 상당한 기간을 정하여 이를 최고할 필요도 없다(대판 1962.10.11, 62다496). 본조는 강행규정이다(제652조). 참고로 상가건물 임대차보호법에도 '임차인의 차임연체액이 3기의 차임액에 달하는 때에는 임대인은 계약을 해지할 수 있다'(동법 제10조의8)는 규정이 신설되었다.

나) 해제권의 불가분성

당사자의 일방 또는 쌍방이 수인인 경우에는 계약의 해지나 해제는 그 전원으로부터 또는 전원에 대하여 하여야 한다(제547조 1항). 따라서 예를 들어 "여러 사람이 공동임대인으로서 임차인과 하나의 임대차계약을 체결한 경우에는 공동임대인 전원의 해지의 의사표시에 따라 임대차계약 전부를 해지하여야 한다.

3) 적법한 전대차가 있는 경우의 목적물반환청구

적법한 전대차가 있는 경우에는 임대인은 직접 전차인에게 권리를 행사할 수 있고, 전차인도 전대차계약의 범위 내에서 임대인에게 의무를 부담한다(제630조 1항). 따라서 임대인이 임차인과 사이의 임대차 종료를 이유로 전차인에 대하여 직접 목적물의 반환을 청구하는 경우에는 그 청구원인 사실로서 ⅰ) 임대인이 임차인과 임대차계약을 체결한 사실, ⅱ) 임대인이 임차인에게 목적물을 인도한 사실, ⅲ) 임차인이 임대인의 동의를 얻어 전차인과 임대차 또는 사용대차계약을 체결한 사실, ⅳ) 임차인이 전차인에게 목적물을 인도한 사실, ⅴ) 임대차가 종료한 사실을 주장·증명하여야 한다(제630조 참조). 다만, 전차인의 권리를 임대인과 임차인의 의사만으로 해하는 것은 허용되지 아니하므로(제631조), 위 요건사실 중 ⅴ)의 임대차 종료원인으로서 '합의해지'를 주장하는 것은 주장 자체로 이유가 없다.

2. 예상되는 항변

(1) 매수청구권의 행사

① 피고는 건물임대차의 경우 부속물매수청구권(제646조), 토지임대차의 경우 지상물매수청구권(제643조, 제283조)을 행사하면서 동시이행의 항변을 할 수 있다. ② 이에 대해 원고는 부속물매수청구권과 지상물매수청구권의 포기특약의 '재항변'을 할 수 있다(매수청구권과 관련된 규정은 강행규정이나 포기특약의 내용이 임차인에게 불리하지 않은 것이라면 예외적으로 유효하다).

부속물매수청구권, 지상물매수청구권 ▼

Ⅰ. 건물 임차인의 부속물매수청구권

1. 요건사실

부속물매수청구권의 행사를 주장하는 피고(임차인)로서는 ⅰ) 임대인의 동의를 얻어 부속물을 설치하였거나 그 부속물이 임대인으로부터 매수한 사실, ⅱ) 그 부속물이 현존하는 사실, ⅲ) 매수청구권을 행사한 사실은 물론(원칙적으로 임대차계약이 체결되었다가 종료한 사실도 요건사실에 포함된다 할 것이지만, 이는 청구원인사실의 인정단계에서 이미 판단되었을 것이므로 따로 주장·증명할 필요는 없다), 동시이행의 범위를 정하기 위하여 매수청구권 행사 당시 부속물의 시가까지 주장·증명하여야 한다. 이에 대해 원고는 매수청구권 포기의 특약사실과 임대차계약의 과정을 전체적으로 살펴볼 때 그 특약이 임차인 등에게 일방적으로 불리한 것이 아니라는 사정에 관한 사실을 주장하며 '재항변'할 수 있다(대판 1982.1.19, 81다1001).

2. 구체적 검토

(1) 건물 기타 공작물의 임대차일 것

(2) 임차인이 임차목적물의 사용의 편익을 위하여 부속시킨 것일 것

건물에 부속된 것으로 임차인의 소유에 속하고 건물의 구성부분을 이루지 않는 '독립'한 물건이며 '건물'의 편익을 가져오게 하는 물건이어야 한다(대판 1993.2.26, 92다41627). 따라서 **오로지 임차인의 특수목적에 사용하기 위하여 부속된 때에는 매수청구의 대상이 될 수 없다**(대판 1993.2.26, 92다41627).

(3) 부속물이 독립성을 가질 것

부속물이란 건물에 '부속'된 것으로 임차인의 소유에 속하고 건물의 '구성부분'을 이루지 않는 '독립'한 물건이어야 한다(대판 1993.2.26, 92다41627). 따라서 기존건물과 분리되어 독립한 소유권의 객체가 될 수 없는 증축부분이나 임대인의 소유에 속하기로 한 부속물은 매수청구의 대상이 될 수 없다(대판 1982.1.19, 81다1001).

(4) 임대인의 동의를 얻거나 임대인으로부터 매수하여 부속시킨 것일 것

(5) 임대차가 종료하였을 것

채무불이행으로 인한 해지로 임대차가 종료된 경우에 判例는 성실한 임차인만이 보호되어야 한다는 점에서 부정한다(대판 1990.1.23, 88다카7245,7252).

3. 포기특약의 유효성

부속물매수청구권을 규정한 제646조는 강행규정으로서 이에 위반하는 약정으로 임차인에게 불리한 것은 무효가 된다(제652조). 다만 '부속물매수청구권을 포기하는 대신 임대차계약의 보증금 및 차임을 파격적으로 저렴하게 하는 등' 특약의 내용이 임차인에게 불리하지 않은 것이라면 그 특약을 무효로 볼 것은 아니다(대판 1982.1.19, 81다1001).

4. 부속물매수청구의 상대방

① 건물 기타 공작물의 임차인이 적법하게 전대한 경우에 전차인이 그 사용의 편익을 위하여 '임대인의 동의'를 얻어 이에 부속한 물건이 있는 때에는 전대차의 종료시에 임대인에 대하여 그 부속물의 매수를 청구할 수 있고, 임대인으로부터 매수하였거나 그 동의를 얻어 임차인으로부터 매수한 부속물에 대하여도 같다(제647조).

② 새로운 소유자에 대해서는 임차권에 대항력이 있는지 여부에 따라 달라진다.

Ⅱ. 토지 임차인의 지상물매수청구권

1. 요건사실

지상물매수청구권의 행사를 주장하는 피고(임차인)로서는 ⅰ) 지상물 소유의 목적으로 토지임대차계약을 체결한 사실, ⅱ) 임차인이 지상물을 건축하여 현존하고 있는 사실, ⅲ) 계약갱신을

甲은 건물의 소유를 목적으로 乙 소유의 토지에 대한 임대차계약을 乙과 체결하였는데, 그 후 甲은 건물을 완성한 다음 이를 丙에게 임대하였다. 丙이 甲의 동의를 얻어 기존의 출입문을 제거하고 유리출입문과 새시를 부속물로서 설치한 경우, 甲과 丙 사이의 건물임대차계약이 丙의 차임지급채무 불이행으로 인하여 해지되었다면, 丙의 甲에 대한 부속물매수청구는 허용되지 않는다 (3회 선택형).(○)

청구하였으나 임대인이 이를 거절한 사실, iv) 매수청구권을 행사한 사실을 주장·증명하면 되고, 그 매매대금의 지급을 반소로 구하지 않는 한 매수청구권 행사 당시 지상물의 시가까지 주장·증명하여야 할 필요는 없다(원칙적으로 임대차계약이 체결되었다가 종료한 사실도 요건사실에 포함된다 할 것이지만, 이는 청구원인사실의 인정단계에서 이미 판단되었을 것이므로 따로 주장·증명할 필요는 없다). 다만, 원고가 피고의 지상물매수청구권 행사의 항변이 받아들여질 것에 대비하여 예비적으로 지상물의 인도 및 소유권이전등기청구를 하고 있는 경우라면 피고는 이와 동시이행관계에 있는 지상물매매대금의 범위를 정하기 위하여 지상물의 시가를 주장·증명하여야 한다.

2. 구체적 검토

(1) 건물 기타 공작물의 소유 등을 목적으로 한 '토지임대차'일 것

判例는 민법 제643조는 건물 등의 소유를 목적으로 하는 '토지의 전세권'에도 유추적용된다고 한다(대판 2007.9.21, 2005다41740).

(2) 임대차기간의 만료로 임차권이 소멸하고 임대인의 갱신거절이 있을 것

① 토지임차인의 차임연체 등 채무불이행으로 인해 임대인이 임대차계약을 해지한 때에는 임차인이 계약의 갱신을 청구할 여지가 없으므로, 이를 전제로 하는 2차적인 지상물의 매수청구도 할 수 없다(대판 1997.4.8, 96다54249). **[10회 사례형]** ② 기간의 약정 없는 토지임대차계약에 대해 임대인이 해지통고를 한 경우(제635조), 임대인이 미리 계약의 갱신을 거절한 것으로 볼 수 있으므로, 임차인은 계약의 갱신을 청구할 필요없이 곧바로 지상물의 매수를 청구할 수 있다(대판 1995.2.3, 94다51178,51185 : 7회 선택형).

(3) 임차인이 지상물을 건축하여 현존하고 있는 사실

1) 긍정한 경우

① 지상물이 객관적으로 경제적 가치가 있는지 여부나 임대인에게 소용이 있는지 여부는 그 행사요건이라고 볼 수 없고(대판 2002.5.31. 2001다42080 : 3회 선택형), ② 임대차계약 당시의 기존건물이거나 임대인의 동의를 얻어 신축한 것에 한정하지 않는다(대판 1993.11.12, 93다34589 : 3회 선택형). ③ 또한 행정관청의 허가를 받은 적법한 건물이 아니더라도 그 대상이 된다(대판 1997.12.23, 97다37753 : 3회 선택형).

2) 제한적으로 긍정한 경우

임차인 소유의 건물이 임차 토지 외에 임차인 또는 제3자 소유의 토지 위에 걸쳐 있는 경우, "임차 토지를 경계로 그 위에 걸쳐 있는 건물의 부분이 구분소유권의 객체로 될 수 있는 경우에 한해 그 부분만에 대한 매수청구를 할 수 있다"(대판 1996.3.21, 전합93다42634 : 7회 선택형)고 한다. 이에 따르면 만일 임차 토지 위에 있는 건물 부분에 구분소유의 객체가 될 수 있는 부분이 없다면 임차인은 임대인에게 지상물의 매수를 청구할 수 없게 되고, 결국 임차 토지 위에 있는 건물 부분을 철거하여야 한다.

3. 지상물매수청구권의 행사

(1) 지상물매수청구권자

① **[지상물 소유자]** 지상물매수청구권은 지상물소유자에 한하여 행사할 수 있다(대판 1993.7.27, 93다6386). 다만 건물 소유를 목적으로 하는 '토지 임대인의 동의를 얻어' 토지임차인으로부터 임차권을 양수한 자가 토지 위에 종전 임차인이 신축한 미등기 무허가 건물을 매수한 때에도, 그 점유중인 건물에 대해 '법률상 또는 사실상의 처분권'을 갖고 있으므로 이러한 토지임차권 양수인

건물 소유를 목적으로 하는 토
지임대차에서 종전 임차인으
로부터 미등기 무허가건물을
매수하여 점유하고 있는 토지
임차인은, 특별한 사정이 없는
한 비록 소유자로서의 등기 명
의가 없어 건물 소유권을 취득
하지 못하였다 하더라도 임대
인에 대하여 지상물매수청구
권을 행사할 수 있는 지위에
있다(9회 선택형).(O)

은 임대인에게 그 건물의 매수를 청구할 수 있다(대판 2013.11.28. 2013다48364 : 7회,9회 선택형).

② **[임차권의 양도나 전대의 경우]** 토지임차인이 토지 임차권을 양도 또는 전대하고 지상 건물을 양도 한 경우(후자의 경우 제100조 2항의 유추적용에 의해 지상건물의 양수인은 토지임차권도 취득한다), ㉠ 임대인 의 동의가 있는 경우 건물의 양수인은 직접 임대인에게 지상물매수청구권을 행사할 수 있으나, ㉡ 임대인의 동의가 없는 경우 지상건물을 양수한 자는 직접 임대인에게 지상물매수청구권을 행사할 수 없다(대판 1993.7.27, 93다6386). 이때 토지임차인 역시 이미 건물의 소유자가 아니기 때 문에 임대인에게 지상물매수청구권을 행사할 수 없다(대판 1993.7.27, 93다6386 참고).

(2) 지상물매수청구의 상대방

① **[토지소유자인 임대인]** 원칙적으로 '임차권 소멸 당시의 토지소유자인 임대인'이다. 임대인이 임 차권 소멸 당시에 이미 토지소유권을 상실한 경우에는 그에게 지상건물의 매수청구권을 행사 할 수 없으며, 임대인이 임대차계약의 종료 전에 토지를 임의로 처분하였다 하여 달라지는 것 은 아니다(대판 1994.7.29. 93다59717,93다59724).

토지 소유자가 아닌 제3자가
임대차계약의 당사자로서 토
지를 임대한 경우, 토지 소유
자가 임대인의 지위를 승계하
였다는 등의 특별한 사정이 없
는 한, 임대인이 아닌 토지 소
유자가 직접 지상물매수청구
권의 상대방이 될 수는 없다(7
회 선택형).(O)

② **[토지 소유자가 아닌 제3자가 토지 임대행위를 한 경우]** 이 경우에는 "㉠ 제3자가 토지 소유자를 적법하게 대리하거나 토지 소유자가 제3자의 무권대리행위를 추인하는 등으로 임대차계약의 효과가 토지 소유자에게 귀속되었다면 토지 소유자가 임대인으로서 지상물매수청구권의 상대 방이 된다. ㉡ 그러나 '제3자가 임대차계약의 당사자로서 토지를 임대'하였다면, 토지 소유자 가 임대인의 지위를 승계하였다는 등의 특별한 사정이 없는 한 임대인이 아닌 토지 소유자가 직접 지상물매수청구권의 상대방이 될 수는 없다"(대판 2017.4.26. 2014다72449,72456 : 7회 선택형).

③ **[임대기간 중 임차목적물이 양도된 경우]** 이 경우에는 임차권에 대항력이 있는지 여부(제622조 1항) 에 따라 달라진다. ㉠ '토지임차권이 대항력이 있는 경우'에는 새로운 소유자가 임대인의 지위 를 승계하기 때문에 임차인은 새로운 소유자에게 지상물매수를 청구할 수 있다(대판 1996.6.14. 96다14517). ㉡ 그러나 '토지임차권이 대항력이 없는 경우'에는 양수인에게 청구할 수 없고, 전 임대인에게도 청구할 수 없다.

④ **[임차권 소멸 후 임차목적물이 양도된 경우]** 이 경우에는 제3자에 대하여 대항할 수 있는 임차 권(제622조 1항)을 가지고 있던 토지 임차인은 그 새로운 소유자에 대하여도 위 매수청구권을 행사할 수 있다(대판 1996.6.14, 96다14517). **[2회 기록형]**

⑤ **[전대차]** 전대차의 경우에 전차인도 '임대인'(전대인 아님)에게 청구할 수 있다(제644조).

(3) 임대인의 건물철거청구 소송 중(또는 확정 後)에 임차인의 매수청구권 행사시

1) 상환이행판결 여부(부정, 적극적 석명 인정)

토지임대차 종료시 임대인의 건물철거와 그 부지인도 청구에는 건물매수대금 지급과 동시에 건물명도를 구하는 청구가 포함되어 있다고 볼 수 없다. 따라서 임차인의 지상물매수청구권 행사의 항변이 받아들여지면 (교환적·예비적) **청구취지의 변경이 없는 한 임대인의 지상물철거 및 토지인도청구는 기각하여야 할 것이나**, 법원으로서는 **'석명권'을 적절히 행사하여** 임대인으로 하여금 건물철거청구를 건물소유권이전등기·건물인도청구(대지와 건물부지가 일치할 경우 건물인도 청구 이외에 별도의 대지인도청구는 불필요하다)로 변경하게 한 후 매매대금과의 상환이행을 명하는 판결을 하여야 하며, 이와 같은 **석명권 행사 없이 그냥 기각하면 위법하다**(대판 1995.7.11, 전합94다 34265 ; 적극적 석명의무 긍정 : 1회,3회,7회,8회 선택형).

甲은 乙로부터 그 소유의 X 토
지를 임차한 후 그 토지상에 Y
건물을 신축하였다.乙이 甲을
상대로 X 토지의 인도 및 Y 건
물의 철거를 청구한데 대하여
甲이 적법하게 건물매수청구
권을 행사한 경우, 법원은 乙
이 종전 청구를 유지할 것인지
아니면 대금지급과 상환으로
건물인도를 청구할 의사가 있
는지를 석명하여야 한다(3회,5
회,8회 선택형).(O)

2) 기판력과 실권효(부정)

건물의 소유를 목적으로 하는 토지 임대차에 있어서, 임대차가 종료함에 따라 토지의 임차인이 임대인에 대하여 건물매수청구권을 행사할 수 있음에도 불구하고 이를 행사하지 아니한 채,

토지의 임대인이 임차인에 대하여 제기한 토지인도 및 건물철거청구 소송에서 패소하여 그 패소판결이 확정되었다고 하더라도, 그 확정판결에 의하여 건물철거가 집행되지 아니한 이상 토지의 임차인으로서는 건물매수청구권을 행사하여 별소로써 임대인에 대하여 건물매매대금의 지급을 구할 수 있다(대판 1995.12.26, 95다42195 : 1회,3회 선택형). **[2회 기록형]**

4. 효 과

(1) 매매계약의 성립 및 매매가격

지상물매수청구권은 '형성권'으로서, 임차인의 행사만으로 지상물에 관해 임대인과 임차인 사이에 시가에 의한 매매 유사의 법률관계가 성립한다(대판 1991.4.9, 91다3260 : 8회 선택형).

① 判例에 따르면 이 때 건물의 매수가격은 건물 자체의 가격 외에 건물의 위치, 주변토지의 여러 사정 등을 종합적으로 고려하여 **매수청구권 행사 당시 건물이 현재하는 대로의 상태에서 평가된 시가**를 말하는 것이다(대판 2008.5.29, 2007다4356).

② 토지임차인 소유의 건물에 근저당권이 설정된 경우에도 매수청구권은 인정된다(대판 1972.5.23, 72다34). 이 경우 그 건물의 매수가격은 매수청구권행사 당시 건물이 현존하는 대로의 상태에서 평가된 시가 상당액을 의미하고, 여기에서 근저당권의 채권최고액이나 피담보채무액을 공제한 금액을 매수가격으로 정할 것은 아니다(대판 2008.5.29, 2007다4356).

(2) 동시이행항변권의 인정 여부

임차인의 건물명도 및 그 소유권이전등기의무와 토지임대인의 건물대금 지급의무는 서로 대가관계에 있는 채무로서 당사자는 '동시이행'을 주장할 수 있으므로, 임차인이 임대인에게 자신의 의무를 이행하지 않았다면 임대인에게 그 매매대금에 대한 지연손해금을 구할 수 없다(대판 1998.5.8, 98다2389 : 3회 선택형).

(3) 유치권의 인정 여부

判例는 토지임차인이 지상시설물에 대한 매수청구권으로서 임차물인 토지에 대한 유치권을 주장할 수 없다고 본 것이 있다(대판 1977.12.13, 77다115).

5. 포기특약의 유효성

지상물매수청구권을 규정한 제643조는 강행규정으로서 이에 위반하는 약정으로 임차인에게 불리한 것은 무효가 된다(제652조 : 1회 선택형). 다만 '지상물매수청구권을 포기하는 대신 임대차계약의 보증금 및 차임을 파격적으로 저렴하게 하는 등' 특약의 내용이 임차인에게 불리하지 않은 것이라면 그 특약을 무효로 볼 것은 아니다(대판 1997.4.8, 96다45443).

(1) 유치권

① 피고는 필요비상환청구권(제626조 1항)이나, 유익비상환청구권(제626조 2항)을 행사하면서 유치권의 항변을 할 수 있다. ② 이에 대해 원고는 필요비상환청구권과 유익비상환청구권의 포기특약의 '재항변'을 할 수 있다(비용상환청구권과 관련된 규정은 임의규정이므로 포기특약이 원칙적으로 유효하다).

1) 필요비상환청구권의 경우

임차인이 임차물의 보존관리를 위하여 필요한 비용을 지출한 경우 그러한 필요비상환청구권에 기하여 유치권을 행사할 수 있다. 이 경우 피고(임차인)는 i) 목적물에 관하여 일정 비용을 지출한 사실 및 ii) 그 비용이 목적물의 보존에 필요한 사실을 주장·증명하면 되고, 유익비상환청구권과 달리 가액의 현존 여부는 따질 필요가 없다.

乙이 甲을 상대로 제기한 X 토지의 인도 및 Y 건물의 철거청구소송에 승소하여 그 승소판결이 확정되었다고 하더라도, 그 확정판결에 의하여 건물철거가 집행되지 아니한 이상 甲은 건물매수청구권을 행사하여 별소로써 乙에 대하여 건물매매대금의 지급을 구할 수 있다(3회 선택형).(O)

건물의 소유를 목적으로 하는 토지임대차계약에서 지상물매수청구권의 행사로 인하여 임대인과 임차인 사이에 지상물에 관한 매매가 성립하게 되며, 임대인은 그 매수를 거절하지 못한다(8회 선택형).(O)

건물의 소유를 목적으로 한 토지임대차에서 임대인이 임차인을 상대로 기간만료를 이유로 그 토지에 현존하는 건물철거 및 토지인도청구의 소를 제기하였다. 위 소송에서 피고가 건물매수청구권을 적법하게 행사하여 원고가 건물에 관한 소유권이전등기절차의 이행 및 건물인도를 구하는 내용으로 청구취지변경을 하였더라도, 법원은 피고가 동시이행항변을 하지 않는 한 건물매매대금을 지급받음과 상환으로 소유권이전등기절차의 이행 및 건물인도를 명하는 판결을 내릴 수 있다(3회 선택형).(O)

甲은 건물을 신축할 목적으로 乙로부터 토지를 임차하면서, 임대차 종시시 건물 기타 지상시설 일체를 포기하기로 약정하였다. 乙은 임대차가 기간만료로 종료되자 甲을 상대로 토지인도 및 건물철거 청구소송을 제기하였다. 甲이 임대차 종료시 건물을 포기하겠다는 약정은 특별한 사정이 없는 한 임차인에게 불리한 것이어서 무효이다(1회 선택형).(O)

2) 유익비상환청구권의 경우

임차인이 목적물의 객관적 가치를 증가시키기 위하여 유익비를 지출한 경우 그러한 유익비상환청구권에 기하여 유치권을 행사할 수 있다. 유익비의 상환범위는 임차인이 유익비로 지출한 비용과 현존하는 증가액 중 임대인이 선택하는 바에 따라 정하여지므로 임차인인 피고로서는 임대인인 원고의 선택권을 위하여 실제로 지출한 비용과 현존하는 증가액 모두에 대한 주장·증명책임을 진다(대판 2002.11.22, 2001다40381).

3) 비용상환청구권의 포기 등

필요비, 유익비 등 비용상환청구권에 관한 민법 제626조는 강행규정이 아니므로 당사자 사이의 특약으로 비용상환청구권을 포기하거나 제한하는 것이 가능하다. 이러한 특약의 존재는 유치권항변에 대한 '재항변' 사유로 된다.

(2) 동시이행의 항변

임차인인 피고는 임대차보증금의 반환과 동시이행의 항변을 주장할 수 있는데, 이 경우 피고는 임대차보증금 지급사실만 주장·증명하면 되고, 이에 대하여 원고인 임대인은 공제 대상 채권(임대차보증금에 의하여 담보되는 차임채권, 부당이득반환채권 및 손해배상채권 등)의 발생사실을 주장·증명하여 그 공제를 '재항변'할 수 있고, 피고인 임차인은 공제 대상 채권의 소멸사실(변제 등)을 주장·증명하여 '재재항변'할 수 있다.

Ⅲ. 예 시

청구취지 형태
1. 피고들은 원고 김일동에게,
   가. 서울 서초구 방배동 100 지상 벽돌조 기와지붕 2층 영업시설 1층 150㎡, 2층 150㎡를 인도하고,
   나. 공동하여 4,000만 원 및 이에 대하여 이 사건 소장 부본 송달일 다음날부터 다 갚는 날까지 연 20%의 비율로 계산한 돈을 지급하고,
   다. 공동하여 2013. 10. 20.부터 위 가.항 기재 건물의 인도 완료일까지 월 5,000,000원의 비율로 계산한 돈을 지급하라.

■ 공동임차인 + 보증금 공제 + 상계충당 + 동이항(13년 3차)

2. 원고 김일동의 청구

가. 임대차계약의 승계 및 임대차계약의 종료

피고들은 2011. 3. 20. 소외 박치수로부터 청구취지 제1항 기재 건물(이하 '이 사건 건물'이라고 합니다)을 임대차보증금을 1억 원, 차임을 월 500만 원, 기간을 2011. 3. 20.부터 2년간으로 정하여 공동임차하고, 계약 당일 임대차보증금을 박치수에게 전부 지급한 후 이 사건 건물을 인도받아 "황제갈비"라는 상호의 음식점을 공동으로 경영하였습니다.

원고 김일동은 2011. 6. 20. 박치수로부터 이 사건 건물을 3억 원에 매수하여 2011. 9. 20. 원고 김일동 명의의 소유권이전등기를 마쳤습니다. 원고 김일동은 위 매매계약 당시 피고들의 동의를 얻어 박치수로부터 위 임대차계약 상의 임대인의 지위를 승계하고, 피고들이 연체중인 차임도 수령하기로 약정하였습니다.

그런데 피고들은 박치수나 원고 김일동에게 임대차계약에 따른 약정 차임을 전혀 지급하지 않았으면서도 임대차기간이 지난 현재까지 이 사건 건물에서 "황제갈비"라는 음식점 영업을 계속하고 있습니다.

나. 소 결

따라서 2013. 3. 19. 위 임대차기간이 만료되어 임대차계약이 종료되었으므로 공동임차인인 피고들은 공동하여 원고 김일동에게 이 사건 건물을 인도할 의무가 있고, 2011. 3. 20.부터 위 임대차기간 만료일인 2013. 3. 19.까지의 차임을 지급할 의무가 있으며, 또한 피고들은 그 다음 날인 2013. 3. 20.부터 이 사건 건물을 음식점 용도로 계속 점유 사용함으로써 그 사용이익을 얻고 이로 인하여 임대인 원고 김일동에게 그 사용이익액 상당의 손해를 가하고 있다고 할 것이므로 피고들은 원고 김일동에게 이를 부당이득으로서 반환할 의무가 있습니다.

다. 예상되는 항변

(1) 분할채무의 주장

이에 대하여 피고 김이동은 처인 피고 최미선과 함께 이 사건 건물을 임차하였으니 차임도 절반만 지급할 의무가 있다는 취지로 주장하고 소송에서도 같은 주장을 할 것으로 예상되나, 민법 제654조, 제616조는 "수인이 공동하여 물건을 차용한 때에는 연대하여 그 의무를 부담한다."고 규정하고, 여러 사람이 공동으로 타인의 소유물을 점유사용함으로써 얻은 부당이득의 반환채무는 불가분채무라는 것이 판례므로(대판 1991.10.8. 91다3901 ; 대판 2001.12.1. 2000다13948), 피고 김이동의 주장은 이유 없습니다.

(2) 차임면제 주장

또한 피고들은 원고 김일동이 피고들의 차임 지급채무 중 2012. 3. 20.부터 2013. 3. 19.까지 차임에 해당하는 부분을 면제하였다고 주장하면서 각서와 통화내용 녹취서를 제시하고 있고, 소송에서도 같은 주장을 하면서 그 각서와 녹취서를 증거로 제출할 것으로 예상됩니다.

그러나 원고 김일동은 피고들 주장의 차임채무를 면제하여 준 적이 없습니다. 피고들이 소지하고 있는 각서에는 피고들 주장과 같은 내용이 기재되어 있고 원고 김일동의 인장이 날인되어 있으나, 이는 피고들도 인정하는 바와 같이 원고 이화순이 원고 김일동의 인장을 찍어준 것이므로, 당시 원고 이화순의 날인행위가 원고 김일동으로부터 위임받은 정당한 권원에 의한 것이라는 사실이 증명되지 않는 한 위 각서를 차임채무 면제사실에 관한 증거로 쓸 수 없습니다. 그리고 피고들이 소지하고 있는 녹취서의 내용을 언뜻 보면 마치 피고들이 주장하는 채무면제에 대하여 원고 김일동이 사전에 동의한 것처럼 되어 있습니다만, 그것은 원고 이화순이 피고 최미선으로부터 받을 돈 중 1,000만 원을 면제해준 것에 대하여 피고 김이동이 고맙다고 말하는 줄 알고 원고 김일동이 그에 대하여 대꾸하였을 뿐입니다. 이는 녹취서의 원자료인 녹음 파일을 검증하여 그 말투나 대화 분위기를 심리해보면 분명히 알 수 있습니다. 따라서 피고들의 이 부분 주장은 옳지 않습니다.

(3) 동시이행항변과 유치권 항변

피고들은, 위 임대차계약이 종료되었으므로 원고 김일동으로부터, ① 임대차보증금 1억 원을 반환받아야 하고, ② 피고들이 이 사건 건물에서 음식점을 개업하기 위해 이 사건 건물의 천장과 벽면 누수 현상에 대한 보수비용으로 500만 원, 전기 시설 및 수도 시설 교체 비용으로 1,000만 원, 음식점 영업에 필요한 인테리어 공사(간판 설치, 벽면 컬러 타일 시공 등 포함) 비용으로 2,000만 원, 주방시설 구입 및 설치비용으로 1,000만 원을 지출하였으므로 위 합계 4,500만 원을 반환받아야 하는바, 위 임대차보증금 및 위 각 금원을 지급받을 때까지 이 사건 건물에 대한 유치권이나 동시이행항변권을 행사한다고 주장하고 있고, 소송에서도 같은 주장을 할 것으로 예상됩니다.

① 피고들이 이 사건 건물의 천장과 벽면 누수 현상에 대한 보수비용으로 지출한 500만 원은 이 사건 건물에 관한 필요비이고, 전 임대인 박치수의 동의를 받아 교체한 전기 시설 및 수도 시설은 이 사건 건물 사용의 편익을 위한 부속물로서 시가인 1,000만 원은 부속물 매수대금이므로 원고 김일동이 임대차보증금 1억 원과 함께 피고들에게 지급하여야 할 금원임을 인정합니다.

② 그러나 인테리어 공사비용으로 지출한 2,000만 원, 주방시설 구입 및 설치비용으로 지출한 1,000만 원은 피고들이 영업을 위하여 지출한 비용으로서 임차인이 특수한 목적을 위하여 지출한 비용에 해당합니다. 따라서 필요비 또는 유익비에 해당한다고 볼 수 없고 부속물도 아니므로, 원고 김일동은 위 비용에 대하여는 아무런 책임이 없습니다.

따라서 원고 김일동은 피고들에게 합계 1억 1,500만 원(임대차보증금 1억 원 + 필요비 500만 원 + 부속물 매수대금 1,000만 원)을 지급할 의무가 있습니다.

수인이 공동으로 법률상 원인 없이 타인의 재산을 사용한 경우의 부당이득반환채무는 불가분적 이득의 상환으로서 불가분채무이며 불가분채무는 각 채무자가 채무 전부를 이행할 의무가 있으며, 1인의 채무이행으로 다른 채무자도 그 의무를 면하게 된다고 하였다(대판 2001.12.11. 2000다13948 : 5회,8회, 9회 선택형).

"일단 인영의 진정성립이 추정되면 그 문서 전체의 진정성립이 추정되나, 위와 같은 사실상 추정은 날인행위가 작성명의인 이외의 자에 의하여 이루어진 것임이 밝혀진 경우에는 깨어지는 것이므로, 문서제출자는 그 날인행위가 작성명의인으로부터 위임받은 정당한 권원에 의한 것이라는 사실까지 증명할 책임이 있다"(대판 2009.9.24. 2009다37831)(9회 선택형)

제626조 제2항에서 임대인의 상환의무를 규정한 '유익비'란 임대인이 임차물의 객관적 가치를 증가시키기 위하여 투입한 비용을 말한다. 그리고 민법 제646조에서 건물임차인의 매수청구권의 대상으로 규정한 '부속물'이란 건물에 부속된 물건으로 임차인의 소유에 속하고, 건물의 구성부분으로는 되지 아니한 것으로서 건물의 사용에 객관적인 편익을 가져오게 하는 물건을 말하므로 부속된 물건이 오로지 건물임차인의 특수한 목적에 사용하기 위하여 부속된 것일 때에는 부속물매수청구권의 대상이 되는 물건이라 할 수 없으며 당해 건물의 객관적인 사용목적은 그 건물 자체의 구조와 임대차계약 당시 당사자 사이에 합의된 사용목적, 기타 건물의 위치, 주위환경 등 제반 사정을 참작하여 정하여지는 것이다(대판 1991.10.8. 91다8029).

다만, 원고 김일동의 피고들에 대한 위 1억 1,500만 원의 지급채무가 아래 라.항에서 보는 바와 같이 상계 등으로 모두 소멸한 이상, 그 지급채무의 존재를 전제로 한 유치권 또는 동시이행항변은 모두 이유 없습니다.

라. 원고 김일동의 공제 · 상계의 재항변

(1) 원고 김일동의 피고들에 대한 차임채권액은 1억 2,000만 원(500만 원 × 2011. 3. 20.부터 2013. 3. 19.까지 24개월)인바, 원고 김일동이 피고들에게 반환하여야 할 임대차보증금 1억 원을 위 차임채권에 충당하면 차임채권은 2,000만 원(1억 2,000만 원 - 1억 원)이 남게 됩니다.

(2) 또한 위 차임채권 2,000만 원을 자동채권으로 하여 피고들의 원고 김일동에 대한 위 필요비 및 부속물매수대금 합계 1,500만 원(500만 원 + 1,000만 원)의 채권과 상계하고자 하는바, 피고들의 원고 김일동에 대한 필요비상환채권 및 부속물매수대금채권의 경우 임대차계약 종료일에 이를 정산하기로 하였으므로 위 각 채권의 변제기는 2013. 3. 19.이고, 이는 원고 김일동의 피고들에 대한 차임채권의 최종 변제기와 동일하므로, 결국 원고 김일동의 피고들에 대한 채권과 피고들의 원고 김일동에 대한 채권은 상계적상일인 위 2013. 3. 19.에 대등액인 1,500만 원 범위 내에서 소멸되어 피고들의 원고 김일동에 대한 채권은 모두 소멸한 반면, 원고 김일동의 피고들에 대한 차임채권은 500만 원(2,000만 원 - 1,500만 원)이 남게 됩니다.

각 연체차임의 변제기는 매월 19 일이라 할 것이나, 연체차임에 대한 지연손해금을 청구하지 않기로 하였으므로 최종 변제기만 문제된다.

(3) 한편 부당이득의 액수에 관하여 보면 이는 이 사건 건물의 차임 상당액이라 할 것인바, 위 임대차 종료 후의 차임 상당액도 이 사건 건물의 차임인 월 500만 원으로 추인되므로, 피고들은 각자 원고 김일동에게 2013. 3. 20.부터 이 사건 소 제기 전날인 2013. 10. 19.까지의 차임상당 부당이득금 3,500만 원(500만 원 X 7개월) 및 2013. 10. 20.부터 이 사건 건물의 인도완료일까지 월 500만 원의 비율에 의한 차임상당 부당이득금을 지급할 의무가 있습니다.

(4) 피고들은 소외 조규성이 자신들의 임대차보증금반환채권을 가압류하였으므로 원고 김일동은 그 보증금에서 연체 차임을 공제할 수 없다고 주장하고 있고, 소송에서도 같은 주장을 할 것으로 예상됩니다.

그러나 임대차보증금은 임대차계약 종료 후 목적물을 임대인에게 인도할 때까지 발생하는 임대차에 따른 임차인의 모든 채무를 담보하는 것으로서, 그 피담보채무 상당액은 임대차관계의 종료 후 목적물이 반환될 때에 특별한 사정이 없는 한 별도의 의사표시 없이 임대차보증금에서 당연히 공제되고, 임대인은 임대차보증금에서 그 피담보채무를 공제한 나머지만을 임차인에게 반환할 의무를 지며, 이러한 법리는 그 임대차보증금반환채권이 압류되거나 가압류되었다고 하더라도 마찬가지이므로 피고들의 주장은 옳지 않습니다.

마. 소 결

따라서 피고들은 각자 원고 김일동에게, 이 사건 건물을 인도하고, 이 사건 소제기 전날인 2013. 10. 19.까지의 차임 및 차임 상당 부당이득금 합계 4,000만 원 및 이에 대하여 이 사건 소장 부본 송달일 다음날부터 다 갚는 날까지 소송촉진 등에 관한 특례법에 정한 연 20%의 비율로 계산한 지연손해금을 지급하고, 이 사건 소제기일인 2013. 10. 20.부터 이 사건 건물의 인도완료일까지 월 500만 원의 비율로 계산한 부당이득금을 지급할 의무가 있습니다.

■ 토지임대차 및 건물매수청구권(15년 2차)

1. 피고 박병원에 대한 청구

가. 건물인도 및 소유권이전등기 청구

(1) 토지 임대차계약의 체결 및 건물신축

원고는 2007. 10. 20. 의정부시 산곡동 산 13-7 잡종지 400㎡(이하 별지 목록 기재 1 토지라 합니다)를 건물소유 목적으로 임차를 원하는 피고 박병원에게 임대차보증금 1억 원, 차임 월 300만 원(차임은 매월 19일 지급), 임대차 기간 2007. 10. 20.부터 2012. 10. 19.까지 5년으로 정하여 임대하였습니다.

별지 목록 기재 1 토지는 나대지였는데, 피고 박병원은 자신의 비용으로 별지 목록 기재 1 토지 지상에 별지 목록 기재 2 건물(이하 이 사건 건물이라 합니다)을 신축하여 2008. 1. 20. 그 명의의 소유권보존등기를 마친 후 이곳에서 '천지의류'라는 상호로 등산용의류 도매업을 영위하고 있습니다.

(2) 토지 임대차계약의 해지

이 사건 임대차 계약은 2012. 10. 19. 기간이 만료되었으나, 피고 박병원이 이 사건 토지의 사용수익을 계속하고 있음에도 원고가 상당한 기간 내에 이의를 하지 아니하였으므로, 종전의 계약과 동일한 조건으로 묵시적 갱신이 이루어졌다 할 것입니다. 그런데 토지임대차가 묵시적으로 갱신된 경우 민법 제639조 제1항 후문, 제635조 제1항에 따라 당사자는 언제든지 계약해지의 통고를 할 수 있는바, 원고는 이에 따라 2014. 9. 17. 피고 박병원에게 위 임대차계약의 해지를 통고하여 그 통지가 같은 달 19. 도달하였습니다.

따라서 위 임대차계약은 민법 제635조 제2항 제1호에 의해 위 해지통고가 도달한 날로부터 6월이 경과한 2015. 3. 19. 종료되었다 할 것입니다.

피고 박병원은 위 임대차계약에 관하여 상가건물 임대차보호법이 적용되어야 한다고 주장할지 모르나, 위 임대차계약의 목적물은 토지로서 위 법률상의 상가건물이 아니므로 위 법률이 적용될 여지는 없습니다.

(3) 피고 박병원의 건물매수청구권의 행사

피고 박병원은 2015. 5. 13.자 서신을 통해 이 사건 건물에 대한 매수청구권을 행사하면서 그 매매대금으로 시가 상당인 2억 원의 지급을 요구하였고, 위 서신은 2015. 5. 15. 원고에게 도달하였습니다. 따라서 이 사건 건물에 관하여 원고와 피고 박병원 사이에 2015. 5. 15. 매매대금을 2억 원으로 하는 매매가 성립하였습니다.

(4) 소 결

그러므로 피고 박병원은 원고로부터 매매대금 2억 원을 지급받음과 동시에 원고에게, 이 사건 건물에 관하여 2015. 5. 15. 매매를 원인으로 한 소유권이전등기절차를 이행함과 아울러 위 건물을 인도할 의무가 있습니다.

나. 토지인도청구

(1) 임대차계약 종료와 임대차보증금반환과의 동시이행

별지 목록 기재 1 토지에 대한 2015. 3. 19. 임대차계약이 종료된 사실은 앞서 본 바와 같습니다.

따라서 피고 박병원은 원고에게 임대차계약 해지에 따른 원상회복으로 위 토지를 인도할 의무가 있다 할 것입니다.

이에 대하여 피고 박병원은 원고로부터 임대차보증금 1억 원을 지급받을 때까지는 별지 목록 기재 1 토지를 인도할 수 없다고 주장할 수 있습니다. 피고 박병원이 위 토지에 대한 임대차계약을 체결

청구취지 형태

1. 피고 박병원은 원고에게,
가. 원고로부터 2억 원을 지급받음과 동시에, 별지 목록 기재 2 건물에 관하여 2015. 5. 15. 매매를 원인으로 한 소유권이전등기절차를 이행하고, 위 건물을 인도하고,
나. 원고로부터 95,000,000원에서 2015. 3. 20.부터 별지 목록 기재 1 토지의 인도 완료일까지 월 3,000,000원의 비율로 계산한 돈을 공제한 나머지 돈을 지급받음과 동시에 위 토지를 인도하라.

한 다음, 피고 박병원에게 1억 원을 지급하였으므로 위 토지에 관한 임대차계약이 종료된 이상 별지 목록 기재 1 토지의 인도와 임대차보증금의 반환은 동시이행관계에 있다고 할 것입니다.

그러나 피고 박병원의 임대차보증금에서 연체차임과 부당이득은 공제되어야 합니다.

(2) 연체차임과 부당이득의 공제

피고 박병원은 2014. 3. 20.부터 2014. 4. 19.까지 차임 중 100만 원, 2014. 4. 20.부터 같은 해 5. 19.까지의 차임 중 200만 원, 2014. 5. 20.부터 같은 해 6. 19.까지의 차임 중 100만 원, 같은 해 6. 20.부터 같은 해 7. 19.까지의 차임 중 100만 원 합계 500만 원을 미지급하였습니다. 그러므로 원고는 우선 이를 위 임대차보증금 1억 원에서 미지급 차임 500만 원을 공제한 나머지 금 9,500만 원을 피고 박병원에게 지급할 의무가 있습니다.

한편, 원고와 피고 박병원 사이에서 2015. 3. 19. 임대차계약이 종료되었음에도, 위 피고가 실제로 별지 목록 기재 1 토지 전부를 이 사건 건물의 부지 또는 주차장 등으로 점유·사용함으로써 그 사용이익을 얻고 이로 인하여 임대인인 원고에게 그 사용이익액 상당의 손해를 가하였다고 할 것이므로,[13] 피고 박병원은 원고에게 이를 부당이득으로 원고에게 반환할 의무가 있다 할 것입니다.

> 피고가 이 사건 건물에 대한 매수청구권을 행사하여 매매계약이 성립하였다 하더라도 마찬가지이다.

한편, 통상적으로 부동산의 점유·사용으로 인한 부당이득액은 그 부동산의 차임상당액이라 할 것인바, 별지 목록 기재 1 토지에 관한 임대차가 종료한 2015. 3. 19. 무렵 위 토지의 월차임은 월 300만 원이고, 특별한 사정이 없는 한 이후로도 같은 액수일 것으로 추인할 수 있으므로 위 토지의 점유·사용으로 인한 부당이득액은 월 300만 원으로 봄이 상당하다 할 것입니다.

(3) 소 결

결국 피고 박병원은 원고로부터 위 임대차보증금 잔액 9,500만 원에서 임대차계약이 종료된 다음날인 2015. 3. 20.부터 별지 목록 기재 1 토지의 인도 완료일까지 차임에 상당하는 부당이득으로서 월 300만 원의 비율에 의한 금액을 공제한 나머지 금원을 지급받음과 동시에, 원고에게 위 토지를 인도할 의무가 있습니다.

> **청구취지 형태**
> 2. 피고 최림은 원고로부터 50,000,000원을 지급받음과 동시에 원고에게 별지 목록 기재 건물을 인도하라.

■ 계약해제 + 임대차 + 제548조 1항 단서의 제3자 + 부속물매수청구권 항변(16년 1차)

2. 피고 최림에 대한 청구

가. 건물 인도의무

피고 최림이 이 사건 건물을 점유하며 '고향쭈꾸미'라는 상호로 음식점 영업을 하고 있습니다.

따라서 이 사건 매매계약이 적법하게 해제되어 원고가 이 사건 건물의 소유권을 소급적으로 회복하였으므로, 피고 최림은 원고에게 이 사건 건물을 인도할 의무가 있습니다.

나. 예상되는 항변

(1) 임대차보증금반환 주장

피고 최림은 피고 이산으로부터 임대차보증금을 반환받기 전에는 이 사건 건물을 인도할 수 없다고 주장할지 모릅니다.

피고 최림은 2014. 12. 8. 피고 이산으로부터 이 사건 건물을 임대차보증금 5,000만 원, 차임 월 50만 원, 기간 2014. 12. 10.부터 2015. 12. 9.까지로 정하여 임차한 후, 같은 날 피고 이산에게 임대차보증금 5,000만 원을 지급하였으며, 2014. 12. 10. 이를 인도받아 같은 날 사업자등록까지 마침으로써 2014. 12. 11. 상가건물 임대차보호법 제3조에 의한 대항력을 취득하였습니다. 그 뒤인 2015. 7.

---

13) 위 피고가 이 사건 건물에 대한 매수청구권을 행사하여 매매계약이 성립하였다 하더라도 마찬가지라 할 것임.

9. 이 사건 매매계약이 해제되어 원고가 이 사건 건물에 관한 소유권을 회복하였습니다.

따라서 위 임대차는 2015. 12. 9. 기간이 만료되어 원고는 피고 최림에게 임대차보증금 5,000만 원을 반환할 의무가 있으므로, 원고의 위 임대차보증금반환의무와 피고 최림의 건물 인도의무는 동시이행 관계에 있습니다.

(2) 부속물매수청구권 주장

피고 최림은 간판설치비용을 지급받기 전에는 이 사건 건물을 인도할 수 없다고 주장할지 모르나, 부속물은 건물의 사용에 객관적인 편익을 가져오게 하는 물건을 의미하므로, 피고 최림이 음식점 영업을 위하여 설치한 간판은 건물의 사용에 객관적인 편익을 가져오는 물건이 아니어서 부속물에 해당되지 않습니다.

다. 소결

그렇다면, 피고 최림은 원고로부터 임대차보증금 5000만 원을 지급받음과 동시에 원고에게 이 사건 건물을 인도할 의무가 있습니다.

> 원고가 2015. 6. 30. 피고 최림에게 건물 인도를 촉구한 바 있고, 피고 최림이 계약 갱신 요구를 한 바 없으므로, 임대차계약의 묵시적 갱신을 인정할 수 없다.

> 계약해제로 인한 원상회복의무는 제3자의 권리를 해하지 못한다(제548조 1항 단서). 判例는 '주택을 인도받은 미등기 매수인'과 임대차계약을 체결하고 그 주택을 인도받아 전입신고를 마친 자는 제3자에 해당한다고 한다(대판 2008.4.10, 2007다38908,38915 : 10회 선택형).
> [6회 기록형]

제8절 사해행위취소청구

▌ 채권자취소의 소를 제기한 경우 전형적 목차구조

Ⅰ. **적법요건**(피, 제, 대)…흠결시 소각하

① '상대적 무효설'에 따르면 악의인 수익자 혹은 전득자만이 피고가 되며(피고적격), 채무자는 피고적격이 없다. ② 채권자가 취소원인을 안 날로부터 1년, 법률행위 있은 날로부터 5년 내에 제기하여야 하고(제406조 2항 : 제소기간). ③ 채무자와 수익자 사이의 법률행위만이 취소의 대상이 된다(대상적격).

Ⅱ. **본안요건**(보, 사, 사)…흠결시 청구기각

채권자취소권의 요건으로서 ① 객관적 요건으로는 ⅰ) (금전)채권이 사해행위 이전에 발생하여야 하고(피보전채권), ⅱ) 채권자를 해하는 재산권을 목적으로 하는 법률행위가 있어야 하며(사해행위), ② 주관적 요건으로는 채무자 및 수익자(또는 전득자)의 사해의사가 있어야 한다(제406조).

Ⅲ. 취소권행사의 효과

1. 원상회복의 방법

원칙적으로 원물반환, 예외적 가액반환(① 원물반환이 불가능하거나, ② 현저히 곤란한 경우)

(1) 저당권부 부동산이 사해행위로 양도된 후 수익자(양수인)의 변제에 의하여 저당권이 소멸한 경우(가액반환)

(2) 선의의 전득자가 저당권을 취득한 경우(원물반환과 가액반환 선택적 행사가능)

2. 취소의 범위

원칙적으로 사해행위당시 채권자의 채권액, 예외적 전부취소가능(① 다른 채권자가 배당요구를 할 것이 명백한 사정이 있는 경우, ② 목적물이 불가분인 경우)

Ⅰ. 요건사실

> ⅰ) 피보전채권의 발생, ⅱ) 채무자의 사해행위, ⅲ) 채무자의 사해의사

채권자취소권의 요건으로서 ① 객관적 요건으로는 ⅰ) (금전)채권이 사해행위 이전에 발생하여야 하고(피보전채권), ⅱ) 채권자를 해하는 재산권을 목적으로 하는 법률행위가 있어야 하며(사해행위), ② 주관적 요건으로는 채무자 및 수익자(또는 전득자)의 사해의사가 있어야 한다(제406조).

1. 피보전채권…본안요건(흠결시 청구기각)

(1) 피보전채권의 내용

1) 금전채권

채권자취소권의 피보전채권은 원칙적으로 금전채권이어야 한다. 다만 "피보전채권이 사해행위 이전에 성립되어 있는 이상 그 액수나 범위가 구체적으로 확정되지 않은 경우라고 하더라도 채권자취소권의 피보전채권이 된다"(대판 2018.6.28. 2016다1045).

2) 특정채권

"채권자취소권을 특정물에 대한 소유권이전등기청구권을 보전하기 위하여 행사하는 것은 허용되지 않으므로, 부동산의 제1양수인은 자신의 '소유권이전등기청구권' 보전을 위하여 양도인과 제3자 사이에서 이루어진 이중양도행위에 대하여 채권자취소권을 행사할 수 없다"(대판 1999.4.27, 98다56690 : 1회,4회,5회,8회 선택형))고 한다.

3) 피보전채권에 담보가 설정되어 있는 경우

가) 인적 담보

인적담보로부터는 우선변제를 받는다는 보장이 없기 때문에 채권자는 인적담보가 있는지에 관계없이 채권의 전액에 대하여 채권자취소권을 행사할 수 있다.

나) 물적 담보

피보전채권을 위해 담보권이 설정되어 있다면, 담보제공자가 누구인가를 불문(채무자 또는 제3자 소유의 부동산에 대한 저당권)하고 그 담보물로부터 우선변제받을 액을 공제한 나머지 채권액에 대하여만 채권자취소권이 인정된다. 이에 대한 증명책임은 '채권자'에게 있고, 이때 우선변제받을 금액은 처분행위(사해행위) 당시의 담보목적물의 시가를 기준(사후에 환가된 가액을 기준으로 하는 것이 아님)으로 산정한다(대판 2002.11.8, 2002다41589 ; 대판 2014.9.4. 2013다60661).

(2) 피보전채권의 성립시기

1) 원 칙

채권자취소권의 피보전채권은 사해행위를 목적으로 하는 원인행위 이전에 발생되어 있어야 하는 것이 원칙이다(대판 1962.11.15, 62다634). 아울러 사해행위 이전에 이미 발생한 채권이면 이행기의 도래를 요건으로 하지 않는다. 또한 채권자의 채권이 사해행위 이전에 성립되어 있는 이상 그 채권이 양도된 경우에도 채권은 동일성을 잃지 않으므로 양수인은 채권자취소권을 행사할 수 있다(대판 2006.6.29, 2004다5822).

2) 예 외(기, 고, 현)

다만 判例는 "ⅰ) 사해행위 당시에 이미 **채권 성립에 기초가 되는 법률관계**가 발생되어 있고, ⅱ)

甲은 乙에게 甲 소유의 X 토지를 매도하고 중도금까지 지급받은 상태에서 소유권이전등기를 경료하여 주지 않고 있었는데, 이러한 사실을 알고 있던 丙은 甲에게 위 토지를 자신에게 매도하라고 유인하는 등 甲의 배임행위를 적극적으로 교사하였고, 甲도 이에 응하여 丙과 매매계약을 체결하고 丙 명의로 소유권이전등기를 경료하여 주었다. 이 경우 乙에게는 甲과 丙 사이의 매매계약에 대한 채권자취소권이 인정된다(1회,4회,5회,8회 선택형).(×)

甲은 乙에 대하여 2010. 1. 20.을 변제기로 하는 1,000만 원의 금전채무를 부담하고 있던 중 2010. 3. 1. 다른 채권자 丙에게 자신의 유일한 재산인 X 토지(시가 4,000만 원)를 대물변제하였다. 이에 乙은 甲의 대물변제에 대하여 채권자취소소송을 제기하였다. 만약 甲이 2010. 2. 20. 신용카드회사인 丁과 신용카드 가입계약을 체결하여 발급받은 신용카드로 2010. 3. 10. 전자제품을 구입한 후 카드대금을 연체하였다면, 丁은 이 신용카드대금채권을 피보전채권으로 甲의 대물변제에 대해 채권자취소소송을 제기할 수 있다(2회 선택형).(×)

☞ 신용카드를 사용함으로써 비로소 채권이 성립하는 것이므로, 단순히 신용카드가입계약만으로 '채권성립의 기초가 되는 법률관계'에 해당하는 것으로는 보지 않았다. 그래서 위 신용카드대금채권은 사해행위 이후에 발생한 채권에 불과하여 사해행위의 피보전채권이 될 수 없다고 하였다(대판 2004.11.12, 2004다40955).

가까운 장래에 그 법률관계에 기하여 채권이 성립되리라는 점에 대한 고도의 개연성이 있으며, ⅲ) 실제로 가까운 장래에 그 개연성이 현실화되어 채권이 성립된 경우에는 그 채권도 채권자취소권의 피보전채권이 될 수 있다"(대판 1999.11.12, 99다29916 능: 2회 선택형)고 한다.

> **[관련판례]** "사해행위라고 주장하는 이 사건 부동산에 관한 매매 당시 아직 위 손해배상채권이 발생하지 아니하였고, 그 채권 성립에 관한 고도의 개연성 또한 없어 원고는 피고에 대한 '손해배상채권'을 피보전채권으로 하여 채권자취소권을 행사할 수 없다"(대판 1999.4.27, 98다56690 : 1회,4회,5회,8회 선택형)고 한다.

(3) 피보전채권이 흠결된 경우의 효과 및 피보전채권의 변경

1) 피보전채권이 흠결된 경우의 효과 [9회 사례형]

법원은 원고의 청구를 '기각' 하게 된다(대판 1993.2.12, 92다25151 : 3회 선택형 ; 이에 비해 채권자대위권에서 피보전채권이 존재하지 않으면 '소각하' 판결을 한다).

2) 사해행위취소소송 계속 중 피보전채권의 변경

보전하고자 하는 채권을 추가하거나 교환하는 것은 '소의 변경'이라고 할 수 없으므로(대판 2003.5.27. 2001다13532), 피보전채권을 교환적으로 변경하였다고 하더라도 제척기간의 준수 여부는 최초에 소를 제기할 때를 기준으로 판단하여야지 피보전채권을 변경하는 서면을 법원에 제출한 때를 기준으로 하여서는 아니 된다.

2. 사해행위의 존재

(1) '채무자'의 행위

전득자가 존재하는 경우 수익자와 전득자 사이의 법률행위는 사해행위취소의 대상이 되지 않는다(대판 2004.8.30, 2004다21923 : 4회,8회 선택형).

(2) '재산권'을 목적으로 한 행위

1) 제839조의2 이혼에 따른 재산분할약정(원칙적 부정, 예외적 긍정)

判例는 "이혼에 따른 재산분할은 재산분할이 제839조의2 제2항의 규정 취지에 따른 상당한 정도를 벗어나는 과대한 것이라고 인정할 만한 특별한 사정이 없는 한, 사해행위로서 취소되어야 할 것은 아니고, 다만 상당한 정도를 벗어나는 초과부분에 대하여는 이는 사해행위에 해당하여 취소의 대상으로 될 수 있을 것이나, 이 경우에도 취소되는 범위는 그 상당한 정도를 초과하는 부분에 한정하여야 하고, 위와 같이 상당한 정도를 벗어나는 과대한 재산분할이라고 볼 만한 특별한 사정이 있다는 점에 관한 입증책임은 채권자에게 있다"(대판 2000.9.29, 2000다25569 : 4회 선택형)고 한다.

2) 제1012조 이하 상속재산의 분할협의(원칙적 긍정, 예외적 제한)

"상속재산의 분할협의는 그 성질상 재산권을 목적으로 하는 법률행위이므로 사해행위취소권 행사의 대상이 될 수 있다. 다만, 상속재산의 분할협의를 하면서 상속재산에 관한 권리포기는 구체적 상속분에 미달하는 과소한 부분에 한하여 사해행위가 되므로(일부사해행위), 사해행위로서 취소되는 범위는 그 미달하는 부분에 한정하여야 한다"(대판 2001.2.9 2000다51797 : 5회,8회 선택형).

3) 제1041조 이하 상속포기(부정)

判例는 "상속의 포기는 '인적 결단'으로서의 성질을 가진다"(대판 2011.6.9. 2011다29307 : 9회 선택형)고 보아 상속의 포기는 사해행위취소의 대상이 되지 못한다고 한다.

甲은 2012. 10. 1. 乙에게 5,000만 원을 대여하였다. 乙은 2012. 11. 1. A 은행으로부터도 3,000만원을 대출받고 유일한 재산인 X아파트(시가 1억 원이고, 그 후에도 변동이 없다)에 관하여 채권최고액 4,000만 원의 근저당권을 설정한 다음, 같은 날 위와 같은 사정을 잘 아는 아들 丙에게 X 아파트를 증여하고 소유권이전등기를 경료하여 주었다. 甲은 2012. 12. 1. 乙의 증여행위가 사해행위를 알게 되자, 같은 날 丙을 상대로 乙과 丙 사이의 증여계약을 취소하고 丙 명의의 소유권이전등기를 말소하라는 내용의 채권자취소소송을 제기하였다. 甲이 제기한 소송의 심리과정에서 甲이 2012. 11. 15. 乙로부터 대여금채권을 모두 변제받아 피보전채권이 소멸한 사실이 밝혀졌다. 법원은 甲의 소를 각하하여야 한다(3회 선택형).(×)

☞ 甲이 乙로부터 대여금채권을 모두 변제받아 피보전채권이 소멸한 경우 법원은 甲의 소를 '각하'가 아닌 '기각'하여야 한다.

[관련판례] "이혼으로 인한 재산분할청구권은 협의 또는 심판에 의하여 구체화되지 않은 재산분할청구권은 채무자의 책임재산에 해당하지 아니하고, 이를 포기하는 행위 또한 채권자취소권의 대상이 될 수 없다"(대판 2013.10.11. 2013다7936).

(3) 채권자를 해하는 법률행위(사해행위)일 것

1) '법률행위'일 것

가) 일반론

① 여기서 법률행위는 넓게 해석되어 계약뿐만 아니라 단독행위(예컨대 소멸시효이익의 포기 ; 대결 2013.5.31. 2012마712), **채권행위**[영업양도계약도 채권자취소권 행사의 대상이 될 수 있다(대판 2015.12.10. 2013다 84162)] 뿐만 아니라 물권행위도 포함된다[대판 1975.4.8. 74다1700 ; 가령 부동산매매의 경우, 사해행위는 등기를 완성한 때에 완성되지만(그 전까지는 채무자의 책임재산으로 존재하는 것이므로) 이 경우 취소의 대상이 되는 것은 매매계약이 되고, 그 등기말소는 매매계약의 취소에 따른 원상회복으로 처리된다].

② 관념의 통지(채권양도의 통지, 시효중단 사유인 채무의 승인)나 의사의 통지(예컨대 이행의 최고)와 같은 준 법률행위도 취소의 대상이 될 수 있다.

나) 무효, 해제, 해지된 법률행위

법률행위는 반드시 유효하여야만 하는 것은 아니다. 통정허위표시로서 무효인 법률행위도 채권자취소권의 대상이 될 수 있다(무효와 취소의 이중효 ; 대판 1984.7.24. 84다카68 : 1회, 2회, 6회 선택형).

2) '사해행위'의 일반적인 판단기준

채권자를 해한다 함은 채무자의 재산행위로 그의 일반재산이 감소하여 '채권의 공동담보에 부족'이 생기게 되는 것, 즉 채무초과상태에 이르거나 이미 이른 채무초과상태가 심화되어야 한다(즉, 채무자의 무자력). 채무자의 법률행위가 사해행위가 되는지는 처분행위 당시를 기준으로 판단하여야 한다. 따라서 행위 당시에 무자력이 아닌 이상 후에 무자력으로 되었더라도 사해행위로 되는 것은 아니다. 한편 무자력은 사실심변론종결시까지 유지되어야 한다(이 경우 그러한 사정변경이 있다는 사실은 채권자취소소송의 상대방이 증명하여야 한다 ; 대판 2007.11.29. 2007다54849 참고).

3) '사해행위'의 구체적인 경우

가) 상당한 대가를 받고 유일한 재산을 매각하는 행위(원칙적 적극) [2회 사례형, 3회·8회 기록형]

判例는 채무자가 유일한 재산인 부동산을 매각하여 소비하기 쉬운 금전으로 바꾸는 행위는 '정당한 변제를 위한 상당한 매각이 아닌 한' 원칙적으로 사해행위에 해당한다고 한다(대판 1966.10.4. 66다1535 ; 대판 2015.10.29. 2013다83992).

나) 채무 초과 상태에 있는 채무자가 채권자 중 1인에게 '변제'한 행위(원칙적 소극)

"채무자가 일부의 채권자와 **통모**하여 다른 채권자를 해할 의사를 가지고 변제를 한 경우를 제외하고는 원칙적으로 사해행위가 되는 것은 아니라고 할 것이다"(대판 2001.4.10. 2000다66034).

다) 채무초과 상태에 있는 채무자가 채권자 중 1인에게 '대물변제'한 경우(원칙적 적극)

① **[원칙]** 判例에 따르면 "채무초과의 상태에 있는 채무자가 적극재산을 채권자 중 일부에게 대물변제조로 양도하는 행위는 원칙적으로 다른 채권자들에 대한 관계에서 사해행위가 될 수 있다"(대판 2010.9.30. 2007다2718)고 한다. 이는 적극재산을 대물변제로 양도하는 것이 아니라 채무의 변제를 위하여 또는 그 담보로 양도하는 경우에는 더욱 그러하다"(대판 2011.3.10. 2010다52416).

② **[예외]** 그러나 ㉠ 대물변제로 인해 변제자력이 없게 되더라도 '그 당시 대물변제 목적물이 상당한 가격으로 평가되었을 때'(대판 1981.7.7. 80다2613), ㉡ '기존 금전채무의 변제에 갈음하여 다른 금전채권을 양도'하였는데, 채무자가 일부의 채권자와 통모하여 다른 채권자를 해할 의사가 없는 경우(대판 2004.5.28. 2003다60822), ㉢ '우선변제권 있는 채권자에 대한 대물변제'의 제공행위는 특별한 사정이 없는 한 다른 채권자들의 이익을 해한다고 볼 수 없어 사해행위가 되지 않는다(대판 2008.2.14. 2006다33357 : 2회 선택형).

甲은 乙에 대하여 2010. 1. 20. 을 변제기로 하는 1,000만 원의 금전채무를 부담하고 있던 중 2010. 3. 1. 다른 채권자 丙에게 자신의 유일한 재산인 X 토지(시가 4,000만 원)를 대물변제하였다. 이에 乙은 甲의 대물변제에 대하여 채권자취소소송을 제기하였다. 丙의 채권이 우선변제권 있는 5,000만 원의 임금채권이라면, 甲의 丙에 대한 대물변제는 사해행위가 되지 않는다(2회 선택형).(O)

라) 채무초과 상태에 있는 채무자가 채권자 중 1인에게 '**물적 담보를 제공**'한 경우(원칙적 적극)

a. 일반론

원칙적으로 채무초과 상태에 있는 채무자가 그 소유의 유일한 부동산을 수인의 채권자 중 특정채권자에게 채권담보로 제공하는 행위는 특별한 사정이 없는 한 다른 채권자들에 대한 관계에서 사해행위에 해당한다(대판 2007.10.11, 2007다45364).

b. 제3자로부터 자금을 차용하여 부동산을 매수하고 해당 부동산을 차용금채무에 대한 담보로 제공 경우

"채무자가 제3자로부터 자금을 차용하여 부동산을 매수하고 해당 부동산을 차용금채무에 대한 담보로 제공하거나, 채무자가 제3자로부터 부동산을 매수하여 매매대금을 지급하기 전에 소유권이전등기를 마치고 해당 부동산을 매매대금채무에 대한 담보로 제공한 경우와 같이 기존 채권자들의 공동담보가 감소되었다고 볼 수 없는 경우에는 담보제공행위를 사해행위라고 할 수 없다"(대판 2017.9.21. 2017다237186, 대판 2018.12.28. 2018다272261).

c. 채무자가 채무초과 상태에서 유일한 재산인 주택에 대하여 주택임대차보호법 제8조 소정의 '임차권을 설정'해 준 행위(대판 2005.5.13, 2003다50771)(적극)

d. 채무자가 일반채권자들을 위한 공동담보가 부족한 상태에서 책임재산의 주요부분을 구성하는 부동산에 관하여 제3자에게 우선변제권이 있는 '전세권을 설정'해 준 행위(대판 2010.7.15, 2007다21245)(적극)

e. 수급인의 저당권설정청구권(제666조) 행사에 따라 도급인이 저당권을 설정하는 행위(원칙적 소극)

"수급인의 저당권설정청구권을 규정한 제666조의 취지상, 그리고 이러한 수급인의 지위가 목적물에 대하여 유치권을 행사하는 지위보다 더 강화되는 것은 아니어서 신축건물의 도급인이 제666조가 정한 수급인의 저당권설정청구권의 행사에 따라 공사대금채무의 담보로 그 건물에 저당권을 설정하는 행위는 특별한 사정이 없는 한 사해행위에 해당하지 아니한다"(대판 2008.3.27. 2007다78616,78623 : 5회 선택형). 이러한 법리는 신축건물의 수급인으로부터 공사대금채권을 양수받은 자의 저당권설정청구에 따라 도급인이 신축건물에 저당권을 설정하는 경우에도 마찬가지이다(대판 2018.11.29. 2015다19827 : 9회 선택형).

f. 채권자가 먼저 가압류한 목적물에 대한 채무자의 저당권설정행위

① **[채권자의 가압류등기 후 '채무자' 자신이 부담하는 채무를 위해 근저당권설정등기가 마쳐진 경우]**

"부동산에 대하여 가압류등기가 먼저 되고 나서 근저당권설정등기가 마쳐진 경우에 가압류채권자는 채무자의 근저당권설정행위로 인하여 아무런 불이익을 입지 않으므로 **채권자취소권을 행사할 수 없다.** 그러나 채권자의 실제 채권액이 가압류 채권금액보다 많은 경우 그 초과하는 부분에 관하여는 가압류의 효력이 미치지 아니하여 그 범위 내에서는 채무자의 처분행위가 채권자들의 공동담보를 감소시키는 사해행위가 되므로 그 부분 채권을 피보전채권으로 삼아 채권자취소권을 행사할 수 있다"(대판 2008.2.28, 2007다77446).

② **[채권자의 가압류등기 후 '제3자'가 부담하는 채무를 위해 근저당권설정등기가 마쳐진 경우]**

"채권자가 이미 자기 채권의 보전을 위하여 가압류를 한 바 있는 부동산을 채무자가 제3자가 부담하는 채무의 담보로 제공하여 근저당권을 설정하여 줌으로써 물상보증을 한 경우에는 일반채권자들이 만족을 얻는 물적 기초가 되는 책임재산이 새로이 감소된다. 따라서 가압류채권자라고 하여도 채무자의 물상보증으로 인한 근저당권 설정행위에 대하여 채권자취소권을 행사할 수 있다(대판 2010.1.28, 2009다90047).

마) '이미' 담보물권이 설정되어 있는 재산의 처분행위

a. 사해행위의 범위

"채무자가 양도한 목적물에 담보권이 설정되어 있는 경우라면 그 목적물 중에서 일반채권자들의 공동담보에 제공되는 책임재산은 피담보채권액을 공제한 나머지 부분만이라 할 것이고, 그 피담보채권이 목적물의 가격을 초과하고 있는 때에는 당해 목적물의 양도는 사해행위에 해당한다고 할 수 없는바, 여기서 피담보채권액이라 함은 근저당권의 경우에 채권최고액이 아니라 실제로 이미 발생하여 있는 채권금액이다"(대판 2001.10.9, 2000다42618 : 1회,3회 선택형). **[2회·8회 사례형]**

> **※ 동일한 법리가 적용되는 경우 : 선행하는 우선변제권 있는 채권**(임대차보증금반환채권)**이 있는 경우**
> "건물의 공유자가 공동으로 건물을 임대하고 임차보증금을 수령한 경우 특별한 사정이 없는 한 그 임대는 각자 공유지분을 임대한 것이 아니라 임대목적물을 다수의 당사자로서 공동으로 임대한 것이고 임차보증금 반환채무는 성질상 불가분채무에 해당한다. 임차인이 공유자 전원으로부터 상가건물을 임차하고 상가건물 임대차보호법 제3조 제1항에서 정한 대항요건을 갖추어 임차보증금에 관하여 우선변제를 받을 수 있는 권리를 가진 경우에, 상가건물의 공유자 중 1인인 채무자가 처분한 지분 중에 일반채권자들의 공동담보에 제공되는 책임재산은 우선변제권이 있는 임차보증금 반환채권 '전액'을 공제한 나머지 부분이다"(대판 2017.5.30. 2017다205073)
>
> **※ 동일한 법리가 적용되지 않는 경우 : 선행하는 가압류등기가 있는 경우, 사해행위 이후 우선변제권이 있는 채권이 있는 경우**
> ㉠ **[사해행위 이후 우선변제권이 있는 채권이 있는 경우**(우선변제권이 있는 채권 비공제)**]** 부동산에 관한 사해행위 이후에 비로소 채무자가 부동산을 임대한 경우에는 그 임차보증금을 가액반환의 범위에서 공제할 이유가 없다"(대판 2018.9.13. 2018다215756 : 9회 선택형). 같은 취지로 "사해행위 후 그 목적물에 관하여 선의의 제3자가 저당권을 취득하였음을 이유로 가액배상을 명하는 경우에는 사해행위 당시 일반 채권자들의 공동담보로 되어 있었던 부동산 가액 전부의 배상을 명하여야 할 것이고, 그 가액에서 제3자가 취득한 저당권의 피담보채권액을 공제할 것은 아니다"(대판 2003.12.12. 2003다40286). **[2회 사례형, 3회 기록형]**
> ㉡ **[선행하는 가압류등기가 있는 경우**(피보전채권액 비공제)**]** "사해행위 당시 부동산이 가압류되어 있다는 사정은 채권자 평등의 원칙상 채권자의 공동담보로서 그 부동산의 가치에 아무런 영향을 미치지 아니하므로, 가압류가 된 여부나 그 청구채권액의 다과에 관계없이 그 부동산 전부에 대하여 사해행위가 성립한다"(대판 2003.2.11, 2002다37474).

b. 선순위담보권 설정이 사해행위인 경우

'선순위담보권'이 존재하는 상태에서 '후순위담보권 설정' 행위를 하는 경우, 선순위담보권 설정 자체가 사해행위로 되어 취소의 대상이 되는 때에는 그 후순위담보권 설정행위가 사해행위가 되는지를 판단함에 있어서는 선순위담보권의 피담보채권액을 담보물의 가액에서 공제할 것이 아니다(대판 2007.7.26. 2007다23081). 마찬가지 법리로 '선순위담보권'이 존재하는 상태에서 '제3자에게 양도' 행위를 하는 경우 그 선순위 담보권을 설정한 원인행위가 사해행위로 인정될 경우에는 그 담보권의 피담보채무는 '후행 양도행위'가 사해행위에 해당하는지 여부를 판단함에 있어 공제대상인 피담보채무 금액에 포함되어서는 아니된다(대판 2013.5.9. 2011다75232).

> [비교판례] **※ 다른 채권자에 의해 선순위담보권 설정이 사해행위를 이유로 취소된 경우 당해 부동산 매각행위의 사해행위성 판단기준**
> "저당권설정행위 등이 사해행위에 해당하여 채권자가 저당권설정자를 상대로 제기한 사해행위 취소소송에서 채권자의 청구를 인용하는 판결이 선고되었다고 하더라도 이러한 사해행위 취소판결의 효력은 해당 부동산의 소유권을 이전받은 자에게 미치지 아니하므로, 저당권이 설정되어 있는 부동산이 사해행위로 양도된 경우 부동산의 가액에서 저당권의 피담보채무액을 공제한 잔액의 한도에서 그 양도행위를 사해행위로 취소하고 가액의 배상을 구할 수 있다는 법리는 저당권설정행위 등이 사해행위로 인정

되어 취소된 때에도 마찬가지로 적용된다"(대판 2018.6.28. 2018다214319).

☞ 채무자 甲소유의 X부동산에 관하여 乙명의의 근저당권이 설정되어 있었는데, 피고 丙이 甲으로부터 재산분할협의를 원인으로(사해행위) X부동산의 소유권을 취득한 다음 이를 丁에게 매도하였고, 이러한 매도과정에서 변제를 이유로 乙명의의 근저당권이 말소되었다. 그런데 이미 '甲의 다른 채권자 B'가 乙명의의 저당권설정행위가 사해행위에 해당한다고 주장하여 그 취소 및 가액배상을 청구하여 승소판결을 받았지만(判例에 따르면 저당권설정행위가 사해행위에 해당하는 경우 변제 등으로 저당권등기가 말소되더라도 그 취소 및 가액배상을 구할 수 있다) 위 승소판결의 효력은 '상대적'이므로 '甲의 채권자 A'가 채무자 甲과 피고 丙 사이의 재산분할협의를 사해행위로 삼아 그 취소를 구하는 이 사건에서는 乙의 저당권이 존재하는 것으로 보고 부동산 가액에서 그 저당권의 피담보채무액을 공제한 잔액의 한도에서 재산분할협의를 취소하고 가액배상을 명해야 한다고 본 것이다.

그러나 만약 사안에서 A가 乙명의의 저당권설정행위가 사해행위라고 주장하고 그것이 받아들여진다면 A가 甲과 丙 사이의 재산분할협의가 사해행위임을 이유로 취소할 때 乙명의의 피담보채무액을 공제해서는 안된다는 것이 대판 2013.5.9. 2011다75232의 입장이다.

c. 공동저당의 경우

① **[공동저당권이 설정된 채무자 소유의 수 개의 부동산 중 일부 부동산을 처분한 경우]**

判例는 "공동저당권이 설정되어 있는 수 개의 부동산 중 일부가 양도된 경우 민법 제368조의 규정 취지에 비추어 공동저당권의 목적으로 된 각 부동산의 가액에 비례하여 공동저당권의 피담보채권액을 안분한 금액이라고 보아야 한다"(대판 2003.11.13. 2003다39989 : 7회 선택형)고 한다.

② **[공동저당 부동산 중 일부가 채무자 아닌 제3자 소유인 경우]**(부동산이 물상보증인 또는 제3취득자 소유인데 부동산을 처분한 경우)]

判例는 "제3자(물상보증인) 또는 제3취득자가 변제자대위 등에 의하여 채무자 소유의 부동산에 대하여 저당권을 행사할 수 있는 지위에 있는 경우라면 채무자 소유의 부동산에 관한 피담보채권액은 공동저당권의 피담보채권액 전액으로 보아야 한다"(대판 2013.7.18. 전합2012다5643)고 한다(저당목적인 공유지분의 일부가 제3자 소유인 경우에도 동일한 법리가 적용된다 : 7회 선택형).

바)-1. '매도인이 선의'인 계약명의신탁에서 명의수탁자 명의로 소유권이전등기가 마친 경우

① **[명의수탁자가 위 부동산을 명의신탁자 또는 그가 지정하는 자에게 양도하는 행위가 '수탁자'의 일반채권자들을 해하는 사해행위가 되는지 여부]**(적극)

"명의수탁자가 취득한 부동산은 채무자인 명의수탁자의 일반 채권자들의 공동담보에 제공되는 책임재산이 되고"(대판 2008.9.25. 2007다74874 : 1회,9회 선택형)

② **[명의신탁자가 실질적인 당사자가 되어 위 부동산을 제3자에게 처분한 행위가 '신탁자'의 일반채권자들을 해하는 사해행위가 되는지 여부]**(소극)

"신탁자가 수탁자에 대하여 부당이득반환채권만을 가지는 경우에는 그 부동산은 신탁자의 일반채권자들의 공동담보에 제공되는 책임재산이라고 볼 수 없고"(대판 2013.9.12. 2011다89903)

바)-2. 유효인 양자간 명의신탁(신탁자가 유효한 명의신탁약정을 해지함을 전제로 신탁된 부동산을 제3자에게 직접 처분하면서 수탁자에게서 곧바로 제3자 앞으로 중간생략이전등기를 마쳐 준 경우 : 적극)

"유효한 명의신탁관계가 종료된 경우 신탁자의 수탁자에 대한 소유권이전등기청구권은 신탁자의 일반채권자들에게 공동담보로 제공되는 책임재산이 된다"(대판 2016.7.29. 2015다56086)

바)-3 무효인 중간생략 명의신탁(채무자가 채무초과상태에서 매수한 부동산의 등기명의를 아들에게 신탁하는 경우 : 적극)

判例는 채무자가 채무초과상태에서 매수한 부동산의 등기명의를 아들에게 신탁하고 이에 따라 소유권이전등기를 마친 사안에서, 判例는 위 (중간생략형)명의신탁약정은 사해행위에 해당한다(대판 2004.3.25. 2002다69358)고 하였다. **[4회 사례형]**

채무자 甲 소유의 X 토지(시가 4,000만 원)와 Y 토지(시가 6,000만 원)에 대해 피담보채권액 3,000만 원의 공동저당권이 설정되어 있는 상태에서 甲이 Y 토지를 매도하여 그에 따른 소유권이전등기를 마쳤다. 甲의 일반 채권자 乙(채권금액 1억 원)에 의해 Y 토지에 대한 매매계약이 사해행위로 취소되어 가액배상을 해야 하는 경우, X, Y 토지의 시가변동이 없다면 사해행위취소에 따른 가액배상 범위는 4,200만 원이다(7회 선택형).(O)

☞ A : Y토지의 시가(6,000만원)
- 피담보채권을 안분한 채권액
(3,000만원×3/5) = 4,200만원

甲은 2006. 10. 5. 친구 乙과 함께 丙 소유의 X 부동산을 매수하기로 하고 매매대금의 2분의 1인 1억 5,000만 원을 乙에게 제공하였다. 이에 乙은 2006. 10. 30. 자신의 명의로 丙과 X에 관하여 매매계약을 체결하고 2007. 1. 4. 자신의 명의로 X의 소유권이전등기를 마쳤는데, 丙은 甲과 乙 사이의 명의신탁약정을 알지 못하였다. 乙이 채무초과 상태에서 甲이 지정하는 甲의 일반채권자에게 X를 양도하는 것은 乙의 다른 채권자에 대한 관계에서 사해행위에 해당할 수 있다(1회,6회,9회 선택형).(O)

사) 채권양도 또는 채권양도의 '통지'

① 사해행위 취소송의 변론종결 전에 수익자가 제3채무자로부터 양도채권의 추심을 완료하였으면 수익자에 대하여 가액배상으로서 '수령한 금전의 지급'을 청구해야 한다. 그러나 "채무자의 수익자에 대한 채권양도가 사해행위로 취소되는 경우, 수익자가 제3채무자에게서 아직 채권을 추심하지 아니한 때에는, 채권자는 사해행위취소에 따른 원상회복으로서 수익자가 제3채무자에게 채권양도가 취소되었다는 취지의 통지를 하도록 청구할 수 있다. 그런데 사해행위의 취소는 채권자와 수익자의 관계에서 상대적으로 채무자와 수익자 사이의 법률행위를 무효로 하는 데에 그치고, 채무자와 수익자 사이의 법률관계에는 영향을 미치지 아니한다. 따라서 채무자의 수익자에 대한 채권양도가 사해행위로 취소되고, 그에 따른 원상회복으로서 제3채무자에게 채권양도가 취소되었다는 취지의 통지가 이루어지더라도, 채권자와 수익자의 관계에서 채권이 채무자의 책임재산으로 취급될 뿐, 채무자가 직접 채권을 취득하여 권리자로 되는 것은 아니므로, 채권자는 채무자를 대위하여 제3채무자에게 채권에 관한 지급을 청구할 수 없다"(대판 2015.11.17. 2012다2743 : 8회 선택형).

② "채권양도행위가 사해행위에 해당하지 않는 경우에 양도통지가 따로 채권자취소권 행사의 대상이 될 수는 없다"(대판 2012.8.30. 2011다32785,32792).

3. 사해의사

(1) 채무자의 악의 [8회 사례형]

채무자가 사해행위 당시에 그것에 의하여 채권자를 해하게 됨을 알고 있었어야 한다(제406조 1항 본문). 이러한 채무자의 악의의 증명책임은 채권자에게 있다. 다만 채무자가 그의 유일한 재산을 증여하거나 매도한 경우에는 이로써 채권자들의 공동담보에 부족이 생길 것이라는 사실을 알았다고 사실상 추정한다(대판 1997.5.9, 96다2606).

(2) 수익자 또는 전득자의 악의 [3회, 8회 기록형]

수익자 또는 전득자는 그 이익을 받는 행위 또는 전득의 당시에 채권자를 해하게 됨을 알고 있었어야 한다(제406조 1항 단서). 증명책임과 관련하여 判例는 "사해행위취소소송에 있어서 채무자의 악의의 점에 대하여는 그 취소를 주장하는 채권자에게 입증책임이 있으나 수익자 또는 전득자가 악의라는 점에 관하여는 입증책임이 채권자에게 있는 것이 아니고 수익자 또는 전득자 자신에게 선의라는 사실을 입증할 책임이 있다"고 한다(대판 1997.5.23, 95다51908 ; 1회,2회,5회 선택형).

Ⅱ. 채권자취소권의 행사

1. 행사의 방법

채권자취소권은 채권자가 자기의 이름으로 수익자 또는 전득자를 피고로 하여 '소로써'만 행사할 수 있다(제406조). 이러한 채권자에는 채권의 양수인도 포함된다(대판 2012.2.9, 2011다77146).

2. 취소의 범위

(1) 원 칙

취소의 범위는 취소권을 행사하는 채권자의 채권액을 표준으로 한다. 그 채권액은 사해행위 당시를 표준으로 한다. 다만 지연손해금 및 법정이자는 사실심 변론종결일까지 발생한 것도 피보전채권액에 포함된다(대판 2003.7.11, 2003다19572).

(2) 예 외

① '다른 채권자가 배당요구를 할 것이 명백한 사정이 있는 경우'에는 취소채권자의 채권액을 넘어서까지도 취소를 구할 수 있다(대판 1997.9.9, 97다10964).

② '목적물이 불가분인 경우', 예컨대 대지와 지상건물을 일체로 매도한 경우에는 그 가액이 채권액을 초과하더라도 그 전부에 대한 취소를 허용한다(대판 1975.2.25, 74다2114 : 7회 선택형).

3. 원상회복의 방법

(1) 원 칙

원상회복은 원칙적으로 그 '목적물의 반환'(원물반환)을 청구하여야 한다. 목적물이 부동산인 경우에는 등기명의를 채무자에게 환원시키는 방법으로 말소등기 또는 진정명의회복을 원인으로 한 소유권이전등기의 형식으로 가능하다(대판 2000.2.25, 99다53704 : 8회 선택형).

① [사해행위 취소로 인한 원상회복으로 소유권이전등기의 말소를 명하는 판결을 받았으나 말소등기를 마치지 않은 경우] "채권자취소권의 상대적 효력에 따라 소송 당사자가 아닌 다른 채권자는 채무자를 대위하여 말소등기를 신청할 수 없으나, '민법 제407조 등의 취지'에 비추어 다른 채권자가 사해행위취소판결에 따라 사해행위가 취소되었다는 사정을 들어 수익자를 상대로 다시 소유권이전등기의 말소를 청구하면 수익자는 말소등기를 해 줄 수밖에 없다. 따라서 결국 소송 당사자가 아닌 다른 채권자가 위 판결에 따라 채무자를 대위하여 마친 말소등기는 실체관계에 부합하는 등기로서 유효하다"(대판 2015.11.17. 2013다84995 : 8회 선택형).

② [사해행위 취소로 그 등기명의를 회복한 부동산을 '채무자'가 제3자에게 처분한 경우] "이는 '무권리자의 처분행위'에 해당하므로 제3자에게 마쳐진 등기는 원인무효로서 '취소채권자나 제407조에 따라 사해행위 취소와 원상회복의 효력을 받는 채권자'는 강제집행을 위하여 그 등기의 말소를 청구할 수 있다"(대판 2017.3.9. 2015다217980 : 7회 선택형). [8회 사례형]

(2) 예 외

1) 가액반환을 하여야 하는 경우

ⅰ) 원물반환이 불가능하거나, ⅱ) 현저히 곤란한 경우에는 예외적으로 원물반환에 갈음하여 가액반환이 허용된다.

가) '저당권부 부동산이 사해행위로 양도'된 후 수익자(양수인)의 변제에 의하여 저당권이 소멸한 경우

① [전부 변제된 경우] 判例는 "사해행위를 취소하여 그 부동산의 자체의 회복을 명하는 것은(말소되었던 저당권까지 회복되는 것은 아님 ; 저자주) 당초 일반채권자들의 공동담보로 되어 있지 아니하던 부분까지 회복을 명하는 것이 되어 공평에 반하는 결과가 되므로, 그 부동산의 가액에서 저당권의 피담보채무액을 공제한 잔액의 한도에서 사해행위를 취소하고 그 가액의 배상을 구할 수 있을 뿐"(대판 1999.9.7, 98다41490)이라고 한다.

② [일부 변제된 경우] [3회 기록형]
㉠ "사해행위의 목적인 부동산에 수개의 저당권이 설정되어 있다가 사해행위 후 그 중 일부 저당권만이 말소된 경우에도 사해행위의 취소에 따른 원상회복은 가액배상의 방법에 의할 수밖에 없을 것이고, 그 경우 배상하여야 할 가액은 사해행위 취소시인 '사실심 변론종결시'를 기준으로 하여 그 부동산의 가액에서 말소된 저당권의 피담보채권액과 말소되지 아니한 저당권의 피담보채권액을 모두 공제하여 산정하여야 한다"(대판 1998.2.13, 97다6711)고 한다. ㉡ 그러나 수익자에 의해 일부 저당권이 말소된 경우가 아니라 '근저당권의 피담보채무액이 일부 대위변제된 경우'는 가액반환이 아니라 원물반환에 의하여야 한다(대판 2002.12.6. 2002다39715).

甲에 대하여 대여금채무를 부담하고 있는 乙이 그의 유일한 소유 재산인 부동산을 그의 아들인 丙에게 매도하고, 그 후 丙은 이를 다시 丁에게 매도한 후 각 소유권이전등기가 경료되었다. 甲은 丁을 상대로 한 원상회복의 방법으로 丁 명의의 소유권이전등기를 말소하는 대신 乙 앞으로 직접 소유권이전등기절차를 이행할 것을 청구할 수도 있다(8회 선택형).(O)

[비교판례] 判例는 원물반환으로 근저당권설정등기의 말소를 명하는 판결확정 후 해당 부동산이 관련 경매사건에서 담보권 실행을 위한 경매절차를 통하여 수익자가 배당금을 수령한 경우 취소채권자의 대상청구권 인정한바, "위와 같이 부동산이 담보권 실행을 위한 경매절차에 의하여 매각됨으로써 확정판결에 기한 甲 회사의 근저당권설정등기 말소등기절차의무가 이행불능된 경우, 신용보증기금은 대상청구권 행사로서 甲 회사가 말소될 근저당권설정등기에 기한 근저당권자로서 지급받은 배당금의 반환을 청구할 수 있다"(대판 2012.6.28. 2010다71431)고 판시하였다.

사해행위인 매매예약에 기하여 수익자 앞으로 가등기를 마친 다음 전득자 앞으로 가등기 이전의 부기등기 후 가등기에 기한 본등기까지 마쳤다면, 채권자는 더 이상 수익자를 상대로 사해행위인 매매예약의 취소를 청구할 수 없다(7회 선택형).(×)

甲이 채무초과 상태에서 그 소유의 유일한 재산인 X 부동산을 乙에게 증여하였고, 甲의 채권자 丙이 사해행위취소소송을 제기하였다. 乙이 선의인 戊를 위하여 X에 관한 근저당권을 설정하여 준 경우에, 丙은 乙 명의 등기의 말소에 갈음하여 甲 앞으로 직접 소유권이전등기를 청구할 수 있다(2회 선택형).(○)

채권자취소소송에서 법원이 원상회복으로서 원물반환이 아닌 가액배상을 명하는 경우, 그 부동산의 가액은 특별한 사정이 없는 한 사해행위 당시를 기준으로 산정하여야 한다(6회 선택형).(×)

나) '저당권부 채권이 사해행위로 양도'된 후 사해행위가 채권자에 의하여 취소되기 전에 이미 수익자가 배당금을 현실로 지급받은 경우

이 경우 判例는 "채권자는 원상회복방법으로 수익자 또는 전득자를 상대로 배당 또는 변제로 수령한 금원 중 자신의 채권액 상당의 지급을 가액배상의 방법으로 청구할 수 있다 할 것이나, 채권에 대한 압류가 경합하여 제3채무자가 금전채권을 집행공탁한 경우 사해행위의 취소에 따른 원상회복은 금전지급에 의한 가액배상이 아니라 공탁금출급청구권을 채권자에게 양도하는 방법으로 하여야 한다"(대판 2004.6.25. 2004다9398 : 4회 선택형)고 한다.

다) '저당권을 설정하는 행위가 사해행위'인 경우, 그 저당권이 실행되어 매각된 경우

① "채무자와 수익자 사이의 근저당권설정계약이 사해행위인 이상 그로 인한 근저당권설정등기가 경락으로 인하여 말소되었다고 하더라도 채권자는 근저당권설정계약의 취소를 구할 이익이 있다"(대판 1997.10.10. 97다8687 : 8회 선택형). ② 이 경우 判例는 "근저당권설정계약을 사해행위로서 취소하는 경우 경매절차가 진행되어 타인이 소유권을 취득하고 근저당권설정등기가 말소되었다면 가액배상의 방법으로 원상회복을 명할 것인바, 이미 배당이 종료되어 수익자가 배당금을 수령한 경우에는 수익자로 하여금 배당금을 반환하도록 명하여야한다"(대판 2011.2.10. 2010다90708 : 비교판례와 비교)고 한다.

라) 사해행위인 매매예약에 기하여 수익자 앞으로 가등기를 마친 후 전득자 앞으로 가등기 이전의 부기등기를 마치고 가등기에 기한 본등기까지 마친 경우

이 경우 判例는 "채권자는 수익자를 상대로 사해행위인 매매예약의 취소를 청구할 수 있고, 부기등기의 결과 가등기 및 본등기에 대한 말소청구소송에서 수익자의 피고적격이 부정되더라도, 수익자는 부기등기로 인한 가등기말소의무의 불능에 대한 원상회복으로서 가액배상을 할 의무를 진다"(대판 2015.5.21. 전합2012다952 : 7회 선택형)고 한다. 그러나, 부기등기가 없는 사안에서는 수익자에게 가등기 및 본등기에 대한 말소청구소송의 피고적격이 인정되므로 가액배상이 이루어져야 하는 것이 아니다(대판 2003.7.11. 2003다19435). **[8회 기록형]**

마) 선의의 전득자가 저당권을 취득한 경우 : 원물반환과 가액반환의 선택

이 경우 判例는 "채권자는 수익자를 상대로 원물반환 대신 그 가액 상당의 배상을 구할 수도 있다고 할 것이나, 그렇다고 하여 채권자가 스스로 위험이나 불이익을 감수하면서 원물반환을 구하는 것까지 허용되지 아니하는 것으로 볼 것은 아니고, 그 경우 채권자는 원상회복 방법으로 가액배상 대신 수익자 명의의 등기의 말소를 구하거나 수익자를 상대로 채무자 앞으로 직접 소유권이전등기절차를 이행할 것을 구할 수 있다"(대판 2001.2.9, 2000다57139 : 2회, 6회선택형)고 한다. **[3회 기록형]**

2) 가액반환을 판단하는 기준과 범위

가액상환에서 가액은 '사해행위가 성립하는 범위 내'에서 '사실심변론종결시'(사해행위시가 아님)를 기준으로 하여 산정된다(대판 2001.12.27, 2001다33734 : 6회 선택형). 가액배상은 ㉠ 채권자의 피보전채권액(사해행위 당시를 기준으로 하되 사실심변론종결시까지의 이자나 지연손해금은 포함)과 ㉡ 목적물의 공동담보가액(책임재산=사해행위의 범위) 중 적은 금액을 한도로 이루어진다.[14]

그리고 가액반환을 하는 경우 채권자가 지급받은 가액배상금에 대해 다른 채권자들이 배당요구를 할 수 없으므로(현행법상 위 지급받은 가액배상금을 분배하는 방법이나 절차 등에 관한 아무런 규정이 없다), 취소채권자는 자신의 채권액을 초과하여 가액배상을 구할 수 없다(대판 2008.11.13, 2006다1442 : 3회 선택형).

---

14) 사해행위의 취소와 원상회복이 병합하여 청구되는 일반적인 경우 실무는 사해행위의 취소범위에 앞서 원상회복방법에 관하여 살펴 본 다음 사해행위취소범위와 가액배상의 범위를 동일한 기준 하에 한꺼번에 판단함으로써 사해행위취소범위와 가액배상 범위를 일치시키고 있다[사법연수원, 요건사실론(2012년), p.133].

3) 가액반환을 행사하는 방법

① **[직접청구가부]** 사해행위취소로 가액반환을 하는 경우 취소채권자는 직접 자기에게 가액배상금을 지급할 것을 청구할 수 있다(대판 1998.5.15. 97다58316).

③ **[지체책임]** "가액배상의무는 사해행위의 취소를 명하는 판결이 확정된 때에 비로소 발생하므로 그 판결이 확정된 다음날부터 이행지체 책임을 지게 되고, 따라서 소송촉진 등에 관한 특례법 소정의 이율은 적용되지 않고 민법 소정의 법정이율이 적용된다"(대판 2009.1.15. 2007다61618). 그리고 사해행위청구에서 가액배상의 청구는 가집행의 선고를 붙이지 않는다.

Ⅲ. 중복소송 등 소송법적 문제

1. 각 채권자가 동시 또는 이시에 채권자취소소송 제기

(1) 중복소송에 해당하는지 여부(소극)

채권자취소권은 채권자대위권과는 달리 **채권자 개개인에게 부여된 고유의 권리**이므로, 각각 채권자취소권을 행사하더라도 소송물이 달라 중복제소(민사소송법 제259조)에 해당하지 않는다(대판 2003.7.11. 2003다19558 ; 대판 2005.11.25, 2005다514577 : 3회,8회 선택형). 이와 달리 어느 한 채권자가 보전하고자 하는 채권을 달리 하여 동일한 법률행위의 취소 및 원상회복을 구하는 채권자취소의 소를 이중으로 제기하는 경우에는 전소와 후소는 소송물이 동일하다고 보아야 한다(대판 2012.7.5. 2010다80503).

(2) 가액배상 방법(각 채권자는 피보전채권액 '전액' 반환청구 가능)

"여러 명의 채권자가 사해행위취소 및 원상회복청구의 소를 제기하여 여러 개의 소송이 계속 중인 경우에는 각 소송에서 채권자의 청구에 따라 사해행위의 취소 및 원상회복을 명하는 판결을 선고하여야 하고, 수익자(전득자를 포함)가 가액배상을 하여야 할 경우에도 수익자가 반환하여야 할 가액 범위 내에서 각 채권자의 피보전채권액 전액의 반환을 명하여야 한다"(대판 2005.11.25. 2005다5145 : 3회 선택형). "이와 같은 법리는 여러 명의 채권자들이 제기한 각 사해행위취소 및 원상회복청구의 소가 민사소송법 제141조에 의하여 병합되어 하나의 소송절차에서 심판을 받는 경우에도 마찬가지이다"(대판 2008.6.12. 2008다8690). 한편, 수익자가 어느 채권자에게 자신이 배상할 가액의 일부 또는 전부를 반환한 때에는 그 범위 내에서 다른 채권자에 대하여 청구이의 등의 방법으로 이중지급을 거부할 수 있을 것이다"(대판 2005.11.25. 2005다51457).

(3) 어느 채권자가 승소확정판결에 따라 재산의 회복을 마친 후에는 다른 채권자는 취소소송제기 불가(중첩되는 범위 내에서 권리보호이익이 없음)(대판 2003.7.11. 2003다19558 ; 대판 2005.3.24. 2004다65367 ; 대판 2005.11.25. 2005다5145 : 2회 선택형)

(4) 선행소송에 따른 가액반환 종료 후 동일 부동산에 대한 증가된 시가 상당의 가액배상을 구하는 후행소송(권리보호의 이익이 없음)

확정판결에서 인정한 시가보다 평가액이 증가되었다 하더라도 그 증가된 부분을 위 확정판결에서 인정한 부분과 중첩되지 않는 부분으로 보아 이에 대하여 다시 가액배상을 명할 수는 없다(대판 2005.3.24. 2004다65367).

(5) 원물반환을 구하는 선행소송 확정 후 원물반환의 목적달성 불능으로 다시 가액배상을 구하는 후행소송(권리보호의 이익이 없음)

① 사해행위 후 목적물에 관하여 제3자가 저당권이나 지상권 등의 권리를 취득한 경우에는 원상회복청

甲은 乙에 대하여 2010. 1. 20.을 변제기로 하는 1,000만 원의 금전채무를 부담하고 있던 중 2010. 3. 1. 다른 채권자 丙에게 자신의 유일한 재산인 X 토지(시가 4,000만 원)를 대물변제하였다. 이에 乙은 甲의 대물변제에 대하여 채권자취소소송을 제기하였다. 乙의 소송이 적법하게 계속된 경우, 甲의 다른 채권자 戊가 위 대물변제에 대하여 제기한 채권자취소소송은 중복소송에 해당하여 각하된다(2회 선택형).(×)

구권은 사실심 변론종결 당시의 채권자의 선택에 따라 원물반환과 가액배상 중 어느 하나로 확정되며, 채권자가 일단 사해행위 취소 및 원상회복으로서 원물반환 청구를 하여 승소 판결이 확정되었다면, 그 후 어떠한 사유로 원물반환의 목적을 달성할 수 없게 되었다고 하더라도 다시 원상회복청구권을 행사하여 가액배상을 청구할 수는 없으므로 그 청구는 권리보호의 이익이 없어 허용되지 않는다(대판 2006.12.7, 2004다54978 : 8회 선택형).

② 다만, 최근 대법원은 원물반환으로 근저당권설정등기의 말소를 명하는 판결확정 후 해당 부동산이 관련 경매사건에서 담보권 실행을 위한 경매절차를 통하여 수익자가 배당금을 수령한 경우, 취소채권자의 대상청구권을 인정하였다(대판 2012.6.28. 2010다71431).

2. 피보전채권의 추가 또는 교환(소송물 또는 청구 자체의 변경 아님)

3. 원물반환을 구하는 경우 법원이 청구취지 변경 없이 가액배상을 명할 수 있는지

견해가 대립하나, 判例는 특히 저당권 등이 설정된 부동산에 관하여 사해행위가 이루어진 다음 그 저당권 등이 말소된 경우, 원물반환청구 중에는 가액배상을 구하는 취지도 포함된 것으로 판단한다(대판 2001.6.12, 99다20612).

Ⅳ. 가능한 공격방어방법 등

1. 제척기간 도과

채권자취소의 소는 채권자가 취소원인을 안 날로부터 1년, 법률행위 있은 날로부터 5년 내에 제기하여야 한다(제406조 2항). 이 기간은 제척기간이고, 따라서 법원이 직권으로 그 기간 준수 여부를 심리하여야 한다(대판 2001.2.27, 2000다44348 ; 대판 2009.3.26, 2007다63102는 제척기간의 도과에 대한 증명책임은 채권자취소소송의 상대방에게 있다고 하였다).

(1) 법률행위가 있은 날

'법률행위가 있은 날'이란 사해행위에 해당하는 법률행위가 실제로 이루어진 날을 의미한다(대판 2002.7.26. 2001다73138,73145). 그런데 이를 판정하기 곤란한 경우 등에는 처분문서에 기초한 것으로 보이는 '등기부상 등기원인일자'(등기가 된 일자가 아님)를 중심으로 그러한 사해행위가 실제로 이루어졌는지 여부를 판정할 수 밖에 없다(대판 2010.2.25. 2007다28819).

(2) 채권자가 취소원인을 안 날

여기서 '취소원인을 안 날'이라 함은 단순히 채무자의 법률행위가 있었다는 사실을 아는 것만으로는 부족하고 그 법률행위가 채권자를 해하는 행위라는 것, 즉 그에 의하여 채권의 공동담보에 부족이 생기거나 이미 부족상태에 있는 공동담보가 한층 더 부족하게 되어 채권을 완전하게 만족시킬 수 없게 된다는 것까지 알아야 하며, 나아가 '채무자'에게 사해의 의사가 있었다는 사실까지 알 것을 요한다(대판 2003.7.11, 2003다19435).

만약 "사해행위가 있은 후 채권자가 취소원인을 알면서 피보전채권을 양도하고 양수인이 그 채권을 보전하기 위하여 채권자취소권을 행사하는 경우에는, 채권의 양도인이 취소원인을 안 날을 기준으로 제척기간 도과 여부를 판단하여야 한다"(대판 2018.4.10. 2016다272311).

① [사해의사 추정] 구체적으로는 사해행위의 객관적 사실을 알았다고 하여 취소의 원인을 알았다고 추정할 수는 없으나(대판 2006.7.4, 2004다61280), 예를 들어 채무자가 유일한 재산인 부동산을 매각하여 소비하기 쉬운 금전으로 바꾸는 경우에는 채무자의 사해의사는 추정되므로, 채무자가 유일한 재산인 부동산을 매도한 경우 그러한 사실을 채권자가 알게 된 때에 채권자가 채무자에게 당해 부동산 외에는 별다른 재산이 없다는 사실을 알고 있었다면 그 때 채권자는 채무자가 채권

자를 해함을 알면서 사해행위를 한 사실을 알게 되었다고 보아야 한다(대판 1999.4.9, 99다2515). 즉 채무자의 악의가 사실상 추정되는 경우에는 이에 대한 구체적인 인식은 필요 없다(대판 2000.9.29. 2000다3262).

② **[전득자의 사해의사]** 한편, '전득자'를 상대로 채권자취소권을 행사하는 경우에는 수익자의 선·악에 상관없이 전득자가 전득행위 당시 채무자와 수익자 사이의 법률행위의 사해성을 인식하였는지 여부만이 문제가 될 뿐이지, 수익자와 전득자 사이의 전득행위가 다시 채권자를 해하는 행위로서 사해행위의 요건을 갖추어야 하는 것은 아니다(대판 2006.7.4. 2004다61280 ; 2012.8.17. 2010다87672).

(3) 사해행위 취소의 소와 원상회복청구의 소

① **[피고가 동일한 경우]** 채권자는 사해행위의 취소와 원상회복의 청구를 동시에 할 수도 있고(대판 1980.7.22, 80다795), 또는 사해행위의 취소만을 먼저 청구한 다음 원상회복을 나중에 청구할 수도 있으며, 이 경우 사해행위의 취소가 제406조 2항 소정의 기간 안에 제기되었다면 원상회복의 청구는 그 기간이 지난 뒤에도 할 수 있다(대판 2001.9.4, 2001다14108).

② **[피고가 다른 경우]** 그러나 '수익자'를 상대로 사해행위 취소의 소를 제기한 다음 기간이 지난 뒤에 '전득자'에 대하여 원상회복을 구하는 소를 추가한 경우에는 수익자에 대한 소와 전득자에 대한 소는 별개이기 때문에 채권자는 기간 내에 전득자를 상대로 사해행위 취소를 구하는 소를 제기하였어야 한다.

2. 수익자 전득자의 선의

증명책임과 관련하여 수익자 또는 전득자가 악의라는 점에 관하여는 수익자 또는 전득자 자신에게 선의라는 사실을 입증할 책임이 있으므로(대판 1997.5.23, 95다51908), 수익자 또는 전득자는 자신이 선의라는 것을 항변할 수 있다.

3. 채무자의 자력회복

채무자의 법률행위가 사해행위가 되는지는 처분행위 당시를 기준으로 판단하여야 한다. 따라서 행위 당시에 무자력이 아닌 이상 후에 무자력으로 되었더라도 사해행위로 되는 것은 아니다. 그리고 무자력은 사실심변론종결시까지 유지되어야 한다.

4. 피보전채권의 시효소멸

사해행위취소소송의 상대방이 된 '사해행위의 수익자'는 피보전채권의 소멸에 의해 직접 이익을 받는 자에 해당한다고 한다(대판 2007.11.29, 2007다54849). 따라서 수익자 또는 전득자는 시효소멸을 항변할 수 있다.

수익자 또는 전득자의 악의의 증명책임은 채권자가 부담한다.(5회 선택형).(×)

채권자취소권을 행사하기 위해서는 처분행위 당시 채권자를 해하는 것이기만 하면 되므로, 사실심 변론종결 당시에 채무자가 자력을 회복하여 채권자를 해하지 않게 된 경우에도 채권자취소권 행사가 가능하다(5회 선택형).(×)

채권자대위소송에서 피고인 제3채무자는 원고인 채권자가 채무자에 대해 가지는 채권이 시효로 소멸했음을 주장할 수 없으며, 채권자취소소송에서도 피고인 수익자나 전득자는 원고인 채권자가 채무자에 대해 가지는 채권이 시효로 소멸했다는 주장을 할 수 없다(4회,7회 선택형).(×)

V. 예시

■ 사해행위취소청구+기판력(18년 3차)

1. 피고 고진한, 고상우에 대한 사해행위취소청구

가. 피보전채권

원고 한제희는 피고 손상제에 대하여 위와 같이 전부금 채권을 가지고 있습니다.

나. 사해행위 및 사해의사

원고 한제희에 대한 채무자인 피고 손상제는 이 사건 제1부동산을 소유하고 있으나, 위 부동산에 설정된 근저당권의 채권최고액과 피담보채무액이 위 부동산의 가액을 초과하여 이 사건 제2부동산이 채권자들의 공동담보로 될 수 있는 피고 손상제의 사실상 유일한 재산입니다. 피고 손상제는 2016. 11. 11. 피고 고진한에게 이 사건 제2부동산을 매도하고 서울중앙지방법원 2017. 4. 1. 접수 제6789호로 소유권이전등기를 마쳤습니다. 한편, 피고 고진한 명의로 소유권이전등기가 마쳐진 날 이 사건 제2부동산에 관하여 피고 고상우 명의로 서울중앙지방법원 2017. 4. 1. 접수 제6790호로 같은 날 매매예약을 원인으로 한 소유권이전청구권가등기가 마쳐졌습니다. 대법원에 따르면 유일한 재산을 소비하기 쉬운 금전으로 바꾸는 행위는 원칙적으로 사해행위에 해당하므로 피고 손상제와 피고 고진한 사이의 위 매매는 사해행위에 해당하고, 피고 손상제의 사해의사는 추정됩니다(대판 2001.4.24. 2000다41875). 또한 피고 손상제와 피고 고진한 사이의 위 매매가 사해행위에 해당하는 이상 위 소유권이전청구권가등기 명의자인 피고 고상우는 위 가등기 당시 위 매매가 채권자를 해하는 행위라는 것을 알지 못하였다는 증명을 하지 못하는 한 전득자로서 위 사해행위 취소로 인한 원상회복으로 위 소유권이전청구권가등기의 말소등기절차를 이행할 의무가 있습니다.

라. 사해행위의 취소 및 원상회복

따라서 원고 한제희는 이 사건 소로써 피고 고진한 명의로 마쳐진 소유권이전등기의 원인행위인 위 매매의 취소를 구하고, 위 취소에 따른 원상회복으로 수익자인 피고 고진한에 대하여 위 소유권이전등기의 말소등기절차의 이행을 청구하는 바입니다.

마. 예상되는 항변

피고 고진한은 자신의 소유권이전등기는 판결에 의한 것이므로 그 원인행위인 위 매매계약이 사해행위가 아니라고 주장할지 모릅니다.

그러나 사해행위로 취소를 구하는 것은 원인행위인 매매이고, 그 이행의 결과로 마쳐진 소유권이전등기가 판결에 의한 것이라 하더라도 위 매매가 사해행위라는 점에는 아무런 영향이 없습니다.

또한 피고 고진한은 원고 한제희가 이 부분 소를 통해 매매행위의 취소를 구하는 것은 이미 확정된 판결의 효력에 반하거나 모순된다고 주장할지 모릅니다.

그러나 채권자가 사해행위의 취소와 함께 수익자로부터 책임재산의 회복을 명하는 사해행위취소의 판결을 받은 경우 수익자가 채권자에 대하여 사해행위의 취소로 인한 원상회복 의무를 부담하게 될 뿐, 채권자와 채무자 사이에서 취소로 인한 법률관계가 형성되는 것은 아니므로, 이 사건 소를 통해 피고 고진한 명의의 위 소유권이전등기가 사해행위취소로 인한 원상회복으로써 말소된다고 하더라도, 그것이 확정판결의 효력에 반하거나 모순되는 것이라고는 할 수 없습니다(대판 2017.4.7. 2016다204783).

▌ 가액반환(3회 변시)

3. 피고 박이순에 대한 청구

가. 사해행위의 피보전채권

앞서 본 바와 같이 원고들은 피고 박이채에 대하여 2010. 6. 30. 이후 각 2억 5,000만원 및 그에 대한 지연손해금의 부당이득금반환채권을 가지고 있습니다.

나. 사해행위와 사해의사

(1) 사해행위

피고 박이채는 2010. 9. 1. 이후 채무초과상태에 빠져 있던 중, 2011. 4. 9. 여동생인 피고 박이순에게 시가 2억 원인 서울 은평구 대조로 120 지상 문화아파트 211동 203호(이하 '이 사건 아파트'라고 합니다)를 대금 1억 원에 매도하고 같은 날 피고 박이순에게 소유권이전등기를 경료하여 주었습니다.

피고 박이채의 위 매도행위는 채무초과상태에 빠져 있는 사람이 부동산을 시가보다 현저히 저렴하게 쉽게 소비 또는 은닉될 수 있는 금전으로 변경하는 행위로서 사해행위에 해당합니다.

(2) 사해의사 및 수익자의 악의

피고 박이채는 스스로 채무초과사실, 저렴하게 매도한다는 사실, 부동산을 소비 또는 은닉하기 쉬운 금전으로 변경한다는 사실을 잘 알고 있었으므로 사해의사가 있고 피고 박이순의 악의는 추정됩니다.

(3) 제소기간

원고들은 2013. 4. 초순경 피고 박이채의 위 아파트 매매행위가 사해행위임을 알게 되었으므로 그때부터 아직 출소기간인 1년이 경과하지 않았습니다.

다. 사해행위의 취소와 가액배상

(1) 사해행위의 취소

그러므로 피고 박이채, 박이순 사이의 위 매매행위는 원고들을 해치는 사해행위에 해당하여 취소되어야 합니다.

(2) 원물반환의 불가

한편 피고 박이순은 이 사건 아파트에 관하여 소유권이전등기를 마친 후 2011. 5. 2. 주식회사 신한은행으로부터 금원을 차용하고 이를 담보하기 위하여 위 은행에게 채권최고액 5,000만 원인 근저당권을 설정하여 주었습니다.

이로 인하여 피고 박이채는 이 사건 아파트에 관하여 사해행위 당시의 상태대로 원상회복받을 수 없게 되었으므로 가액배상을 청구하고자 합니다.

(3) 가액배상

그러므로 피고 박이순은 가액배상금으로 원고들에게 각 원고들의 피담보채무의 범위내에서, 각 이 사건 아파트의 시가 상당액인 각 2억원 및 이에 대하여 이 판결확정일 다음날부터 다 갚는 날까지 민법 소정의 연 5%의 비율에 의한 지연손해금을 지급할 의무가 있습니다.

청구취지 형태

3. 원고들과 피고 박이순 사이에서,

가. 피고 박이채와 박이순 사이의 서울 은평구 대조로 120 문화아파트 201동, 철근콘크리트조 슬래브지붕 4층 아파트, 1층 863.50㎡, 2층 863.50㎡, 3층 863.50㎡, 4층 863.50㎡, 지층 863.50㎡(1동의 건물의 표시)

서울 은평구 대조동 707 대 52,368.2㎡(대지권의 목적인 토지의 표시) 제2층 제203호 철근콘크리트조 131.83㎡(전유 부분의 표시), 소유권대지권 52,368.2분의 50.72(대지권의 표시)에 관하여 2011. 4. 9. 체결된 매매계약을 취소한다.

나. 피고 박이순은 원고들에게 각 200,000,000원 및 이에 대하여 이 사건 판결 확정일 다음날부터 다 갚는 날까지 연 5%의 비율로 계산한 돈을 지급하라.

"여러 명의 채권자가 사해행위취소 및 원상회복청구의 소를 제기하여 여러 개의 소송이 계속중인 경우에는 각 소송에서 채권자의 청구에 따라 사해행위의 취소 및 원상회복을 명하는 판결을 선고하여야 하고, 수익자(전득자를 포함)가 가액배상을 하여야 할 경우에도 수익자가 반환하여야 할 가액을 채권자의 채권액에 비례하여 채권자별로 안분한 범위 내에서 반환을 명할 것이 아니라, 수익자가 반환하여야 할 가액 범위 내에서 각 채권자의 피보전채권액 전액의 반환을 명하여야 한다"(대판 2005.11.25. 2005다51457 : 3회 선택형).

[무권리자의 처분행위(채권양도)]
"양도인이 지명채권을 제1양수인에게 1차로 양도한 다음(담보목적의 경우도 신탁적 양도설에 따라 마찬가지) 제1양수인이 확정일자 있는 증서에 의한 대항요건을 갖추었다면 채권이 제1양수인에게 이전하고 양도인은 채권에 대한 처분권한을 상실하므로, 그 후 양도인이 동일한 채권을 제2양수인에게 양도하였더라도 제2양수인은 채권을 취득할 수 없다. 또한 제2차 양도계약 후 양도인과 제1양수인이 제1차 양도계약을 합의해지한 다음 제1양수인이 그 사실을 채무자에게 통지함으로써 채권이 다시 양도인에게 귀속하게 되었더라도 양도인이 처분권한 없이 한 제2차 양도계약이 채권양도로서 유효하게 될 수는 없으므로, 그로 인하여 제2양수인이 당연히 채권을 취득하게 된다고 볼 수는 없다"(대판 2016.7.14. 2015다46119)

▮ 변시8회

3. 피고 정철수에 대한 청구

가. 피전부채권의 발생

이중양은 2015. 10. 1. 피고 정철수에게 1억 원을 이자 연 5%, 변제기 2016. 9. 30.로 정해 대여하였습니다.

나. 전부명령의 발령·송달·확정

원고는 2017. 4. 20. 서울중앙지방법원 2017다채1234호로 이중양의 피고 정철수에 대한 위 채권에 대해 압류·전부명령을 받았고 그 명령이 2017. 4. 30. 피고 정철수에게 송달되고 같은 해 5. 15. 확정됐습니다.

다. 소결론

그러므로 피고 정철수는 원고에게 1억 원 및 이에 대해 이 사건 소장 부본 송달일 다음날부터 다 갚는 날까지 소송촉진 등에 관한 특례법 소정의 연 15%의 비율로 계산한 돈을 지급할 의무가 있습니다.

라. 예상 주장에 대한 반박

(1) 피고 정철수는, 이중양은 처음에 원고에게 채권을 담보 목적으로 양도하고서도 다시 양수영에게 이중으로 양도했는데, 그 후 원고와 사이의 처음의 채권양도계약이 합의해제됐으므로 위 피고에 대한 채권은 양수영이 확정적으로 취득했고 따라서 그 후에 이뤄진 원고의 전부명령은 무효라고 주장합니다.

(2) 그러나 채권이 양도되고 확정일자 있는 증서에 의해 통지된 이상 채권은 확정적으로 양수인에게 이전하고 양도인은 처분권한을 상실하므로 그 후 채권이 이중으로 양도됐다 하더라도 그 양수인은 아무런 권리를 갖지 못합니다. 또 처음의 채권양도가 합의해제됐다 하더라도 채권은 원래의 양도인에게 복귀할 뿐 두번 째 양수받은 양수인은 채권을 취득할 수 없습니다. 따라서 채권은 원래의 양도인에게 복귀합니다.

(3) 따라서 원고가 받은 전부명령은 유효합니다.

청구취지 형태
4.
가. 원고와 피고 윤미영 사이에서, 피고 정철수와 소외 정선수[주소 : 서울 송파구 올림픽대로 11, 101동 701호] 사이에 별지 목록 3. 기재 토지에 관하여 2018. 3. 14. 체결된 매매예약을 취소한다.
나. 피고 윤미영은 원고에게 가.항 기재 토지에 관하여 서울중앙지방법원 중부등기소 2018. 3. 14. 접수 제1034호로 마친 소유권이전청구권가등기의 말소등기절차를 이행하라.

4. 피고 윤미영에 대한 청구

가. 피보전채권

앞서 본 바와 같이 원고는 피고 정철수에 대해 1억 원의 전부금채권을 가지고 있습니다.

나. 사해행위·사해의사

(1) 피고 정철수는 2018. 3. 14. 동생인 정선수와 시에 자기의 유일한 재산인 별지목록 3 기재 토지에 관해 매매예약을 체결하고 같은 날 청구취지 제4의 나항 기재 소유권이전청구권가등기를 마쳐주었습니다.

(2) 위 행위는 채무자가 유일한 재산인 부동산을 매각하여 소비하기 쉬운 금전으로 바꾸는 행위에 해당하여 원고에 대해 사해행위가 되고 이러한 위 피고의 사해의사나 정선수의 악의는 추정됩니다.

다. 피고 윤미영이 가등기를 이전받음

(1) 한편 피고 윤미영은 2018. 5. 14. 정선수로부터 위 토지를 매수하고 같은 날 위 가등기이전의 부기등기를 마쳤습니다.

(2) 피고 윤미영은 위 사해행위의 목적인 토지의 전득자로서 역시 악의가 추정됩니다.

라. 소 결

그러므로 원고와 피고 윤미영 사이에서, 피고 정철수와 소외 정선구 사이에 위 토지에 관하여 2018. 3. 14. 체결된 매매예약을 취소돼야 하고, 피고 윤미영은 원고에게 위 토지에 관하여 마쳐진 청구취지 제4의 나.항 기재 소유권이전청구권가등기의 말소등기절차를 이행할 의무가 있습니다.

마. 피고 윤미영의 예상주장에 대한 반박

피고 윤미영은, 위 제3의 라.항 기재 피고 정철수의 주장과 같은 이유로 위 전부명령이 무효이므로 원고의 피보전채권이 존재하지 않는다고 주장할 것으로 예상됩니다. 그러나 위에서 본 바와 같이 전부명령은 유효합니다.

제9절 채권양도에 기한 양수금 청구

▌양수채권 청구소송

Ⅰ. 소송물

제3자로부터 채권을 양수한 원고가 채무자를 피고로 하여 해당 채권의 채권자로 그 급부의 실현을 구하는 소송이므로 그 소송물은 해당 양수채권의 목적인 '급부를 구하는 청구권'이다. 예를 들어 甲과 乙 사이에 체결된 금전소비대차계약에 기한 대여금반환채권을 A가 甲으로부터 양수한 것으로 A가 乙에게 양수채권을 청구하는 경우의 소송물은 '甲과 乙 사이의 금전소비대차계약에 기한 대여금반환청구권'이다. 양수인이 채권의 귀속주체가 된 경로, 원인은 소송물을 특정하기 위한 요소가 되지 않는다. 부대하여 지연손해금의 지급을 청구할 수 있는 것은 물론이다.

Ⅱ. 청구취지

예를 들어 양수채권이 대여금반환채권인 경우 일반적으로 청구취지는 '피고는 원고에게 10,000,000원 및 이에 대하여 2010. 10. 1.부터 이 사건 소장부본 송달일까지는 연 5%의, 그 다음날부터 완제일까지는 연 20%의 각 비율에 의한 금원을 지급하라.'는 형태가 될 것이다.

Ⅲ. 청구원인

양수금청구의 요건사실은 ⅰ) 양수채권의 발생원인사실(甲이 피고에게 돈을 대여해 준 사실), ⅱ) ⅰ)의 채권의 취득원인사실(채권양도계약 ; 甲이 원고에게 대여금채권을 양도한 사실), ⅲ) 채무자에 대한 대항요건(甲이 피고에게 양도통지를 하였거나 피고가 승낙한 사실)이다. 즉 양도인의 채무자에 대한 채권양도 통지사실 또는 채무자의 승낙 사실은 양수인에게 증명책임이 있다(대판 1990.11.27, 90다카27662).

Ⅳ. 예상되는 항변

1. 채무자의 양수인에 대한 항변

(1) 제449조 1항 단서 또는 제449조 2항(특히 양도금지특약에 대해 양수인에게 악의 또는 중과실 있음을 채무자가 주장, 증명해야)

(2) 제451조 2항 [특히 판례상 양도인에 대한 대항사유(해제, 동시이행의 항변권, 상계적상)가 통지 이후에 발생했지만 통지 전에 기초되는 법률관계가 성립된 경우도 포함]

2. 양수인이 채무자에게 재항변(제451조 1항에 따른 채무자의 이의를 보류하지 않은 승낙)

3. 채무자가 양수인에게 재재항변(제451조 1항의 채무자가 양도인에게 대항할 수 있는 사유에 대해 양수인에게 악의 또는 중과실 있음을 채무자가 주장, 증명해야)

※ **양도인이 채무자에게 채권을 행사시 채무자의 양도인에 대한 항변(제452조 1항)**
(제452조의 '양도가 무효'인 사유에는 취소, 해제도 포함)

Ⅰ. 지명채권의 양도성

제449조 (채권의 양도성) ① 채권은 양도할 수 있다. 그러나 채권의 성질이 양도를 허용하지 아니하는 때에는 그러하지 아니하다. ② 채권은 당사자가 반대의 의사를 표시한 경우에는 양도하지 못한다. 그러나 그 의사표시로써 선의의 제3자에게 대항하지 못한다.

1. 원 칙

지명채권은 원칙적으로 양도할 수 있다(제449조 1항 본문).

2. 예 외

(1) 채권의 성질이 양도를 허용하지 않는 경우(제449조 1항 단서)

1) 장래채권의 양도

判例는 "장래의 채권도 양도 당시 ⅰ) 기본적 채권관계가 어느 정도 확정되어 있어 그 권리의 특정이 가능하고, ⅱ) 가까운 장래에 발생할 것임이 상당한 정도 기대되는 경우에는 이를 양도할 수 있다"(대판 1996.7.30, 95다7932)고 한다. 참고로 이러한 법리는 장래의 채권에 대한 채권압류 및 전부명령이 유효하기 위한 요건으로도 통용되고 있다(대판 2002.11.8, 2002다7527).

(2) 당사자가 양도금지특약을 한 경우(제449조 2항 본문)

당사자, 즉 채권자와 채무자의 양도금지의 의사표시에 의하여 채권은 그 양도성을 상실한다. 그러나 양도금지의 특약은 선의의 제3자에게 대항할 수 없다(제449조 2항 단서).

당사자의 의사표시에 의한 채권양도금지 특약이 있는 경우 악의의 양수인으로부터 다시 선의로 양수한 전득자는 그 채권을 유효하게 취득하나, 선의의 양수인으로부터 다시 채권을 양수한 악의의 전득자는 그 채권을 유효하게 취득하지 못한다(5회 선택형).(×)

1) 제449조 2항 단서의 선의의 제3자의 범위

判例는 선의의 양수인이 보호받기 위해서는 선의이며, 중과실이 없어야 한다고 하며, 양수인의 악의 또는 중과실에 대한 증명책임은 채권양도금지특약으로 채권양수인에게 대항하려는 자(채무자)가 부담한다고 한다(대판 1999.12.28, 99다8834, 대판 2019.12.19. 전합2016다24284 : 3회,5회,8회 선택형). 또한 악의의 양수인으로부터 다시 선의로 양수한 전득자도 위 조항에서의 선의의 제3자에 해당한다. 또한 이러한 선의의 양수인으로부터 다시 채권을 양수한 전득자는 선의·악의를 불문하고 채권을 유효하게 취득한다(엄폐물의 법칙 ; 대판 2015.4.9. 2012다118020).

2) 양도금지특약에 위반된 양도에 대하여 채무자가 사후에 승낙한 경우(무효행위의 추인)

判例에 따르면 양도금지특약에 위반한 채권의 양도는 원래 무효이지만 채무자의 '승낙'으로 '추인'이 되므로 '장래에 향하여' 채권양도의 효력이 발생한다(제139조 참조)(대판 2000.4.7, 99다52817).

3) 양도금지특약이 있는 채권을 압류할 수 있는지 여부(적극)

양도금지의 특약이 있는 채권이더라도 압류 및 전부명령에 의한 이전이 가능하고, 이는 압류채권자가 양도금지의 특약이 있다는 사실을 알고 있어도 마찬가지이다(8회 선택형).(O)

양도금지특약이 있는 채권이라도 '악의'의 채권자라도 압류 및 전부명령에 의해 채권을 취득할 수 있다(대판 2003.12.11, 2001다3771 : 8회 선택형). 나아가 전부채권자로부터 다시 그 채권을 양수한 자가 그 특약의 존재를 알았거나 중대한 과실로 알지 못하였다고 하더라도 제3채무자는 위 특약을 근거로 채권양도의 무효를 주장할 수 없다(엄폐물의 법칙)(대판 2003.12.11. 2001다3771).

Ⅱ. 지명채권양도의 대항요건

1. 채무자에 대한 대항요건(제450조 1항)

(1) 채무자에 대한 통지

1) 당사자

통지는 '양도인'이 채무자에 대해 해야 하고, 양수인에 의한 통지는 그 효력이 생기지 않는다. 따라서 양수인은 양도인을 '대위'하여도 통지하지 못하나(제404조 참조), 양도인으로부터 통지의 대리권을 수여받아 양수인이 '대리행위'로서 통지하는 것은 무방하다(대판 2004.2.13. 2003다43490). 통지는 채무자에게 하므로 채권자가 연대채무자에 대한 채권을 양도하는 경우에는 연대채무자 전원에 대해 통지하여야 한다. 그러나 보증채무의 경우에는 '부종성'의 성질상 채권자가 채권양도의 주채무자에게 통지하면 보증인에 대해서는 따로 통지하지 않더라도 보증인에게 대항할 수 있다(대판 2002.9.10, 2002다21509 : 3회,4회,8회 선택형).

2) 통지의 철회

양수인의 동의가 없으면 양도인은 채권양도의 통지를 철회하지 못한다(제452조 2항).

3) 통지의 효과

가) 제451조 2항

① **[통지 전에 생긴 사유]** 채권의 양도에 의해 양도인에 대한 채무자의 지위가 달라질 것은 아니므로, 채무자는 그 '통지를 받은 때까지' 양도인에 대하여 생긴 사유(채무의 불성립·무효·취소·동시이행의 항변·기한의 유예·채권의 소멸 등)로써 양수인에게 대항할 수 있다(제451조 2항).

② **[기초되는 법률관계가 통지 전에 이미 존재한 경우]** 다만, 대항사유 자체는 통지 뒤에 생겼더라도 그 '사유 발생의 기초가 되는 법률관계'가 통지 전에 이미 존재하였다면 이는 '계약 자체에 처음부터 내재하는 고유한 위험'이라고 볼 수 있으므로 그 대항사유로써 양수인에게 대항할 수 있다. 그러나 통지를 받은 후부터는 양수인만이 채권자로 되므로, '통지 이후'에 양도인에 대하여 생긴 사유로는 양수인에게 대항하지 못한다. 그래서 判例는 임차보증금반환채권의 양도 통지 후 임대차계약의 갱신이나 연장에 관한 합의는 양수인에게 그 효력이 없다고 한다(대판 1989.4.25, 88다카4253 ; : 4회,8회 선택형). **[1회 사례형]** 왜냐하면 임대차계약의 합의갱신 등은 채권양도 통지 후에 발생한 '새로운' 계약이라고 볼 수 있으므로, 계약 자체에 처음부터 내재하는 고유한 위험이라고 볼 수 없기 때문이다.

a. 대금채권이 양도되어 양도통지를 받은 후에 채권양도의 기초가 되는 계약(매매계약)이 채권양도인의 채무불이행으로 해제된 경우

① 채권의 양수인은 제548조 1항 단서가 정한 제3자에 해당하지 않으므로 채무자는 해제로서 양수인에게 대항할 수 있다. ② 양도인의 채무불이행 및 그에 따른 채무자의 해제권 행사라는 사정이 양도 통지이후에 발생하였다 하더라도 **채권양도의 기초가 되는 계약이 일방의 채무불이행으로 해제될 수 있다는 것은 계약 자체에 내재하는 고유한 위험이고, 그 해제권 발생의 기초가 되는 계약은 통지 전에 이미 성립하였기 때문에 이는 제451조 2항의 양도통지를 받기 전에 생긴 사유에 해당한다. 따라서 채무자는 해제로써 양수인에게 대항할 수 있으므로 채무자가 양수인에게 이미 지급한 급부가 있다면 원상회복으로 반환을 청구할 수 있다(대판 2003.1.24, 2000다22850 : 6회 선택형).

임대인이 임차인으로부터 임대차보증금반환채권의 양도통지를 받은 후에 임대인과 임차인 사이에 임대차 계약기간 연장에 관하여 합의가 있을 경우 그 합의의 효과는 그 채권의 양수인에 대하여도 미친다(5회 선택형).(×)

甲은 乙로부터 1억 원을 차용하였다. 그 후 甲은 丙에게 甲 소유인 X 토지를 1억 원에 매도하고, X 토지 매매계약에 기한 대금채권을 甲이 乙에게 양도하고 丙에게 이를 통지하였다. 丙은 매매대금을 매매계약의 당사자가 아닌 乙에게 직접 지급하였다. 그 후 甲과 丙 사이의 X 토지 매매계약이 적법하게 해제되었다. 이 경우 매매계약의 해제 후에, 丙은 지급했던 매매대금을 乙로부터 반환받을 수 있다(3회 선택형).(O)

b. 임차보증금반환채권이 양도되어 양도통지를 받은 후 임대차가 종료한 경우

이 경우 임대인(채무자)은 양수인의 임차보증금반환청구에 대하여 양도인의 목적물반환과 동시이행의 항변으로 양수인에게 대항할 수 있다(제451조 2항). 왜냐하면 이 때 동시이행항변권 자체는 임대차가 종료한 때 즉 위 채권양도 통지 뒤에 생긴 것이지만, 그 발생의 기초가 되는 법률관계인 임대차계약은 통지 전에 이미 존재하고 있었기 때문이다. **[1회 사례형]**

c. 통지 이후 채무자의 양도인에 대한 자동채권의 변제기가 도래하는 경우 상계로 양수인에게 대항할 수 있는지 여부 **[1회·4회 사례형]**

'승낙'의 경우와 관련하여 判例는 "채권양도에 있어서 **채무자가 이의를 보류하지 아니하고 승낙**을 하였더라도 양수인이 악의 또는 중과실의 경우에 해당하는 한, 채무자의 승낙 당시까지 양도인에 대하여 생긴 사유로써 양수인에게 대항할 수 있다고 할 것인데, 승낙 당시 이미 상계를 할 수 있는 원인이 있었던 경우에는 아직 상계적상에 있지 아니하였다 하더라도 그 후에 상계적상이 생기면 채무자는 양수인에 대하여 상계로 대항할 수 있다"(대판 1999.8.20, 99다18039)고 한다.

한편, 양도통지가 있은 후에 채무자가 반대채권을 취득하였다면, 양수인에 대하여 상계를 가지고 대항할 수 없음은 당연하다(대판 1984.9.11, 83다카2288). **[1회 사례형]** 그러나 주의할 것은 채무자의 채권양도인에 대한 자동채권이 발생하는 기초가 되는 원인이 양도 전에 이미 성립하여 존재하고 자동채권이 수동채권인 양도채권과 동시이행의 관계에 있는 경우에는, 예외적으로 '양도통지가 채무자에게 도달하여 채권양도의 대항요건이 갖추어진 후에 자동채권이 발생하였다고 하더라도' 채무자는 동시이행의 항변권을 주장할 수 있고, 따라서 그 채권에 의한 상계로 양수인에게 대항할 수 있다는 점이다(대판 2015.4.9. 2014다80945).

d. 보증금반환채권이 양도된 경우 양도 통지 후에 생긴 임차인의 채무도 공제 대상에 포함되는지 여부

임대차보증금은 임대차계약이 종료된 후 임차인이 목적물을 인도할 때까지 발생하는 차임 및 기타 임차인의 채무를 담보하는 것으로서 그 피담보채무액은 임대차관계의 종료 후 목적물이 반환될 때에 특별한 사정이 없는 한 별도의 의사표시 없이 임대차보증금에서 당연히 공제된다(대판 2007.8.23, 2007다21856,21863).

나) 양도통지와 금반언

양도인이 채무자에게 채권양도를 통지한 경우에, 실제로 양도가 없었거나 무효이더라도 선의의 채무자는 양수인에게 대항할 수 있는 사유로써 양도인에게 대항할 수 있다(제452조 1항).

다) 채권양도의 통지 후 채권양도가 무효·취소·해제·합의 해제된 경우

a. 채권양도가 처음부터 무효인 경우

① **[채권양수인이 채무자에게 이행을 청구하는 경우]** 채권양도가 처음부터 무효인 경우에는 채권양도인이 채무자에 대한 관계에서 여전히 채권자이다(제450조의 대항요건은 적용되지 않는다). 따라서 채권양도인이 채권양수인의 동의를 얻어 철회(제452조 2항)하기 전에도 채무자는 채권양도의 무효를 이유로 채권양수인의 청구를 거절할 수 있다.

② **[채무자가 채권양수인에게 이미 이행한 경우]**

㉠ '선의'인 채무자는 양수인에게 대항할 수 있는 사유로 양도인에게 대항할 수 있다(제452조 1항). 따라서 채무자가 채권양도의 무효를 모르고 양수인에게 이행하였다면, 이로써 양도인에게 대항할 수 있다. ㉡ 이와 별도로 채권양도의 무효에 관하여 선의의 제3자 보호규정이 있는 경우(제108조 2항 등)에는 채무자가 채권양수인에게 이행함으로써 '채무의 변제'라는 실질적으로 새로운 이해관계를 맺은 제3자로 평가될 수 있으므로 그 규정에 의하여 보호받을 수도 있다. ㉢ 그 외에 채권의 준점유자에 대한 변제(제470조)를 통해서도 보호받을 가능성이 있다.

b. 채권양도가 사후적으로 취소·해제·합의해제된 경우

① **[채권양수인이 채무자에게 이행을 청구하는 경우]** 判例는 지명채권의 양도통지를 한 후 양도계약이 '해제'된 경우, 채권양도인이 해제를 이유로 다시 원래의 채무자에 대하여 양도채권으로 대항하려면, ⅰ) 채권양도인이 채권양수인의 동의를 받아 양도통지를 철회하거나(제452조 2항 참조: 대판 1978.6.13, 78다468) ⅱ) 채권양수인이 채무자에게 위와 같은 해제 사실을 통지하여야 한다고 한다(대판 1993.8.27, 93다17379 : 2회,4회,6회 선택형).

② **[채무자가 채권양수인에게 이미 이행한 경우]** 제452조 1항이 양도하지 않은 경우와 무효인 경우만을 규정하고 있으나 해제(취소)에 의하여 불측의 손해를 입을 수 있는 채무자를 보호할 필요성이 있으므로 이 경우에도 제452조 1항이 유추적용된다(대판 2012.11.29. 2011다17953). 따라서 判例는 대항요건이 갖추어질 때까지 양도계약의 '해제' 등을 알지 못한 선의인 채무자는 해제 등의 통지가 있는 다음에도 채권양수인에 대한 반대채권에 의한 상계로써 채권양도인에게 대항할 수 있다고 보았다(대판 2012.11.29. 2011다17953).

(2) 채무자의 승낙

1) 이의를 보류한 승낙의 경우

이의를 보류한 승낙에 관해 민법은 규정하고 있지 않지만, 그 효력은 양도인이 통지를 한 경우와 같다. 따라서 채무자는 그로써 양수인에게 대항할 수 있다.

2) 이의를 보류하지 않은 승낙의 경우

채무자가 이의를 보류하지 않은 승낙을 한 경우에는 채무자는 양도인에게 대항할 수 있는 사유로 양수인에게 대항할 수 없다(제451조 1항 본문). 이 때 양수인이 보호받기 위해서, 判例는 양수인이 악의 또는 중과실이 아니어야 한다고 한다(대판 2002.3.29, 2000다13887). **[1회 사례형]**

3) 배제되는 항변사유의 내용

여기서 '양도인에게 대항할 수 있는 사유'란 채권의 성립·존속·행사를 저지·배척하는 사유는 물론, 변제 등에 의한 채무소멸의 사유, 나아가 불법목적에 의하여 발생된 채권의 항변사유(제103조 위반으로 무효라는 항변)도 포함한다(대판 1962.4.4, 4294민상1296). 그러나 위 규정의 '양도인에게 대항할 수 있는 사유'에 채권의 귀속(채권이 이미 타인에게 양도되었다는 사실)은 이에 포함되지 아니한다(대판 1994.4.29, 93다35551).

4) 항변을 할 수 없는 자의 범위

항변절단의 효과는 채무자와 양수인 사이에서만 발생하고, 제3자(보증인, 물상보증인, 담보물의 제3취득자 등)의 권리에는 아무런 영향을 미치지 않는다.

2. 제3자에 대한 대항요건(제450조 2항)

지명채권 양도의 통지나 승낙은 확정일자 있는 증서에 의하지 아니하면 채무자 이외의 제3자에게 대항하지 못한다(제450조 2항).

이 때 '대항하지 못한다'는 것은 채권이 존재하고 그 채권 위에 양립할 수 없는 권리가 존재하는 경우를 전제로 하는 것이다. 따라서 判例는 "제450조 2항이 정하는 지명채권 양도의 제3자에 대한 대항요건은 양도된 채권이 존속하는 동안에 그 채권에 관하여 양수인의 지위와 양립할 수 없는 법률상의 지위를 취득한 제3자가 있는 경우에 적용되므로"(대판 2014다52933), "양도된 채권이 이미 변제 등으로 소멸한 경우에는, 그 후에 그 채권에 관한 채권압류 및 추심명령이 송달되더라도 그 채권압류 및 추심명령은 존재하지 아니하는 채권에 대한 것으로서 무효이고, 위와 같은 대항요건의 문제는 발생될 여지가 없다"(대판 2003.10.24, 2003다37426 : 3회 선택형)고 한다.

지명채권의 양도통지를 한 후 그 양도계약이 해제된 경우, 양도인이 그 해제를 이유로 다시 원래의 채무자에 대하여 양도채권으로 대항하려면 양수인이 채무자에게 위와 같은 해제사실을 통지하여야 한다(3회,4회,6회 선택형).(O)

예를 들어 甲이 乙에 대한 채권을 丙에게 양도하고 그 사실을 확정일자 있는 증서에 의하여 乙에게 통지한 후에 다시 이러한 사정을 전혀 모르는 丁에게 위 채권을 양도하였는데 이때 乙이 아무런 이의를 유보하지 아니하고 승낙을 한 경우, 丁이 乙에게 양수금의 지급을 청구하면 乙은 이미 그 채권은 丙에게 양도되었음을 항변할 수 있고, 丁이 이에 대하여 乙이 이의를 유보하지 않은 승낙을 하였다는 재항변을 하더라도 이는 받아들여지지 않는다.

甲은 2012. 3. 5. 乙에게 1억 원을 변제기 2012. 12. 4.로 정하여 대여하였다. 甲은 2012. 8. 5. 그 대여금채권을 丙에게 양도하였고, 甲은 같은 날 乙에게 전화로 채권양도를 통지하였다. 甲은 2012. 12. 3. 丁에게 乙에 대한 위 대여금채권을 이중으로 양도하고 내용증명우편으로 乙에게 채권양도 사실을 통지하였고, 그 통지가 2012. 12. 5. 도달되었다. 乙은 2012. 12. 4. 제1양수인 丙에게 위 채권 금액 1억 원을 변제하였다. 이 경우 제2양수인 丁이 乙을 상대로 양수금청구소송을 제기하면 승소할 수 없다(3회 선택형).(O)

☞ 따라서 비록 丙에 대한 제1 양도행위는 전화에 의한 단순통지이고 丁에 대한 제2양도행위는 내용증명우편이라는 확정일자 있는 증서에 의한 통지이지만, 후자의 통지도달이 이미 제1양수인 丙에 대한 변제가 이루어진 다음에 있었기 때문에 대항력의 문제는 발생할 여지가 없고, 이미 한 채무자 乙의 변제는 유효하다. 그러므로 제2양수인 丁이 채무자 乙을 상대로 양수금청구소송을 제기하면 승소할 수 없다.

Ⅲ. 동일한 채권에 대해 양립할 수 없는 법률상의 지위를 취득한 자 상호 간의 우열의 기준(이중양도의 경우를 중심으로)

1. 제1양도, 제2양도 중 하나만이 확정일자 있는 증서에 의한 대항력을 갖춘 경우

확정일자 있는 통지·승낙을 갖춘 양수인만이 채무자 및 다른 이중 양수인과의 관계에서 채권자임을 주장할 수 있다. 따라서 확정일자 있는 증서에 의한 통지가 그 일자 및 도달시기에 있어서 단순통지된 양도보다 늦은 경우도 마찬가지이다(대판 1972.1.31, 71다2697).

2. 제1양도, 제2양도 모두 단순한 대항요건만 갖춘 경우

判例는 먼저 대항요건을 갖춘자가 우선한다고 본다(대판 1972.12.28, 71다2048).

3. 제1양수인, 제2양수인 모두 확정일자 있는 증서에 의한 대항력을 갖춘 경우

(1) 이중양도의 우열기준 [1회·3회·8회 사례형]

判例는 채권양수인과 동일채권에 대하여 가압류명령을 집행한 자 사이의 우열은 확정일자 있는 채권양도통지와 가압류결정정본의 제3채무자(채권양도의 경우 채무자)에 대한 도달의 선후에 의하여 결정하여야 한다고 보아 **도달시를 기준**으로 우열을 결정한다(대판 1994.4.26, 전합93다242233 : 1회,9회 선택형). 동일한 취지로 判例는 채권이 양도되고 대항력(확정일자)을 구비한 상태에서 그 양도된 채권을 양도인의 채권자들이 압류, 추심명령을 하게 되면 이미 채권은 양수인에게 이전되었으므로(피압류채권은 이미 존재하지 않는 것과 같다) 이러한 압류, 추심은 무효라고 한다(대판 2010.10.28. 2010다57213,57220 : 1회 선택형).

(2) 확정일자 있는 통지가 동시에 도달한 경우의 법률관계(도달시설에 의할 경우)

1) 동시도달

두 개의 통지가 같은 날짜에 도달한 경우에는 동시도달로 추정된다(전합93다24223 : 6회,9회 선택형).

2) 각 양수인과 채무자 간의 법률관계(각 양수인의 채무자에 대한 채권청구의 가부)

判例는 "제1·2 양수인 모두 채무자에 대해 완전한 대항력을 갖추었으므로 양수인 각자는 채무자에게 그 채권 전액에 대해 이행청구를 하고 그 변제를 받을 수 있다"고 판시하여 **전액청구**를 긍정하였다. 한편 다른 채권자가 그 송달의 선후에 관하여 다시 문제를 제기하는 경우에는 제3채무자는 이중지급의 위험이 있을 수 있으므로, 동시에 송달된 경우에도 제3채무자는 송달의 선후가 불명한 경우에 준하여 채권자를 알 수 없다는 이유로 '변제공탁'(제487조 2문)을 할 수 있다(대판 1994.4.26. 전합93다24223 : 9회 선택형)

3) 양수인 간의 법률관계(전액청구설에 의하는 경우)(양수인 간의 내부적인 정산의무의 유무)

判例는 "확정일자 있는 통지가 동시에 도달한 경우에 양수채권과 가압류 또는 압류된 채권액의 합계액이 제3채무자에 대한 채권액을 '초과'할 때에는, 그들 상호 간에는 법률상의 지위가 대등하므로 '공평의 원칙'상 각 채권액에 안분하여 이를 내부적으로 다시 정산할 의무가 있다"(대판 1994.4.26. 전합93다24223 : 6회,7회 선택형)고 하여 **양수채권액 안분설**의 입장이다.

4. 제3자에 의해 가압류된 채권이 양도된 경우

(1) 양도가능성

"㉠ 가압류된 채권도 이를 양도하는 데 아무런 제한이 없다 할 것이나, 다만 가압류된 채권을 양수받은 양수인은 그러한 가압류에 의하여 권리가 제한된 상태의 채권을 양수받는다고 보아야 할 것이고, 이는 채권을 양도받았으나 확정일자 있는 양도통지나 승낙에 의한 대항요건을 갖추지 아니하는 사이에 양도된 채권이 가압류된 경우에도 동일하다. ⓒ 또한 채권가압류결정의 채권자가 본안소송에서 승소하는 등으로 채무명의를 취득하는 경우에는 가압류에 의하여 권리가 제한된 상태의 채권을 양수받는 양수인에 대한 채권양도는 무효가 된다"(대판 2002.4.26, 2001다59033)

(2) 가압류 상태에서 양수인의 이행청구 가부

"일반적으로 채권에 대한 가압류가 있더라도 이는 채무자가 제3채무자로부터 현실로 급부를 추심하는 것만을 금지하는 것일 뿐 채무자는 제3채무자를 상대로 그 이행을 구하는 소송을 제기할 수 있고, 법원은 가압류가 되어 있음을 이유로 이를 배척할 수는 없는 것이 원칙"(대판 2002.4.26, 2001다59033)이므로, 가압류된 금전채권의 양수인이 양수금의 이행을 청구한 경우 가압류가 되어 있다는 이유로 배척되지는 않는다. [1회 기록형]

(3) 제3자가 집행권원을 얻어 가압류에 기한 압류·전부명령을 받은 경우

가압류에 기하여 압류·전부명령이 내려져 확정된 경우에는 가압류결정이 제3채무자(양도대상인 채권의 채무자)에게 송달된 때를 기준으로 전부명령과 채권양도의 우열이 결정되므로, **채권의 양수인은 전부명령을 받은 채권자에게 채권양도로 대항할 수 없다.** 따라서 금전채권이 가압류된 후 그 채권의 양도가 이루어지고 채권양수인이 양수금 이행청구를 하였는데 위 가압류를 본압류로 전이하는 채권압류 및 전부명령이 있고 피고가 이를 항변으로 삼게되면 위 양수금 청구는 이유 없어 '기각' 된다.

(4) 제3자가 집행권원을 얻어 가압류에 기한 압류·추심명령을 받은 경우

가압류에 기하여 압류·추심명령이 내려진 경우에는 가압류결정이 제3채무자(양도대상인 채권의 채무자)에게 송달된 때를 기준으로 추심명령과 채권양도의 우열이 결정되므로, **채권의 양수인은 추심명령의 제한을 받는다.** 금전채권이 가압류된 후 그 채권의 양도가 이루어지고 채권양수인이 양수금 이행청구를 하였는데 위 가압류를 본압류로 전이하는 채권압류 및 추심명령이 있게 되면 위 양수금 청구의 소는 당사자적격의 흠결로 부적법 '각하' 된다(대판 2000.4.11. 99다23888).

Ⅳ. 예 시

■ **채권의 이중양도의 경합(제1양도가 무효인 경우)**(8회 변시)

3. 피고 정철수에 대한 청구

가. 피전부채권의 발생

이중양은 2015. 10. 1. 피고 정철수에게 1억 원을 이자 연 5%, 변제기 2016. 9. 30.로 정해 대여하였습니다.

나. 전부명령의 발령·송달·확정

원고는 2017. 4. 20. 서울중앙지방법원 2017다채1234호로 이중양의 피고 정철수에 대한 위 채권에 대해 압류·전부명령을 받았고 그 명령이 2017. 4. 30. 피고 정철수에게 송달괴고 같은 해 5. 15. 확정됐습니다.

다. 소 결

그러므로 피고 정철수는 원고에게 1억 원 및 이에 대해 이 사건 소장 부본 송달일 다음날부터 다 갚는 날까지 소송촉진 등에 관한 특례법 소정의 연 15%의 비율로 계산한 돈을 지급할 의무가 있습니다.

제8절 사해행위취소청구의 예시에서 살펴보았던 8회 변시다. 전부명령이 유효하고 따라서 원고에게 피보전채권이 존재하므로 피고의 항변이 이유 없었던 사안이었다. 한편, 채권의 이중양도와 관련하여서는 채권양도의 법적성질이 문제된 사안이었다.

라. 예상 주장에 대한 반박

(1) 피고 정철수는, 이중양은 처음에 원고에게 채권을 담보 목적으로 양도하고서도 다시 양수영에게 이중으로 양도했는데, 그 후 원고와 사이의 처음의 채권양도계약이 합의해제됐으므로 위 피고에 대한 채권은 양수영이 확정적으로 취득했고 따라서 그 후에 이뤄진 원고의 전부명령은 무효라고 주장합니다.

(2) 그러나 채권이 양도되고 확정일자 있는 증서에 의해 통지된 이상 채권은 확정적으로 양수인에게 이전하고 양도인은 처분권한을 상실하므로 그 후 채권이 이중으로 양도됐다 하더라도 그 양수인은 아무런 권리를 갖지 못합니다. 또 처음의 채권양도가 합의해제됐다 하더라도 채권은 원래의 양도인에게 복귀할 뿐 두 번째 양수받은 양수인은 채권을 취득할 수 없습니다. 따라서 채권은 원래의 양도인에게 복귀합니다.

(3) 따라서 원고가 받은 전부명령은 유효합니다.

■ 임대차보증금반환채권의 양도 및 항변(4회 변시)

4. 피고 장그래에 대한 청구

가. 임대차보증금반환의무

(1) 임대차계약의 체결

피고 조영만은 2013. 3. 1. 소외 안영이로부터 소외인 소유이던 별지 목록 제4. 기재 건물 중 3층 사무실 300m² 를 임대차보증금 2억원, 차임 월 100만원, 기간 2013. 3. 1.부터 2014. 12. 31.까지로 정하여 임차하는 계약을 체결한 후 임대차보증금을 지급하고 목적물을 인도받은 다음, 2013. 3. 2. 서울관악세무서에 사업자등록을 신청하여 등록증을 교부받은 후 위 임차건물부분에서 영업을 시작하였습니다.

(2) 임대차보증금반환청구권의 양도

피고 조영만은 2014. 10. 15. 위 임대차계약에 기한 임대차보증금 반환채권을 원고에게 양도하고 임대인에 대한 통지권한을 수여하였고, 원고는 같은 달 16. 피고 조영만을 대리하여 안영이에게 임대차보증금양도사실을 통지하여 그 통지가 같은 달 18. 안영이에게 도달하였습니다.

(3) 임대인지위의 승계

안영이는 2014. 10. 31. 별지 목록 제4. 기재 건물 전체를 피고 장그래에게 대금 8억원에 매도하고 같은 날 위 건물에 관하여 피고 장그래 명의로 소유권이전등기를 경료하였습니다. 이로써 피고 장그래는 상가건물임대차보호법 제3조 제2항에 의하여 피고 조영만과 사이의 위 임대차계약의 임대인의 지위를 승계하였습니다.

(4) 소 결

피고 조영만은 2014. 11. 1.부터 2014. 12. 31.까지의 차임 200만원을 연체하였고 피고 장그래에게 위 임차목적물을 반환하지는 아니하였으나 현재 영업을 중단하고 있는 상태입니다. 임대차계약의 종료시 임대차목적물반환의무와 임대차보증금의무는 동시이행관계에 있습니다. 그러므로 피고 장그래는 피고 조영만으로부터 위 임차부분을 인도받음과 동시에 원고에게 연체차임 200만원을 공제한 임대차보증금 양수금 198,000,000원을 지급할 의무가 있습니다.

청구취지 형태
4. 피고 장그래는 피고 조영만으로부터 별지 목록 제4. 기재 건물 중 3층 300m² 부분을 인도받음과 동시에 원고에게 198,000,000원을 지급하라.

나. 피고 장그래의 예상주장에 대한 반박

(1) 피고 장그래는, 그는 피고 조영만과 임대차계약을 한 사실도 없고, 임대차보증금반환채권이 원고에게 양도되었다는 사실을 통지받은 적도 없으므로 원고에게 임대차보증금을 반환할 의무가 없다고 주장할 것으로 예상됩니다.

그러나 채권양도 통지가 전 임대인인 안영이에게 도달됨으로 임대차보증금반환채권은 원고에게 귀속되었고, 피고 장그래는 안영이의 임대인의 지위, 즉 임대차보증금반환채무자의 지위를 승계하였으므로, 위 피고가 직접 임대차계약을 체결하지 않았거나 양도통지를 수령하지 않았다고 하더라도 원고에게 보증금을 반환할 의무가 있습니다.

(2) 피고 장그래는, 별지 목록 제4. 기재 건물이 양도될 당시 사업자등록시기보다 선순위인 저당권이 설정되어 있었으므로 피고 조영만의 임대차는 대항력이 없고 따라서 피고 장그래는 임대인의 지위를 승계한 것이 아니라고 주장할 것으로 예상됩니다.

그러나 임대차목적물에 임차권보다 선순위의 근저당권이 있더라도, 그 근저당권이 경매로 인하여 소멸하는 경우가 아니라면 임대차목적물의 양도로 인하여 임차인은 대항력을 상실하지 아니하므로 피고 장그래의 주장은 타당하지 않습니다.

(3) 피고 장그래는, 피고 조영만이 임대차기간 종료 이후에도 목적물을 인도하지 않고 있으므로 차임 상당 부당이득금 또는 불법점유로 인한 손해배상금도 임대차보증금에서 공제되어야 한다고 주장할 것으로 예상됩니다.

그러나 피고 조영만은 임차목적물의 문을 잠구어 두고 영업을 중단하였으므로 이를 실질적으로 사용·수익하고 있지 아니하여 부당이득반환의무가 없습니다. 또한 피고 장그래가 아직 임대차보증금 반환의무를 이행하지 않았고, 그 의무와 임차목적물 반환인도의무는 동시이행관계에 있어서 피고 조영만의 목적물의 점유는 위법하지 아니하므로 피고 장그래에게 손해배상채권 역시 발생하지 않습니다. 그러므로 이 주장은 타당하지 않습니다.

■ 채권양도와 상계, 주채무자에 대한 대항력의 효력(14년 1차)

1. 피고 이재석, 김관수에 대한 청구

가. 소비대차계약의 체결 및 채권양도

소외 박철홍은 2009. 9. 1. 대학교 선배인 피고 이재석에게 3억 원을 이자 월 1%, 변제기 2010. 8. 31.로 정하여 대여하였고, 피고 김관수는 같은 날 위 차용금채무를 연대보증하였습니다.

원고는 2010. 9. 5. 박철홍과 사이에 위 2009. 9. 1.자 채권을 양도받기로 하는 계약을 체결하였고, 박철홍은 같은 날 주채무자인 피고 이재석에게 채권양도통지를 하여 2010. 9. 7. 피고 이재석은 이를 수령하였습니다.

그러므로 특별한 사정이 없는 한 피고 이재석과 피고 김관수는 연대하여 원고에게 위 대여금 3억 원 및 이에 대한 지연손해금을 지급할 의무가 있습니다.

나. 예상되는 항변

(1) 상계항변

그런데 박철홍은 2010. 3. 1. 피고 이재석에게, 서울 영등포구 영등포동 312 소재 건물 신축공사와 관련한 정산금 1억 원을 2010. 6. 30.까지 지급하되, 위 지급기일에 지급하지 아니하는 경우 월 1%의 비율에 의한 지연손해금을 가산하여 지급하기로 약정하였는데, 피고 이재석은 2014. 5. 2. 위 정

---

* [타인소유의 '건물'을 법률상 원인 없이 점유하고 있는 경우] 判例는 "법률상 원인 없이 이득하였음을 이유로 하는 부당이득반환에 있어서 이득이라 함은, '실질적인 이익'을 가리키는 것이므로 법률상 원인 없이 건물을 점유하고 있더라도 이를 사용·수익하지 못하였다면 실질적인 이익을 얻었다고 볼 수 없다"(대판 1992.4.14, 91다45202,45219)고 판시하고 있다 **(실질적 이득론).**

* [타인소유의 '토지'를 법률상 원인 없이 점유하고 있는 경우] 判例는 "타인 소유의 토지 위에 권한 없이 건물을 소유하고 있는 자는 그 자체로써 특별한 사정이 없는 한 법률상 원인 없이 타인의 재산으로 인하여 토지의 차임에 상당하는 이익을 얻고 이로 인하여 타인에게 동액 상당의 손해를 주고 있다고 보아야 한다"(대판 1998.5.8, 98다2389 : 1회 선택형)고 판시하고 있다. [5회 기록형]

청구취지 형태
1. 피고 이재석, 김관수는 연대하여 원고에게 234,000,000원 및 이에 대하여 2010. 9. 1.부터 이 사건 소장 부본 송달일까지는 월 1%, 그 다음날부터 다 갚는 날까지는 연 20%의 각 비율로 계산한 돈을 지급하라.

산금채권을 자동채권으로 하여 위 양수금채권과 상계한다는 의사표시가 담긴 내용증명을 발송하여 원고가 이를 수령하였습니다.

따라서 피고 이재석의 박철홍에 대한 위 정산금채권의 변제기는 2010. 6. 30.이고, 박철홍의 피고 이재석에 대한 대여금 채권의 변제기인 2010. 8. 31.이 도래함으로써 박철홍과 피고 이재석의 양 채권은 같은 날 상계적상에 있었다 할 것인바, 이로써 위 상계적상일까지의 위 정산금채권 1억 원 및 이에 대한 지연손해금 200만 원(1억 원 × 1% × 2개월) 합계 1억 200만 원은 위 양수금채권의 2009. 9. 1.부터 위 상계적상일(2010. 8. 31.)까지의 이자 3,600만 원(3억 원 × 1% × 12개월) 및 원금 중 6,600만 원과 대등액의 범위에서 순차로 소멸되었다고 할 것입니다. 결국 원고의 위 양수금채권은 2억 3,400만 원(3억 원 - 6,600만 원)과 이에 대한 위 상계적상일 다음날인 2010. 9. 1. 이후의 지연손해금이 남아 있는 것입니다.

(2) 대항력의 항변

한편 피고 김관수는 박철홍으로부터 채권양도의 통지를 받지 못하였으므로 그 책임을 부담할 수 없다고 주장할지 모릅니다. 그러나 채권양도에 있어서 주채무자에 대하여 대항요건을 갖추었으면 연대보증인에 대하여도 그 효력이 미친다고 할 것이므로 주채무자인 피고 이재석에게 적법하게 채권양도 통지가 된 이상 연대보증인인 피고 김관수에 대하여 따로 그 채권양도통지를 하지 않아도 무방하다 할 것입니다.

다. 소 결

결국 피고 이재석, 김관수는 연대하여 원고에게 2억 3,400만 원 및 이에 대하여 2010. 9. 1.부터 이 사건 소장 부본 송달일까지는 약정이율인 월 1%, 그 다음날부터 다 갚는 날까지는 소송촉진 등에 관한 특례법이 정한 연 20%의 각 비율에 의한 지연손해금을 지급할 의무가 있습니다.

청구취지 형태
3. 피고 장지현은 원고에게 96,000,000원 및 이에 대하여 2016. 6. 1.부터 다 갚는 날까지 월 2%의 비율로 계산한 돈을 지급하라.

■ 채권의 이중양도(16년 3차)

3. 피고 장지현에 대한 청구

가. 채권양도

이송호는 2015. 5. 1. 피고 장지현에게 100,000,000원을 이자 월 2%, 변제기 2016. 4. 30.로 정하여 대여하였고, 2016. 4. 3. 원고에게 위 채권을 양도하고, 같은 날 피고 장지현에게 이를 통지하였습니다. 위 통지는 2016. 4. 9. 피고 장지현에게 도달하였습니다. 따라서 특별한 사정이 없는 한, 피고 장지현은 원고에게 위 대여원리금을 지급할 의무가 있습니다.

나. 피고 장지현의 예상되는 주장에 관하여

(1) 이중채권양도 항변

피고 장지현은, 이송호가 다른 채권자인 강신호에게 위 대여금채권 중 50,000,000원을 양도하였으므로 원고는 이 부분 청구를 할 수 없다고 주장할 것으로 보입니다.

그러나 채권이 이중으로 양도된 경우의 양수인 상호간의 우열은 통지 또는 승낙에 붙여진 확정일자의 선후에 의하여 결정할 것이 아니라, 채권양도에 대한 채무자의 인식의 선후에 의하여 결정하여야 합니다. 원고에게 채권을 양도하였다는 취지의 통지는 2016. 4. 9. 피고 장지현에게 도달하였고, 강신호에게 채권을 양도하였다는 취지의 통지는 2016. 4. 10. 피고 장지현에게 도달하였으므로, 피고 장지현은 강신호에 대하여 채권양도가 이루어졌음을 이유로 원고의 청구를 거절할 수 없습니다.

(2) 상계항변

피고 장지현은 2016. 2. 1. 이송호와 사이에 '피고 장지현 소유의 HQ 프린터(모델명 : cd2203) 15대를 1대당 200만 원 합계 30,000,000원에 이송호에게 매도하되, 이송호는 그 대금을 2016. 5. 31.까지 지급하고 이를 위반한 경우에는 그 다음날부터 다 갚는 날까지 월 2%의 비율에 의한 지연손해금을 지급하기'로 약정하고, 2016. 5. 31. 위 매매계약에 따라 이송호에게 위 프린터 15대를 전부 인도하였습니다.

피고 장지현은 위 대금채권을 자동채권으로 하여 원고의 위 대여원리금채권과 서로 대등액에서 상계한다는 의사표시를 하였고, 그 의사표시가 2016. 8. 27. 원고에게 도달되었습니다. 이로써 위 각 채권이 모두 변제기에 도달한 상계적상일인 2016. 5. 31.에 원고의 위 대여원리금채권 126,000,000원[=100,000,000원 + 2015. 5. 1.부터 상계적상일인 2016. 5. 31.까지 발생한 이자인 26,000,000원(100,000,000원 × 13개월 × 월 2%)]은 피고 장지현의 대금채권 30,000,000원과 대등액의 범위에서 소멸하였습니다. 그런데 피고 장지현의 채권액이 원고의 채권을 전부 소멸시킬 수 없으므로 법정변제충당의 법리에 따라 원고의 대여원리금 중 위 상계적상일까지의 이자와 지연손해금 합계 26,000,000원과 원금 중 4,000,000원은 위 상계적상일에 소급하여 피고 장지현의 위 대금채권과 대등액의 범위에서 순차로 소멸하였습니다.

다. 소 결

따라서 피고는 원고에게 양수금 96,000,000원(= 100,000,000원 - 4,000,000원) 및 이에 대한 위 상계적상일 다음날인 2016. 6. 1.부터 다 갚는 날까지 약정이율인 월 2%의 비율에 의한 지연손해금을 지급할 의무가 있습니다.

"채권양도에 있어서 채무자가 양도인에게 이의를 보류하지 아니하고 승낙을 하였다는 사정이 없거나 또는 이의를 보류하지 아니하고 승낙을 하였더라도 양수인이 악의 또는 중과실의 경우에 해당하는 한, 채무자의 승낙 당시까지 양도인에 대하여 생긴 사유로써 양수인에게 대항할 수 있다고 할 것인데, 승낙 당시 이미 상계를 할 수 있는 원인이 있었던 경우에는 아직 상계적상에 있지 아니하였다 하더라도 그 후에 상계적상이 생기면 채무자는 양수인에 대하여 상계로 대항할 수 있다"(대판 1999.8.20. 99다18039)

■ 임대차보증금반환채권의 양도와 압류의 경합, 동이항(17년 2차)

2. 피고 최성환에 대한 양수금 청구와 피고 양재호에 대한 건물인도 청구

가. 임대차계약의 체결 및 채권양수

피고 양재호는 2013. 5. 1. 주수영으로부터 별지 목록 기재 1 건물을 차임 없이 임차보증금 200,000,000원, 임대차기간 2013. 5. 1.부터 2016. 4. 30.까지로 정하여 임차하고, 같은 날 주수영에게 보증금 전액을 지급하고 위 건물에서 거주하여 왔습니다.

그리고 피고 양재호는 2014. 3. 1. 원고에게 위 임차보증금반환채권을 양도하였고, 2014. 3. 10. 주수영에게 그 채권양도통지가 도달하였습니다.

주수영은 2017. 4. 6. 남편 피고 최성환, 아들 최서진, 최윤수를 남기고 사망하였고, 최서진, 최윤수에게는 자녀가 없으며, 최서진, 최윤수는 서울가정법원 2017느단972호로 적법하게 상속을 포기하였습니다. 한편, 주수영의 부모는 주수영의 사망 당시 이미 사망하였습니다.

그런데 피상속인의 자녀 전부가 상속을 포기한 경우에는 배우자와 손자녀 또는 배우자와 직계존속이 공동으로 상속인이 되고, 피상속인의 손자녀와 직계존속이 모두 존재하지 아니하면 배우자가 단독으로 상속인이 되므로, 피고 최성환이 망 주수영의 재산을 단독으로 상속하였습니다(대판 2015.5.14. 2013다48852).

따라서 위 임대차는 2016. 4. 30. 기간만료로 종료되었으므로 피고 최성환은 원고에게 위 임차보증금을 지급할 의무가 있습니다.

청구취지 형태
2. 가. 피고 최성환은 피고 양재호로부터 별지 목록 기재 1 건물을 인도받음과 동시에 원고에게 70,000,000원을 지급하라.
나. 피고 양재호는 피고 최성환에게 별지 목록 기재 1 건물을 인도하라.

✻ [가압류된 '금전채권'에 대한 이행청구]
가압류된 금전채권에 대한 이행청구도 소의 이익이 있다. 즉, 判例는 "채권가압류가 된 경우, 제3채무자는 채무자에 대하여 채무의 지급을 하여서는 안되고, 채무자는 추심, 양도 등의 처분행위를 하여서는 안되지만, 이는 이와 같은 변제나 처분행위를 하였을 때에 이를 가압류채권자에게 대항할 수 없다는 것이며, 채무자가 제3채무자를 상대로 이행의 소를 제기하여 채무명의를 얻더라도 이에 기하여 제3채무자에 대하여 강제집행을 할 수는 없다고 볼 수 있을 뿐이고 그 채무명의(집행권원)를 얻는 것까지 금하는 것은 아니라고 할 것이다"(대판 2002.4.26. 2001다59033)(4회, 6회 선택형)고 판시하고 있다(원고전부승소).

"채권가압류의 처분금지의 효력은 본안소송에서 가압류채권자가 승소하여 채무명의를 얻는 등으로 피보전권리의 존재가 확정되는 것을 조건으로 하여 발생하는 것이므로 채권가압류결정의 채권자가 본안소송에서 승소하는 등으로 채무명의를 취득하는 경우에는 가압류에 의하여 권리가 제한된 상태의 채권을 양수받는 양수인에 대한 채권양도는 무효가 된다"(대판 2002.4.26, 2001다59033)

✻ [임대차보증금반환채권의 양도]
判例에 따르면 임차보증금반환채권의 양수인이 임대인의 임차인에 대한 임차목적물 인도청구권을 대위행사하는 경우 "이 사건의 경우와 같이 채권자가 양수한 임차보증금의 이행을 청구하기 위하여 임차인의 가옥명도가 선이행되어야 할 필요가 있어서 그 명도를 구하는 경우에는 그 채권의 보전과 채무자인 임대인의 자력 유무는 관계가 없는 일이므로 무자력을 요건으로 한다고 할 수 없다"(대판 1989.4.25, 88다카4253)고 한다. [1회 사례형, 4회 기록형]

나. 예상되는 항변

(1) 가압류 항변

피고 최성환은, 서울농업협동조합이 2014. 2. 7. 위 임차보증금반환청구권 중 35,000,000원에 대하여 채권가압류결정을 받아 그 결정이 2014. 2. 10. 제3채무자인 주수영에게 송달되었으므로, 그 가압류 범위에서 원고의 청구에 응할 수 없다고 주장할 것으로 예상됩니다.

그러나 채권에 대한 가압류는 가압류채무자가 제3채무자로부터 현실로 급부를 추심하는 것만을 금지하는 것이므로, 가압류채무자는 제3채무자를 상대로 그 이행을 구하는 소송을 제기할 수 있고, 채권양도에 의하여 채권은 그 동일성을 잃지 않고 양도인으로부터 양수인에게 이전되므로, 양수인도 양도인과 마찬가지로 제3채무자를 상대로 그 이행을 구할 수 있습니다(대판 2000.4.11. 99다23888). 따라서 원고는 위 채권가압류가 있더라도 양수금의 지급을 구할 수 있습니다.

(2) 추심명령 항변

피고 최성환은 노원새마을금고가 위 임차보증금반환채권 중 일부에 대하여 압류 및 추심명령을 받았으므로 그 부분에 대하여는 원고의 청구에 응할 수 없다고 주장할 것으로 보입니다.

노원새마을금고가 2014. 2. 9. 피고 양재호에 대한 2013. 10. 1.자 대출금채권을 청구채권으로 하여 서울북부지방법원 2014카단145호로 피고 양재호의 위 임차보증금반환채권 중 130,000,000원에 관하여 채권가압류결정을 받아 위 결정이 2014. 2. 13. 제3채무자인 주수영에게 송달되었고, 그 후 노원새마을금고가 2017. 2. 9. 같은 법원 2017타기347호로 위 가압류를 본압류로 전이하는 압류 및 추심명령을 받아 위 결정이 2017. 2. 13. 제3채무자인 주수영에게 송달되었으므로, 그 범위에서 위 채권양도는 그 효력을 잃습니다(대판 2002.4.26. 2001다59033).

(3) 동시이행항변

피고 최성환은 피고 양재호로부터 위 건물을 인도받을 때까지는 원고의 청구에 응할 수 없다고 주장할 것으로 보입니다.

주수영이 위 임대차계약에 따라 피고 양재호에게 위 건물을 인도하였고, 위 임대차가 종료되었음은 앞에서 본 바와 같으므로, 피고 양재호는 망 주수영의 상속인인 피고 최성환에게 위 건물을 인도할 의무가 있습니다.

그런데 임대차가 종료한 경우 발생하는 임차인의 임차목적물인도의무와 임대인의 임차보증금반환의무는 서로 동시이행의 관계에 있으며, 임차인의 임차보증금 반환채권이 양도된 경우에도 채권의 동일성이 유지되어 동시이행관계도 그대로 존속하므로(대판 1989.4.25. 88다카4253,4260), 피고 최성환의 원고에 대한 위 나머지 임차보증금반환의무는 피고 양재호의 위 건물인도의무와 동시이행의 관계에 있습니다.

(4) 소 결

따라서 망 주수영의 상속인인 피고 최성환은 피고 양재호로부터 위 건물을 인도받음과 동시에 원고에게 70,000,000원(= 200,000,000원 - 130,000,000원)을 지급할 의무가 있습니다.

다. 피고 양재호에 대한 건물인도청구

앞서 본 바와 같이 위 임대차계약이 종료하였으므로, 피고 양재호는 피고 최성환에게 위 건물을 인도할 의무가 있고, 피고 최성환은 위와 같이 원고에게 임차보증금반환의무를 부담하므로, 원고는 피고 최성환에 대한 위 임차보증금반환채권을 보전하기 위하여 피고 최성환을 대위하여 피고 양재호에게 위 건물의 인도를 구하는 바입니다(대판 1989.4.25. 88다카4253,4260).

■ 압류 및 추심명령과 채권양도금지특약(17년 3차)

4. 피고 김주인에 대한 청구

가. 추심금 청구

(1) 주택신축공사계약의 체결 및 완공

피고 김주인은 2016. 2. 1. 소외 주식회사 지음에게 서울 강남구 청담동 184 대 330㎡에 지하 1층 지상 2층 연면적 220㎡의 주택을 공사대금 총 5억 원에 2016. 7. 15.까지 신축하는 내용의 주택신축공사를 도급하였고, 주식회사 지음은 위 주택 신축공사를 완료하여 2016. 7. 15. 피고 김주인에게 인도하였습니다.

(2) 채권양도

주식회사 지음은 2016. 4. 1. 소외 강골조에게 공사대금 채권 중 2억 원을 양도한 후 피고 김주인에게 양도사실을 통지하였고, 양도통지가 2016. 4. 3. 도달하였습니다.

한편, 강골조는 양도받은 위 채권을 2016. 6. 1. 소외 김실영에게 양도한 후 피고 김주인에게 양도사실을 통지하였고, 양도통지가 2016. 6. 3. 도달하였습니다.

(3) 추심명령

원고는 서울중앙지방법원 2016. 3. 2. 선고 2015가단33242호 판결의 집행력 있는 정본을 기초로 하여 피고 김실영의 양수금 2억 원에 대하여 2016. 7. 1. 채권압류 및 추심명령을 받았고, 위 채권압류 및 추심명령이 2016. 7. 6. 제3채무자인 피고 김주인에게 송달되었습니다.

(4) 추심금의 지급의무

따라서 피고 김주인은 원고에게 위 공사대금 양수금에 대한 추심금과 이에 대한 지연손해금을 지급할 의무가 있고, 피고 김주인은 원고에게 위 추심금 2억 원과 이에 대하여 위 추심명령이 피고 김주인에게 송달된 이후로서 위 주택신축공사계약에 따라 공사대금 지급의무와 동시이행관계에 있는 주택의 완공 및 인도의무가 이행된 날의 다음날인 2016. 7. 16.부터 이 사건 소장부본송달일까지는 상법이 정한 연 6%의, 그 다음날부터 다 갚는 날까지는 소송촉진 등에 관한 특례법이 정한 연 15%의 각 비율로 계산한 지연손해금을 지급할 의무가 있습니다.

나. 예상되는 항변

(1) 채권양도금지특약 항변

피고 김주인은 위 공사대금채권에 관하여 양도금지특약을 하였는데, 이를 양수한 김실영은 이와 같은 양도금지특약을 알고 있었으므로 김실영의 추심권자인 원고는 피고 김주인에게 채권양도로서 대항할 수 없다고 주장할지 모릅니다.

양도금지특약이 있음을 알지 못한 양수인으로부터 다시 채권을 양수한 자는 그 선의·악의를 불문하고 채권을 유효하게 취득한다고 할 것인바(대판 2015.4.9. 2012다118020), 이 사건 주택신축공사계약에서 수급인은 도급인의 명시적인 허락 없이는 공사대금 채권을 제3자에게 양도할 수 없다고 약정하였고 1차 양수인인 강골조가 위 특약의 존재를 알지 못하였으므로, 2차 양수인인 김실영이 양도금지특약의 존재를 알고 있었다고 하더라도 위 채권을 유효하게 취득한다고 보아야 할 것입니다.

(2) 채권일부양도 항변

피고 김주인은, 강골조가 2016. 5. 7. 양수한 위 채권 중 1억 원을 고주용에게 이미 양도하였으므로 김실영은 그 부분을 양수할 수 없고, 원고도 피고 김주인에게 위 한도 내에서 그 지급을 구할 수 없다고 주장할지 모릅니다.

청구취지 형태
4. 피고 김주인은 원고에게 200,000,000원 및 이에 대하여 2016. 7. 16.부터 이 사건 소장부본 송달일까지는 연 6%의, 그 다음날부터 다 갚는 날까지는 연 15%의 각 비율로 계산한 돈을 지급하라.

악의의 양수인으로부터 다시 선의로 양수한 전득자도 위 조항에서의 선의의 제3자에 해당한다. 또한 이러한 선의의 양수인으로부터 다시 채권을 양수한 전득자는 선의·악의를 불문하고 채권을 유효하게 취득한다(엄폐물의 법칙 ; 대판 2015.4.9. 2012다118020 : 5회,9회,10회 선택형).

그러나 지명채권의 양도의 통지는 확정일자 있는 증서에 의하지 아니하면 확정일자를 갖춘 제3자에게 대항하지 못하는 것인바(민법 제450조), 강골조가 고주용에게 채권을 양도하고 보낸 채권양도통지는 확정일자 있는 증서에 의한 것이 아닌 반면 강골조의 김실영에 대한 채권양도통지는 확정일자 있는 증서에 의한 것이므로, 피고 김주인은 강골조의 고주용에 대한 채권양도를 이유로 원고에게 지급을 거부할 수 없습니다.

제10절 민사집행법

❋ 가압류명령·추심명령·전부명령의 비교

채권자 A가 채무자 B의 제3채무자 C에 대한 채권에 대하여 각각 가압류명령·추심명령·전부명령을 받아 확정된 후, B가 C에 대해 채무이행의 소를 제기한 경우의 법률관계

① **[가압류명령 : 소제기 적법]** 가압류된 금전채권에 대한 이행청구도 소의 이익이 있다. 즉, "채권가압류가 된 경우, 제3채무자는 채무자에 대하여 채무의 지급을 하여서는 안되고, 채무자는 추심, 양도 등의 처분행위를 하여서는 안되지만, 이는 이와 같은 변제나 처분행위를 하였을 때에 이를 가압류채권자에게 대항할 수 없다는 것이며, 채무자가 제3채무자를 상대로 이행의 소를 제기하여 채무명의를 얻더라도 이에 기하여 **제3채무자에 대하여 강제집행을 할 수는 없다고 볼 수 있을 뿐이고 그 채무명의(집행권원)를 얻는 것까지 금하는 것은 아니라고 할 것이다**"(대판 1989.11.24. 88다카25038 ; 대판 2002.4.26. 2001다59033[15])(4회, 6회 선택형). 이때 제3채무자의 구제수단으로 민사집행법(제248조 1항 및 제291조) 규정에 따른 집행공탁제도가 있다(대판 1994.12.13. 전합93다951참고).[16]

② **[추심명령[17] : 원고적격이 없으므로 부적법각하]** 추심명령이 있는 때 압류채권자는 대위절차 없이 압류채권을 추심할 수 있다(민사집행법 제229조 2항). 따라서 判例는 "채권에 대한 압류 및 추심명령이 있으면 제3채무자에 대한 이행의 소는 추심채권자만이 제기할 수 있고 채무자는 피압류채권에 대한 이행소송을 제기할 당사자적격을 상실한다"(대판 2000.4.11. 99다23888)고 판시하였다. 즉, 금전채권이 압류·추심된 경우에는 **갈음형 제3자 소송담당**이 인정되므로 제3채무자(C)에 대한 이행의 소는 추심채권자(A)만이 제기할 수 있고, 집행채무자(B)는 피압류채권에 대한 이행의 소를 제기할 당사자적격을 상실하게 되므로(6회 선택형), 이는 소각하의 '**본안전 항변**' 사유이다(4회 선택형).

③ **[전부명령[18] : 소제기는 적법하나 청구기각]** 전부명령이 있는 때 압류된 채권은 지급에 갈음하여 압류채권자에게 이전된다(민사집행법 제229조 3항). 따라서 전부채권자(A)는 추심채권과는 달리 자신의 권리를 행사하는 것이므로 갈음형 제3자 소송담당이 아니어서, 전부채무자(B)의 소송수행권은 유지된다. 그리고 이행의 소는 주장자체로 원고적격을 가지기 때문에 전부채무자(B)의 제3채무자(C)에 대한 소제기는 적법하다. 다만, 전부채무자(B)의 제3채무자(C)에 대한 이행청구소송은 실체법상의 이행청구권이 상실되었으므로(집행채권이 B에게서 A로 이전됨), 이는 본안에서 기각되어야할 '**본안에 관한 항변**' 사유에 해당한다(4회 선택형).

---

15) "왜냐하면 채무자로서는 제3채무자에 대한 그의 채권이 가압류되어 있다 하더라도 채무명의를 취득할 필요가 있고 또는 시효를 중단할 필요도 있는 경우도 있을 것이며, 또한 소송 계속 중에 가압류가 행하여진 경우에 이를 이유로 청구가 배척된다면 장차 가압류가 취소된 후 다시 소를 제기하여야 하는 불편이 있는 데 반하여 제3채무자로서는 이행을 명하는 판결이 있더라도 장차 집행단계에서 이를 저지하면 될 것이기 때문이다. 채권가압류의 처분금지의 효력은 본안소송에서 가압류채권자가 승소하여 채무명의를 얻는 등으로 피보전권리의 존재가 확정되는 것을 조건으로 하여 발생하는 것이므로, 채권가압류결정의 채권자가 본안소송에서 승소하는 등으로 채무 명의를 취득하는 경우에는 가압류에 의하여 권리가 제한된 상태의 채권을 양수받는 양수인에 대한 채권양도는 무효가 된다"(同 判例)

16) "ⅰ) 채권의 가압류는 제3채무자에 대하여 채무자에게 지급하는 것을 금지하는 데 그칠 뿐 채무 그 자체를 면하게 하는 것이 아니고, 가압류가 있다 하여도 그 채권의 이행기가 도래한 때에는 제3채무자는 그 지체책임을 면할 수 없다고 보아야

I. 전부금, 추심금 청구 소의 개관

1. 압류명령신청

민사집행절차에서 채권자는 채무자가 가지는 부동산이나 동산과 같은 물건뿐만 아니라 채무자가 제3채무자에 대하여 가지는 금전채권 등 채권도 집행의 객체로 삼을 수가 있는데, 이러한 금전에 대한 강제집행을 위해서는 채권자는 우선 법원에 채무자의 제3채무자에 대한 채권(압류된 채권의 귀속 주체를 집행채무자라고 하며, 압류된 채권의 채무자를 제3채무자라고 한다)을 압류하여 달라는 압류명령 신청을 하게 되고 법원은 이에 따라 요건이 갖추어진 경우 압류명령을 발하게 된다(민사집행법 제227조)(물론 대개의 경우 압류 추심명령, 압류 전부명령 등으로 동시에 신청하므로 실제 명령도 동시에 발령된다). 압류명령에는 채무자의 제3채무자에 대한 채권을 압류한다는 압류선언 외에 제3채무자에 대해서는 집행채무자에 대한 지급을 금지[19]하고, 집행채무자에 대해서는 채권의 처분과 영수를 금지하여야 한다(동조 제1항).

2. 추심·전부명령신청

이렇게 압류된 금전채권을 현금화하기 위해서는 압류채권자는 다시 추심명령이나 전부명령을 신청하여야 하고(민사집행법 제229조 1항), 이렇게 현금화한 금전채권은 다시 변제절차로 진행되게 되는데, 현금화 후 배당에 참가한 채권자가 없는 경우에는 집행채권자의 채권에 충당되나 배당에 참가한 채권자가 있는 경우에는 배당절차(민사집행법 제252조 이하)가 실시된다(금전채권집행의 기본 구조는 [압류⇒ 현금화(추심, 전부, 특별현금화)절차⇒배당(변제)절차라는 점은 숙지하고 있어야 한다). 다만, 전부명령의 경우에는 후술하듯 확정되게 되면 전부채권자만이 독점적인 만족을 받으며 집행절차가 종료 된다는 점에서 더 이상 변제절차가 진행될 여지가 없다.[20] 이러한 점에서 전부명령은 채권자평등주의를 취하고 있는 우리 강제집행법상의 예외가 된다.

3. 추심·전부명령의 법적성질

한편 추심명령이 있게 되면 추심채권자는 대위절차 없이 압류채권을 직접 추심할 수 있는 권능을 갖게 되나(민사집행법 제229조 2항), 전부명령을 받게 되면 압류된 채권은 지급에 갈음하여 집행채무자로부터 집행채권자로 이전하게 되고(동조 3항) 그 대신 집행채권자의 집행채권은 소멸됨으로써 채무자의 채무변제에 갈음하게 된다(민사집행법 제231조).

따라서 ⅰ) 추심명령의 경우에는 전부명령과 달리 압류된 채권의 채권자의 지위에 변동을 가져오는 것은 아니고 채무자가 여전히 피압류채권의 채권자로 남아 있고 다만 추심권능만을 채무자에 갈음하

할 것이다. ⅱ) 이 경우 가압류에 불구하고 제3채무자가 채무자에게 변제를 한 때에는 나중에 채권자에게 이중으로 변제하여야 할 위험을 부담하게 되므로 제3채무자로서는 민법 제487조의 규정에 의하여 공탁을 함으로써(실무상 가압류의 경우는 현행 민사집행법상의 집행공탁으로 사실상 통일 ; 저자 주)이중변제의 위험에서 벗어나고 이행지체의 책임도 면할 수 있다고 보아야 할 것이다"

17) 압류 및 '추심명령'의 효력발생시기는 제3채무자에 대한 송달일이고(민사집행법 제227조 3항, 제229조 4항), 제3채무자에게 송달된 이상 채무자에게 송달되지 않았다 하더라도 효력발생에는 아무런 영향이 없다.

18) 압류 및 '전부명령'의 효력발생시기는 추심명령의 경우와 달리 채무자와 제3채무자에게 모두 송달되어야 하고, 그 후 즉시 항고가 제기되지 않거나 즉시항고가 기각되는 등으로 전부명령이 확정됨으로써 비로소 효력이 발생하며, 확정된 전부명령의 효력발생시기는 제3채무자에 대한 송달일로 소급한다(민사집행법 제227조 2항, 제229조 4항 및 7항 제231조).

19) 이 부분이 채권 압류의 본질적인 효력으로서 이에 대한 기재가 없으면 압류명령 자체가 무효가 된다. 그리고 제3채무자에 대한 송달이 이루어지지 않아도 압류의 효력이 발생하지 않는다. 이는 채무자에 대한 송달이 없는 경우와는 다르다.

20) 추심명령의 경우 채권자가 추심한 경우 추심한 채권액을 법원에 신고하여야 하고(민사집행법 제236조 1항) 추심 신고 전에 다른 압류 가압류 또는 배당 요구가 있었을 때에는 추심한 금전 전액을 바로 공탁하고 그 사유를 법원에 신고하면(민사집행법 제236조 2항) 집행법원의 배당절차가 개시된다. 즉 추심권자의 독점적 지위나 우선권이 인정되지 않는다. 이러한 점에서 추심권자는 집행채권의 범위를 넘어선 추심이 충분히 가능하고, 추심결과 집행채권의 변제에 충당하고 남으면 이는 채무자에게 지급하여야 한다.

여 압류채권자가 획득하는 것이므로(따라서 추심권자는 추심권을 행사하여 실제로 변제를 받은 한도 내에서 집행채권이 소멸하게 된다) 민법상의 채권자대위권과 유사한 기능을 한다고 볼 수 있으나, ii) 전부명령은 압류된 채권을 압류채권자에게 이전시킴으로써 채권의 평가, 환가, 추심 등의 절차를 생략한 채 바로 변제효를 부여함으로써 집행을 종료시키는 것이므로 이는 민법상의 채권양도와 같이 피압류채권의 채권자의 지위 변동을 가져오는 제도라고 볼 수 있다. 다만 전부명령에 의한 채권의 이전과 채권양도계약에 의한 채권의 이전 사이의 유사점은 권리이전부분이나 대상적격에 국한한 것으로 양 제도는 본질적으로 다른 제도이므로 이에 대한 명확한 준별이 필요하다.

[차이점] 그 외에도 후술하듯 ㉠ 압류가 경합된 경우도 추심명령을 할 수 있으나, 전부명령은 압류경합 시 발령되면 무효라는 점, ㉡ 추심명령은 전부명령과 달리 금전채권만에 한하여 대상적격이 국한되지 않는 점, ㉢ 전부명령은 추심명령과 달리 채무자에 대한 송달도 전부명령의 효력발생요건인 점 등에서도 양 제도는 차이가 있다. 또한 추심명령은 전부명령처럼 채권자가 독점적인 만족을 얻을 수는 없지만 다른 한편으로는 제3채무자가 무자력인 경우의 위험을 채권자가 부담하는 것은 아니고 그 허용되는 범위가 전부명령보다 넓으므로 채권에 대한 강제집행에 있어 기본적인 현금화 방법으로 작동하게 된다. 물론 금전채권의 현금화 방법으로 전부명령과 추심명령 중 어느 것을 이용할 것인지는 원칙적으로 압류채권자의 선택에 달려 있다. 다만 전부명령은 변제갈음효 및 채권의 이전효가 있으므로 전부명령을 받은 후 추심명령을 신청하거나 양자를 동시에 신청할 수는 없으나, 반대로 추심명령을 받은 후 다시 전부명령을 신청하는 것은 가능하다.

[실무경향] 특히 전부명령(轉付命令)은 압류한 금전채권을 권면액(券面額)으로 집행채권과 집행비용청구권의 변제에 갈음하여 압류채권자에게 이전하는 집행법원의 명령이다. 전부명령으로 압류채권자는 만족을 얻으므로 위험부담은 추후 채권자에게 이전된다. 전부명령의 경우는 다른 채권자의 배당가입(配當加入)을 허용하지 않고 압류채권자는 우선적으로 변제를 받으므로 한국에서는 추심명령보다 많이 이용되는 경향이 있다. 다만 금전 이외의 유체물의 인도청구를 목적으로 하는 채권이나 당사자 간에 양도금지의 특약 있는 채권(민법 제449조) 등은 전부명령을 발하는 데 적당치 않고 이미 압류가 경합된 채권이나 이미 배당요구가 있는 채권도 배당평등주의를 해치므로 불가능하다. 전부명령이 발해지면 채권자는 압류채권의 주체가 되므로 담보권도 채권자에게 이전되고 제3채무자는 압류채권자의 채무자로 되며 항변사유(抗辯事由)로써 대항할 수 있게 된다. 압류채권자 이외의 제3자는 전부명령 후에는 배당요구를 할 수 없다. 전부명령은 추심명령보다 허용 범위가 약간 제한되기는 하지만 이를 고려하지 않는다면 금전채권의 현금화방법으로서 전부명령과 추심명령 중 어느 것을 선택할 것인가는 원칙적으로 압류채권자의 의사에 달려있다. 그러나 전부명령의 경우에는 다른 채권자가 배당요구를 할 수 없어 압류채권자가 독점적 만족을 받을 수 있는 이점이 있는 반면 제3채무자가 무자력인 때에는 전혀 만족을 받을 수 없게 되는 위험을 부담하게 되고, 추심명령의 경우에는 그와 반대의 상황이 된다. 실무에서는 제3채무자의 자력이 확실할 때에는 전부명령을 신청하는 경우가 많다.

Ⅱ. 민사집행법 총칙

[B-129]

1. 집행당사자 : 당사자능력

사망한 사람을 피신청인으로 한 가압류신청은 부적법하고 그 신청에 따른 가압류결정이 내려졌다고 하여도 그 결정은 당연 무효로서 그 효력이 상속인에게 미치지 않으며, 이러한 당연 무효의 가압류는 민법 제168조 제1호에 정한 소멸시효의 중단사유에 해당하지 않는다(대판 2006.8.24. 2004다26287, 26294)

[비교판례] ＊ 담보권실행경매의 경우
담보권실행경매는, 절차의 개시 전 또는 진행 중에 채무자나 소유자가 사망하였더라도 그 재산상속인이 경매법원에 대하여 그 사망 사실을 밝히고 경매절차를 수계하지 아니한 이상 경매법원이 그 절차를 속행하여 이루어진 경락허가결정을 무효라고 할 수는 없다(대판 1998.10.27. 97다39131)

Ⅲ. 강제집행 총칙

1. 강제집행의 요건 : 집행권원 송달(제39조 1항)

강제집행의 채무명의가 된 지급명령의 정본등을 허위주소로 송달하게 하였다면 그 채무명의의 효력은 집행채무자에게 미치지 아니하고 이에 따른 강제 경매는 집행채무자에게 대한 관계에서 효력이 없다(대판 1973.6.12. 71다1252). 채권압류·전부명령의 기초가 된 채무명의인 가집행선고부 판결정본이 상대방의 허위주소로 송달되었다면 이는 부적법하여 무효이고 그 판결정본에 기하여 행하여진 채권압류 및 전부명령은 무효라 할 것이다(대판 1987.5.12. 86다카2070).

2. 부당집행에 대한 구제절차(실체상의 위법) : 청구이의/제3자이의의 소

(1) 청구이의의 소(제44조)

채무자가 판결에 따라 확정된 청구에 관하여 이의하려면 청구에 관한 이의의 소를 제기하여야 한다. 제1항의 이의는 그 이유가 변론이 종결된 뒤에 생긴 것이어야 한다(제44조).

判例에 따르면 ㉠ '편취판결'에 따른 강제집행과 같이 판결에 의하여 확정된 청구가 그 판결의 변론종결 후에 변경소멸된 경우 뿐만 아니라 판결을 집행하는 자체가 불법한 경우(대판 19884.7.24. 84다카572)[21](13회 선택형) ㉡ 상속채무 이행의 소에서 채무자(상속인)이 한정승인 사실을 주장하지 않은 경우(대판 2006.10.13. 2006다23138)[22](2회,4회,10회 선택형) 청구이의 사유가 된다.

> **[비교판례]** ＊ **상속채무 이행의 소에서 채무자(상속인)이 한정승인사실을 주장한 경우**
>
> 상속의 한정승인은 채무의 존재를 한정하는 것이 아니라 단순히 그 책임의 범위를 한정하는 것에 불과하기 때문에, 상속의 한정승인이 인정되는 경우에도 상속채무가 존재하는 것으로 인정되는 이상, 법원으로서는 상속재산이 없거나 그 상속재산이 상속채무의 변제에 부족하다고 하더라도 상속채무 전부에 대한 이행판결을 선고하여야 하고, 다만, 그 채무가 상속인의 고유재산에 대해서는 강제집행을 할 수 없는 성질을 가지고 있으므로, 집행력을 제한하기 위하여 이행판결의 주문에 상속재산의 한도에서만 **집행할 수 있다는 취지를 명시하여야** 한다(대판 2003.11.14. 2003다30968)(2회,6회 선택형). 집행권원인 확정판결에 한정승인의 취지가 반영되었음에도, 그 집행권원에 기초하여 채무자의 '고유재산에 집행'이 행하여질 경우, 채무자는 그 집행에 대하여 **제3자이의의 소를 제기할 수 있을 뿐**, 상속인의 고유재산에 관하여는 이러한 판결의 기판력·집행력이 미치지 않기 때문에 한정승인을 이유로 청구이의의 소를 제기할 수는 없다(대결 2005.12.19. 2005그128)

(2) 제3자이의의 소(제48조)

제3자가 강제집행의 목적물에 대하여 소유권이 있다고 주장하거나 목적물의 양도나 인도를 막을 수 있는 권리가 있다고 주장하는 때에는 채권자를 상대로 그 강제집행에 대한 이의의 소를 제기할 수 있다(제48조 1항 본문).

---

21) 확정판결에 의한 권리라 하더라도 그것이 신의에 좇아 성실히 행사되어야 하고 권리남용이 되는 경우에는 이는 허용되지 않는다 할 것인바, 피고들이 확정판결의 변론종결 이전에 부진정연대채무자 중의 1인으로부터 금원을 수령하고 더 이상 손해배상을 청구하지 않는다고 합의함으로써 원고의 손해배상채무도 소멸한 사실을 스스로 알고 있으면서도 이를 모르는 원고에게 이미 소멸한 채권의 존재를 주장 유지하여 위의 확정판결을 받은 것이라면, 위 확정판결을 채무명의로 하는 강제집행을 용인함은 이미 변제, 소멸된 채권을 이중으로 지급받고저 하는 불법행위를 허용하는 결과가 된다 할 것이므로 이와 같은 피고들의 집행행위는 자기의 불법한 이득을 꾀하여 상대방에게 손해를 줄 목적이 내재한 사회생활상 용인되지 아니하는 행위라 할 것이어서 그것이 신의에 좇은 성실한 권리의 행사라 할 수 없고 그 확정판결에 의한 권리를 남용한 경우에 해당한다 할 것이므로 이는 허용되지 아니한다.

22) 채권자가 피상속인의 금전채무를 상속한 상속인을 상대로 그 상속채무의 이행을 구하여 제기한 소송에서 채무자가 한정승인 사실을 주장하지 않으면 책임의 범위는 현실적인 심판대상으로 등장하지 아니하여 주문에서는 물론 이유에서도 판단되지 않으므로 그에 관하여 기판력이 미치지 않는다. 그러므로 채무자가 한정승인을 하고도 채권자가 제기한 소송의 사실심 변론종결시까지 그 사실을 주장하지 아니하여 책임의 범위에 관한 유보가 없는 판결이 선고되어 확정되었다고 하더라도, 채무자는 그 후 위 한정승인 사실을 내세워 청구에 관한 이의의 소를 제기할 수 있다.

Ⅳ. 부동산에 대한 강제집행(강제경매)

1. 경매개시결정

경매절차를 개시하는 결정에는 동시에 그 부동산의 압류를 명하여야 한다(제83조 1항) 압류는 **채무자에게 그 결정이 송달된 때 또는 제94조의 규정에 따른 등기가 된 때에 효력이 생긴다(제83조 4항 : 효력발생요건).**

2. 압류의 효력 : 상대적[23] 처분금지효

압류는 채무자에게 그 결정이 송달된 때 또는 제94조의 규정에 따른 등기가 된 때에 효력이 생긴다(제83조 4항). 제3자는 권리를 취득할 때에 경매신청 또는 압류가 있다는 것을 알았을 경우에는 압류에 대항하지 못한다(제92조 1항).

3. 매각대금의 완납과 소유권 취득

매수인은 매각대금을 다 낸 때에 매각의 목적인 권리를 취득한다(제135조, 민법 제187조 본문)

4. 소제주의와 인수주의

(1) 제91조의 소제주의와 인수주의

1) 소제주의

매각부동산 위의 모든 저당권은 매각으로 소멸된다(제91조 2항 : 담보물권의 경우 설정시기 불문). 지상권·지역권·전세권 및 등기된 임차권은 저당권·압류채권·가압류채권에 대항할 수 없는 경우에는 매각으로 소멸된다(제91조 3항 : 후순위 용익물권의 경우 소멸).

2) 인수주의

제3항의 경우 외의 지상권·지역권·전세권 및 등기된 임차권은 매수인이 인수한다. 다만, 그 중 전세권의 경우에는 전세권자가 제88조에 따라 배당요구를 하면 매각으로 소멸된다(제91조 4항 : 선순위 용익물권의 경우 인수).

(2) 유치권의 경우

1) 원칙 : 인수주의

매수인은 유치권자에게 그 유치권으로 담보하는 채권을 변제할 책임이 있다(제91조 5항). 判例에 따르면 "경매로 인한 압류의 효력이 발생하기 전에 유치권을 취득한 경우에는 민사집행법 제91조 5항이 적용되고, 유치권 취득시기가 근저당권 설정 이후라거나 유치권 취득 전에 설정된 근저당권에 기하여 경매절차가 개시되었다고 하여 달리 볼 것은 아니므로, 이미 저당권이 설정된 물건이라도 저당권실행의 경매개시되기 전에 목적물을 인도받아 취득한 경우, 유치권자는 경매의 매수인에게 대항할 수 있다"(대판 2009.1.15. 2008다70763)(5회 선택형).

2) 예외

① [경매개시로 인한 압류의 효력 발생 '후'에 그 목적물을 인도받아 유치권을 취득한 경우] " 그와 같은 점유의 이전은 목적물의 교환가치를 감소시킬 우려가 있는 처분행위에 해당하여 민사집행법

---

23) 경매신청기입등기로 인한 압류의 효력은 부동산 소유자에 대하여 압류채권자에 대한 관계에 있어서 부동산의 처분을 제한하는 데 그치는 것일 뿐 그 밖의 다른 제3자에 대한 관계에 있어서까지 부동산의 처분을 금지하는 것이 아니므로 부동산 소유자는 경매절차 진행중에도 경락인이 경락대금을 완납하여 목적부동산의 소유권을 취득하기 전까지는 목적부동산을 유효하게 처분할 수 있는 것이고 그 처분으로 인하여 부동산의 소유권을 취득한 자는 그 이후 집행법원에 그 취득사실을 증명하여 경매절차의 이해관계인이 될 수 있음은 물론 배당 후 잉여금이 있는 경우에는 부동산 소유자로서 이를 반환받을 권리를 가지게 되는 것이다(대판 1992.2.11. 91누5228)

제92조 1항, 제83조 4항에 따른 압류의 처분금지효에 저촉되므로 점유자로서는 위 유치권을 내세워 그 부동산에 관한 경매절차의 매수인에게 대항할 수 없다"(대판 2005.8.19. 2005다22688)(3회, 5회, 6회, 11회 선택형). 이 경우 위 부동산에 경매개시결정의 기입등기가 경료되어 있음을 채권자가 알았는지 여부 또는 이를 알지 못한 것에 관하여 과실이 있는지 여부 등은 채권자가 그 유치권을 매수인에게 대항할 수 없다는 결론에 아무런 영향을 미치지 못한다(대판 2006.8.25. 2006다22050)(5회 선택형).

> **[비교판례]** ✳ '**가압류**'의 효력 발생 후에 그 목적물을 인도받아 유치권을 취득한 경우(유치권 인정)
> 최근에 대법원은 "부동산에 가압류등기가 경료되어 있을 뿐 현실적인 매각절차가 이루어지지 않고 있는 상황 하에서는 채무자의 점유이전으로 인하여 제3자가 유치권을 취득하게 된다고 하더라도 이를 처분행위로 볼 수는 없다"(대판 2011.11.24. 2009다19246)(5회, 8회, 9회, 11회 선택형)라고 판시하여 이러한 유치권은 경매절차에서 매각으로 소멸하지 않고 매수인에게 인수된다고 판단하였다.

> **[비교판례]** ✳ '**체납처분압류 후**' 경매절차가 개시되기 전에 민사유치권을 취득한 경우(유치권 인정)
> "체납처분압류가 반드시 공매절차로 이어지는 것이 아닐 뿐만 아니라 체납처분절차와 민사집행절차는 서로 별개의 절차로서 공매절차와 경매절차가 별도로 진행되는 것이므로, 체납처분압류가 되어 있는 부동산이라고 하더라도 그러한 사정만으로 경매절차가 개시되어 경매개시결정등기가 되기 전에 부동산에 관하여 민사유치권을 취득한 유치권자가 경매절차의 매수인에게 유치권을 행사할 수 없다고 볼 것은 아니다"(대판 2014.3.20. 전합2009다60336)(6회, 11회 선택형) **[7회 사례형]**

② **[경매개시로 인한 압류의 효력 발생 '전'에 목적물을 인도받았으나, 피담보채권이 압류의 효력 발생 '후'에 성립한 경우]** 유치권은 그 목적물에 관하여 생긴 채권이 변제기에 있는 경우에 비로소 성립하고(민법 제320조), 한편 채무자 소유의 부동산에 경매개시결정의 기입등기가 마쳐져 압류의 효력이 발생한 후에 유치권을 취득한 경우에는 그로써 그 부동산에 관한 경매절차의 매수인에게 대항할 수 없는바, 채무자 소유의 건물에 관하여 증·개축 등 공사를 도급받은 수급인이 경매개시결정의 기입등기가 마쳐지기 전에 채무자로부터 그 건물의 점유를 이전받았다 하더라도 경매개시결정의 기입등기가 마쳐져 압류의 효력이 발생한 후에 공사를 완공하여 공사대금채권을 취득함으로써 그때 비로소 유치권이 성립한 경우에는, 수급인은 그 유치권을 내세워 경매절차의 매수인에게 대항할 수 없는 것이다(대판 2011.10. 13. 2011다55214).

③ **[상사유치권과 선행저당권이 경합하는 경우]** 判例는 선행하는 저당권이 있는 상황에서 나중에 '상사유치권'이 성립한 경우 민사집행법 제91조 5항(인수주의)의 적용을 부정한다. 즉, 상사유치권자는 선행저당권자 또는 선행저당권에 기한 임의경매절차에서 부동산을 매수한 매수인에게 대항할 수 없다(대판 2013.2.28. 2010다57350)[24](8회, 11회 선택형).

(3) 배당절차

1) 배당요구를 하여야 하는 채권자

집행력 있는 정본을 가진 채권자, 경매개시결정이 등기된 뒤에 가압류를 한 채권자, 민법·상법, 그 밖의 법률에 의하여 우선변제청구권이 있는 채권자는 배당요구의 종기까지 배당요구를 한 경우에 한하여 비로소 배당을 받을 수 있다(제88조 1항, 제148조 2호).

---

24) "상사유치권은 민사유치권과 달리 피담보채권이 '목적물에 관하여' 생긴 것일 필요는 없지만 유치권의 대상이 되는 물건은 '채무자 소유'일 것으로 제한되어 있다(상법 제58조, 민법 제320조 제1항 참조). 즉 상사유치권이 채무자 소유의 물건에 대해서만 성립한다는 것은, 상사유치권은 성립 당시에 채무자가 목적물에 대하여 보유하고 있는 담보가치만을 대상으로 하는 제한물권이라는 의미를 담고 있다 할 것이고, 따라서 유치권 성립 당시에 이미 목적물에 대하여 제3자가 권리자인 제한물권이 설정되어 있다면, 상사유치권은 그와 같이 제한된 채무자의 소유권에 기초하여 성립할 뿐이고, 기존의 제한물권이 확보하고 있는 담보가치를 사후적으로 침탈하지는 못한다"

2) 배당요구를 하지 않아도 배당받는 채권자

배당요구의 종기까지 경매신청을 한 압류채권자, 첫 경매개시결정등기 전에 등기된 가압류채권자, 저당권·전세권, 그 밖의 우선변제청구권으로서 첫 경매개시결정등기전에 등기되었고 매각으로 소멸하는 것을 하진 채권자(제148조 1·3·4호).

3) 배당이의와 부당이득반환청구(12회 선택형)

① **[배당요구가 필요한 채권자(제88조 1항, 제148조 2호) : 배당이의 不要, 배당요구 要]** 확정된 배당표에 의하여 배당을 실시하는 것은 실체법상의 권리를 확정하는 것이 아니므로 배당을 받아야 할 자가 배당을 받지 못하고 배당을 받지 못할 자가 배당을 받은 경우에는 배당에 관하여 이의를 한 여부 또는 형식상 배당절차가 확정되었는가의 여부에 관계없이 배당을 받지 못한 우선채권자는 부당이득반환청구권이 있으나(대판 1988.11.8. 86다카2949), 判例는 "민사소송법 제728조에 의하여 준용되는 제605조 제1항에서 규정하는 배당요구 채권자는 경락기일까지 배당요구를 한 경우에 한하여 비로소 배당을 받을 수 있고, 적법한 배당요구를 하지 아니한 경우에는 실체법상 우선변제청구권이 있는 채권자라 하더라도 그 경락대금으로부터 배당을 받을 수는 없을 것이므로, 이러한 배당요구 채권자가 적법한 배당요구를 하지 아니하여 그를 배당에서 제외하는 것으로 배당표가 작성·확정되고 그 확정된 배당표에 따라 배당이 실시되었다면, 집행목적물의 교환가치에 대하여서만 우선변제권을 가지고 있는 법정담보물권자의 경우와는 달리 그가 적법한 배당요구를 한 경우에 배당받을 수 있었던 금액 상당의 금원이 후순위 채권자에게 배당되었다 하여 이를 법률상 원인이 없는 것이라고 할 수 없다."(대판 1996.12.20. 95다28304, 대판 1998.10.13. 98다12379)고 하여 배당요구가 필요한 채권자는 배당이의를 할 필요는 없으나, 배당요구를 하지 아니한 이상 부당이득반환청구를 할 수 없다는 입장이다.

② **[배당요구가 필요하지 않은 채권자 : 배당이의, 배당요구 不要]**(위 대판 1988.11.8. 86다카2949 참조)

Ⅴ. 금전채권에 대한 강제집행 - 압류명령

1. 압류명령

(1) 피압류채권의 특정

압류할 채권의 내용이 특정되지 아니하고 또 압류 통지서의 필요적 기재사항인 제3채무자에 대한 채무이행 금지명령의 기재가 누락되므로서 채권압류가 무효로 될 경우에는 뒤에 그러한 보완조치를 하였다 하여 소급적으로 유효하게 치유될 수는 없는 것이다(대판 1973.1.30. 72다2151, 제225조).

☞ **기록형에서 추심/전부금 청구할 경우 추심/피전부채권의 요건사실이 중요한 이유임**

> **[관련판례]** ❋ 장래 발생할 채권, 조건부채권에 대한 압류
> 채권에 대한 압류 및 전부명령이 유효하기 위하여 채권압류 및 전부명령이 제3채무자에게 송달될 당시 반드시 피압류 및 전부채권이 현실적으로 존재하고 있어야 하는 것은 아니고, 장래의 채권이라도 채권 발생의 기초가 확정되어 있어 특정이 가능할 뿐 아니라 권면액이 있고, 가까운 장래에 채권이 발생할 것이 상당한 정도로 기대되는 경우에는 채권압류 및 전부명령의 대상이 될 수 있다(대판 2002.11.8. 2002다7527)

> **[관련판례]** ❋ 사해행위취소소송의 수익자가 채권자에 대한 별개의 채권으로 가액배상채권을 압류하는 경우
> 수익자가 채권자취소권을 행사하는 '채권자에 대해 가지는 별개의 다른 채권'을 집행하기 위하여 그에 대한 집행권원을 가지고 채권자의 수익자에 대한 가액배상채권을 압류하고 전부명령을 받는 것은 허용된다. 나아가 상계가 금지되는 채권이라고 하더라도 압류금지채권에 해당하지 않는 한 강제집행에 의한 전부명령의 대상이 될 수 있다(대결 2017.8.21. 2017마499 : 12회,13회 선택형)

(2) 압류의 효력발생요건 : 제3채무자 송달

압류명령은 제3채무자와 채무자엑 송달하여야 한다(제227조 2항). 압류명령이 제3채무자에게 송달되면 압류의 효력이 발생한다(제227조 3항). 채무자에 대한 송달은 압류의 효력발생과 무관하다.

> **[비교쟁점]** 압류·추심명령의 효력발생시기는 제3채무자에 대한 송달일이고(제227조 3항, 제229조 4항), 제3채무자에게 송달된 이상 채무자에게 송달되지 않았다 하더라도 효력발생에는 아무런 영향이 없다. 압류·전부명령의 효력발생시기는 채무자와 제3채무자에게 모두 송달되어야 하고, 전부명령이 확정됨으로써 비로소 효력이 발생하며, 확정된 전부명령의 효력발생시기는 제3채무자에 대한 송달일로 소급한다(제227조 2항, 제229조 4항 및 7항 제231조)

☞ **추심금 청구의 요건사실은 "(추심채권 / 압류및추심명령 / 제3채무자 송달)"인 반면, 전부금 청구의 요건사실은 "(피전부채권 / 압류및전부명령 / 제3채무자 송달 / 확정 : 채무자 송달)"인 이유**

(3) 압류의 효력

제3채무자는 채무자에 대하여 지급을 할 수 없고, 채무자는 채권의 처분과 영수가 금지된다(제227조 1항).

1) 소멸시효의 중단

채권자가 채무자의 제3채무자에 대한 채권을 압류 또는 가압류한 경우 채권자의 채무자에 대한 채권은 압류에 따른 시효중단의 효력이 확정적으로 발생하나(민법 제168조 2호), 이와 달리 압류의 대상인 채무자의 제3채무자에 대한 채권은 채권자가 채무자의 제3채무자에 대한 채권에 관한 압류 및 추심명령을 받아 그 결정이 제3채무자에게 송달이 되었다면 채무자의 제3채무자에 대한 채권은 '최고'로서의 효력에 의해 시효중단이 된다(대판 2003.5.13. 2003다16238 : 9회,11회,13회 선택형).

예를 들어 甲이 乙의 丙에 대한 채권을 압류·추심한 경우 甲의 乙에 대한 채권(피보전채권)은 압류명령 '신청시'에 시효중단되나(중단사유 중 제168조 2호 압류), 乙의 丙에 대한 채권(피압류채권)은 丙에게 압류·추심명령이 '송달된 때' 시효중단된다(중단사유 중 제174조 최고)[25]

2) 압류의 효력에 반하지 않는 행위

① **[제3채무자를 상대로 한 이행의 소 제기]**(대판 1989.11.24. 88다카25038 ; 대판 2002.4.26. 2001다59033)]

② **[피압류채권 발생원인인 기본적 법률관계 자체를 변경, 소멸시키는 행위]** 채권에 대한 가압류는 채권의 발생원인인 법률관계에 대한 채무자의 처분까지도 구속하는 효력은 없다 할 것이므로 채무자와 제3채무자가 아무런 합리적 이유 없이 채권의 소멸만을 목적으로 계약관계를 합의해제한다는 등의 특별한 경우를 제외하고는, 제3채무자는 채권에 대한 가압류가 있은 후라고 하더라도 채권의 발생원인인 법률관계를 합의해제하고 이로 인하여 가압류채권이 소멸되었다는 사유를 들어 가압류채권자에 대항할 수 있다(대판 2001.6.1. 98다17930).

3) 제3채무자의 상계항변(민법 제498조)

지급을 금지하는 명령을 받은 제3채무자는 그 후에 취득한 채권에 의한 상계로 그 명령을 신청한 채권자에게 대항하지 못한다(민법 제498조)

① **[제498조의 반대해석 : 한정적 적극]** "압류 또는 가압류의 효력발생 당시에 제3채무자가 채무자에 대해 갖는 자동채권의 변제기가 아직 도래하지 않았더라도 압류채권자가 그 이행을 청구할

---

25) 압류 및 가압류의 효력은 제3채무자에게 압류 및 가압류명령이 '송달'되면 발생하나, 그로인한 시효중단 효력은 압류 및 가압류명령의 '신청시'로 소급하여 발생한다(대판 2017.4.7. 2016다35451). 민사집행법 제227조 3항, 제291조 참조

수 있는 때, 즉 피압류채권인 수동채권의 변제기가 도래한 때에 자동채권의 변제기가 동시에 도래하거나 또는 그 전에 도래한 때에는 제3채무자의 상계에 관한 기대는 보호되어야 한다는 점에서 상계할 수 있다"(대판 2012.2.16. 전합2011다45521). 즉, ⅰ) 압류의 효력 발생(제3채무자 송달) 이전에 자동채권 취득 및 ⅱ) 압류명령 효력 발생 당시에 상계적상이거나 자동채권의 변제기가 수동채권의 변제기보다 먼저 또는 동시에 도래한 경우, 제3채무자의 상계에 대한 합리적 기대가 인정된다.

② **[동시이행의 관계 : 적극]** "금전채권에 대한 가압류로부터 본압류로 전이하는 압류 및 추심명령이 있는 때에는 제3채무자는 채권이 가압류되기 전에 압류채무자에게 대항할 수 있는 사유로써 압류채권자에게 대항할 수 있으므로, 제3채무자의 압류채무자에 대한 자동채권(구상금채권)이 수동채권인 피압류채권(매매대금채권)과 동시이행의 관계에 있는 경우에는, 그 가압류명령이 제3채무자에게 송달되어 가압류의 효력이 생긴 후에 자동채권(구상금채권)이 발생하였다고 하더라도 제3채무자는 동시이행의 항변권을 주장할 수 있고, 따라서 그 상계로써 압류채권자에게 대항할 수 있다. 이 경우에 자동채권 발생의 기초가 되는 원인은 수동채권이 가압류되기 전에 이미 성립하여 존재하고 있었으므로, 그 자동채권은 제498조 소정의 '지급을 금지하는 명령을 받은 제3채무자가 그 후에 취득한 채권'에 해당하지 아니한다"(대판 2001.3.27. 2000다43819 : 8회 선택형).[26] **[9회 사례형, 14법행]**

(4) 보증금반환채권에 대한 가압류/압류와 임차건물의 양수인의 지위

① **[보증금반환채권이 가압류된 '후' 임차건물의 양수인]** 임차주택의 양수인은 '임대인의 지위'를 승계하고, 양수인이 임대차보증금반환채무를 '면책적으로 인수' 한다(대판 1987.3.10. 86다카1114 : 10회,11회 선택형). **[3회, 7회 사례형].** 이러한 법리는 임차인의 임대차보증금반환채권이 가압류된 상태에서 임대주택이 양도된 경우에도 그대로 적용되고, 나아가 判例는 "양수인은 채권가압류의 제3채무자의 지위도 승계하고, 가압류권자 또한 임대주택의 양도인이 아니라 양수인에 대하여만 위 가압류의 효력을 주장할 수 있다고 보아야 한다"고 판시하였다(대판 2013.1.17. 전합2011다49523 : 6회,8회,9회 선택형).

② **[보증금반환채권에 대한 압류 및 전부명령이 확정 된 '후' 임차건물의 양수인]** 보증금반환채권에 대한 압류 및 전부명령이 확정된 후 임차건물이 양도된 경우에도 마찬가지이다. 따라서 判例는 "주택임대차보호법 제3조 제1항의 대항요건을 갖춘 임차인의 임대차보증금반환채권에 대한 압류 및 전부명령이 확정되어 임차인의 임대차보증금반환채권이 집행채권자에게 이전된 경우 제3채무자인 임대인으로서는 임차인에 대하여 부담하고 있던 채무를 집행채권자에 대하여 부담하게 될 뿐 그가 임대차목적물인 주택의 소유자로서 이를 제3자에게 매도할 권능은 그대로 보유하는 것이며, 위와 같이 소유자인 임대인이 당해 주택을 매도한 경우 주택임대차보호법 제3조 제2항에 따라 전부채권자에 대한 보증금지급의무를 면하게 되므로, 결국 임대인은 전부금지급의무를 부담하지 않는다"(대판 2005.9.9. 2005다23773)고 판시하였다.

---

26) **[관련판례]** 判例는 공사도급계약의 도급인이 자신 소유의 토지에 근저당권을 설정하여 수급인으로 하여금 공사에 필요한 자금을 대출받도록 한 사안에서, "수급인의 근저당 말소의무는 도급인의 공사대금채무와 이행상 견련관계가 인정되어 서로 동시이행관계에 있고, 나아가 도급인이 대출금 등을 대위변제함으로써 수급인이 지게 된 구상금채무도 근저당권 말소의무의 변형물로서 도급인의 공사대금채무와 동시이행관계에 있다"고 보면서 "금전채권에 대한 압류 및 전부명령이 있는 때에는 압류된 채권은 동일성을 유지한 채로 압류채무자로부터 압류채권자에게 이전되고, 제3채무자는 채권이 압류되기 전에 압류채무자에게 대항할 수 있는 사유로써 압류채권자에게 대항할 수 있는 것이므로, 제3채무자의 압류채무자에 대한 자동채권이 수동채권인 피압류채권과 동시이행의 관계에 있는 경우에는, 압류명령이 제3채무자에게 송달되어 압류의 효력이 생긴 후에 자동채권이 발생하였다고 하더라도 제3채무자는 동시이행의 항변권을 주장할 수 있다. 이 경우에 자동채권이 발생한 기초가 되는 원인은 수동채권이 압류되기 전에 이미 성립하여 존재하고 있었던 것이므로, 그 자동채권은 민법 제498조의 '지급을 금지하는 명령을 받은 제3채무자가 그 후에 취득한 채권'에 해당하지 않는다고 봄이 상당하고, 제3채무자는 그 자동채권에 의한 상계로 압류채권자에게 대항할 수 있다"(대판 2010.3.25. 2007다35152 : 13회 선택형)고 판시하였다.

VI. 금전채권에 대한 강제집행 - 추심명령

1. 추심권능에 대한 압류

추심권능은 그 자체로서 독립적으로 처분하여 환가할 수 있는 것이 아니어서 압류할 수 없는 성질의 것이고, 따라서 이러한 추심권능에 대한 가압류결정은 무효이며, 추심권능을 소송상 행사하여 승소확정판결을 받았다 하더라도 그 판결에 기하여 금원을 지급받는 것 역시 추심권능에 속하는 것이므로, 이러한 판결에 기하여 지급받을 채권에 대한 가압류결정도 무효이다(대판 1997.3.14. 96다54300).

> [관련판례] 대위채권자의 제3채무자에 대한 추심권능 내지 변제수령권능은 그 자체로서 독립적으로 처분하여 환가할 수 있는 것이 아니어서 압류할 수 없는 성질의 것이므로 '대위채권자의 채권자'가 '대위채권자가 제3채무자로부터 채권자대위소송 판결에 따라 지급받을 채권'에 대하여 받은 '압류 및 전부명령' 모두 무효이다(대판 2016.8.29. 2015다236547 : 8회,13회 선택형).

2. 추심명령의 경합

같은 채권에 관하여 추심명령이 여러 번 발부되더라도 그 사이에는 순위의 우열이 없고, 추심명령을 받아 채권을 추심하는 채권자는 자기채권의 만족을 위하여서 뿐만 아니라 압류가 경합되거나 배당요구가 있는 경우에는 집행법원의 수권에 따라 일종의 추심기관으로서 압류나 배당에 참가한 모든 채권자를 위하여 제3채무자로부터 추심을 하는 것이므로 그 추심권능은 압류된 채권 전액에 미치며, 제3채무자로서도 정당한 추심권자에게 변제하면 그 효력은 위 모든 채권자에게 미치므로 압류된 채권을 경합된 압류채권자 및 또 다른 추심권자의 집행채권액에 안분하여 변제하여야 하는 것도 아니다(2000다43819) **[9회 기록형]**

> [비교쟁점] 압류가 경합된 경우 전부명령은 무효(제229조 5항), 추심명령은 유효이다.

3. 갈음형 제3자 소송담당(당사자적격의 이전 : 제229조 2항)(4회,6회 선택형)

채권에 대한 압류 및 추심명령이 있으면 제3채무자에 대한 이행의 소는 추심채권자만이 제기할 수 있고 채무자는 피압류채권에 대한 이행소송을 제기할 당사자적격을 상실한다(제229조 2항). 그러나 채권자는 현금화절차가 끝나기 전까지 압류명령의 신청을 취하할 수 있고, 이 경우 채권자의 추심권도 당연히 소멸하게 되며, 추심금청구소송을 제기하여 확정판결을 받은 경우라도 그 집행에 의한 변제를 받기 전에 압류명령의 신청을 취하하여 추심권이 소멸하면 추심권능과 소송수행권이 모두 채무자에게 복귀하며, 이는 국가가 국세징수법에 의한 체납처분으로 채무자의 제3채무자에 대한 채권을 압류하였다가 압류를 해제한 경우에도 마찬가지이다(대판 2009.11.12. 2009다48879). **[3회 사례형]**.

4. 소멸시효 중단의 효력

채무자가 제3채무자를 상대로 금전채권의 이행을 구하는 소를 제기한 후 채권자가 위 금전채권에 대하여 압류 및 추심명령을 받아 제3채무자를 상대로 추심의 소를 제기한 경우, 채무자가 권리주체의 지위에서 한 시효중단의 효력은 집행법원의 수권에 따라 피압류채권에 대한 추심권능을 부여받아 일종의 추심기관으로서 그 채권을 추심하는 추심채권자에게도 미친다.

민법 제170조에 따라 채무자가 제3채무자를 상대로 제기한 금전채권의 이행소송이 압류 및 추심명령으로 인한 당사자적격의 상실로 각하되더라도, 위 이행소송의 계속 중에 피압류채권에 대하여 채무자에 갈음하여 당사자적격을 취득한 추심채권자가 위 각하판결이 확정된 날로부터 6개월 내에 제3채무자를 상대로 추심의 소를 제기하였다면, 채무자가 제기한 재판상 청구로 인하여 발생한 시효중단의 효력은 추심채권자의 추심소송에서도 그대로 유지된다"(대판 2019.7.25. 2019다

212945). [11회 사례형]

5. 중복제소

전소가 계속되기만 하면 전소가 부적법하더라도 후소가 중복소송이 된다는 것이 判例(대판 1998.2.27. 97다45532)의 태도인데, 추심명령의 경우 "채무자가 제3채무자를 상대로 제기한 이행의 소가 이미 법원에 계속되어 있는 상태에서 압류채권자가 제3채무자를 상대로 제기한 추심의 소의 본안에 관하여 심리·판단한다고 하여, 제3채무자에게 불합리하게 과도한 이중 응소의 부담을 지우고 본안 심리가 중복되어 당사자와 법원의 소송경제에 반한다거나 판결의 모순·저촉의 위험이 크다고 볼 수 없으므로, 채무자가 제3채무자를 상대로 제기한 이행의 소가 법원에 계속되어 있는 경우에도 압류채권자는 제3채무자를 상대로 압류된 채권의 이행을 청구하는 추심의 소를 제기할 수 있고, 제3채무자를 상대로 압류채권자가 제기한 추심의 소는 채무자가 제기한 이행의 소에 대한 관계에서 민사소송법 제259조가 금지하는 중복된 소제기에 해당하지 않는다"고 한다(전합2013다202120)(7회,10회 선택형).

6. 제3채무자의 항변

(1) 집행채권의 부존재나 소멸 [9회 기록형]

제3채무자가 추심명령에 관하여 즉시항고를 하여 추심명령이 취소되었다거나, 추심채권자가 추심명령 신청을 취하하였다고 주장하는 것은 원고의 추심권한을 다투는 것이므로 본안 전 항변이 된다. 집행채권의 부존재나 소멸은 집행채무자가 청구이의의 소에서 주장할 사유이지 추심의 소에서 제3채무자가 이를 항변으로 주장하여 채무의 변제를 거절할 수는 없다(대판 1994.11.11. 94다34012).

(2) 피압류채권에 대한 항변

① 제3채무자는 채무자에 대하여 주장할 수 있는 실체법상의 모든 항변(상계, 동시이행의 항변 등)으로 추심채권자에게 대항할 수 있으므로, 압류명령 송달 전에 채무자에게 변제하는 등으로 추심채권을 소멸시켰다고 항변할 수 있다. 나아가 정당한 추심권자에게 변제하면 그 효력은 압류 경합 관계에 있는 모든 채권자에게 미치므로, 정당한 추심권자에게 추심채무를 변제한 사실을 주장·증명하면, 그 변제시점이 압류명령 송달 후이더라도 원고의 청구에 대항할 수 있다.

② 차임채권에 관하여 압류 및 추심명령이 있는 경우에도 임대차종료시까지 추심되지 않은 차임은 보증금에서 당연히 공제된다(대판 2004.12.23. 2004다56554 : 8회 선택형). [7회 사례형, 12회 기록형, 08법무]

VII. 금전채권에 대한 강제집행 - 전부명령

1. 전부명령의 요건 - 피전부채권의 요건(금전채권, 권면액, 양도가능성)

(1) 장래 발생할 채권

장래의 채권이라도 채권 발생의 기초가 확정되어 있어 특정이 가능할 뿐 아니라 권면액이 있고, 가까운 장래에 채권이 발생할 것이 상당한 정도로 기대되는 경우에는 채권압류 및 전부명령의 대상이 될 수 있다(대판 2010.4.29. 2007다24930). 매매계약이 해제되는 경우 발생하는 매수인의 매도인에 대한 기지급 매매대금의 반환채권은 매매계약이 해제되기 전까지는 채권 발생의 기초가 있을 뿐 아직 권리로서 발생하지 아니한 것이기는 하지만 일정한 권면액을 갖는 금전채권이라 할 것이므로 전부명령의 대상이 될 수 있다(同 判例).

[관련판례] "임차보증금을 피전부채권으로 하여 전부명령이 있을 경우에도 제3채무자인 임대인은 임차인에게 대항할 수 있는 사유로서 전부채권자에게 대항할 수 있는 것이어서 건물임대차보증금의 반환채권에 대한 전부명령의 효력이 그 송달에 의하여 발생한다고 하여도 위 보증금반환채권은 임대인의 채권이 발생하는 것을 해제조건으로 하는 것이므로 임대인의 채권을 공제한 잔액에 관하여서만 전부명령이 유효하다"(대판 1988.1.19. 87다카1315). **[09법행, 14행정]**

(2) 당사자 간의 양도금지특약의 효력

개인의 의사표시로써 압류금지재산을 만들어내는 것은 채권자를 해하는 것이 되어 부당하기 때문에, 양도금지특약에 대해 '악의'의 채권자라도 압류 및 전부명령에 의해 채권을 취득할 수 있다(대판 2003.12.11. 2001다3771 : 8회,10회 선택형). 나아가 전부채권자로부터 다시 그 채권을 양수한 자가 그 특약의 존재를 알았거나 중대한 과실로 알지 못하였다고 하더라도 제3채무자는 위 특약을 근거로 채권양도의 무효를 주장할 수 없다(엄폐물의 법칙)(대판 2003.12.11. 2001다3771 : 7회,11회 선택형).

(3) 피전부채권의 부존재

전부명령에 의하여 피전부채권은 동일성을 유지한 채로 집행채무자로부터 집행채권자에게 이전되므로(민사집행법 제229조 3항), 제3채무자인 피고는 채권압류 전에 피전부채권자에 대하여 가지고 있었던 항변사유를 가지고 전부채권자에게 대항할 수 있다(제231조 단서 : 전부명령의 효력이 소급하여 실효됨(대판 2004.8.20. 2004다24168).

[관련판례] 전부명령이 송달되기 전에 피고가 이미 채무자에게 변제하였거나 채무자로부터 채무면제를 받는 등으로 피전부채권이 이미 소멸한 경우, 피전부채권이 전부명령 송달 전에 제3자에게 이미 양도된 경우(대판 1994.4.26. 93다24223), **전부명령이 송달된 이후라도**(전부명령이 송달된 이후라도 가능한 항변임) 피고의 취소·해제(대판 2006.1.26. 2003다29456) 등에 의하여 피전부채권이 소급하여 소멸한 경우 등은 유효한 항변사유가 된다. 또 피전부채권이 매매대금채권인 경우에는 제3채무자인 매수인으로서는 목적물의 인도 및 소유권이전과 동시이행을 주장할 수도 있다.

[비교쟁점] 집행채권의 부존재 또는 소멸은 전부명령의 효력에 영향이 없으므로, 집행채권의 부존재·소멸을 주장하는 것은 유효한 항변이 되지 못한다(청구이의, 부당이득으로 다툴 사유). 집행권원에 표시된 집행채권이 소멸하였다 하더라도 그 강제집행절차가 청구이의의 소 등을 통하여 적법하게 취소·정지되지 아니한 채 계속 진행되어 채권압류 및 전부명령이 적법하게 확정되었다면, 확정된 전부명령에 따라 전부채권자에게 피전부채권이 이전되는 효력 자체를 부정할 수는 없는 것이고, 그 집행채무자는 집행채권자에 대하여 그가 위 전부명령에 따라 전부받은 채권 중 실제로 추심한 금전 부분에 관하여는 그 상당액을, 추심하지 아니한 부분에 관하여는 그 채권 자체를 양도하는 방법에 의하여 부당이득의 반환을 구할 수 있다(대판 2008.2.29. 2007다49960)

2. 압류의 경합과 전부명령의 효력

전부명령이 제3채무자에게 송달될 때까지 그 금전채권에 관하여 다른 채권자가 (가)압류 또는 배당요구를 한 경우에는 전부명령은 무효이다(제229조 5항)

[비교쟁점] 압류가 경합된 경우 압류명령 자체는 유효하고, 소멸시효 중단의 효력은 유지된다(제235조 1항, 민법 제168조 2호).

(1) 압류의 경합 판단 : 기준 시점

전부명령이 확정되면 피압류채권은 제3채무자에게 송달된 때에 소급하여 집행채권의 범위 안에서 당연히 전부채권자에게 이전하고 동시에 집행채권 소멸의 효력이 발생하는 것이므로, 전부명령이 제3채무자에게 송달될 당시를 기준으로 하여 압류가 경합되지 않았다면 그 후에 이루어진 채권압류가 그 전부명령의 효력에 영향을 미칠 수 없다(대판 1995.9.26. 95다4681)

[관련판례] 채권가압류에 있어서 채권자가 채권가압류신청을 취하하면 채권가압류결정은 그로써 효력이 소멸되지만, 채권가압류결정정본이 제3채무자에게 이미 송달되어 채권가압류결정이 집행되었다면 그 취하통지서가 제3채무자에게 송달되었을 때에 비로소 그 가압류집행의 효력이 장래를 향하여 소멸된다. 채권가압류와 채권압류의 집행이 경합된 상태에서 발령된 전부명령은 무효이고, 한 번 무효로 된 전부명령은 일단 경합된 가압류 및 압류가 그 후 채권가압류의 집행해제로 경합상태를 벗어났다고 하여 되살아나는 것은 아니다(대판 2001.10.12. 2000다19373). **[13회 기록형]**

(2) 압류의 경합 판단 : 압류액 합산액

전부명령이 채권압류가 경합된 상태에서 발령된 것으로서 무효인지의 여부는 그 각 채권압류명령의 압류액을 합한 금액이 피압류채권액을 초과하는지를 기준으로 판단하여야 하므로 전자가 후자를 초과하는 경우에는 당해 전부명령은 모두 채권의 압류가 경합된 상태에서 발령된 것으로서 무효로 될 것이지만 그렇지 않은 경우에는 채권의 압류가 경합된 경우에 해당하지 아니하여 당해 전부명령은 모두 유효하게 된다고 할 것이며, 그 때 동일한 채권에 관하여 확정일자 있는 채권양도통지가 그 각 채권압류 및 전부명령 정본과 함께 제3채무자에게 동시에 송달되어 채권양수인과 전부채권자들 상호간에 우열이 없게 되는 경우에도 마찬가지라고 할 것이다(대판 2002.7.26. 2001다68839).

[관련판례] 동일한 채권에 관하여 확정일자 있는 채권양도통지와 두 개 이상의 채권압류 및 전부명령 정본이 동시에 송달된 경우 채권의 양도는 채권에 대한 압류명령과는 그 성질이 다르므로 당해 전부명령이 채권의 압류가 경합된 상태에서 발령된 것으로서 무효인지의 여부를 판단함에 있어 압류액에 채권양도의 대상이 된 금액을 합산하여 피압류채권액과 비교하거나 피압류채권액에서 채권양도의 대상이 된 금액 부분을 공제하고 나머지 부분만을 압류액의 합계와 비교할 것은 아니다(同 判例). 이는 채권양도와 압류의 관계는 우열관계의 문제일 뿐 압류의 효력 판단 문제는 아니기 때문이다.[27]

| **핵심사례** |

■ 동일한 채권에 대하여 두 개 이상의 채권압류 및 전부명령이 제3채무자에게 동시에 송달된 경우 [사법연수원] 대판 2002.7.26. 2001다68839

A가 피고에 대하여 가지고 있는 1억 원의 임대차보증금 반환채권에 대하여, 甲은 A에 대한 대여채권에 기하여 위 임대차보증금 반환채권 중 6,000만 원에 관하여 압류 및 전부명령을 받았고, 乙은 A에 대한 물품대금채권에 기하여 위 임대차보증금 반환채권 중 3,000만 원에 관하여 압류 및 전부명령을 받았으며, 丙은 A로부터 위 임대차보증금 반환채권 중 4,000만 원을 양도받았는데, 甲의 압류 및 전부명령, 乙의 압류 및 전부명령, A와 丙 사이의 채권양도에 관한 A 명의의 확정일자 있는 양도통지가 모두 같은 날 피고에게 송달되었다.

이 경우 甲의 압류 및 전부명령이 유효한지 여부 및 그 이유를 설명하시오. (20점)

Ⅰ. 甲의 압류 및 전부명령이 유효한지 여부

甲과 乙의 각 채권압류명령의 압류액을 합한 금액(9,000만 원)이 피압류채권액(1억 원)을 초과하지 않으므로, 甲의 채권압류 및 전부명령은 유효하다.

---

27) **[사실관계]** A가 피고에 대하여 가지고 있는 1억 원의 임대차보증금 반환채권에 대하여, 甲은 A에 대한 대여금채권에 기하여 위 임대차보증금 반환채권 중 6,000만 원에 관하여 압류 및 전부명령을 받았고, 乙은 A에 대한 물품대금채권에 기하여 위 임대차보증금 반환채권 중 3,000만 원에 관하여 압류 및 전부명령을 받았으며, 丙은 A로부터 위 임대차보증금 반환채권 중 4,000만 원을 양도받았는데, 甲의 압류 및 전부명령, 乙의 압류 및 전부명령, A와 丙 사이의 채권양도에 관한 A명의의 확정일자 있는 양도통지가 모두 같은 날 피고에게 송달되었다. 위 判例에 따르면 甲과 乙의 각 채권압류명령의 압류액을 합한 금액(9,000만 원)이 피압류채권액(1억 원)을 초과하지 않으므로, 甲의 채권압류 및 전부명령은 유효하다.

Ⅱ. 이 유

1. 판 례

① "동일한 채권에 대하여 두 개 이상의 채권압류 및 전부명령이 발령되어 제3채무자에게 동시에 송달된 경우 당해 전부명령이 채권압류가 경합된 상태에서 발령된 것으로서 무효인지의 여부는 그 각 채권압류명령의 압류액을 합한 금액이 피압류채권액을 초과하는지를 기준으로 판단하여야 하므로 전자가 후자를 초과하는 경우에는 당해 전부명령은 모두 채권의 압류가 경합된 상태에서 발령된 것으로서 무효로 될 것이지만 그렇지 않은 경우에는 채권의 압류가 경합된 경우에 해당하지 아니하여 당해 전부명령은 모두 유효하게 된다고 할 것이며, 그 때 동일한 채권에 관하여 확정일자 있는 채권양도통지가 그 각 채권압류 및 전부명령 정본과 함께 제3채무자에게 동시에 송달되어 채권양수인과 전부채권자들 상호간에 우열이 없게 되는 경우에도 마찬가지라고 할 것이다"(대판 2002.7.26. 2001다68839).

② "동일한 채권에 관하여 확정일자 있는 채권양도통지와 두 개 이상의 채권압류 및 전부명령 정본이 동시에 송달된 경우 채권의 양도는 채권에 대한 압류명령과는 그 성질이 다르므로 당해 전부명령이 채권의 압류가 경합된 상태에서 발령된 것으로서 무효인지의 여부를 판단함에 있어 압류액에 채권양도의 대상이 된 금액을 합산하여 피압류채권액과 비교하거나 피압류채권액에서 채권양도의 대상이 된 금액 부분을 공제하고 나머지 부분만을 압류액의 합계와 비교할 것은 아니다"(대판 2002.7.26. 2001다68839).

[판례정리] 判例는 동일한 채권에 대하여 두 개 이상의 채권압류 및 전부명령이 발령되어 제3채무자에게 동시송달된 경우 그 각 채권압류명령의 압류액을 합한 금액이 피압류채권액을 초과하는지를 기준으로 무효여부를 판단하는데, 이는 압류경합을 형식적으로 판단하지 않고 실질적으로 파악하고 있는 것이다. 한편 채권양도통지는 채권에 대한 압류명령과는 그 성질이 다르므로 채권양도의 대상이 된 금액을 고려하여 채권압류의 경합여부를 판단할 것은 아니다.

2. 검토 및 사안의 경우

① 사안의 경우, 甲의 압류 및 전부명령이 채권압류가 경합된 상태에서 발령된 것으로서 무효인지 여부를 판단하기 위해서는, 甲과 乙의 압류액을 합한 금액(9,000만 원)이 피압류채권액(1억 원의 임대차보증금 반환채권)을 초과하는지를 기준으로 판단하여야 한다. 따라서 甲의 압류 및 전부명령은 乙의 압류 및 전부명령과 동시에 제3채무자인 피고에게 송달되었다는 점에서 원칙적으로 압류가 경합된 상태에서 발령된 것으로 볼 수 있지만, 甲과 乙의 압류액을 합한 금액이 피압류채권액인 1억 원의 임대차보증금 반환채권액을 초과하지 않으므로 실질적으로 압류가 경합되지 않은 상태에서 발령된 것이라고 할 것이다. 따라서 甲의 압류 및 전부명령은 원칙적으로 유효한 것으로 보인다.

② 한편, 사안에서는 A의 1억 원의 임대차보증금 반환채권에 대한 甲과 乙의 압류 및 전부명령과 동일한 A의 1억 원의 임대차보증금 반환채권 중 4,000만 원에 대한 A명의의 확정일자 있는 채권양도통지(양수인 丙)가 모두 제3채무자(피고)에게 동시에 송달되어 甲, 乙, 丙 사이의 우열을 판단할 수 없는 상태이긴 하지만, 채권양도통지는 채권에 대한 압류명령과는 그 성질이 다르므로 채권양도의 대상이 된 금액을 고려하여 채권압류의 경합 여부를 판단할 것은 아니다. 따라서 甲과 乙의 압류액(9,000만 원)에 채권양도의 대상이 된 금액(4,000만 원)을 합산(1억 3,000만 원)하여 피압류채권액(1억 원)과 비교하거나, 피압류채권액(1억 원)에서 채권양도의 대상이 된 금액(4,000만 원)을 공제하고 나머지 부분(6,000만 원)만을 압류액의 합계(9,000만 원)와 비교할 것은 아니므로, 甲의 채권압류 및 전부명령은 실질적으로 압류가 경합되지 않은 상태에서 발령된 것으로서 유효하다.

(3) 선행 압류가 당연무효인 경우

외견상 압류의 경합이 있더라도 선행한 압류가 당연무효인 경우에는 당해 전부명령이 압류가 경합된 상태에서 발령된 것이 아니므로, 원고는 재항변으로 선행한 압류신청 당시 채무자가 이미 사망한 사실을 주장하며 선행압류의 당연무효를 주장할 수 있다. 그러나 집행절차에서 제3채무자는 집행당사자가 아니라 이해관계인일 뿐이므로, 압류신청 당시 제3채무자가 이미 사망하였다 하더라도 이는 경정결정에 의하여 시정될 수 있는 것이고, 압류명령이 당연무효로 되는 것은 아니다(대판 1998.2.13. 95다15667).

(4) 물상대위에 기한 전부명령과 경합

"저당목적물의 변형물인 금전 기타 물건에 대하여 일반 채권자가 물상대위권을 행사하려는 저당채권자보다 단순히 먼저 압류나 가압류의 집행을 함에 지나지 않은 경우에는 저당권자는 그전은 물론 그 후에도 목적채권에 대하여 물상대위권을 행사하여 일반 채권자보다 우선변제를 받을 수가 있으며, 위와 같이 전세권부 근저당권자가 우선권 있는 채권에 기하여 전부명령을 받은 경우에는 형식상 압류가 경합되었다 하더라도 그 전부명령은 유효하다"(대판 2008.12.24. 2008다65396)(11회, 13회 선택형).

(5) 제229조 5항의 유추적용 : 피대위채권에 대한 전부명령

"대위채권자가 채무자에게 대위권 행사사실을 통지하거나 채무자가 이를 알게 된 후에 '채무자의 다른 채권자'가 피대위채권을 '전부명령'을 받을 수 있다고 한다면 전부명령을 받은 '채무자의 다른 채권자'가 대위채권자를 배제하고 전속적인 만족을 얻는 결과가 되어, 채권자대위권의 실질적 효과를 확보하고자 하는 민법 제405조 제2항의 취지에 반하게 된다. 따라서 이러한 상태에서의 '전부명령'은 무효이다(즉, '채무자의 다른 채권자'의 전부명령은 무효이나 압류는 유효하다 : 13회 선택형)(대판 2016.8.29. 2015다236547).

3. 전부명령의 효력

전부명령이 있는 때에는 압류된 채권은 지급에 갈음하여 압류채권자에게 이전된다(제229조 3항 : 권리이전효). 전부명령이 확정(제229조 7항)된 경우에는 전부명령이 제3채무자에게 송달된 때에 채무자가 채무를 변제한 것으로 본다(제231조 본문 : 변제효). 다만, 이전된 채권이 존재하지 아니한 때에는 그러하지 아니하다(제231조 단서). 예를 들어, ㉠ 장래의 조건부채권에 대한 전부명령이 확정된 후에 그 피압류채권의 전부 또는 일부가 존재하지 아니한 것으로 밝혀진 경우(대판 2004.8.20. 2004다24168), ㉡ 전부명령이 송달되기 전에 피고가 이미 채무자에게 변제하였거나 채무자로부터 채무면제를 받는 등으로 피전부채권이 이미 소멸한 경우, 피전부채권이 전부명령 송달 전에 제3자에게 이미 양도된 경우(대판 1994.4.26. 93다24223),[28] 제231조 단서에 따라 전부명령은 소급하여 실효된다.

4. 금전채권 일부에 대한 압류·전부명령과 상계

"채권의 일부양도가 이루어지면 특별한 사정이 없는 한 각 분할된 부분에 대하여 독립한 분할채권이 성립하므로, 그 채권에 대하여 양도인에 대한 반대채권으로 상계하고자 하는 채무자로서는 양도인을 비롯한 각 분할채권자 중 어느 누구도 상계의 상대방으로 지정하여 상계할 수 있고, 그러한

---

28) 이를 선행 채권양도의 항변이라고 한다. 이 경우 선행채권 양도의 항변이 유효하기 위해서는 채무자가 제3채무자에게 확정일자 있는 증서에 의한 양도통지를 하고 그 통지가 전부명령의 전제가 된 압류명령의 송달 이전에 제3채무자에게 도달한 사실까지 주장 입증하여야지, 그렇지 않으면 제3채무자는 전부채권자에게 대항할 수 없게 된다(대판 1994.4.26. 전합93다24223). 다만 제3채무자가 채권양수인에게 채무변제를 한 이후에 전부명령이 송달된 경우에는 피전부채권은 이미 소멸된 상태라는 점에서 대항요건의 문제는 발생하지 않는다(추심명령도 마찬가지이다.(대판 2003.10.24. 2003다37426).

채무자의 상계 의사표시를 수령한 분할채권자는 제3자에 대한 대항요건을 갖춘 양수인이라 하더라도 양도인 또는 다른 양수인에 귀속된 부분에 대하여 먼저 상계되어야 한다거나 각 분할채권액의 채권 총액에 대한 비율에 따라 상계되어야 한다는 이의를 할 수 없다"(대판 2002.2.8. 2000다50596 : 1회,4회 선택형).

이는 '채권의 일부 전부명령'이 있는 경우에도 마찬가지이다. 즉 判例는 "가분적인 금전채권의 일부에 대한 전부명령이 있을 경우 특별한 사정이 없는 한 분할채권이 성립하고 제3채무자로서는 상계 대상에 대한 선택권이 있다"고 한다(대판 2010.3.25. 2007다35152 : 10회,13회 선택형). **[14법행]**

Ⅷ. 보전처분

1. 처분금지가처분(제300조) : 가처분의 효력에 반하는 처분행위

(1) 상대적 처분금지효

부동산처분금지가처분등기가 유효하게 기입된 이후에도 가처분채권자의 지위만으로는 가처분 이후에 경료된 처분등기의 말소청구권은 없으며, 나중에 가처분채권자가 본안 승소판결에 의한 등기의 기재를 청구할 수 있게 되면서 가처분등기 후에 경료된 가처분 내용에 위반된 위 등기의 말소를 청구 할 수 있는 것이다(대판 1992.2.14. 91다12349).

(2) 취득시효의 목적물에 가처분을 한 가처분채권자가 취득시효 완성 당시 그 부동산의 진정한 소유자인 경우 : 실체관계에 부합하는 유효한 등기

"ⅰ) 민법 제245조 제1항에 의하면 부동산에 관한 점유취득시효가 완성되었더라도 소유권취득을 위한 등기청구권이 발생할 뿐 곧바로 소유권취득의 효력이 생기는 것이 아니고 등기를 함으로써 비로소 소유권을 취득한다. 따라서 취득시효의 완성 후 그 등기를 하기 전에 제3자의 처분금지가처분이 이루어진 부동산에 관하여 점유자가 취득시효 완성을 원인으로 소유권이전등기를 하였는데, 그 후 가처분권리자가 처분금지가처분의 본안소송에서 승소판결을 받고 그 확정판결에 따라 소유권이전등기를 하였다면, 점유자가 취득시효 완성 후 등기를 함으로써 소유권을 취득하였다는 이유로 그 등기 전에 처분금지가처분을 한 가처분권리자에게 대항할 수 없다. ⅱ) 그런데 한편 취득시효 완성 당시의 소유명의자의 소유권등기가 무효이고 취득시효 완성 후 그 등기 전에 이루어진 처분금지가처분의 가처분권리자가 취득시효 완성 당시 그 부동산의 진정한 소유자이며 그 가처분의 피보전권리가 소유권에 기한 말소등기청구권 또는 진정명의회복을 위한 이전등기청구권이라면, 그 가처분에 기하여 부동산의 소유 명의를 회복한 가처분권리자는 원래 취득시효 완성을 원인으로 한 소유권이전등기청구의 상대방이 되어야 하는 사람이므로, 그 가처분권리자로서는 취득시효 완성을 원인으로 하여 이루어진 소유권이전등기가 자신의 처분금지가처분에 저촉되는 것이라고 주장하여 시효취득자의 소유권취득의 효력을 부정할 수 없으며, 취득시효 완성을 원인으로 하여 그 완성 당시의 등기명의인으로부터 시효취득자 앞으로 이루어진 소유권이전등기는 실체관계에 부합하는 유효한 등기라고 보아야 한다"(대판 2012.11.15. 2010다73475)

(3) 가처분채무자 명의 등기가 원인무효인 경우

부동산 처분금지가처분 등기가 경료되었으나 그 가처분 당시의 가처분채무자 명의의 등기가 원인무효인 관계로 확정판결에 의해 말소되어 전소유자의 소유명의로 복귀되는 경우에는 처분금지가처분에 의하여 처분이 금지되는 처분행위에 해당한다고 볼 수 없고, 다만 가처분채무자가 소유권을 제3자에게 처분하면서 이미 경료된 가처분의 효력을 배제시킬 의도로 의제자백에 의하여 원인무효라는 확정판결을 받아 가처분채무자 명의의 등기를 말소하고 그 제3자에게 등기를 이전하였다는 등의 특별한 사정이 있는 경우에는 그 처분금지가처분에 의하여 처분이 금지되는 처분행위에 포함된다(대판 1996.8.20. 94다58988)

(4)-1 피보전권리의 실현 : 채권자대위권에 의한 처분금지가처분

부동산의 전득자(채권자)가 양수인 겸 전매인(채무자)에 대한 소유권이전등기청구권을 보전하기 위하여 양수인을 대위하여 양도인(제3채무자)을 상대로 처분금지가처분을 한 경우 그 피보전권리는 양수인의 양도인에 대한 소유권이전등기청구권일 뿐, 전득자의 양수인에 대한 소유권이전등기청구권까지 포함되는 것은 아니고, 그 가처분결정에서 제3자에 대한 처분을 금지하였다 하여도 그 제3자 중에는 양수인은 포함되지 아니하므로 그 가처분 후에 양수인이 양도인으로부터 넘겨받은 소유권이전등기는 위 가처분의 효력에 위배되지 아니하여 유효하다(대판 1991.4.12. 90다9407)

(4)-2 피보전권리의 실현 : 채권자취소권에 의한 처분금지가처분

채권자가 수익자를 상대로 사해행위취소로 인한 원상회복을 위하여 소유권이전등기 말소등기청구권을 피보전권리로 하여 그 목적부동산에 대한 처분금지가처분을 발령받은 경우, 그 후 수익자가 계약의 해제 또는 해지 등의 사유로 채무자에게 그 부동산을 반환하는 것은 가처분채권자의 피보전권리인 채권자취소권에 의한 원상회복청구권을 침해하는 것이 아니라 오히려 그 피보전권리에 부합하는 것이므로 위 가처분의 처분금지 효력에 저촉된다고 할 수 없다(대판 2008.3.27. 2007다85157).

IX. 보전처분

■ 압류 및 추심명령 + 당사자 적격(13년 1차)

2. 피고 이건주에 대한 청구

가. 추심채권의 발생

종합건설 및 인테리어업체인 주식회사 넥스트는 2012. 9. 5. 피고 이건주로부터 서울 영등포구 여의도동 234 소재 건물 인테리어 공사를 공사대금 2억 원에 도급받아 2012. 10. 5. 완공하였습니다. 원고는 주식회사 넥스트에 대한 공증인가 강남합동법률사무소 증서 2009년 제3456호 약속어음 공정증서의 집행력 있는 정본에 터 잡아 주식회사 넥스트가 피고 이건주에 대하여 갖고 있는 위 공사잔대금 채권 5,000만 원에 대하여 귀원 2012타채23875호로 채권압류 및 추심명령을 신청하였고, 2012. 11. 1. 귀원으로부터 채권압류 및 추심명령을 받았습니다. 위 채권압류 및 추심명령은 2012. 11. 5. 피고 이건주에게 송달되었습니다.

원고는 위 채권압류 및 추심명령에 터 잡아 피고 이건주에게 위 압류채권의 지급을 구하였으나 피고 이건주가 위 금원의 지급을 거절하였습니다.

나. 예상되는 항변

피고 이건주는 주식회사 넥스트가 이미 위 공사잔대금 채권의 지급을 구하는 소를 제기하여 2012. 10. 25. 그 소장 부본을 송달받았다는 이유로 원고에게 위 공사잔대금을 지급할 수 없다는 주장을 할 것으로 예상됩니다.

그러나 원고는 정당한 집행권원에 기초하여 피고 이건주에 대한 위 공사잔대금 채권에 관하여 압류 및 추심명령을 받았으므로 피고 주식회사 넥스트는 위 채권에 대하여 소를 제기할 수 있는 당사자적격을 상실하였고, 위 채권에 대한 추심권능은 원고에게만 있습니다. 따라서 위 피고가 위와 같은 주장을 하더라도 이는 부당합니다.

피고 이차웅, 박철진, 주식회사 넥스트, 정정보에 대한 청구는 앞서 청구취지 파트와 소멸시효 파트에서 살펴 보았으므로, 이하 추심명령에 관한 부분만을 살펴본다.

청구취지 형태

1. 피고 이건주는 원고에게 50,000,000원 및 이에 대하여 이 사건 소장 부본 송달 다음날부터 다 갚는 날까지 연 20%의 비율로 계산한 돈을 지급하라.

추심명령이 있는 때 압류채권자는 대위절차 없이 압류채권을 추심할 수 있다(민사집행법 제229조 2항). 따라서 判例는 "채권에 대한 압류 및 추심명령이 있으면 제3채무자에 대한 이행의 소는 추심채권자만이 제기할 수 있고 채무자는 피압류채권에 대한 이행소송을 제기할 당사자적격을 상실한다"(대판 2000.4.11. 99다23888)고 판시하였다. 즉, 금전채권이 압류·추심된 경우에는 갈음형 제3자 소송담당이 인정되므로 제3채무자(C)에 대한 이행의 소는 추심채권자(A)만이 제기할 수 있고, 집행채무자(B)는 피압류채권에 대한 이행의 소를 제기할 당사자적격을 상실하게 되므로(6회 선택형), 이는 소각하의 '본안전 항변' 사유이다(4회 선택형).

☞ 한편, 중복소제기에 해당되는지도 문제 될 수 있는데 **전원합의체 다수의견(부정설)은** "ⅰ) 채무자가 제3채무자를 상대로 제기한 이행의 소가 이미 법원에 계속되어 있는 상태에서 압류채권자가 제3채무자를 상대로 제기한 추심의 소의 본안에 관하여 심리·판단한다고 하여, 제3채무자에게 불합리하게 과도한 이중 응소의 부담을 지우고 본안 심리가 중복되어 당사자와 법원의 소송경제에 반한다거나 판결의 모순·저촉의 위험이 크다고 볼 수 없다. ⅱ) 압류채권자는 채무자가 제3채무자를 상대로 제기한 이행의 소에 민사소송법 제81조, 제79조에 따라 참가할 수도 있으나, 채무자의 이행의 소가 상고심에 계속 중인 경우에는 승계인의 소송참가가 허용되지 아니하므로 압류채권자의 소송참가가 언제나 가능하지는 않으며, 압류채권자가 채무자가 제기한 이행의 소에 참가할 의무가 있는 것도 아니다. ⅲ) 채무자가 제3채무자를 상대로 제기한 이행의 소가 법원에 계속되어 있는 경우에도 압류채권자는 제3채무자를 상대로 압류된 채권의 이행을 청구하는 추심의 소를 제기할 수 있고, 제3채무자를 상대로 압류채권자가 제기한 추심의 소는 채무자가 제기한 이행의 소에 대한 관계에서 민사소송법 제259조가 금지하는 중복된 소제기에 해당하지 않는다고 봄이 타당하다"(대판 2013.12.18. 전합2013다202120)(7회,10회 선택형)고 하여 중복소제기가 아닌 것으로 정리되었으므로 함께 알아두어야 한다.

■ 추심금청구(19년 3차)

1. 피고 최양수에 대한 청구

가. 추심금청구

(1) 임대차계약의 체결 및 임대차의 종료

피고 나임차는 2014. 7. 23. 피고 임대철로부터 별지 부동산의 표시 제1항 기재 주택을 임대차보증금 1억 5,000만 원으로 정하여 임차하기로 하고, 피고 임대철에게 같은 날 계약금 1,500만 원을, 2014. 8. 23. 나머지 보증금 1억 3,500만 원을 각 지급하였으며, 2014. 8. 23. 피고 임대철로부터 위 주택을 인도받고 전입신고를 마친 다음 거주하였습니다.

소외 장매도는 2015. 11. 20. 피고 임대철로부터 위 주택의 소유권을 이전받고 임차인인 피고 나임차에 대한 임대인의 지위를 승계하였고, 피고 최양수는 2017. 9. 7. 장매도로부터 위 주택의 소유권을 이전받아 임대인의 지위를 승계하였습니다.

위 주택 임대차계약은 2016. 8. 23. 한차례 묵시적으로 갱신되었다가 2018. 8. 22. 기간의 만료로 종료되었습니다. 그리고 나임차는 임대차계약의 종료시인 2018. 8. 22. 피고 최양수에게 별지 부동산의 표시 제1항 기재 주택을 인도하였습니다.

(2) 압류 및 추심명령

원고는 피고 나임차에 대한 대여금 채권의 보전을 위하여 2016. 6. 30. 가압류채무자를 피고 나임차, 제3채무자를 장매도로 하여 피고 나임차의 장매도에 대한 임대차보증금반환채권 중 1억 원에 관하여 가압류결정을 받았고, 그 결정이 2016. 7. 20. 장매도에게 송달되었습니다.

또한 원고는 피고 나임차에 대한 대여금 청구소송의 확정판결을 집행권원으로 2019. 4. 26. 채무자를 피고 나임차, 제3채무자를 피고 최양수로 하여 위 가압류를 본압류로 이전하는 채권압류 및 추심명령을 받았고, 그 명령이 2019. 4. 30. 피고 최양수에게 송달되었습니다.

따라서 위 가압류를 본압류로 이전하는 채권압류 및 추심명령을 받은 피고 최양수는 원고에게 추심금 1억 원을 지급할 의무가 있습니다.

나. 피고 최양수의 예상되는 주장에 대한 검토

(1) 원고는 2019. 6. 19.자 통고서의 송달로서 피고 최양수에게 추심금 1억 원의 지급을 구하였으나, 피

청구취지 형태

1. 피고 최양수는 원고에게 100,000,000원 및 이에 대하여 2019. 6. 21.부터 이 사건 소장 부본 송달일까지는 연 5%, 그 다음날부터 다 갚는 날까지는 연 12%의 각 비율로 계산한 돈을 지급하라.

고 최양수는 추심명령을 송달받기 전인 2018. 8. 22. 피고 나임차에게 이미 보증금 1억 5,000만 원을 반환하였기 때문에 추심금을 지급할 의무가 없다고 주장하면서, 원고의 청구에 응하지 않고 있습니다.

그러나 주택임대차보호법 제3조 제3항은 같은 조 제1항이 정한 대항요건을 갖춘 임대차의 목적이 된 임대주택의 양수인은 임대인의 지위를 승계한 것으로 본다고 규정하고 있는바, 이는 법률상의 당연승계 규정으로 보아야 하므로, 임대주택이 양도된 경우에 양수인은 주택의 소유권과 결합하여 임대인의 임대차 계약상의 권리·의무 일체를 그대로 승계하며, 그 결과 양수인이 임대차보증금반환채무를 면책적으로 인수하고, 나아가 임차인에 대하여 임대차보증금반환채무를 부담하는 임대인임을 당연한 전제로 하여 임대차보증금반환채무의 지급금지를 명령받은 제3채무자의 지위는 임대인의 지위와 분리될 수 있는 것이 아니므로, 임대주택의 양도로 임대인의 지위가 일체로 양수인에게 이전된다면 채권가압류의 제3채무자의 지위도 임대인의 지위와 함께 이전된다고 볼 수밖에 없습니다(대판 2013.1.17. 전합2011다49523). 즉 임차인의 임대차보증금반환채권이 가압류된 상태에서 임대주택이 양도되면 양수인이 채권가압류의 제3채무자의 지위도 승계하고, 가압류권자 또한 임대주택의 양도인이 아니라 양수인에 대하여만 위 가압류의 효력을 주장할 수 있다고 보아야 합니다.

이러한 법리에 비추어 보면, 피고 나임차의 장매도에 대한 임대차보증금반환채권이 가압류된 상태에서 임대주택이 피고 최양수에게 양도되었으므로, 피고 최양수가 채권가압류의 제3채무자의 지위도 승계한다 할 것이고, 가압류권자인 원고로서는 양수인인 피고 최양수에 대하여 위 가압류의 효력을 주장할 수 있습니다.

(2) 또한 피고 최양수는, 피고 나임차가 원고에게 집행채권인 위 대여원리금을 모두 변제하였으므로 원고의 추심금 청구에 응할 이유가 없다고 주장하고 있습니다.

그러나 이는 집행채무자가 청구이의의 소에서 주장할 사유이지 추심의 소에서 제3채무자가 항변으로 주장하여 집행채무의 변제를 거절할 수 있는 것이 아닙니다.

결국 어느모로 보나 피고 최양수는 원고의 추심금 청구에 응하여야 할 것입니다.

다. 소 결

그렇다면 피고 최양수는 원고에게 추심금 1억 원 및 이에 대하여 추심금의 지급을 구하는 2019. 6. 19.자 통고서가 송달된 다음날인 2019. 6. 21.부터 소장부본 송달일까지는 민법이 정한 연 5%, 그 다음날부터 다 갚는 날까지는 소송촉진 등에 관한 특례법이 정한 연 12%의 각 비율로 계산한 지연손해금을 지급할 의무가 있다 할 것입니다.

임차인의 임대차보증금반환채권이 가압류된 상태에서 임대주택이 양도된 경우에도 그대로 적용되므로 이 경우 양수인은 임대차보증금반환채무를 면책적으로 인수하게 되는데, 나아가 **채권가압류의 제3채무자의 지위까지 승계하는지** 문제된다. 이와 관련하여 判例는 " i) 임대주택의 양도로 임대인의 지위가 일체로 양수인에게 이전된다면 **채권가압류의 제3채무자의 지위도 임대인의 지위와 함께 이전된다고 볼 수밖에 없다**는 점과 ii) 만약 이를 부정하면 가압류권자는 장차 본집행절차에서 주택의 매각대금으로부터 우선변제를 받을 수 있는 권리를 상실하는 중대한 불이익을 입게 된다는 점 등에서 양수인은 채권가압류의 제3채무자의 지위도 승계하고, 가압류권자 또한 임대주택의 양도인이 아니라 양수인에 대하여만 위 가압류의 효력을 주장할 수 있다고 보아야 한다"고 판시하였다(대판 2013.1.17. 전합2011다49523 : 6회, 8회, 9회 선택형).
☞ 주택임대차보호법상 대항력 갖춘 임대차보증금반환채권이 가압류된 상태에서 임대주택이 양도된 경우, 양수인이 채권가압류의 제3채무자의 지위를 승계하고, 가압류채권자는 양수인에 대하여만 가압류의 효력을 주장할 수 있다.

제3채무자가 추심명령에 관하여 즉시항고를 하여 추심명령이 취소되었다거나, 추심채권자가 추심명령 신청을 취하하였다고 주장하는 것은 원고의 추심권한을 다투는 것이므로 본안 전 항변이 된다. 집행채권의 부존재나 소멸은 집행채무자가 청구이의의 소에서 주장할 사유이지 추심의 소에서 제3채무자가 이를 항변으로 주장하여 채무의 변제를 거절할 수는 없다(대판 1994.11.11. 94다34012). [9회 기록형]

제11절 어음금 · 수표금 청구

I. 약속어음 발행인에 대한 청구

1. 청구원인(요건사실)

① 피고의 어음발행, ② 원고의 어음상 권리의 취득 및 어음소지를 주장·입증하여야 한다.

2. 구체적 검토

(1) 피고의 어음발행

① 어음요건이 흠결은 부인에 해당하나, 발행인인 피고에게 백지어음이 아니라 불완전어음으로서 무효라는 증명책임이 있으므로 원고는 사실심 변론종결시까지 어음요건을 보충하여 어음을 완성한 사실만 주장 · 증명하면 된다.

② 원고는 피고가 발행인으로서 기명날인 또는 서명을 하였거나, 대리인에 의하여 발행행위를 한 사실을 주장·입증하여야 한다.

③ 발행이 대리인에 의하여 행하여진 경우에는 ⅰ) 대리인이 본인인 피고를 위한 것임을 표시하고 대리인의 이름을 기명날인한 사실, ⅱ) 피고가 대리인에게 당해 어음의 발행에 관한 대리권을 수여한 사실을 주장 · 입증하여야 한다. 어음행위의 대리에 있어서 대리인이 본인을 표시하지 않은 경우 상대방이 이를 알았든 몰랐든 대리행위로서 효력이 없다. 표현대리, 무권대리행위의 추인 등의 요건사실을 주장·입증할 수도 있다. 표현대표이사가 다른 대표이사의 명칭을 사용하여 어음행위를 한 경우 회사가 책임을 지는 선의의 제3자의 범위에는 표현대표이사로부터 직접 어음을 취득한 상대방뿐만 아니라 그로부터 어음을 다시 배서양도받은 제3취득자도 포함된다(대판 2003.9.26. 2002다65073).

④ 어음의 기재가 위조되었다는 피고의 주장은 부인에 해당하므로, 어음소지인인 원고가 기명날인의 진정성립을 증명하여야 한다(대판 1993.8.24. 93다4151). 무권대리인이 본인 명의의 기명날인 또는 서명을 하는 무권대행은 어음행위의 위조에 해당한다. 한편 어음행위의 위조에 관하여도 민법상의 표현대리에 관한 규정이 적용 또는 유추적용되고 이를 주장할 수 있는 자는 어음행위의 직접 상대방에 한하므로 어음의 제3취득자는 어음행위의 직접 상대방에게 표현대리가 인정되는 경우에 한하여 이를 원용하여 피위조자에 대하여 자신의 어음상이 권리를 행사할 수 있다(대판 1991.1.29. 98다27470).

⑤ 어음의 발행은 단독행위이므로 원고는 교부계약 사실을 주장 · 증명할 필요는 없지만 권리외관설에 따라 피고의 어음교부 사실은 주장 · 입증이 필요하다.

(2) 원고의 어음상 권리의 취득

원고는 배서연속에 의한 승계취득 또는 선의취득에 의하여 어음상 권리를 취득하였다는 사실을 주장 · 입증하여야 한다. 배서의 연속에 의한 승계취득의 경우 원고는 어음면상의 형식적 배서의 연속 또는 배서의 연속이 중단된 부분의 실질적 권리이전관계를 주장 · 입증하면 된다. 선의취득의 경우 원고는 ① 어음법적 양도방법(배서나 교부)에 의한 어음의 취득, ② 어음의 형식적 유효성 및 배서의 연속, ③ 양도인의 무권리를 주장·입증하여야 한다. 양수인의 악의 또는 중과실은 피고의 항변사항이므로 주장·입증을 요하지 않는다.

Ⅱ. 배서인에 대한 청구

1. 청구원인(요건사실)

① 원고의 어음상 권리의 취득 및 어음소지, ② 피고의 어음배서, ③ 적법한 지급제시 및 지급거절, ④ 지급거절증서의 작성 또는 작성면제의 특약을 주장·입증하여야 한다.

2. 구체적 검토

만기에 지급이 거절된 사실은 지급거절증서에 의해서만 증명해야 하고(어음법 제44조 1항, 77조 1항), 지급거절증서는 법정기간 내에 작성되어야 한다(어음법 제44조, 제77조 4호). 지급거절증서의 작성이 면제된 경우에는 제시기간 내에 지급제시를 한 것으로 추정된다.(어음법 제46조 2항, 제77 1항). 따라서 원고가 지급거절 증서의 작성면제의 특약이 어음면에 기재된 사실만 주장·증명하면 배서인인 피고가 항변으로 제시기간 내에 지급제시가 없었다는 사실을 주장·입증하여야 한다(대판 1985.5.28. 84다카2425).

Ⅲ. 가능한 공격방어방법

1. 물적 항변

어음채무자는 모든 어음소지인에게 물적 항변을 제기할 수 있다. 물적 항변 중 증권상의 항변으로는 ① 어음요건 흠결의 항변, ② 만기 미도래의 항변, ③ 무담보문언 기재의 항변, ④ 배서 불연속의 항변, ⑤ 어음면상 지급필 또는 일부지급의 항변, ⑥ 배서금지문언의 항변, ⑦ 소멸시효완성의 항변이 있다. 물적 항변 중 비증권상의 항변으로는 ① 의사무능력 또는 제한능력의 항변, ② 위조·변조의 항변, ③ 무권대리의 항변, ④ 권리보전절차 흠결의 항변, ⑤ 강행법규 위반의 항변이 있다.

2. 어음법 제17조의 인적 항변

인적 항변은 직접 당사자 사이에서만 주장될 수 있다. 어음에 의하여 청구를 받은 자는 발행인 또는 종전의 소지인에 대한 인적 관계로 인한 항변으로써 소지인에게 대항하지 못한다(어음법 제17조 본문). 그러나 소지인이 그 채무자를 해할 것을 알고 어음을 취득한 경우에는 그러하지 아니하다(어음법 제17조 단서). 이러한 어음법 제17조의 항변으로는 ① 원인관계 부존재, 무효, 취소, 해제의 항변, ② 숨은 추심위임배서의 항변, ③ 어음 외에서의 어음금 지급유예특약의 항변, ④ 원인관계의 공서양속 또는 강행규정 위반의 항변, ⑤ 어음과 상환하지 않고 이루어진 지급, 면제, 상계 등의 항변 등이 있다. 어음소지인인 원고가 직접 당사자가 아닌 경우 어음채무자는 어음소지인인 원고의 해의사실을 주장·입증하여야 하는데 '해의' 란 인적항변사유의 존재를 아는 것만으로는 부족하고 자기가 어음을 취득함으로써 항변이 절단되고 채무자가 손해를 입게 될 사정이 객관적으로 존재한다는 사실까지도 충분히 안 경우(대판 1996.5.28. 96다7120)를 의미한다. 즉, 소지인의 중과실은 이에 해당하지 않는다. 현재 어음소지인에게 어음을 양도한 사람이 어음취득 당시 선의였기 때문에 그에게 대항할 수 없었던 사유에 대하여는 현재 어음소지인이 비록 어음취득 당시 그 사유를 알고 있었다고 하여 그것으로써 현재의 어음소지인에게 대항할 수 없고, 현재의 어음소지인이 지급거절증서 작성 후 또는 지급거절증서작성기간 경과 후에 어음을 양도받았다고 하더라도 마찬가지이다(대판 2001.4.24. 2001다5272).

3. 백지어음에 관한 항변

(1) 백지어음 부당보충의 항변

백지어음에 미리 합의한 사항과 다른 내용을 보충한 경우에는 그 합의를 위반한 자에게는 대항할 수 있으나 그 후에 어음을 취득한 소지인에게는 부당보충으로 대항하지 못한다. 그러나 소지인이 악의 또는 중대한 과실로 어음을 취득한 경우에는 그러하지 아니하다. 백지어음 부당보충의 항변의 경우 소지인의 악의 또는 중과실을 요구할 뿐 어음법 제17조와 같은 해의는 요구되지 않는다. 백지어음의 부당보충 항변은 ① 백지어음의 부당보충 사실, ② 원고의 악의 또는 중과실에 의한 어음 취득 사실을 주장·입증하여야 한다. 判例에 의하면, 어음금액이 백지인 어음을 취득하면서 보충권한을 부여받은 자의 지시에 의하여 어음금액란을 보충하는 경우 보충권의 내용에 관하여 어음의 기명날인자에게 직접 조회하지 않았다면 특별한 사정이 없는 한 취득자에게 중대한 과실이 인정된다(대판 1978.3.14. 77다2020).

(2) 백지보충권 소멸시효의 항변

피고는 원고가 백지보충권의 소멸시효기간(어음 3년, 수표 6개월)이 경과한 후에 백지어음을 보충한 사실을 주장·증명하여 원고의 어음금 청구에 대항할 수 있다.

4. 융통어음항변

융통어음의 발행자는 피융통자로부터 그 어음을 양수한 제3자에 대하여는 선의이거나 악의이거나, 또한 그 취득이 기한 후 배서에 의한 것이라 하더라도 대가 없이 발행된 융통어음이라는 항변으로 대항할 수 없다(대판 2001.8.24. 2001다28176). 다만, 예외적으로 ① 융통어음을 양수한 제3자가 융통어음으로 발행된 사실 및 담보(교환)어음의 지급이 거절되었다는 사정을 알고 있었다면 발행인은 융통어음의 항변으로 대항할 수 있고(대판 1994.5.10. 93다58721), ② 피융통인이 당해 수표를 사용하여 금융의 목적을 달성한 다음 이를 반환받은 후에 피융통인이 이를 다시 제3자에게 사용한 경우, 융통인이 당해 수표가 융통수표였고, 제3자가 그것이 이미 사용되어 그 목적을 달성한 이후 다시 사용되는 것이라는 점에 관하여 알고 있었다는 것을 입증하면 융통인은 위 융통수표 재도사용의 항변으로 제3자에 대하여 대항할 수 있다(대판 2001.12.11. 2000다38596).

5. 제3자의 항변

(1) 후자의 항변

어음이 甲→乙→丙으로 순차 양도된 경우 甲이 자신의 항변이 아닌 乙이 丙에 대해 갖는 인적 항변, 즉 후자의 항변으로 丙에게 대항할 수 있는지에 대하여 判例는 긍정한 경우(대판 1987.12.22. 86다카2769)와 부정한 경우(대판 1984.1.24. 82다카1405)가 대립한다. 따라서 위와 같은 항변을 할 수 있음을 알아두면 족하다 할 것이다.

(2) 전자의 항변

어음채무자가 자신의 전자가 어음소지인에 대하여 가지는 인적 항변을 원용하는 것을 전자의 항변이라 한다. 예를 들어 甲이 발행한 어음이 乙 → 丙으로 양도된 후 丙이 甲에게 어음금을 청구하자 甲이 지급유예를 요청하였고 이에 丙이 동의한 후 丙이 乙에게 어음금을 상환청구하는 경우 乙이 甲과 丙 사이의 지급유예합의를 항변으로 주장하는 것을 말한다.

장래 채무의 담보를 위해 발행된 어음에 발행인을 위한 어음보증이 된 약속어음을 수취한 사람은 어음발행의 원인관계상의 채무가 존속하지 않게 된 때에는 특별한 사정이 없는 한 그때부터는 어음발행인뿐만 아니라 어음보증인에게도 어음상 권리를 행사할 실질적인 이유가 없어졌으므로 어음이 자기수중에 있음을 기화로 어음보증인으로부터 어음금을 받는 것은 신의성실의 원칙에 비추어 부당한 권리남용이고, 어음보증인은 수취인에 대하여 어음금 지급을 거절할 수 있다. 따라서 위 수취인으로부터 배서양도를 받은 어음소지인이 어음법 제17조 단서의 요건에 해당되는 때에는 어음보증인은 그러한 악의의 소지인에 대해서도 권리남용의 항변으로 대항할 수 있다(대판 1988.8.9. 86다카1858).

6. 이중무권의 항변

이중무권의 항변이란 ① 어음채무자와 그 후자 사이에 인적 항변사유가 존재하고 ② 그 후자와 어음소지인 사이에도 인적항변사유가 존재하는 경우 어음채무자가 어음소지자에게 위 ① 및 ②의 항변사유를 자신의 항변사유로 주장하는 것을 말한다. 예컨대, 어음이 甲→乙→丙으로 순차 양도되었으나 甲·乙 및 乙·丙 사이의 원인관계가 모두 무효 또는 취소 등으로 소멸한 경우에 甲이 丙의 어음금 청구에 대하여 대항하는 것을 말한다. 이중무권의 항변은 후자의 항변과 유사하나 후자의 항변과 달리 이중무권의 항변을 자신의 항변으로 주장한다는 점에서 구별된다.

어음의 배서인이 발행인으로부터 지급받은 어음금 중 일부를 어음 소지인에게 지급한 경우, 어음소지인은 배서인과의 사이에 소멸된 어음금에 대하여는 지급을 구할 경제적 이익이 없게 되어 인적항변 절단의 이익을 향유할 지위에 있지 아니하므로 어음의 발행인은 그 범위 내에서 배서인에 대한 인적항변으로써 소지인에게 대항하여 그 부분 어음금의 지급을 거절할 수 있다(대판 2003.1.10. 2002다46508).

7. 기한후배서

지급거절증서 작성 후 또는 그 작성기간 경과 후의 배서를 기한후배서라고 하며, 기한후배서는 보통의 배서와는 달리 민법상의 지명채권양도의 효력만을 인정한다(어음법 제20조 1항). 따라서 어음채무자는 배서 당시 이미 발생한 배서인에 대한 항변사실을 가지고 피배서인에 대하여도 대항할 수 있으나, 배서 후에 발생한 사유로는 피배서인에 대하여 대항할 수 없다. "백지어음에 만기 전에 한 배서는 만기 후에 백지가 보충된 때에도 기한후배서로 볼 것이 아니다"(대판 1971.8.31. 68다1176).

"기한후배서는 보통의 배서와는 달리 지명채권양도의 효력밖에 없어 그것에 의하여 이전되는 권리는 배서인이 배서 당시 가지고 있던 범위의 권리라 할 것이므로 어음채무자는 그 배서 당시 이미 발생한 배서인에 대한 항변사실을 피배서인에 대하여도 대항할 수 있으나 그 배서 후 비로소 발생한 배서인에 대한 사유는 피배서인에 대하여 주장할 수 없다"(대판 1994.1.25. 93다50543).

Ⅳ. 예 시

청구취지 형태

6. 피고 삼진전자주식회사는 원고에게 100,000,000원 및 이에 대하여 2015. 11. 13. 부터 이 사건 소장부본 송달일까지는 연 6%의, 그 다음날부터 다 갚는 날까지는 연 15%의 각 비율로 계산한 돈을 지급하라.

■ 예 시 어음금 청구(5회 변시)

6. 피고 삼진전자주식회사에 대한 청구

가. 어음의 발행 및 배서 양도

피고 삼진전자주식회사(이하 '피고 삼진전자'라 합니다)의 대표이사인 소외 이정진은 대주주인 소외 송병일(이하 '송병일'이라 합니다)에게 회사의 주요업무를 위임하였고, 이에 따라 송병일은 '삼진전자 대표이사 송병일'이라는 명함과 대표이사 인장을 소지하면서 대부분의 회사업무를 처리해 왔고 주변 사람들과 소외 최상진(이하 '최상진'이라 합니다), 소외 우범선(이하 '우범선'이라 합니다) 등은 모두 송병일이 대표이사라고 믿었습니다. 이에 송병일은 피고 삼진전자의 명의로 2015. 3. 1. 액면금 백지, 지급기일 2015. 10. 31., 지급지 서울, 지급장소 삼진전자주식회사 본점 또는 기업은행 서울 공항동지점, 수취인 최상진, 발행일 2015. 3. 1., 발행지 서울로 된 약속어음 1장을 발행하여 최상진에게 교부하고, 최상진은 2015. 6. 25. 우범선에게 위 어음을 배서양도하였습니다. 현재 위 어음은 우범선이 소지하고 있으며, 배서당시 지급거절증서작성은 면제되었습니다.

한편, 송병일과 최상진은 금전거래가 종료하면 그때까지의 최종 차용액을 액면금액란에 기재하기로 하였는데, 그때까지 피고 삼진전자의 차용금은 총 1억 원이었습니다.

그럼에도 피고 최상진은 2015. 6. 25. 채무변제에 갈음하여 위 어음을 배서, 교부하였는데, 배서할 당시에 액면금액란에 1억2천만 원으로 보충해도 좋다고 말하였습니다. 이에 우범선은 액면란에 동 금액을 기재하여 지급기일이 도과된 2015. 11. 12.에 지급제시를 하였으나 지급이 거절되었습니다. 따라서 피고 삼진전자는 우범선에게 일응 1억 2,000만 원 및 이에 대하여 지연손해금을 지급할 의무가 있습니다.

나. 원고의 추심금 청구

원고는 2010. 5. 1. 소외 우범선에게 400,000,000원을 변제기 2013. 4. 30., 이율 월 2.7%로 정하여 대여하였습니다. 그러나 소외 우범선은 원리금을 전혀 변제하지 않았고, 이에 원고는 피고를 상대로 서울동부지방법원 2013가합12345호로 4억 원 및 2.7%의 이자 및 지연손해금을 구하는 대여금 청구의 소를 제기하였으나 소송 도중인 2013. 7. 11. "피고는 원고에게 300,000,000원 및 이제 대하여 2010. 5. 1.부터 다 갚는 날까지 연 30%의 비율로 계산한 돈을 지급하라."는 화해권고결정이 내려졌고 확정되었습니다. 따라서 원고에게는 집행채권이 존재하고 이에 원고는 원고의 우범선에 대한 서울동부지방법원 2013가합12345호 대여금청구사건의 집행력 있는 화해권고결정에 기하여 2015. 11. 18. 우범선의 피고 삼진전자에 대한 위 어음금채권의 원금 및 지연손해금에 관하여 압류·추심명령을 받고 그 명령이 같은 달 21. 피고 삼진전자에게 송달되었습니다.

따라서 원고는 추심채권자로서 피고 삼진전자에 위 어음금 및 이에 대하여 지연손해금 전부를 청구할 수 있습니다.

다. 예상되는 항변

(1) 무권대표이사의 항변

피고 삼진전자는 송병일이 실질적인 대표이사가 아니므로 그가 발행한 어음의 효력이 없다고 주장할 것으로 예상됩니다. 그러나 송병일은 '삼진전자 대표이사 송병일'이라는 명함과 대표이사 인장을 소지하면서 대부분의 회사업무를 처리해 왔고 주변 사람들과 최상진, 우범선은 모두 송병일이 대표이사라고 믿고 있었으며, 이러한 사정에 비추어 볼 때 그와 같은 믿음에 중대한 과실이 있었다고 할 수 없습니다. 그렇다면 피고 삼진전자는 상법 제395조에서 정한 표현대표이사의 법리에 따라 위 어음의 수취인 및 그 이후의 소지인에 대하여 책임이 있습니다.

(2) 백지어음의 부당보충의 항변

피고 삼진전자는 송병일이 최상진에게 1억 원의 보충권만을 수여하였으므로, 최상진으로부터 배서를 받은 우범선이 이를 초과하여 보충한 것은 부당보충에 해당하고, 따라서 초과금액인 2,000만 원에 대해서는 채무가 없다고 주장할 것으로 예상됩니다.

이에 대하여 대법원은 "어음법 제10조가 규정하는 '악의로 어음을 취득한 때'라 함은 소지인이 백지어음이 부당 보충되었다는 사실과 이를 취득할 경우 어음채무자를 해하게 된다는 것을 알면서도 어음을 양수한 때를 말하고, '중대한 과실로 인하여 어음을 취득한 때'라 함은 소지인이 조금만

상법 제395조가 회사가 이사의 자격이 없는 자에게 표현대표이사의 명칭을 사용하게 허용한 경우는 물론, 이사의 자격도 없는 사람이 임의로 표현대표이사의 명칭을 사용하고 있는 것을 회사가 알면서도 아무런 조치를 취하지 아니한 채 그대로 방치하여 소극적으로 묵인한 경우에도, 위 규정이 유추적용되는 것으로 해석함이 상당하다(대판 1992.7.28. 91다35816).

회사를 대표할 권한이 없는 표현대표이사가 다른 대표이사의 명칭을 사용하여 어음행위를 한 경우, 회사가 책임을 지는 선의의 제3자의 범위에는 표현대표이사로부터 직접 어음을 취득한 상대방뿐만 아니라, 그로부터 어음을 다시 배서양도받은 제3취득자도 포함된다(대판 2003.9.26. 2002다65073)

주의를 기울였더라면 백지어음이 부당 보충되었다는 사실을 알 수 있었음에도 불구하고 그와 같은 주의도 기울이지 아니하고 부당 보충된 어음을 양수한 때를 말한다. 그리고 어음금액란의 기재는 대단히 중요한 사항이므로 어음금액란을 백지로 하는 어음을 발행하는 경우에 발행인은 통상적으로 그 보충권의 범위를 한정한다고 봄이 상당하고, 부당 보충된 약속어음을 취득함에 있어 소지인 취득자가 보충권에 대하여 발행인에게 직접 조회하지 않았다면 특별히 사정이 없는 한 소지인에게는 악의 또는 중과실이 있다"고 하면서도 "소지인이 악의 또는 중과실로 부당 보충된 어음을 취득한 경우에도 발행인은 자신이 유효하게 보충권을 수여한 범위 안에서는 당연히 어음상의 책임을 진다"는 입장입니다(대판 1999.2.9. 98다37736).

이에 따르면, 우범선에게 보충권에 대하여 발행인에게 직접 조회하지 않은 중과실은 인정되나, 1억 원에 대해서는 유효하게 보충권을 수여하였으므로 피고 삼진전자는 1억 원의 범위내에서는 어음금 채무를 부담하여야 합니다.

(3) 지급제시기간 도과의 항변

피고 삼진전자는 소지인인 우범선이 적법한 지급제시기간 내인 만기일로부터 이에 이은 2 거래일 이내 지급제시 하지 않아 어음상 권리를 행사할 수 없다고 주장할 것으로 예상됩니다. 그러나 지급기일은 어음면상 2015. 10. 31.로 표시되어 있는데, 지급기일이 명시된 경우 3년의 소멸시효가 적용되고 지급제시기간 내에 지급제시 했는지 여부와 무관하게 어음의 최종소지인이나 배서인이 어음 지급기일로부터 3년 내에 발행인에 대해 어음금 지급 청구를 하면 발행인은 무조건적 1차적 책임을 지게 됩니다.

우범선은 지급기일인 2015. 10. 31.을 지난 2015. 11. 12.에 지급제시를 하였으나 지급제시일로부터 3년 내임이 역수상 명백하므로 피고의 위 항변은 이유없습니다.

(4) 소 결

그렇다면 피고 삼진전자는 원고에게 추심금 원금 1억 원 및 이에 대하여 위 어음지급제시일 다음날인 2015. 11. 13.부터 이 사건 소장 부본 송달일까지는 어음법 소정의 연 6%의, 그 다음날부터 다 갚는 날까지는 소송촉진 등에 관한 특례법 소정의 연 15%의 각 비율로 계산한 지연손해금을 지급할 의무가 있습니다.

제 **4** 편

역대 기록형
기출판례

민법 역대 기록형 기출판례

민법총칙

제3장 권리의 주체

※ 이해상반행위 제921조

"공동상속재산분할협의는 그 행위의 객관적 성질상 상속인 상호간에 이해의 대립이 생길 우려가 있는 행위라고 할 것이므로 공동상속인인 친권자와 미성년인 수인의 자 사이에 상속재산분할협의를 하게 되는 경우에는 미성년자 각자마다 특별대리인을 선임하여 그 각 특별대리인이 각 미성년자인 자를 대리하여 상속재산분할의 협의를 하여야 하고 만약 친권자가 수인의 미성년자의 법정대리인으로서 상속재산분할협의를 한 것이라면 이는 민법 제921조에 위반된 것으로서 이러한 대리행위에 의하여 성립된 상속재산분할협의는 피대리자 전원에 의한 추인이 없는 한 무효이다"(대판 1993.4.13. 92다54524 등 : 5회,6회,7회,8회 선택형). **[4회 기록형]**

※ 비법인사단의 당사자능력(단, 대, 변, 종)

"비법인사단이 민사소송에서 당사자능력(민사소송법 제52조)을 가지려면 일정한 정도로 조직을 갖추고 지속적인 활동을 하는 단체성이 있어야 하고 또한 그 대표자가 있어야 하므로, 자연발생적으로 성립하는 고유한 의미의 종중이라도 그와 같은 비법인사단의 요건을 갖추어야 당사자능력이 인정되고 이는 소송요건에 관한 것으로서 사실심의 변론종결시를 기준으로 판단하여야 한다"(대판 2013.1.10. 2011다64607 : 4회,7회 선택형) **[3회 기록형]**

제4장 권리변동

※ 동기의 착오

判例는 "동기를 당해 의사표시의 내용으로 삼을 것을 상대방에게 표시한 경우 그 착오를 이유로 계약을 취소할 수 있다"고 보아 기본적으로 동기표시설의 입장이다. **[4회 사례형 · 9회 기록형]**

※ 무권대리행위에 대한 본인의 묵시적 추인

무권대리행위의 추인은 i) 무권대리행위가 있음을 알고 ii) 그 행위의 효과를 자기에게 귀속시키도록 하는 단독행위로서 묵시적인 방법으로도 할 수 있으므로, 본인이 그 행위로 처하게 된 법적 지위를 충분히 이해하고 그럼에도 진의에 기하여 그 행위의 결과가 자기에게 귀속된다는 것을 승인한 것으로 볼 만한 사정이 있는 경우에는 묵시적으로 추인한 것으로 볼 수 있다(대판 2011.2.10. 2010다83199,83205).[1] **[6회 기록형]**

※ 절대적 무효행위의 추인

반사회질서에 반하는 법률행위(제103조·제104조)나 강행규정 위반(제105조)의 경우와 같은 '절대적 무효'의 경우에는 추인에 의하여 유효로 될 수 없다(대판 2002.3.15. 2001다77352 : 3회,8회 선택형). **[13회 기록형]**

---

1) "이 사건 종중의 종원들이 이 사건 매매계약 체결 사실을 알고 있는 상태에서 이 사건 매매계약이 유효함을 전제로 그 대금을 종원들에게 분배하기로 하는 결의를 하였고, 이에 따라 실제로 분배까지 이루어졌다면, 이 사건 종중은 적어도 묵시적으로나마 종중재산 처분에 관한 종전 결의 및 이 사건 매매계약을 추인하였다고 보아야 할 것이다"

※ **법률행위의 무효·취소에 따른 급부의 청산관계 : 선의의 점유자**(매수인)

① 선의의 점유자는 점유물의 과실을 취득하는데(제201조 1항), 여기서 '선의'란 과실수취권을 포함하는 본권(소유권·지상권·전세권·임차권)을 가지고 있다고 적극적으로 오신하는 점유자를 가리키며(대판 1992.12.24, 92다22114), 그와 같이 믿은 데에 정당한 이유가 있는 것(무과실)을 의미한다(대판 1996.1.26, 95다44290). [7회·13회 기록형, 17사법, 10행정, 15입법]

② "계약무효의 경우 각 당사자가 상대방에 대하여 부담하는 반환의무는 성질상 부당이득반환의무로서 악의의 수익자는 그 받은 이익에 법정이자를 붙여 반환하여야 하므로(제748조 제2항), 매매계약이 무효로 되는 때에는 매도인이 악의의 수익자인 경우 특별한 사정이 없는 한 매도인은 반환할 매매대금에 대하여 민법이 정한 연 5%의 법정이율에 의한 이자를 붙여 반환하여야 한다. 그리고 위와 같은 법정이자의 지급은 부당이득반환의 성질을 가지는 것이지 반환의무의 이행지체로 인한 손해배상이 아니므로, 매도인의 매매대금 반환의무와 매수인의 소유권이전등기 말소등기절차 이행의무가 동시이행의 관계에 있는지 여부와는 관계가 없다"(대판 2017.3.9. 2016다47478) [9회 기록형]

제5장 소멸시효

※ 소멸시효 기산점

"소유자의 소유권 상실이라는 손해는 소유자가 제3자를 상대로 제기한 등기말소 청구 소송이 패소 확정될 때에 그 손해의 결과발생이 현실화된다고 볼 것이며, 그 등기말소 청구 소송에서 제3자의 등기부 시효취득이 인정된 결과 소유자가 패소하였다고 하더라도 그 등기부 취득시효 완성 당시에 이미 손해가 현실화되었다고 볼 것은 아니다"(대판 2008.6.12. 2007다36445 : 7회 선택형) [11회 기록형]

※ 일부청구

"소장에서 청구의 대상으로 삼은 채권 중 일부만을 청구하면서 소송의 진행경과에 따라 장차 청구금액을 확장할 뜻을 표시하였으나 당해 소송이 종료될 때까지 실제로 청구금액을 확장하지 않은 경우에는 소송의 경과에 비추어 볼 때 채권 전부에 관하여 판결을 구한 것으로 볼 수 없으므로, 나머지 부분에 대하여는 재판상 청구로 인한 시효중단의 효력이 발생하지 아니한다. 그러나 특별한 사정이 없는 한 당해 소송이 계속 중인 동안에는 나머지 부분에 대하여 권리를 행사하겠다는 의사가 표명되어 '최고'에 의해 권리를 행사하고 있는 상태가 지속되고 있는 것으로 보아야 하고, 채권자는 당해 소송이 종료된 때부터 6월 내에 민법 제174조에서 정한 조치를 취함으로써 나머지 부분에 대한 소멸시효를 중단시킬 수 있다"(대판 2020.2.6. 2019다223723 : 10회 선택형). [11회 기록형]

※ 어음채권의 행사로 원인채권의 시효가 중단되는지 여부(적극)

"원인채권의 지급을 확보하기 위한 방법으로 어음이 수수된 경우, 채권자가 어음채권에 기하여 청구를 하는 반대의 경우에는 원인채권의 소멸시효를 중단시키는 효력이 있고, 이러한 법리는 어음채권을 피보전권리로 하여 채무자의 재산을 가압류함으로써 그 권리를 행사한 경우에도 마찬가지로 적용된다"(대판 1961.11.9, 4293민상748 ; 대판 1999.6.11, 99다16378). [2회 기록형, 3회 사례형]

※ 가압류의 집행보전의 효력이 존속하는 동안 가압류에 의한 시효중단효가 계속되는지 여부

"가압류에 의한 시효중단의 효력은 가압류의 집행보전의 효력이 존속하는 동안(가압류등기가 말소되지 않고 남아 있는 동안)은 계속된다"(대판 2000.4.25, 2000다11102 ; 대판 2013.11.14. 2013다18622 : 계속설). [3회·12회 기록형]

※ 소멸시효 완성을 주장할 수 있는 자의 범위

判例는 소멸시효의 완성을 원용할 수 있는 자는 권리의 소멸에 의하여 직접 이익을 받는 자에 한정된다고 한다(대판 1995.7.11, 95다12446). 判例는 **채무자** 뿐만 아니라 **물상보증인**(대판 2004.1.16, 2003다30890), **담보물의 제3취득자**(대판 1995.7.11, 95다12446 : 5회,7회 선택형)는 채권자에 대하여 물적 유한책임을 지고 있어 그 피담보채권의 소멸에 의해 직접 이익을 받는 관계에 있으므로 소멸시효의 완성을 주장할 수 있다고 한다(즉 피담보채무의 부존재 또는 소멸을 이유로 저당권설정등기의 말소를 청구할 수 있다). **[9회 기록형]**

※ 소멸시효이익의 포기

判例는 "채무자가 소멸시효 완성 후 채무를 일부 변제한 때에는 그 액수에 관하여 다툼이 없는 한 그 채무 전체를 묵시적으로 승인한 것으로 보아야 하고, 이 경우 시효완성의 사실을 알고 그 이익을 포기한 것으로 추정된다"고 한다. **[6회 · 9회 기록형]** 직접 이익을 받는 자의 시효원용권은 채무자의 시효원용권에 기초한 것이 아닌 독자적인 것이라고 하여 채무자의 시효이익의 포기는 다른 직접수익자의 시효원용권에 영향을 미치지 않는다고 한다(대판 1995.7.11, 95다12446). 따라서 주채무자의 소멸시효이익의 포기는 보증인(대판 1991.1.29, 89다카1114 : 7회 선택형), 저당부동산의 제3취득자, 연대보증인(대판 1995.7.11, 95다12446 : 2회,6회,7회 선택형) 등에 영향을 미치지 않는다. **[9회 · 11회 기록형, 5회 사례형]**

채권총론

제2장 채권의 목적

※ 이자채권 : 이자제한법

금전대차에 관한 계약상의 최고이자율은 **연 25%**를 초과하지 아니하는 범위 안에서 대통령령으로 정하는데(제2조 1항), 그에 따라 **연 24%**를 최고이자율로 정하였다(2018년 2월 8일부터 시행). 이 최고한도를 초과하는 부분은 무효로 한다(제2조 3항) **[2회 기록형]**

제3장 채권의 효력

※ 이행거절을 이유로 한 계약해제권

쌍무계약에서 당사자 쌍방의 채무가 그 이행기를 모두 도과한 후 일방의 이행거절이 있으면 '자기 채무의 이행제공이나 최고 없이' 계약을 해제할 수 있다(대판 1993.6.25, 93다11821). **[6회 기록형]**

※ 동시이행항변권

① 부동산의 매매에서 매도인은 권리이전의무를 매수인은 대금지급의무를 진다(제568조 1항). 이와 관련하여 判例는, 매도인의 '소유권이전등기의무 및 인도의무'와 매수인의 '잔대금 지급의무'는 동시이행의 관계에 있는 것이 원칙이라고 한다(대판 1991.9.10, 91다6368). 만약 말소되지 않은 근저당권등기가 남아 있는 부동산을 매매하는 경우, 매도인의 소유권이전등기의무에는 근저당권설정등기말소의무도 포함된다(대판 1979.11.13, 79다1562 : 1회 선택형). **[8회 기록형]**

② 저당권설정이 된 경우 채무변제가 선이행의무이며, 채무변제와 저당권등기말소는 동시이행관계가 아니다(대판 1966.2.15, 65다2431). **[1회 기록형]**

③ 判例는 "임대차계약이 종료된 경우에 임차인이 임차물을 인도할 의무와 임대인이 보증금 중 연체차임 등 당해 임대차에 관하여 위 '인도시까지'(임대차종료시까지가 아님) 생긴 모든 채무를 청산한 나머지를 반환할 의무 사이에는 동시이행 관계에 있다"고 한다(대판 1977.9.28, 전합77다12412). **[2회·4회·8회 기록형, 08법무]**

제4장 채권의 대외적 효력

※ 채권보전의 필요성과 관련하여 채무자의 무자력을 필요로 하지 않는 경우

채권자대위권의 채권보전의 필요성과 관련하여 원칙적으로 채무자가 무자력이어야 한다. 이는 사실심변론종결시를 기준으로 하여 판단한다(대판 1976.7.13, 75다1086). 그러나 ㉠ 피보전채권과 피대위권리가 밀접하게 관련되어 있고, ㉡ 채권자대위권을 행사하지 않으면 피보전채권을 유효·적절하게 행사할 수 없는 경우에는 무자력을 요하지 않는다. (대판 2001.5.8. 99다38699 등).

① 判例에 따르면 채무자의 제3자에 대한 특정의 채권을 행사함으로써 채권자의 채무자에 대한 특정의 채권을 보전할 수 있는 경우에는 피보전채권과 피대위채권이 그 이행에서 서로 관련되어 있어서 채권보전의 필요성은 충족되고 채무자의 무자력은 요구되지 않는다고 한다(대판 1992.10.27, 91다483). **[2회·3회·4회·5회·7회·8회기록형, 13법행]**

② 判例에 따르면 임차보증금반환채권의 양수인이 임대인의 임차인에 대한 임차목적물 인도청구권을 대위행사하는 경우 "채권자가 양수한 임차보증금의 이행을 청구하기 위하여 임차인의 가옥명도가 선이행되어야 할 필요가 있어서 그 명도를 구하는 경우에는 그 채권의 보전과 채무자인 임대인의 자력 유무는 관계가 없는 일이므로 무자력을 요건으로 한다고 할 수 없다"(대판 1989.4.25, 88다카4253)고 한다. **[4회 기록형, 1회 사례형, 08법행]**

※ 채권자대위권의 목적으로 되는 권리

채무자의 책임재산의 보전과 관련이 있는 재산권(채권의 공동담보에 적합한 채무자의 권리)은 그 종류를 묻지 않고 채권자대위권의 목적으로 될 수 있다. 채권자대위권도 포함된다(대판 1992.7.14, 92다527) **[7회 기록형, 1회 사례형]**

※ 채권자취소권

① "채무자가 유일한 재산인 부동산을 매각하여 소비하기 쉬운 금전으로 바꾸는 행위는 원칙적으로 사해행위가 되지만, ⅰ) 부동산의 매각 목적이 채무의 변제 또는 변제자력을 얻기 위한 것이고, ⅱ) 대금이 부당한 염가가 아니며, ⅲ) 실제 이를 채권자에 대한 변제에 사용하거나 변제자력을 유지하고 있는 경우에는, ⅳ) 채무자가 일부 채권자와 통모하여 다른 채권자를 해할 의사를 가지고 변제를 하는 등의 특별한 사정이 없는 한, 사해행위에 해당한다고 볼 수 없다"(대판 1966.10.4, 66다1535 ; 대판 2015.10.29. 2013다83992). **[2회 사례형, 3회·8회·13회 기록형]**

② 判例에 따르면 "채무초과의 상태에 있는 채무자가 적극재산을 채권자 중 일부에게 대물변제조로 양도하는 행위는 채무자가 특정 채권자에게 채무 본지에 따른 변제를 하는 경우와는 달리 원칙적으로 다른 채권자들에 대한 관계에서 사해행위가 될 수 있다"(대판 2010.9.30. 2007다2718)고 한다. 위와 같은 법리는 적극재산을 대물변제로 양도하는 것이 아니라 **채무의 변제를 위하여 또는 그 담보로 양도하는 경우에는 더욱 그러하다**"(대판 2011.3.10. 2010다52416). **[12회 기록형]**

③ "사해행위취소소송에 있어서 채무자의 악의의 점에 대하여는 그 취소를 주장하는 채권자에게 입증책임이 있으나 수익자 또는 전득자가 악의라는 점에 관하여는 입증책임이 채권자에게 있는 것이 아니고 수익자 또는 전득자 자신에게 선의라는 사실을 입증할 책임이 있다"(대판 1997.5.23,

95다51908 ; 1회,2회,5회 선택형). **[3회·8회 · 12회 기록형]**

④ "사해행위 후 그 목적물에 관하여 선의의 제3자가 저당권을 취득하였음을 이유로 가액배상을 명하는 경우에는 사해행위 당시 일반 채권자들의 공동담보로 되어 있었던 **부동산 가액 전부의 배상을 명하여야 할 것이고**, 그 가액에서 제3자가 취득한 저당권의 피담보채권액을 공제할 것은 아니다"(대판 2003.12.12. 2003다40286). **[3회 기록형, 06사법·2회 사례형]**

[비교판례] 주택임대차보호법이 정한 대항요건 및 확정일자를 갖춘 (소액)임차인이 있는 부동산에 관하여 사해행위가 이루어진 후 수익자가 우선변제권 있는 임대차보증금 반환채무를 이행한 경우 사해행위를 취소하고 가액배상을 구할 수 있다(대판 2013.4.11. 2012다107198). **[13회 기록형]**

⑤ 判例는 "채권자는 수익자를 상대로 원물반환 대신 그 가액 상당의 배상을 구할 수도 있다고 할 것이나, 그렇다고 하여 채권자가 스스로 위험이나 불이익을 감수하면서 원물반환을 구하는 것까지 허용되지 아니하는 것으로 볼 것은 아니고, 그 경우 채권자는 원상회복 방법으로 가액배상 대신 수익자 명의의 등기의 말소를 구하거나 수익자를 상대로 채무자 앞으로 직접 소유권이전등기절차를 이행할 것을 구할 수 있다"(대판 2001.2.9. 2000다57139 : 1회,6회 선택형)고 한다. **[3회 기록형]**

⑥ "사해행위의 목적인 부동산에 수개의 저당권이 설정되어 있다가 사해행위 후 그 중 일부 저당권만이 말소된 경우에도 사해행위의 취소에 따른 원상회복은 가액배상의 방법에 의할 수밖에 없을 것이고, 그 경우 배상하여야 할 가액은 사해행위 취소시인 사실심 변론종결시를 기준으로 하여 그 부동산의 가액에서 말소된 저당권의 피담보채권액과 말소되지 아니한 저당권의 피담보채권액을 모두 공제하여 산정하여야 한다"(대판 1998.2.13. 97다6711)고 한다. **[3회 기록형]**

⑦ "소유권이전등기청구권보전을 위한 가등기가 사해행위로서 이루어진 경우 그 매매예약을 취소하고 원상회복으로서 가등기를 말소하면 족한 것이고, 가등기 후에 저당권이 말소되었다거나 그 피담보채무가 일부 변제된 점 또는 그 가등기가 사실상 담보가등기라는 점 등은 그와 같은 원상회복의 방법에 아무런 영향을 주지 않는다"(대판 2003.7.11. 2003다19435). **[8회 기록형]**

⑧ "임차인이 공유자 전원으로부터 상가건물을 임차하고 상가건물 임대차보호법 제3조 제1항에서 정한 대항요건을 갖추어 임차보증금에 관하여 우선변제를 받을 수 있는 권리를 가진 경우에, 상가건물의 공유자 중 1인인 채무자가 처분한 지분 중에 일반채권자들의 공동담보에 제공되는 책임재산은 우선변제권이 있는 임차보증금 반환채권 '전액'을 공제한 나머지 부분이다"(대판 2017.5.30. 2017다205073). **[13회 기록형]**

⑨ "압류 및 추심명령 당시 피압류채권이 이미 대항요건을 갖추어 양도되어 그 명령이 효력이 없는 것이 되었다면, 그 후의 사해행위취소소송에서 채권양도계약이 취소되어 채권이 원채권자에게 복귀하였다고 하더라도 이미 무효로 된 압류 및 추심명령이 다시 유효로 되는 것은 아니다"(대판 2020.10.15. 2019다235702). **[13회 기록형].**

제5장 수인의 채권자 및 채무자

※ 불가분채무

건물을 공유자가 공동으로 건물을 임대하고 보증금을 수령한 경우 특별한 사정이 없는 한 그 임대는 각자 공유지분을 임대한 것이 아니고 임대목적물을 다수의 당사자로서 공동으로 임대한 것이고 그 보증금반환채무는 성질상 불가분채무에 해당된다고 한다(대판 1998.12.8. 98다43137). **[10회 기록형]**

※ 분할채무

判例는 "금전채무와 같이 급부의 내용이 가분인 채무가 공동상속된 경우, 이는 상속개시와 동시에 당연히 법정상속분에 따라 공동상속인에게 귀속하는 것이므로 상속재산 분할의 대상이 될 여지가 없다"고 한다(대판 1997.6.24, 97다8809 : 5회,8회 선택형). **[8회 기록형, 13사법]**

※ 부진정연대채무

"어떤 물건에 대하여 직접점유자와 간접점유자가 있는 경우, 그에 대한 점유·사용으로 인한 부당이득의 반환의무는 동일한 경제적 목적을 가진 채무로서 서로 중첩되는 부분에 관하여는 일방의 채무가 변제 등으로 소멸하면 타방의 채무도 소멸하는 이른바 부진정연대채무의 관계에 있다"(대판 2012.9.27. 2011다76747). **[6회 기록형]**

※ 보증채무

① 보증채무는 채권자와 보증인 사이의 보증계약에 의하여 성립하며, 주채무와는 별개의 독립한 채무이다. 따라서 소멸시효기간은 따로 결정되며, 보증채무에 관해 따로 위약금 기타 손해배상액을 예정할 수 있고(제429조 2항)(7회 선택형), 보증채무 자체의 이행지체로 인한 지연손해금은 보증한도액과는 별도로 부담하며 주채무에 관하여 약정된 연체이율이 당연히 여기에 적용되는 것은 아니다(대판 2003.6.13, 2001다29803 : 3회,4회,9회 선택형) **[2회 기록형]**

② "주채무의 시효소멸에도 불구하고 보증채무를 이행하겠다는 의사를 표시한 경우 등과 같이 '부종성'을 부정하여야 할 다른 특별한 사정이 없는 한 보증인은 여전히 주채무의 시효소멸을 이유로 보증채무의 소멸을 주장할 수 있다고 보아야 한다"(대판 2012.7.12. 2010다51192 : 8회 선택형) **[5회 기록형, 3회 사례형]**

※ 연대채무자 중 1인에 대한 경매신청과 압류의 효력

권자가 연대채무자 1인의 소유 부동산에 대하여 경매신청을 한 경우에 이는 최고로서의 효력이 있다. 한편 이 최고는 다른 연대채무자에게도 효력이 있으므로(제416조), 채권자가 6개월 내에 '다른 연대채무자'를 상대로 재판상 청구 등을 한 때에는 그 '다른 연대채무자'에 대한 채권의 소멸시효가 중단되지만, 이로 인하여 중단된 시효는 위 경매절차가 종료된 때가 아니라 재판이 확정된 때부터 새로 진행된다. 그리고 연대채무자 1인의 소유 부동산이 경매개시결정에 따라 압류된 경우, '다른 연대채무자'에게는 시효중단의 효력이 없다(제169조 참조)(대판 2001.8.21. 2001다22840 : 4회,13회 선택형). **[12회 기록형]**

※ 연대채무자 중 1인에 대한 채무 일부면제의 효력

일부면제의 효력에 관하여 判例는 구체적으로 ㉠ 연대채무자 중 1인이 채무 일부를 면제받는 경우에 그 연대채무자가 지급해야 할 잔존 채무액이 부담부분을 초과하는 경우에는 그 연대채무자의 부담부분이 감소한 것은 아니므로 다른 연대채무자의 채무에도 영향을 주지 않아 다른 연대채무자는 채무 전액을 부담하여야 한다. ㉡ 반대로 일부 면제에 의한 피면제자의 잔존 채무액이 부담부분보다 적은 경우에는 차액(부담부분 - 잔존 채무액)만큼 피면제자의 부담부분이 감소하였으므로, 차액의 범위에서 면제의 절대적 효력이 발생하여 다른 연대채무자의 채무도 차액만큼 감소한다"(대판 2019.8.14. 2019다216435)고 판시하였다. 즉, 자신의 부담부분보다 많은 금액을 변제한 채무자에 대하여 잔여 채무를 면제하였을 경우 그 면제는 나머지 연대채무자들의 채무에도 영향을 미치지 않지만, 자신의 부담부분보다 적은 금액을 변제한 채무자에 대하여 잔여 채무를 면제하였을 경우 그 면제는 나머지 연대채무자들의 채무에도 영향을 미치게 된다. **[10회 기록형]**

제6장 채권양도와 채무인수

※ 채권양도와 무권리자의 처분행위

지명채권의 양도란 채권의 귀속주체가 법률행위에 의하여 변경되는 것으로서 이른바 '준물권행위 내지 처분행위'의 성질을 가지므로, 그것이 유효하기 위하여는 양도인이 그 채권을 처분할 수 있는 권한을 가지고 있어야 한다. 처분권한 없는 자가 지명채권을 양도한 경우 특별한 사정이 없는 한 채권양도로서 효력을 가질 수 없으므로 양수인은 그 채권을 취득하지 못한다(대판 2016.7.14. 2015다46119).

따라서 "양도인이 지명채권을 제1양수인에게 1차로 양도한 다음(담보목적의 경우도 신탁적 양도설에 따라 마찬가지) 제1양수인이 확정일자 있는 증서에 의한 대항요건을 갖추었다면 채권이 제1양수인에게 이전하고 양도인은 채권에 대한 처분권한을 상실하므로, 그 후 양도인이 동일한 채권을 제2양수인에게 양도하였더라도 제2양수인은 채권을 취득할 수 없다. 또한 제2차 양도계약 후 양도인과 제1양수인이 제1차 양도계약을 합의해지한 다음 제1양수인이 그 사실을 채무자에게 통지함으로써 채권이 다시 양도인에게 귀속하게 되었더라도 양도인이 처분권한 없이 한 제2차 양도계약이 채권양도로서 유효하게 될 수는 없으므로, 그로 인하여 제2양수인이 당연히 채권을 취득하게 된다고 볼 수는 없다"(대판 2016.7.14. 2015다46119) **[8회 기록형]**

※ 제449조 2항 단서의 선의의 제3자의 범위

악의의 양수인으로부터 다시 선의로 양수한 전득자도 위 조항에서의 선의의 제3자에 해당한다. (대판 2015.4.9. 2012다118020 : 5회,9회,10회,13회 선택형). **[12회 기록형, 18입법]**

※ 채권양도의 동일성과 보증인에 대한 대항요건

보증채무의 경우에는 '부종성'의 성질상 채권자가 채권양도의 주채무자에게 통지하면 보증인에 대해서는 따로 통지하지 않더라도 보증인에게 대항할 수 있다(대판 2002.9.10. 2002다21509 : 3회,4회,8회,13회 선택형). **[12회 기록형, 12법무]**

※ 제3자에 의해 가압류된 채권이 양도된 경우 가압류 상태에서 양수인의 이행청구 가부

"일반적으로 채권에 대한 가압류가 있더라도 이는 채무자가 제3채무자로부터 현실로 급부를 추심하는 것만을 금지하는 것일 뿐 채무자는 제3채무자를 상대로 그 이행을 구하는 소송을 제기할 수 있고, 법원은 가압류가 되어 있음을 이유로 이를 배척할 수는 없는 것이 원칙"(대판 2002.4.26. 2001다59033)이므로, 가압류된 금전채권의 양수인이 양수금의 이행을 청구한 경우 가압류가 되어 있다는 이유로 배척되지는 않는다. **[1회 기록형]**

※ 채권양도가 무효인 경우 제470조 적용 여부

"무효인 채권압류 및 전부명령을 받은 자에 대한 변제라도 그 채권자가 피전부채권에 관하여 무권리자라는 사실을 알지 못하거나 과실 없이 그러한 사실을 알지 못하고 변제한 때에는 그 변제는 채권의 준점유자에 대한 변제로서 유효하다"(대판 1997.3.11. 96다44747 : 9회 선택형). **[7회 기록형]**

※ 병존적 채무인수 : 채무자의 채무와 인수인의 채무와의 관계

判例는 "중첩적 채무인수에서 채무자의 부탁 없이 채권자와의 계약으로 채무를 인수하는 것은 매우 드문 일이므로 채무자와 인수인은 원칙적으로 주관적 공동관계가 있는 연대채무관계에 있고, 인수인이 채무자의 부탁을 받지 아니하여 주관적 공동관계가 없는 경우에는 부진정연대관계에 있는 것으로 보아야 한다"(대판 2009.8.20. 2009다32409 : 6회,7회 선택형)고 한다. **[9회 기록형]**

제7장 채권의 소멸

※ 변제자대위와 구상권과의 관계

구상권과 변제자대위권은 그 원본, 변제기, 이자, 지연손해금의 유무 등에 있어서 그 내용이 다른 별개의 권리이다(대판 2022.4.28. 2019다200843). **[13회 기록형]**

※ 법정충당 변제이익 판단

① '변제자가 채무자인 경우' 물상보증인이 제공한 물적 담보가 있는 채무와 그러한 담보가 없는 채무 사이에도 변제이익의 점에서 차이가 없다(대판 2014.4.30. 2013다8250 : 4회,6회 선택형) **[7회 기록형]** 왜냐하면 (물상)보증인이 있는 채무도 구상의무의 존재로 인해 결국 자기의 채무이기 때문이다. 따라서 (주)채무자가 변제한 금원은 이행기가 먼저 도래한 채무부터 (법정변제)충당하여야 한다(제477조 3호)(대판 1999.8.24., 99다26481 : 4회 선택형).

② '주채무자가 아닌 자가 변제할 때' 인적·물적 담보가 있는 채무에 우선적으로 변제충당해야 한다. 왜냐하면 채무자 아닌 제3자가 변제하는 경우에는 '변제자대위'에 의해 채권자가 갖고 있던 인적·물적 담보가 이전되는 이익이 있기 때문이다. 判例도 '주채무자 이외의 자가 변제자'인 경우에는 변제자가 발행 또는 배서한 어음에 의하여 담보되는 채무가 다른 채무보다 변제이익이 많다고 한다(대판 1999.8.24. 99다22281,22298) **[12회 기록형]**

※ 추심금청구(추심명령)

"압류가 경합되거나 배당요구가 있는 경우 추심채권자는 집행법원의 수권에 따라 일종의 추심 기관으로서 압류나 배당에 참가한 모든 채권자를 위하여 제3채무자로부터 추심하는 것이므로 같은 채권에 관하여 추심명령이 여러 번 발부되더라도 그 사이에는 순위의 우열이 없다. 따라서 (가)압류나 추심명령이 경합하여도 추심명령은 유효하고, 추심권능도 피압류채권 전액에 미친다(대판 1994.11.11. 94다34012). 제3채무자가 추심명령에 관하여 즉시항고를 하여 추심명령이 취소되었다거나, 추심채권자가 추심명령 신청을 취하하였다고 주장하는 것은 원고의 추심권한을 다투는 것이므로 본안 전 항변이 된다. 집행채권의 부존재나 소멸은 집행채무자가 청구이의의 소에서 주장할 사유이지 추심의 소에서 제3채무자가 이를 항변으로 주장하여 채무의 변제를 거절할 수는 없다(대판 1994.11.11. 94다34012). **[9회 기록형]**

※ 압류의 경합과 전부명령의 무효

① **[일반금전채권에 기한 전부명령]** "'압류가 경합된 상태에서 발부된 전부명령'은 무효로 볼 수밖에 없다"(대판 1990.12.26. 90다카24816). **[13회 기록형]**.

② 피고는 제3채무자인 자신에게 전부명령이 송달될 당시[압류의 경합 여부는 제3채무자 송달시를 기준으로 하고, 피전부채권이 장래의 채권, 조건부 채권이라도 압류의 경합 여부는 제3채무자 송달시를 기준으로 한다(대판 1995.9.26. 95다4681)] (가)압류의 경합 또는 배당요구가 있었음을 주장하며 전부명령의 효력을 다툴 수 있다. 아울러 (가)압류의 경합으로 인하여 무효로 된 전부명령은 그 이후 경합 상태에서 벗어났다고 하여 다시금 되살아나 그 효력을 발생하는 것은 아님에 유의하여야 한다(대판 2001.10.12. 2000다19373). **[13회 기록형]**

채권각론

제2장 계약의 효력

※ 계약해제 : 해제권행사의 효과

최고를 하면서 최고기간 내에 이행하지 않으면 당연히 해제된 것으로 본다고 한 것은, 최고기간 내의 불이행을 정지조건으로 하여 해제의 의사표시를 한 것으로 볼 수 있지만, 이 경우는 상대방을 특별히 불리하게 하는 것이 아니므로 유효하다는 것이 통설 및 判例이다(대판 1981.4.14, 80다2381). **[6회 기록형]**

※ 제548조1항 단서 '제3자' 해당 여부 [6회 기록형]

계약해제로 인한 원상회복의무는 제3자의 권리를 해하지 못한다(제548조 1항 단서). 이때 제3자의 범위와 관련하여 判例는 "그 해제된 계약으로부터 생긴 법률효과를 기초로 하여 '해제 전'에 새로운 이해관계를 가졌을 뿐 아니라 등기·인도 등으로 완전한 권리를 취득한 자"를 말한다고 한다 (대판 2002.10.11, 2002다33502)

① 判例는 '주택을 인도받은 미등기매수인'과 임대차계약을 체결하고 그 주택을 인도받아 전입신고를 마친자는 제3자에 해당한다고 한다(대판 2008.4.10, 2007다38908,38915).

② 그러나 주택 매매계약에 부수하여 매매대금 수령 이전에 매수인에게 임대 권한을 부여한 경우, 이는 매매계약의 해제를 해제조건으로 한 것이고, 매도인으로부터 매매계약의 해제를 해제조건부로 전세 권한을 부여받은 매수인이 주택을 임대한 후 매도인과 매수인 사이의 매매계약이 해제됨으로써 해제조건이 성취되어 그 때부터 매수인이 주택을 전세 놓을 권한을 상실하게 되었다면, 임차인은 전세계약을 체결할 권한이 없는 자와 사이에 전세계약을 체결한 임차인과 마찬가지로 매도인에 대한 관계에서 그 주택에 대한 사용수익권을 주장할 수 없게 되어 매도인의 명도 청구에 대항할 수 없게 되는바, 이러한 법리는 임차인이 그 주택에 입주하고 주민등록까지 마쳐 주택임대차보호법상의 대항요건을 구비하였거나 전세계약서에 확정일자를 부여받았다고 하더라도 마찬가지이다"(대판 1995.12.12, 95다32037).

이 때 임차인은 매수인(임대인)의 보증금반환과 동시이행으로 매도인에게 목적물인도를 하겠다는 동시이행의 항변을 행사할 수 없다(대판 1990.12.7, 90다카24939).

제3장 각종의 계약

※ 제587조

매수인이 대금을 이미 완납한 경우에는 매도인이 인도를 지체하고 있어도 매수인이 과실을 수취한다(대판 1993.11.9, 93다28928 : 1회 선택형). **[3회 기록형]**

※ 하자담보책임(제580조)

"매매의 목적물이 거래통념상 기대되는 객관적 성질·성능을 결여하거나(객관적 하자), 당사자가 '예정' 또는 '보증'한 성질을 결여한 경우(주관적 하자)에 매도인은 매수인에 대하여 그 하자로 인한 담보책임을 부담한다"(대판 2000.1.18. 98다18506) **[5회 기록형]**

※ 상가건물 임대차보호법상 대항력의 취득

"상가건물 임대차보호법이 적용되는 상가건물에 해당하는지는 공부상 표시가 아닌 건물의 현황·용도 등에 비추어 영업용으로 사용하느냐에 따라 실질적으로 판단하여야 하고, 그곳에서 상품의 보관·제조·가공 등 사실행위와 더불어 영리를 목적으로 하는 활동이 함께 이루어진다면 상임법 적용대상인 상가건물에 해당한다"(대판 2011.7.28. 2009다40967). **[5회 기록형]**

※ 대항력을 갖춘 임차목적물의 양도와 임대인 지위의 승계

"주택의 임차인이 제3자에 대한 대항력을 갖춘 후 임차주택의 소유권이 양도되어 그 양수인이 임대인의 지위를 승계하는 경우에는, 임대차보증금의 반환 채무도 부동산의 소유권과 결합하여 일체로서 이전하는 것이므로 양도인의 임대인으로서의 지위나 보증금반환 채무는 소멸한다"(대판 1996.2.27. 95다35616 : 12회 선택형)고 하여 **면책적 채무인수**로 보고 있다. **[12회 기록형]**

※ 임대차 존속 중 시효완성된 차임채권을 보증금반환채무와 상계 또는 공제할 수 있는지 여부
[8회·12회 기록형]

(1) 임대차 존속 중 시효완성된 차임채권을 보증금반환채무와 '상계'할 수 있는지 여부(소극)

"민법 제495조는 "소멸시효가 완성된 채권이 그 완성 전에 상계할 수 있었던 것이면 그 채권자는 상계할 수 있다."라고 규정하고 있다. 다만 이는 '자동채권의 소멸시효 완성 전에 양 채권이 상계적상에 이르렀을 것'을 요건으로 하는데, 임대인의 임대차보증금 반환채무는 임대차계약이 종료된 때에 비로소 이행기에 도달하므로, 임대차 존속 중 차임채권의 소멸시효가 완성된 경우에는 소멸시효 완성 전에 임대인이 임대차보증금 반환채무에 관한 기한의 이익을 실제로 포기하였다는 등의 특별한 사정이 없는 한 양 채권이 상계할 수 있는 상태에 있었다고 할 수 없다. 그러므로 그 이후에 임대인이 이미 소멸시효가 완성된 차임채권을 자동채권으로 삼아 임대차보증금 반환채무와 상계하는 것은 민법 제495조에 의하더라도 인정될 수 없다"(대판 2016.11.25. 2016다211309).

(2) 임대차 존속 중 시효완성된 차임채권을 임대차보증금에서 '공제'할 수 있는지 여부(적극)

"임대차보증금은 차임의 미지급, 목적물의 멸실이나 훼손 등 임대차 관계에서 발생할 수 있는 임차인의 모든 채무를 담보하는 것이므로, 차임의 지급이 연체되면 장차 임대차 관계가 종료되었을 때 임대차보증금으로 충당될 것으로 생각하는 것이 당사자의 일반적인 의사이다. 차임 지급채무가 상당기간 연체되고 있음에도, 임대인이 임대차계약을 해지하지 아니하고 임차인도 연체차임에 대한 담보가 충분하다는 것에 의지하여 임대차관계를 지속하는 경우에는, 임대인과 임차인 모두 차임채권이 소멸시효와 상관없이 임대차보증금에 의하여 담보되는 것으로 신뢰하고, 나아가 장차 임대차보증금에서 충당 공제되는 것을 용인하겠다는 묵시적 의사를 가지고 있는 것이 일반적이다. 따라서 임대차 존속 중 차임이 연체되고 있음에도 임대차보증금에서 연체차임을 충당하지 않고 있었던 임대인의 신뢰와 차임연체 상태에서 임대차관계를 지속해 온 임차인의 묵시적 의사를 감안하면 연체차임은 민법 제495조의 유추적용에 의하여 임대차보증금에서 공제할 수는 있다"(대판 2016.11.25. 2016다211309).

※ 임차물 멸실의 경우 손해배상

[임차 외 건물부분의 화재] "임차 건물 부분에서 화재가 발생하여 임차 건물 부분이 아닌 건물 부분(이하 '임차 외 건물 부분'이라 한다)까지 불에 타 그로 인해 임대인에게 재산상 손해가 발생한 경우에는 '임차 외 건물 부분이 구조상 불가분의 일체를 이루는 관계에 있는 부분이라 하더라도', 그 부분에 발생한 손해에 대하여 임대인이 임차인을 상대로 채무불이행을 원인으로 하는 배상을 구하려면, ⅰ) 임차인이 보존·관리의무를 위반하여 화재가 발생한 원인을 제공하는 등 화재 발생과 관련된 '임차인의 계약상 의무 위반'이 있었고, ⅱ) 그러한 의무 위반과 임차 외 건물 부분의 손해 사이에 '상당인과관계'가 있으며, ⅲ) 임차 외 건물 부분의 손해가 의무 위반에 따라 민법 제393조에 의하여 배상하여야 할 '손해의 범위 내'에 있다는 점에 대하여 '임대인'이 주장·증명하여야 한다"(대판 2017.5.18. 전합2012다86895,86901 : 8회,9회 선택형) **[17사법, 10회 기록형]**

※ 임대차종료 후 임차인이 목적물을 계속 점유하는 경우의 법률관계

① **[타인소유의 '건물'을 법률상 원인 없이 점유하고 있는 경우]** 判例는 "부당이득반환에 있어서 이득이라 함은, '실질적인 이익'을 가리키는 것이므로 법률상 원인 없이 건물을 점유하고 있더라도 이를 사용·수익하지 못하였다면 실질적인 이익을 얻었다고 볼 수 없다"(대판 1992.4.14, 91다45202,45219)고 판시하고 있다(실질적 이득론). **[4회·12회 기록형, 08법무]**

② **[타인소유의 '토지'를 법률상 원인 없이 점유하고 있는 경우]** "타인 소유의 토지 위에 권한 없이 건물을 소유하고 있는 자는 그 자체로써 특별한 사정이 없는 한 법률상 원인 없이 타인의 재산으로 인하여 토지의 차임에 상당하는 이익을 얻고 이로 인하여 타인에게 동액 상당의 손해를 주고 있다고 보아야 한다"(대판 1998.5.8, 98다2389 : 1회 선택형) **[5회·13회 기록형]**

※ 지상물매수 청구권 기판력과 실권효(부정) **[2회 기록형]**

① 건물의 소유를 목적으로 하는 토지 임대차에 있어서, 임대차가 종료함에 따라 토지의 임차인이 임대인에 대하여 건물매수청구권을 행사할 수 있음에도 불구하고 이를 행사하지 아니한 채, 토지의 임대인이 임차인에 대하여 제기한 토지인도 및 건물철거청구 소송에서 패소하여 그 패소판결이 확정되었다고 하더라도, 그 확정판결에 의하여 건물철거가 집행되지 아니한 이상 토지의 임차인으로서는 건물매수청구권을 행사하여 별소로써 임대인에 대하여 건물매매대금의 지급을 구할 수 있다(대판 1995.12.26, 95다42195 : 1회,3회 선택형).

② 지상물매수청구권은 '형성권'으로서, 임차인의 행사만으로 지상물에 관해 임대인과 임차인 사이에 시가에 의한 매매 유사의 법률관계가 성립한다(대판 1991.4.9, 91다3260 : 8회 선택형). 判例에 따르면 이 때 건물의 매수가격은 매수청구권 행사 당시 건물이 현재하는 대로의 상태에서 평가된 시가를 말하는 것이다(대판 2008.5.29. 2007다4356). **[08법행]**

※ 도급계약 없이 편의상 타인명의로 건축허가를 받은 경우

"자기 비용과 노력으로 건물을 신축한 자는 그 건축허가가 타인의 명의로 된 여부에 관계없이 그 소유권을 원시취득한다. 건축업자가 타인의 대지를 매수하여 그 대금을 지급하지 아니한 채 그 위에 자기의 노력과 재료를 들여 건물을 건축하면서 건축허가 명의를 대지소유자로 한 경우에는, 부동산등기법 제131조의 규정에 의하여 특별한 사정이 없는 한 건축허가명의인 앞으로 소유권보존등기를 할 수밖에 없는 점에 비추어 볼 때, 그 목적이 대지대금 채무를 담보하기 위한 경우가 일반적이라 할 것이고, 이 경우 완성된 건물의 소유권은 일단 이를 건축한 채무자가 원시적으로 취득한 후 채권자 명의로 소유권보존등기를 마침으로써 담보 목적의 범위 내에서 위 채권자에게 그 소유권이 이전된다"(대판 2002.4.26, 2000다16350). **[4회·7회 기록형]**

※ 완성된 제작물의 소유권 귀속

判例는 도급인명의로 건축허가를 받고 또 그 명의로 건물에 대한 소유권보존등기를 하기로 한 경우(대판 1997.5.30. 97다8601 : 2회,5회 선택형)에는 완성된 건축물의 소유권을 원시적으로 도급인에게 귀속시키기로 하는 '묵시적 합의'가 있는 것으로 본다(10회 선택형). **[11회 기록형]**

※ 조합

부동산의 공동매수인들이 전매차익을 얻으려는 '공동의 목적 달성'을 위하여 상호 협력한 것에 불과하고 이를 넘어 '공동사업을 경영할 목적'이 있었다고 인정되지 않는 경우 이들 사이의 법률관계는 공유관계에 불과할 뿐 민법상 조합관계에 있다고 볼 수 없다고 하였다(대판 2012.8.30. 2010다39918 : 6회 선택형). **[3회 기록형, 12법무]**

제5장 부당이득

부당이득의 반환의무는 이행기한의 정함이 없는 채무이므로 그 채무자는 이행청구를 받은 때에 비로소 지체책임을 진다(제387조 2항)(대판 2008.2.1, 2007다8914). **[2회 기록형]**

제6장 불법행위책임

※ 과실상계

"하자담보책임에 관한 제580조·제581조·제667조는 법이 특별히 인정한 무과실책임으로서 여기에 민법 제396조의 과실상계 규정이 준용될 수는 없다 하더라도, 담보책임이 민법의 지도이념인 공평의 원칙에 입각한 것인 이상 하자 발생 및 그 확대에 가공한 매수인 또는 도급인의 잘못(하자를 발견하지 못하여 손해를 확대시킨 과실)을 참작하여 손해배상의 범위를 정함이 상당하다"(대판 1995.6.30, 94다23920 ; 1999.7.13, 99다12888 : 3회,9회 선택형)고 한다. **[5회 기록형]**

물권법

제1장 물권법 서론

※ 소유권에 기한 물권적 청구권

① "명의신탁자는 명의수탁자에 대하여 신탁해지를 하고 신탁관계의 종료 그것만을 이유로 하여 소유 명의의 이전등기절차의 이행을 청구할 수 있음은 물론, 신탁해지를 원인으로 하고 소유권에 기해서도 그와 같은 청구를 할 수 있다"(이 경우 양청구는 청구원인을 달리하는 별개의 소송이다)(대판 1980.12.9, 79다634). **[5회 기록형]**

② 건물에서의 퇴거청구의 피고가 대항력 있는 건물임차인 경우 **[1회 기록형, 12법행, 14법무, 17입법]**
"건물이 그 존립을 위한 토지사용권을 갖추지 못하여 토지의 소유자가 건물의 소유자에 대하여 당해 건물의 철거 및 그 대지의 인도를 청구할 수 있는 경우에라도 건물소유자가 아닌 사람이 건물을 점유하고 있다면 토지소유자는 그 건물 점유를 제거하지 아니하는 한 위의 건물 철거 등을 실행할 수 없다(건물철거의 대체집행시 건물퇴거도 건물소유자의 수인의무에 포함되나 건물소유자 아닌 제3자는 수인의무를 부담하지 않기 때문이다 : 저자주). 따라서 그때 토지소유권은 위와 같은 점유에 의하여 그 원만한 실현을 방해당하고 있다고 할 것이므로, 토지소유자는 자신의 소유권에 기한 방해배제로서 건물점유자에 대하여 건물로부터의 퇴출을 청구할 수 있다. 그리고 이는 건물점유자가 건물소유자로부터의 임차인으로서 그 건물임차권이 이른바 대항력을 가진다고 해서 달라지지 아니한다. 건물임차권의 대항력은 기본적으로 건물에 관한 것이고 토지를 목적으로 하는 것이 아니므로 이로써 토지소유권을 제약할 수 없고, 토지에 있는 건물에 대하여 대항력 있는 임차권이 존재한다고 하여도 이를 토지소유자에 대하여 대항할 수 있는 토지사용권이라고 할 수는 없다"(대판 2010.8.19, 2010다43801 : 3회 선택형)

③ "건물의 소유자가 그 건물의 소유를 통하여 타인 소유의 토지를 점유하고 있다고 하더라도 그 토지 소유자로서는 그 건물의 철거와 그 대지 부분의 인도를 청구할 수 있을 뿐, 자기 소유의 건물을 점유하고 있는 자에 대하여 그 건물에서 퇴거할 것을 청구할 수는 없다(대판 1999.7.9. 98다57457,57464). **[13회 기록형, 12법행]**. 즉, '건물철거의무'에는 '퇴거의무'도 포함된 것으로 보므로 그 의무자에게 철거를 구하면서 별도로 퇴거를 구할 필요는 없다.

제2장 물권의 변동과 공시

※ 물권변동과 공시 [1회·6회 기록형]

"명의수탁자로부터 명의신탁된 부동산의 소유명의를 이어받은 사람이 위 규정(부동산실명법 제4조 3항)에 정한 제3자에 해당하지 않는 경우, 제3자 명의의 등기는 무효이고, 부동산등기에 관하여 공신력이 인정되지 않는 우리 법제에서는 그 무효인 등기에 기초하여 새로운 법률원인으로 이해관계를 맺은 자가 다시 등기를 이어받았다고 하더라도 그 등기 역시 무효이므로, 그는 위 규정에 정한 제3자에 해당하지 않는다"(대판 2005.11.10, 2005다34667,34674 : 8회 선택형)고 한다.

※ 부동산등기 : 등기상 이해관계 있는 제3자

등기의 말소를 신청하는 경우에 그 말소에 대하여 등기상 이해관계 있는 제3자가 있을 때에는 제3자의 승낙이 있어야 한다(부동산등기법 제57조). 判例에 따르면 동조에서 말하는 '등기상 이해관계 있는 제3자'란, "말소등기를 함으로써 손해를 입을 우려가 있는 등기상의 권리자로서 그 손해를 입을 우려가 있다는 것이 등기부 기재에 의해 형식적으로 인정되는 자이고, 제3자가 승낙의무를 부담하는지 여부는 말소등기권리자에 대해 승낙을 하여야 할 '실체법상 의무'가 있는지 여부에 의해 결정된다"(대판 2007.4.27, 2005다43753). [4회·12회 기록형]

※ 주등기와 부기등기 : 말소등기의 피고적격

判例에 따르면 '저당권의 설정원인'의 무효, 부존재나 피담보채무의 변제로 인한 소멸시에 저당권설정등기말소청구의 상대방은 양도인인 근저당권자가 아닌 현재의 등기명의자, 즉, '양수인'인 저당권이전의 부기등기명의자이다(대판 2000.4.11. 2000다5640 : 8회 선택형).

같은 취지의 판시로 "근저당권 이전의 부기등기는 기존의 주등기인 근저당권설정등기에 종속되어 주등기와 일체를 이루는 것으로서 기존의 근저당권설정등기에 의한 권리의 승계를 등기부상 명시하는 것일 뿐 그 등기에 의하여 새로운 권리가 생기는 것이 아니므로, 근저당권설정자 또는 그로부터 소유권을 이전받은 제3취득자는 피담보채무가 소멸된 경우 또는 근저당권설정등기가 당초부터 원인무효인 경우 등에 근저당권의 현재의 명의인인 '양수인'을 상대로 '주등기'인 근저당권설정등기의 말소를 구할 수 있으나, 근저당권자로부터 양수인 앞으로의 근저당권 이전이 무효라는 사유를 내세워 양수인을 상대로 근저당권설정등기의 말소를 구할 수는 없다"(대판 2003.4.11. 2003다5016)고 한다. [8회 기록형]

※ 공유부동산에 대하여 단독명의의 소유권이전등기가 되어 있는 경우

"부동산의 공유자의 1인은 당해 부동산에 관하여 제3자 명의로 원인무효의 소유권보존등기가 경료되어 있는 경우 공유물에 관한 보존행위로서 제3자에 대하여 그 등기 전부의 말소를 구할 수 있다고 할 것이나, 그 제3자가 당해 부동산의 공유자 중의 1인인 경우에는 그 소유권보존등기는 동인의 공유지분에 관하여는 실체관계에 부합하는 등기라고 할 것이므로, 이러한 경우 공유자의 1인은 단독 명의로 등기를 경료하고 있는 공유자에 대하여 그 공유자의 공유지분을 제외한 나머지 공유지분 전부에 관하여만 소유권보존등기 말소등기절차의 이행을 구할 있다 할 것이다"(대판 2006.8.24. 2006다32200). [4회 기록형]

※ 등기추정력의 법적성질

判例는 이전등기가 경료된 사건에서 "이전등기는 권리의 추정력이 있으므로 이를 다투는 측에서 무효사유를 주장·증명하지 않는 한 그 등기를 무효라고 판정할 수 없다"(대판 1979.6.26. 79다741, 대판 1992.10.27. 92다30047)고 하여 '법률상 추정'으로 본다. [1회 기록형, 13법행]

[논의실익] 당해 추정을 법률상의 추정으로 보는 경우에는 증명책임이 전환되어 상대방이 반대

사실에 대한 증명책임, 즉 '**본증**'(법관에게 확신을 줄 정도의 증명)을 부담하게 되고, **사실상의 추정으로 경우에는 이를 다투는 자의 '반증'**(법관에게 의심을 줄 정도의 증명)만으로 쉽게 깨지므로 증명책임은 여전히 등기명의자에게 남게 된다는 점에서 차이가 있다.

※ 등기추정력의 부수적(파생적) 효과

등기부상 명의인과 매도인이 동일인인 경우에는 (매도인 명의의 등기가 원인무효라고 하더라도) 이를 소유자로 믿고 그 부동산을 매수한 자는 특별한 사정이 없는 한 (선의) 무과실의 점유자이다(대판 1983.3.8. 80다3198). **[5회 기록형]**

※ 처분행위가 가처분에 저촉되는 것인지 여부의 판단기준

"부동산에 관하여 처분금지가처분의 등기가 마쳐진 후에 가처분권자가 본안소송에서 승소판결을 받아 확정되면 그 피보전권리의 범위 내에서 그 가처분에 저촉되는 처분행위의 효력을 부정할 수 있고, 이 때 그 처분행위가 가처분에 저촉되는 것인지의 여부는 그 처분행위에 따른 등기와 가처분등기의 선후에 의하여 정해진다"(대판 2003.2.28. 2000다65802,65819) **[11회 기록형]**

제3장 기본물권

※ 취득시효의 객체 : 대내외적으로 자기소유인 경우(소극)

判例는 "자기 소유의 부동산을 점유하고 있는 상태에서 다른 사람 명의로 소유권이전등기가 된 경우 자기 소유 부동산을 점유하는 것은 취득시효의 기초로서의 점유라고 할 수 없고, 그 소유권의 변동이 있는 경우에 비로소 취득시효의 기초로서의 점유가 개시되는 것이므로, 취득시효의 기산점은 소유권의 변동일 즉 소유권이전등기가 경료된 날이다"(대판 1997.3.14. 96다55860)라고 하여, 대내외적으로 모두 자기 소유이었던 기간 동안의 점유는 취득시효의 기초로서 점유에 해당하지 않는다는 입장이다. **[5회 기록형]**

※ 자주점유의 판단기준 : 악의의 무단점유의 경우

① 소유의 의사 유무를 판정하는 기준에 관하여는 점유취득의 원인이 된 객관적 사실, 즉 '권원의 객관적 성질'에 의하여 정해진다(객관설)(대판 2000.9.29. 99다50705등) **[5회 기록형]**

② "권원의 성질이 분명하지 아니한 경우에도, 점유자가 타인의 소유권을 배척하고 점유할 의사를 갖고 있지 않다고 볼 '객관적인 사정'이 있는 때에는 자주점유의 추정이 깨지는 것으로 보아야 하는바, 타인소유의 부동산을 무단점유한 경우, 특별한 사정이 없는 한 점유자는 타인의 소유권을 배척하고 점유할 의사를 갖고 있지 않다고 보아야 할 것이므로 이로써 소유의 의사가 있는 점유라는 추정은 깨어졌다"(대판 1997.8.21. 전합95다28625) **[1회 기록형]**

③ 실제로 매매계약이 있었던 이상 그 계약이 무효라 하더라도 매수인은 원칙적으로 자주점유자이다(대판 1994.12.27. 94다25513). **[7회 사례형, 13회 기록형, 12법무]**

④ 점유자가 매매나 시효취득을 원인으로 소유권이전등기를 청구하였다가 패소 확정된 경우에도,[2] 점유자가 소유자에 대하여 어떤 의무가 있음이 확정되는 것은 아니므로 소제기시부터 악의의 점유자(제197조 2항)가 되는데 불과하고 타주점유로 전환되는 것은 아니다(대판 1981.3.24. 80다2226 : 제3회 선택형). **[13회 기록형, 12법행, 12법무]**

---

2) **[민소법 쟁점]** 또한 소유권이전등기청구사건에 있어서 등기원인을 달리하는 경우에는 그것이 단순히 공격방어방법의 차이에 불과한 것이 아니므로 매매를 등기원인으로 소유권이전등기를 구하는 전소 확정판결의 기판력이 취득시효완성을 청구원인으로 소유권이전등기를 구하는 후소에 미치지는 아니한다(대판 1991.1.15. 88다카19002 참고).

※ 점유취득시효의 중단, 시효이익의 포기 [12회 기록형]

① 취득시효를 주장하는 자가 원고가 되어 소를 제기한 데 대하여 권리자가 피고로서 응소하고 그 소송에서 적극적으로 권리를 주장하여 그것이 받아들여진 경우에는 민법 제247조 제2항에 의하여 취득시효기간에 준용되는 민법 제168조 제1호, 제170조 제1항에서 시효중단사유의 하나로 규정하고 있는 재판상 청구에 포함된다. 시효를 주장하는 자가 원고가 되어 소를 제기한 경우에 있어서, 피고가 응소행위를 하였다고 하여 바로 시효중단의 효과가 발생하는 것은 아니고, 변론주의 원칙상 시효중단의 효과를 원하는 피고로서는 당해 소송 또는 다른 소송에서의 응소행위로서 시효가 중단되었다고 주장하지 않으면 아니 되고, 피고가 변론에서 시효중단의 주장 또는 이러한 취지가 포함되었다고 볼 만한 주장을 하지 아니하는 한, 피고의 응소행위가 있었다는 사정만으로 당연히 시효중단의 효력이 발생한다고 할 수는 없다(대판 2003.6.13. 2003다 17927).

② 점유자가 취득시효기간이 경과한 후에 당해 토지의 권리자라고 자칭하는 상대방이 한 토지의 매수제의를 수락한 일이 있다 하더라도 일반적으로 점유자는 취득시효가 완성한 후에도 소유권자와의 분쟁을 간편히 해결하기 위하여 매수를 시도하는 사례가 허다함에 비추어 이와 같은 매수제의를 하였다는 사실을 가지고 점유자가 시효의 이익을 포기한다는 의사표시를 한 것이라고 볼 수 없다(대판 1998.4.25.. 2003다17927).

※ 점유취득시효 완성으로 인한 등기청구권 : 점유의 상실

判例는 시효완성자가 점유를 상실한 경우에는 그것을 시효이익의 포기로 볼 수 있는 것이 아닌 한, 이미 취득한 소유권이전등기청구권은 소멸되지 아니하나 그 점유를 상실한 때로부터 10년간 등기청구권을 행사하지 아니하면 소멸시효가 완성한다"(대판 1996.3.8. 95다34866, 대판 1995.3.28. 전합93다47745 : 1회 선택형)고 한다. [13회 기록형]

※ 점유취득시효 완성 후 등기 전 소유자가 제3자에게 소유권을 이전한 경우

시효완성 후 제3자가 등기를 갖춘 경우는 '이중양도의 법리'에 따라 제3자가 설령 악의라 하더라도 그 소유권이전등기가 당연무효가 아닌 한(사안의 경우 반사회적 행위로서 무효인 법률행위에 터 잡은 경우로서 그 등기 또한 원인무효이기 때문에, 점유취득시효 완성자는 그 당시 소유자를 대위하여 위 제3자에게 그 등기의 말소를 구할 수 있다(대판 2002.3.15. 2001다77352,77369 등), 종전소유자의 소유권이전등기의무가 이행불능으로 되어 점유취득시효 완성자는 그 제3자에 대하여 시효취득을 주장할 수 없다. [13회 기록형]

※ 등기부취득시효 : 등기의 승계

등기에 공신력을 주고 있지 아니한 현행법체계하에서 등기를 믿고 부동산을 취득한 자를 보호하려는 등기부취득시효의 제도에도 합치되므로 判例와 같이 긍정하는 것이 타당하다(대판 1989.12.26, 전합87다카2176 : 7회 선택형) [5회 기록형]

※ 공유관계의 대외적 주장 [1회 · 13회 기록형]

① 제3자 앞으로 원인 무효의 등기가 마쳐져 있는 경우, 지분권자는 공유물에 관한 보존행위(제265조 단서)로서 '자기의 지분에 관하여서는 물론 그 등기 전부'의 말소를 청구할 수 있다(대판 1993.5.11. 92다52870 : 8회 선택형)

② "공동상속재산은 상속인들의 공유이고, 또 부동산의 공유자인 한 사람은 그 공유물에 대한 보존행위로서 그 공유물에 관한 원인 무효의 등기 전부의 말소를 구할 수 있다"(대판 1996.2.9, 94다 61649).

③ 지분권자는 '보존행위'를 이유로 공유물 전체의 인도를 청구할 수 있다(대판 1993.5.11. 92다52870). 그러나 부당이득반환청구는 지분에 상응해서만 할 수 있다(대판 1979.1.30. 78다2088 : 13회 선택형) [13회 기록형]

> [비교판례] ＊ 소수지분권자의 의사에 의한 제3자의 점유와 인도청구
>
> 과반수가 아닌 지분권자(1/2 지분권자도 이에 해당한다)의 의사에 의한 경우에는 제3자의 점유는 부적법하다. 전원합의체 판결에 따르면 다른 소수지분권자의 의사에 의한 '제3자에 대한 공유물 인도청구'도 허용되지 않는다고 한다(대판 2020.5.21. 전합2018다287522 판결에서 대판 2014.5.16. 2012다43324판결 변경 : 12회 선택형)

※ 공유자간의 법률관계

"공유물에 관한 특약이 '공유지분권의 본질적 부분을 침해'한다고 볼 수 있는 경우에는 특정승계인이 그러한 사실을 알고도 공유지분권을 취득하였다는 등의 특별한 사정이 없는 한 특정승계인에게 당연히 승계되는 것으로 볼 수는 없다"(대판 2009.12.10. 2009다54294 : 종전 공유자들이 기간을 정하지 않은 채 무상으로 공유자 중 일부에게 공유토지 전체를 사용하도록 한 특약은 공유자 중 1인의 특정승계인에게 당연히 승계된다고 볼 수 없다고 판시한 사례)(11회,13회 선택형) [13회 기록형]

※ 유효한 명의신탁

判例는 명의신탁이 통정허위표시가 아님을 전제로 그 유효성을 인정하고 있고, 내부적 소유권은 신탁자에게 있으나 외부적 소유권은 수탁자에게 이전된다고 보고 있다(대판 1994.2.8, 92다31675). 제3자는 선의·악의를 불문하고 수탁자로부터 유효하게 권리를 취득한다(대판 1963.9.19, 63다388). [5회 기록형]

※ 계약명의신탁

① [당사자 확정] "어떤 사람이 타인을 통하여 부동산을 매수함에 있어 매수인 명의 및 소유권이전등기 명의를 타인 명의로 하기로 약정하였고 매도인도 그 사실을 알고 있어서 그 약정이 부동산실명법 제4조의 규정에 의하여 무효로 되고 이에 따라 매매계약도 무효로 되는 경우에, 매매계약상의 매수인의 지위가 당연히 명의신탁자에게 귀속되는 것은 아니지만, 그 무효사실이 밝혀진 후에 계약상대방인 매도인이 계약명의자인 명의수탁자 대신 명의신탁자가 그 계약의 매수인으로 되는 것에 대하여 동의 내지 승낙을 함으로써 부동산을 명의신탁자에게 양도할 의사를 표시하였다면, 명의신탁약정이 무효로 됨으로써 매수인의 지위를 상실한 명의수탁자의 의사에 관계없이 매도인과 명의신탁자 사이에는 종전의 매매계약과 같은 내용의 양도약정이 따로 체결된 것으로 봄이 상당하고, 따라서 이 경우 명의신탁자는 당초의 매수인이 아니라고 하더라도 매도인에 대하여 별도의 양도약정을 원인으로 하는 소유권이전등기청구를 할 수 있다"(대판 2003.9.5, 2001다32120 : 4회 선택형). [3회 기록형]

② [신탁자의 수탁자에 대한 부당이득반환청구 대상 : 매수자금 상당액] 判例는 "계약명의신탁약정이 부동산실명법 시행 후인 경우에는 명의신탁자는 애초부터 당해 부동산의 소유권을 취득할 수 없었으므로 위 명의신탁약정의 무효로 인하여 명의신탁자가 입은 손해는 당해 부동산 자체가 아니라 명의수탁자에게 제공한 매수자금이라 할 것이고, 따라서 명의수탁자는 당해 부동산 자체가 아니라 명의신탁자로부터 제공받은 매수자금을 부당이득하였다고 할 것이다"라고 한다(대판 2005.1.28, 2002다66922 : 3회 · 4회 · 7회 선택형). [1·2회 사례형, 3회 기록형, 09·11 법무]

③ [신탁자의 수탁자에 대한 부당이득반환청구 범위 : 악의의 수익자] "부당이득반환의무자가 악의의 수익자라는 점에 대하여는 이를 주장하는 측에서 입증책임을 진다. 여기서 '악의'라고 함은, 민법 제749조 제2항에서 악의로 의제되는 경우 등은 별론으로 하고, 자신의 이익 보유가 법률상 원인 없는 것임을 인식하는 것을 말하고, 그 이익의 보유를 법률상 원인이 없는 것이 되도록 하는 사

정, 즉 부당이득반환의무의 발생요건에 해당하는 사실이 있음을 인식하는 것만으로는 부족하다. 따라서 단지 계약명의신탁에서 명의수탁자가 수령한 매수자금이 명의신탁약정에 기하여 지급되었다는 사실을 알았다고 하여도 그 명의신탁약정이 부동산 실권리자명의 등기에 관한 법률 제4조 제1항에 의하여 무효임을 알았다는 등의 사정이 부가되지 아니하는 한 명의수탁자가 그 금전의 보유에 관하여 법률상 원인 없음을 알았다고 쉽사리 말할 수 없다"(대판 2010.1.28. 2009다24187,24194). **[3회 기록형, 5회 사례형, 11법무, 10행정]**

제4장 용익물권

※ 관습법상 법정지상권

① 判例는 토지 또는 그 지상 건물에 관하여 강제경매를 위한 (가)압류가 있기 이전에 저당권이 설정되어 있다가 그 후 '강제경매'로 인해 그 저당권이 소멸하는 경우에는 제366조의 법정지상권이 아니라 관습상의 법정지상권이 문제되며, 이 때 토지와 그 지상 건물이 동일인 소유에 속하였는지는 그 '저당권 설정 당시'를 기준으로 판단한다고 한다(대판 2013.4.11. 2009다62059 : 3회 선택형) **[5회 기록형]**

② "토지의 소유자가 건물을 건축할 당시 이미 토지를 타에 매도하여 소유권을 이전하여 줄 의무를 부담하고 있었다면 토지의 매수인이 그 건축행위를 승낙하지 않는 이상 그 건물은 장차 철거되어야 하는 운명에 처하게 될 것이고 토지소유자가 이를 예상하면서도 건물을 건축하였다면 그 건물을 위한 관습상의 법정지상권은 생기지 않는다고 보아야 할 것이다"(대판 1994.12.22. 94다41072,94다41089 : 당해 판례 사안은 건물철거의 특약이 있었던 것으로 해석되기도 한다). **[3회 기록형]**

③ 건물소유자가 자신의 공유토지지분을 제3자에게 양도한 경우(당해 판례 사안은 공유토지지분이 강제경매로 원고에게 이전된 경우) 判例는 "토지공유자 중의 1인이 공유토지 위에 건물을 소유하고 있다가 토지지분만을 전매한 경우 법정지상권을 인정한다면 토지공유자 1인이 다른 공유자의 지분에까지 지상권을 설정하는 처분행위를 할 수 있음을 인정하는 셈이므로 법정지상권은 성립하지 않는다"(대판 1987.6.23. 86다카2188 ; 대판 1988.9.27. 87다카140). **[13회 기록형]**

④ "제406조의 채권자취소권의 행사로 인한 사해행위의 취소와 일탈재산의 원상회복은 채권자와 수익자 또는 전득자에 대한 관계에 있어서만 효력이 발생할 뿐이고 채무자가 직접 권리를 취득하는 것이 아니므로, 토지와 지상 건물이 함께 양도되었다가 채권자취소권의 행사에 따라 그 중 건물에 관하여만 양도가 취소되고 수익자와 전득자 명의의 소유권이전등기가 말소되었다고 하더라도, 이는 관습상 법정지상권의 성립요건인 '동일인의 소유에 속하고 있던 토지와 지상 건물이 매매 등으로 인하여 소유자가 다르게 된 경우'에 해당한다고 할 수 없다"(대판 2014.12.24. 2012다73158 : 5회,9회 선택형) **[16법행] [13회 기록형]**

제5장 담보물권

※ 유치권 성립

임차인의 보증금반환청구권 또는 권리금반환청구권과 임차목적물 判例는 이러한 청구권은 '소위 그 임대차 목적물에 관하여 생긴 채권'이라 할 수 없다고 하여 부정하였다(대판 1976.5.11. 75다1305 ; 대판 1994.10.14. 93다62119). **[9회 기록형]**

※ 유치물 사용에 대한 부당이득

1) 승낙에 의한 사용

유치권자는 소유자의 승낙 없이 유치물을 사용, 대여 또는 담보제공하지 못하는 것이 원칙이다(제324조 2항 본문). 유치권자가 이를 위반한 경우에는 소유자는 유치권의 소멸을 청구할 수 있다(제324조 3항).

"유치권의 성립요건인 유치권자의 점유는 직접점유이든 간접점유이든 관계없지만, 유치권자는 채무자의 승낙이 없는 이상 그 목적물을 타에 임대할 수 있는 처분권한이 없으므로(민법 제324조 2항 참조), 유치권자의 그러한 임대행위는 소유자의 처분권한을 침해하는 것으로서 소유자에게 그 임대의 효력을 주장할 수 없고, 따라서 소유자의 동의 없이 유치권자로부터 유치권의 목적물을 임차한 자의 점유는 현행 민사집행법 제136조 1항 단서에서 규정하는 '경락인에게 대항할 수 있는 권원'에 기한 것이라고 볼 수 없다"(대결 2002.11.27. 2002마3516) [7회 기록형]

2) 사용이익에 대한 부당이득

민법은 유치권자에게 보존에 필요한 사용을 허용하고 있을 뿐 그에 따른 이익까지 보장하고 있지는 않기 때문에, 이 경우 유치권자가 보존에 필요한 범위 내의 사용이 적법하더라도 사용이익에 대해서는 부당이득이 성립한다(대판 1963.7.11. 63다235 : 10회 선택형).

① 공사대금채권에 기하여 유치권자 스스로 유치물인 주택에 거주하며 사용하는 경우 부당이득 내용은 차임에 상당한 이득이 기준이 되며(대판 2009.9.24. 2009다40684 : 8회 선택형), [11회 기록형] ② 유치권자가 목적물을 타인에게 전세를 주고 전세금을 받은 때에는 전세금에 대한 법정이자 상당액이 된다(대판 2009.12.24. 2009다32324). [7회 기록형]

※ 비전형담보물권 : 가등기담보법

① 가등기담보법 제1조를 근거로 피담보채무가 매매대금채권인 경우에는 가담법이 적용되지 않으며, 주된 목적이 매매대금채권의 확보에 있고 대여금채권의 확보는 부수적 목적인 경우라도 가담법이 적용되지 않는다(대판 2002.12.24. 2002다50484 : 4회 선택형). [7회 기록형]

② "금전소비대차나 준소비대차에 기한 차용금반환채무와 그 외의 원인으로 발생한 채무를 동시에 담보할 목적으로 경료된 가등기나 소유권이전등기라도 그 후 후자의 채무가 변제 기타의 사유로 소멸하고 금전소비대차나 준소비대차에 기한 차용금반환채무의 전부 또는 일부만이 남게 된 경우에는 그 가등기담보나 양도담보에 가등기담보 등에 관한 법률이 적용된다"(대판 2004.4.27. 2003다29968). [9회 기록형]

친족상속법

※ 일상가사대리권과 일상가사채무의 연대책임

부부는 일상의 가사에 관하여 서로 대리권이 있으며(제827조 1항), 부부의 일방이 일상가사에 관하여 제3자와 법률행위를 한 때에는 다른 일방은 이에 대하여 연대책임을 진다(제832조). 여기서 일상가사라 함은 부부가 가정공동생활을 영위함에 있어서 필요로 하는 통상의 사무를 말한다(대판 1997.11.28. 97다31229). [09·15사법, 4회·9회 기록형]

※ 공동상속

"공동상속재산은 상속인들의 공유이고, 또 부동산의 공유자인 한 사람은 그 공유물에 대한 보존행위로서 그 공유물에 관한 원인 무효의 등기 전부의 말소를 구할 수 있다"(대판 1996.2.9. 94다61649). [1회 기록형]

※ 상속재산분할

공동상속인 중 일부의 동의가 없거나 그 의사표시에 대리권의 흠결이 있다면 분할은 무효이다 (대판 2001.6.9, 2001다28299 : 5회 선택형). **[6회 기록형]**

※ 모자관계에서의 상속회복청구권 [10회 기록형]

"혼인 외의 출생자와 생모 사이에는 생모의 인지나 출생신고를 기다리지 아니하고 자의 출생으로 당연히 법률상의 친자관계가 생기고, 가족관계등록부의 기재나 법원의 친생자관계존재확인판결이 있어야만 이를 인정할 수 있는 것이 아니다. 따라서 인지를 요하지 아니하는 모자관계에는 인지의 소급효 제한에 관한 민법 제860조 단서가 적용 또는 유추적용되지 아니하며, 상속개시 후의 인지 또는 재판의 확정에 의하여 공동상속인이 된 자의 가액지급청구권을 규정한 민법 제1014조를 근거로 자가 모의 다른 공동상속인이 한 상속재산에 대한 분할 또는 처분의 효력을 부인하지 못한다고 볼 수도 없다. 이는 비록 다른 공동상속인이 이미 상속재산을 분할 또는 처분한 이후에 그 모자관계가 친생자관계존재확인판결의 확정 등으로 비로소 명백히 밝혀졌다 하더라도 마찬가지이다"(대판 2018.6.19 2018다1049).[3]

민사소송법 역대 기록형 기출

제2편 소송의 주체 등

※ 말소의 상대방(피고적격) : 등기명의자인 양수인

判例에 따르면 '저당권의 설정원인'의 무효, 부존재나 피담보채무의 변제로 인한 소멸시에 저당권설정등기말소청구의 상대방은 양도인인 근저당권자가 아닌 현재의 등기명의자, 즉, '양수인' 인 저당권이전의 부기등기명의자이다(대판 2000.4.11. 2000다5640).

같은 취지로 "근저당권 이전의 부기등기는 기존의 주등기인 근저당권설정등기에 종속되어 주등기와 일체를 이루는 것으로서 기존의 근저당권설정등기에 의한 권리의 승계를 등기부상 명시하는 것일 뿐 그 등기에 의하여 새로운 권리가 생기는 것이 아니므로, 근저당권설정자 또는 그로부터 소유권을 이전받은 제3취득자는 피담보채무가 소멸된 경우 또는 근저당권설정등기가 당초부터 원인무효인 경우 등에 근저당권의 현재의 명의인인 '양수인'을 상대로 '주등기'인 근저당권설정등기의 말소를 구할 수 있으나, 근저당권자로부터 양수인 앞으로의 근저당권 이전이 무효라는 사유를 내세워 양수인을 상대로 근저당권설정등기의 말소를 구할 수는 없다"(대판 2003.4.11. 2003다5016)고 한다. **[4회 사례형, 8회 기록형]**

※ 주주대표소송의 제소요건(상법 제403조의 취지 : 병행형의 제3자 법정소송담당)

"상법 제403조 제1항, 제3항, 제4항에 의하면, 발행주식 총수의 100분의 1 이상에 해당하는 주식을 가진 주주는 회사에 대하여 이사의 책임을 추궁할 소의 제기를 청구할 수 있는데, 회사가 위 청구를 받은 날로부터 30일 내에 소를 제기하지 아니하거나 위 기간의 경과로 인하여 회사에 회복할 수 없는 손해가 생길 염려가 있는 경우에는 발행주식 총수의 100분의 1 이상에 해당

---

3) **[사실관계]** 甲女가 乙男과 혼인하여 丙을 출산한 후, 乙과 이혼하고 丁男과 사실혼 관계를 유지하면서 원고 등을 출산하였는데, 甲의 사망 후 丙이 甲이 소유하던 부동산에 관하여 단독으로 상속등기를 마친 다음 戊에게 매도한 사안에서, 원고 등과 甲 사이에 친생자관계가 존재함을 확인하는 판결이 丙의 부동산 처분 이후에 확정되었다 하더라도 丙, 戊에게는 원고 등의 상속지분에 해당하는 소유권이전등기를 말소할 의무가 있다는 이유로, 제1014조를 근거로 원고 등이 丙이 한 상속재산에 대한 처분의 효력을 부인하지 못한다고 본 원심판결을 파기한 사례

하는 주식을 가진 주주가 즉시 회사를 위하여 소를 제기할 수 있다는 취지를 규정하고 있는바, 이는 주주의 대표소송이 회사가 가지는 권리에 바탕을 둔 것임을 고려하여 주주에 의한 남소를 방지하기 위해서 마련된 제소요건에 관한 규정에 해당한다. 따라서 회사에 회복할 수 없는 손해가 생길 염려가 없음에도 불구하고 회사에 대하여 이사의 책임을 추궁할 소의 제기를 청구하지 아니한 채 발행주식 총수의 100분의 1 이상에 해당하는 주식을 가진 주주가 즉시 회사를 위하여 소를 제기하였다면 그 소송은 부적법한 것으로서 각하되어야 한다"(대판 2010.4.15. 2009다98058)(7회, 8회 선택형). **[6회 기록형]**

제3편 제1심 소송절차

※ 소송계속의 실체법상 효과 : 연대채무자 또는 부진정연대채무자

判例는 "부진정연대채무에서 채무자 1인에 대한 재판상 청구 또는 채무자 1인이 행한 채무의 승인 등 소멸시효의 중단사유나 시효이익의 포기는 다른 채무자에게 효력을 미치지 않는다"(대판 2017.9.12. 2017다865)고 하는바, 시효중단의 효과는 당사자 외에 승계인에게만 미치기 때문이며 (제169조 참조), 시효이익의 포기 또한 상대적인 효과만 있기 때문이다(대판 1995.7.11. 95다12446 등). **[9회 기록형]**

※ 이행의 소(권리보호이익) : 채권가압류결정이 제3채무자에게 송달된 후에 채권을 양도받은 자가 체3채무자를 상대로 이행의 소를 제기할 수 있는지 여부(적극)

"일반적으로 채권에 대한 가압류가 있더라도 이는 가압류채무자가 제3채무자로부터 현실로 급부를 추심하는 것만을 금지하는 것이므로 가압류채무자는 제3채무자를 상대로 그 이행을 구하는 소송을 제기할 수 있고, 법원은 가압류가 되어 있음을 이유로 이를 배척할 수 없는 것이며, 채권양도는 구 채권자인 양도인과 신 채권자인 양수인 사이에 채권을 그 동일성을 유지하면서 전자로부터 후자에게로 이전시킬 것을 목적으로 하는 계약을 말한다 할 것이고, 채권양도에 의하여 채권은 그 동일성을 잃지 않고 양도인으로부터 양수인에게 이전된다 할 것이며, 가압류된 채권도 이를 양도하는 데 아무런 제한이 없으나, 다만 가압류된 채권을 양수받은 양수인은 그러한 가압류에 의하여 권리가 제한된 상태의 채권을 양수받는다고 보아야 할 것이다"(대판 2000.4.11. 99다23888, 민법의 맥 B-91d. 참고). **[1회 기록형, 3회 사례형]**

※ 소의 이익(장래이행의 소) : 장래의 부당이득반환청구, 장래의 손해배상청구

"채무의 이행기가 장래에 도래할 예정이고 그때까지 채무불이행 사유가 계속 존속할 것이 변론종결 당시에 확정적으로 예정되어 있다면, 장래의 이행을 명하는 판결을 할 수 있다"(대판 2018.7.26. 2018다227551). **[9회 기록형]**

※ 소의 이익(장래이행의 소) : 미리 청구할 필요(권리보호이익)

" ① ⅰ) 채무자가 피담보채무 전액을 변제하였다고 하거나 ⅱ) 피담보채무의 일부가 남아 있음을 시인하면서 그 변제를 '조건'으로 저당권설정등기의 말소등기절차 이행을 청구하였지만 ② ⅰ) 피담보채무의 범위에 관한 견해 차이로 그 채무 전액을 소멸시키지 못하였거나 ⅱ) 변제하겠다는 금액만으로는 소멸시키기에 부족한 경우에, 그 청구 중에는 확정된 잔존채무의 변제를 '조건'으로 그 등기의 말소를 구한다는 취지까지 포함되어 있는 것으로 해석하여야 하고, 이러한 경우에는 장래 이행의 소로서 그 저당권설정등기의 말소를 미리 청구할 필요가 있다고 보아야 한다"(대판 1996.2.23. 95다9310)(7회 선택형). **[5회·8회·9회 기록형]**

※ **확인의 이익**(확인의 소) : 권리 또는 법률상 지위에 불안 [6회 사례형, 3회·5회·7회 기록형]

"확인의 이익은 원고의 권리 또는 법률상 지위에 현존하는 불안, 위험이 있고 그 불안, 위험을 제거함에는 확인판결을 받는 것이 가장 유효적절한 수단일 때에만 인정된다"(대판 1991.12.10. 91다14420).

判例는 "저가낙찰로 인해 경매를 신청한 근저당권자의 배당액이 줄어들거나 경매목적물 가액과 비교하여 거액의 유치권 신고로 매각 자체가 불가능하게 될 위험은 경매절차에서 근저당권자의 법률상 지위를 불안정하게 하는 것이므로 위 불안을 제거하는 근저당권자의 이익을 단순한 사실상·경제상의 이익이라고 볼 수는 없다. 따라서 근저당권자는 유치권 신고를 한 사람을 상대로 유치권 전부의 부존재뿐만 아니라 경매절차에서 유치권을 내세워 대항할 수 있는 범위를 초과하는 유치권의 부존재 확인을 구할 법률상 이익이 있고, 심리 결과 유치권 신고를 한 사람이 유치권의 피담보채권으로 주장하는 금액의 일부만이 경매절차에서 유치권으로 대항할 수 있는 것으로 인정되는 경우에는 법원은 특별한 사정이 없는 한 그 유치권 부분에 대하여 일부패소의 판결을 하여야 한다"(대판 2016.3.10. 2013다99409)(8회 선택형)고 판시하였다. 같은 이유로 만약 피담보채권자체가 인정되지 않는다면, 근저당권자는 유치권 신고를 한 사람을 상대로 유치권 전부의 부존재확인을 구할 법률상 이익이 인정된다(대판 2004.9.23. 2004다32848). [6회 사례형, 9회 기록형]

※ **국가를 상대로 한 소유권확인의 소**

① [원칙 : 소의 이익 부정] 미등기 건물의 경우(대판 1995.5.12. 94다20464), 이미 제3자 앞으로 등기가 경료된 경우(대판 1995.9.15. 94다27649), 등기부상 명의인의 기재가 실제와 일치하지 아니하더라도 인격의 동일성이 인정되는 경우(대판 2016.10.27. 2015다230815), 토지·임야대장상의 소유자로 등록된 자가 있는 경우(대판 2010.11.11. 2010다45944)에는 국가를 상대로 한 소유권확인의 이익이 없다. [3회 기록형]

② [예외 : 소의 이익 인정] "국가를 상대로 한 토지소유권확인청구는 그 토지가 미등기이고 토지대장이나 임야대장상에 등록명의자가 없거나 등록명의자가 누구인지 알 수 없을 때와 그 밖에 국가가 등기 또는 등록명의인 제3자의 소유를 부인하면서 계속 국가 소유를 주장하는 등 특별한 사정이 있는 경우에 한하여 그 확인의 이익이 있다"(대판 2010.11.11. 2010다45944). [3회 기록형]

※ **소송물 : 부당이득반환청구권과 불법행위로 인한 손해배상청구권**

"부당이득반환청구권과 불법행위로 인한 손해배상청구권은 서로 실체법상 별개의 청구권으로 존재하고 그 각 청구권에 기초하여 이행을 구하는 소는 소송법적으로도 소송물을 달리하므로, 채권자로서는 어느 하나의 청구권에 관한 소를 제기하여 승소 확정판결을 받았다고 하더라도 아직 채권의 만족을 얻지 못한 경우에는 다른 나머지 청구권에 관한 이행판결을 얻기 위하여 그에 관한 이행의 소를 제기할 수 있다. 그리고 채권자가 먼저 부당이득반환청구의 소를 제기하였을 경우 특별한 사정이 없는 한 손해 전부에 대하여 승소판결을 얻을 수 있었을 것임에도 우연히 손해배상청구의 소를 먼저 제기하는 바람에 과실상계 또는 공평의 원칙에 기한 책임제한 등의 법리에 따라 그 승소액이 제한되었다고 하여 그로써 제한된 금액에 대한 부당이득반환청구권의 행사가 허용되지 않는 것도 아니다"(대판 2013.9.13. 2013다45457) [1회·3회 기록형]

※ **중복소제기의 금지 : 수인의 채권자가 채권자취소권을 행사하는 경우 판결의 선고**

"여러 명의 채권자가 사해행위취소 및 원상회복청구의 소를 제기하여 여러 개의 소송이 계속 중인 경우에는 각 소송에서 채권자의 청구에 따라 사해행위의 취소 및 원상회복을 명하는 판결을 선고하여야 하고, 수익자(전득자를 포함)가 가액배상을 하여야 할 경우에도 수익자가 반환하여야 할 가액을 채권자의 채권액에 비례하여 채권자별로 안분한 범위 내에서 반환을 명할 것이 아니라, 수익자가 반환하여야 할 가액 범위 내에서 각 채권자의 피보전채권액 전액의 반환을 명하여야 한다"(대판 2005.11.25. 2005다51457 : 3회 선택형). **[4회 기록형]**

※ 증명책임의 전환 : 등기의 추정력의 성질

判例는 이전등기가 경료된 사건에서 "이전등기는 권리의 추정력이 있으므로 이를 다투는 측에서 무효사유를 주장·증명하지 않는 한 그 등기를 무효라고 판정할 수 없다"(대판 1979.6.26. 79다741, 대판 1992.10.27. 92다30047)고 한다. **[1회 기록형]**

제4편 소송의 종료

※ 화해권고결정 : 권고결정 확정 후 후소 제기

소송에서 다투어지고 있는 권리 또는 법률관계의 존부에 관하여 동일한 당사자 사이의 전소에서 확정된 화해권고결정이 있는 경우 당사자는 이에 반하는 주장을 할 수 없고 법원도 이에 저촉되는 판단을 할 수 없다(대판 2014.4.10. 2012다29557).[4] **[5회 기록형]**

※ 소송판결의 기판력

소송판결도 소송요건의 흠결로 소가 부적법하다는 판단에 한하여 기판력이 발생한다. 어떠한 소송요건이 흠으로 판단된 것인가는 판결이유를 참작할 것이며, 이에 의하여 정해지는 소송요건의 흠에 대한 판단에만 기판력이 생긴다. 따라서 판단된 당해 소송요건의 흠을 보정(변론 종결 뒤의 사유)한 후 다시 소를 제기하는 것은 소송판결의 기판력에 반하지 않는다(대판 2003.4.8. 2002다70181 : 종전 소송에서 당사자능력의 흠결을 이유로 소각하 판결을 받은 자연부락이 그 후 비법인사단으로서 당사자능력을 갖춘 것으로 볼 여지가 있다는 이유로 종전 소송판결의 기판력과의 저촉을 인정하지 않은 사례)(4회 선택형). **[3회 기록형]**

※ 기판력의 객관적 범위 : 민소법 제216조 1항

"확정판결의 기판력은 소송물로 주장된 법률관계의 존부에 관한 판단 그 자체에만 미치는 것이고 전소와 후소가 그 소송물이 동일한 경우에 작용하는 것이므로, 부동산에 관한 소유권이전등기가 원인무효라는 이유로 그 등기의 말소를 명하는 판결이 확정되었다고 하더라도 그 확정판결의 기판력은 그 소송물이었던 말소등기청구권의 존부에만 미치는 것이므로, 그 소송에서 패소한 당사자도 전소에서 문제된 것과는 전혀 다른 청구원인에 기하여 상대방에 대하여 소유권이전등기청구를 할 수 있다"(93다43491)**[13회 기록형]**.

※ 기판력의 시적 범위 : 표준시 이후에 발생한 사유

확정판결의 기판력은 사실심 변론종결시 이후의 권리관계를 확정하는 것은 아니다. 다만 표준시 이후의 권리관계의 선결관계가 된다. 표준시 이후에 발생한 사유에는 실권효가 미치지 않으므로 그 새로운 사정에 기하여 후소를 제기할 수 있다. 변론종결 이후의 변제, 조건성취, 소멸시효 완성 등이 여기에 해당한다. **[6회 기록형]**

그러나 "여기서 말하는 변론종결 후에 발생한 새로운 사유라 함은 새로운 사실관계를 말하는 것일 뿐 기존의 사실관계에 대한 새로운 증거자료가 있다거나 새로운 법적 평가 또는 그와 같은 법적 평가가 담긴 다른 판결이 존재한다는 등의 사정은 그에 포함되지 아니한다"(대판 2016.8.30. 2016다222149). 따라서 법률이나 判例의 변경 등 법률평가는 주장할 수 없다.

---

4) 甲이 乙을 상대로 제기한 상속회복청구소송 중 상속재산인 부동산이 수용되어 乙이 수용보상금을 수령하자 甲이 대상청구로서 금전지급을 구하는 청구로 변경하였고 그 후 甲과 乙 사이에 화해권고결정이 확정되었는데, 甲이 乙이 수령한 보상금 중 甲의 상속분 해당 금원에서 화해권고결정에 따라 받은 금원 등을 공제한 나머지 금원의 지급 등을 구하자 甲의 청구를 기각한 사례

※ **판결의 하자와 편취판결 : 허위주소 송달**

判例는 "제소자가 상대방의 주소를 허위로 기재함으로써 그 허위주소로 소송서류가 송달되어 상대방 아닌 다른 사람이 그 서류를 받아 의제자백의 형식으로 제소자 승소의 판결이 선고되고 그 판결정본 역시 허위의 주소로 보내어져 송달된 것으로 처리된 경우에는 상대방에 대한 판결의 송달은 부적법하여 무효이므로 상대방은 아직도 판결정본의 송달을 받지 않은 상태에 있어 이에 대하여 상소를 제기할 수 있다"(대판 1978.5.9. 전합75다634)고 판시하였다. **[4회 기록형]**

역대 상법 기록형 기출

1. 상호속용 영업양수인의 책임 [3회 기록형]

(1) 출제 내용

상담일지에 영업양도가 이루어졌다는 사실과 영업양수인이 영업양도인의 상호를 계속해서 사용하여 영업을 하고 있다는 사실 및 채권자가 영업양도 이전에 영업양도인에게 대금채권을 보유하고 있다는 사실이 기재되어 있고 영업양도양수계약서가 존재. 영업양도인에 대한 대금채권의 소멸시효기간 경과한 사정 및 영업양수인의 자산에 대한 가압류자료가 존재.

(2) 쟁점

영업양수인이 양도인의 상호를 계속 사용하는 경우에는 양도인의 영업으로 인한 제3자의 채권에 대하여 양수인도 변제할 책임이 있다(제42조 제1항). 영업양도인과 영업양수인은 부진정연대책임을 부담하고, 영업양도인에 대한 판결의 효력이 영업양수인에게 미치지 않는다.

상호속용 또는 채무인수 영업양수인이 변제책임을 지는 경우 양도인의 제3자에 대한 채무는 영업양도 또는 광고 후 2년이 경과하면 소멸한다(제45조).

☞ 영업양도인에 대한 책임 여부가 문제되면 영업양도계약서상 영업양도일을 확인하여야 함.

2. 개업준비행위로서의 자금차입이 상행위인지 여부 [9회 기록형]

(1) 출제 내용

골프용품 판매점 개업 자금이 필요하다고 말하고 자금을 차입했다는 내용이 상담일지에 기재.

(2) 쟁점

영업자금 차입 행위는 행위 자체의 성질로 보아서는 영업의 목적인 상행위를 준비하는 행위라고 할 수 없지만, 행위자의 주관적 의사가 영업을 위한 준비행위이었고 상대방도 행위자의 설명 등에 의하여 그 행위가 영업을 위한 준비행위라는 점을 인식하였던 경우에는 상행위에 관한 상법의 규정이 적용된다(대판 2012.4.13. 2011다104246).

3. 대표이사가 회사설립자금을 빌린 행위의 상행위 여부 [6회 기록형]

(1) 출제 내용

주식회사를 설립하기 위하여 필요한 비용을 대표이사의 대리인이라고 칭하는 자에게 대여하였고, 회사 설립 후 대표이사가 회사 운영자금 용도로 자금을 빌린 것으로 상담일지에 기재. 대리관계를 표시한 대리인 명의의 대여약정서가 기록에 존재. 대표이사의 내용증명에 시효소멸 주장이 기재.

(2) 쟁점

영업을 준비하는 행위가 보조적 상행위로서 상법의 적용을 받기 위해서는 행위를 하는 자 스스로 상인자격을 취득하는 것을 당연한 전제로 하므로, 어떠한 자가 자기 명의로 상행위를 함으로써 상인자격을 취득하고자 준비행위를 하는 것이 아니라 다른 상인의 영업을 위한 준비행위를 하는 것에 불과하다면, 그 행위는 행위를 한 자의 보조적 상행위가 될 수 없다.

여기에 회사가 상법에 의해 상인으로 의제된다고 하더라도 회사의 기관인 대표이사 개인은 상인이 아니어서 비록 대표이사 개인이 회사 자금으로 사용하기 위해서 차용한다고 하더라도 상행위에 해당하지 아니하여 차용금채무를 상사채무로 볼 수 없는 법리를 더하여 보면, 회사 설립을 위하여 개인이 한 행위는 그것이 설립중 회사의 행위로 인정되어 장래 설립될 회사에 효력이 미쳐 회사의 보조적 상행위가 될 수 있는지는 별론으로 하고, 장래 설립될 회사가 상인이라는 이유만으로 당연히 개인의 상행위가 되어 상법 규정이 적용된다고 볼 수는 없다(대판 2012.7.26. 2011다43594).

4. 상사보증채무의 소멸시효 [2회 기록형]

(1) 출제 내용

비상인 사이의 금전대여에 대하여 회사가 보증한다는 내용의 각서가 작성.

(2) 쟁점

특별한 사정이 없는 한 보증채무에 대하여는 단기소멸시효가 적용될 여지가 없고, 성질에 따라 보증인에 대한 채권이 민사채권인 경우에는 10년, 상사채권인 경우에는 5년의 소멸시효기간이 적용된다(대판 2014.6.12. 2011다76105).

☞ 비상인간의 금전대여에 대하여 회사가 보증을 한 경우 보증채권의 소멸시효는 5년임.

5. 상사유치권 [9회 기록형]

(1) 출제 내용

甲은 채무자 乙에 대한 대금채권을 회수하기 위하여 乙 소유 창고에 설정된 甲의 근저당권을 실행하였는데, 위 창고의 임차인 丙으로부터 창고를 전차한 丁은 임대보증금 5천만원을 이유로 유치권신고서를 집행법원에 제출하였고, 전차인 丁은 위 창고 외부에 유치권 행사 중이라는 현수막을 설치하고 창고에 잠금장치를 설치하고 사설경비업체를 통해 위 창고를 점유하고 있었으며, 丙은 골프용품 수입업자이고 丁은 골프용품 판매업자로 위 창고를 골프용품 보관에 사용해 왔다는 사실이 상담일지에 기재. 사건관계인은 유치권신고 인해 창고의 매각대금이 낮아지는 등의 불이익이 발생하는 것을 방지하는데 필요한 판결을 받기를 원함. 전차인 丁이 민법 및 상법상의 유치권을 주장하는 내용의 내용증명이 존재.

(2) 쟁점

상인간의 상행위로 인한 채권이 변제기에 있는 때에는 채권자는 변제를 받을 때까지 그 채무자에 대한 상행위로 인하여 자기가 점유하고 있는 채무자소유의 물건 또는 유가증권을 유치할 수 있다. 그러나 당사자 간에 다른 약정이 있으면 그러하지 아니하다(제58조).

담보권 실행을 위한 경매절차에서 근저당권자가 유치권자로 권리신고를 한 자에 대하여 유치권부존재확인의 소를 구할 법률상의 이익이 있다(대판 2004.9.23. 2004다32848).

청구취지: 별지 목록 기재 부동산에 관하여 피고 丁의 유치권이 존재하지 아니함을 확인한다.

6. 상인의 법정이자 청구권 [2회 기록형]

(1) 출제 내용

회사와 개인이 공동차주로서 자금을 차용하는 내용의 차용증이 존재. 차용증에 이자약정에 관련 내용이 존재하지 않음.

(2) 쟁점

상인이 그 영업에 관하여 금전을 대여한 경우에는 법정이자를 청구할 수 있다(제55조 제1항).

☞ 상인이 차주이므로 제55조 제1항 적용대상은 아님.

7. 채무자와 보증인의 연대책임 [2회 기록형]

(1) 출제 내용

비상인간의 금전대여에 대하여 회사가 단순히 보증한다는 내용의 각서가 작성. 회사가 운영자금을 차용하면서 작성한 차용증에 甲이 공동차용인으로 차용증을 작성.

(2) 쟁점

보증인이 있는 경우에 그 보증이 상행위이거나 주채무가 상행위로 인한 것인 때에는 주채무자와 보증인은 연대하여 변제할 책임이 있다(제57조 제2항).

☞ 기록 자료에 단순 보증이라고 기재되어 있더라도 연대책임을 부담한다는 점 기재하여야 함.

8. 상사매매 [3회 기록형]

(1) 출제 내용

비상인이 가구점을 운영하는 상인에게 가구를 매도하고 매도대금 채권을 보유.

(2) 쟁점

당사자중 그 1인의 행위가 상행위인 때에는 전원에 대하여 본법을 적용한다(제3조).

☞ 기록 자료에 거래 쌍방이 상인이 아니더라도 일방이 상인인 경우 상법이 적용된다는 점을 기재하여야 함.

☞ 매도인이 상인이 아닌 경우 상사매매 특칙이 적용되지 않음.

9. 상호계산 [6회 기록형]

(1) 출제 내용

甲회사와 乙 사이에 6개월간 건어물을 공급하되 대금이 5천만 원이 될 때마다 그 날을 변제기로 하여 대금을 정산한다는 내용이 기재된 공급계약서가 존재. 乙이 甲 회사에게 대여한 대여금의 지급을 청구하자 甲회사는 위 공급대금채권을 자동채권으로 하여 상계를 주장하였는데, 대여금 지급청구 시기는 위 공급계약의 기간인 6개월 이내임.

(2) 쟁점

상호계산에 편입된 채권에 대해서는 이행지체가 발생하지 않고 소멸시효가 진행하지 않으며 편입되지 않은 채권과 편입된 채권 사이의 상계가 허용되지 않는다.

10. 매수인의 하자검사통지의무 [5회 기록형]

(1) 출제 내용

상담일지에 상인이 토지를 매수하고 6개월이 경과한 후 토지 지하에서 폐유와 폐비닐이 나온 사실이 기재됨. 매도인과 매수인의 내용증명통지서가 존재. 각 내용증명통지서에 상사매수인의 하자통지의무 요건사실 관련 내용이 기재됨.

(2) 쟁점

상인간의 매매에 있어서 매수인이 목적물을 수령한 때에는 지체없이 이를 검사하여야 하며 하자 또는 수량의 부족을 발견한 경우에는 즉시 매도인에게 그 통지를 발송하지 아니하면 이로 인한 계약해제, 대금감액 또는 손해배상을 청구하지 못한다. 매매의 목적물에 즉시 발견할 수 없는 하자가 있는 경우에 매수인이 6월내에 이를 발견한 때에도 같다(제69조 제1항).

상법 제69조 제1항은 민법상 매도인의 담보책임에 대한 특칙으로, 채무불이행에 해당하는 이른바 불완전이행으로 인한 손해배상책임을 묻는 청구에는 적용되지 않는다(대판 2015.6.24. 2013다522).

☞ 기록 자료에 포함된 내용증명통지서를 통해 매도인과 매수인이 모두 상인이라는 점, 매수인이 하자를 발견하여 통지한 시점이 목적물 수령일로부터 6월 이내인지 등을 확인하여 기재하여야 함.

11. 명의개서미필주주의 지위 [7회 기록형]

(1) 출제 내용

회사의 임시주주총회의 소집통지와 관련하여 실제 주식의 소유자가 甲임에도 명의상 주주인 乙에게 소집통지가 되고 乙이 참석한 주주총회는 잘못이고, 丙이 丁에게 주식을 양도한 후 丙이 양도사실을 회사에 통지하였음에도 丁을 주주로 인정하지 않은 것은 잘못임을 주장하는 내용증명이 존재.

(2) 쟁점

주주명부에 적법하게 주주로 기재되어 있는 자는 회사에 대한 관계에서 주식 의결권 등 주주권을 행사할 수 있고, 회사 역시 주주명부상 주주 외에 실제 주식을 인수하거나 양수하고자 하였던 자가 따로 존재한다는 사실을 알았든 몰랐든 간에 주주명부상 주주의 주주권 행사를 부인할 수 없으며, 주주명부에 기재를 마치지 않은 자의 주주권 행사를 인정할 수도 없다. 주주명부에 기재를 마치지 않고도 회사에 대한 관계에서 주주권을 행사할 수 있는 경우는 주주명부 기재 또는 명의개서청구가 부당하게 지연되거나 거절되었다는 등의 예외적인 사정이 있는 경우에 한한다(대판 2017.3.23. 2015다248342).

12. 주주의결권의 대리행사 [7회 기록형]

(1) 출제 내용

주주의 대리인의 의결권 행사를 인정하지 않은 것은 잘못이다는 내용의 내용증명이 존재.

(2) 쟁점

대리권을 증명하는 서면은 위조나 변조 여부를 쉽게 식별할 수 있는 원본이어야 하고, 특별한 사정이 없는 한 사본은 그 서면에 해당하지 아니하고, 팩스를 통하여 출력된 팩스본 위임장 역시 성질상 원본으로 볼 수 없다(대판 2004.4.27. 2003다29616).

13. 중요자산의 처분과 주주총회특별결의 [7회 기록형]

(1) 출제 내용

골프연습장을 운영하는 회사의 중요자산인 부동산을 처분하기 위한 임시주주총회에서 일부 주주는 동의하였으나 일부 주주는 반대하였는데 대표이사가 가결된 것으로 선언하고 위 주주총회 뒤 부동산을 매각하고 등기를 마쳐준 내용과 사건관계인은 위 매수인을 상대로 회사 앞으로 부동산의 반환을 구하는 내용의 소 제기를 원한다는 내용이 상담일지에 기재. 내용증명에 다음 내용이 기재됨. ① 위 주주총회에 의결권 40% 주주들만 출석하였고 의결권 30% 주주의 동의만 있었으므로 위 주총은 위법하다. ② 실제 주식의 소유자가 甲임에도 명의상 주주인 乙에게 소집통지가 되고 乙이 참석한 주주총회는 잘못이다. ③ 丙이 丁에게 주식을 양도한 후 丙이 양도사실을 회사에 통지하였음에도 丁을 주주로 인정하지 않은 것은 잘못이다. ④ 戊가 선정한 대리인의 의결권 행사를 인정하지 않은 것은 잘못이다.

(2) 쟁점

영업용 재산의 처분으로 말미암아 회사 영업의 전부 또는 일부를 양도하거나 폐지하는 것과 같은 결과를 가져오는 경우에는 주주총회의 특별결의가 필요하다(대판 2004.7.8. 2004다13717).

14. 주주총회결의취소의 소 [7회 기록형]

(1) 출제 내용

위 11번 출제 내용 참조

(2) 쟁점

총회의 소집절차 또는 결의방법이 법령 또는 정관에 위반하거나 현저하게 불공정한 때 또는 그 결의의 내용이 정관에 위반한 때에는 주주·이사 또는 감사는 결의의 날로부터 2월내에 결의취소의 소를 제기할 수 있다(제376조 제1항). 본점소재지의 지방법원 전속관할(제376조 제2항, 제186조).

청구취지: 피고의 2020. 2. 11. 임시주주총회에서 소외 ***에게 별지 목록 기재 부동산을 매각하기로 한 결의를 취소한다.

☞ 원고가 피고 회사의 주주라는 사실, 피고 회사 주주총회결의 일시와 결의 내용, 주주총회결의 하자의 내용 기재.

15. 전단적 대표행위 [2회 기록형]

(1) 출제 내용

타인의 채무를 보증하는 대표이사의 행위가 이사회결의사항으로 되어 있음에도 불구하고 대표이사가 이사회결의 없이 한 보증행위의 효력

(2) 쟁점 판례

① 일정한 대외적 거래행위에 관하여 이사회 결의를 거치도록 대표이사의 권한을 제한한 경우에도 이사회 결의는 회사의 내부적 의사결정절차에 불과하고, 특별한 사정이 없는 한 거래상대방으로서는 회사의 대표자가 거래에 필요한 회사의 내부절차를 마쳤을 것으로 신뢰하였다고 보는 것이 경험칙에 부합한다. 따라서 회사 정관이나 이사회 규정 등에서 이사회 결의를 거치도록 대표이사의 대표권을 제한한 경우에도 선의의 제3자는 상법 제209조 제2항에 따라 보호된다.

② 제3자가 회사 대표이사와 거래행위를 하면서 회사의 이사회 결의가 없었다고 의심할 만한 특별한 사정이 없다면, 일반적으로 이사회 결의가 있었는지를 확인하는 등의 조치를 취할 의무까지 있다고 볼 수는 없다. ④ 대표이사의 대표권을 제한하는 상법 제393조 제1항은 그 규정의 존재를 모르거나 제대로 이해하지 못한 사람에게도 일률적으로 적용된다. 주식회사의 대표이사가 이 조항에 정한 '중요한 자산의 처분 및 양도, 대규모 재산의 차입 등의 행위'에 관하여 이사회의 결의를 거치지 않고 거래행위를 한 경우에도 거래행위의 효력에 관해서는 위에서 본 내부적 제한의 경우와 마찬가지로 보아야 한다.(대판 2021.2.18. 2015다45451)

16. 표현대표이사의 어음발행 [5회 기록형]

(1) 출제 내용

회사의 대표이사 甲이 회사에 거의 출근하지 않고 乙에게 대표이사의 인감을 맡겨 乙이 **주식회사 대표이사 乙이라는 명함과 회사의 대표이사 인장을 사용하여 회사의 업무를 처리하였고 주변에서도 乙을 대표이사로 알고 있는 상황에서 乙이 회사 명의의 어음을 발행

(2) 쟁점

회사가 이사의 자격이 없는 자에게 표현대표이사의 명칭을 사용하게 허용한 경우는 물론 이사의 자격도 없는 사람이 임의로 표현대표이사의 명칭을 사용하고 있는 것을 회사가 알면서도 아무런 조치를 취하지 아니한 채 그대로 방치하여 소극적으로 묵인한 경우에도 상법 제395조 규정이 유추적용 된다(대판 1992.7.28. 91다35816).

표현대표이사가 다른 대표이사의 명칭을 사용하여 어음행위를 한 경우, 회사가 책임을 지는 선의의 제3자의 범위에는 표현대표이사로부터 직접 어음을 취득한 상대방뿐만 아니라, 그로부터 어음을 다시 배서양도받은 제3취득자도 포함된다(대판 2003.9.26. 2002다65073).

☞ 기록 자료에 포함된 내용을 구체적으로 포섭하는 것이 중요. 회사의 항변을 배척하는 내용으로 기재.

17. 이사의 책임과 경영판단원칙 [6회 기록형]

(1) 출제 내용

회사의 내규상 1억 원 이상 외상거래를 하는 경우 금융기관 발행의 신용장이나 담보를 제공받도록 하고 있음에도 불구하고 대표이사 甲이 이러한 조치 없이 중국 회사와 2억 원의 거래를 하였는데 나중에 중국 회사가 존재하지 않는 것으로 밝혀졌고, 이에 대표이사가 사퇴 후 주주 甲은 회사에 대하여 대표이사의 책임을 묻는 소를 제기할 것을 요구였으나 회사는 소를 제기하지 않고 있는 것으로 상담일지에 기재. 대표이사의 사직서에 경영판단에 따른 것으로 면책사유 주장이 기재.

(2) 쟁점

① 법령에 위반한 행위는 이사로서 임무를 수행함에 있어서 준수하여야 할 의무를 개별적으로 규정하고 있는 상법 등의 규정과 회사가 기업 활동을 함에 있어서 준수하여야 할 제반 규정을 위반한 경우를 말하고, ② 이사가 법령에 위반한 행위를 한 때에는 그 행위 자체가 회사에 대하여 채무불이행에 해당되므로 이로 인하여 회사에 발생한 손해를 배상할 책임이 있고, ③ 법령에 위반한 행위에 대하여는 이사가 임무를 수행함에 있어서 선관주의의무를 위반하여 임무해태로 인한 손해배상책임이 문제되는 경우에 고려될 수 있는 경영판단의 원칙은 적용될 여지가 없다(대판 2005.10.28. 2003다69638).

주식회사가 대표이사를 상대로 주식회사에 대한 임무 해태를 내세워 채무불이행으로 인한 손해배상책임을 물음에 있어서는 대표이사의 직무수행상의 채무는 미회수금 손해 등의 결과가 전혀 발생하지 않도록 하여야 할 결과채무가 아니라, 회사의 이익을 위하여 선량한 관리자로서의 주의의무를 가지고 필요하고 적절한 조치를 다해야 할 채무이므로, 회사에게 대출금 중 미회수금 손해가 발생하였다는 결과만을 가지고 곧바로 채무불이행사실을 추정할 수는 없다(대판 1996.12.23. 96다30465,30472).

☞ 대표이사의 내규위반행위에 따른 회사의 손해발생에 관한 내용과 경영판단원칙이 적용될 수 있는지 여부를 구체적으로 기재하는 것이 중요.

18. 주주대표소송 [6회 기록형]

(1) 출제 내용

주주대표소송을 제기하고자 한다는 내용이 상담일지에 기재. 회사의 법인등기부등본이 기록에 존재. 소제기 요청서 존재(회사 및 감사를 수신인으로 기재)

(2) 쟁점

발행주식의 총수의 100분의 1 이상에 해당하는 주식을 가진 주주는 회사에 대하여 이사의 책임을 추궁할 소의 제기를 청구할 수 있다(제403조 제1항). 제1항의 청구는 그 이유를 기재한 서면으로 하여야 한다(제403조 제2항). 회사가 전항의 청구를 받은 날로부터 30일내에 소를 제기하지 아니한 때에는 제1항의 주주는 즉시 회사를 위하여 소를 제기할 수 있다(제403조 제3항).

청구취지: 피고는 민사기록 주식회사에게 200,000,000원 및 이에 대하여 이 사건 소장 부본 송달일의 다음날부터 다 갚는 날까지 연 12%의 비율에 의한 금원을 지급하라.

☞ 회사의 발행주식 총수와 대표이사의 주소 등 사항을 법인등기부등본을 통해 확인하여 기재. 기타 요건사실을 기록을 통해 확인하여 기재.

19. 어음요건 기재 [2회 기록형]

발행인 甲은 2020. 5. 15. 乙에게 액면금 10억 원, 지급지, 발행지 및 지급장소 각 서울, 지급일 2020. 5. 15., 수취인 乙, 발행일 2020. 3. 5.인 약속어음을 발행하였다.

20. 어음금 청구소송과 원인채권의 소멸시효 중단 [2회 기록형]

채권자가 원인채권에 기하여 청구를 한 것이 아니라 어음채권에 기하여 청구를 하는 경우 원인채권의 소멸시효를 중단시키는 효력이 있고, 이는 채권자가 어음채권을 피보전권리로 하여 채무자의 재산을 가압류함으로써 그 권리를 행사한 경우에도 마찬가지로 적용된다(대판 1999.6.11. 99다16378).

기록 자료에 어음금 청구 사건에 대한 확정증명원이 포함되어 있거나 확정일이 기재된 경우 원인채권의 소멸시효는 확정일 다음날부터 기산하여 진행한다.

21. 백지어음 부당보충 [5회 기록형]

(1) 출제 내용

어음액면금을 백지로 하여 어음을 발행하면서 수취인에게 백지보충권을 부여하였다는 내용 및 수취인이 제3자에게 보충권의 범위를 넘어서 보충할 수 있다는 내용을 전달하고 이에 제3자가 어음액면금을 기재한 후 발행인에게 어음금 지급을 청구하였으나 발행인이 어음이 무효라고 주장하면서 어음금의 지급을 거절하였다는 내용이 상담일지에 기재.

(2) 쟁점

미완성으로 발행한 환어음에 미리 합의한 사항과 다른 내용을 보충한 경우에는 그 합의의 위반을 이유로 소지인에게 대항하지 못한다. 그러나 소지인이 악의 또는 중대한 과실로 인하여 환어음을 취득한 경우에는 그러하지 아니하다(어음법 제10조).

① 어음법 제10조의 '악의'란 백지어음이 부당 보충되었다는 사실과 이를 취득할 경우 어음채무자를 해하게 된다는 것을 알면서도 어음을 양수한 때를 말하고, '중과실'이란 조금만 주의를 기울였더라면 백지어음 부당 보충사실을 알 수 있었음에도 그와 같은 주의도 기울이지 아니하고 부당 보충된 어음을 양수한 때를 말한다. ② 어음금액란의 기재는 대단히 중요한 사항이므로 어음금액란을 백지로 하는 어음을 발행하는 경우 발행인은 통상적으로 보충권 범위를 한정한다고 봄이 상당하다. ③ 부당 보충된 약속어음을 취득하면서 소지인이 발행인에게 금액 보충권의 범위를 확인하지 않았다면 소지인의 악의 또는 중과실이 인정된다. ④ 소지인이 악의 또는 중과실로 부당 보충된 어음을 취득한 경우에도 발행인은 보충권 수여범위 안에서는 어음상 책임을 진다.(대판 1999.2.9. 98다37736)

22. 어음주채무자의 책임 [5회 기록형]

(1) 출제 내용

어음금 지급을 청구하는 어음소지인에 대하여 지급제시기간을 경과하여 지급제시가 이루어졌다는 이유로 어음의 효력이 소멸하였다는 어음발행인의 주장이 기재된 내용증명통지서가 존재.

(2) 쟁점

약속어음의 발행인은 어음의 주채무자로서 어음상 권리의 소멸시효 완성 전에는 어음채무를 부담.

제 **5** 편

역대 기출
청구취지 및
요건사실

Set 020 동기의 착오 [9회 기록형]

1. 사실관계 [9회 기록형 변형]

(1) 매매계약의 체결과 원고의 착오취소에 따른 원상회복(매매대금)청구

• 원고는 2018. 1. 12. 피고로부터 이 사건 대지에 관하여 매매대금 8억 5천만원에 매수하는 매매계약을 체결하면서(2018. 2. 15. 매매대금 완납과 동시에 원고 명의로 소유권이전등기 경료함), 특약사항으로 관광호텔사업 부지로 매수하므로 매도인은 매수인이 관광호텔건축허가를 받는 데 협조하기로 하고, 당해 부지에 적치된 폐자재는 매수인이 호텔건축허가를 받은 후 1주일 이내로 매도인이 자신의 비용으로 반출하고, 기타 시설물을 완전히 철거하여 정비된 상태에서 부지를 인도하기로 정함

• 원고는 호텔건축허가를 받고자 하였으나 이를 받지 못하였으므로 매매계약을 실효시키고 매매대금 및 이자·지연손해금을 돌려 받고자 함

(2) 피고의 항변

피고는 ① 관광호텔사업 부지로 매수하려는 목적은 원고의 개인적인 동기에 불과하므로 취소사유가 되지 않고, ② 허가를 받지 못한 사정은 원고의 개인적인 사정에 불과하여 중요부분이 아니라고 주장

※ 청구취지

피고는 원고로부터 이 사건 대지에 관하여 수원지방법원 성남지원 하남등기소 2018. 2. 15. 접수 제4927호로 마친 소유권이전등기의 말소등기절차를 이행받음과 동시에 원고에게 850,000,000원 및 이 사건 소장부본 송달일부터 다 갚는 날까지 연 5%의 비율로 계산한 돈을 지급하라. (가집행 可)

2. 제109조가 적용되기 위한 요건사실(매매계약 체결사실 + 착, 중)

원고는 2018. 1. 12. 피고로부터 이 사건 부동산을 총 8억5천만원에 매수하기로 하고, 특약사항으로 관광호텔사업 부지로 매수하므로 매도인은 매수인이 관광호텔건축허가를 받는 데 협조하기로 하고, 당해 부지에 적치된 폐자재는 매수인이 호텔건축허가를 받은 후 1주일 이내로 매도인이 자신의 비용으로 반출하고, 기타 시설물을 완전히 철거하여 정비된 상태에서 부지를 인도하기로 정하였습니다. 원고는 약정한 날짜에 계약금과 잔금을 지급받았고, 피고는 원고에게 이 사건 부동산에 관하여 소유권이전등기를 경료해주었습니다.

원고에게 i) 이 사건 토지 매수의 의사표시에서 이 사건 토지에 관광호텔건축허가를 받을 수 있을 것이라는 착오가 존재하고, ii) 이는 토지의 현황·경계에 관한 착오(2019다288232)로서 중요부분의 착오에 해당합니다, 원고는 피고에게 2019. 5. 20. 내용증명으로 이 사건 매매계약 취소의 의사표시를 하였고 2019. 5. 30. 이전 피고에게 원고의 의사표시가 도달되었으므로, 피고는 원고에게 원상회복으로서 원고로부터 지급받은 매매대금 8억 5천만원을 지급할 의무가 있습니다.

3. 동기의 착오 - 피고의 ①항변

判例는 동기를 '의사표시의 내용'으로 삼을 것을 상대방에게 표시한 경우 그 착오를 이유로 계약을 취소할 수 있다고 보고, 의사표시의 해석상 그 동기가 법률행위의 내용으로 되어 있다고

인정되면 충분하고, 당사자들 사이에 별도로 그 동기를 의사표시의 내용으로 삼기로 하는 '합의'까지 이루어질 필요는 없다는 입장입니다. 원고는 피고와 이 사건 매매계약을 체결하면서, 관광호텔사업 목적으로 부지를 매수한다는 점을 밝히면서 매도인인 피고는 매수인인 원고가 관광호텔건축허가를 받는 데 최대한 협조하기로 한다는 특약을 맺었으므로, 원고의 관광호텔사업 목적이라는 동기는 표시되었다고 볼 수 있습니다. 따라서 피고의 ①항변은 타당하지 않습니다.

4. 중요부분의 착오 – 피고의 ②항변

判例는 토지의 현황·경계에 관한 착오는 중요부분의 착오이므로 취소할 수 있다고 합니다. 나아가 원고가 건축허가를 받지 못하는 것은 이 사건 매매계약 목적 달성에 필수불가결한 요소가 성취 불능된 것으로서, 원고의 입장인 주관적으로, 거래일반의 입장인 객관적으로도, 건축허가를 받지 못하였다면 이 사건 매매계약을 체결하지 아니하였을 것이라는 현저성이 인정, 중요부분의 착오라고 인정할 수 있습니다. 따라서 피고의 ② 항변도 타당하지 않습니다.

5. 미리 청구할 필요

원고의 매매계약 취소의 의사표시에 따른 원상회복청구권의 기초가 되는 사실상, 법률상 관계가 이 사건 변론종결 당시 존재하고 있으며, 피고는 원고의 착오를 이유로 한 매매계약 취소가 불가능하다고 항변하며 현재 원고의 청구에 응하고 있지 아니하는바, 피고의 원상회복 거부의 계속이 확실하므로 원고의 이 사건 청구는 대상적격과 미리 청구할 필요가 인정됩니다.

Set 023 이해상반행위와 상속재산분할협의 [4회 기록형]

1. 사실관계 [4회 기록형 변형]

(1) 원고의, A의 피고에 대한 지분에 관한 말소등기청구권 대위행사

- 피고(母)는 2011. 12. 10. 미성년자이던 소외 A(子)와 공동상속받은 이 사건 부동산에 관하여, 피고가 단독으로 소유권을 취득하기로 하는 상속재산분할협의를 하면서, 미성년자이던 소외 A를 위한 특별대리인을 선임하지 않았음.
- 피고는 위 상속재산분할협의를 이유로 2012. 1. 5. 이 사건 부동산에 관하여 소유권이전등기를 경료함.
- 원고는 소외 A에 대하여 이 사건 부동산에 관하여 2/5 지분에 관한 소유권이전등기청구권을 가지고 있는 바, 피고 앞으로 경료된 이 사건 부동산에 관한 소유권이전등기 중 2/5 지분에 관하여 말소를 구하고자 함

※ 청구취지

피고 000은 원고에게 이 사건 부동산 중 2/5 지분에 관하여 서울중앙지방법원 2012. 1. 5. 접수 제1451호로 마친 소유권이전등기의 말소등기절차를 이행하라. (가집행 不可)

2. 요건사실(채대소송 : 보, 필, 불, 대 + 말소등기청구 : 원고 소유 / 피고 등기 / 등기 원인무효)

원고는 ⅰ) 피보전채권으로서 소외 A에게 이 사건 부동산 중 2/5지분에 관한 소유권이전등기

청구권을 가지고 있습니다. ⅱ) 원고의 피보전채권이 금전채권이 아닌 특정채권인 경우 채무자의 무자력을 요구하지 않는 것이 判例의 입장이며, ⅲ) 소외 A는 피고에 대한 이 부동산에 관한 지분 말소등기 청구를 하고 있지 아니합니다.

3. 이해상반행위(피대위권리)

判例에 따르면 ⅳ) 소외 A와 피고 사이의 이 사건 부동산에 관한 상속재산분할협의는, 미성년자였던 소외 A와 법정대리인인 피고 母 사이의 이해의 대립이 생길 우려가 있는 행위로서 이해상반행위에 해당하고, A의 특별대리인이 선임되지 아니한 이상 피고의 무권대리행위로서 무효입니다. 따라서 A는 피고에 대하여 이 사건 부동산 중 2/5지분에 관하여 소유권이전등기의 말소등기절차를 구할 권리가 있고, 원고는 소외 A에 대한 권리를 보전하기 위하여 채무자 子의 피고 母에 대한 권리를 대위행사하는 바입니다.

Set 033 **소멸시효의 중단 1 - 어음금청구와 시효중단** [2회 기록형]

1. 사실관계 [2회 기록형]

> **(1) 원고의 보증채무 이행청구(소 제기 2013. 1. 7.)(소촉법은 12%로 전제)**
> - 원고는 2006. 1. 5. 주채무자 A에게 원금 1억원, 이자 연 6%, 변제기 2007. 1. 4.로 하는 금전소비대차계약을 체결하였고, 같은 날 피고 주식회사(대표이사 B)와의 사이에 위 대여금채무에 관하여 연대보증계약을 체결함
> - 주채무자 A는 담보조로 액면 1억 원의 약속어음을 발행하였고, 원고는 2009. 1. 4. 주채무자에 대하여 어음금 지급을 구하는 소를 제기하여 확정판결을 받았으나, 집행은 하지 않았음
>
> **(2) 피고의 소멸시효 완성의 항변**
> 피고는 보증채무의 소멸시효 완성을 주장

※ 청구취지
피고 주식회사는 원고에게 100,000,000원 및 이에 대한 2006. 1. 5.부터 이 사건 소장부본 송달일까지는 연 6%의, 그 다음날부터 다 갚는 날까지는 연 12%의 각 비율로 계산한 돈을 지급하라. (가집행 可)

※ 주의사항 - 피고 작성시
피고가 주식회사이므로, 법인명 - 주소 - 대표이사 000(現) 기재 必

2. 요건사실(보증금청구 : 주채무발생 / 보증계약체결)

원고는 2006. 1. 5. 주채무자 소외 A에게 원금 1억원, 약정이율 연 6%, 변제기 2007. 1. 4.로 대여하였고, 피고는 같은 날 위 채무를 연대보증하였습니다. 따라서 피고는 원고에게 1억원 및 이에 대한 2006. 1. 5.부터 이 사건 소장부본 송달일까지 연 6%의 이자 및 지연손해금, 그 다음날부터 다 갚는 날까지 연 12%의 지연손해금을 지급할 의무가 있습니다.

3. 피고의 소멸시효 완성의 항변과 소멸시효 중단의 재항변

피고는 위 연대보증채무가 변제기 2007. 1. 4.로부터 5년이 경과하여 소멸시효가 완성되었다고 항변할 것으로 예상됩니다.

그러나 **判例**에 따르면 원고가 **어음채권에 기하여 청구**를 하는 경우에는 원인채권의 소멸시효를 중단시키는 효력이 있습니다. 원고가 소외 A에게 이 사건 주채무의 소멸시효 완성 전인 2009. 1. 4. 어음금 지급을 구하는 소를 제기하여 확정판결을 받아 원인채무인 이 사건 대여금채권의 소멸시효가 중단된 이상, 피고의 연대보증채무도 원고의 이 사건 어음금 청구로 인하여 소멸시효가 중단되었고 어음금 청구에 대한 판결 확정일인 2009. 1. 4.로부터 이 사건 소 제기일은 5년이 경과하지 않았습니다. 따라서 피고의 소멸시효 완성의 항변은 타당하지 않습니다.

Set 033 소멸시효의 중단 2 - 가압류의 시효중단효 [3·12회 기록형]

1. 사실관계 [3회 기록형 변형]

> ### (1) 원고의 가구대금청구(소 제기 2014. 1. 6.)
> * 원고는 2001. 3. 20. 가구점 사장 소외 A에게 가구 1점을 대금 2천만원에 매도함과 동시에 인도하였고, 대금지급기일을 2002. 3. 19.로 정함.
> * 피고는 2007. 1. 15. 소외 A으로부터 위 가구영업을 양수하기로 하는 영업양도양수 계약을 체결함.
> * 원고는 2007. 3. 11. 피고를 채무자, 청구채권 위 가구대금채권으로 하여 피고 소유 부동산을 가압류 신청하였고, 2007. 3. 15. 가압류등기가 되었으며 현재까지 가압류등기가 존속하고 있음
>
> ### (2) 피고의 항변
> 피고는 이미 10년이 지났으므로 가구대금청구에 응할 수 없다는 주장
>
> ### ※ 청구취지
> 피고는 원고에게 20,000,000원 및 이에 대한 2002. 3. 20.부터 이 사건 소장부본 송달일까지는 연 6%의, 그 다음날부터 다 갚는 날까지는 연 20%의 각 비율로 계산한 돈을 지급하라. (가집행 可)

---

2. 요건사실(매매대금청구 : 매매계약 / 목적물인도 / 이행기도래 / 약정이율 / 영업양도사실)

원고는 2001. 3. 20. 상인 소외 A에게 가구 1점을 대금 2천만원, 대금지급기일 2002. 3. 19.로 정하여 판매하는 매매계약을 체결하였고, 원고는 피고에게 가구를 인도하였습니다. 소외 A은 원고에게 대금을 지급하지 아니한 상태에서 2007. 1. 15. 피고에게 위 영업을 양도하였고, 피고는 동일한 상호로 위 영업을 계속하고 있습니다. 따라서 피고는 원고에게 20,000,000원 및 이에 대한 2002. 3. 20.부터 이 사건 소장부본 송달일까지는 연 6%의, 그 다음날부터 다 갚는 날까지는 연 20%의 각 비율로 계산한 지연손해금을 지급할 의무가 있습니다.

3. 피고의 소멸시효 완성의 항변과 소멸시효 중단의 재항변

피고는 위 가구대금채무가 변제기 2002. 3. 19.로부터 10년이 경과하여 소멸시효 완성으로 소멸하였다고 항변할 것으로 예상됩니다.

그러나 원고는 2007. 3. 11. 피고를 채무자, 청구채권 위 가구대금채권으로 하여 피고 소유 부동산에 가압류신청을 하였고, 2007. 3. 15. 가압류등기가 되어 현재까지 가압류등기가 존속하고 있습니다. 소멸시효는 가압류로 인하여 중단되고, 判例에 따르면 이러한 가압류는 집행되면 그 '집행을 신청한 때'에 소급하여 시효중단의 효력이 발생하며, 가압류에 의한 시효중단의 효력은 가압류의 집행보전의 효력이 존속하는 동안은 '계속'되는 것이므로, 피고의 소멸시효 완성의 항변은 타당하지 않습니다.

나아가 원고의 이 사건 채권이 상사채권으로서 5년의 소멸시효 기간을 갖는다고 하여도 변제기인 2002. 3. 19.로부터 5년 내인 2007. 3. 11.에 원고가 이 사건 가압류를 신청한 이상 달리 볼 것이 아닙니다.

Set 033 소멸시효의 중단 3 – 일부청구와 시효중단 [11회 기록형]

1. 사실관계 [11회 기록형 변형]

> **(1) 원고의 저당권설정등기 말소청구(소 제기 2022. 1. 14.)(소촉법 12%)**
>
> - 원고는 2018. 4. 23. 매매계약을 원인으로 하여 2021. 3. 25. 이 사건 토지에 소유권이전등기를 경료함
> - 위 토지에는 저당권자 피고, 채권액 3억원, 채무자 A로 하는 저당권설정등기가 경료(2017. 3. 16.)되어있음(불법행위에 기한 손해배상채권)
> - 피고는 2017. 7. 4. A를 상대로 3억원 중 1억원 및 이에 대한 지연손해금을 특정하여 구하는 소를 제기하였고, 청구취지의 확장 없이 승소확정판결(소송물 : 1억원 및 2017.7.15.부터 지연손해금)을 받았음(판결 확정 2017. 10. 21.)
>
> **(2) 피고의 소멸시효 중단의 항변**
>
> - 피고는 1) 승소확정판결에 따라 피담보채권 전액이 시효중단되었고 2) 채무자 A가 시효이익을 포기하였다는 항변을 할 것으로 예상됨.

※ 청구취지

피고는 소외 A로부터 100,000,000원 및 이에 대한 2017. 7. 15.부터 다 갚는 날까지 연 12%의 비율로 계산한 돈을 지급받은 다음 원고에게 이 사건 대지에 관하여 수원지방법원 안산지원 2017. 3. 16. 접수 제1536호로 마친 저당권설정등기의 말소등기절차를 이행하라. (가집행 不可)

2. 요건사실(등기말소청구 : 원고 소유 / 피고 등기 / 등기 원인무효)

원고는 2018. 4. 23. 매매계약을 원인으로 하여 2021. 3. 25. 이 사건 토지에 소유권이전등기를 경료한 이 사건 대지의 소유권자입니다. 위 대지에는 저당권자 피고, 채권액 3억원, 채무자 A

로 하는 저당권설정등기가 경료(2017. 3. 16.)되어있습니다. 위 저당권의 피담보채무 중 2억원 및 이에 대한 지연손해금은 소멸시효완성으로 소멸하였고, 피고는 소외 A로부터 남은 1억원 및 이에 대한 지연손해금을 지급받게 되면 위 저당권은 부종성에 따라 소멸하게 되므로, 피고 는 소외 A로부터 1억원 및 이에 대한 지연손해금을 지급받은 다음 원고에게 이 사건 대지에 관하여 경료된 저당권설정등기의 말소등기절차를 이행할 의무가 있습니다.

3. 피고의 소멸시효 중단의 항변과 재항변

피고는 A에 대한 소제기로 인하여 저당권의 피담보채권 전부의 소멸시효가 중단되고, 판결 확 정일인 2017. 10. 21.부터 10년의 소멸시효가 진행되므로 이 사건 피담보채권 전액이 시효소멸 한 것은 아니라고 주장할 것으로 예상됩니다.

그러나 判例는 "채권 중 일부만을 청구하면서 장차 청구금액을 확장할 뜻을 표시하였으나 실제로 청구 금액을 확장하지 않은 경우에는 나머지 부분에 대하여는 재판상 청구로 인한 시효중단의 효력이 발생하지 아니한다는 입장으로, 피고가 청구를 확장하지 아니한 나머지 2억원 및 이에 대한 지연손해금 에 대해서는 위 판결 확정일로부터 6월 내에 피고가 아무런 조치를 취하지 아니하여 2010. 10. 21. 24:00 시효소멸하였습니다.

따라서 피담보채권 전액에 관하여 재판상 청구로 인한 시효중단의 효력이 발생한다는 피고의 항변은 타당하지 않습니다.

4. 피고의 시효이익의 포기 항변과 재항변

피고는 소외 A가 시효이익을 포기함에 따라 원고는 더 이상 시효완성의 효과를 원용할 수 없 다고 항변할 것으로 예상됩니다.

그러나 判例에 따르면 저당부동산의 제3취득자인 원고의 시효원용권은 독자적인 것으로서, 채 무자 A의 시효이익의 포기에 영향을 받지 않습니다. 따라서 피고의 시효이익의 포기에 관한 항변 또한 타당하지 않습니다.

5. 미리 청구할 필요

피고는 원고의 저당권설정등기의 말소등기절차 이행 청구에 대하여 피담보채무 전액이 시효중 단되었다거나, 소외 A의 시효이익의 포기를 주장하는 등 이를 거절하고 있습니다. 따라서 소외 A로부터 1억원 및 이에 대한 지연손해금을 지급받은 다음 피고의 저당권설정등기의 말소를 구하는 장래 이행의 소의 미리 청구할 필요가 인정됩니다.

Set 033 **소멸시효의 중단 4 - 압류의 경합** [6회 기록형]

1. 압류의 경합에 따라 압류·전부명령이 무효라는 항변

전부명령이 제3채무자에게 송달될 때까지 그 금전채권에 관하여 다른 채권자가 압류·가압류 또는 배당요구를 한 경우에는 전부명령은 효력을 가지지 아니한다(민사집행법 제229조 5항). 이처럼 압류 경합으로 전부명령이 무효인 경우에도 압류 자체는 피압류채권 전부에 대하여 효 력이 있고(민사집행법 제235조), 압류에 따른 소멸시효 중단의 효력도 유지된다.

Set 034 소멸시효완성의 효과 [9·11회 기록형]

1. 사실관계 [9회 기록형 변형]

(1) 원고의 근저당권설정등기 말소청구 (소 제기 2020. 1. 10.)

- 원고는 2019. 4. 1. 소외 A로부터 이 사건 부동산을 매수하고 2019. 5. 31. 소유권이 전등기 경료함.
- 위 부동산에는 상인인 소외 A가 2013. 1. 5. 피고로부터 2억원을 차용(변제기 2014. 1. 5. 연이율 15%)하면서 채권최고액 3억원, 채무자 A로 한 근저당권설정등기가 경료되어있었음(수원지방법원 성남지원 분당등기소. 2014. 2. 5. 접수 제1098호)
- 원고는 이 사건 근저당권설정등기를 말소하고 싶어함

(2) 피고의 소멸시효 중단 등의 항변

- 피고는 1) 근저당권설정등기가 경료되어 피담보채권의 소멸시효 진행이 없음 2) 원고는 채무자가 아니므로 소멸시효 완성의 주장을 할 수 없음 3) A는 2019. 7. 4.에 1억원을 송금하였음 이라는 항변을 할 것으로 예상

※ 청구취지

피고는 원고에게 이 사건 부동산에 관하여 수원지방법원 성남지원 분당등기소 2014. 2. 5. 접수 제1098호로 마친 근저당권설정등기의 말소등기절차를 이행하라. (가집행 不可)

2. 요건사실(근저당권말소청구 : 원고 소유 / 피고 등기 / 등기 원인무효)

ⅰ) 원고는 2019. 4. 1. 소외 A로부터 이 사건 부동산을 매수하고, 2019. 5. 31. 원고 명의로 소유권이전등기를 경료하였습니다. ⅱ) 이 사건 부동산에는 상인인 소외 A가 2013. 1. 5. 피고로부터 2억원을 차용(변제기 2014. 1. 5. 연이율 15%)하면서, 2014. 2. 5. 피고에게 경료해준 근저당권설정등기(채권최고액 3억원, 채무자 A)가 경료되어있습니다.ⅲ) 피고의 소외 A에 대한 대여금채무는 2019. 2. 5. 24:00에 소멸시효가 완성되어 소멸하였으므로 피고의 근저당권설정등기는 부종성에 따라 원인무효라고 할 것입니다. 따라서 피고는 원고에게 이 사건 부동산에 관하여 마쳐진 피고 명의의 근저당권설정등기의 말소등기절차를 이행할 의무가 있습니다.

3. 피고의 소멸시효 중단의 항변과 재항변

피고는 이 사건 근저당권설정등기가 경료됨으로써 피고의 피담보채권의 소멸시효는 진행하지 않는다고 주장할 것으로 예상됩니다.

그러나 담보를 제공하는 것이 '묵시적 승인'을 한 것으로 인정되더라도, 채무승인 이후에는 다시 소멸시효 기간이 진행하는 것이므로, 피담보채권의 소멸시효가 진행하지 않는다는 피고의 항변은 타당하지 않습니다.

4. 피고의 시효이익을 받을 자가 아니라는 항변과 재항변

피고는 원고는 채무자가 아니므로 소멸시효 완성을 원용할 수 없다고 항변할 것으로 예상됩니다.

그러나 判例에 따르면 원고는 이 사건 근저당권이 설정된 부동산의 제3취득자로서 소멸시효 완성의 '직접 이익을 받는 자' 라는 직접수익자에 해당하고, 이 사건 피담보채권의 소멸시효 완성의 효과를 원용할 수 있습니다. 따라서 피고의 항변은 타당하지 않습니다.

5. 피고의 시효이익의 포기 항변과 재항변

피고는 A가 2019. 7. 4. 1억원을 일부변제하였으므로, 채무승인으로 소멸시효의 진행이 중단되거나 시효이익의 포기에 따라 더 이상 시효완성의 효과를 원용할 수 없다고 항변할 것으로 예상됩니다.

그러나 判例에 따르면 저당부동산의 제3취득자인 원고의 시효원용권은 독자적인 것으로서, 채무자 A의 시효이익의 포기에 영향을 받지 않습니다. 따라서 피고의 시효이익의 포기에 관한 항변 또한 타당하지 않습니다.

Set 049 채권자지체 - 계약해제권 발생여부 [8회 기록형]

1. 사실관계 [8회 기록형 변형]

(1) 원고의 소유권이전등기, 건물철거, 대지인도 청구(소제기 2019. 1. 11.)

- 원고는 2016. 12. 1. 피고로부터 이 사건 대지를 매매대금 9억 2천만원에 매수하면서, 계약금 1억원은 계약 당일, 중도금 4억원은 2017. 2. 1. 잔금 4억 2천만원은 2017. 4. 1. 소유권이전등기에 필요한 서류를 교부받음과 상환으로 지급하되, 특약으로 피고는 잔금을 지급받음과 동시에 이 사건 대지 지상 건물을 철거하기로 정하였음.
- 원고는 매매대금을 모두 지급 완료하였고, 피고는 2017. 5. 3. 공인중개사 등기에 필요한 서류를 가지고 공인중개사 사무실을 방문하였으나 원고가 응하지 않음.

(2) 피고의 항변

피고는 원고의 채권자지체를 이유로 매매계약이 해제되었다고 항변

※ 청구취지

피고는 원고에게 이 사건 대지에 관하여 2016. 12. 1. 매매를 원인으로 한 소유권이전등기절차를 이행하고, 이 사건 대지 지상 건물을 철거하고, 이 사건 대지를 인도하라. (건물철거, 대지인도 가집행 可)

2. 요건사실(매매목적물청구 : 매매계약 / 대금지급 / 이행기도래)

원고는 ⅰ) 2016. 12. 1. 피고로부터 이 사건 대지를 매매대금 9억 2천만원에 매수하면서, 계약금 1억원은 계약 당일, 중도금 4억원은 2017. 2. 1., 잔금 4억 2천만원은 2017. 4. 1. 소유권이전등기에 필요한 서류를 교부받음과 상환으로 지급하되, 특약으로 피고는 잔금을 지급받음과 동시에 이 사건 대지 지상 건물을 철거하기로 약정하였습니다. ⅱ) 원고는 매매대금 총 9억 2천만원을 약정한 날짜에 모두 지급하였습니다, 따라서 피고는 원고에게 이 사건 대지에 관하여 이 사건 매매계약을 원인으로 한 소유권이전등기절차를 이행하고, 이 사건 건물을 철거하며, 이 사건 대지를 인도할 의무가 있습니다.

3. 피고의 계약해제 항변과 재항변

피고는 채권자지체를 이유로 이 사건 매매계약이 해제되었다고 주장할 것으로 예상됩니다.

그러나 判例는 "채권자지체가 성립하는 경우 그 효과로서 **채무자가 채권자에 대하여 일반적인 채무불이행책임과 마찬가지로 손해배상이나 계약 해제를 주장할 수는 없다**"는 입장입니다. 피고의 소유권이전등기절차 이행에 원고의 등기 관련 서류의 수령 또는 협력이 필요하고, 피고가 2017. 5. 3. 등기 관련 서류를 공인중개사 사무실에 맡겨놓음으로써 등기이전의무의 내용에 좇은 이행의 제공이 있었으며, 원고가 이에 응하지 아니하여 원고의 채권자지체가 인정된다고 하더라도, 이를 두고 등기이전의무의 채무자인 피고가 계약 해제를 주장할 수는 없는 것이므로 피고의 항변은 타당하지 않습니다.

Set 051 채권자취소권 1 [13회 기록형]

1. 사실관계 [13회 기록형 변형]

(1) 원고의 사해행위취소 및 원상회복 청구(소제기 2024. 1. 12.)
- 원고는 乙에 대해 1억 8천만원의 금전채권을 가짐(2023. 4. 30. 발생)
- A는 2021. 6. 15. B에게 이 사건 건물을 보증금 2억원, 월차임 2백만원, 기간 2021. 6. 15.부터 2023. 6. 14.로 하여 임대(대항력 有)
- 乙(夫)과 丙(子)은 A가 2023. 4. 30. 사망함에 따라 위 건물을 상속하였고, 2023. 5. 30. 甲에게 위 건물을 매도하였고 2023. 6. 10. 소유권이전등기를 경료해줌.
- 甲은 2023. 6. 14. B로부터 건물을 돌려받으면서 2억원 보증금을 반환함.
- 원고는 채무초과상태인 乙의 책임재산을 회복하고자 함 (건물 시가는 5억)

(2) 피고의 항변
- 피고는 보증금이 반환된 이상 이 사건 매매계약은 취소될 수 없다고 주장

※ 청구취지
1. 원고와 피고 甲 사이에서, 피고 甲과 소외 乙 사이에 이 사건 건물에 관하여 2023. 5. 30. 체결된 매매계약을 100,000,000원의 한도 내에서 취소한다.
2. 피고 甲은 원고에게 100,000,000원 및 이에 대한 이 판결 확정일 다음날부터 다 갚는 날까지 연 5%의 비율로 계산한 돈을 지급하라. (가집행 不可)

2. 요건사실(사해행위취소 : 피보전채권 / 사해행위 / 사해의사 / 제척기간)

ⅰ) 원고는 채무자인 소외 乙에 대하여 2023. 4. 30.에 발생한 금전채권을 가지고 있습니다. ⅱ) 소외 乙은 채무초과상태에서, 2023. 5. 30. 피고 甲에게 시가 5억원의 이 사건 건물을 매도하고 2023. 6. 10. 소유권이전등기를 경료하여 주었습니다. 위 매도행위는 채무초과상태에서 유일한 부동산인 이 사건 건물을 매도하여 소비하기 쉬운 금전으로 바꾼 것으로서 사해행위에 해당하며, 이 경우 소외 乙의 사해의사는 추정됩니다. ⅳ) 원고는 본 소를 2024. 1. 12.에 제기하였는바, 이는 이 사건 매매계약이 체결된 2023. 5. 30.으로부터 5년이 경과되지 아니하였고,

원고가 그 사실을 안 날로부터 1년이 경과하지 아니한 점 또한 역수상 명백합니다.

따라서 원고와 피고 사이에서, 이 사건 매매계약을 취소하고 피고 甲은 원고에게 1억원을 지급할 의무가 있습니다.

3. 피고가 임대차보증금을 반환한 이상 사해행위로 취소할 수 없다는 주장과 반박

피고 甲은 자신이 이 사건 건물에 대항력 있는 임대차의 보증금을 반환하였으므로 이 사건 매매계약은 취소될 수 없다고 주장할 것으로 예상됩니다.

그러나 判例에 따르면 주택임대차보호법이 정한 대항요건 및 확정일자를 갖춘 임차인 B가 있는 부동산에 관하여 사해행위가 이루어진 후 수익자인 피고 甲이 우선변제권 있는 임대차보증금 반환채무를 이행한 경우 소외 乙의 책임재산에서 보증금을 공제한 잔액의 한도에서 사해행위를 취소하고 그 가액의 배상을 구할 수 있습니다. 따라서 피고의 주장은 타당하지 않습니다.

Set 051 채권자취소권 2 - 상대적 무효설 [13회 기록형]

1. 사실관계 [13회 기록형 변형]

> **(1) 원고의 관습법상 법정지상권 성립 확인청구**
> - 피고는 이 사건 건물과 이 사건 토지를, 소외 A로부터 함께 매수하여 2021. 5. 31. 소유권이전등기를 경료하였음
> - 소외 A의 채권자의 사해행위취소소송에 따라, 이 사건 건물에 관한 피고의 등기가 말소됨
> - 이후 위 건물에 강제경매가 개시되어 원고가 2023. 5. 1. 경락받음
> - 피고는 원고에게 자꾸 건물철거 및 대지인도를 요구하고 있어 원고는 이 사건 건물을 소유하기 위하여 이 사건 대지를 사용할 권리가 있는지를 파악하여 가장 유효 적절한 소를 제기하고자 함
>
> **※ 청구취지**
> 원고와 피고 사이에서, 이 사건 토지에 관하여 원고에게 이 사건 건물 소유를 위한 관습법상 법정지상권이 존재함을 확인한다. (가집행 不可)

2. 요건사실(관습법상 법정지상권 : 압동 / 강)

ⅰ) 원고는 2023. 5. 1. 이 사건 건물에 관한 적법한 강제경매를 원인으로 건물의 소유권을 취득하였습니다. ⅱ) 2023. 1. 15. 이 사건 건물에 대한 강제경매개시결정 당시 피고의 소유권이전등기가 2022. 9. 20.에 사해행위 취소를 이유로 말소되어 있었다고 하더라도 判例에 따르면 이 사건 토지와 그 지상 건물이 함께 피고 앞으로 양도되었다가 채권자취소권의 행사에 따라 그 중 건물에 관하여만 양도가 취소되고 피고 명의의 소유권이전등기가 말소된 다음 그 건물이 경매절차에서 매각된 경우, 위 경매절차의 매수인인 원고가 매각시에 관습상 법정지상권을 취득합니다.

3. 확인의 이익

피고는 원고에게 이 사건 대지를 점유할 정당한 권원이 없음을 이유로 이 사건 건물의 철거와 이 사건 대지의 인도를 구하고 있어 원고의 이 사건 대지 점유자 및 건물 소유자로서의 법적 지위에 현존하는 위험 불안이 존재하고, 이 사건 건물에 이 사건 대지를 점유할 관습법상 법정지상권이 존재한다는 확인판결을 구하는 것이 원고와 피고 사이에 원고가 이 사건 대지를 점유할 정당한 권원이 있음을 밝혀주는 것으로서 위험 불안을 제거하기 위한 가장 유효 적절한 수단이 되므로, 확인의 이익이 인정됩니다.

Set 051 채권자취소권 3 – 제소기간, 원상회복방법 [3회 기록형]

1. 사실관계 [3회 기록형 변형]

> **(1) 원고들의 사해행위취소 및 원상회복 청구(소 제기 2014. 1. 6.)**
> - 원고 A와 원고 B는 甲에 대하여 2억5천만원의 금전채권을 각 보유하고 있음(2010. 6. 30. 발생). 甲은 2010. 9. 1. 이후 현재까지 채무초과상태
> - 甲은 2006. 4. 6. 이 사건 토지(시가 1억2천만원)를, 2011. 4. 9. 이 사건 아파트(시가 2억)를 乙에게 각 매도하였음.
> - 乙은 이후 丙 앞으로, 이 사건 아파트에 자신을 채무자로 하여 근저당권을 설정하였음(丙은 위 사정에 관하여 선의라고 가정함)
>
> **※ 청구취지**
> 1. 원고들과 피고 乙 사이에서, 소외 甲과 피고 乙 사이에 이 사건 아파트에 관하여 2011. 4. 9. 체결된 매매계약을 각 200,000,000원의 한도에서 취소한다.
> 2. 피고 乙은 원고들에게 각 200,000,000원 및 이에 대한 이 판결 확정일 다음날부터 다 갚는 날까지 연 5%의 비율로 계산한 돈을 지급하라. (가집행 不可)

2. 요건사실(사해행위취소 : 피보전채권 / 사해행위 / 사해의사 / 제척기간)

(1) 피보전채권의 성립시기…본안요건(흠결시 청구기각)

피보전채권의 성립시기와 관련하여 채권자 취소권에 의하여 보호될 수 있는 채권은 원칙적으로 사해행위라고 볼 수 있는 행위가 행하여지기 전에 발생한 것임을 요한다. 원고들의 소외 甲에 대한 채권은 2010. 6. 30. 발생하였고, 이 사건 대지에 관한 매매계약은 2006. 4. 6. 체결되었다는 점에서, 이 사건 대지에 관한 매매계약에 대하여 사해행위취소소송을 제기하는 것은 "피보전채권" 흠결로 청구기각되므로 청구하여서는 안된다.

3. 채권자취소권의 행사 – 원상회복의 방법

(1) 부동산의 소유권이 악의의 수익자에게 이전된 후 선의의 전득자가 저당권을 취득한 경우

원상회복은 원물반환 원칙, 원물반환이 불가능하거나 현저히 곤란한 경우 예외적으로 가액배상을 하는 것이고, 선의의 전득자인 丙이 저당권을 취득한 경우 원고들은 수익자인 피고 甲을 상대로 가액배상을 청구하는 것이 원고들의 권리실현을 위해 더 유효적절한 수단이다.

4. 취소의 범위와 가액배상의 범위

가액상환에서 가액은 '사해행위가 성립하는 범위 내'에서 '사실심변론종결시'를 기준으로 하여 산정된다. 가액배상은 ㉠ 채권자의 피보전채권액과 ㉡ 목적물의 공동담보가액 중 적은 금액을 한도로 이루어지고, 이로써 가액배상의 경우 취소의 범위와 가액배상의 범위가 일치된다.

따라서 원고 A, B의 채무자 소외 甲에 대한 각 채권액이 2억5천만원이고, 이 사건 아파트의 시가가 2억인 이상, 취소의 범위와 가액배상의 범위는 2억원을 한도로 한다.

5. 각 채권자의 피보전채권액 '전액 반환청구 가능'

"여러 명의 채권자가 사해행위취소 및 원상회복청구의 소를 제기하여 여러 개의 소송이 계속 중인 경우에는 각 소송에서 채권자의 청구에 따라 사해행위의 취소 및 원상회복을 명하는 판결을 선고하여야 하고, 수익자가 가액배상을 하여야 할 경우에도 수익자가 반환하여야 할 가액 범위 내에서 각 채권자의 피보전채권액 전액의 반환을 명하여야 한다. 따라서 피고 乙은 원고 A와 B에게 "각" 2억원을 지급할 의무가 있다.

Set 054 불가분채권(채무)관계 [10회 기록형]

1. 사실관계 [10회 기록형 변형]

(1) 원고의 전부금(임대차보증금)청구

- 소외 A는 2017. 11. 9. 甲과 乙로부터 이 사건 건물을 보증금 1억원, 월 차임 2백만원, 기간 2017. 11. 9. 부터 2020. 11. 8.로 하여 임차하였고, 임대차계약이 종료되자 이 사건 건물을 甲과 乙에게 반환하였음
- 원고는 소외 A를 채무자, 甲을 제3채무자로 하여 1억원의 임대차보증금반환채권에 대하여 압류·전부명령을 받음

(2) 피고의 항변

- 甲은 乙과 공동임대인이기 때문에 자신이 반환하여야 할 보증금은 1/2에 불과하다고 항변할 것으로 예상됨

※ 청구취지

피고는 원고에게 100,000,000원 및 이에 대한 이 사건 소장부본 송달일 다음날부터 다 갚는 날까지 연 12%의 비율로 계산한 돈을 지급하라. (가집행 可)

2. 요건사실(전부금청구 : 피전부채권 / 압류전부명령 / 제3채무자송달 / 확정)

ⅰ) 소외 A는 2017. 11. 9. 피고 甲, 소외 乙로부터 이 사건 건물을 보증금 1억원, 월 차임 2백만원, 기간 2017. 11. 9. 부터 2020. 11. 8.로 하여 임차하였고, 위 보증금을 모두 지급한 뒤, 임대차계약이 종료함에 따라 甲과 乙에 대하여 임대차보증금반환채권을 갖게 되었습니다. ⅱ) 원고는 2019. 10. 8. 소외 A를 채무자, 피고 甲을 채무자로 하는 압류 및 전부명령을 신청하였고, 2019. 10. 12. 각 소외 A와 피고 甲에게 송달되었으며, 2019. 10. 20. 위 압류 및 전부명령이 확정되었습니다. 따라서 피고는 원고에게 전부금 1억원을 지급할 의무가 있습니다.

3. 피고의 공동임대인으로서 보증금의 1/2를 반환한다는 항변과 재항변

피고는 이 사건 임대차계약에 있어 乙과 공동임대인이므로, 자신이 반환하여야 하는 보증금은 총 1억원의 보증금 중 1/2인 5천만원이라고 주장할 것으로 예상됩니다.

그러나 判例에 따르면 건물을 공유자인 甲과 乙이 공동으로 A에게 건물을 임대하고 보증금을 수령한 경우 그 보증금반환채무는 성질상 불가분채무에 해당되므로, 공동임대인인 피고 甲은 보증금 전액을 반환할 의무가 있습니다. 따라서 피고의 항변은 타당하지 않습니다.

Set 055 연대채무 [9 · 10 · 12회 기록형]

1. 연대채무자 1인에게 생긴 사유의 효력(절대효)

(1) 일체형 – 연대채무자 중 1인에 대한 이행청구 [9회 기록형]

어느 연대채무자에 대한 이행청구는 다른 연대채무자에게도 효력이 있고(제416조) 이에 따른 이행지체 및 소멸시효 중단의 효력 또한 다른 연대채무자에게 미친다.

🖉 **[관련쟁점]** 이러한 법리는 특히 '수인이 그 1인 또는 전원에게 상행위가 되는 행위로 인하여 채무를 부담한 때에는 연대하여 변제할 책임이 있다고 규정한 상법 제57조 1항이 적용되는 경우 문제된다.

(2) 부담부분형 – 연대채무자 중 1인에 대한 채무 일부면제의 효력 [10회 기록형]

어느 연대채무자에 대한 채무면제는 그 채무자의 부담부분에 한하여 다른 연대채무자의 이익을 위하여 효력이 있다(제419조). 判例는 일부 면제에 의한 피면제자의 잔존 채무액이 부담부분보다 적은 경우에는 차액(부담부분 - 잔존 채무액)만큼 피면제자의 부담부분이 감소하였으므로, 차액의 범위에서 면제의 절대적 효력이 발생하여 다른 연대채무자의 채무도 차액만큼 감소한다고 한다(2019다216435)

2. 연대채무자 1인에게 생긴 사유의 효력(상대효 : 제423조)

(1) 연대채무자 1인에 대한 압류 [12회 기록형]

이행청구 이외의 시효중단사유(압류·가압류·가처분), 연대채무자의 채무불이행책임(단, 이행청구에 의한 이행지체는 절대적 효력), 채권양도에 있어서의 대항요건, 확정판결의 기판력 등

연대채무자 1인의 소유 부동산이 경매개시결정에 따라 압류된 경우, '다른 연대채무자'에게는 시효중단의 효력이 없다(제169조 참조)(2001다22840)

Set 057 보증채무 [5회 기록형]

1. 사실관계 [5회 기록형 변형]

(1) 원고의 근저당권설정등기 말소청구

- 원고는 피고와, 소외 A의 피고에 대한 채무를 보증하는 계약을 체결하면서, 보증채무를 담보하기 위하여 자신 소유 부동산에 피고를 채권자로 하는 근저당권설정등기를 경료해줌
- 소외 A의 피고에 대한 채무가 소멸시효 완성으로 소멸되었음

※ 청구취지

피고는 원고에게 이 사건 부동산에 관하여 서울동부지방법원 송파등기소 2011. 10. 2. 접수 제1630호로 마친 근저당권설정등기의 말소등기절차를 이행하라. (가집행 不可)

2. 보증채무의 법적성질(동, 부, 독, 보)

보증채무의 성립 및 소멸은 주채무와 그 운명을 같이한다. 따라서 주채무가 무효·취소에 의하여 소멸된 때에는 보증채무도 소멸한다.

Set 060 채권양도 1 - 법적 성질 : 처분행위 [8회 기록형]

1. 사실관계 [8회 기록형 변형]

(1) 원고의 전부금청구 (이자는 고려하지 않음)

- 원고는 소외 A에 대하여 1억원의 대여금채권 / 소외 A는 피고에 대하여 1억원의 대여금채권을 가지고 있음
- A는 2016. 2. 16. 경 확정일자 있는 통지의 도달과 함께 원고에 대한 채무의 담보 목적으로 피고에 대한 대여금채권을 원고에게 양도하였음
- 그 후 A는 2016. 3. 경 소외 B에게 피고에 대한 대여금채권을 확정일자 있는 통지의 도달과 함께 양도하였음
- 원고와 A는 2016. 4. 원고와 A 사이의 채권양도 계약을 합의해제함
- 원고는 2017. 4. 20. A의 피고에 대한 대여금채권에 대하여 압류·전부명령을 신청하여 이는 A와 피고에 대해 2017. 4. 30. 송달되고 2017. 5. 15. 확정되었음
- 원고는 전부금채권을 만족시키고자 함

(2) 피고의 항변

- 피고는 소외 B가 이 사건 대여금채권의 채권자가 되고, 따라서 피전부채권이 부존재하므로 전부명령이 무효라고 항변할 것으로 예상됨

> **※ 청구취지**
>
> 피고는 원고에게 100,000,000원을 지급하라. (가집행 可)

2. 요건사실(전부금청구 : 피전부채권 / 압류전부명령 / 제3채무자송달 / 확정)

원고는 ⅰ) 소외 A가 피고에게 갖는 이 사건 대여금채권에 관하여 ⅱ) 2017. 4. 20. 압류전부명령을 신청하여 이는 피고에 대해 2017. 4. 30. 송달되었고, 2017. 5. 15. 확정되었습니다. 따라서 피고는 원고에게 전부금 1억원을 지급할 의무가 있습니다.

3. 피고의 피전부채권 부존재로 전부명령이 무효라는 항변과 재항변

피고는 B가 A의 피고에 대한 채권의 채권자가 되므로 피전부채권의 부존재로 이 사건 전부명령이 무효라는 항변을 할 것으로 예상됩니다.

소외 A와 B 사이의 채권양도 이전에 이미 원고와 A 사이의 채권양도계약이 확정일자를 갖춘 통지와 함께 이루어졌는바, A의 B에 대한 제2차 채권양도는 무권리자의 처분행위로서 무효이고, 원고와 A 사이의 채권양도가 담보목적이라든지 사후에 합의해제 되었든지에 따라 달리볼 것은 아니므로, 소외 B가 채권자이므로 원고의 전부명령은 무효라는 피고의 항변은 타당하지 않습니다.

Set 060 채권양도 2 – 법적 성질 : 동일성 / 양도금지특약 [12회 기록형]

1. 사실관계 [12회 기록형 변형]

> **(1) 원고의 양수금청구 (소멸시효는 고려하지 않음)**
> * 원고는 소외 A로부터 이 사건 채권을 양수받았고, 소외 A는 소외 B로부터 이 사건 채권을 양수받았는바, 소외 A는 이 사건 채권 발생의 근거가 되는 납품매매계약서를 확인하였음.
> * 상인인 소외 B는 소외 C에게 이 사건 독서대를 납품하면서, 대금 6천만원, 대금지급기일 2022. 10. 1. 지연손해금 월 1%, 대금채권은 양도할 수 없다고 정하였고, 이 사건 독서대를 인도 완료함.
> * 피고는 이 사건 채무를 보증하였음
> * 원고는 보증인인 피고에게 이 사건 보증채무를 이행할 것을 청구하고자 함
>
> **(2) 피고의 항변**
> * 피고는 보증인인 자신에게 대항요건을 갖추지 않았으며, 채권양도금지특약이 존재하였다고 주장할 것으로 예상됨

> **※ 청구취지**
>
> 피고는 원고에게 60,000,000원 및 이에 대한 2022. 10. 1.부터 다 갚는 날까지 월 1%의 비율로 계산한 돈을 지급하라. (가집행 可)

2. 요건사실

양수금청구 : 양수채권 / 채권양도약정 / 통지승낙

보증채무이행청구 : 주채무발행 / 보증계약체결

3. 채권양도의 동일성 / 양도금지특약과 선의의 제3자

(1) 채권의 동일성 유지

주채무자에 대한 채권이 이전되면 당사자 사이에 별도의 특약이 없는 한 보증인에 대한 채권도 함께 이전하고, 이 경우 채권양도의 대항요건도 주채권의 이전에 관하여 구비하면 족하고, 별도로 보증채권에 관하여 대항요건을 갖출 필요는 없다.

(2) 당사자가 양도금지특약을 한 경우(제449조 2항 본문)

선의의 양수인은 선의이며, 중과실이 없어야 한다고 하며, 악의의 양수인으로부터 다시 선의로 양수한 전득자도 위 조항에서의 선의의 제3자에 해당한다.

Set 062 변 제 1 - 변제충당 [2 · 7 · 8 · 10 · 12회 기록형]

1. 변제충당

(1) 변제충당의 순서

1) 합의충당

변제의 충당에 관한 당사자 사이에 별도의 합의가 있으면 그 합의에 따라 충당되는 것이 원칙이나, 그렇지 않은 경우 법정변제충당의 방법에 따라 충당을 하여야 한다. 변제자(채무자)와 변제수령자(채권자)는 변제로 소멸한 채무에 관한 보증인 등 이해관계 있는 제3자의 이익을 해하지 않는 이상 이미 급부를 마친 뒤에도 기존의 '법정충당'을 배제하고 다시 '합의충당'을 할 수 있다.

2) 지정충당

가) 지정권자

'합의충당'이 없을 때에는 1차적으로 '변제자', 2차적으로 '변제받는 자'

나) 지정충당의 제한

① 비용, 이자 및 원본

채무자가 원본 이외에 비용과 이자를 지급할 경우에는 (총)비용, (총)이자(지연이자도 포함), (총)원본의 순서로 변제에 충당하여야 한다(제479조 1항) 따라서 변제자 일방의 지정충당이 있더라도 이는 인정되지 않고, 그 지정은 제479조 1항에 반하여 채권자에 대하여 효력이 없으므로, 채권자는 그 수령을 거절할 수 있다. 물론 당사자 쌍방이 제479조와 다른 합의를 하거나 묵시적인 합의(충당)가 이루어졌다고 보여지는 경우에는 그렇지 않다.

② 비용 상호간, 이자 상호간, 원본 상호간

비용 상호간, 이자 상호간, 원본 상호간에는 제477조의 법정변제충당의 규정이 적용된다(제479조 2항). 또한 비용 상호간, 이자 상호간, 원본 상호 간에는 지정의 효력이 미친다(제479조 2항 참조).

✎ **채무자들이 공동으로 부담하는 부분과 공동으로 부담하지 않는 부분이 생긴 경우**

"어느 채무자가 채무 일부를 변제한 때에는 그 변제자가 부담하는 채무 중 공동으로 부담하지 않는 부분의 채무 변제에 우선 충당되고 그 다음 공동 부담 부분의 채무 변제에 충당된다"(2012다85281).

3) 법정충당

법정변제충당의 순서는 '변제제공 당시'를 기준으로 정하여야 한다.

① 채무 중에 이행기가 도래한 것과 도래하지 않은 것이 있으면 먼저 이행기가 도래한 채무의 변제에 충당한다. 이행기 도래 여부는 이행기의 유예가 있는 채무에 대하여는 유예기까지 이행기가 도래하지 않은 것과 같게 보아야 한다(99다22281). ② 채무의 전부의 이행기가 도래하였거나 또는 도래하지 않은 때에는 먼저 채무자에게 변제이익이 많은 채무의 변제에 충당한다. ③ 채무자에 대해 변제이익이 같으면 이행기가 먼저 도래한 채무나 또는 먼저 도래할 채무의 변제에 충당한다(제477조).

✎ **변제이익 판단(제477조 2호)**

㉠ 이자부채무가 무이자채무보다, 고이율의 채무가 저이율의 채무보다, 집행력을 갖춘 채무가 단순채무보다(98다55543) 변제이익 많다.

㉡ 그러나 '주채무자가 변제할 때' 보증인이 있는 채무와 보증인이 없는 채무 사이에는 변제 이익의 차이가 없고 따라서 보증기간 중의 채무와 보증기간 종료 후의 채무 사이에서도 변제이익의 점에서 차이가 없다(2019다207141). 마찬가지로 '변제자가 채무자인 경우' 물상보증인이 제공한 물적 담보가 있는 채무와 그러한 담보가 없는 채무 사이에도 변제이익의 점에서 차이가 없다 (2013다8250). 따라서 (주)채무자가 변제한 금원은 이행기가 먼저 도래한 채무부터 (법정변제)충당하여야 한다(제477조 3호)(99다26481). 또한 '주채무자가 변제자'인 경우에는, 담보로 제3자가 발행 또는 배서한 약속어음이 교부된 채무와 다른 채무 사이에 변제이익에서 차이가 없으나, 담보로 주채무자 자신이 발행 또는 배서한 어음으로 교부된 채무는 다른 채무보다 변제이익이 많다(99다22281,22298).

㉢ 변제자가 타인의 채무에 대한 '보증인으로서 부담하는 (연대)보증채무'는 '변제자 자신의 채무'에 비하여 변제이익이 적고, '연대채무'는 '단순채무'에 비하여 채권자로부터 변제이익이 적다(99다68652등). 따라서 '변제자 자신의 주채무에 우선충당' 되어야 한다.

2. 상계충당

(1) 양 채권이 대등액에서 소멸

상계자에게 상계적상에 있는 수동채권이 수개이고 자동채권으로 그 수개의 수동채권을 모두 소멸시킬 수 없는 경우에는 변제의 충당에 관한 규정이 준용된다(상계충당, 제499조).

(2) 상계의 소급효(상계적상시로 소급)

상계의 의사표시가 있으면 '각 채무가 상계할 수 있는 때'에 소멸한 것으로 본다(제493조 2항). 따라서 상계적상 이후에는 이자는 발생하지 않고 이행지체도 발생하지 않는다. 다만 상계에 소급효가 인정되더라도 상계표시 전에 이미 실현된 사실(변제, 해제 등)을 뒤엎을 수는 없다.

Set 062 변 제 2 – 구상권과 변제자대위 [13회 기록형]

1. 사실관계 [13회 기록형 변형]

(1) 원고의 구상금청구
- 원고는 이혼한 전 처(妻) A의 법률상 배우자인 피고로부터 빌린 3억원을 대신 갚아 주었음.
- 소외 A는 이후 사망하였고, 상속인으로 피고, 원고와 A 사이의 子인 B가 존재함
- 원고는 피고를 상대로 대신 갚아준 돈을 돌려받고자 함

(2) 피고의 항변
- 피고는 원고가 대신 대신 변제한 것에 대하여 1) 자신의 승낙도 없었고, 2) 변제할 정당한 이익이 없으므로 변제자대위의 요건을 충족하지 못하였다고 주장할 것으로 예상됨

※ 청구취지
피고는 원고에게 180,000,000원 및 이에 대한 이 사건 소장부본 송달일부터 다 갚는 날까지 연 5%의 비율로 계산한 돈을 지급하라. (가집행 可)

2. 요건사실(구상금청구 : 변제 기타 자신의 출재 / 타인의 채무 소멸)

원고는 i) 소외 A가 피고에게 부담하는 대여금채무 3억원을 자신의 출재로 대신 변제해주었고 ii) 소외 A의 피고에 대한 대여금채무를 소멸시켜주었으므로, iii) 소외 A는 원고에게 3억원의 구상금채무를 부담하나, 소외 A가 사망함에 따라 A의 법률상 배우자인 피고(夫)는 3/5의 지분비율에 따라 위 채무를 상속하였습니다. 따라서 피고는 원고에게 1억8천만원을 지급할 의무가 있습니다.

3. 피고의 변제자대위 요건 미충족의 주장과 반박

피고는 원고가 A를 대신하여 채무를 변제한 것에 대해 1) 자신의 승낙도 없었고 2) 변제할 정당한 이익이 없으므로 변제자대위의 요건을 충족하지 못하였다고 주장할 것으로 예상됩니다.

그러나 判例는 구상권과 변제자대위권은 그 원본, 변제기, 이자, 지연손해금의 유무 등에 있어서 그 내용이 다른 별개의 권리라는 입장으로, 피고가 상속한 소외 亡 A의 구상금채무를 청구하는 원고의 청구는 변제자대위의 요건을 충족하였는지 여부와 무관합니다.

따라서 피고의 주장은 타당하지 않습니다.

Set 062 변 제 3 – 무효인 전부명령, 준점유자에 대한 변제 [7회 기록형]

1. 전부명령의 효력발생 요건, 채권의 준점유자에 대한 변제

전부명령은 제3채무자와 채무자에게 송달하여야 한다(제229조 4항, 제227조 2항). 전부명령은 확정되어야 효력을 가지는데(민사집행법 제229조), 전부명령은 즉시항고권자인 채무자에게 송달되지 않으면 확정될 수 없다. 전부명령의 실체적 효력은 전부명령이 확정되면 제3채무자 송달시로 소급하여 발생한다(민사집행법 제231조).

채무자에 대한 송달이 이루어지지 않아 전부명령이 확정되지 않고 무효가 되더라도, 제3채무자가 선의·무과실로 그 전부 채권자에게 전부금을 변제하였다면 이는 채권의 준점유자에 대한 변제로서 유효하므로 제3채무자의 채무자에 대한 채무는 소멸된다.

☞ 채무부존재확인의 소에서 문제되었음 **[7회 기록형 변형]**

✎ **[관련판례]** 判例는 "채권압류가 경합된 경우에 그 압류채권자 중의 한 사람이 전부명령을 얻은 경우 그 전부명령은 무효이지만 제3채무자가 선의·무과실로 그 전부 채권자에게 전부금을 변제하였다면 이는 **채권의 준점유자에 대한 변제로서 유효**하므로 제3채무자의 채무자에 대한 채무는 소멸되고 제3채무자는 압류채권자에 대하여 2중 변제의 의무를 부담하지 아니하며 전부채권자에 대하여 전부명령의 무효를 주장하여 **부당이득반환청구도 할 수 없다**"(78다1292)고 한다.

Set 073 계약해제 [6회 기록형]

1. 해제의 효과

(1) 제548조 1항 단서에 의해 보호되는 제3자의 범위

피고는 자신이 이 사건 건물에 관하여 대항력 있는 임차권을 취득하였으므로 제548조 1항 단서에 의하여 보호되는 제3자라고 주장할 것으로 예상됩니다.

그러나 '해제의 의사표시가 있은 후라도 그 등기 등을 말소하지 않은 동안' 새로운 권리를 취득하게 된 '선의'의 제3자는 제548조 1항 단서에 의해 보호되는데, 피고는 이 사건 해제 사실을 알게된 후에 이 사건 건물에 사업자등록을 마쳐 대항력을 취득한 자이므로, 제548조 1항 단서의 제3자에 해당하지 않습니다. 따라서 피고의 주장은 타당하지 않습니다.

Set 078 임대차 1 - 연체차임 공제 [4·12회 기록형]

1. 사실관계 [4회 기록형 변형]

(1) 원고의 양수금(임대차보증금)청구(소제기 2015. 1. 8.)
- 소외 A는 2013. 3. 1. 피고로부터 이 사건 건물을 보증금 2억원, 월 차임 1백만원, 임대차 기간 2013.3.1. ~ 2014.12.31.로 하는 임대차계약을 맺음
- 원고는 2014. 10. 15. 소외 A으로부터 이 사건 임대차보증금반환채권을 양수받고, 확정일자를 갖춘 통지가 2014. 10. 18. 피고에게 도달함
- 소외 A는 임대차기간 만료 전인 2014. 11. 30. 사무실 문을 잠그고 잠적하였고, 건물을 반환해주지 않았으며, 2014. 11월부터의 차임은 미지급 상태

(2) 피고의 항변
- 피고는 건물반환과 동시이행의 항변, 연체차임의 공제를 주장

※ 청구취지
피고는 소외 A로부터 이 사건 부동산을 인도받음과 동시에 원고에게 198,000,000원을 지급하라. (가집행 可) ※ 피고의 동시이행의 항변 인정

2. 요건사실(양수금청구 : 양수채권 / 채권양도계약 / 통지승낙)

ⅰ) 소외 A은 2013. 3. 1. 피고로부터 이 사건 건물을 보증금 2억원, 월차임 1백만원, 기간 2013.3.1.~2014.12.31.로 정하여 이 사건 건물을 임차하면서 보증금 2억원을 지급하였습니다. 이 사건 임대차계약은 2014. 12. 31. 기간만료로 종료하였으므로 소외 A는 피고에 대하여 2억원의 임대차보증금반환채권을 갖습니다. ⅱ) 원고는 2014. 8. 1. 소외 A으로부터 이 사건 임대차보증금반환채권을 양수받고, 확정일자를 갖춘 통지가 2014. 10. 18. 피고에게 도달하였습니다.따라서 피고는 원고에게 이 사건 임대차보증금 2억원을 지급할 의무가 있습니다.

3. 피고의 연체차임 공제 항변과 재항변

피고는 소외 A로부터 이 사건 건물을 인도받기까지의 연체차임을 이 사건 보증금에서 공제하여야 한다고 주장할 것으로 예상됩니다. 그러나 判例는 "부당이득반환에 있어서 이득이라 함은, '실질적인 이익'을 가리키는 것이므로 **법률상 원인 없이 건물을 점유하고 있더라도 이를 사용·수익하지 못하였다면 실질적인 이익을 얻었다고 볼 수 없다**"고 하며 이러한 법리는 임차인의 사정으로 인하여 임차건물을 사용·수익하지 못한 경우에도 마찬가지로 적용됩니다.

따라서 임대차기간 존속 중 발생한 연체차임인 2014. 11월, 12월의 차임은 공제하는 것이 타당하나, 그 이후 소외 A가 이 사건 건물을 사용수익하고 있지 않아 실질적인 이득을 얻고 있다고 볼 수 없으므로 임대차기간 종료 후 발생한 연체차임까지 공제하여야 한다는 피고의 항변은 타당하지 않습니다.

✎ **[비교판례 : 타인소유의 '토지'를 법률상 원인 없이 점유하고 있는 경우]** 判例는 건물을 사용·수익하지 않더라도 '부지'에 관한 부당이득은 성립한다고 한다(98다2389) 구체적 예로, 토지 위 건조물(화장실)의 소유자가 화장실을 폐쇄하고 더 이상 사용하고 있지 않다는 항변을 하였으나, 화장실 소유 자체로 '대지를 사용수익하고 있는 것으로 보는 경우 **[5회 기록형]**

Set 078 **임대차 2 - 임대인 지위 승계** [4회 기록형]

1. 사실관계 [4회 기록형 변형]

(1) 원고의 양수금(임대차보증금)청구(소제기 2015. 1. 8.)

- 소외 A는 2013. 3. 1. B로부터 이 사건 건물을 보증금 2억원, 월 차임 1백만원, 임대차 기간 2013.3.1.~2014.12.31.로 하는 임대차계약을 맺었고, 2013. 3. 3. 0시 대항력을 갖춤
- 원고는 2014. 10. 15. 소외 A로부터 이 사건 임대차보증금반환채권을 양수받고, 확정일자를 갖춘 통지가 2014. 10. 18. B에게 도달함
- A는 임대차기간 만료 전인 2014. 11. 30. 사무실 문을 잠그고 잠적하였고, 건물을 반환해주지 않았으며, 2014. 11월부터의 차임은 미지급 상태
- 피고는 2014. 10. 31. B로부터 이 사건 건물을 양수함

(2) 피고의 항변

- 피고는 1) 채권양도계약에 대해 선의, 2) 임대인 지위 승계에 있어 동의를 하지 않았다는 주장을 할 것으로 예상됨

※ 청구취지

피고는 소외 A로부터 이 사건 부동산을 인도받음과 동시에 원고에게 198,000,000원을 지급하라. (가집행 可)

2. 요건사실(양수금청구 : 양수채권 / 채권양도계약 / 통지승낙)

i) 소외 A는 2013. 3. 1. B로부터 이 사건 건물을 보증금 2억원, 월차임 1백만원, 기간 2013.3.1.~2014.12.31.로 정하여 이 사건 건물을 임차하면서 보증금을 전액 지급하였고, 2013. 3. 3. 0시에 대항력을 갖추었으며, 위 임대차는 2014. 12. 31. 기간만료로 종료하였습니다. ii) 원고는 2014. 8. 1. 소외 A로부터 이 사건 임대차보증금반환채권을 양수받고, 확정일자를 갖춘 통지가 2014. 10. 18. 소외 B에게 도달하였습니다. iii) 피고는 2014. 10. 31. B로부터 대항력을 갖춘 임차인이 있는 이 사건 건물을 양수여 임대인의 지위를 승계하였고, 따라서 이 사건 임대차계약이 종료함에 따라 원고에게 이 사건 임대차보증금 2억원을 지급할 의무가 있습니다.

3. 피고의 임대인 지위를 승계하지 않았다는 주장과 반박

피고는 1) 자신은 이 사건 채권양도약정에 관하여 알지 못하였으며 통지도 받지 못했을 뿐만 아니라 2) 임대인 지위 승계에 동의한 바 없으므로, 본인이 이 사건 보증금을 반환할 의무가 없음을 주장할 것으로 예상됩니다.

그러나 이 사건 건물은 소외 A가 2013. 3. 3. 0시에 대항력을 갖춘 임차권을 취득함에 따라, 임대차계약 존속 중인 2014. 10. 31. 건물을 양수한 피고가 임대인의 지위를 승계하고(계약인수), 이 사건 임대차보증금반환채무를 면책적으로 인수하게 되므로, 피고의 주장은 타당하지 않습니다.

Set 078 임대차 3 – 연체차임 시효완성 [8 · 12회 기록형]

1. 사실관계 [8회 기록형 변형]

(1) 원고의 건물인도 청구(소제기 2019. 1. 11.)

- 원고는 2014. 8. 1. 피고에게 이 사건 건물을 보증금 3억원, 월 차임 1백만원, 기간 2014. 9. 1.부터 2018. 8. 31.로 하여 임차하기로 하고, 보증금을 전액 수령하였으며 2014. 9. 1. 이 사건 건물을 인도해주었음

- 피고는 2014. 12., 2015. 4.의 월 차임을 지급하지 않았고, 2018. 5. 부터 현재까지 월차임을 계속하여 지급하지 않고 있음

- 원고는 임대차계약 해지 통지를 하고, 건물을 돌려받고자 함

(2) 피고의 항변

- 피고는 2014. 12., 2015. 4.는 소멸시효 완성으로 소멸하였으니 보증금에서 공제할 수 없으며, 보증금과 동시이행의 항변을 할 것으로 예상됨

※ 청구취지

피고는 원고로부터 298,000,000원에서 2018. 5. 1. 부터 이 사건 건물의 인도완료일까지 월 1,000,000원의 비율로 계산한 돈을 공제한 나머지 돈을 지급받음과 동시에 원고에게 이 사건 건물을 인도하라.(가집행 可)

2. 요건사실(임차목적물인도청구 : 임대차계약체결 / 건물인도 / 임대차계약종료)

i) 원고는 2014. 8. 1. 피고에게 이 사건 건물을 보증금 3억원, 월 차임 1백만원, 기간 2014. 9. 1.부터 2018. 8. 31.로 하여 임차하기로 하고, 보증금을 전액 수령하였으며 2014. 9. 1. 이 사건 건물을 인도해주었습니다. ii) 피고는 2014. 12., 2015. 4.의 월 차임 및 2018. 5. 부터의 월차임을 지급하고 있지 아니한바, 원고는 제640조에 따라 피고에게 적법하게 임대차계약 해지의 의사표시를 하였고, 이는 2018. 7. 31. 피고에게 도달하였습니다. 따라서 이 사건 임대차계약이 해지되어 종료하였으므로 피고는 원고에게 이 사건 건물을 인도할 의무가 있습니다.

3. 피고의 차임채권의 소멸시효완성의 항변과 공제의 재항변

피고는 2014. 12., 2015. 4.의 차임채권은 소멸시효 완성으로 소멸하였으니 보증금에서 공제할 수 없다는 항변을 할 것으로 예상됩니다.

그러나 설사 원고의 2014. 12. 및 2015. 4.의 차임채권이 시효소멸하였다고 하여 보증금반환채권과 상계할 수는 없다고 하더라도, 위와 같은 연체차임은 민법 제495조의 유추적용에 따라 임대차보증금에서 공제할 수 있으므로, 피고의 항변은 타당하지 않습니다.

✎ **[관련판례]** 차임채권에 관하여 '압류 및 추심명령' 이 있는 경우에도 임대차종료시까지 추심되지 않은 차임은 보증금에서 당연히 공제된다(2004다56554 : 압류추심명령이 피고 임차인에게 송달된 이후에 발생한 차임도 보증금에서 공제된다는 사례) **[12회 기록형]**

Set 078 임대차 4 - 수리비 공제 [10회 기록형]

1. 사실관계 [10회 기록형 변형]

(1) 원고의 전부금(임대차보증금)청구

- 소외 A는 甲과 乙로부터 이 사건 건물 1층을 임차하고(보증금 1억3천만원), 임대차 계약이 종료되자 이 사건 건물을 甲과 乙에게 반환함
- 원고는 소외 A를 채무자, 피고 甲을 채무자로 하는 압류 및 전부명령을 2019. 10. 8. 신청하였고, 2019. 10. 12. 각 소외 A와 피고 甲에게 송달되었으며, 2019. 10. 20. 위 압류 및 전부명령이 확정되었음
- 이 사건 임대차계약이 종료된 원인은 임차 부분인 1층에서 원인불명의 화재가 발생하여 임차 외 부분인 2층까지 모두 전소하였기 때문임

(2) 피고의 항변

- 1층 수리비 3천만원과 2층 수리비 2천만원을 모두 공제하여야 한다

※ 청구취지

피고는 원고에게 100,000,000원 및 이에 대한 이 사건 소장부본 송달일 다음날부터 다 갚는 날까지 연 12%의 비율로 계산한 돈을 지급하라. (가집행 可)

2. 요건사실 (전부금청구 : 피전부채권 / 압류전부명령 / 제3채무자송달 / 확정)

ⅰ) 소외 A는 2017. 11. 9. 피고 甲, 소외 乙로부터 이 사건 건물을 보증금 1억3천만원, 월 차임 2백만원, 기간 2017. 11. 9. 부터 2020. 11. 8.로 하여 임차하였고, 위 보증금을 모두 지급한 뒤, 임대차계약이 종료함에 따라 甲과 乙에 대하여 임대차보증금반환채권을 갖게 되었습니다. ⅱ) 원고는 소외 A를 채무자, 피고 甲을 채무자로 하여 이 사건 보증금반환채권 중 1억원에 압류 및 전부명령을 2019. 10. 8. 신청하였고, 2019. 10. 12. 각 소외 A와 피고 甲에게 송달되었으며, 2019. 10. 20. 위 압류 및 전부명령이 확정되었습니다. 따라서 피고는 원고에게 전부금 1억원을 지급할 의무가 있습니다.

3. 피고의 수리비 공제의 항변과 재항변

피고는 보증금에서 1층과 2층의 수리비 총 5천만원을 공제하여야 한다고 항변할 것으로 예상됩니다. 임차인인 소외 A가 원인불명의 화재로 이 사건 임차부분인 1층이 전소된 상황에서 임차부분에 관하여 선량한 관리자의 주의의무를 다하였음을 입증하지 못하고 있는 이상, 임차부분에 관한 수리비 3천만원을 공제하여야 한다는 피고의 주장은 타당합니다.

그러나 이 사건 건물 1층에 부분에서 화재가 발생하여 임차 건물 부분이 아닌 2층까지 불에 타 그로 인해 임대인인 피고에게 재산상 손해가 발생한 경우, 2층 부분과 1층 부분이 구조상 불가분의 일체를 이루는 관계에 있다고 하더라도, 임차인인 소외 A의 보존 관리의무 위반 사실, 그 의무위반과 2층의 전소에 따른 손해 사이의 상당인과관계, 그 손해가 제393조에 따라 배상하여야 할 손해의 범위 내에 있다는 사실에 대하여 임대인 피고가 입증하지 않고 있으므로, 임차 외 부분인 2층의 수리비 2천만원을 공제하여야 한다는 피고의 주장은 타당하지 않습니다.

Set 078 **임대차 5 – 피고의 지상물매수청구** [2회 기록형]

1. 사실관계 [2회 기록형 변형]

(1) 원고의 소유권이전등기 및 건물인도 청구(임대차보증금은 고려하지 않음)

- 피고는 2010. 6. 23. 소외 A로부터 건물 신축 및 소유 목적으로 이 사건 토지를 보증금 7억원, 월 차임 5백만원, 기간 2010. 6. 23.부터 2012. 6. 22.로 하는 임대차계약을 체결하면서 특약으로 임차인인 피고는 자신의 비용으로 임차지상에 건물을 축조하여 영업을 할 수 있다는 특약을 하였습니다. 계약 당일 피고는 보증금 전액을 지급하였고, 이 사건 대지 지상 건물을 신축하여 2010. 8. 25. 소유권보존등기를 경료함.
- 임대차계약기간이 만료하자 피고는 소외 A에게 위 임대차계약의 갱신을 청구하였으나 소외 A는 이를 거절하였음
- 원고는 소외 A로부터 이 사건 대지를 매수하였고, 2012. 11. 23. 소유권이전등기를 경료함
- 피고가 2012. 12. 21. 지상물매수청구권을 행사함에 따라 원고는 이 사건 건물에 관하여 완전한 소유권을 취득하고, 위 건물 및 대지를 인도받고자 함(피고 주장 매매대금은 3억원이나, 2012. 12. 건물 시가는 2억원임)

※ 청구취지

피고는 원고로부터 200,000,000원을 지급받음과 동시에, 이 사건 건물을 인도하고, 이 사건 건물에 관하여 2012. 12. 21. 매매를 원인으로 한 소유권이전등기절차를 이행하라. (건물인도 가집행 可)

2. 요건사실(임대차목적물반환청구 : 임대차계약체결 / 목적물인도 / 임대차계약종료 & 지상물매수청구 : 건물소유목적 토지임대차 / 기간만료 / 갱신거절 / 건물의 현존)

ⅰ) 피고는 2010. 6. 23. 소외 A로부터 건물 신축 및 소유 목적으로 이 사건 토지를 보증금 7억원, 월 차임 5백만원, 기간 2010. 6. 23.부터 2012. 6. 22.로 하는 임대차계약을 체결하면서 특약으로 임차인인 피고는 자신의 비용으로 임차지상에 건물을 축조하여 영업을 할 수 있다는 특약을 하였습니다. 계약 당일 피고는 보증금 전액을 지급하였고, 이 사건 대지 지상 건물을 신축하여 2010. 8. 25. 소유권보존등기를 경료하였습니다. ⅱ) 피고와 소외 A 사이의 임대차계약은 2012. 6. 22. 기간만료로 종료하였습니다. ⅲ) 원고는 2012. 11. 10. 소외 A와 이 사건 대지에 관하여 매매계약을 체결하고 2012. 11. 23. 소유권이전등기를 경료하였습니다. ⅳ) 이 사건 임대차계약기간이 만료되자 피고는 소외 A에게 임대차계약 갱신청구를 하였으나 소외 A가 이를 거절하였고, 이 사건 건물은 현존하고 있으므로, 피고가 2012. 12. 21. 원고에게 적법하게 지상물매수청구를 함으로써 원고와 피고 사이에 2012. 12. 21. 이 사건 건물에 관한 매매계약이 체결되었습니다. ⅴ) 임차인인 피고가 지상물매수청구권을 행사한 경우 행사 당시 시가에 따라 매매대금이 결정되는바, 2012. 12. 이 사건 건물의 시가는 2억원에 해당합니다.

따라서 피고는 원고로부터 2억원을 지급받음과 동시에 이 사건 건물을 인도하고 이 사건 건물에 관하여 소유권이전등기절차를 이행할 의무가 있습니다.

Set 078 **임대차 6 – 대항력의 취득과 임대인의 조건** [7회 기록형]

1. 타인소유 물건에 대한 임대차 계약 [7회 기록형 변형]

判例는 주택 소유자는 아니더라도 주택에 관하여 적법하게 임대차 계약을 체결할 수 있는 권한을 가진 임대인과 임대차계약이 체결된 경우도 동법이 적용된다고 합니다.

피고는 이 사건 건물에 관한 유치권자인 소외 A로부터 이 사건 건물을 임차하였고, 소외 A는 이 사건 건물에 관하여 적법하게 임대차 계약을 체결할 수 있는 권한이 없으므로, 피고가 대항력을 취득하였다는 주장은 타당하지 않습니다.

Set 086 **부당이득반환청구권 – 임대차계약의 종료** [2회 기록형]

1. 사실관계 [2회 기록형 변형]

> **(1) 원고들의 부당이득반환청구(보증금 및 차임에 대한 이자는 고려하지 않음)**
> - 원고 甲은 피고에게 이 사건 대지를 임대해주었고, 2012. 6. 22. 임대차계약이 종료하였음. 피고는 현재 계속 이 사건 대지를 점유 사용하고 있음.
> - 원고 乙은 원고 甲으로부터 이 사건 대지를 매수하면서, 2012. 11. 23. 소유권이전등기를 경료함
> - 이 사건 대지의 월 차임은 500만원임

> ※ **청구취지**
>
> 피고는
>
> 가. 원고 甲에게 25,000,000원을 지급하고,
>
> 나. 원고 乙에게 2012. 11. 23.부터 이 사건 대지의 인도완료일까지 월 5,000,000원의 비율로 계산한 돈을 각 지급하라. (가집행 可)

2. 요건사실(부당이득반환청구 : 손해·이득 / 인과관계 / 이득액 / 법률상 원인없음)

ⅰ) 원고 甲은 2010. 6. 23. 피고에게 건물 신축 및 소유 목적으로 이 사건 대지를 보증금 7억원, 월 차임 5백만원, 기간 2010. 6. 23.부터 2012. 6. 22.로 하여 임대해주었고, 계약 당일 원고는 이 사건 대지를 인도해주었습니다. ⅱ) 피고는 2012. 6. 22. 위 임대차가 종료되었음에도 불구하고 2012. 6. 23.부터 현재까지 이 사건 대지를 점유 사용함으로써 사용이익을 얻고, 이로 인하여 원고 甲에게는 원고 甲이 원고 乙에게 이 사건 대지의 소유권을 이전한 2012. 11. 22.까지, 원고 乙에게는 이 사건 대지의 소유권을 취득한 2012. 11. 23.부터 현재까지 사용이익 상당의 손해를 가하였다고 할 것입니다.

통상의 경우 부동산의 점유사용으로 인한 이득액은 그 부동산의 차임 상당액이라고 할 것인바, 이 사건 임대차 종료 후의 차임 상당액도 이 사건 건물의 차임인 월 500만원일 것으로 추인됩니다.

따라서 피고는 원고 甲에게 2천5백만원을 지급할 의무가 있으며, 원고 乙에게는 2012. 11. 23. 부터 이 사건 대지의 인도완료일까지 월 500만원의 비율로 계산한 돈을 지급할 의무가 있습니다.

3. 원고 乙의 미리 청구할 필요

피고는 원고 乙의 부당이득반환청구에 응하지 않고 있으므로, 미리 청구할 필요도 인정됩니다.

Set 086 부당이득반환청구권 – 과실수취권과 제587조 [3회 기록형]

1. 사실관계 [3회 기록형 변형]

(1) 원고의 부당이득반환청구(대지 월 차임 30만원)

- 원고는 2010. 7. 1. 피고로부터 이 사건 대지를 매수하였고, 같은 날 매매대금을 모두 지급하였음
- 피고는 매매대금을 모두 지급받고도, 원고에게 소유권이전등기를 경료해주거나 이 사건 대지를 인도해주지 않고 있음

(2) 피고의 주장

- 위 토지의 소유권이 현재까지 피고에게 있으므로 피고는 부당이득 반환 의무가 없다고 주장

※ 청구취지

피고는 원고 甲에게 2010. 7. 1.부터 이 사건 대지의 사용수익종료일까지 월 300,000원의 비율로 계산한 돈을 지급하라. (가집행 可)

2. 요건사실(부당이득반환청구 : 손해·이득 / 인과관계 / 이득액 / 법률상 원인없음)

원고는 2010. 7. 1. 피고로부터 이 사건 대지를 매수하면서, 같은 날 매매대금을 모두 지급하였습니다. 따라서 피고는 이 사건 대지의 점유 및 대지에 관한 소유권을 원고에게 넘겨줄 의무가 있음에도 불구하고, 2010. 7. 1.부터 현재까지 이 사건 대지를 점유 사용함으로써 사용이익을 얻고, 이로 인하여 원고 甲에게 2020. 7. 1..부터 현재까지 사용이익 상당의 손해를 가하였다고 할 것입니다.

통상의 경우 부동산의 점유사용으로 인한 이득액은 그 부동산의 차임 상당액이라고 할 것인바, 이 사건 임대차 종료 후의 차임 상당액도 이 사건 건물의 차임인 월 30만원일 것으로 추인됩니다.

따라서 피고는 원고에게 2010. 7. 1.부터 이 사건 대지의 사용수익종료일까지 월 30만원의 비율로 계산한 돈을 지급할 의무가 있습니다.

3. 피고의 소유권이 자신에게 있으므로 부당이득반환의무가 없다는 주장과 반박

피고는 이 사건 대지의 소유권이 현재까지 자신에게 있으므로 부당이득반환의무가 없다고 주장할 것으로 예상됩니다.

그러나 제587조 1문은 매수인이 매매대금을 완납한 경우에는 적용될 수 없는 것이므로 원고가 2010. 7. 1. 매매대금을 완납한 이상, 원고가 이 사건 대지의 과실수취권을 갖는 것이 형평에 맞습니다. 따라서 피고의 위 주장은 타당하지 않습니다.

Set 106 부동산등기 [4 · 8 · 10 · 12회 기록형]

1. 말소등기 [4 · 10 · 12회 기록형]

(1) 소송물

등기의 말소를 신청하는 경우에 그 말소에 대하여 등기상 이해관계 있는 제3자가 있을 때에는 제3자의 승낙이 있어야 한다(부동산등기법 제57조 1항). 이 때 '등기상 이해관계 있는 제3자'란, "말소등기를 함으로써 손해를 입을 우려가 있는 등기상의 권리자로서 그 손해를 입을 우려가 있다는 것이 등기부 기재에 의해 형식적으로 인정되는 자이고, 제3자가 승낙의무를 부담하는지 여부는 말소등기권리자에 대해 승낙을 하여야 할 **'실체법상 의무'**(예를 들어 제108조 2항, 제548조 1항 단서 등에 따른 보호여부)가 있는지 여부에 의해 결정된다"(2005다43753)

(2) 청구취지

일반적으로 청구취지는 '원고에게, 피고 甲은 별지목록 기재 부동산에 관하여 OO등기소 2007.3.20.접수 제1234호로 마친 소유권이전등기의 말소등기절차를 이행하고, 피고 乙은 위 소유권이전등기의 말소등기에 대하여 승낙의 의사표시를 하라.'는 형태가 될 것이다.

2. 주등기와 부기등기

(1) 말소의 상대방(피고적격) : 등기명의자인 양수인 [8 · 12회 기록형]

判例에 따르면 '저당권의 설정원인'의 무효, 부존재나 피담보채무의 변제로 인한 소멸시에 저당권설정등기말소청구의 상대방은 현재의 등기명의자, 즉, '양수인'이다(2000다5640).

(2) 말소의 대상(대상적격) : 양도인 명의의 주등기 [8 · 12회 기록형]

① 判例는 "피담보채무가 변제로 인하여 소멸된 경우 근저당권설정등기의 주등기의 말소만을 구하면 되고, 부기등기의 말소청구는 권리보호의 이익이 없는 부적법한 청구"라고 한다(2000다19526)

② 그러나 근저당권의 주등기 자체는 유효하고 단지 부기등기를 하게 된 원인만이 무효로 되거나 취소 또는 해제된 경우에는, 그 부기등기만의 말소를 따로 구할 수 있다(2002다15412,15429).

Set 111 선의취득 [1회 기록형]

1. 사실관계 [1회 기록형 변형]

(1) 원고의 이 사건 대지의 상속, 피고의 이 사건 대지 점유

- 원고는 父가 사망함에 따라 이 사건 대지를 동생 A와 함께 상속하였음. B는 등기 서류를 위조하여 자기 앞으로 이 사건 대지에 관하여 소유권이전등기를 마쳤고, 피고는 B로부터 이 사건 대지를 임차받음
- 원고는 단독으로 이 사건 대지의 점유를 되찾고 싶어함

(2) 피고의 항변

- 피고는 위 대지에 대한 임차권을 선의취득하였다고 항변할 것으로 예상됨

※ 청구취지

피고는 원고에게 이 사건 대지를 인도하라. (가집행 可)

2. 요건사실(대지인도청구 : 원고 소유 / 피고 점유)

원고는 ⅰ) 2000. 8. 1. 소외 甲이 사망함에 따라, 소외 甲의 子로서 이 사건 대지를 상속받아, 소외 동생 A와 이 사건 대지를 1/2 비율로 공유하고 있습니다. ⅱ) 피고는 2004. 7. 15. B로부터 이 사건 대지를 임차하여 2004. 9. 1.부터 현재까지 이 대지를 점유하고 있습니다. 따라서 피고는 원고에게 이 사건 대지를 인도할 의무가 있습니다.

3. 피고의 임차권선의취득 항변과 재항변(동, 무, 유, 승, 선)

피고는 이 사건 대지에 관하여 임차권을 선의취득하였다고 항변할 것으로 예상됩니다.

그러나 선의취득이 성립하기 위해서는 목적물이 동산이어야 하는바(제249조), 피고가 선의취득하였다고 주장하는 목적물은 동산이 아닌 '임차권'에 불과하므로, 피고의 항변은 타당하지 않습니다.

> ### Set 116 자주점유 [1회 기록형]

1. 사실관계

> **(1) 원고의 이 사건 대지의 상속, 피고의 이 사건 대지 등기**
> - 원고는 이 사건 대지를 자신의 父가 사망함에 따라 동생 A와 함께 상속하였음.
> - 피고는 서류를 위조하여 자기 앞으로 이 사건 대지에 관하여 소유권이전등기를 마침.
> - 원고는 단독으로 이 사건 대지에 관한 소유권을 되찾고 싶어함
>
> **(2) 피고의 항변**
> - 피고는 자신 명의로 등기 후 10년이 지났으므로 등기부취득시효를 주장할 것으로 예상됨

> ### ※ 청구취지
> 피고는 원고에게 이 사건 대지에 관하여 서울중앙지방법원 중부등기소 2001. 3. 5. 접수 제1500호로 마친 소유권이전등기의 말소등기절차를 이행하라. (가집행 不可)

2. 요건사실(말소등기청구 : 원고 소유 / 피고 등기 / 등기 원인무효)

원고는 ⅰ) 2000. 8. 1. 자신의 父가 사망함에 따라, 子로서 동생 A와 이 사건 대지를 공동으로 상속받아, A와 이 사건 대지를 1/2 비율로 공유하고 있습니다. ⅱ) 피고는 원고 父의 동생으로서 2001. 3. 5. 이 사건 대지에 소유권이전등기를 마쳤는바, ⅲ) 피고는 등기 관련 서류를 위조하여 이 사건 소유권이전등기를 경료하였으므로 이는 원인무효의 등기입니다. 따라서 피고는 원고에게 이 사건 대지에 관하여 소유권이전등기의 말소등기절차를 이행할 의무가 있습니다.

3. 피고의 등기부취득시효 완성의 항변과 자주점유의 추정과 번복

피고는 등기부취득시효가 완성되어 이 사건 대지의 소유권을 취득하였다고 항변할 것으로 예상됩니다.

그러나 피고가 부동산의 소유자로 등기하여 10년간 부동산을 점유하더라도 피고와 같이 타인 소유 부동산에 위조서류를 이용하여 자신 앞으로 소유권이전등기를 경료한 경우는 원고의 소유권을 배척하고 점유할 의사를 갖고 있지 않다고 볼 '객관적인 사정'이 있는 경우에 해당하여 자주점유의 추정이 깨집니다. 즉, 피고의 점유는 소유권 취득의 원인이 되는 법률요건이 없이 그와 같은 사실을 잘 알면서 원고의 대지를 점유한 것으로서 악의의 무단점유에 해당, 자주점유의 추정이 깨어지므로 피고의 항변은 타당하지 않습니다.

Set 117 점유취득시효 [5회 기록형]

1. 사실관계 [5회 기록형 변형]

(1) 원고의 대지 인도 및 화장실 철거 청구

- 원고는 2010. 6. 10. 이 사건 대지를 강제경매에서 취득하였고, 피고는 1994.경 이 사건 대지 및 인접 대지의 소유권을 취득하면서, 1995. 5.경 이 사건 대지 일부 지상에 이 사건 화장실을 설치하였음.
- 원고는 위 화장실을 철거하고, 대지를 돌려받고자 함

(2) 피고의 항변

- 피고는 이 사건 화장실을 소유한지 20년이 경과하여 점유취득시효가 완성되었다고 주장함

※ 청구취지

피고는 원고에게 이 사건 대지 지상 화장실을 철거하고, 이 사건 대지를 인도하라. (가집행 可)

2. 요건사실(건물철거 대지인도 : 원고 토지 소유 / 피고 건물 소유)

원고는 ⅰ) 2010. 6. 10. 이 사건 대지에 관한 강제경매에서 경락대금을 납입하여 소유권을 취득하였습니다. ⅱ) 피고는 1994.경 이 사건 대지 및 인접 대지의 소유권을 취득하면서, 1995. 5.경 이 사건 대지 일부 지상에 이 사건 화장실을 설치하였습니다. 따라서 피고는 원고에게 이 사건 대지 지상 화장실을 철거하고, 이 사건 대지를 인도할 의무가 있습니다.

3. 피고의 점유취득시효 완성의 항변과 재항변

피고는 이 사건 대지에 관하여 점유취득시효가 완성되었다고 항변할 것으로 예상됩니다.

그러나 피고가 이 사건 대지의 소유자로 등기된 기간 동안은 자기소유 부동산을 점유한 것에 불과하여 취득시효의 기초로서의 점유에 해당하지 않고, 피고가 이 사건 대지의 소유권을 상실한 2010. 6. 10.부터 현재까지 20년이 경과하지 아니하였으므로 피고의 항변은 타당하지 않습니다.

Set 118 점유취득시효 완성 후 등기 전의 법률관계 [13회 기록형]

1. 사실관계 [13회 기록형 변형]

(1) 원고의 점유취득시효 완성에 따른 소유권이전등기청구
- 원고는 1995년 피고 甲의 무권대리인으로부터 이 사건 대지를 매수하여 점유개시
- 원고는 2016년 피고 甲을 상대로 이 사건 매매를 원인으로 한 소유권이전등기를 청구하였으나 패소, 이 판결은 확정되었고 원고는 2017년부터 점유를 중단하였음
- 피고 甲은 2017. 5. 13. 피고 乙의 적극적인 조언 하에 피고 乙에게 매매를 원인으로 한 소유권이전등기청구를 마쳐주었음
- 원고는 이 사건 대지의 소유권을 취득하고 싶어함

(2) 피고의 항변
- 피고는 1) 패소판결의 기판력 2) 패소한 때부터 악의의 타주점유 3) 점유 중단에 따른 등기청구권의 소멸 4) 乙에 대한 매매계약의 추인의 주장을 할 것으로 예상됨

※ 청구취지
1. 원고에게, 이 사건 대지에 관하여,
   가. 피고 乙은 수원지방법원 안산지원 시흥등기소 2017. 5. 13. 접수 제3325호로 마친 소유권이전등기의 말소등기절차를,
   나. 피고 甲은 2015. 10. 1. 점유취득시효 완성을 원인으로 한 소유권이전등기절차를,
      각 이행하라 (가집행 不可)
   ※ 기판력 항변은 이하 제3편 소송/집행법 SET 기판력 참조

2. 요건사실(점유취득시효 : 20년 / 점유, 채권자대위소송 : 보 / 필 / 불 / 대)

원고는 i) 1995. 10. 1.부터 피고 甲으로부터 이 사건 대지를 매수하여 2017.경까지 20년 이상 이 사건 대지를 점유하였습니다. ii) 원고의 피보전채권은 등기청구권으로서, 이 사건 피대위권리와 밀접관련이 있으므로 피고의 무자력은 요구되지 않습니다. iii) 피고 甲은 피고 甲과 피고 乙 사이의 매매계약이 당연무효임에도 불구하고 아무런 조치를 취하고 있지 않습니다. iv) 피고 甲과 피고 乙 사이의 매매계약은 이중양도법리에 따라 피고 乙이 피고 甲의 배임행위에 적극가담하였으므로, 정의관념에 반하여 당연무효이고(제103조) 피고 乙 명의의 등기는 원인무효가 됩니다.

따라서 원고는 피고 甲에 대한 점유취득시효 완성을 원인으로 하는 소유권이전등기청구권을 보전하기 위하여 피고 甲을 대위하여 피고 乙을 상대로 피고 乙 명의의 소유권이전등기말소청구권을 대위행사하는 바이며, 피고 甲은 원고에게 소유권이전등기를 경료해줄 의무가 있습니다.

3. 피고 甲의 타주점유로의 전환 항변과 재항변

피고 甲은 원고의 점유는 타주점유로 전환되었다고 항변할 것으로 예상됩니다.

그러나 점유자인 원고가 토지 소유자인 甲을 상대로 하여 매매를 원인으로 소유권이전등기를 청구하였다가 패소 확정된 경우에도 원고의 점유가 타주점유로 전환되는 것은 아닙니다. 따라

서 피고 甲의 항변은 타당하지 않습니다.

4. 피고 甲의 등기청구권 소멸의 항변과 재항변

피고 甲은 원고의 소유권이전등기청구권은 소멸하였다고 주장할 것으로 예상됩니다.

그러나 원고가 2017경부터 점유를 중단하였다고 하더라도, 이를 **시효이익의 포기로 볼 수 있는 것이 아닌 한**, 원고가 이미 취득한 소유권이전등기청구권은 소멸되지 않고 그 점유를 상실한 때로부터 10년간 등기청구권을 행사하지 아니하면 소멸시효가 완성됩니다. 이와 같이 원고의 소유권이전등기청구권은 소멸하지 않고 원고의 점유 중단 시점인 2017경부터 현재까지 10년이 도과하지도 않았으므로, 피고 甲의 항변은 타당하지 않습니다.

5. 피고 甲의 무효행위의 추인 주장과 반박

피고 甲은 피고 乙과의 매매계약이 무효라고 하더라도 무효행위의 추인에 따라 유효하게 되었다는 주장을 할 것으로 예상됩니다.

그러나 判例는 사회질서에 반하는 법률행위(제103조·제104조)나 강행규정 위반의 '절대적 무효'의 경우에는 추인에 의하여 유효로 될 수 없다는 입장으로, 피고 甲과 피고 乙 사이의 매매계약이 정의관념에 반하여 절대적 무효가 된 이상, 피고 甲은 이를 추인할 수 없습니다. 따라서 피고의 주장은 타당하지 않습니다.

Set 119 등기부취득시효 [11회 기록형]

1. 사실관계 [11회 기록형 변형]

(1) 원고의 불법행위에 기한 손해배상청구

- 원고는 2018. 9. 5. 소외 亡 A(父)가 사망함에 따라 이 사건 대지를 단독상속하였음
- 피고는 등기서류를 위조하여 2010. 3. 2. 자신 앞으로 소유권이전등기를 경료하였고, 이를 이용하여 소외 B에게 1억원에 매도하면서 2010. 3. 15. 소유권이전등기를 경료해주었음
- 원고는 소외 B를 상대로 말소등기를 청구하는 소를 제기하였으나, B의 등기부취득시효 항변이 인정되어 원고 패소판결이 선고, 2021. 7. 25. 확정됨
- 원고는 피고를 상대로 모든 권리(금전채권 포함)를 실현하는 데 필요한 소 제기를 희망함(2021년도 토지 시가 5억원)

(2) 피고의 항변

- 피고는 원고의 금전채권이 소멸시효 완성하였고, 손해액은 매매대금 1억원이라고 항변

※ 청구취지

피고는 원고에게 500,000,000원 및 이에 대한 2021. 7. 25.부터 이 사건 소장부본 송달일까지는 연 5%의, 그 다음날부터 다 갚는 날까지는 연 12%의 각 비율로 계산한 돈을 지급하라. (가집행 可)

2. 요건사실(제750조 : 고의 또는 과실 / 위법성 / 인과관계 / 손해)

원고는 i) 2018. 9. 5. 소외 亡 A(父)가 사망함에 따라 이 사건 토지를 단독상속하여 소유권을 취득한 자입니다. ii) 피고는 등기서류를 위조하여 2010. 3. 2. 자신 앞으로 소유권이전등기를 경료하였고, 이를 이용하여 소외 B에게 1억원에 매도하면서 2010. 3. 15. 소유권이전등기를 경료해주었고, iii) 원고는 소외 B를 상대로 말소등기를 청구하는 소를 제기하였으나, B의 등기부취득시효 항변이 인정되어 원고 패소판결이 2021. 7. 25. 확정됨에 따라 원고는 소유권 상실의 손해를 입었습니다. 따라서 피고는 원고에게 이 사건 대지 소유권 상실로 인한 손해액 5억원 및 지연손해금을 지급할 의무가 있습니다.

3. 피고의 소멸시효 완성 및 손해액이 매매대금상당액으로 제한된다는 항과 재항변

피고는 원고의 불법행위에 기한 손해배상채권이 소멸시효 완성으로 소멸하였다고 항변하거나, 손해액이 소외 B로부터 지급받은 매매대금상당액 1억원이라고 주장할 것으로 예상됩니다.

그러나 判例는 소유자가 제3자를 상대로 제기한 등기말소 청구 소송이 패소 확정될 때에 그 손해의 결과발생이 현실화된다고 하여 원소유자인 원고가 등기부취득시효 완성자 소외 B를 상대로 제기한 소유권이전등기 말소등기 청구의 소에서 패소 확정된 때부터 10년의 소멸시효가 진행한다는 입장을 취하고 있으며, 손해배상액(부동산의 시가 상당액)의 기준시점 또한 소유권 상실의 결과가 '현실화된' B를 상대로 한 말소등기청구소송에서 패소 확정된 때라고 보고 있으므로, 피고의 항변은 모두 타당하지 않습니다.

Set 121 **소유권에 기한 물권적 청구권** [13회 기록형]

1. 사실관계 [13회 기록형 변형]

> **(1) 원고의 퇴거청구**
> - 원고는 이 사건 토지(소외 A와 피고 공유) 중 피고 지분(1/2)을 취득함
> - 원고의 소유권 취득 전, 피고는 소외 A의 동의를 받아 이 사건 토지 지상 건물을 자신의 노력과 비용으로 신축함
> - 소외 A는 피고에게 피고가 공유토지 지분을 상실하면 토지를 돌려주어야 한다고 하였음
> - 원고는 피고를 건물에서 퇴거시키고 싶어함

2. 건물 소유자에 대한 퇴거청구 피고적격 인정여부

건물의 소유자가 그 건물의 소유를 통하여 타인 소유의 토지를 점유하고 있다고 하더라도 그 토지 소유자로서는 그 건물의 철거와 그 대지 부분의 인도를 청구할 수 있을 뿐, 자기 소유의 건물을 점유하고 있는 자에 대하여 그 건물에서 퇴거할 것을 청구할 수는 없다.

Set 123 공유 [13회 기록형]

1. 사실관계 [13회 기록형 변형]

(1) 원고의 건물철거 및 대지인도 청구
- 원고는 이 사건 대지(소외 A와 피고 공유) 중 피고 지분(1/2)을 취득함
- 원고의 소유권 취득 전, 피고는 소외 A의 동의를 받아 이 사건 토지 지상 건물을 자신의 노력과 비용으로 신축함
- 소외 A는 피고에게 피고가 공유지 지분을 상실하면 토지를 돌려주어야 한다고 하였음

(2) 피고의 항변
- 피고는 소외 A의 동의를 받았으므로 원고도 이를 감수하여야 한다고 주장, 원고는 소수지분권자로서 토지인도청구를 할 수 없다고 주장.
- 원고에게 공유토지 지분이 넘어가면서 관습법상 법정지상권 취득 주장.

※ 청구취지
피고는 원고에게 이 사건 건물을 철거하고, 이 사건 대지를 인도하라. (가집행 可)

2. 요건사실(건물철거 대지인도 : 원고 대지 소유 / 피고 건물 소유)

원고는 ⅰ) 2022. 5. 16. 강제경매로 인하여 이 사건 지 중 피고의 1/2 지분을 취득하였습니다. ⅱ) 피고는 2021. 9. 10. 이 사건 대지 지상 이 사건 건물을 신축하여 소유권을 원시취득하였습니다. 따라서 피고는 원고에게 이 사건 건물을 철거하고 대지를 인도할 의무가 있습니다.

3. 피고의 소외 A의 동의를 받았다는 주장과 반박

피고는 토지 공유자 A의 동의를 받아 이 사건 건물을 신축하였으므로, 원고는 위 건물의 존재를 용인하여야 한다고 주장할 것으로 예상됩니다.

그러나 判例는 '공유지분권의 본질적 부분에 관한 것'은 특별한 사정이 없는 한 특정승계인에게 당연히 승계되지 않는다고 하여, 피고가 소외 A의 동의를 받아 이 사건 건물을 소유함으로써 공유토지의 전부를 점유하고 있는 것은 원고의 이 사건 대지 지분 비율에 따른 사용수익권을 본질적으로 제약하는 것으로서 승계되지 않을 뿐만 아니라, 소외 A는 피고가 토지 지분을 상실하면 토지를 돌려주어야 한다고 하였으므로 공유물 관리에 관한 특약이 소멸하였다고도 볼 수 있으므로, 피고의 위 주장은 타당하지 않습니다.

4. 피고의 원고는 소수지분권자이므로 대지인도를 구할 수 없다는 주장과 반박

피고는 원고가 이 사건 토지의 1/2(소수)지분권자에 불과하므로 대지인도를 구할 수 없다고 주장할 것으로 예상됩니다.

그러나 원고의 피고에 대한 청구는, 허용되지 않는 소수지분권자의 '다른 소수지분권자에 대한 공유물 인도청구'라거나 소수지분권자 다른 소수지분권자의 의사에 의한 '제3자에 대한 공유물 인도청구'에 해당하지 않습니다.

피고는 소외 A는 피고가 토지 지분을 상실하면 토지를 돌려주어야 한다고 하였으므로, 피고의 이 사건 대지 점유는 원고가 이 사건 지분을 취득한 때로부터 불법점유가 됩니다. 判例는 제3자가 공유물을 불법으로 점유하고 있는 경우 '제265조 단서의 보존행위를 근거'로 지분권자는 공유물 전체의 인도를 청구할 수 있다는 입장이므로 원고는 이 사건 대지의 불법점유자 피고를 상대로 단독으로 토지 전체의 인도를 청구할 수 있습니다. 따라서 피고의 위 주장은 타당하지 않습니다.

5. 피고의 관습법상 법정지상권이 성립하였다는 항변과 재항변

피고는 이 사건 대지를 점유할 관습법상 법정지상권을 취득하였다고 항변할 것으로 예상됩니다.

그러나 判例는 "토지공유자 중의 1인이 공유토지 위에 건물을 소유하고 있다가 토지지분만을 전매한 경우 법정지상권을 인정한다면 토지공유자 1인이 다른 공유자의 지분에까지 지상권을 설정하는 처분행위를 할 수 있음을 인정하는 셈이므로 법정지상권은 성립하지 않는다"는 입장입니다.

따라서 토지공유자 중 1인인 피고가 이 사건 공유토지 지상에 건물을 단독으로 소유하고 있다가 원고가 피고의 토지지분을 취득하였다고 하더라도 피고에게 관습법상 법정지상권이 성립하지 않습니다. 따라서 피고의 위 주장은 타당하지 않습니다.

Set 126 관습법상 법정지상권 [5회 기록형]

1. 사실관계 [5회 기록형 변형]

> ### (1) 원고의 대지 소유와 피고의 이 사건 화장실 소유
> - 원고는 2010. 6. 10. 이 사건 대지를 강제경매에서 취득하였고, 피고는 인접 대지 소유자로 이 사건 대지 지상에 이 사건 화장실을 소유하고 있음
> - 원고는 위 화장실을 철거하고, 대지를 돌려받고자 함
>
> ### (2) 피고의 항변
> - 피고는 이 사건 대지를 점유할 법정지상권이 존재한다고 항변
>
> ### ※ 청구취지
> 피고는 원고에게 이 사건 대지 지상 화장실을 철거하고, 이 사건 대지를 인도하라. (가집행 可)

2. 요건사실(건물철거 대지인도 : 원고 토지 소유 / 피고 건물 소유)

원고는 ⅰ) 2010. 6. 10. 이 사건 대지에 관한 강제경매에서 경락대금을 납입하여 소유권을 취득하였습니다. ⅱ) 피고는 1994.경 이 사건 대지 및 인접 대지의 소유권을 취득하면서, 1995. 5.경 이 사건 대지 일부 지상에 이 사건 화장실을 설치하였습니다. 따라서 피고는 원고에게 이 사건 화장실을 철거하고, 이 사건 대지를 인도할 의무가 있습니다.

3. 피고의 관습법상 법정지상권 성립의 항변과 재항변

피고는 관습법상 법정지상권이 성립한다고 항변할 것으로 예상됩니다.

그러나 강제경매와 같이 당사자의 의사에 의하지 않은 소유권변동의 경우 관습법상 법정지상권이 성립되기 위해서는 ⅰ) (가)압류 효력 발생 당시 토지와 건물이 동일인 소유에 속하고, ⅱ) 적법한 강제경매를 원인으로 소유자가 달라질 것을 요건으로 하고, 判例는 토지 또는 그 지상 건물에 관하여 강제경매를 위한 (가)압류가 있기 이전에 저당권이 설정되어 있다가 그 후 '강제경매'로 인해 그 저당권이 소멸하는 경우에는 제366조의 법정지상권이 아니라 관습상의 법정지상권이 문제되며, 이 때 토지와 그 지상 건물이 동일인 소유에 속하였는지는 그 '저당권 설정 당시'를 기준으로 판단합니다.

이 사건 대지에 근저당권설정등기가 경료된 1993. 12. 5. 당시 화장실은 존재하지 아니하였으므로, 토지와 지상 건물의 동일인 소유 요건을 충족시키지 못하여 관습법상 법정지상권이 존재한다는 피고의 항변은 타당하지 않습니다.

Set 130 유치권자와 과실수취권 [7회 기록형]

1. 유치권자의 사용이익에 대한 부당이득

민법은 유치권자에게 보존에 필요한 사용을 허용하고 있을 뿐 그에 따른 이익까지 보장하고 있지는 않기 때문에, 이 경우 유치권자가 보존에 필요한 범위 내의 사용이 적법하더라도 사용이익에 대해서는 부당이득이 성립한다(63다235). 유치권자가 목적물을 타인에게 전세를 주고 전세금을 받은 때에는 전세금에 대한 법정이자 상당액이 된다(2009다32324).

Set 139 가등기담보권 [9회 기록형]

1. 사실관계 [9회 기록형 변형]

(1) 원고의 소유권이전등기말소청구(이자는 고려하지 않음)

- 원고는 2019. 8. 1. 피고로부터 6억원을 차용함과 동시에 이 사건 대지(시가 11억)에 담보 목적의 피고 명의 소유권이전등기를 경료해주면서, 3회 이상 이자를 연체하는 경우 또는 변제최고를 받은 날로부터 1개월 내에 변제하지 않는 경우, 피고는 소유권을 확정적으로 취득한다는 약정을 하였음
- 원고는 피고 명의의 소유권이전등기를 말소하고자 함

(2) 피고의 항변

- 피고는 적법하게 소유권을 취득한 것이므로 차용금을 변제받아도 소유권등기를 말소해줄 수 없다고 주장함

※ 채무의 변제기로부터 10년이 경과하지 않았고, 피고는 제3자에게 소유권을 넘겨준 적 없음

※ 청구취지

피고는 원고로부터 600,000,000원을 지급받은 다음 이 사건 대지에 관하여 수원지방법원 성남지원 2019. 8. 1. 접수 제3218호로 마친 소유권이전등기의 말소등기절차를 이행하라. (가집행 不可)

2. **요건사실**(등기말소청구 : 원고 소유 / 피고 등기 / 등기원인무효)

원고는 이 사건 대지에 관하여 ⅰ) 2019. 5. 1. 소유권이전등기를 경료한 소유자입니다. ⅱ) 피고는 2019. 8. 1. 이 사건 대지에 관하여 원고가 피고에게 부담하는 대여금채무를 담보하기 위하여 소유권이전등기를 마쳤습니다. ⅲ) 이 사건 대지에 관한 피고의 소유권이전등기는 이 사건 대지의 시가가 11억원이라는 점, 원고가 피고에 대하여 부담하는 차용금채무는 6억원이라는 점에 비추어 가등기담보법이 적용되고(제1조), 같은 법 제11조 본문에 따라 원고는 대여금채무액을 피고에게 지급하고 피고 명의의 소유권이전등기의 말소를 청구할 수 있으므로, 피고는 원고에게 이 사건 대지에 관하여 피고 앞으로 경료된 소유권이전등기의 말소등기절차를 이행할 의무가 있습니다.

3. **피고의 완전, 적법한 소유권 취득의 항변과 재항변**

피고는 3회 이상 이자를 연체하는 경우 또는 변제최고를 받은 날로부터 1개월 내에 변제하지 않는 경우, 피고는 소유권을 확정적으로 취득한다는 약정에 따라 자신이 이 사건 대지의 완전한 소유권을 취득하였다고 주장할 것으로 예상됩니다.

그러나 청산금의 지급채무와 가등기에 기한 본등기 및 인도의무의 이행은 동시이행의 관계에 있고(동법 제4조 3항), 이에 반하는 특약으로서 채무자등에게 불리한 것은 그 효력이 없습니다(동법 제4조 4항 본문). 따라서 청산금의 지급 없는 피고의 본등기는 무효이므로 피고의 완전, 적법한 소유권을 취득하였다는 항변은 타당하지 않습니다.

4. **미리 청구할 필요**

원고가 이 사건 대여금채무를 변제할 의무는 피고의 소유권이전등기 말소의무보다 선이행되어야 할 의무이나, 피고가 원고의 소유권이전등기 말소청구에 응하지 아니하는 점에 비추어 미리 청구할 필요도 인정된다고 할 것입니다.

5. **비교쟁점**

만일 피고가 위 사정을 잘 아는 제3자에게 소유권을 이전해준 경우, 채무자 등의 말소청구권은 선의의 제3자가 소유권을 취득한 경우(가담법 제11조 단서 후단)소멸하므로, 위와 같은 사정을 잘 아는 제3자가 피고로부터 소유권이전등기를 경료받았다고 하여 원고가 피고에 대해 말소등기청구를 할 수 없는 것이 아니며, 제3자 또한 말소청구의 상대방이 된다.

> ## Set 153 상속회복청구권 [6회 기록형]

1. 사실관계 [6회 기록형 변형]

(1) 원고의 이 사건 대지 상속과 피고의 소유권 취득(소제기 2017. 1. 13.)

- 원고는 1995. 4. 30. 이 사건 대지의 소유자였던 父 소외 甲이 사망하자, 母인 A 및 형제 B와 함께 이 사건 대지를 공동상속하였음
- B는 2007. 9. 20. 관련서류 등을 위조하여 협의분할에 의한 상속을 원인으로, 이 사건 대지에 관하여 B 단독 명의의 소유권이전등기를 경료함
- 피고는 2014. 6. 12. 이 사건 매매계약을 원인으로 이 사건 대지에 관하여 B로부터 소유권이전등기를 경료받음
- 원고는 B를 피고로 하지 않는 방법으로 이 사건 대지의 소유명의를 회복하고자 함

(2) 피고의 항변

- 피고는 이 사건 대지를 점유할 법정지상권이 존재한다고 항변

※ 청구취지

피고는 원고에게 이 사건 대지 중 2/7 지분에 관하여 진정명의회복을 원인으로 한 소유권이전등기절차를 이행하라. (가집행 不可)

※ 피고의 선의의 제3자라는 주장은 등기의 공신력이 인정되지 않으므로 부당함

2. 요건사실(진명등 : 원고 소유 / 피고 등기 / 등기 원인무효)

원고는 ⅰ) 1995. 4. 30. 이 사건 대지의 소유자였던 父 소외 甲이 사망하자, 母인 A 및 형제 B와 함께 이 사건 대지를 공동상속하였으므로, 이 사건 대지에 관하여 2/7 비율의 지분을 가진 공유자입니다. ⅱ) 피고는 2014. 6. 12. 소외 B로부터 이 사건 대지에 관하여 매매계약을 원인으로 한 소유권이전등기를 경료받았는데, B는 2007. 9. 20. 관련서류를 위조하여 상속재산분할협의를 원인으로 B 앞으로 단독으로 소유권이전등기를 경료하였습니다. 원고의 2/7 지분에 관하여는 피고의 소유권이전등기가 원인무효에 해당하므로 피고는 원고에게 이 사건 대지 중 2/7 지분에 관하여 진정명의회복을 원인으로 한 소유권이전등기 절차를 이행할 의무가 있습니다.

3. 피고의 상속회복청구권 제척기간 도과의 주장과 반박

피고는 원고의 청구가 상속회복청구권의 제척기간 도과로 제소기간을 준수하지 못하여 부적법하다고 주장할 것으로 예상됩니다.

그러나 원고가 침해를 안 날은 2014. 6. 14.이고, 상속권의 침해행위는 B 단독 명의로 소유권이전등기가 경료된 2007. 9. 20.으로 이 사건 소제기시인 2017. 1. 13. 기준으로 각 침해를 안 날로부터 3년, 상속권의 침해행위가 있은 날부터 10년이 경과하지 않았으므로, 피고의 주장은 타당하지 않습니다.

> ### Set 149 인지의 소급효(제860조 단서) [10회 기록형]

1. 사실관계 [10회 기록형 변형]

> ### (1) 원고의 소유권이전등기말소청구
> - 원고는 소외 亡 A(母)의 친생자로서, 소외 亡 B(母)의 친생자로 등록되어 있던 것을 소외 A의 사망 후 친생자관계존부확인의 소를 통하여 소외 A의 친생자임이 확인되었음
> - 원고의 친생자관계존부확인의 소 이전에, 피고 甲은 A의 친생자로서 상속을 원인으로 이 사건 토지에 관하여 자신 단독 명의로 소유권이전등기를 경료하였으며, 피고 乙은 甲으로부터 매매계약을 원인으로 하여 소유권이전등기를 경료함
> - 원고는 이 사건 토지를 아무런 부담이 없는 상태로 만들어 지분이전등기할 수 있는 상태로 만들기를 원함
>
> ### (2) 피고들의 항변
> - 피고들은 제860조 단서, 제1014조에 따라 가액배상만 가능하다고 항변

※ 청구취지

1. 원고에게, 이 사건 대지 중 1/2 지분에 관하여,

   가. 피고 甲은 수원지방법원 안산지원 2019. 4. 1. 접수 제2683호로 마친,

   나. 피고 乙은 같은 법원 2019. 8. 1. 접수 제5218호로 마친,

   　각 소유권이전등기의 말소등기절차를 이행하라. (가집행 不可)

2. 요건사실(말소등기청구 : 원고 소유 / 피고 등기 / 등기 원인무효)

원고는 소외 亡 A(母)의 친생자로서, ⅰ) 2019. 2. 27. A가 사망함에 따라 A의 또다른 친생자 피고 甲과 함께 이 사건 토지를 1/2 비율로 공동상속하였습니다. ⅱ) 피고 甲은 원고가 A의 친생자임을 밝힌 이 사건 친생자관계존부확인의 소 이전에, 자신의 단독 명의로 상속을 원인으로 한 소유권이전등기를 경료하였는바, 1/2 지분에 관하여는 원인무효의 등기라 할 것입니다. ⅲ) 피고 乙은 피고 甲으로부터 이 사건 친생자관계존부확인의 소 이전에 매매를 원인으로 한 소유권이전등기를 경료한바, 원고의 1/2 지분에 관하여는 원인무효의 등기라 할 것입니다. 따라서 피고 甲과 피고 乙은 원고에게 이 사건 토지 중 1/2 지분에 관하여 소유권이전등기의 각 말소등기절차를 이행할 의무가 있습니다.

3. 피고들의 제860조 단서에 따른 가액배상의 항변과 재항변

피고들은 원고의 친생자관계존부확인의 소 이전에 이미 피고 乙이 소유권이전등기를 경료한 이상 제860조 단서 및 제1014조에 따라 가액배상할 의무만 있다고 항변할 것으로 예상됩니다. 그러나 "인지를 요하지 아니하는 모자관계에는 인지의 소급효 제한에 관한 민법 제860조 단서가 적용 또는 유추적용되지 아니하며, 상속개시 후의 인지 또는 재판의 확정에 의하여 공동상속인이 된 자의 가액지급청구권을 규정한 민법 제1014조를 근거로 자가 모의 다른 공동상속인이 한 상속재산에 대한 분할 또는 처분의 효력을 부인하지 못한다고 볼 수도 없다. 이는 비록 다른 공동상속인이 이미 상속재산을 분할 또는 처분한 이후에 그 모자관계가 친생자관계존재확인판결의 확정

등으로 비로소 명백히 밝혀졌다 하더라도 마찬가지이다"라는 判例의 입장에 따라, 母子관계에 관하여 친생자관계존재확인판결의 확정을 받은 원고에게 제860조 단서가 적용될 여지 없으므로, 원고는 피고 甲의 이 사건 토지의 처분의 효력을 부인할 수 있습니다. 따라서 피고의 주장은 타당하지 않습니다.

민사소송법

Set 01 기판력 [1·3·6회 기록형]

1. 사실관계 [1회 기록형 변형]

> **(1) 원고의 불법행위에 기한 손해배상청구(소제기일 2012. 2. 1.)**
>   - 원고는 이 사건 대지를 자신의 父가 사망함에 따라 동생과 함께 상속하였음. 피고는 A로부터 이 사건 토지를 임차하였는데, A는 서류를 위조하여 자기 앞으로 이 사건 대지에 관하여 소유권이전등기를 마침
>   - 원고는 2008. 11. 1. 피고를 상대로, A의 유죄확정판결문을 보여주었으므로 피고는 위 시점부터 이 사건 대지를 점유할 적법한 권원이 없음을 알게 됨
>   - 원고는 이 사건 대지에 관한 임료 상당액(월 300만원)을 되돌려받고 싶어함
>
> **(2) 피고의 항변**
>   - 피고는 원고와 동생이 자신을 상대로 이미 부당이득반환청구를 하여 패소판결을 받았다고 항변할 것으로 예상됨
>
> **※ 청구취지**
> 피고는 원고에게 2009. 2. 1.부터 이 사건 대지의 인도완료일까지 월 1,500,000원의 비율로 계산한 돈을 지급하라. (가집행 可)
> ※ 피고의 소멸시효완성의 항변(제766조 1항)을 고려하여, 소제기일인 2012. 2. 1.로부터 3년이 경과하지 않은 시점부터만 손해배상청구 하였음

2. 요건사실(제750조 : 손해배상채권의 발생 / 범위)

원고는 i) 2000. 8. 1. 소외 甲이 사망함에 따라, 소외 甲의 子로서 이 사건 대지를 상속받아, 소외 동생과 이 사건을 1/2 비율로 공유하고 있습니다 ii) 피고는 2004. 7. 15. 무권리자 A로부터 이 사건 대지를 임차하여 2004. 9. 1.부터 현재까지 이 대지를 점유, iii) 원고는 2008. 11. 1. 피고를 상대로, A의 유죄확정판결문을 보여주었으므로 피고는 위 시점부터 이 사건 대지를 점유할 적법한 권원이 없음을 알고 있었습니다.

피고는 2008. 11. 1.부터는 고의로. 위법하게 이 사건 대지를 점유하며 임료 상당의 손해를 원고에게 가하고 있는바, 피고는 원고에게 2009. 2. 1.부터 이 사건 대지의 인도완료일까지 월 1,500,000만원의 비율로 계산한 돈을 지급할 의무가 있습니다.

3. 피고의 기판력 항변과 재항변

피고는 자신과 원고 및 원고 동생 사이에 2005. 10. 25. 확정된 원고 패소판결의 기판력이 본 사건에 미치므로 원고의 청구는 기각되어야 한다고 항변할 것으로 예상됩니다.

그러나 기판력의 객관적 범위는 소송물로 주장된 권리법률관계를 기준(민사소송법 제216조 1항)으로 하므로, 전소의 소송물은 부당이득반환청구권이고, 본소의 소송물은 불법행위에 기한 손해배상청구권인 이상 전소의 기판력이 후소에 작용하는 관계에 있지 아니하여, 피고의 항변은 타당하지 않습니다.

4. 관련 쟁점 – 기판력의 항변과 판결편취에 따른 판결 미확정의 재항변 [4회 기록형]

피고는 이 사건 대지에 관하여 경료된 자신 명의의 소유권이전등기가 확정판결에 의한 것이므로 원고의 소유권이전등기말소청구는 기판력에 반한다고 주장할 것으로 예상됩니다.

그러나 기판력은 1) 유효하게 2) 확정된 3) 종국판결에서 발생합니다. 피고는 허위 주소를 기재하여 이 사건 판결의 소장부본 및 판결문을 자신이 고용한 점원으로 하여금 송달받게하였는바, 위와 같은 허위주소 송달에 따라 판결이 편취된 경우 판결정본의 송달은 무효이고 항소기간이 도과하지 아니하므로, 이 사건 판결은 확정되지 않았다고 할 것입니다. 따라서 이 사건 판결에는 기판력이 발생하지 아니하므로 피고의 기판력 발생 주장은 타당하지 않습니다.

Set 02 **권리보호이익 – 현재이행의 소** [1회 기록형]

1. 사실관계

> **(1) 원고의 양수금 청구(지연손해금은 고려하지 않음)**
> - 원고는 A의 피고(상인)에 대한 대여금채권(원금 3천만원)의 절반을 2009. 5. 11. 양수하였고, 위 채권양도의 확정일자를 갖춘 통지는 2009. 5. 13. 피고에게 도달함
> - 위 대여금채권의 대여일은 2008. 10. 5., 변제기는 2010. 4. 5.임
>
> **(2) 피고의 항변**
> - 피고는 이 사건 대여금채권에 원고의 채권자가 가압류하였다고 주장함
>
> ※ **청구취지**
> 피고는 원고에게 15,000,000원 및 이에 대한 2008. 10. 5.부터 2010. 4. 5.까지 연 6%의 비율로 계산한 돈을 지급하라. (가집행 可)

2. 요건사실(양수금청구 : 양수채권 / 채권양도계약 / 통지승낙)

ⅰ) A는 2008. 10. 5. 상인인 피고에게 원금 3천만원, 변제기 2010. 4. 5로 하여 금전을 대여하였고, ⅱ) 원고는 2009. 5. 11. A로부터 위 채권 중 절반을 양도받았으며 ⅲ) 피고는 2009. 5. 13. 확정일자를 갖춘 채권양도 통지를 수령하였습니다.

따라서 피고는 원고에게 15,000,000원 및 이에 대한 2008. 10. 5.부터 2010. 4. 5.까지 연 6%의 비율로 계산한 돈을 지급할 의무가 있습니다.

3. 피고의 기판력 항변과 재항변

피고는 원고의 채권자가 이 사건 채권에 대하여 이미 가압류결정을 받아 확정되었으므로 원고의 청구는 소의 이익이 없다고 주장할 것으로 예상됩니다.

그러나 가압류된 금전채권에 대한 이행청구도 소의 이익이 있으며, 判例는 채권가압류가 된 경우 채무자가 제3채무자를 상대로 하여 이행의 소를 제기하여 채무명의(집행권원)를 얻더라도 이에 기하여 제3채무자에 대하여 강제집행을 할 수는 없다고 볼 수 있을 뿐이고 그 채무명의를 얻는 것까지 금하는 것은 아니라고 하므로, 설사 원고의 채권자가 이 사건 양수금채권에 대하여 가압류를 하였다고 하여 원고의 양수금청구가 부적법하게 된다거나, 청구인용판결을 받을 수 없다고 볼 것은 아닙니다.

> **Set 03** | **확인의 소 – 임차권 확인 청구** [5회 기록형]

1. 사실관계 [5회 기록형 변형]

(1) 원고의 임차권 확인 청구(참조조문 상임법 제10조 1,2,3항)

- 원고는 2013. 1. 4. 피고로부터 이 사건 건물을 보증금 1억원, 월 차임 2백만원, 기간 2013. 1. 9.부터 2016. 1. 8.까지로 정하여 임차하였고, 위 건물에서 갈비집 운영을 하고 있음.
- 원고는 피고에게 계약갱신청구를 하였고 이는 2015. 12. 3. 피고에 도달하였으나, 피고가 이를 거절한다는 통지가 2015. 12. 6. 원고에 도달

(2) 피고의 주장

- 1) 상가임대차보호법이 적용되지 않으므로 계약갱신청구권이 인정되지 않음. 2) 2기분의 임료 연체하고 있으므로 갱신요구를 거절할 수 있음. 3) 연체된 임료를 원고가 공탁하더라도 수령 여부는 임대인의 자유이고, 4) 제640조에 따라 임대차계약이 해지되었음

※ 청구취지

원고와 피고 사이에, 원고에게 이 사건 건물에 관하여 원고와 피고 사이의 2013. 1. 4. 임대차계약을 원인으로 한 임대차보증금 100,000,000원, 월 차임 2,000,000원, 기간 2016. 1. 9.부터 2019. 1. 8.까지로 한 임차권이 존재함을 확인한다. (가집행 不可)

2. 피고의 각 항변에 대한 판단

1) 임차인의 갱신청구권을 규정하고 있는 상가임대차보호법 제10조는 임차인의 대항력을 전제로 하는 규정이 아니고 2) 3기 연체여야 하며(제10조 1항 1호), 3) 원고의 적법한 변제공탁으로 인하여 차임이 연체된 상황이 아닐 뿐만 아니라, 4) 설사 수령하지 않는다고 하더라도, 민법 제640조가 아니라 상가임대차보호법 제10조의8에 따라 연체차임이 3기에 달하여야 한다.

3. 확인의 이익(법, 현, 유, 적)

피고가 원고의 임대차계약 갱신 청구를 지속적으로 거절하면서 이 사건 임대차계약이 해지되었으므로 이 사건 건물의 인도를 요구하거나, 원고가 인도 요구에 응하지 아니할 경우 임대차계약상 특약에 따라 3억원의 위약금을 청구하는 것은 임차인이라는 원고의 법률상 지위에 현존하는 위험 불안이 있는 것입니다. 원고가, 원고와 피고 사이에 갱신된 임차권이 존재한다는 것을 확인받는 것이 피고의 위와 같은 건물 인도 요구 또는 위약금 지급 요구는 이유 없게 되는 것으로 위 위험을 제거할 수 있는 유효 적절한 수단이 됩니다. 따라서 원고의 이 사건 임차권 확인 청구는 확인의 이익이 있습니다.

> **Set 04** 압류의 경합과 선행 채권양도의 사해행위취소 [13회 기록형]

1. 사실관계 [13회 기록형 변형]

> #### (1) 원고의 전부금청구(소제기 2024. 1. 12.)
> - B는 甲에 대하여 1억원의 임대차보증금반환채권 보유(임대차가 2023. 7. 31. 종료함과 동시에 B는 甲에게 임대차목적물을 반환하였음)
> - A는 위 채권에 2021. 5. 15. 압류추심 받음 (2021. 5. 20. 채무자, 제3채무자에 송달, 1억원 중 5천만원)
> - 원고는 위 채권에 2022. 7. 25. 압류전부 받음(2022. 7. 31. 채무자, 제3채무자에 송달, 2022. 8. 9. 확정, 1억원 중 7천만원)
> - 위 채권은 C에게 2021. 4. 15. 양도(확정일자 있는 통지일 2021. 4. 20.)
> - 원고와 A는 위 채권양도에 대해 사해행위취소소송을 제기, 모두 인용받아 2022. 5. 31. 판결확정되고, 2022. 6. 15. 채권양도 취소의 확정일자 있는 통지가 이루어짐
>
> #### (2) 피고의 항변
> - 압류의 경합으로 원고의 전부명령은 무효라고 주장

※ 청구취지

피고 甲은 원고에게 70,000,000원 및 이에 대한 2023. 8. 1.부터 이 사건 소장부본 송달일까지는 연 5%의, 그 다음날부터 다 갚는 날까지는 연 12%의 각 비율로 계산한 돈을 지급하라. (가집행 可)

2. 요건사실(전부금청구 : 피전부채권 / 압류및전부명령 / 제3채무자송달 / 확정)

ⅰ) 소외 B는 2020. 8. 1. 피고 甲과 이 사건 건물을 보증금 1억원, 월 차임 2백만원, 기간 2020. 8. 1.부터 2023. 7. 31.로 하는 임대차계약을 체결함과 동시에 보증금 1억원을 지급하였고 건물을 인도받았습니다. 소외 B는 2023. 7. 31. 위 임대차계약이 종료됨에 따라 이 사건 건물을 피고 甲에게 반환 하였고, 피고 甲에 대하여 1억원의 임대차보증금반환채권을 가집니다. ⅱ) 원고는 2022. 7. 25. 위 임대차보증금반환채권에 대하여 압류및전부명령을 받았고, 이는 2022. 7. 31. 소외 B 및 피고 甲에게 송달되었으며 2022.8. 9. 확정되었습니다. 따라서 피고 甲은 원고에게 전부금 7천만원 및 2023. 8. 1.부터의 지연손해금을 지급할 의무가 있습니다.

3. 피고의 압류 경합에 따라 원고의 전부명령이 무효라는 항변과 재항변

피고 甲은 원고의 압류는 소외 A의 압류와 경합하므로 원고의 전부명령이 무효라는 항변을 할 것으로 예상됩니다.

그러나 判例에 따르면 소외 A의 압류추심명령 당시 이미 이 사건 임대차보증금채권이 확정일자 있는 대항요건(2021. 4. 20. 통지)을 갖추어 소외 C에게 양도된 이상, 사후적으로 이 채권양도가 사해행위취소소송에서 취소되었다 하더라도 이미 무효로 된 소외 A의 압류 및 추심명령이 다시 유효가 되는 것이 아닙니다.

따라서 소외 A의 압류 및 추심명령이 무효인 이상, 압류의 경합이 발생할 수 없어 피고의 항변은 타당하지 않습니다.

Set 05 압류의 경합과 전부명령, 채권의 이중양도 [10회 기록형]

1. 사실관계 [10회 기록형 변형]

(1) 원고의 전부금(임대차보증금)청구

- 소외 A는 甲과 乙로부터 이 사건 건물을 임차하고, 임대차계약이 종료되자 이 사건 건물을 甲과 乙에게 반환하였음
- 원고는 소외 A를 채무자, 피고 甲을 채무자로 하는 압류 및 전부명령을 2019. 10. 8. 신청하였고, 2019. 10. 12. 각 소외 A와 피고 甲에게 송달되었으며, 2019. 10. 20. 위 압류 및 전부명령이 확정되었음
- 채권자 丙 채무자 A 제3채무자 甲으로 한 가압류 존재(2019. 10. 14. 신청, 2019. 10. 15. 甲에게 송달)
- A는 B에게 이 사건 보증금반환채권 중 4천만원을 양도하고 채권양도의 단순 우편 통지가 2019 5. 19. 甲과 乙에게 도달

(2) 피고의 항변

- 1) 이미 4천만원은 양도되었고 2) 가압류가 경합하므로 원고의 전부명령은 무효이다

※ 청구취지

피고는 원고에게 100,000,000원 및 이에 대한 이 사건 소장부본 송달일 다음날부터 다 갚는 날까지 연 12%의 비율로 계산한 돈을 지급하라. (가집행 可)

2. 요건사실(전부금청구 : 피전부채권 / 압류전부명령 / 제3채무자송달 / 확정)

ⅰ) 소외 A는 2017. 11. 9. 피고 甲, 소외 乙로부터 이 사건 건물을 보증금 1억원, 월 차임 2백만원, 기간 2017. 11. 9. 부터 2020. 11. 8.로 하여 임차하였고, 위 보증금을 모두 지급한 뒤, 임대차계약이 종료함에 따라 甲과 乙에 대하여 임대차보증금반환채권을 갖게 되었습니다. ⅱ) 원고는 소외 A를 채무자, 피고 甲을 채무자로 하는 압류 및 전부명령을 2019. 10. 8. 신청하였고, 2019. 10. 12. 각 소외 A와 피고 甲에게 송달되었으며, 2019. 10. 20. 위 압류 및 전부명령이 확정되었습니다. 따라서 피고는 원고에게 전부금 1억원을 지급할 의무가 있습니다.

3. 피고의 선행채권양도 존재의 항변 및 압류경합으로 전부명령이 무효라는 항변과 재항변

피고는 이 사건 피전부채권 중 4천만원은 이미 양도되었으며, 원고의 전부명령은 압류가 경합된 상태에서 발령된 것으로서 효력이 없다고 항변할 것으로 예상됩니다.

B에 대한 채권양도가 원고의 압류전부명령보다 앞선다고 하더라도, B에 대한 채권양도는 확정일자 없는 단순 통지를 갖춘 것에 불과하므로 제450조 2항에 따라 위 채권양도를 가지고 원고에게 대항할 수 없습니다. 따라서 피고의 선행채권양도 존재의 항변은 타당하지 않습니다.

또한 압류의 경합 여부는 제3채무자 송달시를 기준으로 하고, 피전부채권이 장래의 채권, 조건부 채권이라도 압류의 경합 여부는 제3채무자 송달시를 기준으로 한다는 判例에 따르면, 원고의 압류및전부명령이 제3채무자인 甲에게 송달된 시점은 2019. 10. 12.로, 丙의 가압류신청이 甲에게 송달된 시점인 2019. 10. 15.보다 앞서므로 압류의 경합으로 원고의 전부명령이 무효라는 피고의 항변(민사집행법 제229조 5항 참조)도 타당하지 않습니다.

| Set 06 | **압류의 경합과 선행 가압류의 취하** [13회 기록형] |

1. 사실관계 [13회 기록형 변형]

> ### (1) 원고의 전부금(임대차보증금)청구
> 강원석은 경진아에 대하여 1억원 물품대금채권(2022. 11. 변제기)
> 채권자 정준수 : 2022. 12. 15. 가압류결정, 2022. 12. 20. 채무자 및 제3채무자 송달, 1억원 중 5천만원
> 채권자 원고 : 압류전부명령 2023. 1. 5. 압류및전부명령, 2023. 1. 20. 채무자, 제3채무자 송달, 2023. 1. 28. 확정, 1억원 중 7천만원
> 정준수의 가압류 신청 취하(2023. 1. 25.)

2. 피고의 항변

피고는 제3채무자인 자신에게 전부명령이 송달될 당시 (가)압류의 경합 또는 배당요구가 있었음을 주장하며 전부명령의 효력을 다툴 수 있다. 아울러 (가)압류의 경합으로 인하여 무효로 된 전부명령은 그 이후 경합 상태에서 벗어났다고 하여 다시금 되살아나 그 효력을 발생하는 것은 아님에 유의하여야 한다(2000다19373).

| Set 07 | **제3채무자의 집행채권 부존재 항변** [9회 기록형] |

1. 집행채권의 부존재나 소멸의 항변

✎ **추심명령 주요판례** [9회 기록형]

① 집행채권의 부존재나 소멸은 집행채무자가 청구이의의 소에서 주장할 사유이지 추심의 소에

서 제3채무자가 이를 항변으로 주장하여 채무의 변제를 거절할 수는 없다(94다34012).

② (가)압류나 추심명령이 경합하여도 추심명령은 유효하고, 추심권능도 피압류채권 전액에 미친다.

Set 08 처분금지가처분 [11회 기록형]

1. 처분금지가처분의 효력과 처분행위가 가처분에 저촉되는 것인지 판단하는 기준

부동산에 관하여 처분금지가처분의 등기가 된 후에 가처분채권자가 본안소송에서 승소판결을 받아 확정되면 그 피보전권리의 범위 내에서 가처분 위반행위의 효력을 부정할 수 있고, 이때 그 처분행위가 가처분에 저촉되는 것인지 여부는 그 처분행위에 따른 등기와 가처분등기의 선후에 의하여 정해진다(2018다276218)

Set 09 가처분과 채무자 명의로의 소유권이전등기 [7회 기록형]

1. 가처분결정의 처분금지효의 인적 범위

"부동산의 전득자(채권자 : 甲)가 양수인 겸 전매인(채무자 : 乙)에 대한 소유권이전등기청구권을 보전하기 위하여 양수인(乙)을 대위하여 양도인(제3채무자 : 丙)을 상대로 처분금지가처분을 한 경우 '가처분에 따른'(채권자대위권이 아님) 피보전권리는 양수인(乙)의 양도인(丙)에 대한 소유권이전등기청구권일 뿐, 전득자(甲)의 양수인(乙)에 대한 소유권이전등기청구권까지 포함되는 것은 아니고, 그 가처분결정에서 제3자에 대한 처분을 금지하였다 하여도 그 제3자 중에는 양수인(乙)은 포함되지 아니하므로 그 가처분 후에 양수인(乙)이 양도인(丙)으로부터 넘겨받은 소유권이전등기는 위 가처분의 효력에 위배되지 아니하여 유효하다"(90다9407)

상법

Set 01   기타 상법 기출 쟁점

1. 대표이사 개인의 지위에서 차용한 행위와 상사소멸시효 [6·10회 기록형 변형]

회사의 기관인 대표이사 개인은 상인이 아니어서 비록 대표이사 개인이 회사 자금으로 사용하기 위해서 차용한다고 하더라도 이를 보조적 상행위라고 볼 수 없고, 따라서 상사소멸시효가 적용되지 않음

2. 상인이 금전을 차용하는 행위의 보조적 상행위성 [9회 기록형 변형]

상인의 행위는 영업을 위하여 하는 것으로 추정한다(제47조 2항). 그러나 상인이 그 영업과 상관없이 개인 자격에서 돈을 투자하는 행위는 상인의 기존 영업을 위한 보조적 상행위로 볼 수 없다는 判例에 따르면, 상인인 원고가 주거를 위한 임대차보증금을 차용하는 행위는 상행위로 볼 수 없고, 상사소멸시효가 적용되지 않음

3. 상사유치권과 민사유치권의 비교 [9회 기록형 변형]

일반상사유치권은 1) 쌍방이 상인일 것, 2) 상행위로 인한 채권일 것, 3) 채권의 변제기 도래할 것, 4) 채무자 소유일 것을 요건으로 하고 5) 목적물과의 견련성은 요하지 않는 반면(상법 제58조 본문). 민사유치권은 1) 변제기 도래 및 배제 특약 없을 것 2) 타인 소유의 물건일 것 3) 목적물과의 견련성 4) 적법점유(민법 제320조)를 요건으로 함.

상사유치권에서는 4) 요건인 "채무자 소유일 것"이 문제되고, 민사유치권에서는 3) 요건인 "목적물과의 견련성"이 문제가 됨.

4. 제69조 제1항 단서 - 즉시발견할 수 없는 하자 [5회 기록형]

피고는 콘크리트가 매립된 이 사건 토지를 원고가 인도받은 날로부터 상당한 기간이 경과하였으므로 법적 책임을 물을 수 없다고 주장함.

원고는 2015. 4. 17. 이 사건 토지를 인도받았고, 2015. 10. 6. 이 사건 토지에 콘크리트 매립 사실을 알게 되었음. 이를 매도인인 피고에게2015. 10. 7. 통지하여 2015. 10. 9. 피고가 받아보았음.

상인간의 매매에 있어 목적물에 즉시 발견할 수 없는 하자가 있는 경우에 매수인이 6월 내에 이를 발견하여 그 통지를 즉시 발송한 경우 손해배상청구를 할 수 있으므로(제69조 1항 단서), 피고의 주장은 타당하지 않음.

5. 회사의 유일한 영업용 재산의 처분과 주주총회 특별결의 [7회 기록형]

判例에 따르면 영업용 재산의 처분으로 회사의 영업의 전부 또는 일부를 양도하거나 폐지하는 것과 같은 결과를 가져오는 경우에는 주주총회 특별결의가 요구되는바(제374조 1항 참조). 주주총회 특별결의의 정족수를 충족하지 못한 이 사건 결의는 제376조 1항의 총회의 결의방법이 법령에 위반한 때에 해당하므로 결의취소사유가 존재함.

6. 주주권의 상실, 주주권의 복귀 [11회 기록형 변형]

주주권은 주식양도, 주식의 소각 등 법정사유에 의하여서만 상실되고, 단순히 당사자 간의 특약이나 주식 포기의 의사표시만으로는 주식이 소멸되거나 주주의 지위가 상실되지 아니한다 (99다14808).

주권발행 전 주식에 관하여 주주명의를 신탁한 사람이 수탁자에 대하여 명의신탁계약을 해지하면 그 주식에 대한 주주의 권리는 해지의 의사표시만으로 명의신탁자에게 복귀한다(2011다109708).

7. 전단적 대표행위 [2회 기록형]

피고 주식회사는 이 사건 보증계약이 당시 대표이사가 이사회 결의를 받지 않고 체결한 것으로서, 본사가 타인의 채무를 보증함에 있어서는 반드시 이사회 결의를 거쳐야 한다고 정한 정관 제22조에 반하므로 무효라고 주장할 것으로 예상됩니다.

그러나 判例에 따르면 피고 주식회사가 대외적 거래행위에 이사회 결의를 거치도록 정관으로 정한 경우에도 이는 내부적 의사결정절차에 불과하고, 거래 상대방인 원고로서는 당시 대표이사가 피고 주식회사의 명판과 인감도장을 가지고 나오는 등 위 절차를 거쳤을 것으로 신뢰하는 것이 경험칙에 부합하므로, 선의 및 중과실이 없는 원고는 상법 제209조 2항에 따라 보호됩니다.

따라서 피고의 주장은 타당하지 않습니다.

8. 법령 위반과 경영판단원칙 [6회 기록형 변형]

법령에 위반한 행위는 경영판단원칙이 적용되지 않고, 그 자체로 이사의 선관주의의무 위반이 됨

9. 백지어음의 부당보충과 소지인의 악의/중과실 [5회 기록형 변형]

이 사건 백지어음의 발행인인 피고는 어음 소지인인 원고가 백지어음의 보충권의 범위에 관하여 피고에게 확인을 받지 아니하였으므로 어음금 지급의무가 없다고 주장할 것으로 예상됩니다.

그러나 判例에 따르면 어음 소지인이 금액이 백지인 어음을 취득할 당시 피고에게 직접 조회하지 아니하여 중과실이 인정된다고 하더라도, 어음의 발행인인 피고는 유효하게 보충권을 수여한 범위 1억원 안에서는 당연히 어음상의 책임을 지므로, 피고의 주장은 타당하지 않습니다.

10. 어음의 지급제시기간 도과와 어음 발행인의 책임 [5회 기록형 변형]

피고는 원고가 이 사건 어음의 지급제시기간을 도과하여 지급제시하였으므로 자신은 어음금지급의무가 없다고 주장할 것으로 예상됩니다.

그러나 약속어음의 발행인은 상환청구권 보전과는 상관없이 만기로부터 3년의 시효기간까지 지급의무가 있으므로(어음법 제70조 1항) 피고의 주장은 타당하지 않습니다.

부 록

판 례 색 인

판례색인

2025 대비 최신판

해커스변호사 민사 기록의 맥

초판 1쇄 발행 2024년 3월 27일

지은이	윤동환
펴낸곳	해커스패스
펴낸이	해커스변호사 출판팀

주소	서울특별시 강남구 강남대로 428 해커스변호사
고객센터	1588-4055
교재 관련 문의	해커스 법아카데미 사이트(law.Hackers.com) 1:1 고객센터
학원 강의 및 동영상강의	law.Hackers.com

ISBN	979-11-6999-974-8 (13360)
Serial Number	01-01-01

합격을 꿈꾼다면,
해커스변호사 law.Hackers.com

해커스변호사

· 본 교재 인강
· 해커스변호사 무료 특강